毛奇齡年譜

A Chronicle of Mao Qiling's Life

胡春麗 著

復旦大學 出版社

2017年度國家社科基金後期資助項目（17FZS035）

毛奇齡像　選自《清代學者象傳》

長子文輝為嗣女二長適考授州同單成名志適嘉善縣學敎諭任雲蛟予邑庠生商交後副室田氏子一遠輝又王氏女一濱黄卒於康熙庚申十二月二十一日年七十六葬八字橋弟際可贊像

錫齡行惠十二字隱居不仕著六經辨誤二十卷并帥旅康熙氏易配樓氏繼王氏子二文輝文標會諧出祖山九月初十日年六十七葬會諧出祖山

慧齡行惠十五字大愚生於明萬曆己未十一月二十二日隱居不仕好黄老之學配陳氏子五遠瀾遠宗遠孚卒於康熙己酉十二月初五日年五十一葬八角臺

奇齡行惠十九字大可號僧開生於明天㭴癸亥十月初五日康熙十八年己未中博學鴻儒科進士授翰林院檢討國史館纂修官編撰明史乙丑會試同考作領房取

大房世系紀

八

西河合集

古文尚書冤詞一　　蕭山毛奇齡字初晴稿 又名甡 字大可 號秋晴 又號初晴 晚號西河 宗姬漢較

七歲受尚書即聞有今文古文之分以問經師經師勿告也崇禎十六年國子助教鄒鏞疏請分今文古文尚書而專以今文取士為言會京師戒嚴不及報而尚書而專以今文取士之議遂寢事山陰張杉謂泉曰毀經之禍萌矣國家取士三百年專用朱子之書以立學謂可以衛經而經學大壞前此萬曆十二年南戶部員外房伯元

康熙甲子史館頒刊古今通韻

翰林院檢討 臣毛奇齡 撰本

上下聲

上平下平原無取義祇因卷繁分上下耳俗傳上平為陽下平為陰平誤矣丁度集韻直改上下聲為平聲上下平聲為平聲下

韻會舉要分韻作下聲上平聲下且于其下註云

七音原無上下之分舊韻特以平聲字繁故釐卷為二至宋景祐間丁翰林度始收為平上平下其說甚明近重刻廣韻者引舉要此註反駁

《古今通韻》書影　康熙二十三年史館刻本

毛奇齡行書 《何氏宗譜序》

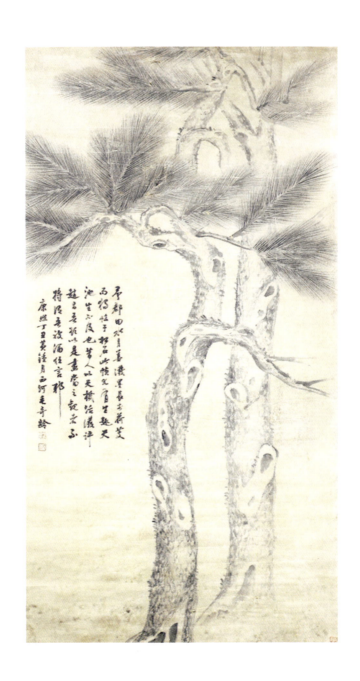

毛奇齡畫作　《松》

國家社科基金後期資助項目
出版説明

　　後期資助項目是國家社科基金設立的一類重要項目，旨在鼓勵廣大社科研究者潛心治學，支持基礎研究多出優秀成果。它是經過嚴格評審，從接近完成的科研成果中遴選立項的。爲擴大後期資助項目的影響，更好地推動學術發展，促進成果轉化，全國哲學社會科學工作辦公室按照"統一設計、統一標識、統一版式、形成系列"的總體要求，組織出版國家社科基金後期資助項目成果。

全國哲學社會科學工作辦公室

目　　次

前言 ··· 1

凡例 ··· 1

蕭山毛氏世系表（一世至十一世）································ 1

傳略 ··· 1

卷一　研经习文，蹭蹬科場 ···································· 12
 明熹宗天啓三年　後金太祖天命八年　癸亥(1623)　一歲 ··· 12
 明熹宗天啓四年　後金太祖天命九年　甲子(1624)　二歲 ··· 13
 明熹宗天啓五年　後金太祖天命十年　乙丑(1625)　三歲 ··· 13
 明熹宗天啓六年　後金太祖天命十一年　丙寅(1626)　四歲 ··· 14
 明熹宗天啓七年　後金太宗天聰元年　丁卯(1627)　五歲 ··· 14
 明思宗崇禎元年　後金太宗天聰二年　戊辰(1628)　六歲 ··· 15
 明思宗崇禎二年　後金太宗天聰三年　己巳(1629)　七歲 ··· 15
 明思宗崇禎三年　後金太宗天聰四年　庚午(1630)　八歲 ··· 16
 明思宗崇禎四年　後金太宗天聰五年　辛未(1631)　九歲 ··· 16
 明思宗崇禎五年　後金太宗天聰六年　壬申(1632)　十歲 ··· 17
 明思宗崇禎六年　後金太宗天聰七年　癸酉(1633)　十一歲 ··· 18
 明思宗崇禎七年　後金太宗天聰八年　甲戌(1634)　十二歲 ··· 18
 明思宗崇禎八年　後金太宗天聰九年　乙亥(1635)　十三歲 ··· 18
 明思宗崇禎九年　後金太宗天聰十年　清太宗崇德元年
  丙子(1636)　十四歲 ·· 19
 明思宗崇禎十年　清太宗崇德二年　丁丑(1637)　十五歲 ··· 19
 明思宗崇禎十一年　清太宗崇德三年　戊寅(1638)　十六歲 ··· 21
 明思宗崇禎十二年　清太宗崇德四年　己卯(1639)　十七歲 ··· 22
 明思宗崇禎十三年　清太宗崇德五年　庚辰(1640)　十八歲 ··· 24
 明思宗崇禎十四年　清太宗崇德六年　辛巳(1641)　十九歲 ··· 25

明思宗崇禎十五年　清太宗崇德七年　壬午(1642)　二十歲 …… 27

明思宗崇禎十六年　清太宗崇德八年　癸未(1643)　二十一歲 … 30

明思宗崇禎十七年　清世祖順治元年　甲申(1644)　二十二歲 … 33

卷二　抗清逃禪,社集選詩 …… 35

清世祖順治二年　乙酉(1645)　二十三歲 …… 35

清世祖順治三年　丙戌(1646)　二十四歲 …… 38

清世祖順治四年　丁亥(1647)　二十五歲 …… 39

清世祖順治五年　戊子(1648)　二十六歲 …… 40

清世祖順治六年　己丑(1649)　二十七歲 …… 42

清世祖順治七年　庚寅(1650)　二十八歲 …… 42

清世祖順治八年　辛卯(1651)　二十九歲 …… 46

清世祖順治九年　壬辰(1652)　三十歲 …… 47

清世祖順治十年　癸巳(1653)　三十一歲 …… 48

清世祖順治十一年　甲午(1654)　三十二歲 …… 51

清世祖順治十二年　乙未(1655)　三十三歲 …… 57

清世祖順治十三年　丙申(1656)　三十四歲 …… 62

清世祖順治十四年　丁酉(1657)　三十五歲 …… 64

清世祖順治十五年　戊戌(1658)　三十六歲 …… 67

清世祖順治十六年　己亥(1659)　三十七歲 …… 70

清世祖順治十七年　庚子(1660)　三十八歲 …… 73

清世祖順治十八年　辛丑(1661)　三十九歲 …… 77

卷三　亡命天涯,交友論學 …… 86

清聖祖康熙元年　壬寅(1662)　四十歲 …… 86

清聖祖康熙二年　癸卯(1663)　四十一歲 …… 92

清聖祖康熙三年　甲辰(1664)　四十二歲 …… 97

清聖祖康熙四年　乙巳(1665)　四十三歲 …… 113

清聖祖康熙五年　丙午(1666)　四十四歲 …… 125

清聖祖康熙六年　丁未(1667)　四十五歲 …… 135

清聖祖康熙七年　戊申(1668)　四十六歲 …… 143

清聖祖康熙八年　己酉(1669)　四十七歲 …… 150

清聖祖康熙九年　庚戌(1670)　四十八歲 …… 155

清聖祖康熙十年　辛亥(1671)　四十九歲 …… 161

清聖祖康熙十一年　壬子(1672)　五十歲……………… 167
清聖祖康熙十二年　癸丑(1673)　五十一歲…………… 171
清聖祖康熙十三年　甲寅(1674)　五十二歲…………… 175
清聖祖康熙十四年　乙卯(1675)　五十三歲…………… 185
清聖祖康熙十五年　丙辰(1676)　五十四歲…………… 197
清聖祖康熙十六年　丁巳(1677)　五十五歲…………… 210

卷四　應試制科，修史議禮 …………………………… 222

清聖祖康熙十七年　戊午(1678)　五十六歲…………… 222
清聖祖康熙十八年　己未(1679)　五十七歲…………… 241
清聖祖康熙十九年　庚申(1680)　五十八歲…………… 266
清聖祖康熙二十年　辛酉(1681)　五十九歲…………… 281
清聖祖康熙二十一年　壬戌(1682)　六十歲…………… 299
清聖祖康熙二十二年　癸亥(1683)　六十一歲………… 318
清聖祖康熙二十三年　甲子(1684)　六十二歲………… 326
清聖祖康熙二十四年　乙丑(1685)　六十三歲………… 336

卷五　歸田研經，著書授徒 …………………………… 349

清聖祖康熙二十五年　丙寅(1686)　六十四歲………… 349
清聖祖康熙二十六年　丁卯(1687)　六十五歲………… 357
清聖祖康熙二十七年　戊辰(1688)　六十六歲………… 369
清聖祖康熙二十八年　己巳(1689)　六十七歲………… 378
清聖祖康熙二十九年　庚午(1690)　六十八歲………… 387
清聖祖康熙三十年　辛未(1691)　六十九歲…………… 393
清聖祖康熙三十一年　壬申(1692)　七十歲…………… 400
清聖祖康熙三十二年　癸酉(1693)　七十一歲………… 405
清聖祖康熙三十三年　甲戌(1694)　七十二歲………… 411
清聖祖康熙三十四年　乙亥(1695)　七十三歲………… 415
清聖祖康熙三十五年　丙子(1696)　七十四歲………… 419
清聖祖康熙三十六年　丁丑(1697)　七十五歲………… 428
清聖祖康熙三十七年　戊寅(1698)　七十六歲………… 436
清聖祖康熙三十八年　己卯(1699)　七十七歲………… 441
清聖祖康熙三十九年　庚辰(1700)　七十八歲………… 454
清聖祖康熙四十年　辛巳(1701)　七十九歲…………… 462

清聖祖康熙四十一年　壬午（1702）　八十歲…………………… 472

　　清聖祖康熙四十二年　癸未（1703）　八十一歲………………… 480

　　清聖祖康熙四十三年　甲申（1704）　八十二歲………………… 487

　　清聖祖康熙四十四年　乙酉（1705）　八十三歲………………… 490

　　清聖祖康熙四十五年　丙戌（1706）　八十四歲………………… 494

　　清聖祖康熙四十六年　丁亥（1707）　八十五歲………………… 496

　　清聖祖康熙四十七年　戊子（1708）　八十六歲………………… 499

　　清聖祖康熙四十八年　己丑（1709）　八十七歲………………… 503

　　清聖祖康熙四十九年　庚寅（1710）　八十八歲………………… 505

　　清聖祖康熙五十年　辛卯（1711）　八十九歲…………………… 506

　　清聖祖康熙五十一年　壬辰（1712）　九十歲…………………… 509

　　清聖祖康熙五十二年　癸巳（1713）　九十一歲………………… 512

後譜…………………………………………………………………………… 515

　　清聖祖康熙五十九年　庚子（1720）　卒後七年………………… 515

　　清世宗雍正十一年　癸丑（1733）　卒後二十年………………… 515

　　清高宗乾隆十六年　辛未（1751）　卒後三十八年……………… 515

　　清高宗乾隆三十五年　庚寅（1770）　卒後五十七年…………… 515

　　清高宗乾隆四十七年　壬寅（1782）　卒後六十九年…………… 516

　　清仁宗嘉慶元年　丙辰（1796）　卒後八十三年………………… 518

　　清仁宗嘉慶二十年　乙亥（1815）　卒後一〇二年……………… 518

　　清仁宗嘉慶二十一年　丙子（1816）　卒後一〇三年…………… 519

　　清穆宗同治元年　壬戌（1862）　卒後一百四十九年…………… 519

　　清德宗光緒二十年　甲午（1894）　卒後一百八十一年………… 520

附錄一　毛奇齡著述考略……………………………………………… 522

附錄二　毛奇齡佚作輯釋……………………………………………… 536

徵引書目………………………………………………………………… 587

人名索引………………………………………………………………… 613

後　記…………………………………………………………………… 628

前　言

一

　　毛奇齡(1623—1713),又名甡,字大可,號西河,浙江蕭山人。少時聰慧過人,有"神童"之譽。明崇禎十年(1637),入縣學爲諸生。陳子龍司理紹興,毛奇齡從游門下,子龍評其文曰"才子之文"。毛奇齡生活的浙東地區,是著名的講學之鄉,薪火相傳,劉宗周開證人書院,講學其間,爲士人向慕之所。毛奇齡少時嘗赴劉宗周講會,與劉門弟子坐而論道。明亡後,避兵城南山中,築土室讀史書,試圖從對史書的研讀中找出明亡清興的奧秘。後入同宗毛有倫南明軍中,屢有建言。失敗後,亡走山寺爲僧,衣緇者八年。其時,清政權剛剛建立,民族矛盾還十分尖鋭,江南地區的知識分子,大多懷抱故國之思,文人間的集會結社如火如荼,他積極參加浙地的文社活動,與諸名士爭短長,因品目過峻,且好甲乙人所爲文,人多忌之。怨家誣其殺營兵,爲躲避追捕,易名王彦,字士方,流亡十餘年。所到之處,或交友論學,或讀書作文。流寓淮安時,曾賦《明河篇》,淮上諸家傳寫殆遍,一時洛陽紙貴。時人有"浙中三毛,東南文豪"之譽。

　　康熙十二年(1673),毛奇齡結束亡命生涯,得友人姜希轍之助,輸貲爲廩監生。十餘年的東躲西藏,使得毛奇齡對人情冷暖與世態炎凉有了更深切的體會。爲地方官吏作幕僚,也使得他常有寄人籬下的落魄之感。返回故里後,看到昔日諸同硯早已金榜題名,深嘆自己"生平無建立,事功既無可期,而乃德不修而學不講",内心的失落與痛苦可想而知。正當毛奇齡極度失意之時,他的人生道路發生了重大轉折。康熙十七年(1678),清廷爲了籠絡漢族知識分子,鞏固其統治,特開博學鴻儒科,詔令各地薦舉隱逸,搜求人才。與大興文字獄的殘酷手段相比,康熙帝這項政策對漢族知識分子無疑更具有軟化色彩,其意雖在籠絡漢族士人,但對於以獲取功名爲目標的士子的誘惑力却是不容低估的。地方官紛紛響應朝廷旨意,各薦舉所知,浙江巡撫陳秉直、分巡寧紹臺道許弘勛、福建布政使吳興祚聯名舉薦毛氏。站在"出"與"處"的人生路口,毛奇齡面臨着嚴峻的考驗。作爲被舉薦的鴻儒,無論是强項不屈還是勉强順從,都必須有所回應。毛奇齡聞知自己被舉薦,心情"且怖且愧",曾三辭徵檄揭子,朋友也勸他不要應徵,但多年落拓江湖,毛奇齡身心不無疲憊之感,他最終没能抵擋住清廷的"美意"與功名的吸引,決意北上。至此,毛奇齡以曾經的明末秀才、抗清志士,終於出山膺舉。徵車入京的路上,毛奇齡心情極爲複雜,路過昔日流浪地淮安,感慨萬千,駐馬流涕,寫下了"可憐此地,曾經流浪,一十五年前""誰料衰年,徵車北去,羞見市中人"等詞句,深切地表達了他此次應徵的矛盾心境與惶恐不安。

　　康熙十八年(1679)三月,年近花甲的毛奇齡與諸博學鴻儒同試。榜發,録取五十人,毛奇齡名列二等十九名,授翰林院檢討。雖然檢討不過是個品秩極低的官職,但相對於先前四處藏匿、居無定所的毛奇齡來說,一下子躋身廟堂,成爲文學侍從之臣,他的人生再一次發生了戲劇性的轉折。與衆多的鴻博同年一樣,毛奇齡的主要工作是纂修《明史》。在館七年間,他先後起草弘治、正德兩朝紀傳及名臣、土司、盗賊、后妃諸雜傳二百餘篇,受到同館稱許。其間,毛奇齡以文學侍臣的身份,與朝中大臣相互應酬唱和,但立身大節也因此而遭到非議。修史之餘,毛奇齡也積極參與朝廷的制度建設,以其所學爲康熙朝的禮樂典制提供理論論證。康熙二十年(1681)十一月,康熙帝命詞臣改定丹陛樂,毛奇齡條上《歷代樂章配音樂議》;即而副都御史疏請厘定樂章,具上《增定樂章議》。康熙二十四年(1685),議北郊配位,成《北郊配位尊西向議》。同年,言官疏請武職諸臣當一如文臣守制,不令起復,因成《不許武官起復議》。此外,他考識古韵,成《古今通韵》一書。此書受到康熙帝的獎諭慰勞,降旨宣付史館,藏之皇史宬。對毛奇齡而言,此舉意味着莫大的榮寵,令其終生感念不已。

　　二十四年(1685),毛奇齡以葬親爲由請假歸里,後托以痹疾,乞假在籍。二十八年(1689),康熙帝南巡,毛奇齡作《迎鑾曲》十章,并與諸臣迎之嘉興城北。後隨車駕前往禹陵,獲康熙帝垂詢病情,受寵若驚,對聖恩感念之至,賦《紀恩詩》以志感激。四十二年(1703),康熙帝四巡至浙,駐蹕杭州。毛奇齡不顧年邁,隨制撫諸臣候安于行在朝門,蒙皇上和皇太子垂問,獲賜御書,更令其感恩不已,"夫御書睿筆,人世罕有,奇齡何幸,以衰老之年,得遭逢聖明,濫承异數,此固應寶之世世,瞻仰無斁,不待言矣!"(《西河合集·行在東朝并賜御書睿筆記》)毛奇齡少丁國難,盛年亡命奔走,不意晚年躋身廟堂,歸田後又屢獲賞賜,人生的榮辱禍福真是難料!

　　晚年,毛奇齡僦居杭州,摒弃詞賦之業,矢以辨定諸經爲己任,創作出一系列的經學著作。學問日隆,聲名遠播,從學者日衆。四十七年(1708),毛奇齡最後一部有影響力的著作《四書改錯》成書。是書從人物器用、天文輿地、典制禮文、稱謂引據、文體詞例諸方面全面批駁朱熹《四書章句集注》注疏之失,針朱膏肓,起朱廢疾,在一定程度上消解了元明以來士人奉爲金律的《四書章句集注》的權威性。凌廷堪認爲此書"如醫家之大黄,實有立起沉痾之效,爲斯世不可無者"(凌廷堪《與阮中丞論克己書》)。他原本想將此書獻呈,豈料清廷於康熙五十一年(1712)頒諭將朱熹從祀孔廟的地位升格,由東廡先賢之列升至大成殿十哲之次,他獻書的願望化爲泡影。五十二年(1713)三月,毛奇齡走完了他頗富傳奇色彩的一生。

二

　　北宋慶曆以後,學者治經不重文字訓詁,偏重義理;排斥先儒傳注,以己意強行解經,甚至自造文字訓詁,刪經、改經以就己説。宋人的這種作法對後世產生了不利的影響,元、明經學承宋之弊,只抄襲、剽竊宋人的著述,没有新的創見。特别是明朝中葉以後,受王學末流的影響,許多學者只是"襲語録之糟粕,不以六經爲根,束書而從事於游談"。這就造成了學者多以空言説經的局面。而明清易代,一統江山再次被"异族"取代并統治,這對於浸染"夷夏之防"觀念的漢族士人來説,無异於天崩地裂,他們感到的不僅是"亡國",而且是"亡天下"。加之滿清入主中原後,野蠻地推行民族歧視和民族壓迫政策,殘酷鎮壓反抗軍民,"揚州十日","嘉定三屠",這些帶給士人的不只是國破家亡的傷痛,更多的是巨大的心靈衝擊和震撼。他們痛定思痛之後,開始反思明朝滅亡的原因。他們從世運反思到學風,普遍認爲導致明朝"神州蕩覆,宗社丘墟"的罪魁禍首就是宋明理學空談心性義理、漠視經世致用的空疏學風。於是,他們對理學展開了激烈的批判,或批判陸王心學,或批判程朱理學,或兼批程朱理學和陸王心學,或對程朱理學和陸王心學進行補偏救弊。毛奇齡是其中的一名健將。

　　毛奇齡反對空言説經,主張注經"必藉實據"。毛奇齡認爲"無據之言必不以置喙,無證之事必不以炫聽"。因此,他強調治經的實證性和客觀性,提倡"以經解經",反對以己意説經。在爲老友朱彝尊《經義考》作序時,他系統地闡述了他的思想:"獨是予之爲經,必以經解經,而不自爲説。苟説經而坐與經忤,則雖合漢、唐、宋諸儒并爲其説,而予所不許。是必以此經質彼經而兩無可解,夫然後旁及儒説。"毛奇齡的繼子毛遠宗在總結毛奇齡"以經解經"思想時説:"聆先生説經,大抵以本經文爲主,不集儒説。其本經文有未明者,則始援及他經,或以彼經證此經,或以十經證一經,凡一切儒説,皆置勿問。至於經證未備,則必於本經文前後審劑絜量,通渝其大意,使兩下券契,不失毫黍,然後劃然而出之。即在漢、晋、唐儒一哄聚訟者,猶且涣然冰解,何况宋、明?"爲此,他制定了詳細的治經原則,共十六條,即:勿杜撰,勿武斷,勿誤作解説,勿誤章句,勿誤説人倫序,勿因經誤以誤經,勿自誤誤經,勿因人之誤以誤經,勿改經以誤經,勿誣經,勿借經,勿自造經,勿以誤解經之故而復回護以害經,勿依違附經,勿自執一理以繩經,勿説一經礙一經等。他將這種方法應用於他的全部經學研究中,企圖通過訓詁明達到義理明,在方法論上爲乾嘉學者開創了先河。

三

毛奇齡在明朝生活了二十餘年,他生活的浙東地區又是陽明後學活躍的地方,其思想不可避免打上了較深的王學印痕。因此無論其精神氣質和爲人作風,都不可避免地帶有晚明士人的某些特點,這些特點映現在毛奇齡身上,就是狂傲不馴、恃才傲物、喜臧否人物、好辨善詈的性格。這些性格特點可以使他較少受傳統思想的束縛,能在學術研究中闡幽發覆,但也會使他的著作存有意氣用事、以博濟辨之失。毛奇齡論韵與顧炎武不合,著《古今通韵》與顧氏《音學五書》立异;論《尚書》與閻若璩意見相左,著《古文尚書冤詞》與閻氏《尚書古文疏證》對壘。四庫館臣稱其:"指名而攻者,惟顧炎武、閻若璩、胡渭三人,以三人皆博學重望,足以攻擊,而餘子則不足齒録,其傲睨可云已甚。"(《四庫全書總目提要》卷三十三《經問》)毛奇齡攻駁時賢,自然招致時人忌恨。而他對先儒特別是朱熹的橫加指斥,也使後世反詆之者增多。毛奇齡的這種學術性格往往被視爲離經叛道,很難被社會所容,常常成爲被批評的口實。長期以來,有關毛奇齡的生平事迹和學術思想,各種記載輾轉相襲,混亂訛誤處甚多,後人不查,沿誤不改。爲毛奇齡編寫年譜,一定程度上正是基于這種思考。

四

作爲清前期著名的經學家、史學家和文學家,毛奇齡在經學、史學、文學等領域均取得了令人矚目的成就。毛奇齡由明入清,一生身歷天啓、崇禎、順治、康熙四朝,生平經歷坎坷,他頗具代表性的人生遭際使其成爲明末清初這段歷史的親歷者和見證人。二十二歲前後,他親歷了明清易代所帶來的山河巨變,體驗了明王朝大廈之將傾、明末農民軍的興亡、清廷以武力統一等震撼人心的歷史。明清鼎革之際,毛奇齡頻繁參與文人間的結社集會,後經歷了清廷干預下社事的消歇、衆多文人士子不得不妥協接受新政權的無奈;入清後,毛奇齡目睹了清廷爲震懾江南士紳而發起的科場案、奏銷案、明史案、通海案,由衆多士子的斯文掃地甚至身首異處而深深感受到了清政權的强大。隨後,康熙己未鴻博之徵,又讓毛奇齡等士子見識了清廷武力統治外的文治,尤其是康熙屢次南巡的盛况,使毛奇齡目睹了清統一下的繁盛。可以説,毛奇齡是清代明而立直至鞏固統治這一段複雜歷史的見證人,他的種種遭際代表了清初相當一部分學者相似的生存狀態,其思想觀點及見解亦折射出當時諸多學者的時代性心聲。在清初學術史上,毛奇齡具有頗爲典型的意義。他的典型,在於他是介於明清之際的開創大師和乾嘉學者之間的關鍵性人物。爲這樣一位具有典型性的學術人物編寫一部年譜,無疑具有重要的意義和價值。

　　近人韓系同和干人俊分別編有毛奇齡簡譜,但韓書係殘稿,干書乃私藏稿本,難於覓見。臺灣地區陳逢源《毛西河及其春秋學研究》中載有《西河簡譜》,吴通福《晚出古文尚書公案與清代學術》附録一《閻若璩、毛奇齡生平事迹簡要年表》,惜兩書過於簡略,且有考證失誤,不足以反映毛氏生平全貌,无法为进一步的学术研究提供更多的信息。有鑒於此,筆者在充分掌握毛氏本人及其交游著述的前提下,發現并利用了一批珍藏於各地圖書館的文集、家譜、方志、檔案等文獻,經過認真研讀、分析、比對、考辨,較大程度地對毛奇齡的家世家學、生平事迹、交游、著作進行了繫年。對毛奇齡生平行迹,進行了全面考辨,糾正了清代學人、近現代學人乃至當代研究者的諸多誤識,厘清了毛奇齡傳記資料與研究中的失實記載,以期達到知人論世之效。至於罅漏百出,蕪雜叢生,誠知難免,冀海内宏達有以教我。

凡　　例

一、本譜以《西河合集》爲主要資料依據,旁徵毛奇齡諸多親友、交游的別集、年譜、傳略,以及史書、方志、家譜、野史、檔案等材料,運用文獻學與歷史學相結合的方法,將譜主生平主要事迹、交游、著述等繫年,并作考證、辨僞、輯佚。

二、譜主生當明清易代的特殊歷史時期,社會政治劇變對譜主的生平、思想、心理、性格、學術具有不可忽視的影響,有鑒於此,本年譜對涉及譜主思想、生平活動的時事亦作適當關注,主要依據《明史》《明季南略》《明季北略》《清史稿》《東華録》《清史編年》諸書,行文中不再注明出處。時事置於年末。

三、譜主交游,生平可考者,均於初見時附小傳,以期知人論世。凡生平事迹難以查知者,闕如待考。其生卒年月及中進士年月,已見於一般工具書(如《清代人物生卒年表》《歷代人物年里碑傳綜表》《明清進士題名碑録》等)而無异説者,出處從略。

四、鑒於各種典籍對譜主的記載失實處甚多,本譜在述及譜主生平時,若遇前人記述失實處,皆引述相關史料加以考辨。考辨文字以按語形式出現。對資料所反映的政治思想、道德情感等,一般不作評論。

五、本譜紀事,以年號編次,兼標干支及公曆紀年。紀年以農曆,歲末已入公曆新年者,仍入本年。凡月日可考者,按月日排列;月無考者,按季;季不明者,繫於相關季節或年末;年不明者,酌情繫於相關之年。

六、譜中人物年歲依古代成例,以虚歲計。歲末已入公曆新年者,不增一歲。但交游人物小傳傳主的生卒年,則以薛仲三、歐陽頤合編的《兩千年中西曆對照表》爲據换算成公曆。

七、凡譜主本人的著作,引用時只標篇名卷數,不注明作者。

八、原文中缺字或漫漶不清處,用□標示。舊字形一律改爲新字形。异體字改爲通用規范字,然用於人名、字號、書名、地名等專有名詞之异體字,則予以保留。避諱字改回原字。

九、譜中所引方志，一律以修志時的皇帝年號置於書名號前，如"乾隆《紹興府志》"。

十、書名號內的文字不加標點。

十一、本譜附錄有二：一爲譜主著述考略，二爲譜主佚作輯釋。

十二、譜後附人名索引。

蕭山毛氏世系表（一世至十一世）

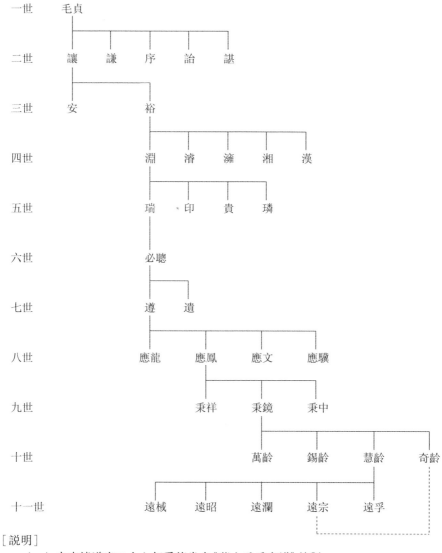

[說明]

（一）本表據道光二十六年爵德堂本《蕭山毛氏宗譜》編製。

（二）虛綫表示過繼關繫。

傳　　略

毛奇齡,又名甡,字大可、齊于、于、初晴、晚晴、老晴、秋晴、春遲、春莊、僧彌、僧開等,號西河、河右,浙江蕭山人。

施閏章《學餘堂文集》卷十七《毛子傳》:"毛甡,蕭山人也,初名奇齡,字大可,一字齊于。"

盛唐《西河先生傳》:"先生毛氏,諱奇齡,字大可,別字初晴,蕭山人也。"

趙爾巽《清史稿》卷四八一《儒林傳》二:"毛奇齡,字大可,又名甡,蕭山人。"

《清史列傳》卷六十八《儒林傳》下:"毛奇齡,字大可,浙江蕭山人。"

毛繡亭《蕭山毛氏宗譜》卷四《大房世系紀》:"奇齡,行惠十九,字大可,號初晴,又號僧開。"

乾隆《紹興府志》卷五十三:"毛奇齡,字大可,蕭山諸生。"

按,先生名、字、號甚多,各書對先生名、字、號的記述互有混淆。李集輯,李富孫、李遇孫續輯《鶴徵前錄》曰:"毛奇齡,原名甡,字大可,一字于,又字齊于,別號河右,又號西河,又有僧彌、僧開、初晴、秋晴、春莊、春遲諸號。"梁章鉅《浪迹三談》卷三"多字"條:"近人之多字,無如毛西河先生。按:先生名奇齡,又名甡,字兩生,又字大可,又字齊于,又字于,又字初晴,又字晚晴,又字老晴,又字秋晴,又字春遲,又字春莊,又字僧彌,又字僧開。皆雜見集中。其取義有不甚可解者,今人但稱爲西河先生而已。西河者,其郡望,非字也。"兹以《西河合集》爲依據,對其名、字、號及命名義含分別考訂如下:

一、名。**奇齡是原名**。毛奇齡《西河合集·墓志銘十一·自爲墓志銘》(以下凡引用《西河合集》者,徑標篇名):"先母張太君夢番僧持度牒來,懸於堂,其牒四邊以五螭相銜爲花闌,醒而生予。因檢郭璞《游仙詩》有'奇齡邁五龍'句,名奇齡。"《書八·復王草堂四疑書》:"先慈所夢,明明告之大母,質之先贈君。先贈君即以此夢告廟命名,何敢淹沫？且非謂此見夢者爲所托之身，祇其所貽牒，闌以五虬，因取郭景純詩'奇齡邁五龍'句，名曰奇齡。"施閏章《毛子傳》曰："毛甡，蕭山人也，初名奇齡。"毛鬵亭《蕭山毛氏宗譜》載毛奇齡兄弟四人名爲：萬齡、錫齡、慧齡、奇齡。據以知奇齡是原名，而《鶴徵前錄》等書將毛甡作爲原名，係誤。

甡是後所更名。《墓志銘十一·自爲墓志銘》："先是予在淮，淮人有知予毛生者。予曰：'雖然，予毛甡也。'（即所更名。）又曰：'予瀕死屢矣！幸而生。甡者，生又生也。'又曰：'吾生十年，瘍五年，兵戈者十年，奔走道路二十年，能再生乎？所謂甡者，亦冀夫生之者也。'"毛奇齡自注毛甡是後所更名，又解釋了更名的緣由與蘊義。

王彦是流亡時所用名。康熙元年，毛奇齡因"通海案"爲官府緝捕，被迫離鄉流亡。臨行時，好友蔡仲光更其名曰王彦。《墓志銘十一·自爲墓志銘》："友人蔡仲光急過曰：'怨深矣！不走，將不免。'指壁間所書王烈名，曰：'請名王彦，字士方，吾他日天涯相問訊者，王士方矣。'"《書一·謝竺蘭上人書》："甡白：昨者秋首，吳江水清，有江東王彦字士方者，曾維舟長橋，妄投蘭若。依象教而隱形，感法幢之多庇。"《五言律詩四·得家人所寄衣》有"頓有秋衣至，誰憐王彦寒"句。

二、字。**字大可**。古人名與字相表裹。大可是與奇齡相表裹的字，"奇"字拆開爲"大""可"。

又字于、齊于。《西河合集》中多有"蕭山毛奇齡字齊于稿""蕭山毛奇齡字于稿"字樣。《李氏兄弟字說》："李子兼汝以二兒曰煒、曰焜問字於齊于，齊于曰：'長字一輝，次字次輝。維煒與焜皆輝也。'"于、齊于兩字與毛奇齡少時仰慕戰國時齊人淳于髠有關。淳于髠有"辯聖"之稱，毛奇齡亦"長於博辯"，施閏章《學餘堂文集》卷十七《毛子傳》曰："毛甡……一字齊于，曰：'吾淳于髠也。'"

又字僧開、僧彌。順治初間，毛奇齡曾髠首爲僧，因此，此二字順治年間多用。順治十五年，毛奇齡成《天問補注》一卷，末署"順治戊戌春，僧開氏識"。《贖婦記事》文末亦曰："順治丙申，道開以記屬西河僧開。越五年，僧開記事。"《西河合集》"五言律詩六""七言律詩四""七言律詩七"下均屬"又名甡，字僧彌稿"。

又字兩生。兩生是與甡相表裹的字。《西河合集》中有"蕭山毛奇齡字兩生稿"字樣。

又字初晴、晚晴、春晴、秋晴、春莊。皆爲毛奇齡歸田後所用字。毛奇齡壯歲流亡，年過半百中博學鴻儒科進士，晚歲歸田後，蒙康熙賜書，感慨萬千，寓情於字。《碑記十·行在東朝并賜御書睿筆記》："生平以避人流離道路，遇晴霽則喜，潦霪則戚。至暮年衰落，日近陰霾，則望晴尤甚，故午歸田時自號初晴。既而曰：'嗟乎！予晚矣。'更之曰'晚晴'。凡碑版、屏幛、書冊、箋牘應署名處，往往以二晴雜署其間。"毛奇齡自述初晴、晚晴為號，而《西河合集》每篇標注初晴、晚晴、秋晴、春晴、春莊、春遲皆屬字，未知孰是。

三、**號**。**號西河、河右**。後人無有混淆者。盛唐《西河先生傳》："既而葬後，請私諡，盛唐曰：'古有以字為諡者，先生嘗自以受姓郡號稱西河矣，得毋字與號俱可稱乎？'眾曰：'善。'於是，學者稱西河先生。"馮景《解春集詩文鈔補遺》卷二《答毛西河先生問論孟義書》、沈德潛《清詩別裁集》卷二十八劉正誼《訪毛西河太史留贈》。古以西為右，故西河亦稱河右。馮辰《李塨年譜》卷二"丙子三十八歲"條："蕭山毛河右寄其《駁太極圖》《駁河圖洛書》二種至。"李塨《恕谷後集》卷四有《上毛河右先生書》，王源《居業堂文集》卷八有《與毛河右先生書》和《再與毛河右先生書》。

四、**其他稱謂**。除上述字號外，毛奇齡又有小毛生、毛十九、阿憐翁、毛翰林、毛太史、毛檢討、毛蕭山、湘湖遺老等稱謂，分別詳考如下。

小毛生。毛奇齡十五歲時，為縣學諸生，因長兄萬齡先在縣學有名，稱"大毛生"，故人呼其為"小毛生"。《墓誌銘十一·自為墓誌銘》："總角，舉諸生，一月中取小試第一者四。爾時先兄萬齡先在學，有名，人呼予'小毛生'。"

毛十九。十九是毛氏在家族中的大排行，故而友人以毛十九相稱。毛繡亭《蕭山毛氏宗譜》卷四《大房世系紀》："奇齡，行惠十九。"魏耕《雪翁詩集》卷八《秋莊客舍不得蕭山毛十九奇齡信作》、愛新覺羅·博爾都《問亭詩集》卷三《雨中寄毛十九大可》、阮元《兩浙輶軒錄》卷七載任辰旦《送毛十九大可還西陵》、朱彝尊《曝書亭集》卷五《酬毛十九奇齡兼寄張五杉》、吳農祥《梧園詩選》五言律《燭筵同毛十九奇齡》、蔡仲光《謙齋詩集》卷二《予方憶毛十九甡而毛從數千里外惠我以鹿膠遂遙有此寄答》。

阿憐翁。毛奇齡自稱，《詩話》一："陳何寄《子夜歌》二章……云'白露收荷葉，清明種藕枝。君行方歲暮，那有見蓮時'。舊體'蓮'本隱'憐'，今借隱'連'，然亦可隱'憐'，以予曾自呼'阿憐翁'故也。"

毛翰林、毛太史、毛檢討。三者皆是與毛奇齡的官職有關的稱謂。康熙十八年春，奇齡中博學鴻儒科二等進士，授翰林院檢討，纂修《明史》。

時人沿用古稱,以翰林、太史、檢討相稱。屈大均《翁山詩外》卷十《寄懷毛翰林大可》、李興祖《課慎堂詩集》卷七《寄大可毛太史》、張遠《梅莊集》五言排律《贈毛太史》、吳闡思《北游草·毛太史大可先生爲我作樂府序賦古風六章奉賀且志感云》、朱彝尊《曝書亭集》卷十三《送毛檢討奇齡還越》和卷三十三《答蕭山毛檢討書》、全祖望《鮚埼亭集外編》卷十二《蕭山毛檢討別傳》、張永銓《開存堂詩集》卷五《與毛檢討西河》。

毛蕭山。奇齡籍貫蕭山,時人因以地望相稱。阮葵生《茶餘客話》卷九:"國初名士如林,己未之徵,網羅殆盡。然專論著書之多,則無過毛蕭山者矣。"平步青《霞外攟屑》卷六玉樹廬芮録:"毛蕭山奇齡入《文苑》。"

湘湖遺老。湘湖位於蕭山城西,奇齡晚歲歸田後,關心桑梓,著有《湘湖水利志》。加之奇齡高壽,故老友朱彝尊在詩中戲稱之爲"湘湖遺老"。朱彝尊《曝書亭集》卷二十《八日汪上舍日祺招同諸公夜泛五首》其二曰:"湘湖遺老(毛叟奇齡)舊清狂,白髮相逢筍蕨鄉。已分今宵共沉頓,不妨跅扅少年場。"

毛氏世籍河南平丘(今封丘)。魏時有尚書僕射毛玠,家河南陳留。宋時有邇英殿侍講學士毛惟瞻,其子允聘爲度支判官,當靖康末,由平丘南遷,寓於臨安。其孫度,登紹興初直言極諫科進士,累官侍御史,彈劾切直,以和議不協,謫餘姚縣丞,因家焉,爲兩浙毛氏之祖。度十三傳至貞,貞字惟賢,號坦然,適爲蕭山鄒氏婿,明宣德間封朝請大夫,入蕭山籍,爲蕭山毛氏始祖,即奇齡十世祖。

毛蘄亭《蕭山毛氏宗譜》卷一《毛氏家乘通紀》:"予家本姬姓,相傳爲周文王第九子圉封國於毛,曰毛伯。其子姓以國爲氏,因氏毛,《左傳》所云'魯、衛、毛、聃,文王之昭'是也。是時,毛氏之後歷承伯爵,終春秋之世,尚有所謂毛伯過、毛伯得者,因國亡而食采邑河南之東周,故河南、河東皆有毛氏。漢毛亨(亨)、毛萇,則河東族。而中遷於廬者,相傳(傳)廬州有毛公山,即亨(亨)授《詩》處。而其後廬江毛義卒以孝稱。若河南毛氏,則魏之毛玠、晉之毛寶皆是。而玠字孝先,以平丘人起東曹掾爲尚書僕射,世之稱望姓者悉歸平丘。歷唐代至宋,有名惟瞻者,爲宋邇英殿侍講學士,其子允聘爲度支判官,當宋靖康末,由平丘南遷,寓於臨安。其次子度,字叔度,登紹興初直言極諫科進士,累官侍御史,彈劾切直,以和議不協,謫餘姚縣承(丞),因家焉。此南度(渡)後第一世始祖也(其兄權,字伯權。爲衢州知府,亦家衢州之江山,今衢嚴派是也)。度生倫,字謹倫,爲第二世,官禮部郎中。倫生舉明,字寶華,爲三世,官四川提刑觀察使。舉明生遇順,字鴻甫,爲四世,官大理寺卿(今爲餘姚鄉賢之首)。遇順生鐸,字醒庵,爲五世,官翰林院檢討。鐸生公,字五貴,爲六世,官四川成都知府。由公而下,自宋至元,越四傳皆不可考。惟宋末元初有貴誠府君諱垕行季八者,與其兄季六、季七(此餘姚東門派)、弟季九(此餘姚雙河派)皆伏處不仕,實爲南渡後毛氏之第十一世。而貴誠之子有安二府君諱繹,生寧一、寧二、寧七兄弟三人。而寧七諱明倫,以安二少子而嗣安五爲季七之後,生子一,諱貞,字坦然,即蕭山始祖也。方是時,貴誠府君原有別業在蕭山,而坦然府君又適爲蕭山鄒氏之婿,因於明洪武初先贅鄒氏,繼成別業,以子貴,封朝請大夫贊治少尹,入蕭山籍。"

《序二十六·重修族譜序》:"予族以魏尚書僕射孝先公爲遠祖,南渡直言敢諫科進士侍御史叔度公爲兩浙之祖,元初處士貴誠公爲餘姚祖,明贈朝議大夫福建都轉運鹽使司同知坦然公爲蕭山祖,衣冠逮予十世矣。"

《墓志銘十一·自爲墓志銘》:"予族自周王子圉分封於毛,遂以此受姓,然未詳其繼也。相傳魏時僕射玠,曾家陳留。而其後宋靖康末,有侍御叔度,從陳留南遷,謫居餘姚,爲餘姚毛氏。逮明,而福建都轉鹽運司同知貞,偶治別業於蕭山,家焉。"

毛黼亭《蕭山毛氏宗譜》卷四《大房世系紀》:"貞,字惟賢,號坦然。原籍餘姚,洪武初贅居蕭山鄒氏,遂家焉。"

九世祖讓,字叔讓,爲鄉大賓。八世祖裕,字永隆,號益庵。七世祖淵,字本深,號静庵,明成化中官貴州石阡府教授,平龍保苗賊有功,加四品服俸,從祀名宦。六世祖瑞,字國祥。高祖必聰,字希顏。曾祖遵,字守道,號雨橋。

毛黼亭《蕭山毛氏宗譜》卷四《大房世系紀》:"讓,字叔讓……配沃氏,子二:安、裕。"又:"裕字永隆,號益庵……配葉氏,字五:淵、濬、涌、湘、漢。"又:"淵字本深,號静庵……成化庚寅拔貢,授山東城武縣學教諭,升貴州石阡府教授,以征龍保苗賊有功,加四品服俸,崇祀名宦。配何氏,誥封孺人,子四:瑞、印、貴、璘。"又:"瑞字國祥……配太僕寺卿汪景昂孫女。子一,必聰。"又:"必聰字希顏……配沈氏,繼張氏,子二:遵、遺。"又:"遵字守道,號雨橋……配孫氏,子四:應龍、應鳳、應文、應驥。"

《墓志銘十一·自爲墓志銘》:"先是,九世忠襄公吉,當明正統間,以兵備副使殉廣東雲岫山賊,與其子雲南參政科、從子刑部郎杰,各有成績紀史册,餘姚毛氏稱一時極盛。自刑部公一傳爲湖廣按察使副使憲、湖廣道監察御史巡按廣東復,再傳爲順天府治中文炳、河南滎澤縣知縣夢龍,三傳爲雲南布政使紹元、福建興化府同知子翼、嘉靖己未榜眼翰林院編修惇元,而高祖貴州石阡府教授淵,剿許龍保苗賊有功,祀貴州名宦。高從祖福建汀州府同知公毅與參政、編修,皆一門群從。"

盛唐《西河先生傳》:"明景泰間八世祖吉,以廣東按察司兵務副使殉雲岫山賊,謚忠襄。七世祖科,雲南布政司參政,即吉子也。與從弟杰,刑部主事,俱有名。杰子憲,湖廣按察司使,實刑部郎中。從弟復,侍御史巡按廣東,是爲六世。至五世而憲子紹元,江西按察司使;惇元,嘉靖己未榜眼,翰林院編修。從弟淵,貴州石阡府教授,平龍保苗賊有功,加四品服俸,從祀名宦,則先生高祖也。淵居蕭山,與從弟公毅(福建汀州府同知)俱以蕭山籍通仕。"

按,《墓誌銘十一·自爲墓誌銘》、盛唐《西河先生傳》、毛黼亭《蕭山毛氏宗譜》等關於毛氏譜系記載有些許出入,毛黼亭《蕭山毛氏宗譜》所記譜系較爲完整,且世系明確,姑依之。

祖父應鳳,字雲祥,號岐山。

毛黼亭《蕭山毛氏宗譜》卷四《大房世系紀》:"應鳳,字雲祥,號岐山……萬曆冠帶儒士,詔賜粟帛……加贈朝請大夫。配朱氏。"

盛唐《西河先生傳》:"祖應鳳,萬曆禮部儒士,詔賜粟帛,加贈朝請大夫。"

父秉鏡,字汝明,號竟山。諳音律,有孝行。以先生貴,敕贈翰林院檢討。

《事狀一·敕贈徵仕郎翰林院檢討先君竟山公崇祀鄉賢事狀》:"一、本賢事母何太君孝,家失盗,什器一空,慮太君知,晨起,急貸銀買什器補設,如所盗物,一若未有失者。太君下樓失足,磕去膝膚肉,公頓刲己膝膚肉填之,立愈。後太君葬湘湖,公移住墓鄰,盛靖三宅,三載不預家事。……一、本賢少諳音律,其先汀州司馬聽齋公、孫啓吾公極善等韻,兼能擊鼓作等韻聲,使隔墻聞聲,知翻切字。或曰:即諸葛鼓之遺。公盡其技,著先天字母之學,名《竟山等韻録》一卷。……見檢討所輯公樂説,名《竟山樂録》。……一、本賢事迹略載《浙江通志·孝義傳》中,餘不備録。"

雍正《浙江通志》卷一八八《孝義傳》:"(毛秉鏡)蕭山人,然諾不苟,急難者俱歸心焉。鄰某以負債累訟不息,秉鏡力爲排解,鬻產代償。"

《蕭山縣志稿》卷十六《人物》三:"毛秉鏡,字竟山。事母孝,後母葬湘湖,移住墓鄰,盛靖三宅,三載不預家事。少諳音律。"

毛藤亭《蕭山毛氏宗譜》卷四《大房世系紀》："秉鏡,行太七,字汝明,號敬(竟)山。……誥贈徵仕郎翰林院檢討,以鄉賢崇祀學宮。"

母張氏,稍有才學。以先生貴,敕封孺人。

毛藤亭《蕭山毛氏宗譜》卷四《大房世系紀》："(秉鏡)配張氏,誥封孺人。"

《墓誌銘十一·自爲墓誌銘》："五歲,請讀書。無師,太君口授《大學》。"

有兄三人:伯兄萬齡,仲兄錫齡,三兄慧齡。

毛藤亭《蕭山毛氏宗譜》卷四《大房世系紀》："(秉鏡)子四:萬齡、錫齡、慧齡、奇齡。"

伯兄萬齡,字大千,號東壺,與先生有"江東二毛""大小毛生"之目。順治八年拔貢,官仁和縣教諭。通音律,工詩文,著有《采衣堂集》。

毛藤亭《蕭山毛氏宗譜》卷四《大房世系紀》："行惠五,字大千,號東壺……順治辛卯拔貢,廷試第一,初授推官,改授知縣,又改仁和縣教諭。"

阮元《兩浙輶軒録》卷二："毛萬齡,字大千,號東壺。蕭山拔貢生,官仁和教諭。著《采衣堂集》。"

按,王昶《國朝詞綜》卷一："毛萬齡,字大千,蕭山人。順治七年拔貢生,官仁和縣教諭。有《采衣堂集》。"乾隆《紹興府志》卷三十四《選舉志五》："(順治朝貢生)毛萬齡,七年,教授。"順治七年爲戊寅年(1650),與毛藤亭《蕭山毛氏宗譜》卷四《大房世系紀》"順治辛卯拔貢"有出入,兹依《蕭山毛氏宗譜》所記爲準。

仲兄錫齡,字與三。長於治經,尤邃於《易》,著有《六經辨誤》。

《墓誌銘十一·自爲墓誌銘》："與三名錫齡,明亡時,自沉泮河,救免,終身不出試。"《仲氏易》卷一："仲氏在崇禎之季避難,得錮疾,授生徒,以説經自娱,而尤長於説《周易》。"

毛藤亭《蕭山毛氏宗譜》卷四《大房世系紀》："錫齡……隱居不仕,著《六經辨誤》二十卷。"

三兄慧齡,好黄老之術,以學仙早卒。

毛藤亭《蕭山毛氏宗譜》卷四《大房世系紀》："(慧齡)隱居不仕,好黄老之術。"盛唐《西河先生傳》："三兄慧齡,以學仙早死。"

妹一,適田氏。

毛藤亭《蕭山毛氏宗譜》卷四《大房世系紀》："(秉鏡)女一,適田東源解元元孫。"

妻陳何，蕭山庠生陳于仁女。無子，性妒悍，然頗有文才。以先生貴，敕封恭人。

《墓志銘十一·自爲墓志銘》："娶陳氏，以無子。"

《詩話》一："何，予婦，無字。"

毛繡亭《蕭山毛氏宗譜》卷四《大房世系紀》："（奇齡）配邑庠生陳于仁女，誥封恭人。"

陶元藻《全浙詩話》卷四十二"毛奇齡"條："先生凡作詩古文，必先羅書滿前，考核精細，才伸紙疾書。其夫人陳氏，以先生有妾曼殊，性妒悍，輒詈於人前曰：'爾輩以毛大可爲博學耶？渠作七言八句，亦必獺祭乃成。'先生笑曰：'動筆一次，展卷一回，則典故純熟，終身不忘，日積月累，自然博洽，後生小子幸效予爲之，婦言勿聽也。'"獨孤微生《泊齋別錄·毛大可暨德配陳夫人七十雙壽序》："（毛大可）夫人雅善筆墨，爲詩步君，俊得玉臺之體。君之避難於淮徐，夫人獨身楷柱者且十年。其名篇逸句亦時於君集中載之。"

妾三：林氏、張氏、馮氏。

《墓志銘十一·自爲墓志銘》："娶下妻三。初買淮婢，不宜子，遣之去。既而娶江寧林氏女名繁條，携之至江西，死。及官京師，娶曼殊（曼殊張姓，見《墓志》第六卷），又死。暨請假歸，則又娶杭州馮氏女。"

毛繡亭《蕭山毛氏宗譜》卷四《大房世系紀》："（奇齡）副室張氏、馮氏。"

妾張曼殊，小名阿錢，豐臺賣花女。

徐世昌《晚晴簃詩匯》卷一百八十四"張曼殊"條："曼殊小名阿錢，京師豐臺賣花家女。性慧。年十八爲西河小妻。……卒年二十四，事具西河所爲《葬銘》。"

無子，以三兄慧齡子珍爲繼子，珍早卒。

《墓志銘十一·自爲墓志銘》："予出游時，懼予不得還，以兄子珍後予，未成丁死。"

《墓志銘十·瘞珍志銘》："兒珍，三先兄子也。予出游時，恐從此不得歸，是以後予。……予歸，而珍以瘵死。"

又以三兄慧齡子遠宗爲繼子。遠宗字姬潢，號述齋。康熙二十九年（1690）舉人，四十五年（1706）進士，官內閣中書。

《墓志銘十一·自爲墓志銘》："既而以其弟遠宗繼之，康熙庚午，舉鄉試第二。"

毛繡亭《蕭山毛氏宗譜》卷四《大房世系紀》："遠宗，行啓二十六，字姬潢,號述齋。生於順治己亥七月十一日,仁和籍,中康熙庚午經魁,丙戌進士,授内閣中書。"

息子毛壹,字佩韋,號聞夫。妾馮氏出。四歲夭。

《墓志銘十一·自爲墓志銘》:"及予六十七,生一子,呼老得,錢唐倪璠贈名壹。數月識字,時予方注《易》,能以指作卦畫。四歲死。"

女一,適倪宗烈。

毛黼亭《蕭山毛氏宗譜》卷四《大房世系紀》:"女一,適倪。"《西河合集》卷首載"參校姓氏",中有"倪宗烈承武,婿"字樣。

髫年即受經,九歲爲文,十五歲爲諸生,鄉里譽爲"神童"。

《墓志銘十一·自爲墓志銘》:"五歲,請讀書。無師,太君口授《大學》。已訖,請問其字何等。太君買市雕《大學》一本,令循所讀自認之,一再周,無不識者。"

《序二十五·雪園集序》:"予與昌其比鄰居,兒時同學於塾師沈四先生之門。予九歲爲文。"

陶元藻《全浙詩話》卷四十三:"雪園與毛西河生同里,學同塾,年又相若。西河以十歲出應童子試,雪園則九歲能文……鄉里并號'神童'。"

吴桑梓、傅金祥編著《杭州全書·湘湖傳説》第一卷:"(毛奇齡)幼年好學,五歲讀《四書》,八歲讀《五經》,到了十三歲已經是滿腹經綸了。就在這一年,蕭山舉行童子考試,毛奇齡前去應試。考試官一見是個小孩來應考,就説:'黄毛未退,敢來應試?'毛奇齡順口應道:'鵠飛有待,此振先聲。'考試官一聽,知道來者非同一般,又口出一聯叫毛奇齡對答:'奇馬騎,單戈獨戰。'毛奇齡隨口應道:'日月明,合手成拿。'考試官知道這個小孩才學確實不錯,就拿出試卷,叫他考試。結果十三歲的毛奇齡名列榜首,名氣傳遍全縣。大家稱贊是個神童。"

生有異稟,博聞强記,能五官并用。

徐珂《清稗類鈔·異稟類·毛西河五官并用》:"蕭山毛西河檢討奇齡生有異稟,能五官并用。嘗以右手改弟子課作,左手撥算珠,耳聽弟子背誦經書,目視小僮澆花,口又答弟子之問難,間與其婦詬誶焉,不稍紊也。"

徐珂《清稗類鈔·異稟類·毛西河博聞强記》:"毛西河博聞强記,嘗與客言:'《四書》中有一妖、二怪、三女子、五龍、九虎、十先生,又九館、十先生。'二怪者,'素隱行怪''怪力亂神'是也。他昉此。毛歷歷數之,客且并'四書'之句而忘之矣。"

徐珂《清稗類鈔·異稟類·毛西河默寫市招》:"毛西河嘗與友騎而入

市,默記兩旁市招,歸而書於冊。明日,友持冊至市,校之,一字不差。"
李天馥《西河合集領詞》(載《西河合集》卷首):"西河不可及者三,身不挾一書冊,所至籯笥無片紙,而下筆蓬勃,胸有千萬卷。不可及一。少小避人,盛年在道路,得怔忪疾。遇疾發,求文者在門,捫胸腹四應,頃刻付去,無誤者。不可及二。讀書務精核,自九經、四子、六藝、諸大文外,旁及禮樂、鐘呂諸瑣屑事,皆極其根柢而貫其枝葉,偶一論及,輒能使漢、宋儒者悉拄口不敢辯。不可及三。"

負才任達,與人坦然無所忤,然跌蕩文酒,頗不自惜。
施閏章《學餘堂文集》卷十七《毛子傳》:"負才任達,善詩歌、樂府、填詞,與人坦然無所忤,賢者多愛其才,昵就之,而亦以才見忌一時。……然跌蕩文酒,頗不自惜。"
全祖望《鮚埼亭集外編》卷十二《蕭山毛檢討別傳》:"及西河貴,無以慰藉其婦,時時與歌童輩爲長夜之樂。"

少嚳於音律,以度曲知名。
《墓志銘十一·自爲墓志銘》:"予少失學,於凡學無所窺見,獨嚳於音律。孩抱時,聽客搊彈,能辨其和謬。"
《詞話》一:"予少不檢,曾以度曲知名,凡坊曲伎人爭相請教,且嘗以己詞令唱。"
全祖望《鮚埼亭集外編》卷十二《蕭山毛檢討別傳》:"西河少善詞賦,兼工度曲,放浪人外。"

與毛先舒、毛際可俱以文章雄東南文壇,有"浙中三毛,東南文豪"之譽。
《墓志銘九·毛稚黃墓志銘》:"時嚴州毛會侯以推官改祥符令,薦京師,工古今學,京師爲之語曰:'浙中三毛,東南文豪'。則又以稚黃與予及會侯而三也。"
《傳七·誥封奉政大夫家鶴舫君傳》:"予長於君者十年,而杭州稚黃氏又長於予。世嘗語云:'浙上三毛,東南文豪。'"
陳康祺《郎潛紀聞初筆》卷八"浙中三毛"條:"康熙間,蕭山毛西河奇齡、錢唐毛稚黃先舒、遂安毛會侯際可俱以文章雄長東南壇坫。時海内謂之語曰:'文中三豪,浙中三毛。'"

康熙十八年(1679),以廩監生應試博學鴻儒,授檢討,與修《明史》。
《清史列傳》卷六十八《儒林傳下》:"康熙十八年,以廩監生薦舉博學鴻儒科,試列二等,授翰林院檢討,充明史館纂修官。"

康熙二十四年,以葬親爲由歸里。後托以痹疾,乞病在籍。
《墓志銘十一·自爲墓志銘》:"予請假遷葬……得痹疾,兩足腫脹不能立,遂乞病在籍。"

歸田後,摒弃詞賦之業,肆力諸經。

《序二十九·淮安袁監州七十壽序》:"自六十歸田後,悔經學未攄,杜門闡《書》《易》《論語》《大學》及《三禮》《春秋》……客有以詩文造請者,直再拜謝不敏。"

《賦三·大清建皇京賦》:"歸田後,但留心經學,而於詞賦一類競弃置不問。"

按,先生歸田後,於經部十大類俱有著述,詳參本書附錄一《毛奇齡著述考略》。

工書法,善畫。

馮金伯《國朝畫識》卷六"毛奇齡"條:"工書法,尤善畫。妙得天趣,意到筆隨,但稍自矜惜,不多作,得者爭寶之。"

卷一　研经习文,蹭蹬科場

明熹宗天啓三年　後金太祖天命八年　癸亥(1623)　一歲

十月初五日,先生生。

《事狀二·大理寺寺丞前兵科掌印給事中任君行狀》:"康熙三十一年十月一日,原任大理寺寺丞任君卒於家,距生故明天啓三年五月廿日,年七十矣。予與君同年生。"《墓志銘十三·處士蔣君墓志銘》:"君諱名登,字高卿。……君生於天啓癸亥,得年七十有六。與予同年生。"推之,知先生生於本年。

毛黼亭纂修《蕭山毛氏宗譜》卷四《大房世系紀》載"奇齡……生於明天啓癸亥十月初五日。"

是年,親友年歲之可考者:父毛秉鏡三十八歲。伯兄萬齡十九歲。仲兄錫齡八歲。三兄慧齡五歲。師王孫蘭二十五歲。師陳子龍十六歲。師馮溥十五歲。劉宗周四十六歲。李明睿三十九歲。吳邦輔三十一歲。劉源長三十一歲。陳洪綬二十六歲。王猷定二十五歲。查繼佐二十三歲。祁彪佳二十二歲。來集之二十歲。徐芳聲二十歲。丁克振二十歲。顧如華十九歲。朱鶴齡十八歲。包秉德十七歲。張淑十七歲。張右民十六歲。吳偉業十五歲。黃宗羲十四歲。杜立德十三歲。陳台孫十三歲。朱在鎬十三歲。祁鴻孫十三歲。方以智十三歲。丁克揚十二歲。潘廷章十二歲。來蕃十二歲。周亮工十二歲。蔡仲光十一歲。來時美十歲。陸圻十歲。俞汝言十歲。姜垓十歲。宋琬十歲。曹垂燦十歲。朱士稚十歲。徐致遠十歲。魏耕十歲。吳卿禎九歲。徐繼恩九歲。吳百朋八歲。左國棅八歲。余懷八歲。柴紹炳八歲。閻修齡七歲。曹爾堪七歲。劉昌言七歲。徐崧七歲。鄧漢儀七歲。張新標六歲。尤侗六歲。施閏章六歲。顧豹文六歲。姜承烈六歲。王先吉六歲。沈珩五歲。來度五歲。顧有孝五歲。潘江五歲。張綱孫五歲。吳綺五歲。蕭伯升五歲。王嗣槐四歲。毛先舒四歲。陸塏四歲。姜圖南四歲。梁清標四歲。陸嘉淑四歲。孫枝蔚四歲。宗元鼎四歲。黃與堅三歲。劉漢中三歲。王端淑三歲。姜希轍三歲。宋實穎三歲。何之杰三歲。張杉三歲。金鎮二歲。高詠二歲。沈禹錫二歲。張錫懌二歲。駱復旦二歲。丁澎二歲。任辰旦一歲。梅清一歲。嚴繩孫一歲。

【時事】 正月，閹黨顧秉謙、魏廣微入閣；是月，荷蘭據澎湖。十二月，魏忠賢提督東廠。

明熹宗天啓四年　後金太祖天命九年　甲子（1624）　二歲

沈胤範生。沈荃生。汪琬生。姚啓聖生。方育盛生。吴山濤生。何嘉祐生。

李來泰生。（據李來泰《蓮龕集》卷十五《弟叔吉墓志銘》）

妻陳何生。（據獨孤微生《泊齋別録·毛大可暨德配陳夫人七十雙壽序》）

【時事】 正月，浙江長興縣民殺知縣等，旋爲明軍鎮壓。二月，薊州、永平、山海關地震。三月，杭州明軍嘩變。五月，福寧明軍嘩變。六月，左副都御史楊漣劾魏忠賢二十四大罪，繼漣劾魏者麕至，熹宗慰忠賢而斥漣等。七月，葉向高見閹黨勢盛，知事不可爲，乞歸。徐州河決。山東饑荒。十月，削吏部侍郎陳于廷、左副都御史楊漣、僉都御史左光斗等籍。

明熹宗天啓五年　後金太祖天命十年　乙丑（1625）　三歲

李霨生。鄭重生。陳維崧生。曾燦生。陳秉直生。

【時事】 正月，清兵取旅順。三月，努爾哈赤遷都瀋陽。魏忠賢大肆迫害東林黨人，楊漣、左光斗和魏大中被逮，旋卒獄中。八月，明熹宗下令毀東林講學書院。殺前遼東經略熊廷弼。十月，罷遼東經略孫承宗，以兵部尚書高第代之。十二月，榜示東林黨人姓名。

明熹宗天啓六年　後金太祖天命十一年　丙寅(1626)　四歲

單隆周生。

> 《序二十五·雪園集序》:"予與昌其比鄰居……而昌其小予三歲。"單隆周《雪園詩賦初集》卷九《庚寅元旦》:"五十稱衰邁,予今已半之。"蔡仲光《謙齋文集》卷八《贈單昌其四十序》:"今乙巳之歲,已四秩矣。"《蕭山西河單氏家譜》:"(隆周)生明天啓六年丙寅六月十七日午時。"知單隆周生本年生。

宋德宜生。陸世楷生。倪燦生。方膏茂生。

【時事】　正月,努爾哈赤率軍攻寧遠,袁崇煥等力禦之。魏忠賢再興大獄,逮前左都御史高攀龍等。三月,袁崇煥巡撫遼東。熹宗罷高第,以王之臣代爲經略。八月,努爾哈赤卒,皇太極九月即位,改明年爲天聰元年。十月,明廷爲魏忠賢建生祠。是年,京師大雨、地震。河南、江北、山東、雲南等地,水、旱災。

明熹宗天啓七年　後金太宗天聰元年　丁卯(1627)　五歲

正月,祁理孫生。(據《山陰祁氏家譜》)

六月,姜廷梧生。(據姜錫桓纂修《姜氏世譜》寅集《姜桐音處士墓志銘》)

繆彤生。湯斌生。鄒祗謨生。

是年,母口授《大學》。

> 《墓志銘十一·自爲墓志銘》:"五歲,請讀書。無師,太君口授《大學》。已訖,請問其字何等。太君買市雕《大學》一本,令循所讀自認之,一再周,無不識者。"
> 按,趙爾巽《清史稿》卷四八一《儒林傳》二:"四歲,母口授《大學》。""四歲",實誤,諸書均作"五歲"。

【時事】　三月,陝西澄城民以歲饑而徵糧不已,怒殺知縣。春,清兵侵入朝鮮。五月,皇太極率兵攻寧遠、錦州,被袁崇煥擊退。七月,袁崇煥被魏忠賢劾罷。八月,明熹宗病死,弟朱由檢即位,以明年爲崇禎元年。十一月,朱由檢榜示魏忠賢罪狀,魏忠賢自殺。明廷罷邊疆各地鎮守太監。是年,河南、廣東、浙江等地蝗、水災。陝西大旱,米脂地震。

明思宗崇禎元年　後金太宗天聰二年　戊辰(1628)　六歲

倪之煌生。

王熙生。項景襄生。秦保寅生。姜宸英生。李念慈生。

【時事】　四月,以袁崇焕爲兵部尚書,督師薊遼。六月,削魏忠賢黨馮銓、魏廣微籍。七月,浙江海溢,漂没數萬人。鄭芝龍接受福建巡撫熊文燦招撫。陝西連年饑荒,王嘉胤、王大梁、高迎祥等紛紛率衆起義,攻城掠地,誅殺官吏。高迎祥自稱"闖王"。李自成投奔王嘉胤。

明思宗崇禎二年　後金太宗天聰三年　己巳(1629)　七歲

從伯兄萬齡受《尚書》,知有今古文之分。

《尚書廣聽錄》卷一:"予七歲受《尚書》。"

《古文尚書冤詞》卷一:"七歲,受《尚書》,即聞有今文、古文之分。"

按,《國風省篇》叙:"毛甡隨兄萬齡受《尚書》畢,去,受他經。"

張溥招江南諸文社於尹山大會,成立復社。松江徐孚遠、陳子龍、夏允彝等創立幾社。

陸世儀《復社紀略》卷一:"吴江令楚人熊魚山先生諱開元,以文章經術爲治,知人下士。……於是爲尹山大會。苕、霅之間,諸名彦畢至。未幾,臭味禽集,遠自楚之蘄、黄,豫之梁、宋,上江之宣城、寧國,浙東之山陰、四明,輪蹄日至。比年而後,秦、晋、閩、廣多有以文郵致者。是時,江北匡社、中州端社、松江幾社、萊陽邑社、浙東超社、浙西莊社、黄州質社與江南應社,各分壇坫,莫相統一。天如乃合諸社爲一,而爲之立規條,定程課。……因名曰'復社'。"

陳乃乾、陳洙《徐闇公先生年譜》"崇禎二年己巳"條:"與夏彝仲(允彝)、杜仁趾(麟徵)、周勒卣(立勛)、彭燕又(賓)、陳卧子(子龍)倡爲幾社,有《幾社六子會義》之刻。"

按,朱彝尊《静志居詩話》卷二十一:"詩流結社,自宋、元以來,代有之。

追明萬曆間,白門再會,稱極盛矣。至於文社,始天啓甲子。……崇禎之初,嘉魚熊開元宰吳江,進諸生而講藝。於時孟朴里居,結吳翺扶九、吳允夏去盈、沈應瑞聖符等肇舉復社。于時雲間有幾社,浙西有聞社、江北有南社、江西有則社,又有歷亭席社、昆陽雲簪社,而吳門別有羽朋社、匡社,武林有讀書社,山左有大社,僉會於吳,統合於復社。復社始於戊辰,成於己巳。"知復社始成於是年。

丘象升生。李澄中生。朱彝尊生。盧宜生。茆薦馨生。黃虞稷生。趙士麟生。呂留良生。

【時事】 春,以楊鶴爲三邊總督,撫剿農民軍。四月,裁驛站。六月,袁崇煥殺毛文龍。八月,永寧土司奢崇明、水西土司安邦彥皆敗死。十月,清兵入大安口。十一月,清兵破遵化,進逼北京。袁崇煥率軍馳援,崇禎帝中後金反間計,下袁崇煥於獄。

明思宗崇禎三年　後金太宗天聰四年　庚午(1630)　八歲

善誦,父秉鏡使盡讀《論語注》。

　　盛唐《西河先生傳》:"及入塾,太翁以先生善誦,使盡讀《論語注》。"
祁彪佳居家守制,與劉宗周講體用之學。(據王思任編《祁忠敏公年譜》)

陸葇生。屈大均生。黃運泰生。

【時事】 正月,後金軍連陷永平、灤州、遷安等地,數月後敗退。三四月間,陝西農民軍入山西,破趙城等地,聲勢日壯。六月,王嘉胤克府谷,張獻忠等應之,號"八大王"。明廷以洪承疇以都御史巡撫延綏。八月,崇禎帝以"謀叛"罪殺袁崇煥。王嘉胤、張獻忠等轉戰山西,敗而復振。十一月,破河曲。

明思宗崇禎四年　後金太宗天聰五年　辛未(1631)　九歲

與單隆周同學於塾師沈四,始爲文。

　　《序二十五·雪園集序》:"予與昌其比鄰居,兒時同學於塾師沈四先生之門。予九歲爲文。"

單隆周(1626—1679),字昌其,浙江蕭山人。幼與毛奇齡并稱"神童"。詩摹杜甫,爲文力追古漢。著有《史記考异》《希姓補》《經濟録》《鹿革囊》《四子書講義》《雪園集》等。(乾隆《紹興府志》卷五十四)

沈四,生平不詳。

約於是年,塾師爲講郭巨埋兒事,矢志爲孝子。

《蕭山縣志刊誤》卷一:"兒時,塾師講埋兒事,歸而流涕。且爲轉講於姊姒傍,言未畢而泪已下。嘗暗室矢志,必爲孝子。"

祁彪佳服闋入京,考授御史。會見徐光啓。(據祁彪佳《祁忠敏公日記》)

范必英生。李因篤生。徐乾學生。徐嘉炎生。吳兆騫生。張希良生。彭孫遹生。周金然生。丘象隨生。

【時事】 六月,王嘉胤兵敗被殺,部下推王自用爲首,號紫金梁,結高迎祥、張獻忠等三十六家會於山西。八月,皇太極圍祖大壽於大凌城。九月,下楊鶴於獄,以洪承疇總督三遼軍務。羅汝才、張獻忠初僞降於洪承疇,至十一月復叛,入山西。閏十一月,毛文龍原部將孔有德、耿仲明等於奉命援遼途中,叛於吳橋。

明思宗崇禎五年　後金太宗天聰六年　壬申(1632)　十歲

是年,應童試。

《序二十五·雪園集序》:"十歲,出赴試,應童子科。"

見楊炯詩,誦而好之。

《序二十二·李廣寧司馬詩集序》:"十歲,見楊盈川詩,初未嘗知爲詩也,而誦而好之。"

吳興祚生。祁班孫生。方中德生。方象瑛生。吳農祥生。徐林鴻生。張遠生。

【時事】 正月,農民軍克宜君、保安、合水等地。二月,破鄜州。三月,破華亭。孔有德破登州、黃縣、平度,後敗歸登州。七月,明廷命太監提督京營軍事。八月,洪承疇連敗農民軍於平凉、甘泉等地。九月,海盗劉香老焚燒福建,被鄭芝龍擊退。是月,紫金梁、高迎祥、張獻忠、羅汝才合兵,連破山西州縣,入河南,破修武,圍懷慶,旋敗還山西。是年,後金征服察哈爾。

明思宗崇禎六年　後金太宗天聰七年　癸酉(1633)　十一歲

春,張溥乞假歸,於虎丘開復社大會,到會者數千人。

  陸世儀《復社紀略》卷二:"癸酉春,溥約集社長爲虎丘大會。先數月前,傳單四出。至日,山左、江右、晉、楚、閩、浙以舟車至者數千餘人,大雄寶殿不能容。……游人聚觀,無不詫嘆,以爲三百年來未嘗有也。"

毛際可生。毛遠公生。徐秉義生。周令樹生。胡渭生。來垣生。

【時事】　正月,明廷命曹文詔節制山西、陝西。二月,農民軍據林縣山中,饑民紛起響應。農民軍長驅河北,爲大名副將盧象昇所敗,遂走河南。五月,明軍克登州,孔有德、耿仲明降後金。七月,後金攻取旅順。冬,高迎祥、李自成、張獻忠、羅汝才率農民軍破澠池,分入湖廣、河南、漢中等地。十二月,下宜陽、鄖西等地。

明思宗崇禎七年　後金太宗天聰八年　甲戌(1634)　十二歲

宋犖生。徐元文生。王士禎生。袁佑生。莫時荃生。

陳儒楨(後更名陳字)生。(據黃涌泉《陳洪綬年譜》)

【時事】　正月,尚可喜降後金。明廷以陳奇瑜總督河南、山西、陝西、四川、湖廣五省軍務。農民軍自鄖陽渡漢水入蜀。二月,破夔州、大寧等地。三月,山西、陝西大旱,赤地千里,民大饑,人相食。四月,農民軍入湖廣、陝南、河南交界。六月,高迎祥部爲陳奇瑜困於漢中車廂峽,李自成定計僞降,遂脱圍,連破澄城、真寧諸地。七月後,後金兵陷宣府、大同、保安等地,京師戒嚴。十一月,下陳奇瑜於獄。十二月,高迎祥部農民軍入河南,明廷以洪承疇代陳奇瑜總督河南、山西、陝西、湖廣、保定、真定等處軍務。

明思宗崇禎八年　後金太宗天聰九年　乙亥(1635)　十三歲

祁彪佳請假歸里,爲歸隱計,經營寓山園別墅。

李天馥生。田雯生。李良年生。方中通生。曹申吉生。

【時事】　正月,高迎祥等破滎陽、上蔡、固始等地。洪承疇急督師入河南,欲剿滅農民軍於河南。農民軍十三家七十二營會於滎陽,商量對策。李自成獻"分兵定所向"之計,於是高迎祥、張獻忠諸部東向,破鳳陽,焚皇陵。尋農民軍又分向陝西和巢縣一帶。四月,鄭芝龍擊敗劉香老,香老自殺,衆悉降。五月,後金軍侵寧遠等地。秋,明廷命盧象昇總理直隸、河南、山東、四川軍務,以配合洪承疇鎮壓農民軍。十月,後金多爾袞略山西。十一月,高迎祥破陝州。

明思宗崇禎九年　後金太宗天聰十年
清太宗崇德元年　丙子(1636)　十四歲

王晫生。閻若璩生。汪楫生。王又旦生。徐釚生。

【時事】　正月,高迎祥、李自成攻固始,三月,復入陝。四月,後金皇太極稱帝,改國號爲清,改元崇德。六七月間,清軍大舉攻明,入喜峰口,連陷昌平、安州等十六城,俘獲人口牲畜十八萬,引兵東歸。七月,高迎祥爲陝西巡撫孫傳庭所敗,被俘就義,所部農民軍共推李自成爲"闖王"。九月,明廷改調盧象昇總督宣、大、山西軍務,以防禦清兵。十月,張獻忠破襄城。十二月,李自成爲洪承疇所敗,走慶陽一帶。是年,皇太極親征朝鮮。山西、河南南陽發生饑荒,人相食。

明思宗崇禎十年　清太宗崇德二年　丁丑(1637)　十五歲

陳子龍中進士。曹溶中進士。
與駱復旦定交。

　　《瀨中集》卷首駱復旦序:"予與毛子束髮定交,將三十年。"
　　駱復旦(1622—1685),字叔夜,一字曼生,浙江紹興人。順治八年(1651)拔貢生。十二年(1655),授陝西三原縣知縣。康熙三年(1664),調江西崇仁縣知縣。後以逋賦入獄。八年(1669),遇恩詔赦免。著有《桐蔭堂詩鈔》《山雨樓詩鈔》《至樂堂詩鈔》等。(《墓志銘八·駱明府倪孺人合葬墓志銘》、阮元《兩浙輶軒録》卷二)

與任辰旦、王先吉、韓日昌從伯兄萬齡受學於任氏山莊,稱"四杰"。

《序三十·江皋草堂應試文序》:"而憶予總卯從予伯氏於任氏山莊。時學者多人,擊鐘會食,亦以課文比考校,題名中堂。而是年爲崇禎丁丑,祇予一人取童試。"

《事狀二·大理寺寺丞前兵科掌印給事中任君行狀》:"中書舍人王先吉、舉人韓日昌嘗偕君與予同受書於予伯兄仁和教諭東壺公。公每坐講,必左右視曰:'此四杰也。'"

《墓志銘八·吏部進士候補內閣中書王君墓志銘》:"君生平以文章名,少與予同硯,游於先教諭之門。"

任辰旦(1623—1692),字千之,號待庵,浙江蕭山人。康熙六年(1667)進士,榜名韓燦。十四年(1675),任上海縣知縣。二十二年(1683),考選工科給事中。二十三年(1684),任湖廣鄉試正主考。旋遷兵科掌印給事中,轉大理寺寺丞。著有《介和堂集》。(《事狀二·大理寺寺丞前兵科掌印給事中任君行狀》、《蕭山縣志稿》卷十六)

王先吉(1619—1689),字枚臣,號毅庵,蕭山人。康熙九年(1670)進士,候補內閣中書舍人。著有《容安軒詩鈔》。(《墓志銘八·吏部進士候補內閣中書王君墓志銘》、《蕭山縣志稿》卷十六)

韓日昌,字燕克,蕭山人。諸生。性孤峭。康熙十一年(1672)中舉,未幾,卒。(《蕭山縣志稿》卷十六)

按,任氏山莊,无考,疑爲任辰旦宅。

與何之杰同入學爲諸生。

《墓志銘十四·何毅庵墓志銘》:"毅庵長於予二歲。崇禎十年,與予同入學爲諸生。"

何之杰(1621—1699),字伯興,號毅庵,晚號天甦,浙江蕭山人。諸生。劉宗周弟子。工詩,與徐緘、毛奇齡稱"越中三子",有《越州三子》詩行世。(《墓志銘十四·何毅庵墓志銘》、《蕭山縣志稿》卷十六)

按,全祖望《鮚埼亭集外編》卷十二《蕭山毛檢討別傳》:"陳公大樽爲推官,嘗拔之,冠童子,遂補諸生。"趙爾巽《清史稿》卷四八一《儒林傳》二:"陳子龍爲推官,奇愛之,遂補諸生。"徐世昌《清儒學案》卷二十五《西河學案(上)》:"陳子龍爲推官,拔之,冠童子軍,遂補諸生。"全氏說有誤,《清史稿》《清儒學案》沿誤。考乾隆《紹興府志》卷二十六:"(推官)陳子龍,松江人,崇禎十三年任。"陳子龍編、王澐續編《陳忠裕公自著年譜》"崇禎十三年"條:"以六月,就選人,得紹興司理。"知陳子龍於崇禎十三年六月任紹興府推官。而毛奇齡補諸生,在崇禎十年,其時陳子龍未任。另《事狀一·敕贈徵仕郎翰林院檢討先君竟山公崇祀鄉賢事狀》:"本賢(毛秉鏡)長子仁和教諭,爲推官陳卧子先生試取第一。季子檢討,爲太守王雪肝先生試取第一。"《序四·道墟十八圖咏序》:"予少時,與章君含可同以小試受知於王雪干(肝)師。"知陳子龍試取的是毛萬齡,而先生爲紹興知府王孫蘭試取。

與吳西美訂交。

《序二·吳母黄太君壽序》:"少時,與太君嗣子西美訂杵臼交。"

吳西美,本姓謝,浙江蕭山人。(單隆周《雪園詩賦初集》卷十五《過吳西美》題下注曰:"西美本謝氏,以吳行。")

是年後,稍習經史。

《又奉史館總裁札子》:"某幼攻八比,自十五歲爲諸生後,稍習經史。"

韓菼生。曹禾生。秦松齡生。邵長蘅生。張貞生。諸匡鼎生。張英生。

【時事】 正月,張獻忠攻安慶、桐城,別部攻滁州。李自成攻涇陽、三原。二月,張獻忠入潜山,爲史可法所敗。楊嗣昌爲兵部尚書,建言以四正六隅之法圍困農民軍。四月,以熊文燦總理直隸、山西、陝西、四川、湖廣軍務,司攻農民軍事。清軍攻占皮島、石城島,總兵沈世魁、副將金日觀等被殺。五月,李自成爲孫傳庭所敗,走秦州。十月,李自成破寧羌,分道入川,破昭化、劍州等三十餘城,攻成都,不克。是年,朝鮮降清,皇太極親臨受降。山西、江西大旱。浙江大饑,至父子、夫妻、兄弟相食。

明思宗崇禎十一年　清太宗崇德三年　戊寅(1638)　十六歲

姜垚生。錢金甫生。李鎧生。陳廷敬生。萬斯同生。

【時事】 二月,洪承疇敗李自成於梓橦,走洮州。四月,張獻忠僞降於熊文燦。九月,清多爾袞、岳托分道攻明,由墻子嶺、青山關等地入塞。十月,清兵會於通州,京師戒嚴。是月,李自成爲洪承疇拒於潼關,大敗,退守商洛山中。十一月,清兵略良鄉、涿州,陷高陽,原大學士孫承宗殉難。十二月,宣大總督盧象昇與清兵大戰於巨鹿賈莊,以太監高起潜擁兵坐視,衆寡懸殊,全軍覆没。明廷徵洪承疇入衛京師,時清兵接連攻下四十三城,入山東,明地方官望風而逃。是年,山東、河南大旱、蝗灾。山西、陝西亦大旱、饑荒。

明思宗崇禎十二年　清太宗崇德四年　己卯(1639)　十七歲

秋,初應鄉試。

《序十七·東皋詩集序》:"崇禎己卯之秋,予以童年應臨安鄉試。"

《墓誌銘四·敕贈承德郎陳先生墓誌銘》:"予成童時,赴崇禎己卯鄉試。"

交汪渢、陳廷會、柴紹炳、沈昀、孫治。

《碑記五·五賢崇祀鄉賢祠記》:"武林有五賢,皆明季隱君子也。……當予見五賢,在崇禎之末。維時己卯、庚辰間,修里社之廢,而集鄉之文人學士以爲社。在五賢立社,則有所爲'登樓'與'攬雲'者。其人尚氣節,以東漢諸儒爲宗。而其爲文則精深奧博,破陋學之藩,而一歸於古。予時以總角附敦盤之末,同應鄉舉,因得交於五先生。……五賢者,一汪渢,一陳廷會,一柴紹炳,一沈昀,一孫治也。"

汪渢(1618—1665),字魏美,浙江錢塘人。少孤貧,力學。與人落落寡諧,號曰"汪冷"。崇禎十二年(1639)中舉。與同縣陸培齊名,明亡後,培自經死,渢爲文祭之,一慟幾絶,遂棄科舉。(黃宗羲《南雷文定前後三四集》卷七《汪魏美先生墓誌銘》、魏禧《魏叔子文集外篇》卷十七《高士汪渢傳》、汪懋麟《百尺梧桐閣文集》卷五《前舉人汪魏美先生傳》)

陳廷會(1618—1679),字際叔,號瞻雲,浙江錢塘人。諸生。明亡後,隱居不仕,授徒自給。性至孝,尤篤於友誼。陸培殉難,教其子繁弨力成人。與陸圻、柴紹炳、毛先舒、張綱孫、吳百朋、丁澎、沈謙、孫治、虞黃昊砥礪志節,時號"西泠十子"。(民國《杭州府志》卷一百四十五、阮元《兩浙輶軒録補遺》卷一)

柴紹炳(1616—1670),字虎臣,號省軒,又號翼望山人,浙江仁和人。工詩文,人稱"西陵體",於"西泠十子"中,名最著。明亡後,棄諸生,隱居西湖南屏山,以教授、著述爲事,尤究心於音韻學。著有《柴省軒先生文鈔》《柴氏古韻通》《省軒考古類編》等。(《事狀三·柴徵君墓狀》、方象瑛《健松齋續集》卷八《柴虎臣先生傳》)

沈昀(1618—1677),初名蘭先,字甸華,後更名昀,字朗思,浙江仁和人。諸生。劉宗周弟子。明亡後,棄舉業,刻苦清勵以自守。其學以誠敬爲宗,以適用爲主,而力排佛老。著有《四子略》《五子要言》等。(徐鼒《小腆紀傳》卷五十四)

孫治(1619—1683),字宇台,號鑒庵,又號武林西山樵者,浙江錢塘人。明亡後,不與試,游幕四方。著有《孫宇台集》《武林靈隱寺志》。(孫治《孫宇台集》卷首孫孝楨《先考文學鑒庵府君行實》、吳慶坻《蕉廊脞錄》卷四)

與祁鴻孫、徐繼恩、張右民、吳百朋、陸圻、陸培等舉蘭里文社於涌金門外,初識陸堦於杭州板兒巷。

《墓志銘十五·陸三先生墓志銘》:"崇禎己卯,舉兩浙鄉試,先生偕兩兄合梓其社業行世。……予是年初赴試場,從祁君奕遠舉蘭里文社於涌金門外,杭之名士唯徐君世臣、張君用霖、吳君錦雯先後至,曰:'三陸君何在?'既而麗京、鯤庭來,而先生不赴。次日,訪先生於板兒巷。予之見先生從本年始。"

祁鴻孫(1611—1656),字奕遠,浙江山陰人。彪佳從子,理孫從兄。清軍南下,起兵山陰,與黃宗羲世忠營相結,共同抗清。精音律,曾參閱《南詞新譜》。(阮元《兩浙輶軒錄》卷三、《山陰祁氏家譜》)

徐繼恩(1615—1684),字世臣,號逸亭,浙江仁和人。南明弘光時,舉明經。爲文刺馬士英,馬士英怒,將逮之,大行人陸培力爭之,乃已。後爲僧,法名靜挺,字俍亭。生平著述頗豐,有《十笏齋詩集》《易象擄空》《軒傳略解》《洞宗剩語》《四書偶言》《周易雜論》《毛詩別解》《三禮異同考》《經濟指南》《博物辨》《唯識删繁》《四教儀直指》《學佛考訓》《周易略解》《雲溪問易》《漆園博通》《參智證傳》《維摩饒舌》《圓覺聯珠》《雲溪語錄》《資聖語錄》《雲門顯聖語錄》等。(《塔志銘一·洞宗二十九世傳法五雲俍亭挺禪師塔志銘》、徐鼒《小腆紀傳》卷五十八)

張右民(1608—1690),字用霖,號東皋,浙江錢唐人。葛寅亮弟子。明亡後,隱東城,以著述、授徒爲生。康熙十七年,詔徵博學鴻儒,堅辭不就。著有《東皋詩文集》。(阮元《兩浙輶軒錄》卷一)

吳百朋(1616—1670),字我百,一字錦雯,號樸齋,別號石霜,浙江錢塘人。崇禎十五年(1642)舉人。順治十五年(1658),授江南蘇州府推官。康熙三年(1664),改廣東肇慶府推官。八年(1669),調南和縣知縣。著有《蘭陵草》《娛暉堂集》。(孫治《孫宇台集》卷二十四《亡友吳錦雯行狀》、民國《杭州府志》卷一百三十五)

陸圻(1614—?),字麗京,又字景宣,號講山,浙江仁和人。少與弟培、堦以文學、志行見重於時,號"陸氏三龍門"。與吳百朋、毛先舒等入登樓社。莊廷鑨史禍作,被逮,以先嘗具狀自陳,事得白。康熙六年(1667),隱於僧,初名法龍,字誰庵。後入粵,謁函是於丹霞山,易名今竟,字與安。著有《從同集》《威鳳堂集》《西陵新語》《新婦譜》等。(全祖望《鮚埼亭集》卷二十六《陸麗京先生事略》、《清史稿》卷四八四《文苑一》)。
陸培(1617—1645),字鯤庭,浙江仁和人。陸圻弟,陸堦兄。崇禎十三年(1640)進士。南明福王時,官行人司行人。杭州失守,作《絕命詩》,自經死,年二十九。著有《旃鳳堂集》。(溫睿臨《南疆逸史》卷十三)
陸堦(1620—1702),字梯霞,浙江錢塘人。著有《四書大全》《白鳳樓集》。(阮元《兩浙輶軒錄》卷一)

鄉試不第,隨兄萬齡讀書於傅元升橫山草堂。

《序八·傅生時議二刻序》:"吾生十七年,而與傅子元升讀書於橫山草堂。"

《序八·傅生時議一刻序》:"予隨兄大千讀書於傅元升之草堂,裁弱冠耳。"

乾隆《杭州府志》卷二十四:"橫山草堂在六松林畔,爲江氏別業。有醉山閣、擁書樓、竹浪居、藏山舫。"

汪懋麟生。嚴曾榘生。

【時事】 正月,清兵破濟南,俘德王朱由樞而去。明廷以洪承疇爲薊遼總督。二月,清兵攻松山、杏山,不能克。五月,張獻忠復叛,羅汝才響應,破房縣等地。六月,山東、山西、河南旱、蝗,明廷加徵練餉。七月,張獻忠、羅汝才大敗左良玉。秋,下熊文燦於獄,命楊嗣昌司攻農民軍。李自成爲明軍所敗,走鄖陽。十月,清兵略寧遠,總兵金國鳳戰死。

明思宗崇禎十三年　清太宗崇德五年　庚辰(1640)　十八歲

王孫蘭補紹興府知府。是年,兩浙凶饑,孫蘭與祁彪佳定賑救法。

《傳五·明廣東按察司副使分巡廣南韶道殉節前紹興府知府王公傳》:"公名孫蘭,字畹仲,無錫人。中崇禎四年二甲進士。……至十三年,補紹興。會紹興饑,御史祁彪佳鄉居,孫蘭與彪佳定賑救法。"

王孫蘭(1599—1643),字畹仲,號雪肝,江蘇無錫人。崇禎四年(1631)進士,授刑部主事,進員外郎,出爲成都知府。十三年(1640),補紹興知府。十五年(1642),遷廣東按察副使,分巡南雄、韶州二府。十六年(1643),張獻忠陷湖南,湖南彬州與韶接壤,乞援,督撫不應,自縊死。(方都秦《梅溪文集》卷三《王雪肝先生傳》、吳偉業《梅村家藏稿》卷四十三《中憲大夫廣東兵備副使王公畹仲墓誌銘》)

祁彪佳(1602—1645)，字幼文，一字弘吉，號虎子，又號世培、遠山堂主人，浙江山陰人。天啓二年(1622)進士。授興化府推官。崇禎四年(1631)，任右僉都御史，受權臣排斥，家居數載，崇禎末年復官。清兵入關，力主抗清，遷大理寺丞，轉右僉都御史，巡撫蘇松。清兵陷杭州，自沉殉國，謚忠敏。著有《遠山堂曲品》《遠山堂劇品》。(徐鼐《小腆紀傳》卷十五)

陳子龍補紹興府推官。

乾隆《紹興府志》卷二十六："(推官)陳子龍，松江人，崇禎十三年任。"

從陳子龍游，子龍評其文曰"才子之文"。

《東陽撫寇記事》："予爲諸生時，從司理游。"

《序十一·蒼崖詩序》："予幼時頗喜爲异人之詩。既而華亭陳先生司李吾郡，則嘗以二《雅》正變之説爲之論辨。"

《墓誌銘十一·自爲墓誌銘》："少時，華亭陳子龍評予文曰'才子之文'。"

陳子龍(1608—1647)，初名介，字卧子，號軼符，晚號大樽，江蘇華亭人。崇禎十年(1637)進士。歷官紹興府推官、兵科給事中。明亡後，堅持抗清，魯王授以兵部職銜，結太湖兵舉事，被捕後投水自盡。曾組織"幾社"，後入復社。輯有《明經世文編》，整理徐光啓的《農政全書》。著有《陳忠裕公全集》。(光緒《重修華亭縣志》卷十五)

周亮工中進士。姜垓中進士。

梅庚生。周在浚生。吴之振生。龍燮生。

【時事】　二月，鄭崇儉大敗張獻忠於太平縣之瑪瑙山。五月，清兵攻杏山，敗祖大壽、吴三桂，又攻錦州，盡刈錦州城内禾稼而去。六月，多爾衮屯田義州，進逼山海關。十二月，李自成率部進軍河南，災民群起依附。是歲，山東、河南、山西、陝西旱、蝗，人相食。

明思宗崇禎十四年　清太宗崇德六年　辛巳(1641)　十九歲

冬，左光先巡按浙江。

方文《嵞山集》卷四辛巳《送左三山先生巡按浙江》。

左光先(1580—1659)，字述之，一字羅生，號三山，安徽桐城人。光斗弟。天啓四年(1624)舉人，崇禎元年(1628)任福建建寧縣知縣，有政聲。擢御史，巡按浙江。適東陽許都倡亂，光先命將擊之，連收其所據四邑。紹興司理陳子龍欲降許都,光先不可,執而戮之。南都亡後,返里,隱於漁樵。著有《左侍御公集》。(光緒《重修安徽通志》卷一百七十九)

是年前後,與趙甸游,慕其文,兄事之。

《事狀一‧趙孝子遺事狀》:"予與山陰趙甸游,慕其爲文,嘗兄事之。既而丁國變,髡頂披緇,更其名壁雲,今畫題稱'壁雲甸'是也。"

趙甸(？—1674),字禹功,浙江會稽人。劉宗周弟子。家極貧,學蕭以養親,時稱"趙孝子"。明亡後,隱於緇,賣畫以活,世稱"壁林高士畫"。晚年講學於俛山,生徒甚盛。(張庚《國朝畫徵續録》卷上)

是年前後,讀王楙《野客叢書》而好之,遂效之作《説麻》十二卷。

《序十四‧倘湖樵書序》:"幼時,讀《野客叢書》而好之,遂效之作《説麻》十二卷。"

是年前後,傭書來氏,從來集之游。

《序十四‧倘湖樵書序》:"時傭書長河間,嘗詣元成先生,聽先生譚議。"

《序十二‧來子心聲序》:"少從倘湖先生游,嘆先生以逸摯之性流爲文章,真所謂淳意發高文者。"

來集之(1604—1682),初名偉才,又名鎔,字元成,號倘湖,浙江蕭山人。崇禎十三年(1640)進士。官安慶府推官,遷兵部主事。南明福王時,官至太常寺少卿。南明弘光政權覆滅後,隱居倘湖之濱,耕讀以自給。精於《易》《春秋》,著有《倘湖樵書》《博學匯書》《讀易偶通》《易圖親見》《卦義一得》《春秋志在》《倘湖文集》《南行偶筆》《南行載筆》《倘湖近刻》《倘湖詩餘》等。尤工曲。著有雜劇《秋風廚三叠》《挑燈劇》《碧紗籠》及《女紅紗》。(毛奇齡《墓碑銘二‧故明中憲大夫太常寺少卿兵科給事中來君墓碑銘》、來秉奎等纂修《蕭山來氏家譜》)

是年前後,與張公授爲詩。

《序二十二‧張澹民詩序》:"少時與澹民之弟公授爲詩。……予少好宋、元人詩,既而隨俗觀鍾伯敬選詩,又既而悉弃去,效嘉、隆間王、李、吴、謝、邊、徐諸詩,則正與公授爲詩時也。"

張公授,生平無考。

金烺生。劉中柱生。龐塏生。

【時事】　正月,李自成部農民軍攻破洛陽,殺福王朱常洵,發藩邸財穀賑饑民。福王子由崧奔懷慶。張獻忠、羅汝才克巴州,敗官軍於開縣,入湖廣,攻荆門。二月,張獻忠部攻破襄陽,殺襄王朱翊銘、貴陽王朱常法,發銀賑饑民。三月,楊嗣昌以連失兩郡,喪兩藩王,懼罪自裁。清廷以丁啓睿爲兵部尚書,督師討農民軍。清兵以是月再圍錦州。四月,張獻忠攻固始,陷光州,進逼麻城。六月,山東、河南、浙江、湖廣旱、蝗,饑民紛紛起事。八月,清兵敗洪承疇之師於松山、杏山。十一月,李自成破南陽,殺唐王朱聿鏼。十二月,圍開封,不克。

明思宗崇禎十五年　清太宗崇德七年　壬午(1642)　二十歲

春,復社成員集於虎丘。

> 杜登春《社事本末》:"復社自己巳至辛巳,十三年中凡三大會。……壬午春,又大集虎丘,維揚鄭超宗先生之亢、吾松李舒章先生雯爲主盟。桐城方密之先生以智、直之先生其義、孫振公先生中麟,合肥龔孝升先生鼎孳,溧陽陳百史先生名夏、宋其武先生之繩,江右曾庭聞先生傳燈,武林登樓諸子如嚴子岸先生渡、嚴子問先生津、嚴子餐先生沆、吳錦雯先生百朋、陸麗京先生圻、陸鯤庭先生培、陳玄倩先生朱明、吳岱觀先生山濤,禹穴張登子先生陛及錦雯之徒丁子飛濤,海鹽范文白先生驥、查伊璜先生繼佐、彭仲謀先生孫貽,嘉興陳子木先生恂、徐郴臣先生亦于、曹秋岳先生溶,秦中韓聖秋先生詩,楚中杜于皇先生濬,白下郭卧侯先生亮、余澹心先生懷、鄧孝威先生漢儀、葉天木先生舟、白孟調先生夢鼎、仲調先生夢鼐,武進唐采臣先生德亮、戚价人先生藩、董玉虬先生文驥,維揚冒辟疆先生襄,吳門黃心甫先生傳祖,及前所稱諸先生之弟子、雲間之後起皆與焉。其他各省名流,予不能悉,得之長兄端成及外舅無近公所傳,稍稍憶及。嗣後復社無復大會,社局將衰矣。"

師王孫蘭平兩浙賊亂,作文記事。

> 《碑記二·郡太守平賊碑記》題下注曰:"此崇禎末,西河爲王使君所作碑記。"

師王孫蘭遷廣東按察副使,分巡南雄、韶州二府。

> 光緒《無錫金匱縣志》卷二十三:"王孫蘭,字畹仲。……遷廣東副使,分巡南雄、韶州二府。"

秋,再赴鄉試,與徐繼恩訂交。

> 《塔志銘一·洞宗二十九世傳法五雲俍亭挺禪師塔志銘》:"歲壬午鄉試,推官唐階薦公卷第一,主者抑之,中副科。予時與試,見公與同年生會湖上……歸而挹與語,間及時事,大感激,爲定交去。……公名净挺,號俍亭,即仁和徐世臣也,世臣諱繼恩,別字逸亭。"

《序三十二·徐沛師詩序》:"而予與世臣先生訂交,在崇禎之季。"
與陸圻訂交。
《序三十·东皋二图序》:"吾向者友景宣,在崇禎之季,兵戈乱离。"
與蔡仲光定交。
蔡仲光《謙齋文集》卷七《毛西河瀨中集序》:"大可性恢奇,與予交年二十。"
蔡仲光(1613—1686),原名士京,字大敬,又字子伯,蕭山人。明季諸生。以博學著稱,對經書頗有研究,更長天文、地理。明亡後,隱居不仕,悉心從事灾异、星象等研究。著有《謙齋詩文集》。(蔡仲光《謙齋詩文集》卷首小傳、《蕭山縣志稿》卷十六)
入杭州登樓社。
《塔志銘一·洞宗二十九世傳法五雲俍亭挺禪師塔志銘》:"先是,文社大起,婁東張溥、漳浦黄道周并屬公領袖。公爲社名'登樓',又名'攬雲',聚臨安名士於其中。"
按,據文中"公爲社名'登樓'"語,知徐繼恩爲登樓社成員。另據丁克振《迂庵改存草》卷首列同社參修姓氏,中有:"熊魚山、于瀛長、薛諧孟、錢礎日、姚文初、程翼蒼、顧茂倫、曹汝珍、王予安、蔣虎臣、李商梅、王雙白、蔣槎長、查伊璜、徐岱淵、陳皇士、徐世臣、來元成、沈留侯、徐介白、嚴灝亭、陶岸生、朱朗詣、葉蕃仙、姜匯思、吳東籬、王玠右、吳静腑、徐蘭生、朱長孺、黃心甫、孫豹人、張用霖、周石公、徐徹之、邵子元、魏雪竇、錢允武、吳道趾、俞無殊、歸玄恭、徐武静、葛瑞五、姚仙期、趙山子、蔣馭閎、吳我百、姜弱翁、祁奕喜、陸景宣、陶夢剡、姜綺季、姜桐音、毛大可、單昌其、蔡大敬、李兼汝、胡敬戀、來成夫、丁飛濤、丁弋雲、熊子文、錢去病、陳鶴客、范眉生、顧樵水、顧庶其、徐松之。"知先生與徐繼恩同社,亦爲登樓社成員。
又按,朱俠《明季杭州登樓社考》所考證出的登樓社成員有嚴沆(灏亭)、吳百朋(我百)、丁澎(飛濤)、陸圻(景宣)、張右民(用霖)等,與丁克振《迂庵改存草》卷首所列"同社姓氏"有重合。
過祁彪佳東書堂,祁彪佳妻商景蘭出己詩與媳張德蕙、朱德蓉、女德茝四人詩,請先生點定。
徐昭華《徐都講詩》卷首先生識語:"予弱冠時,過梅市東書堂,忠敏夫人出己詩與子婦張楚纕(奕慶配)、朱趙璧(奕喜配)、女湘君四人詩,合作編摘,請予點定。"
按,全祖望《鮚埼亭集外編》卷十二《蕭山毛檢討別傳》:"祁氏多藏書,西河求觀之,亦弗得入。"所述不實。

又按,嘉泰《會稽志》卷四:"梅市在城西十五里,屬山陰縣梅市鄉,鄉有梅福里。"嘉慶《大清一統志》卷二百九十四:"梅市在山陰縣西三十里,相傳以梅福得名。"

又按,東書堂,祁彪佳宅中左厢房名。《七言律詩二·祁湘君催妝》序中注曰:"中丞第左厢名東書堂。"

商景蘭(1605—1676),字媚生,浙江會稽人。商周祚長女,祁彪佳妻。祁彪佳自沉殉國,教其二子理孫、班孫,與三女德淵、德瓊、德蒩及兒媳張德蕙、朱德蓉居家習詩。著有《商夫人錦囊集》。(阮元《兩浙輶軒錄》卷四十)

張德蕙,字楚纕,浙江山陰人。張元忭孫女,祁理孫妻。(阮元《兩浙輶軒錄》卷四十)

朱德蓉,字趙璧,浙江會稽人。朱燮元孫女,祁班孫妻。(阮元《兩浙輶軒錄》卷四十)

祁德蒩,字湘君,浙江山陰人。祁彪佳季女,德淵季妹,沈萃址妻。工詩。(阮元《兩浙輶軒錄》卷四十)

與姜承烈為文友。

《序二十一·姜武孫七十壽序》:"予弱冠與武孫先生為文友。"

姜承烈(1618—1702),字武孫,號迨庵,浙江餘姚人。康熙二十年(1681)舉人。著有《樂志堂集》。(姜錫桓等纂修《姜氏世譜》、阮元《兩浙輶軒錄》卷八)

為親朋、閭里行文寫幛。

《序十九·沈母陳太君壽序》:"予自弱冠即為親朋、閭里行文寫幛,閱五十餘年,其為文不知凡幾。"

與平澹人游。

《序三十三·平澹人德配陶夫人七十序》:"予束髮與澹人游,在五十年前。維時郡城好結社,每社譜出,予與澹人必聯名,有若榜帖,以故予至郡,必主其家。"

平澹人,生平不詳。

是年前後,與長兄萬齡論《詩》,成《毛詩續傳》。

《續詩傳鳥名卷》卷一:"弱冠,從伯氏論《詩》,作《毛詩續傳》成。"

《經集》凡例:"先生未冠時,避兵南山(名嚴壤),即著《毛詩續傳》三十八卷。"

是年前後,有以《立命編》相授。

《序二十·嘉定李氏功行録序》:"予束髮時,或有授予《立命編》者,時崇禎之季。"

王頊齡生。喬萊生。張玉書生。

【時事】 二月,李自成大敗官軍於襄城,殺陝西巡撫汪喬年。松山副將夏成德開城納清兵,薊遼總督洪承疇被俘投降。明廷以孫傳庭總督三遼軍務。三月,李自成陷陳州等地。是月,清兵陷錦州,錦州守將祖大壽降清。四月,崇禎密遣人與清議和。五月,張獻忠部克廬州。九月,李自成部農民軍決黃河灌開封,溺死無算。十月,李自成大敗三邊總督孫傳庭於郟縣。十一月,清兵分道入塞,連陷數十州縣。京師戒嚴。閏十一月,入山東,破臨清諸州縣。李自成於是月破汝寧,俘崇王朱由樻。十二月,清兵破臨淄,入兖州,明魯王死之。李自成克襄陽,入荊州。

明思宗崇禎十六年　清太宗崇德八年
癸未(1643)　二十一歲

梁清標中進士。王崇簡中進士。高珩中進士。

春,劉宗周罷歸山陰,於蕺山講性命之學。先生與同志者赴講席。

《大學知本圖説》卷一:"自陽明先生講學於鄉,所在立講堂,而蕺山先生繼之。少嘗與同志者赴講,必齋宿以往。"

按,"與同志者赴講",指與劉宗周弟子同赴講席事。據本譜可知,先生與劉宗周弟子多有交往。全祖望《鮚埼亭集外編》卷十二《蕭山毛檢討别傳》:"顧其時蕺山先生方講學,西河亦嘗思往聽之,輒却步不敢前。"全説所述不實。

十月二十二日,張獻忠部破連州。師王孫蘭自縊,年四十五。

吴偉業《梅村家藏稿》卷四十三《中憲大夫廣東兵備副使王公畹仲墓志銘》:"公生於萬曆己亥九月十二日,卒於崇禎癸未之十月,享年四十有五。"

與徐芳聲、芳烈兄弟游,作《旌表徐節婦貞節里碑記》。

《碑記一·旌表徐節婦貞節里碑記》:"蕭山貞節里者,明旌表徐節婦所居里也。……節婦故李姓,閩縣儒學教諭徐公繡繼妻也。……崇禎二年,知縣陳振豪始名其里爲貞節里,鑒碑於儒學左三元樓側。……又十五年,而邑人毛牲與節婦六世孫芳聲、芳烈友善,乃爲之記。"

與張杉、祁班孫等赴曲水社集,論改經之禍。

《七言律詩一·與祁六公子赴曲水社集》。

《古文尚書冤詞》卷一:"曲水社修禊事,山陰張杉謂衆曰:'毀經之禍萌矣!國家取士三百年,專用朱子之書以立學,謂可以衛經,而經學大壞。前此萬曆十二年,南户部員外房伯元得魏正始石經《大學》本於科臣許仁卿家,實考功郎中豐坊僞造本也。疏請立學官,勒令取士,廢《大學》舊本。幸其疏以他事與中監不合,駁奏不行,然事亦危矣。原其意,則以朱子改《大學》公然取士,遂相率更竄,以各行其説,所謂踵其事而效尤焉者。近者宗伯臣姜公逢元以《毛詩》進講,上敕勿講《國風》,且特諭東宫講官毋敢以《國風》進太子前者。何則? 以其淫也。……今《尚書》又見告矣。'坐客皆咨嗟而罷。其明年,國亡。"

祁班孫(1632—1673),字奕喜,小字季郎,浙江山陰人。彪佳次子,行次六,人稱六公子。與魏耕、屈大均等助鄭成功反清復明,"通海案"發,遣戍遼左。遁歸後,祝髮於堯峰,尋主毗陵馬鞍山寺,法號呪林明大師。著有《東行風俗記》《紫芝軒逸稿》。(全祖望《鮚埼亭集》卷十三《祁六公子墓碣銘》)

張杉(1621—1681),字南士,浙江山陰人。少負才名,與其兄梯、弟楞號"三張子"。楞死,梯劇飲成疾,杉不脱衣履,晝夜坐梯所。梯死,杉日與蕭山毛奇齡相倡和。爲詩宗開元、大曆,著有《麇寶山房集》。(《墓志銘十四·山陰張南士墓志銘》、嘉慶《山陰縣志》卷十五)

鄙薄理學,與仲兄錫齡、蔡仲光、徐咸清、張杉研治經學,又與張梯、徐緘、沈胤範、祁班孫、姜廷梧爲詩古文詞。

《墓志銘十四·何毅庵墓志銘》:"予時薄理學,以爲徒事論辯,非躬行,無益。乃與仲兄錫齡、同邑蔡仲光、始寧徐咸清、山陰張杉窮《易》、《詩》、《尚書》、《論語》、《孟子》及三《禮》、《春秋》三傳。而與同郡張梯、徐緘、沈胤範、祁班孫、姜廷梧縱橫爲詩古文詞。"

《序二十八·盛元白詩序》:"少時,與木汀徐緘、梅市祁班孫、白魚潭張杉、南城沈九胤範、姜十七廷梧作五七字。"

按,"沈胤範",爲避皇太子胤礽諱,或改"胤"爲"允""嗣",下回改爲"胤"。

徐咸清(? —1690),字仲山,浙江上虞人。人龍子。監生。性强記,一歲能識字。比長,精字學。康熙十八年(1679),應徵博學鴻儒,不第。著有《資治文字》《徐仲山日記》等。(《墓碑銘二·徵士徐君墓碑銘》、光緒《上虞縣志》卷十一)

張梯,字木弟,浙江山陰人。杉兄。九歲能屬文,游劉宗周門下。祁彪

佳卒後,里豪侵祁氏寓山莊田,梯挺身爲理之。(毛奇齡《墓志銘一・張梯墓志銘》)

徐緘(？—1670),字伯調,浙江山陰人。初擅制舉業,爲"雲門五子"之一。復以詩古文争長海内,祁彪佳愛其才,使二子從游,遂移家梅市。著有《歲星堂集》。(《墓志銘十・二友銘》、阮元《兩浙輶軒録》卷一)

沈胤範(1624—1675),字康臣,號肯齋,浙江山陰人。康熙六年(1667)進士,由中書歷官刑部郎中。十一年(1672),典江南鄉試。著有《采山堂集》。(汪懋麟《百尺梧桐閣文集》卷五《刑部廣西清吏司主事沈君墓志銘》、《墓碑銘一・刑部廣西清吏司主事沈君墓碑銘》)

姜廷梧(1627—1668),字桐音,浙江餘姚人。一洪次子。父死國難,遂絶意仕進。配祁彪佳女德淵,賢而有文,每相與倡和。著有《待删集》《芳樹齋集》。(毛奇齡《墓志銘一・姜桐音墓志銘》、嘉慶《山陰縣志》卷十四)。

約於是年,與陸圻、丁克振、徐芳聲、徐芳烈、楊旨音游湘湖。

陸圻《威鳳堂文集・過蕭山友人毛大可丁大聲徐徽之徐涵之暨表兄楊旨音訂游湘湖作》。

康熙《蕭山縣志》:"湘湖在縣西二里。"

丁克振(1604—1668),字大聲,浙江蕭山人。著有《迂庵改存草》。(丁南生等纂修《蕭山丁氏家譜》、阮元《兩浙輶軒録》卷二)

徐芳聲(1604—1687),字徽之,浙江蕭山人。劉宗周弟子。少有才名,爲復社遺老。明亡後隱於潘山,稱"潘山野人",不預世事。清廷詔舉山林隱逸,芳聲與蔡仲光堅拒徵召。(毛奇齡《墓志銘八・徐徵君墓志銘》、乾隆《紹興府志》卷二十六)

徐芳烈,字涵之,浙江蕭山人。芳聲弟,文行與兄齊名。明亡後,高隱不仕。著有《浙東紀略》。(《蕭山縣志稿》卷十六)

楊旨音,蕭山人。生平不詳。

是年前後,與來紫垣游。

《序三十三・來木庵詩賦集序》:"予少時,與來紫垣游。"

來紫垣,蕭山人。生平不詳。

丁文龍生。

【時事】 正月,李自成破承天,旋克潛江、京山、孝感諸州縣,張獻忠破廣濟、蘄州。春,清兵破開州、壽光、德州、萊陽諸州縣,大肆虜掠,旋入直隸,破順德。四月,至懷柔,敗明八鎮兵後出塞。五月,張獻忠部破武昌,殺楚王朱華奎。八月,破岳州、長沙。九月,李自成回軍陝西,大敗督師孫傳庭於襄城。八月，皇太極卒，子福臨即位，詔改明年爲順治元年。十月，破潼關，孫傳庭戰死。李自成旋克西安諸郡，繼克西寧、甘肅。十二月，張獻忠部破建昌、撫州。

明思宗崇禎十七年　清世祖順治元年
甲申（1644）　二十二歲

明亡，哭於學宮三日。與同邑沈禹錫、包秉德、蔡仲光在城南山闢土室讀書，號"四隱"。

《墓志銘十一·自爲墓志銘》："值明亡，哭學宮三日。會稽山賊紛紛起，市里奔逃。予竄身城南山，與同縣沈七、包二先生、蔡五十一仲光爲四友，闢土室，聚南、北、唐、五代、遼、金、元史暨諸書其中，縱觀之。"

盛唐《西河先生傳》："白頭兵起，三江烽火徹晝夜，市里奔逃。先生竄身城南山，與同縣沈七禹錫、包二秉德、蔡五十一仲光爲四友，築土室，聚書讀其中。"

沈禹錫（1622—1648），字子先，蕭山人。明亡後，弃諸生。嗜學，早卒。（《傳七·沈七傳》、《蕭山縣志稿》卷十六）

包秉德（1607—1649），原名啓楨，字飲和，號即山，蕭山人。少有才名，與來驥、陳清、蔡立國、沈禹錫、蔡仲光争尚著作，同時齊名，稱"固陵六子"。明亡後，弃諸生，授書里中。著有《雲峰詩鈔》《蟲弋編》。（《傳七·徵士包二先生傳》、《蕭山縣志稿》卷十六）

避兵山市，聽客講《尚書》今古文，惡其言。

《古文尚書冤詞》卷一："國亡，盜賊四起，予避兵山市。客有能爲古今《尚書》説者，急請教之。客曰：'今文者，伏生口授《書》也。古文者，孔子屋壁中所藏而發而獻之官府者也。乃自獻之官而外無其書，是以兩漢名儒皆未之見。暨永嘉亂後，中外古文皆不可考。而東晋之初，有豫章內史梅賾忽奏上古文《尚書》，此何來者？非僞書乎？乃自唐人作注疏并爲改寫，而其書至今行之。獨新安朱熹斥爲假書。其注《四書》《五經》，已改《大學》，删《孝經》，定《詩》淫風，表《太極圖説》《河圖》《洛書》而加於大《易》之首，唯《尚書》則疑之。因不欲注，而授其意於門人蔡沈，使分别今、古文有無，注於各篇之下，而别存雜説以著其僞，於是諸門弟子共祖述之。而元吳澄、明郝敬、歸有光輩，俱競起攻辨，迄無遺力。吳澄作《書纂言》，則但存今文二十八篇，直削去古文以示毀黜僞書之意。今其書具在也。'予聞言惡之,歸而不食者累日。"

仲兄錫齡自沉泮河,救免。

《墓志銘十一·自爲墓志銘》:"與三名錫齡。明亡時,自沉泮河,救免,終身不出試。"

盛唐《西河先生傳》:"仲氏沉泮河,幾死。"

是年以後,弃舉子業,稍習詩。

《蘋書第三集跋》:"及甲申以後,予乃廢舉子業,稍效爲呻吟。"

《序十一·介和堂詩鈔序》:"暨予罷兵革,稍爲詩歌。"

吳棠禎生。黃之翰生。

【時事】 正月,李自成稱王於西安,國號大順,建元永昌;張獻忠起義軍自荆州入四川,連克夔州、萬縣、梁山等地。二月,李自連破汾州、太原、代州等地。三月,李自成部入居庸關,京師震動;十九日,崇禎帝自縊於煤山。四月,吳三桂聯合清軍敗李自成部,李自成退至永平,復還北京,於武英殿行稱帝儀式;三十日凌晨,李自成率部西撤。五月,多爾袞率清兵入京;十五日,南明諸臣擁立監國福王朱由崧即位於南京,以明年爲弘光元年;南明馬士英薦阮大鋮於朝,原東林黨人奏章彈劾,南明朝廷黨爭復起;張獻忠破涪州、重慶,殺明瑞王朱常浩;清廷遣官祭先師孔子,是爲入關後首次祭孔。七月,多爾袞致書史可法勸降,史可法不屈。八月,張獻忠率部破成都,繼破崇慶、新津、綿州諸州縣;同月,清廷自盛京遷都。九月,南明軍内訌,高杰襲黃得功於儀徵,史可法勸解之;同月,順治帝至京師,自正陽門入宫。十月初一日,順治帝行定鼎登基禮。十一月,清軍與大順軍激戰於山西汾州、平陽一帶;同月,張獻忠稱帝於成都,國號大西,改元大順。十二月,清廷下令圈地。

卷二　抗清逃禪，社集選詩

清世祖順治二年　乙酉（1645）　二十三歲

娶妻陳何。

《詩話》二："且乙酉兵戈，原有散失事。然本年方初婚也。"
清軍下江南，兩浙紛紛起兵抗清，同族毛有倫屯兵西陵，先生入其軍中。

《墓志銘十一·自爲墓志銘》："順治二年，王師下江南，杭州不守。山陰鄭遵謙乘間起閭左，括民徒爲兵，劃江抗王師。適武寧侯王君之仁、保定伯兼鎮海將軍毛君有倫原以備倭，軍寧波，聞變，挈其軍而西，屯之西陵，與民徒相合，名'西陵軍'。……保定至蕭山，訪同族之居蕭山者，移檄購大、小毛生。出予於土室，啓之監國，授予爲監軍推官。予力辭之，陰與沈七行行間，覘諸軍所爲不道，不足與計事。"

《事狀二·大理寺寺丞前兵科掌印給事中任君行狀》："會國變，江東民徒合方馬軍抗王師。君族人有封爵於軍者，與予家保定伯合武寧侯王君軍西陵。君嘗與予詣行間，覘事必敗，去之。"

全祖望《鮚埼亭集外編》卷十二《蕭山毛檢討別傳》："已而國難，畫江而守，保定伯毛有倫方貴，西河兄弟以鼓琴進，托末族。"

趙爾巽《清史稿》卷四八一《儒林傳》二："順治三年，明保定伯毛有倫以寧波兵至西陵，奇齡入其軍中。"

按，先生文集中有"授予爲監軍推官，予力辭之""君嘗與予詣行間，覘事必敗，去之"語，而全氏文與《清史稿》中言其入毛有倫西陵軍，兩相齟齬。《清史稿》"順治三年"，誤，據《自爲墓志銘》，事當發生在順治二年。蓋先生後仕清，諱言其早年抗清事。

毛有倫，崇禎中封鎮海將軍，掛印監國，封保定伯。（毛黼亭《蕭山毛氏宗譜》卷四《大房世系紀》）

游徐人龍軍中,與其子咸清定交。

《詩話》一:"始寧徐大司馬舉義幡時,予甫丁年,游司馬軍門,其次君仲山兄事予如家人。"

徐人龍(?—1650),字亮生,上虞人。萬曆四十四年(1616)進士。歷工部主事、湖廣荆襄道僉事、湖南提學副使、嶺北道副使、户部尚書等職。明亡,草檄討賊。浙東魯王監國,起工部尚書,與王之仁分屯江口。兵敗後,隱居以終。(《傳六·明正治卿中奉大夫兵部右侍郎徐公傳》、徐鼒《小腆紀傳》卷二十四)

向毛有倫建言辭方馬軍,觸怒方國安,往避毛有俶軍中一月。

《墓志銘十一·自爲墓志銘》:"會鎮東將軍方國安以江南新下,收敗軍東奔,跟蹌渡江。而馬士英奉故福王太后奔杭州,竄國安軍中,名曰'方馬軍'。與'西陵軍'相峙而居。大司馬徐公犒軍西陵(公名人龍,即徐仲山尊人也,曾題予監軍不就,其題詞有'年遜終軍。才逾公瑾'諸語),國安邀保定共迎之,保定以諮予,予曰:'方馬,國賊也。明公爲東南建義旗,何可與二賊共事?請絶之。'國安聞予言,會出戰,敗於朱橋,以保定坐視,遷怒移兵向保定,構辭及予。且有指予譏兵事者(時江東軍着大帽,沈七作《大帽謡》和云:'將軍愛蒼頭,不若愛危腦。危腦小易收,蒼頭大難保。'又諸軍每出戰,必半渡返,因作《少年行》,末云:'少年欲渡江,江面多少路。接岸十里長,五里不可渡。')予被獲,幾陷,脱之龕山。時保定弟有俶爲靖南將軍,軍龕山,名'龕山軍'。就之,住一月,復還西陵。"

《書八·復王草堂四疑書》:"是時,方馬遺孽統亂軍東奔,僕以一言爲方馬所讎,將合江東軍執予殺之。因匿之山寺,屠去首髮。"

全祖望《鮚埼亭集外編》卷十二《蕭山毛檢討別傳》:"保定將官之,而江上事去,遂亡匿。乃妄自謂曾預義師,辭監軍之命;又得罪方、馬二將,幾至殺身;又將應漳浦黃公召者;皆烏有也。已而江上之人有怨於保定者,其事連及西河。"

按,毛氏自記與全祖望所述有异,姑并列之。

方國安,字磐石,貴州貴陽人。崇禎時官總兵,福王時鎮池口。魯王監國,封鎮東侯,進荆國公。(李聿求《魯之春秋》卷二十一)

馬士英,字瑶草,貴州貴陽人。本姓李,過繼馬氏。萬曆四十四年(1616)進士,授南京户部主事。天啓時,遷郎中,歷知嚴州、河南、大同三府。崇禎三年(1630),遷山西陽和道副使。五年(1632),擢右僉都御史,巡撫宣府。南明時,進東閣大學士兼兵部尚書。(徐鼒《小腆紀傳》卷六十二)

被褫奪諸生籍。

> 《墓志銘十一·自爲墓志銘》:"值順治辛卯,浙三舉鄉試。同社章貞登賢書,偕同籍舉人昌言毛生在江東抗命時,義不受職,故當時奪其籍。"

亡走山寺爲僧,清軍陷浙東,屠山市之留髮者,先生以髠首避過此劫。

> 《墓志銘十一·自爲墓志銘》:"會故唐王亦僭號福州,客有以漳浦黄宗伯道周蠟書招張杉者(張梯、張杉、張楞兄弟皆名士,楞死於兵)。張杉持示予,邀予南行。且曰:'方馬軍可勿避耶!'予曰:'生死命也。且行亦何能爲?'亡走山寺。寺僧爲予屠首髮,衣緇,匿坑中。……王師破江東,戮山市之留髮者,予以髠首免。歸覓家人於褚里,太君撫予首泣曰:'吾向夢僧寄度牒,生是兒,今竟然矣。'"

冬,與伯兄萬齡、仲兄錫齡携家人避亂於賣柴浜中。

> 毛萬齡《采衣堂集》卷首自序:"乙酉年,方馬畫江爲亂,余與仲、季携父母妻孥避亂於賣柴浜中。"

> 《書一·謝竺蘭上人書》:"暨乙酉之冬,衣緇山中。"

記明季遺事,成書四卷,旋焚之。

> 《序十·胡氏東岡瑣言序》:"初予避兵時,曾記《明季遺事》,凡四卷。以示沈七,七善其爲文而疑於其事。既而示大敬……予乃悟其義而焚其書,瑣言無是耳。"

劉宗周卒,爲作傳。

> 《傳四·明左都御史蕺山劉先生傳》:"先生名宗周,未生,而其父秦臺公亡,念之,號念臺,起東,其字也。……萬曆辛丑,成進士,授行人。……服闋,以薦起原官……因告歸。先是,宗周於服闋之隙,曾講學東林書院。……熹宗初政,盡起廢籍諸君子,諫官惠世楊薦宗周,而大理卿鄒元標繼之,起禮部主事。……王師入浙,將軍孛羅遺書徵宗周,會宗周絶食死。"

陸培卒。祁彪佳卒。

洪昇生。高士奇生。王掞生。姜兆熊生。王鴻緒生。

【時事】 正月,多鐸率兵入西安,李自成率部退商州。二月,李自成率部南下襄陽,遭南明左良玉部阻擊。三月,左良玉以清君側爲名,自武昌引兵東下,武昌空虛,李自成率部入武昌。四月,清兵下泗州,史可法退守揚州,清兵進圍揚州;二十五日,清兵陷揚州,史可法殉難,清兵殘酷屠殺揚州軍民。五月十五日,清兵入南京,南明勛戚、官員等迎降;二十二日,弘光帝在蕪湖被俘;是月,李自成被鄉兵襲殺於湖北通山縣。六月,清軍下蘇、杭諸地;是月,清廷下剃髮令,限旬日剃完,不遵令者殺無赦。閏六月,南明唐王朱聿鍵即位於福州,建元隆武;南明魯王朱以海稱監國於紹興。是月,江浙士紳蜂起反剃髮令,一時抗清之勢如燎原之火,清廷派兵血腥鎮壓。七月,江西各地南明官紳紛起抗清。八月,清兵陷江陰,屠城三日。九月,大順軍與南明合兵抗清。十月,南明督師何騰蛟於長沙誓師抗清;同月,南明隆武帝遣使頒詔浙東,監國魯王不悅,自是閩浙如水火。十一月,清廷下詔招撫張獻忠。十二月,雲南土司沙定洲起事,連陷昆明、大理、蒙化等地。

清世祖順治三年　丙戌(1646)　二十四歲

衣緇爲僧。
魏裔介中進士。李霨中進士。魏象樞中進士。
陳洪綬落髮紹興雲門寺,改號悔遲、悔僧、雲門僧。(據黃涌泉《陳洪綬年譜》)
張楞卒。
　　《墓志銘一·張梯墓志銘》:"山陰有三張子,張梯、張杉、張楞也。……順治三年,征南兵下浙江,山陰鄭遵謙率民徒抗之江濱,張楞死焉。"
清兵入浙,蕭山何氏僕方相獨守何家。先生感其義,爲文録其事。
　　《何氏僕録》:"邑何氏僕方相,何氏兩世入御史臺,家富,相效犬馬走,積賜錢若干緡。何氏中落,出諸僕。相亦以例出,乃發前所賜錢營販,耗敝筋力,凡數歲,貿田園若干。……而以身與田園歸何氏焉。清師渡浙江,江上軍潰,兵入城。何氏謀走避,而難守者。……凡以僕守家而告其主所者,釋之。相不告,死。"
是年前後,更定亡友王仝高遺稿,藏之家,被亂兵掠去。
　　《序三十二·擬元兩劇序》:"蕭山王叔盧曾譜唐人事,擬元詞兩劇。吳江沈長康見之,謂不合宮調,令其改作。及改之,而仍不合。乃亟商之予,謀再改,而叔盧死。予時哀其志,私爲更定。其詞藏之城東之草堂,未行世也。會白頭兵起,掠予廬而胠予篋去,遂失稿所在。"
　　王仝高,字叔盧,亦號菽盧,浙江蕭山人。諸生。讀書窮上古,海内諸公樂與之游,名噪壇坫。(《蕭山縣志稿》卷十六)
姜一洪卒。
潘耒生。林麟焻生。

【時事】　二月,南明隆武朝大賣官爵;同月,南明鄖陽王斌部三千餘衆響應大順軍抗清。三月,清首次殿試;同月,豪格率清軍抵西安,分兵征剿陝西一帶抗清農民軍。五月,南明總兵曾英、參將王祥連兵向成都,攻張獻忠大西軍。六月,清兵陷浙東,魯王亡入海。浙東掀起抗清高潮。八月,清兵自浙入閩,南明唐王被擒殺,隆武政權滅亡。十月,南明丁魁楚、瞿式耜等奉桂王朱由榔監國於肇慶,以明年爲永曆元年。十一月,蘇觀生等立唐王朱聿鐭爲監國於廣州,改元紹武;鄭芝龍降清,其子鄭成功不從,入海抗清;是月,張獻忠以抵抗清兵在四川鳳凰山中箭身亡。十二月,清兵陷廣州,唐王死之,永曆帝奔梧州。

清世祖順治四年　丁亥(1647)　二十五歲

衣緇爲僧。

歲初,友陸圻自閩返里,輯黃道周、陸培等殉節諸人遺文。

　　孫治《孫宇台集》卷二十八《題陸麗京集殉節諸公卷後》:"吾友景宣氏爲余姊婿,丙戌、丁亥之交,從閩嶠歸,仿殉節故人遺迹,自漳浦以下及弟大行君若干首,輯爲此卷。"

馮溥中進士。宋琬中進士。

五月,陳子龍兵敗被殺。

　　王家楨《研堂見聞雜錄》:"吳爲人淺而疏,未敗之先,踪迹已露,忌者口已潛備之。一日,忽呼雲間司理、華亭縣公及諸參將入署。酒將半,忽厲聲曰:'外間傳吾反者,是汝曹耶?汝罪當斬!'衆皆踧踖,不道一字。帳下士已騰出,將司理、縣公即座斬之,縛兩參將。……時吳公雖發此舉,而實漫無成畫,外人已哄知吳公反,一夜密操備。而所縛參將詹者,狡而黠,漏一紙於外。天明,外兵已涌入,生擒吳公,而四方之党亦陰散。内院洪承疇疏聞於朝,傳旨梟斬於市。而一時株連者,皆天下名士,如陳子龍、侯峒曾、顧咸正、蔣雯階輩,無不狼藉誅夷,妻孥俘擄。陳,丁丑進士。弘光時,爲兵科,詩文擅一時才,海内望如山斗,與吳深相結。事既敗,亡命山澤,踪得之,縛至撫臺土公所,長揖不跪。一子甫六齡,縛者以刀劈之,自頂至踵,見之無一泪落。將解至江寧,於舟中躍入水,時有一卒持之,與卒共入水。浮沉半頃,起之,已死。"

同方社於杭州東園舉會,徐繼恩主會。

　　《塔志銘一·洞宗二十九世傳法五雲俍亭挺禪師塔志銘》:"歲壬午鄉

試……越五年,南浙舉大社,合二十餘郡名士會於會城之東園,伐鼓撼金,極宴饗之盛。時名'同方社',推公主之。"

沈禹錫病中作《雜詩》寄先生,適來蕃在坐,共咏之。

《傳七·沈七傳》:"因憶七病時,作《雜詩》,遣其僕寄予。時來蕃在坐,共咏之。"

來蕃(1612—1665),字成夫,號北沙,浙江蕭山人。精六書。平生好立名节,人有以东汉人物相拟则喜。著有《北沙集》。(《墓志銘十·二友銘》、《蕭山縣志稿》卷十六)

爲姜廷梧父一洪志墓。

《墓碑銘一·故明戶部尚書原任廣東布政使司左布政使姜公墓碑銘》:"公姜氏,諱一洪,字開初,其先餘姚人。……遂赴水死,時丙戌十一月六日……越一年,公二子南奔,得公殮,因載歸葬故阡,而屬予以銘。"

姚際恒生。姜實節生。吳儀一生。

【時事】 正月,清兵陷肇慶,永曆帝走桂林,清兵連克高州、雷州、廉州、梧州。二月,清軍陷平樂,永曆帝奔全州,又走永州;孔有德率清軍陷長沙、湘陰;大西軍孫可望等率部連克貴陽定番州、永寧州。三月,清軍自平樂薄桂林,瞿式耜却之,南明何騰蛟部破清軍於辰州;是月,清廷下令停止投充、圈地。四月,清軍取衡州、永州;孫可望、劉文秀率部取雲南富民、廣通、武定、楚雄等地。五月,清軍克龍陽、常德等地。九月,永曆帝奔靖州。十月,永曆帝奔柳州。十一月,李自成舊部郝搖旗等與南明何騰蛟於全州大敗孔有德所部清軍。十二月,何騰蛟督師全州,南明各營兵不和,城外團練與郝搖旗部交惡。

清世祖順治五年　戊子(1648)　二十六歲

衣緇爲僧。

清兵入西陵,大肆劫掠,前作《毛詩續傳》被掠其半。

《續詩傳鳥名卷》:"值順治五年,王師下西陵,士兵掠民間所藏,竄入海,《傳》失其半。"

與陳洪綬定交。

《陳老蓮詩跋》:"惜予與老蓮交晚,見老蓮五年而老蓮死。"

《書一·報周櫟園先生書》:"甡與老蓮損三十許歲,及見老蓮,時已晚矣。故雖屬同郡，其交老蓮乃反疏於先生。……然則老蓮以五十四死壬辰歲矣。"

按，據文中"見老蓮五年而老蓮死""然則老蓮以五十四死壬辰歲矣"，推之，知兩人結識於此年。黃涌泉《陳洪綬年譜》"順治五年"條："毛奇齡與先生定交。"

陳洪綬（1598—1652），字章侯，幼名蓮子，一名胥岸，號老蓮，別號小浄名，晚號老遲、悔遲，浙江諸暨人，素豪放，飲輒鬥酒。好吟咏。爲諸生，未幾輒弃去。覃思書法，不屑倚傍古人。畫技精湛，與崔子忠齊名，世稱"南陳北崔"。晚年學佛參禪，在紹興、杭州等地鬻畫爲生。著有《寳綸堂集》等。（《傳七·陳老蓮別傳》、乾隆《紹興府志》卷六十二）

十一月二十七日，沈禹錫卒，爲作傳。

《傳七·沈七傳》："沈七，名禹錫，字子先。邑人，居崇儒里。……崇禎己卯，補諸生，以國亂不得用，乃弃舉子業。……而七病凡五年，以戊子十一月二十七日死。……時年二十七。"

友姜希轍補温州府教授，攝縣事。

乾隆《温州府志》卷十七："（教授）姜希轍，餘姚人，舉人，順治五年任。"

是年前後，與張杉、徐咸清過毛先舒論古韵，不合。時陸圻亦在座。

《墓誌銘九·毛稚黄墓誌銘》："嘗與山陰張杉、始寧徐仲子過稚黄，與論古韵，不合。座客陸圻，'西泠十子'之一也，嘿而視，不置臧否。仲子曰：'景宣寧獨無一言乎？'曰：'二毛難降，予之所以不禽也。'蓋戲以兩人爲不相下矣。"

毛先舒（1620—1688），原名騤，字馳黄，後更今名，字稚黄，錢塘人。諸生。六歲能辨四聲，八歲能詩，十歲屬文，十八著《白榆堂集》。曾拜陳子龍爲師，又曾問性命之學於劉宗周。善詩詞，爲"西泠十子"之一。精音韵、訓詁。著有《韵學指歸》《東苑文鈔》《東苑詩鈔》《思古堂集》《匡林》等。（毛奇齡《墓誌銘九·毛稚黄墓誌銘》、乾隆《杭州府志》卷九十四）

邵廷采生。王源生。陸寅生。施彦淳生。吴闇思生。姜之琦生。

【時事】　正月，江西提督金聲桓、副將王得仁舉兵叛清，復歸南明。二月，永曆帝奔南寧。三月，清軍克福建興化、建寧。四月，廣東提督李成棟叛清歸明。五月，清兵圍金聲桓於南昌。六月，南明永曆帝自南寧赴廣東。八月，永曆帝還肇慶；是月，因各地抗清義師蜂起，清廷禁民間養馬及私藏兵器。十月，李成棟攻贛州，大敗。十二月，大同總兵姜瓖起兵叛清，太原、汾澤諸郡縣農民群起響應。

清世祖順治六年　己丑(1649)　二十七歲

衣緇爲僧。

施閏章中進士。唐夢賚中進士。姜圖南中進士。

五月,爲來道程《易占》作跋。

　《來式如易占跋》:"式如當亂世,避兵野祠。而野祠之人有來占者,爲解説,與之占之。以其占之爲《易》解也,名《易占》。……《易占》初成,合百章。既成,續二十八,以六十有四推而偶,備内外也。自跋一,合一百二十有九。時順治丙戌。越二年,始來示,則曰:'跋之。'己丑五月日跋。"

　來道程,字式如,蕭山人。著有《易占》。(來秉奎等纂修《蕭山來氏家譜》卷二)

陳洪綬過訪。

　《書一·報周櫟園先生書》:"老蓮總角爲畫,便馳驟天下。……期以某時過敝里,而以年暮,故畏死,先期來,其中云:'老遲五十二年人'(本詩'蕭山想絶舊時親,兼想湘湖雉尾蓴。明歲有期今歲往,老遲五十二年人')。'老遲'者,以甲申後更其名悔遲,故稱'老遲',非老蓮之誤也。其'五十二年'者,觀其注庚寅歲也。"

　按,黄涌泉《陳洪綬年譜》"順治六年"條:"是年,先生曾到蕭山探親。……陳洪綬自注'庚寅歲',當是約期之年,非赴蕭山之年。"

【時事】　正月,清兵陷南昌,金聲桓投湖死;尋陷湘潭,何騰蛟被俘,不屈死。二月,清兵敗李成棟於信豐,李成棟溺死。三月,清軍克衡州、寶慶,南明胡一青部退守東安。四月,山西農民軍聯結陝西義軍抗清,攻陷汾州府。六月,大順軍李過、高一功部抵德安州;同月,南明張名振率軍收復健跳所,迎魯王居之。九月,清軍克山西平陸;同月,張名振部奪舟山島,奉魯王進駐。

清世祖順治七年　庚寅(1650)　二十八歲

衣緇爲僧。

兄萬齡拔貢,授仁和縣教諭。

王昶《國朝詞綜》卷一:"毛萬齡,字大千,蕭山人。順治七年拔貢生,官仁和縣教諭。有《采衣堂集》。"

乾隆《紹興府志》卷三十四《選舉志五》:"(順治朝貢生)毛萬齡,七年,教授。"

與吳偉業、宋實穎、宋德宜、彭瓏、尤侗、徐致遠、計東、黃永、鄒祇謨、顧宸、徐乾學、朱茂暉、朱彝尊、曹爾堪、陸圻、姜承烈、徐胤定、駱復旦等赴嘉興南湖十郡大社。會期三日,諸人定交而別。

《墓志銘八·駱明府倪孺人合葬墓志銘》:"嘗同會稽姜承烈、徐允定、蕭山毛甡赴十郡大社,連舟數百艘,集於嘉興南湖。太倉吳偉業,長洲宋德宜、實穎,吳縣沈世英、彭瓏、尤侗,華亭徐致遠,吳江計東,宜興黃永、鄒祇謨,無錫顧宸,崑山徐乾學,嘉興朱茂暉、彝尊,嘉善曹爾堪,德清章金牧、金範,杭州陸圻。越三日,乃定交去。"

《墓表三·故明兵部車駕司郎中黃君墓表》:"時嘉興南湖作十郡文會。君連舟十餘,鳴鉦吹鐃,越郡名士,皆載之以行。"

按,楊謙《朱竹垞先生年譜》"康熙七年庚寅"條:"赴十郡大社。"趙經達《汪堯峰先生年譜》"順治七年庚寅"條:"太倉吳梅村先生及長洲宋右之等舉十郡大社,連舟數百艘,集於嘉興南湖。越三日,乃定交去。"知會在此年。

吳翌鳳《鐙窗叢錄》卷一:"國初,社事猶盛。吳中則有慎交社,彭瓏雲客、宋德宜右之、德宏疇三、尤侗展成主之,七郡之士從焉。嘉興則有十郡大社,連舟數百搜,集於南湖。太倉吳偉業,長洲宋德宜、實穎,吳縣沈世英、彭瓏、尤侗,華亭徐致遠,吳江計東,武進黃永、鄒祇謨,無錫顧宸,崑山徐乾學,嘉興朱茂暉、彝尊,嘉善曹爾堪,德清章金牧、金範,杭州陸圻,蕭山毛奇齡,山陰駱復旦,會稽姜承烈、徐允定等皆赴。自此已後,風流銷歇矣。"

吳偉業(1619—1672),字駿公,號梅村,又號鹿樵生、灌隱主人,江蘇太倉人。崇禎四年(1631)進士,曾任翰林院編修、左庶子等職。清順治十年(1653),被迫應詔北上,次年除秘書院侍講,後升國子監祭酒。十三年(1656)末,乞假南歸,此後不復出仕。工詩詞,與錢謙益、龔鼎孳稱"江左三大家",開創了"婁東詩派"。著有《梅村家藏稿》《梅村詩餘》,傳奇《秣陵春》,雜劇《通天台》《臨春閣》,史乘《綏寇紀略》《春秋地理志》。(《清史稿》四八四《文苑一》、嘉慶《直隸太倉州志》卷二十八)

宋實穎(1621—1705),字既庭,號湘尹,江蘇長洲人。順治八年(1651)舉順天鄉試。與吳下諸名人倡慎交社,後以江南奏銷案詿誤。康熙十八年(1679),應試博學鴻儒科,不第。晚官揚州興化縣教諭。著有《讀書堂集》《老易軒文集》《春秋拾遺》《玉磬山房集》。(乾隆《江南通志》卷一六五、秦瀛《己未詞科錄》卷七)

宋德宜(1626—1687),字右之,號蓼天,江蘇長洲人。順治十二年(1655)進士,選庶吉士,授編修。歷官國子監祭酒、户部侍郎、左都御史、刑部尚書、兵部尚書、文華殿大學士。風度端重,每奏事,輒當上意。卒諡文恪。(《清史稿》卷二五〇、徐乾學《憺園全集》卷三十三《宋文恪公行狀》)

彭瓏(1613—1689),字雲客,號一庵,江蘇長洲人。與宋德宜兄弟訂慎交社。順治十六年(1659)進士,授廣東長寧縣知縣。失郡守意,誣劾去官。既歸,授徒講學,題所居室曰"志矩齋"。著有《志矩齋集》。(徐元文《含經堂集》二十八《敕封國子監司業雲客彭先生墓誌銘》、同治《蘇州府志》卷八十八)

尤侗(1618—1704),字展成,一字同人,號悔庵,又號艮齋,晚號西堂老人,江蘇長洲人。生而警敏,博聞強記,有才名。順治三年(1646)副榜貢生,九年(1652),授直隸永平府推官,以事降調。康熙十八年(1679),舉博學鴻儒科進士,授翰林院檢討,與修《明史》。子珍成進士,乃告歸。四十二年(1703),康熙南巡,即家晉侍講。能詩詞及駢文,著有《西堂全集》《艮齋雜記》,傳奇《鈞天樂》,雜劇《讀離騷》《吊琵琶》《桃花源》《黑白衛》《清平調》等。(秦瀛《己未詞科錄》卷三、朱彝尊《曝書亭集》卷七十六《翰林院侍講尤先生墓誌銘》)

徐致遠(1614—1669),字武静,江蘇華亭人。孚遠弟。(陳乃乾、陳洙纂輯《明徐闇公先生孚遠年譜》)

計東(1625—1676),字甫草,號改亭,江蘇吳江人。順治十四年(1657)舉人,旋補黜。爲人慷慨磊落。過中州,與湯斌講程朱之學。其文醇雅有矩矱。著有《改亭詩文集》。(《清史列傳》卷七十《文苑》一、乾隆《江南通志》卷一百六十五)

黄永(1621—?),字雲孫,號艾庵,江蘇武進人。性孝友。順治十二年(1655)進士,官刑部員外郎,以奏銷案罷歸。(光緒《武進陽湖縣志》卷二十三)

顧宸(1607—1674),字修遠,號荃宜,江蘇無錫人。崇禎十二年(1639)舉人。工詩文,藏書尤富。晚輯《宋文選》《杜律注解》。(乾隆《江南通志》卷一百六十六)

徐乾學(1631—1694),字原一,號健庵,江蘇昆山人。八歲能文,爲顧錫疇所知。十三歲,通五經。康熙九年(1670)進士,授編修。歷官日講起居注官、《明史》總裁官、侍講學士、內閣學士、左都御史、刑部尚書。生平敦兄弟之好,急友朋之難,有"太丘道廣"之目。著有《憺園文集》《讀禮通考》《傳是樓書目》。(《清史稿》卷二七一、同治《蘇州府志》卷第九十五)

鄒祇謨(1627—1670),字訏士,號程村,別號麗農山人,江蘇武進人。順治十一年(1654)舉人,十五年(1658)進士,以奏銷案不仕。天資穎异,過目不忘,上自經籍子史,以及天文、宗教、百家之書,細及古今人爵里、姓氏、世次、年譜,無不悉記。與陳維崧、董以寧、黃永稱"毗陵四子"。工詞,著有《遠志齋集》《麗農詞》,輯有《倚聲初集》。(乾隆《武進縣志》卷十)

曹爾堪(1617—1679),字子顧,號顧庵,浙江嘉興籍,江蘇華亭人。順治九年(1652)進士,改庶吉士,授編修。十二年(1655),分校會試,號得人。扈從瀛臺、南苑,屢蒙優寵。累官侍講學士。工詩善詞,著有《南溪詞》《杜鵑亭稿》。(光緒《重修嘉善縣志》卷十九)

章金牧(?—1672),字雲李,號萊山,浙江德清人。嗜書強識,工詩文。康熙初,以拔貢授柏鄉知縣,有惠政,卒於任。著有《萊山詩集》。(章金牧《萊山詩集》所附《行狀》、同治《湖州府志》卷七十三)

朱茂暉(1626—1690),字子蓉,號東溪,浙江秀水人。擅詩文,工書法。著有《鏡雲亭集》《東溪草堂詩餘》。(光緒《嘉興府志》卷五十三)

朱彝尊(1629—1709),字錫鬯,號竹垞,又號驅芳、金風亭長,晚號小長蘆釣魚師,浙江秀水人。康熙十八年(1679),舉博學鴻儒科進士,授檢討,充《明史》纂修官。二十二年(1683),入直南書房供奉,賜禁中騎馬,旋賜居禁垣。後罷歸。著有《曝書亭集》《經義考》《日下舊聞》《静志居詩話》等。(秦瀛《己未詞科錄》卷二、《清史稿》卷四八四《文苑一》)

徐胤定,字克家,號更齋,浙江上虞人。歲貢生。著有《涉江草》《更齋詩文集》。(阮元《兩浙輶軒錄》卷九)

是年,因評詩結怨王自超。

《墓志銘十一·自爲墓志銘》:"會稽王庶常從賊中歸,投予以十詩,予錄其四,乃以'右丞司户'評其篇,實譽之,不知其得罪。(王庶常名自超,有《夜走鄆城》及《哭周介生赴西市》詩,而評之云云。)聚怨家,歃血,布張罝羅,(與同邑舉人以文社被黜者,集親串怨隙聚謀。)謂予逆抗命。"

《墓表三·故明兵部車駕司郎中黃君墓表》:"君諱運泰,字開平。……嘗與予撰《越郡詩選》。庶常王君選四詩,中一詩爲《鄆城夜走》題,則明亡時庶常從賊中遁歸作也。予爲哀其遇，因以'右丞司户'評其詩簡間，而庶常家人謂譏其從賊……然後遣人密諷君改所評語，君曰：'此不可改也，予與毛生共爲此，毛生即不幸，有予在，予能賣吾并賣吾友哉？'"

王自超(1627—?)，字茂遠，浙江山陰人。崇禎十六年(1643)進士，改庶常。十七年(1644)，李自成陷長安，迎降。後潛身遠匿，間道歸里。著有《柳潭集》。(《崇禎十六年癸未進士三代履歷》、乾隆《紹興府志》卷五十四)

查慎行生。查昇生。

【時事】 正月，鄭成功取潮陽。八月，鄭成功取金門、廈門，威震海上。九月，孫可望率軍入貴州。十月，鄭成功取銅山、南澳、閩安諸島。十一月，清兵陷廣州，破桂林，瞿式耜、張同敞被俘，永曆帝自梧州奔潯州、南寧。時江西及兩廣大部爲清軍所占。十二月，清攝政王多爾袞病逝。

清世祖順治八年　辛卯(1651)　二十九歲

衣緇爲僧。

因無籍未與鄉試，王自超以抗試首官。社友章貞爲訟冤，提學翟文貴令辮頂待試。

《墓志銘十一·自爲墓志銘》："會稽王庶常……謂予逆抗命，今又抗試；且以頭陀居士林，斁壞名教，罪當死。讞者察其妄，不坐。值順治辛卯，浙三舉鄉試，同社章貞登賢書，偕同籍舉人昌言'毛生在江東抗命時，義不受職，故當時奪其籍。今不試、髡首，特無籍耳。倘能予之籍以旌其義，是人必能慷慨爲朝廷效命，豈甘鬱鬱自廢棄乎？'提學翟君是其言，立還舊籍，令辮頂待試。"

《書八·復王草堂四疑書》："向使不去髮，則方馬得執之；假欲辮髮，則江東劃守，人人皆方馬矣。是以放廢之久，衣緇者八年。至順治辛卯，讎者尚以抗試首官，因有逆陀斁教之訟。夫然後養髮，遵功令候試。此實事，不必諱，然亦無可諱也。"

《序四·道墟十八圖咏序》："會順治辛卯，章君登賢書，遂於塡親供時，爲予訟冤於部使軍門，一時聞者爭頌之。"

章貞，字含可，浙江會稽人。順治八年(1651)舉人，十二年(1655)進士，除山東壽光縣知縣，降河南榮陽縣縣丞，遷湖廣棗陽縣知縣。康熙十七年，應博學鴻儒徵，抵江寧而病，歸，未與試。工詩古文，著有《東銘

解》。(秦瀛《己未詞科録》卷五)

雍正《浙江通志》卷一百二十一:"(提學道)翟文貴,山東益都人。進士,順治六年任。"

有書答張杉,言及因言獲咎,家人懼禍毀其詩文事。

《答南士》:"以言感人,其術猶淺,況以言忤人耶?……予生二十九年矣,自三年不能言外,能言者已二十六年。吾言亦久矣!家人憤吾言,并毀及吾所爲文與詩。而愛我者亦且同忌我者之必欲使予喑廢而後已,嗟乎!謂予無術,固甘也。不知者乃謂予言妄,足賈禍,不如喑廢。"

按,據文中"予生二十九年矣"語,知作於本年。

姜圖南擢陝西茶馬監察御史。

乾隆《甘肅通志》卷二十八:"(巡茶御史)姜圖南,順天籍,浙江人。順治八年任。"

【時事】 正月十二日,順治帝親政。二月,孫可望以"合師北拒"爲名聯合永曆政權抗清。四月,鄭成功部將施郎降清,改名施琅。九月,清兵陷舟山,張名振奉魯王行於海上。十二月,清軍陷南寧,孫可望迎永曆帝入雲南。

清世祖順治九年　壬辰(1652)　三十歲

沈荃中進士。曹爾堪中進士。

春,以鄉里多故,避入杭州,復入傅元升橫山草堂讀書,爲其《時義一刻》作序。

《序八·傅生時義一刻序》:"自變遷以來,予焚弃筆墨者已八九年。……今年春,以鄉里多故,避之橫山,乃復入元升草堂。"

按,"鄉里多故",蓋指清兵圈占民房事。

夏,沈荃歸雲間覲省,作詩贈之。

《七言律詩一·贈沈探花荃歸雲間覲省》。

沈荃(1624—1684),字貞蕤,號繹堂,又號充齋,江蘇華亭人。幼孤,事母至孝。順治九年(1652)進士,授國史院編修。出爲河南按察副使。康熙元年(1662),丁憂歸。服除,補通薊道。以事詿誤,謫寧波同知。未赴任,特旨復正四品,仍入翰林,補侍講。十一年(1672),典試兩浙,未還,轉侍讀,尋擢國子監祭酒,晉詹事加禮部侍郎。工詩,擅書法,康

熙帝嘗召入内殿,論古今書法。卒諡文恪。著有《一研齋詩集》。(乾隆《華亭縣志》卷十二)

友姜希轍遷直隸元城縣知縣。

《事狀四·奉天府府丞前禮科都給事中姜君行狀》:"君希轍……順治九年,遷直隸元城縣知縣。"

康熙《元城縣志》卷四:"(縣令)姜希轍,會稽縣人。舉人,順治九年任。"

包秉德卒,爲作傳。

《傳七·徵士包二先生傳》:"蕭山包二先生,名秉德,字飲和,别字即山。……又四年壬辰,包二先生死。……先生補諸生第一,崇禎末,弃去。徵爲郎,贊江上軍,復不應,授書里閈間。……先生所著詩十卷、賦一卷、《讀史詩》二卷……其《酒賦》與《琴賦》,集不載。先生諡淳博。"

包秉德卒後,徐芳烈榜其故廬曰"不群",先生作《不群説》。

《不群説》:"吾友包飲和,作德本性,好學并力,而惜也抱宏材而賫志以死。其死,則徐君芳烈諡爲'淳博',蓋取古人友朋易名之大義也。而徐君復榜其故廬曰'不群'。或者疑之。方飲和幼時,群於鄉;及長也,群於友朋;讀書論世,上群於古王聖賢;往來贈答,歲時燕飲之次,群於峨冠側弁之夫;居家群於親親,言笑無忤,辭旨愉懌。自生迄死,凡若干年矣,悉群於所愛于所敬,而以爲不群。……飲和名秉德,行二,予别有《包二先生傳》。"

陳洪綬卒。

馮景生。陳元龍生。

【時事】 正月,鄭成功收復海澄;同月,張名振、張煌言等奉魯王抵厦門,鄭成功以宗人府府正之禮見之。二月,孫可望迎永曆帝至安龍;是月,清定南王孔有德兵向貴州,吳三桂率兵至四川。三月,吳三桂率兵取重慶。七月,李定國率部取永州,孫可望忌李定國功高,大西軍内部出現分裂。八月,李定國陷柳州、梧州,乘勝下廣東,破連山,南粵軍震恐。十一月,李定國於衡州與清兵激戰,殺尼堪,清廷震動。

清世祖順治十年 癸巳(1653) 三十一歲

三月,爲丁克振《迁吟二刻》作序。

《序七·丁大聲迁吟二刻序》:"大聲爲《迁吟》,迁且吟也。……去年三月,灌園於西郊,始出向時所爲《迂吟》者。"

按,黄運泰、毛奇齡《越郡詩選》凡例:"若吾邑則大聲、大敬諸子并起振厲,大聲《迂吟》兩刻。"

春,姜承烈赴從叔廷槐上元官署,作詩送行。

《七言律詩一·贈姜二承烈赴從叔上元官署》。

按,姜錫桓纂修《姜氏世譜·上元令指木公》:"公諱廷槐,資性絶人。……登順治戊子副榜,官上元令。"姜承烈《樂志堂文鈔》卷二《倪母朱太夫人七十》:"癸巳,余客金陵。"知姜承烈本年客居南京,毛詩當作於本年。

夏,母病痿,乞樓全藥而愈。作《全山人録》。

《全山人録》:"山人名全,樓氏。嘗藥山中,如兔囓物。嘗自謂能全,因名'全',然人不知山人也。予初知之,知山人善醫。癸巳夏,家母病痿。執不得捧,乞山人藥,儼敗竹筴者,剔刮煎漱,病愈。"

過同邑友人何文爗,書其册子。

《書何氏册子自跋》:"予不善書,然似善書者,以予能言古之爲書者也,且識今之以書名者。癸巳,寓何氏,何氏自銘索予書。"

何文爗,字自銘,號彝重,浙江蕭山人。(阮元《兩浙輶軒録》卷十四)

選來蕃詩。

《序一·鑒園詩序》:"獨是予之選北沙詩,在癸巳歲,既已略見其概於《越詩》之中。"

黄媛介入越,以賣畫爲生,作詩贈之。

《七言三韵律·黄媛介入越感贈》。

按,錢謙益《牧齋有學集》卷二十《贈黄皆令序》:"今年冬,余游湖上,皆令僑寓秦樓。"據方良《錢謙益年譜》"清順治十年"條:"入清後,牧齋在湖上過冬的年份,似乎只有本年有一點綫索。"知黄媛介本年客越。單隆周《雪園詩賦初集》卷十三有《黄皆令同其夫入越寓楳花樓》。

黄媛介,字皆令,浙江嘉興人。楊世功妻。幼承家教,髫齡即嫺翰墨,好吟咏,工書畫。以家貧,爲閨塾師。(施閏章《學餘堂文集》卷十七《黄氏皆令小傳》)

爲黄媛介子維則文稿作跋。

《楊童子稿跋》:"維則以童子隨二親游四方。其嚴親好結客,車裝所稅,即户屨滿焉,而其慈親則又以書畫歌咏應購不給。……童子爲詩,駢娟好麗,有慈親風,而又時發其年少争上之氣,趯趯俊勇。間爲賦,爲七,爲歌辭,爲記,爲序,隨所抒弄,皆成章焉。……今童子之母即黄皆令也。皆令能文，童子又能文，見之者謂童子過陳留長矣！"

冬，葉襄還里，詩以送之。

《七言律詩三·送葉襄還歸吴門》。

按，單隆周《雪園詩賦初集》卷十《送葉聖野還吴門》、阮元《兩浙輶軒録》卷五載沈胤範《冬暮送葉聖野歸吴門》。

葉襄(？—1655)，字聖野，江蘇吴江人。少穎敏，鋭志經籍，爲名諸生。楊廷樞倡復社，襄執經稱高弟子。明亡後，隱居不出。（民國《吴縣志》卷六十七）

陸圻母六十，作詩祝壽。

黄運泰、毛奇齡輯《越郡詩選》卷一載先生《崇蘭》，其序曰："《崇蘭》，壽陸母也。陸母宜夢鶴先生，術麗京、鯤庭、梯霞、左城諸子。歲六十，有秋蘭之榮焉。"

按，陳確《乾初先生遺集》卷一《復蕭山徐徽之書》："明年癸巳，西泠陸麗京之母六十。"知本年陸圻母六十，毛詩當作於本年。

是年前後，爲蕭山先賢魏驥、何競、張巕作傳。

《傳一·明南京吏部尚書榮禄大夫諡文靖魏公傳》："公名驥，字仲房，蕭山人也。……公長於詩文，四方求購者不絶於路，山刊木刻，幾遍天下。且好談理學，所著有《南齋集》《素履集》《理學正義》《水利切要》諸書。公初號梅居，又號南齋，其不由翰林而得諡文，崇理學也。……公七世孫振宗，懼記載散湮，終就軼落。且曩時爲郡、縣志者，皆畫於方幅，記事繆忽，因遍考記載，而屬予爲傳。"

《傳一·何孝子傳》："孝子名競，蕭山人。父舜賓，成化己丑進士，擢南京湖廣道監察御史。……邑有湘湖，宋縣令楊時爲溉田作也，歲久浸湮，前此魏文靖驥已經擴復，而豪家不法，仍肆牟食。舜賓，故文靖門下士也，至是，慨然曰：'吾不能治渠，吾當治湖。'遂發湖民私占者，揭縣具奏。當塗鄒魯，以御史謫宰蕭山。湖民憾者，爭賂魯，謀變其事。舜賓語侵魯，魯恨，誣以盜署事官印。……于是辟魯，戍孝子福建福寧衛。"

《傳一·張大司空傳》："張大司空巕，字時峻，俗通籍者易其字。公成化癸卯膺鄉薦，丁未第進士，歷官南京兵曹郎。……予初傳魏公文靖，繼傳孝子。……公師孝子之父御史，御史師文靖，自文靖以下，師生三世，相繼復湖。"

按，先生所作蕭山三賢傳，被同館王士禛、尤侗、袁佑作爲《明史》藍本。

《序二十三·何氏宗譜序》："暨予稍長，作《蕭山三先生傳》，則御史公之子孝子公居其一焉。"《蕭山縣志刊誤》卷三:"予作《蕭山三先生傳》(今改名《三大人傳》),一魏公文靖,一何孝子,一張尚書楓丘公。其文久行海内。即未入館時,已爲館中所采久矣。及屬題分纂,王司成阮亭得魏公傳,尤檢討悔庵得孝子傳,袁編修杜少得尚書傳,皆以予文爲藍本。"

王崇炳生。周在延生。丁文衡生。沈季友生。

【時事】　正月,清廣西守將線國安等復平樂、桂林。二月,因孫可望、李定國内訌,衡州、辰州等諸郡縣復陷於清。三月,魯王去監國號;張名振率水師入長江,破京口,尋撤還廈門。五月,清軍攻海澄,鄭成功大敗之。六月,李定國出師廣東,攻肇慶。七月,李定國下信宜、樂平等地。十二月,張名振、張煌言敗清軍於崇明。

清世祖順治十一年　甲午(1654)　三十二歲

二月,李明睿寓居西湖,值其七十生日,作詩祝壽。

《七言律詩三·壽李少宗伯西湖》。

按,黎元寬《進賢堂稿》卷十《壽太虚師七十有五初度序》:"及夫子七帙,雅游西子湖。"知李明睿七十壽辰時寓西湖。另同書卷二十二《通議大夫禮部左侍郎署尚書事前翰林院學士閶翁李公墓志銘》:"距生萬曆乙酉二月初八日戌時,得世壽八十有七。"知李明睿本年春七十,毛詩當作於本年。

李明睿(1585—1671),字太虚,江西南昌人。明天啓間進士,選庶吉士,歷坊館,罷。崇禎十七年(1644),曾勸崇禎帝遷都南京,未果。明亡後,蓄養女樂自娛。順治初,爲禮部侍郎,未幾,以事去官。著有《道統真傳》《閶園四部稿》《白鹿洞稿》《蕭江集》。(康熙《江西通志》卷七十)

夏秋間,施閏章游越。交施閏章,蓋在此際。

施念曾《施愚山先生年譜》卷一:"夏、秋,先生往淛中,由西湖至蘭亭、剡溪、娥江、禹陵而返,著有《越游草》。"

施閏章(1619—1683),字尚白,一字屺雲,號愚山、蠖齋、晚號矩齋,安徽宣城人。少年喪父,由叔父譽撫養成人。受業於沈壽民,得其指授頗多。性孝友,紹述理學,矜尚禮義。順治三年(1646)中舉,六年(1649)成進士,授刑部主事。十三年(1656),改山東提學道。十八年(1661),轉湖西道參議。康熙六年(1667),以缺奉裁,歸里。十八年(1679),舉博學鴻儒科進士,授侍講,預修《明史》。二十年,任河南鄉試主考官,稱得人,進侍讀。文章醇雅,尤工於詩,與同邑高詠等唱和,時號"宣城體";與宋琬有"南施北宋"之名。著有《學餘堂集》《蠖齋詩話》《矩齋雜記》《施氏家風述略》《青原志略補輯》等。(秦瀛《己未詞科錄》卷三、光緒《宣城縣志》卷十五)

秋,姚宗典、俞南史、歸莊、葉世佺、嚴祇敬、費誓、葛雲芝、文果、王廷璧、方將游越,集於徐芳聲草堂,作《秋讌》詩。

《七言律詩四·秋日吳門姚宗典俞南史歸莊葉世佺嚴祇敬費誓葛雲芝文果毗陵王廷璧皖城方將游越過訪仝人畢集各賦》、蔡仲光《謙齋詩集》卷五《吳門姚宗典王廷璧俞南史歸莊葉世佺嚴祇敬費誓葛雲芝文果方將同赴山陰之約集於徐芳聲草堂作秋讌詩》、葛芝《卧龍山人集》卷五《偕姚文初俞無殊王雙白歸玄恭嚴仲日文園公諸子赴山陰之約舟中分賦》、魏耕《雪翁詩集》卷十一《送姚宗典王廷璧俞南史歸莊葛雲芝費誓嚴祇敬葉世佺方將文果十子游越州》。

按,蔡仲光《謙齋詩集》卷八《祁奕喜婦朱孺人趙璧五秩壽序》:"甲午季秋,予同徽之、伯興、大可入梅墅拜祁忠敏公夫人五秩壽。三吳姚文初、王雙白輩前後偕至,咸有所作。"知諸人本年至山陰爲商景蘭祝壽。

姚宗典,字文初,江蘇長洲人。希孟子。崇禎十五年(1642)舉人。爲人敦孝友,重節概。明亡後,隱居不出。著有《啓禎存是錄》《崇禎紀事》《是庵文稿》。(陳田《明詩紀事》辛籤卷二十一、同治《蘇州府志》卷八十一)

俞南史(?—1680),字無殊,號鹿床,江蘇吳江人。輯有《唐詩攬香集》。(丁紹儀《國朝詞綜補》卷二)

歸莊(1613—1673),一名祚明,字爾禮,又字玄恭,號恒軒,又自號歸藏、歸來乎、懸弓、園公、鏖鏊巨山人、逸群公子等,江蘇昆山人。歸有光曾孫。明諸生。博涉群書,工草隸。與同里顧炎武學行相,有"歸奇顧怪"之目。順治二年(1645),在昆山起兵抗清,事敗亡命,剃髮僧裝,稱普明頭陀。著有《歸玄恭文鈔》等。(趙經達《歸玄恭先生年譜》、徐鼒《小腆紀傳》卷五十八)

葉世佺(1614—1658),字雲期,江蘇吳江人。諸生。(沈德潛《清詩別裁集》卷十四)

費誓,字仲雪,江蘇吳江人。諸生。好談經濟及孫吳家言,不遇,弃儒冠,服野服。年五十卒。(同治《蘇州府志》卷一百六)

葛芝(1619—?),原名雲芝,字瑞五,號龍仙,又號騎龍山人、卧龍山人、

江蘇昆山人。錫璠孫。張采婿。諸生。明亡後,隱居不仕。著有《卧龍山人集》《容膝居雜録》。(同治《蘇州府志》卷九十五)

文果(1627—?),字園公,號輪庵,江蘇長洲人。文震亨子。順治二年(1645),年十九,弃儒爲僧。後以母老反儒。清將桑格招至幕府,仍僧服,辭歸。康熙南巡,悦之,命居京師玉泉精舍,寵眷殊厚。(陳康祺《郎潜紀聞》卷十二)

王廷璧,字雙白,江蘇武進人。工古文辭,與同里張以謙、楊珅,蘇州徐枋善,鄉黨重之。(光緒《武進陽湖縣志》卷二十六)

嚴祇敬、方將,生平不詳。

季秋,與徐芳聲、蔡仲光、何之杰、姚宗典、俞南史、歸莊、葉世佺、嚴祇敬、費誓、葛雲芝、文果、王廷璧、方將、魏耕等赴紹興梅墅,祝商景蘭五十壽。

《七言古詩四·青雀吟爲祁中丞德配商夫人壽》、魏耕《雪翁詩集》卷十五《奉賀祁忠敏中丞公商夫人五秩二十韵》和卷十三《甲午冬客山陰二十餘日不得到雲門醉中呈諸公》。

按,商景蘭《商夫人錦囊集·五十自叙》:"歲甲午十月,我年當五十。"毛詩當作於本年。

魏耕(1614—1662),原名璧,又名時珩,字楚白,浙江歸安(今湖州)人。明亡後,改名耕,又名蘇,字野夫,號雪竇,又號白衣山人。順治年間,聯絡抗清志士,秘密圖謀恢復大業,事敗被殺。工詩,古體學李白,近體學杜甫,爲屈大均所賞,著有《息賢堂集》《雪翁詩集》。(温睿臨《南疆逸史》卷四十五、全祖望《鮚埼亭内編》卷八《雪竇山人墳版文》)。

與羅百駢等人集紹興東昌坊。

《七言古詩六·羅三行》序曰:"羅三百駢,杭州教歌頭,有稱名。甲午,集紹興東昌坊。羅三率孌童十六人按歌,酒酣,執酒起爲壽。慷慨言曰:'羅三非優人,盡贈我長句歌,使人知羅三苦沉淪也。'甡唯唯。"

按,周作人《東昌坊故事》:"余家世居紹興府城内東昌坊口,其地素不著名……東昌坊口是一條東西街,南北兩面都是房屋,路南的屋後是河,西首架橋曰都亭橋,東則曰張馬橋,大抵東昌坊的區域便在此二橋之間。"(鮑風等選編《周作人作品精選》,2003年)

羅百駢,生平不詳。

與張杉赴蘭亭社集,有取李白詩比張杉詩者,張杉不悦。

《詩話》二:"予入郡赴蘭亭集,有于集次取李白詩比南士(即張杉),南士艴然不之答。其人既去,座客謂南士:'李、杜猶不足比耶?'南士曰:'君自誤稱耳。李安足與杜齒?杜之藩籬,李未能窺及。'"

與趙甸、張梧、來集之、徐縅、祁理孫、祁班孫社集姜廷梧芳樹齋。

單隆周《雪園詩賦初集》卷十二《芳樹齋社集仝禹功雛隱成夫伯調大可奕慶奕喜賦》。

張梧,字雛隱,號豁公,山陰人。杉弟。(阮元《兩浙輶軒錄》卷七)

爲王端淑《留篋集》作序。

《序七·閨秀王玉映留篋集序》:"吾鄉之有閨秀,自謝道蘊始。……今吾鄉閨秀十倍于昔,然早見稱者,王玉映也。……乃七八年前,予亦得讀所爲《吟紅集》者……時先生尚在。今玉映以凍餒,輕去其鄉,隨其外人丁君者,牽車出門,將栖遲道路,而自衒其書畫、筆札以爲活。……《吟紅集》詩文多激切,而《留篋》反之。《留篋》獨有詩,然其詩已及劉禹錫、韓翃,閨秀莫及焉。《留篋》者,予爲之名也。"

《詩話》一:"王玉映有乞予作序一詩,最佳,在《留篋集》中。又一首乞予選定其詩者,落句云:'慎持千載筆,切勿恕雲鬟。'亦最佳。然集中不知何故,竟無此詩。"

按,王端淑父思任卒於順治三年,序中稱"乃七八年前""時先生尚在",推之,知毛序作於本年。另據《名媛詩緯初編》卷四十二王端淑《青藤爲風雨所拔歌》序曰:"青藤書屋,天池先生故居也。向時爲老蓮寓,今予徙居焉。藤百尺,緣木而上。甲午五月,忽大風雨,藤盡拔。"知端淑本年居紹興青藤書屋,先生本年亦至紹興,序當作於本年。

王端淑(1621—?),字玉映,號映然子,浙江山陰人。王思任季女,丁肇聖妻。著有《吟紅集》《留篋集》《恒心集》等。(阮元《兩浙輶軒錄》卷四十)

與黃運泰輯《越郡詩選》成。葉襄、陸圻、祁鴻孫作序。

《陳老蓮詩跋》:"自予選越詩,付此稿來,今二十年矣,老蓮死二十二年。"

按,陳洪綬卒於順治壬辰(1652),據文中"今二十年矣,老蓮死二十二年",推之,知《越郡詩選》成於本年。

又按,黃運泰、毛奇齡輯《越郡詩選》現藏天一閣博物館。此書卷首葉襄序曰:"今讀開平、大可《詩選》,爲詳其指歸,與之簡較。……吳門社盟弟葉襄撰。"陸圻序曰:"故讀越君子之詩,而知其長歌當哭,多哀呼怨亂之聲也。……錢唐社盟弟陸圻景宣氏拜撰。"祁鴻孫序曰:"十年以來,而黃子開平、毛子大可以昭明之識、河岳之才,乃汛除積習,慨然撰類。夫二子固有取爾也。……仝郡社盟弟祁鴻孫拜撰。"

黃運泰(1630—1671),字開平,浙江蕭山人。明亡,毀家抗清。南明福

王時,授兵部車駕司郎中。(毛奇齡《墓表三·故明兵部車駕司郎中黄君墓表》)

因評文得罪浙江布政使張縉彥,提學使張安茂阿伺張意,仍奪先生諸生籍。

《墓志銘十一·自爲墓志銘》:"會布政司使張君以從賊歸,命爲今官。構者謂予評文時曾及君六等定罪之狀……君大恨。提學張君阿伺君意指,仍奪予籍。"

按,雍正《浙江通志》卷一百二十一:"(承宣布政使)張縉彥,字坦公,河南新鄉人。前辛未進士,順治十一年任。"雍正《浙江通志》卷一百二十一:"(提學道)張安茂,字子美,江南青浦人。進士,順治十年任。"

張縉彥(1599—1660),字濂源,號坦公,又號外方子,別號大隱,河南新鄉人。崇禎四年(1631)進士,歷官清澗縣知縣、三原縣知縣、户部主事、兵科都給事中。十六年(1643),擢爲兵部尚書。李自成陷京師,率百官表賀迎接。順治三年(1646),降清。順治年間,歷任山東右布政使、浙江左布政使。十七年(1660),因罪流徙寧古塔。(乾隆《新鄉縣志》卷三十三)

十一月四日,覆書朱士稚,具論《越郡詩選》以"商夫人"稱商景蘭之由。

《書一·復朱朗詣書》:"僕選越詩……其稱祁中丞夫人爲商夫人者,夫人本冢宰公女,名景蘭,字媚生。蔡大敬語僕,以爲夫人茂壺範爲忠節名臣德配,其字艷,不足隆稱述。考古原有稱夫人例,遂妄列之曰'商夫人',實不知其稱之有是否也。甲向與僕書,辨僕選甚博,曾不及此一節,既聞以原書示人,遂增入云:'祁中丞夫人而乃稱商,如中丞何矣?'僕無學,於古文都不能記憶,然嘗讀《漢書》高帝戚夫人,文帝慎夫人,孝武王夫人、李夫人、邢夫人、尹夫人,皆以生爲氏者。他若三國吴謝夫人、潘夫人,晉諸葛夫人、謝夫人……聞尊選亦及閨秀,且聞尚未竣。足下淹雅,定不惑其説,然爲足下璪璪者,欲見時爲我道此也,何如?十一月四日。"

《詩話》三:"少時作《越郡詩選》,末載商夫人詩,即祁中丞夫人也。或以稱'商'非之,予時作書答極悉。"

朱士稚(1614—1661),字伯虎,後更字朗詣,浙江山陰人。與同邑張宗觀朗屋交最善,號"山陰二朗"。卒後,門人私諡爲貞毅先生。輯有《吴越詩選》。(嘉慶《山陰縣志》卷十四)

因《越郡詩選》被訟於官,捕者就家焚其詩。

《序二十四·長生殿院本序》:"予少時選越人詩,而越人惡之,訟予於官。捕者執器就予家,捆予所爲詩爨毀之。"

怨家盡劫其《續詩傳鳥名》。

《續詩傳鳥名卷》卷一："越六年,而怨家發墨篋,則盡槧之。"

《經集》凡例："著《毛詩續傳》三十八卷,爲怨家劫去。"

方維儀七十壽辰,作詩賀壽。

《七言絕句二·清芬閣方夫人初度》。

方維儀(1585—1668),字仲賢,江南桐城人。方以智姑母。姚孫棨妻。早寡,歸母家守志,與方孟式、方維則并稱"方氏三節"。著有《清芬閣集》,輯有《宮閨詩史》。(馬其昶《桐城耆舊傳》卷十二《姚清芬閣傳》、乾隆《江南通志》卷一百七十六)

按,詩中有"七十年來《玄覽賦》,憑將千載誦清芬"句,知作於方七十生日時。江慶柏《清代人物生卒年表》："方維儀(1585—1668),字仲賢,江南桐城人。"知方氏本年七十,詩當作於本年。

喻昌七十生日,作詩祝壽。

《五言格詩三·贈俞文起七十》。

按,詩中有"日抄《金匱》言",知喻爲醫者;"諺云七十稀",知喻本年七十。錢謙益《牧齋有學集》卷十五《俞嘉言醫門法律序》："新建俞徵君嘉言發揮軒岐、仲景不傳之秘,著《尚論篇》,余爲序其指要。……越二載,徵君年七十,始出其《尚論後篇》及《醫門法律》教授學者,而復求正於余。"同書卷四《贈新建喻嘉言》。錢書一作"俞",一作"喻",同字嘉言,當是一人,而姓或作"喻",或作"俞"。單隆周《雪園詩賦初集》卷十一《贈醫友俞文起》,與錢序、毛詩合,知喻昌爲醫者。喻昌《醫門法律》自序曰："順治十五年上元吉旦,南昌喻昌嘉言老人,時年七十有四序。"推知喻昌本年七十。

喻昌(1585—1664),字嘉言,號西昌老人,江西新建人。崇禎三年(1630)以副榜貢生入都,上書欲有所爲,不見納,削髮爲僧。不久又復蓄髮,游於江南。明禪理,精醫藥。晚年潛心著述,開堂講授醫學,精研醫理,尤精《傷寒論》。著有《尚論篇》《寓意草》《醫門法律》,合刊爲《喻氏三書》。另著有《傷寒抉疑》。(康熙《常熟縣志》卷二十二)

遇曾畹於姜廷槥宅,作詩贈之。

《七言律詩四·虔州曾孝廉自寧夏獲薦歸遇姜弱翁宅》。

姜廷槥(1615—1687),字尚甫,號弱翁,浙江會稽人。順治十一年(1654)中舉。屢困公車。康熙九年(1670),任嘉興府教授。二十年(1681),遷山東肥城縣知縣。(姜錫桓纂修《姜氏世譜》載孟遠《肥城令弱翁公傳》)

曾畹(1622—1677),原名傳燈,又名裔球,字庭聞,又字楚田,江西寧都人。應遴長子。明亡後,隨父抗清,事敗後流亡福建。後流亡至寧夏衛,以商籍中順治十一年(1654)舉人。著有《金石堂集》。(光緒《江西通志》卷一百六十九)

姜廷櫸赴京會試,作詩送行。

《七言律詩四·送姜八廷櫸公車》。

雍正《浙江通志》卷一百四十三《選舉》:"(順治十一年甲午科)姜廷舉(櫸),會稽人。"按,姜廷櫸本年中舉,當以年末赴京會試,姑繫於此。

十二月,吳懋謙、沈荃游越,偕游紫陽洞。

《七言律詩三·同雲間吳山人沈翰林游紫陽洞》。

按,吳懋謙《苎庵二集》卷八有《仲冬五日同秉叔次典碩庵繹堂登吳山》《武林至日感懷》,吳詩分體,每體按次序編年,此詩排在《甲午元旦》與《甲午除夕二首》之間,知本年吳、沈兩人本年冬游杭州。

吳懋謙(1615—1687),字六益,號華蘋山人、獨樹老夫,華亭人。與申甶盟齊名,時有"南吳北申"之譽。布衣。著有《苎庵遺集》《華蘋山人詩集》等。(乾隆《華亭縣志》卷十四)

同沈亮采、陸嘉淑過黃運泰文園登高峰。

《七言律詩三·海昌沈亮采陸嘉淑過黃大運泰文園登高峰》。

陸嘉淑(1620—1689),字孝可、慶雲、路仲、子柔,號辛齋,一號冰修、射山、射山衰鳳,晚號辛齋,浙江海寧人。明諸生。康熙十八年(1679),舉薦博學鴻儒,力辭不就。通詩文,尤工書畫。著有《射山詩鈔》《辛齋遺稿》。(阮元《兩浙輶軒錄》卷一、王簡可《陸辛齋先生年譜》)

沈亮采,浙江海寧人。生平不詳。

姜兆騨生。劉廷璣生。

【時事】 正月,張名振、張煌言率師破京口,登金山,望祭明孝陵,旋退。二月,清廷命尚可喜鎮廣東。四月,李定國收復羅定、新興等縣。十月,李定國陷高明,圍新會。十一月,清漳州千總劉國軒獻城叛清。十二月,清兵敗李定國於新會;同月,鄭成功陷同安、南安、惠安等縣。

清世祖順治十二年　乙未(1655)　三十三歲

春,祁鴻孫舉第三子瞻徵,作詩賀之。

《七言律詩二·祁二兵憲舉子》。

按,《山陰祁氏家譜》:"祁瞻徵,字魯瞻,生於清順治十二年乙未正月二十日辰時。鴻孫第三子。"

春,復與羅百駢集於紹興九曲里祁鴻孫府第。

《七言古詩六·羅三行》序曰:"乙未,復集紹興九曲里祁兵憲第。諸伎畢奏,羅三復引聲。"

駱復旦以廷試入都,作詩送行。

《七言律詩二·送駱叔夜北行》。

按,《墓志銘八·駱明府倪孺人合葬墓志銘》:"辛卯廷試,取上上卷,授推官。君遽歸,不受。甲午新例,改知縣。乙未,赴都。"

祁德蒞初婚,作詩賀之。

《七言律詩二·祁湘君催妝》。

按,《雜箋》三十一:"越中閨秀,以祁湘君、徐昭華爲最。二人爲從母兄弟,其母夫人皆商太傅女,一祁中丞夫人,一徐大司馬子婦,皆閨秀也。湘君年長,倍於昭華。予曾於其初婚時作《催妝詩》,今二十年矣。昭華年小,好讀予詩,因以師予。"據後譜,先生收徐昭華爲女弟子在康熙十四年,文中有"今二十年矣"語,知毛詩作於本年。

三月,吳淞招上巳修禊,適過山陰,不果從,有詩簡張愨、徐致遠諸子。

《七言律詩一·暮春三月吳淞招上巳修禊牲適過山陰不果從却簡張愨徐致遠諸子》。

張愨,生平不詳。

丁澎中進士。秦松齡中進士。王士禛中進士。汪琬中進士。

選沈功宗、傅宗詩爲《江園二子詩集》,并爲題詞。

《序一·鑒園詩序》:"而予選孚先、德孚詩爲《江園二子》,在乙未歲。"

《墓志銘一·沈君墓志銘》:"君著《越紐遺書》不就,乃與德君合刻所著詩共十四卷,名《江園二子詩集》。吳江顧有孝,臨安陸圻、徐繼恩,山陰張梯,慈溪魏更與同邑毛甡皆有序。"

《江園二子詩集題詞》:"江園二子,以終、賈之年,賦班、揚之質。經緯文質,遺思粹雅……夫江園者,二子之所居也。二子言同簠簋,行并車轍。友朋之樂,渝溢伯仲。"

沈功宗,字孚先,浙江蕭山人。(阮元《兩浙輶軒錄》卷二)

傅宗,字德孚,浙江蕭山人,山陰籍。順治十七年(1660)舉人。(阮元《兩浙輶軒錄》卷二)

駱復旦授陝西三原縣知縣。

《墓志銘八·駱明府倪孺人合葬墓志銘》:"世祖章皇帝復命試身、言、書、判,且分州縣爲上、中、下,凡兩事,入一等者,授大縣。君四事俱一等,上悦,引見太和殿,賜茶、賜宴、賜瓜,立授陝西三原縣知縣。"

乾隆《三原縣志》卷五:"(本朝知縣)駱復旦,浙江山陰人,明經,順治十二年任。"

姜圖南巡按兩淮鹽政。

嘉慶《揚州府志》卷三十八《秩官志》四:"(兩淮巡鹽御史)姜圖南,山陰人。進士。順治十二年任。"

秋,与祁班孫、张杉等赴揚州謁姜圖南,值姜四十生日,作詩文賀壽。

《序四·姜侍御生日序》:"姜子侍御以甲第起家,讀書中秘,乃歷任臺省,綱紀鹽漕,其在今行馬者再矣。……我友祁子,且偕越中同人,共進爲壽。……今君方四十,而留東堂者若干歲,入臺司者又若干歲。"

《七言古詩五·維揚贈姜侍御圖南巡鹽并祝初度有詩》中有"男兒有才須早立,姜君侍御方四十"句。

姜圖南(1620—?),字匯思,號真源,順天大興籍,浙江錢唐人。順治六年(1649)進士。歷任巡視陝西茶馬監察御史、兩淮巡鹽御史、江西南瑞道參議、山東濟南道參議、河南睢陳道副使。著有《關隴集》《維揚集》《客堂集》。(吴顥《國朝杭郡詩輯》卷一、民國《杭州府志》卷一百二十五)

八月,與姜坦等夜飲於姜圖南後院,填《玉樓春》詞。

《填詞三·玉樓春·八月宿姜真源憲使後院夜飲仝小農汝旦作》。

姜坦,字汝旦,浙江會稽人。希轍仲子,垚弟。(姜錫桓纂修《姜氏世譜》)

姜小農,生平不詳。

李明睿邀查繼佐"東山女樂"勝會揚州,往觀之。

《七言絕句一·揚州看查孝廉所携女伎七首》。

按,劉振麟、周驥《東山外紀》:"李太虛先生林居,畜聲伎甚盛,而所爲沖末者,姿技獨絕。邀先生勝會維揚,先生柔些年十五,登聲與共,聲容不可以上下,觀者數萬。杜于皇爲作《柔些歌》,流傳吴下。"

查繼佐(1601—1676),初名繼佑,字三秀,更字友三,號伊璜、左隱、方舟,又號與齋,別號東山釣史、釣玉,浙江海寧人。崇禎六年(1633)舉人。明亡後,隨魯王監國紹興,授兵部職方,親率軍抗擊清軍。順治九年(1652),於西湖覺覺堂講學,旋至杭州鐵冶嶺之敬修堂講學,從學者衆,人稱敬修先生。康熙元年(1661),罹南潯莊廷鑨私刻《明史》案,列名參校,下獄論死,後獲救。精音律,喜彈唱拍曲,家有女樂班,親自教授,蜚聲江南。著有雜劇《續西廂》《鳴鳳度》,傳奇《三報恩》《非非想》

等。另著有《罪惟録》《國壽録》《魯春秋》《東山國語》等。(民國《海寧州志稿》卷二十九)

在揚州李明睿寓齋觀女劇,作詞贈之。

《填詞三·虞美人·廣陵李宗伯寓觀女劇作》。

按,孫枝蔚《溉堂前集》卷九乙未稿《歐臺同王于一杜蒼略和李太虛宗伯》《太虛園中觀女樂》,知李明睿本年客揚州,先生本年亦至揚州,詞當作於本年。

在揚州,讀張淑《文犀櫃院本》,爲作序。

《序六·文犀櫃院本序》:"往從吳人話文犀櫃事,且云有院本,甚善。逾年,至廣陵,得其本讀之,始知爲吾鄉張陸舟先生作也。先生好遠游,朝帆暮車,然所習至者,則尤在秣陵、廣陵、吳閶之間。所至坊曲爭相迎,藉先生爲歡。其於娼樂屢矣,暇時爲詩歌,且雜爲填詞、小令諸體,又爲傳奇、院本、雜劇、散弄,合不下數十本,《文犀櫃》其一也。"

張淑(1607—?),字荀仲,浙江山陰人。僑居宣城,擅書畫,工度曲。著有傳奇數種。(乾隆《紹興府志》卷七十)

作《寄寇詩》,寓佇望之意。

《七言絶句二·寄寇詩》序:"白門妓寇眉(湄),故撫寧侯曾購以千金寵之。侯被俘北行,鬻婢姜從旗謀賂,魚貫逮寇。寇曰:'予安從旗矣?且鬻予數金耳。'請得歸。歸則丐諸侯故人,得千金,未足,重爲妓繼之。侯由是免。張荀仲先生曰:'寇非無知者,語及故侯家事,輒慟哭。'……予時寓廣陵,寇將來,或曰寇復不來,擬寄之。"

《書七·與吳廣文論國風男女書》:"予避人至維揚,姜匯思侍御巡鹽兩淮,多結納名士。時武寧侯王君蹈海,門客高孝修跳身破産扞侯故家事,而名久在刊章未落。侍御聞其來,預貯五百金待之。予深感其事,爲作《寄寇》詩,寓佇望之意,以撫寧侯家妓寇白門事頗相類也。"

寇湄(1624—?),字白門。保國公朱國弼妾。能度曲,善畫蘭,粗知拈韵,能吟詩。順治元年三月,京師陷,保國公生降,家口没入官。白門以千金予保國贖身,匹馬短衣,從一婢而歸。歸爲女俠,築園亭,結賓客,日與文人騷客相往還,酒酣耳熱,或歌或哭。後病卒於秦淮。(余懷《板橋雜記》中卷《麗品》)

八月,毛先舒父七十生日,作詩祝壽。

《排律二·奉祝馳黃尊大人生日》。

按,詩中有"杖國諸宗父"語,知作於先舒父七十時。據毛先舒《漢書》卷七《先考繼齋公行略》:"公生於萬曆丙戌八月一日巳時,卒於康熙丙午十二月十八日戌時。"推知先舒父本年七十。

冬,丁聖肇、王端淑夫婦客蕭山。

　　王端淑《名媛詩緯初編》卷四十二《予客游半載至丙申春尚滯蕭邑浮翠吳夫人以扁舟相接賦此志感》,知王端淑夫婦本年秋冬客蕭山。

約於是年,選己詩與何之杰、徐緘詩合爲一集,名《越州三子詩》。

　　《墓志銘十一·自爲墓志銘》:"先與山陰徐緘、同邑何之杰爲'三子'。"
　　《墓志銘十四·何毅庵墓志銘》:"及見毅庵詩,愛之。大抵其詩在崇禎之季,曾作贅婿於留都京兆王盤峙公之幕,與留都知名士往來唱酬,故有詩。因出己所剩,與徐緘與君合爲一集,名'越州三子'。"
　　按,《序三十二·盛玉符詩序》:"少選越詩,越無多詩人也。既而作《越州三子詩》,三子之外,往來唱和者仍寥寥也。"知輯《越州三子詩》在《越郡詩選》後,姑繫於此。

潘廷章閱先生所輯《越州三子詩》,寄詩志羨。

　　潘廷章《渚山樓詩集》卷三《西陵曲寄蕭山毛大可》。
　　按,潘詩中有"覽君越州篇,爲奏西陵曲……十年之交何與徐,并上瑤臺種白榆"句,指毛奇齡與徐緘、何之杰輯《越州三子詩》事。
　　潘廷章(1612—?),字美含,號梅岩,又號海峽樵人、雪塏道人,浙江海寧人。著有《硤川志》《渚山樓集》。(阮元《兩浙輶軒録》卷三)

是年前後,來我平自江西歸,有詩寄先生,并詢徐林鴻、張綱孫、吳卿禎消息。

　　《填詞三·虞美人·喜來我平歸自江右寄詩并詢徐大文張祖望吳雲章消息》。
　　來我平(1614—1699),字時美,浙江蕭山人。(來秉奎等纂修《蕭山來氏家譜》)
　　徐林鴻(1632—1700),原姓林,字大文,一字寶名,福建莆田人。入贅海寧徐氏,冀徐姓,爲海寧諸生。康熙十八年(1679),應博學鴻儒科試,不第。著有《兩閒草堂詩文集》。(秦瀛《己未詞科録》卷七、阮元《兩浙輶軒録》卷八)
　　張綱孫(1619—1687),字祖望,號秦亭,又號竹隱君,後更名丹,浙江錢唐人。著有《張秦亭詩集》。(阮元《兩浙輶軒録》卷三)

葉襄卒。

周在都生。施彥恪生。陳至言生。愛新覺羅·博爾都生。

【時事】　二月,清軍敗李定國於興業縣,李定國退入南寧府。八月,張名振率師從崇明北上,至登萊沿海地區。十月,鄭成功部將甘輝取舟山,張名振率師從長江來會舟山。十一月,張名振病逝,張煌言領其衆。

清世祖順治十三年　丙申(1656)　三十四歲

王端淑將之吳,作詩贈之,端淑有答詩。

《七言古詩五·雨中聽三弦子適女士王玉映將之吳下過宿蕭城西河里因作長句書感却示》、王端淑《名媛詩緯初編》卷四十二《同夫子讀毛大可雨中聽三弦子長句賦贈》。

按,王端淑輯《名媛詩緯初編》卷四十二王端淑《予客游半載至丙申春尚滯蕭邑浮翠吳夫人以扁舟相接賦此志感》,知端淑本年春在蕭山。

朱士稚從淮歸,出王猷定所作《聽楊太常彈琴詩》,先生作詩和之。

《七言古詩二·同王徵士聽楊太嘗彈琴篇》序曰:"毛甡未識楊太常,亦未聽太常彈琴,江西王徵士每稱太常通明音律,尤善彈。崇禎十六年,用軍功轉爲太常官,使令正樂……所携有二賜琴,一爲唐開元年供奉樂器,秘保勿彈。時取他琴操數章,或出涕。徵士有詩十篇。和,曰同也。"

按,王猷定《四照堂詩集》卷一《聽楊太常彈琴詩》序云:"蜀人楊懷玉先生名正經,前太常也,善彈琴。予耳熟其名十五年,乙未三月,予有事淮上,先生在焉。或曰僧也。問故,瞪視口僵而不言。予聞之淒然,曰:'嗟乎,吾聽琴矣!'淮有張子爾常,任俠士,貧而來四方之客。所居之城爲昔年屯兵地,兵去,瓦土崩叠,牛羊之糞盈欹屋中,過客例不入。張子編蘆爲室,偕虞山與居,太常主之,三人晨夕歌不輟,雖日踐蝘蠋之塞,恬如也。予生平不妄聽人彈琴,獨於先生有神契,未易詰其所以然。一日,擬造張子廬聽琴,中道而返,維時三月十九日也。退游湖寺,越日,見先生。先生布衲芒屩,揖予坐,自叙其先世爲西陽宣慰使司,代有戰功,及自爲將,值己巳之變……三嘆而作此詩,嗟夫太常。"

魏耕《雪翁詩集》卷五《和王猷定聽楊太常彈琴作》序曰:"粵人楊正經字懷玉,前太常也。善彈琴,世亂,服抖擻衣,以僧相往來江淮。淮有張爾常者,任俠,來四方之客……而豫章人王猷定擅文筆,負時譽,亦游寓金陵數郡間,每扁舟過張廬,聽太常撫弄,與之相得,作《彈琴詩》,且序其始末。謂正經本西陽宣慰使司,代有戰功,迨正經自爲將,值己巳之變,從思石提兵入衛援山海關,尅復上谷、欒城諸地。其年入奏,受知毅宗烈皇帝,召見便殿,審定五音暨郊廟諸樂章,帝謂過於師襄云。……

丙申春,山陰朱廿二從淮上來,出獻定所作詩并序。余感其事,遂援琴鼓三曲而和之,且用寄楊及張、王焉。"

王士禎《居易録》卷二十四:"楊正經,字懷玉,蜀人。其先西陽宣慰司土官也。及身爲將,通音律,善鼓琴。崇禎中修復雅樂,或薦之,召見稱旨,出内府漢文帝、唐太宗二琴賜之,官太常。癸未,以母喪歸蜀,奉賜琴以行,次旅舍,懸琴壁間,鏗然有聲者三。正經泣曰:'此亡國之徵也,不再臘矣。'是日,李自成入潼關。明年甲申,明亡。正經僧服,時抱賜琴出游吴楚間,人呼爲僧太常云。"

阮葵生《茶餘客話》卷二十一《淮故》上:"正經,字懷玉,家世爲將,少有別解,通樂律。懷宗召至便殿,令彈琴,稱善。京城破,抱琴逃止淮上,主陳碧涵先生家。時李子燮爲淮安推官,正經僧服往見,爲李上客。李爲買宅,又爲其子納婦於淮,年七十餘卒。葬城東黄土橋,與碧涵祖墓鄰近,陳氏每墓祭,必置酒澆太常墓側。淮人集中多聽太常彈琴詩。"

四月,沈荃遷河南按察使司副使,分巡大梁道。

《清世祖實録》卷一百:"順治十三年丙申夏四月……補外轉編修沈荃爲河南按察使司副使,分巡大梁道。"

夏,魏耕客山陰祁氏寓園。

魏耕《雪翁詩集》卷五《丙申夏以事之山陰客祁生班孫宅其伯淨超毗耶居士後身也他日邀余游密園宴飲因爲醉歌》。

沈功宗、傅宗寄《江園二子詩集》與魏耕,魏耕有詩答之,兼寄先生。

魏耕《雪翁詩集》卷五《客舍苦熱忽得蕭山傅生宗札沈生宗功詩數篇輒寫長句酬贈并寄毛子奇齡》。

立秋日,宿横山草堂。

《雜箋》十四:"丙申立秋日,宿横山草堂。"

與傅以成讀書横山草堂,爲傅元升《時義二刻》作序。

《序八·傅生時義二刻序》:"吾生十七年,而與傅子元升讀書於横山草堂。又十七年,而又與元升之子四如讀書其中。……既以四如一集序之行世,更累其近作,次爲續集。"

按,黄運泰、毛奇齡輯《越郡詩選》卷一末附參校人氏,有"傅以成四如氏仝較"字樣,知傅四如名以成。

作《潼川歌》,記賀雲會父母被李自成殺害於潼川事。

《七言古詩八·潼川歌》序曰:"丹陽賀先生胤選,崇禎十六年,受資陽縣令。夫人請從,叱馭而行。李自成破成都,資陽不守,先生及夫人慷慨就刃。自成怪之……越二年十月,賊敗於南鄭,懼中有應,乃指而嘆曰:

'留此輩爲梗矣。'殺之,同行十七口,并日死於潼川州。越十二年,先生二子雲會、雲舉俟西道通,尋之不得。有彭君退庵備述其事,復詢之資人蔡文學,語與相合,號啕而歸。雲會爲司馬,與予善,予乃作《潼川歌》。"賀雲會,生平不詳。

秋,施閏章提學山東,寄詩贈之。

《七言律詩二·寄贈施比部提學山東》。

施念曾《施愚山先生年譜》卷二"順治十三年丙申"條:"在刑部。秋,奉使督學山東。"

友陸世楷自登州郡丞擢廣東南雄府知府。

道光《廣東通志》卷二百六十:"陸世楷,字孝山,浙江平湖人。丙戌拔貢。順治十三年,自登州府同知擢南雄府。"

蕭山知縣韓昌先櫬歸遼陽,詩以送之。

《排律四·送邑明府韓公櫬歸遼陽》。

按,康熙《蕭山縣志》卷十六:"韓昌先,遼東人。順治九年知蕭山縣,蒞事明敏……卒於官。"據同書同卷,孫昌猷順治十三年任蕭山知縣,知韓昌先卒於本年。

祁鴻孫卒。

湯右曾生。

【時事】 二月,李定國護衛永曆帝抵曲靖。三月,李定國遣部將迎永曆帝入雲南。三月,尚可喜、耿繼茂攻揭陽,鄭成功部將戰敗,退往海上。六月,鄭成功部將黃梧在海澄降清。七月,鄭成功部取閩安,攻福州。八月,鄭成功攻福州不克,退駐閩安。

清世祖順治十四年　丁酉(1657)　三十五歲

春,施閏章寄書問訊,作詩答謝。

《七言律詩二·愚山督學山左遠辱書問并饋買山之貲四韻代答》。

十月,順天鄉試科場弊案發。

《清世祖實錄》卷一一二:順治十四年十月"甲午,先是刑科給事中任克溥參奏:鄉、會大典,慎選考官,無非欲矢公矢慎,登進真才。北闈榜放後,途謠巷議,嘖有煩言。臣聞中式舉人陸其賢用銀三千兩,同科臣陸貽吉送考官李振鄴、張我樸,賄買得中。北闈之弊,不止一事。此輩夤髦國法,褻視名器,通同賄賣,滔不畏死。伏乞皇上大集群臣,公同會訊,則奸弊出而國法伸矣。事下吏部都察院嚴訊,得實奏聞。得旨:'貪贓壞法,屢有嚴諭禁飭,科場為取士大典,關係最重,況輦轂近地,繫各省觀瞻,豈可恣意貪墨行私?所審受賄、用賄、過付種種情實,可謂目無三尺,若不重加處治,何以懲戒將來?李振鄴、張我樸、蔡元禧、陸貽吉、項紹芳、舉人田耜、鄔作霖俱著立斬,家產籍没,父母、兄弟、妻子俱流徙尚陽堡。主考官曹本榮、宋之繩,著議處具奏。'"信天翁《丁酉北闈大獄紀略》:"時諸新舉人多半歸里。祠部文移嚴厲,該府縣拘摯繁瑣,押送起解,如同隸囚,無不震恐兼程。"

十一月,江南鄉試科場弊案發。

《清世祖實錄》卷一一三:順治十四年十一月"癸亥,工科給事中陰應節參奏:江南主考方猷等弊竇多端,榜發後,士子忿其不公,哭文廟,毆簾官,物議沸騰。其彰著者,如取中之方章鉞,係少詹事方拱乾第五子,懸成、亨咸、膏茂之弟,與猷聯宗有素。乃乘機滋弊,冒濫賢書,請皇上立賜提究嚴訊,以正國憲,重大典。得旨:據奏,南闈情弊多端,物議沸騰。方猷等經朕面諭,尚敢如此,殊屬可惡。方猷、錢開宗并同考試官俱著革職,并中式舉人方章鉞,刑部差員役速拏來京,嚴行詳審"。

十二月,河南鄉闈事發。友丁澎被革職察議。

《清世祖實錄》卷一一三:順治十四年十二月壬申"刑科右給事中朱紹鳳劾奏:'河南主考官黃鈊、丁澎進呈試錄《四書》三篇,皆由己作,不用闈墨,有違定例。且黃鈊服官,向有穢聲,出都之時,流言嘖嘖,及入闈,又挾恃銓曹恣取供應,請敕部分別處分。'得旨:'黃鈊著革職,嚴拏察究,丁澎亦著革職察議'"。

作《東陽撫寇記事》,記陳子龍招降東陽許都事。

《東陽撫寇記事》:"越司理陳君子龍嘗薦東陽諸生許都於浙撫,不用。都,世家子……仍令子龍復挾都入山,散其眾。都降,從者八十人,直指迎都於正陽門外,收斬之。臨斬,都仰天曰:'乃為豎子所賣。'徐孝廉知都死,讓子龍曰:'都本以我故降君,君不爭。其死,今而後人敢友君哉?'或曰:'司理以薦故,不敢爭。'或曰:'司理固爭之不得者。'予為諸生時,從司理游,聞其事。順治丁酉,蘭溪方君語相合,因記之。"

按,佚名《東陽兵變》:"許都,浙江東陽縣人,故副都御史弘綱之孫也。任俠好義,遠近信服。縣令姚孫棐貪虐殘民,借名備亂,橫派各戶輸金,而坐都以萬。都家實中產,勉輸數百金,詣自告竭。孫棐大怒,摘都所刻社稿姓氏,謂是'結黨造反',桎捁之。時輸金者盈廷,哄然沸亂。有姚生者執孫棐於座,按之街下,笞之,群擁許都爲主。巡按御史左光先聞變,即調台州兵行剿,所至屠掠,東陽、湯溪、蘭溪民各保鄉寨拒敵,官兵大敗。光先遂以許都反聞,集兵處餉,人人幸功。杭州推官陳子龍謂:'都實非反者!'遣生員蔣若來賫書諭之,都即率同事十三人詣杭獄,投子龍。爲之請,光先不許,悉斬之;盡隱孫棐之過,命之後任。此崇禎十七年正二月間事。"

蕭山知縣黃應官母胡氏卒,作詩挽之。

《七言古詩六·舒城黃母胡太君挽歌辭》序曰:"黃母者,龍舒黃畏庵先生之母,平子先生之大母也。……乃當先生出宰西陵,憶太母咸來湘水……因作哀歌,各成長句。"

《七言絕句四·發紼詞爲舒城黃母胡太君作》。

按,據乾隆《紹興府志》卷二十七《職官志》三,黃應官順治十四年至十六年任蕭山知縣。另據單隆周《雪園詩賦初集》卷八《挽黃太夫人》題下注曰:"畏庵先生母也,畏庵令余邑。"單詩中注曰:"太夫人之孫平子名中,獲雋南闈。"知黃母卒於其孫黃中中舉後。嘉慶《舒城縣志》卷二十一:"黃中,字平子,號雪瀑。蕭山令應官子。……年二十,登順治丁酉賢書。"知黃母卒於本年。

姜希轍升戶科給事中。

《神道碑銘一·誥授中憲大夫奉天府丞前禮科都給事中定庵姜公神道碑銘》:"于順治十四年卓異,賜章服,升戶科給事中。"姜錫桓纂修《姜氏世譜·續本宗紀年考略》:"京兆定庵公即於丁酉內擢諫垣。"

冬,辭傅以成於橫山草堂,爲其父元升《時義三刻》作序。

《序八·傅生時義三刻序》:"予與四如讀書溪山草堂,已二年矣。……冬,予既辭草堂,將還故廬,而四如諸喏……因乞選其文,兼爲之序。"

約於是年,朱虛招飲,與朱虛論前人解詩之誤。

《七言古詩二·蓬池篇》詩中注曰:"時朱介庵分憲招飲。"

《詩話》一:"朱參藩嘗言:杜詩有'江鳴夜雨懸'句,是言見月之後,忽風起雨至,故加'夜'字,與下'晨'字相應。蓋懸者垂也,自陋者解'懸'爲'收',遂至王少保詩有'雨懸初見天邊月,雲隙全開江上山'句,可爲失笑。"

雍正《浙江通志》卷一百二十一:"(分守寧紹台道)朱虛,山東曹州人。進士。順治十三年任。"據同書同卷,順治十六年李登第任此職。

朱虛,字若虛、邵齋,號介庵、可庵,山東曹州人。順治四年(1647)進士。初知衡水縣,稱循良第一,以最績聞,擢監察御史。旋出爲陝西巡按,兼

視學政。後改授浙江參議,擢肅州副使。善山水。著有《詩經箋》《古今疏》等。(光緒《新修菏澤縣志》卷十)

跋朱虛文集,蓋在此際。

《朱參藩文集跋》:"介庵朱先生分藩吾郡,於受事之暇,間爲詩歌。其於古無所仿,而動與古合,爲文亦然。……先生豈於賈、晁有歉耶?"

朱虛與黃應官擬聘先生修蕭山縣志,未果。

《蕭山縣志刊誤》卷一:"向者朱介庵少參檄縣明府黃君,聘予修縣志。予以避人故,辭去。"

約於是年,作《永興道藏櫬碑記》。

《碑記一·永興道藏櫬碑記》:"永興道多往來暴櫬,自望京門樓以達江滸,平沙斥略,而蜓蜿道左,其爲無主者纍纍焉。……長河來孝廉,義士也,捐貲百金,將聚諸櫬爲藏俟之計,而邑侯黃公割俸成之。"

【時事】 五月,李定國仍積極謀與孫可望和好,孫可望不從。七月,鄭成功部攻興化,進克台州。八月,孫可望率師攻雲南,大西軍公開破裂。九月,永曆帝削孫可望秦王稱號,命李定國等進討,孫可望大敗東逃。十月,孫可望降清。西南抗清形勢日益不利。十二月,清廷部署進兵雲、貴。

清世祖順治十五年　戊戌(1658)　三十六歲

正月,丁酉科順天舉人復試。三月,丁酉科江南舉人復試。案結後,順天舉人二十餘人流放尚陽堡,江南舉人吳兆騫等流放寧古塔。

《清世祖實錄》卷一一四:順治十五年元月,"上親覆試丁酉科順天舉人"。并於二十五日下詔:"王樹德、陸慶曾、潘隱如、唐彦曦、沈始然、孫暘、張天植、張恂俱應立斬。家產籍沒,妻子、父母、兄弟流徙尚陽堡。……但多犯一時處死,於心不忍。俱從寬免死,各責四十板,流徙尚陽堡。"

《清世祖實錄》卷一一四:順治十五年三月,"上親覆試丁酉科江南舉人"。王應奎《柳南隨筆》卷一:"是時,每舉人一名,命護軍二員持刀夾兩旁,與試者悉惴惴其栗,幾不能下筆。"按,科場案發於丁酉,至戊戌始結,蔓延幾及全國,以順天、江南兩闈爲最巨,次則河南,又次則山西、山東,共五闈。夏承燾《顧貞觀寄吳漢槎金縷曲詞徵事》:"明時江南與順天俱有國子監,俱爲全國士子之所萃,非一省關係而已,科場大案即以此兩省爲最慘,而江南尤慘於順天。清廷蓋欲借此以威劫江南人士,用意甚顯也。"

春,《天問補注》成。

《天問補注》卷一總論云:"漢王逸注《楚辭》,唯《天問》一篇不經據。宋洪興祖補之,又庞淺,無所取正。此朱子《集注》之所爲作也。特屈子哀懣,呵詰無倫,故往多難明。而朱子縝慎拘檢,必不敢以遲回猶豫之胸罔所未信,一篇之中三疑闕焉。予不揣猥陋,取凡朱子之所爲未詳者,概依文索義,求所解會,且從而證據之,因爲《補注》,凡三十四則,附朱注後。……順治戊戌春,僧開氏識。"

毛際可中進士。鄒袛謨中進士。李天馥中進士。鄭重中進士。

與丁克振、史廷柏、徐芳聲、蔡仲光、來集之登望京門樓。

《填詞三·霜天曉角·同丁大聲史憲臣徐徽之蔡大敬來成夫登望京門樓》。

七月,友丁澎以科場案遠徙尚陽堡。

《清世祖實錄》卷一二〇:順治十五年七月辛酉"刑部議:河南主考黄鈊、丁澎,違例更改舉人原文作程文,且於中式舉人朱卷內用墨筆添改字句,黄鈊又於正額供應之外,恣取人參等物。黄鈊應照新例籍没家産,與丁澎俱責四十板,不准折贖,流徙尚陽堡"。

吳顥《國朝杭郡詩輯》卷一:"(丁澎)順治丁酉主試中州,爲榜首數卷更易數字,廷議謫戍奉天。"

徐致章榷杭州南關,作詩贈之。

《七言律詩一·奉贈南關徐水部權使君》。

雍正《浙江通志》卷一百二十一:"(南關監督)徐致章,順治乙未進士,十五年任。"

徐致章,字君斐,號月鹿,安徽六安人。順治十二年(1655)進士,初授工部主事,後權税杭關,再權清江浦。(同治《六安州志》卷二十七)

徐致章作咏南關署詩,作詩和之。

《五言律詩四·和徐水部南關署中八首》。

録黄媛介與梅市諸閨秀倡和詩成一集。

《梅市倡和詩抄稿書後》:"《梅市倡和詩抄稿》者,閨秀黄皆令女君所抄稿也。皆令自梅市還歸明湖,過予室人阿何於城東里居,其外人楊子命予選皆令詩,而別録皆令與梅市所倡和者爲一集,因有斯稿。蓋順治十五年也。"

黃媛介《越游草》成,爲題詞。

　　《黃皆令越游草題詞》:"吳門黃皆令以女士來明湖有年,既而入越,有《越游詩》。……予曰:'予鄉閨秀,梅市其最也。'以客居之美,千里比肩,迭相賡揚,此其盛事。當別錄梅市倡和爲一集,而存其所餘,乃爲斯卷。"

十二月,沈功宗卒,作詩哭之。

　　《排律四·哭沈生功宗詩》。

　　按,《墓志銘一·沈君墓志銘》:"而君(沈功宗)以戊戌十二月嘔血死,死葬苧蘿山。"

是年,姜希轍轉禮科右給事中。

　　《神道碑銘一·誥授中憲大夫奉天府丞前禮科都給事中定庵姜公神道碑銘》:"明年,轉禮科右給事中。"

是年,姜圖南起復入京,詩以送之。

　　《排律三·奉送姜侍御起復歸臺》。

　　按,丘象隨《西軒戊戌集·姜真源北征見過》,毛詩當作於本年。

是年前後,結識錢光繡,錢以其父《永錫錄》相示,先生爲題詩。

　　《詩話》一:"甬上錢子聖月,嘗以其尊人《永錫錄》示予。予爲題其篇曰:'孝子救親岸(即犴也),詣闕苦不早。短緶繫若華,踟躕坐將老。'"

　　按,先生康熙十六年游滬上,見後譜。《填詞五·綺羅香·用原韻答贈甬上錢蟄庵見贈》,下闋曰:"君家歷世仕宦,況祖禰忠孝,名傳黃紙。每輯殘編,尚見淚痕如泚。尋歡會、偶在申江,嘆孤游、有如樗里。又誰知、廿載相思,見君自此始。"據詞中"廿載相思,見君自此始"句,知兩人本年相識。

　　錢光繡(1614—1678),字聖月,號蟄庵,浙江鄞縣人。工詩文,嘗輯父事爲《永錫錄》。(全祖望《鮚埼亭集外編》卷十一《錢蟄庵徵君述》、康熙《鄞縣志》卷十八)

是年前後,赴洛思山作文會。

　　《蕭山縣志刊誤》卷三:"少時赴洛思山作文會,名'洛思社'。有言此地長巷沈氏有女節烈而知書,能通《春秋》胡氏《傳》,同社沈兆陽,其高足也。"

曹寅生。

【時事】　四月,孫可望舊部王自奇等於永昌起兵反李定國,清軍三路俱集貴州。五月,鄭成功親率大軍北上。六月,鄭成功陷平陽、瑞安,圍攻溫州,兩浙震動。七月,鄭成功率師移駐舟山。十一月,清軍三路向雲南進攻。十二月,永曆帝撤離雲南府。

清世祖順治十六年　己亥（1659）　三十七歲

徐元文中進士。葉方藹中進士。黃與堅中進士。丁克揚中進士。王又旦中進士。

春，屈大均游越，與之定交。

《序五·嶺南屈翁山詩集序》："予之見翁山，則自翁山游東海時始也。"按，鄔慶時《屈大均年譜》"順治十六年"條："旋自白下至檇李，與諸子約游山陰。抵山陰，祁理孫、班孫相留，居於寓山園。祁氏富藏書。先生讀書，足不下樓者五月。"張宗友《朱彝尊年譜》"順治十六年"條："春，屈大均來訪。"知屈大均本年至浙江。另據屈向邦《粵東詩話》卷一："世傳翁山讀書山陰祁氏園，五月不下樓。其實志不在書，與祁忠敏二子及其門客有所謀劃畫也。"

屈大均（1630—1696），初名紹隆，字翁山，又字介子，號萊圃，廣東番禺人。明亡後，參加反清活動。順治七年（1650），清兵再圍廣州，屈大均削髮爲僧，法名今種，字一靈，又字騷餘。名其所居爲"死庵"，以示誓不爲清廷所用之意。順治十三年（1656），始北游，留意山川險阻，志圖恢復。十六年，積極配合鄭成功舟師圍南京，鄭軍潰退後，繼續堅持抗清。康熙十三年（1674），吳三桂在雲南起兵反清，遂往投軍，後辭職歸里，潛心著述。著有《廣東新語》《翁山文外》《翁山詩外》等。（鄔慶時《屈大均年譜》、徐鼐《小腆紀傳》卷五十六）

屈大均、魏耕等爲鄭成功伐南京出謀劃策。鄭依其計，與張煌言會師北上，幾下金陵，江南半壁震動。

全祖望《鮚埼亭內編》卷八《雪竇山人壙版文》：魏耕"遣死士致書延平，謂海道甚易，南風三日可直抵京口。己亥，延平如其言，幾下金陵，已而退軍。……是役也，江南半壁震動。既而聞其謀出於先生"。

屈向邦《粵東詩話》卷二："翁山抗清復明，一息尚存，此志不懈。其謂母老不忍廢養者，托詞也；讀書祁氏園五月不下樓者，亦托詞也。兵敗後，周游各地，觀察山川，聯絡志士，稍有可爲，即行謀畫。居留祁氏園者，即與祁忠敏子及其門客參與鄭成功、張煌言率水師進襲金陵之謀也。及事敗，諸人或死，或賕免，或遣戍，或走避。翁山始歸。是則讀書祁氏園，實先生之托詞，未必真在此間讀書。"知屈大均客越乃是參與鄭成功水師攻南京之謀。

鄭成功北伐失敗後,清廷追捕抗清義士,復追查江南各府州縣迎降者,株連甚廣,遂成"通海"一案。

無名氏《指嚴筆記》:"清順治十六年間,江南有十大案,殺人如麻,其慘逾於兵燹。所謂抗糧、哭廟等雖株連蔓抄,猶其小者,而惟海上案之被禍者尤多。……及儀鳳門之敗,成功勢不支,舟師復遁出海外。於是清廷勢力大張,欲藉是立威,以警後來,乃羅織諸與鄭部下曾通聲氣者駢戮之;不足,又開告密之門。凡有仇家好事者,僞造逆籍,注某某名,則立逮捕,置極刑,家屬從死,或没爲官奴婢,如刲羊豕。於是毒痛江海,禍遍縉紳,往往有偶與海客往來,有司即指爲通寇,繫維以法,闔家引頸就戮,無可一言辯者。雖親戚故舊,不敢過問,況敢營救其子姓乎?嗚呼,烈矣!"

七月十一日,毛遠宗生。(毛黼亭纂修《蕭山毛氏宗譜》卷四《大房世系紀》)

同吴卿禎、徐咸清、商命説登朱虂東武山居。

《七言律詩三·登山陰朱相公東武山居同吴二卿禎徐二咸清商十八命説作》。

吴卿禎(1616—1675),字雲章,浙江山陰人。吴兑玄孫。恩貢生。(吴隱等纂修《山陰州山吴氏族譜》)

商命説,字霖臣,浙江會稽人。商周祚孫。商景蘭侄。(乾隆《紹興府志》卷五十四)

七月十五夜,與吴卿禎、商命説、商徵説看月商氏宅。

《七言古詩五·看月書事》序曰:"七月十五夜,中元,偕吴二卿禎飲商太宰宅樓。酒酣望月,去廣寧橋,顧見龍華寺,説法事鬼食。漂燈流燎,幡幢鈸鐸,男女鱗脊如畫,便相走觀。……予效元、白長句躥歌,使商命説、徵説各記憶,書於篇。"

商徵説,字雨臣,浙江會稽人。商周祚孫,商景蘭侄。工詩文,善書法。(乾隆《紹興府志》卷五十四)

集祁氏東書堂,有詩呈祁理孫、班孫兄弟。

《七言古詩一·集東書堂即事兼呈祁五祁六兄弟》。

祁理孫(1627—1687),字奕慶,號杏庵。祁彪佳子。(《山陰祁氏家譜》)

同張梯、張杉、姜廷梧、蔡仲光飲祁氏東書堂,觀祁理孫藏畫。

《七言古詩二·飲祁中丞東書樓同張四梯張五杉姜十七廷梧蔡五十一仲光觀祁五理孫藏畫書事并呈祁禮部豸佳姜別駕幹》。

飲姜廷梧宅,詢亡友祁鴻孫姬弱雲爲尼事,有詞志感。

《填詞四·滿庭芳·沙綠妓一名沙六商氏姬也度曲稱妙一時既乃爲尼

於果園名谷虛矣亡友祁兵憲姬弱雲初北里有名兵憲亡後從六云姓飲桐音宅詢其事賦得長調金秉叔和歌焉》。

秋,集張陛南華山館,填詞志感。

《填詞四·念奴嬌·集張登子南華山館》《七言絕句二·張司理陛秋水園席上作》。

按,張宗友《朱彝尊年譜》"順治十六年"條:"在山陰,飲於張陛南華館。"朱彝尊《曝書亭集》卷四屠維大淵獻《飲張司理陛南華館題壁》,詩中所述亦秋日景象,與先生詞中"蘭亭秋暮"合,姑繫於此。

張陛,字登子,號小隱,浙江山陰人。官延平府同知。著有《南華山房稿》。(阮元《兩浙輶軒錄》卷三)

徐致章榷使歸朝,詩以送之。

《五言律詩六·徐水部榷使歸朝》。

按,據《浙江通志》卷一百二十一,順治十五年至十六年,徐致章任南關監督,毛詩當作於本年。

爲商景蘭《香奩集》題詞。

《填詞四·踏莎行·題梅市香奩集後》。

姜希轍轉兵科左給事中,冬,升禮科都給事中。

《神道碑銘一·誥授中憲大夫奉天府丞前禮科都給事中定庵姜公神道碑銘》:"十六年,轉兵科左給事中,遂於是年冬升禮科都給事中。"

約於是年,說書藝人柳敬亭入越,先生扶病聆其說書,作詩贈之。

《七言絕句三·贈柳生》序曰:"柳敬亭說書人間者幾三十年,逮入越,老矣。楊世功曰:'敬亭將行,不得大可詩,且不得一會祖道,似恨然者。'予時病,強起,將從之,汗接下,不果可往。敬亭書至,云:'如相會者,早間世功言及相會,惜言相會衹此。'是時寓沈康臣宅,發緘,皆笑。後二日,敬亭止梅市,予與康臣遂赴焉。再說書,聆之,感於心,然實病,不能賦詩也,口吟二絕以贈行。"

柳敬亭(1587—1670),原姓曹,名永昌,字葵宇,號逢春,江蘇泰州人。年十五,獷狤無賴,犯法當死,變姓柳,之盱眙市中,爲人說書。(吳偉業《梅村家藏稿》卷五十二《柳敬亭傳》、黃宗羲《南雷文定前後三四集》卷十《柳敬亭傳》)

是年前後,與十郡名士社集於嘉興之東塔寺。

《序二十·蘇子傳胥山詩序》:"曩者順治之末,會十郡名士於檇李之東塔寺,惟時太倉吳學士尚在坐也,榜文式於牆,并推西泠之詩與雲間陳黃門、李舍人功出禹上。"

於落帆亭送黃媛介遠行,蓋在此際。

　　《填詞三·菩薩蠻·落帆亭送女士黃皆令遠行》。

是年前後,爲來度詩作跋。

　　《書來度詩後》:"來子之情,毋乃類是。故往多慷慨,其言詞錯見無緒,雖良辰勝游,高朋快會,笑語之頃,其愁若有餘者。雖然,來子有大節,其大兄爲國死,予曾讀其臨刑詩而私爲傷之,今來子辱交善也。來子天下士,其爲人流離感憤,其撫時傷逝外,更有壯烈。某月日。"

　　來度(1620—1676),字仲昭,號則庵,浙江蕭山人。貢生。歷官雲南別駕、山西潞安府同知。(《蕭山來氏家譜》卷二)

是年前後,爲張杉《七律》作序。

　　《序七·南士七律序》:"南士,弟畜予者。阿其所喜,每携予詩游萬里外,雖西極雁門,南抵儋耳,獨身挾持,冰蟲不去。而予鮮阿私,見南士詩,無以异於見諸家詩也。……南士將北游,客有刻《南士七律》者。"

是年前後,作《二畿賦》。

　　《賦三·皇京賦》序曰:"西河少時作《南畿》《北畿賦》,名爲'二畿',而人爭誦之。及出游後,竊《北畿》一賦,改名《皇京》,梓之而傳於長安。"

吳理禛卒。

姜公銓生。李塾生。吳陳琰生。金埈生。

【時事】　正月,清軍三路兵會師雲南,永曆帝至永昌,下詔罪己。二月,永曆帝自永昌奔騰越。三月,永曆帝抵緬甸。五月,鄭成功、張煌言大舉進攻江南,以圖牽制清軍攻滇。六月,鄭成功克瓜州、鎮江。七月,張煌言克江南郡縣二十餘,幾下江寧,東南震動,旋敗,所得州縣復失。八月,鄭成功撤兵出海。九月,鄭成回駐廈門。

清世祖順治十七年　庚子(1660)　三十八歲

正月二十八日,來彭禧七十壽辰,作詩祝壽。

　　《七言律詩三·來太僕生日》。

　　按,單隆周《雪園詩賦初集》卷十三《壽來商老七十》詩中注曰:"來嘗爲太僕。"蔡仲光《謙齋詩集》卷五《來太僕七帙壽言》題下注曰:"來爲方伯斯行之子,仕至運副。乙酉、丙戌間,加太僕寺少卿。"知來太僕字商老。據《蕭山來氏家譜》卷四《明司馬梧園公墓志銘》:"康熙庚戌閏二月十二日,叔父商老公以疾終於家。……公姓來氏,諱彭禧,字商老,號梧園,方伯馬湖公伯子也。……公生於萬曆辛卯正月二十八日,距今卒之年,適八十。"知來彭禧本年七十。

正月,清廷嚴禁士人社盟。

王先謙《東華錄》順治十七年正月:"給事中楊雍建奏:朋黨之害,每始於草野,而漸中於朝宁,拔本塞源,尤在嚴禁結社訂盟。今之妄立社名,糾集盟誓者,所在多有。江南之蘇、松、浙江之杭、嘉、湖尤甚。其始由於好名,其後因之植黨。相習成風,漸不可長。請敕部嚴飭學臣,實心奉行,約束士子,不得妄立社名,糾衆盟會。其投刺往來,亦不許用'同社''同盟'字樣,違者治罪。倘奉行不力,糾參處分,則朋黨之根立破矣。得旨:士習不端,結社訂盟……相煽成風,深爲可惡,着嚴行禁止。"

春,李屺源西行,作詩文送之。

《排律三·甬東李屺源西渡有贈》。

《序六·送李懷岵西征序》:"己亥冬,揭來蕭山。至庚子之春,而又有行也,屬予爲序以送之。吾悲李子之爲星辰家,而告其將不終以星辰行也,乃李子則遂以星辰家行。"

李屺源,字懷岵,浙江鄞縣人。豪邁不羈,亦善詩文。(雍正《寧波府志》卷二十六)

八月,傅宗中舉,爲其行稿作序。

《序七·傅生行稿序》:"山陰傅德孚與沈子孚先同以詩文行天下,稱'江園二子'云。……今德孚見舉矣。"

按,雍正《浙江通志》卷一百四十三:"(順治十七年庚子科)傅宗,山陰人。"知毛序作於本年。

傅宗中舉後,倩先生爲沈功宗志墓。

《序七·傅生行稿序》:"今德孚見舉矣……即貽書問予,索予爲孚先志銘,其不忘孚先如此。"

秋,丁聖肇、王端淑夫婦四十生日,作詩祝壽。

《五言律詩三·丁司理偕内君王夫人玉映四十初度一在九月一在七月》。

按,王端淑《名媛詩緯初編》卷首王猷定《王端淑傳》:"辛酉秋七月八日,感神夢,誕端淑。"據以知王端淑本年四十。

秋,宋琬分守寧紹,作詩贈之。

《排律四·奉贈萊陽宋公分司寧紹十韵》。

雍正《浙江通志》卷一二一："（分守寧紹臺道）宋琬，順治十七年任。"宋琬《重刻安雅堂文集》卷一《承德郎河南都閫參軍和實章君傳》："庚子秋，余以參政領分守紹興之節。"王猷定《四照堂文集》卷一《安雅堂詩序》："庚子秋，予客武林，宋公荔裳分守越東。"

宋琬（1614—1673），字玉叔，號荔裳，山東萊陽人。少能詩，有才名。順治四年（1647）進士。歷官戶部主事、吏部郎中、永平兵備道、寧紹臺道。十八年，擢浙江按察使。時登州于七爲亂，琬同族子懷宿憾，因告變，誣琬與于七通，立逮下獄，并繫妻子。逾三載，下督撫外訊，巡撫蔣國柱白其誣，康熙三年放歸。十一年，授四川按察使。官京師時，與嚴沆、施閏章、丁澎輩酬倡，有"燕臺七子"之目。嘗舉施閏章相況，目爲"南施北宋"。著有《安雅堂集》《二鄉亭詞》。（王熙《王文靖公集》卷十九《通議大夫四川按察使司按察使荔裳先生宋公墓誌銘》、《清史稿》卷四八四《文苑一》）

蕭山女將軍沈雲英卒，爲誌墓。

《墓誌銘七·故明特授游擊將軍道州守備列女沈氏雲英墓誌銘》："有明列女，蕭山長巷里沈將軍雲英……其父昭武將軍諱至緒，辛未武中式進士，初仕湖廣，遂守道州。……其授雲英游擊將軍，仍代其父湖廣道州守備，領其軍。……會其夫賈萬策，四川人，故閣部督師標大剿營都司，鎮守荊州南門，賊陷荊州，賈亦遇害……于時備書族里，筆落簪花，課塾閭門……乃以赤祝壯月小疾長畢，年三十八，葬於黿山。……西河毛甡有友沈兆陽，名士也，爲將軍族人，曾從將軍受《春秋胡氏傳》以爲術也。將軍從弟婦，甥侄也，乃屬予爲誄，并丐作誌，而繫之以銘。"

按，《蕭山縣志刊誤》卷三："沈雲英者，長巷里沈氏女也。……崇禎十六年，隨父任道州守備……順治十七年，白洋觀潮歸，嘆曰：'吾不能久居此矣！'散遣塾中兒，沐浴，卧而卒。"《蕭山長巷沈氏續修宗譜》卷二十四《族祖姑雲英將軍傳》："姑生於天啓年，卒於順治十七年壯月，小疾長畢，年三十八，祔葬於黿山父塋之側。族孫豫謹撰。"知沈氏卒於本年。

姜圖南分守南昌道，作詩寄懷。

《五言律詩三·寄懷姜侍御圖南分司南昌》。

康熙《江西通志》卷四十八："（分守南昌道）姜圖南，直隸大興人。進士。順治十七年任。"

張應薇官會稽縣知縣，作詩贈之。

《七言律詩一·贈閩中張明府宰會稽》。

乾隆《紹興府志》卷二十七："（會稽縣知縣）張應薇，四川人。舉人。順治十七年任。"
董期生遷汾州府同知,填詞送之。
《填詞四·臨江仙·送董琴庵司馬之任汾州》。
嘉慶《雷州府志》卷十:"董期生,浙江山陰人。順治十四年由舉人任推官,持法廉平。……十七年,遷汾州同知。"
乾隆《汾州府志》卷九:"(同知)董期生,浙江會稽舉人,順治十八年任。"蓋聞命於十七年,十八年到任。
冬,葉燮同葉舒崇、宋思玉游山陰,寓玉虛道院。
《七言律詩三·葉燮同侄舒崇宋思玉游越寓玉虛道院》。
按,朱彝尊《曝書亭集》卷四上章困敦《山陰送葉六燮還當湖》,知本年葉燮游山陰,詩中所述爲冬日景色。
葉燮(1627—1703),字星期,號己畦,又號獨岩,江蘇吳江人。康熙九年(1670)進士。十四年(1675)任江蘇寶應知縣。不附上官意,落職。後縱游海內名勝。著有《原詩》《己畦集》。(阮元《兩浙輶軒錄》卷五)
葉舒崇(1640—1678),字元禮,號宗山、謝齋,浙江平湖籍,江蘇吳江人。康熙十五年(1676)進士,官內閣中書舍人。著有《宗山集》《謝齋詞》《哀江南賦注》。(光緒《平湖縣志》卷十八、秦瀛《己未詞科錄》卷四)
宋思玉,字楚鴻,江南華亭人。著有《棣萼倡和詞》。(王昶《國朝詞綜》卷四)
萬曆《紹興府志》卷二十三《武備志一》:"玉虛道院在府東南二里,元大德四年道士呂雷山建,明弘治間道士馮迪玄增修。"
宋實穎游越,過訪先生。
《七言絕句一·吳門宋孝廉實穎游越將歸枉過》。
按,張宗友《朱彝尊年譜》"順治十七年"條:"十一月初一日,寓山陰簞醪河,會飲於宋琬廨舍,同王猷定、宋實穎、蔣超、葉燮等共覽黃子久《浮嵐暖翠圖》。"知本年冬,宋實穎游越。
是年,張梧客粵東,作詞懷之。
《填詞三·攤破浣溪紗·懷張七雛隱粵東未歸》。
按,施閏章《施愚山先生別集》卷四《飛鏹》:"山陰張雛隱梧返自嶺南,言順治庚子三月廣州城內白鏹晝飛。"知本年張梧客粵。
是年前後,蕭山知縣趙秉和脱先生於厄,作詩謝之。
《七言古詩七·漫歸復行書孔雀行關樓謝趙明府(趙棠溪先生,時爲蕭宰)》。

按,康熙《蕭山縣志》卷十六,趙秉和,永城人,順治十六年到順治十八年任蕭山縣知縣。

趙秉和,字公調,號介公,河南永城人。崇禎十二年(1639)貢生。順治十六年,授蕭山縣知縣。(光緒《永城縣志》卷二十一)

是年前後,聽商徵說彈琴。

《填詞四·滿江紅·商雨臣彈琴作》。

按,祁班孫《紫芝軒逸稿》有同題詩,位於《送魏大兄雪竇歸苕溪》前,約作於本年前後。

是年前後,張杉母王氏六十,作詩祝壽。

《五言格詩五·恭祝張母王太夫人壽詩》。

按,是詩作年不詳,陸弘定《爰始樓詩删》有同題詩《張木弟南士母六十》,姑繫於此。

朱士稚卒。

鄭元慶生。

【時事】 五月,清軍攻廈門,爲鄭成功所敗。六月,清廷命耿繼茂移駐廣西。七月,改耿繼茂移駐福建。十一月,孫可望死。

清世祖順治十八年　辛丑(1661)　三十九歲

初春,宋琬夫人生日,作詩贈之。

《七言律詩四·奉贈郡憲使萊陽宋公夫人生日》題下注曰:"是日初春,微雪。"

春,與朱彝尊游南鎮,各有詩。

《七言絕句四·南鎮春游詞》。

按,朱彝尊《曝書亭集》卷五重光赤奮若《南鎮春游詞》題下注曰:"同作蕭山毛奇齡。"

康熙《會稽縣志》卷第三:"南鎮會稽山,在縣東南一十二里。"

春,遇蕭煉師於梅市。

《七言絕句四·遇蕭煉師梅市》。

按,朱彝尊《曝書亭集》卷五重光赤奮若《上元南鎮逢蕭鍊師》,毛詩亦當作於本年。

又按,《墓志銘十·二友銘》:"蕭煉師者,長年人也。從衡岳來,止梅市。君既家梅市,與證之,大信。"

與張杉、沈華範、姜廷梧游會稽山。

《七言絶句四·南鎮後春游詞同南士衹臣桐音作》。

沈華,一名華範,字衹臣,浙江山陰人,胤範弟。(阮元《兩浙輶軒録》卷三)

與王猷定、朱彝尊、姜國昌、姜廷梧、姜承烈、姜啓、姜垓等集南華山莊。

《七言絶句一·同江右王猷定禾中朱彝尊越城泛舟赴姜國昌廷梧暨承烈啓垓三令侄南華山莊讌集即事》。

王猷定(1598—1662),字于一,號軫石,江西南昌人。時熙子。貢生。曾在史可法幕下效命。明亡不仕,日以詩文自娱。晚寓浙中西湖僧舍。工詩文,擅書法。著有《四照堂集》。(趙爾巽《清史稿》卷四八四《文苑》一等)

姜國昌、姜啓、姜垓,俱浙江會稽人。生平不詳。

有詞話一則,記王猷定客山陰時欲爲妓贖身事。

《詞話》二:"江西王于一宿妓於塔山之息柯亭。禾中朱錫鬯曉過于一,尚未起。錫鬯隔幔坐待之,于一不知也。向妓誇生平貴介任俠,且曰:'吾雖老,猶將買汝置行笥矣。'錫鬯咥然,遂驚起,慚責,幾成大隙。次日,坐客有問予于一作何語者,予誦張鶴門《醉公子》詞應之云:'佯醉許佳人,千金贖汝身。'一座大噱。"

嘉慶《山陰縣志》卷七:"息柯亭在塔山東麓,上有千峰閣。"

春夜,集山陰吳邦輔州山草堂,邀妓不至。

《五言絶句一·仝諸公集吳錦衣宅雷雨邀妓不至》。

吳邦輔,字元相,號玄素,浙江山陰人。吳兑子。由邑庠襲祖蔭錦衣衛正千户。(吳隱等纂修《山陰州山吳氏族譜》)

朱彝尊有詩相贈,兼寄張杉。

朱彝尊《曝書亭集》卷五重光赤奮若《酬毛十九奇齡兼寄張五杉》。

姜希轍充會試同考官。

法式善《清秘述聞》卷十三《同考官類一》:"(順治十八年辛丑科會試)禮科給事中姜希轍,字定庵,浙江餘姚人,壬午舉人。"

董含中進士。米漢雯中進士。張玉書中進士。

春夏間,施閏章游杭州,作詩寄之。

《排律二·施公視學山左歸過湖上有寄》。

按,毛先舒《潠書》卷一《湖上草序》:"宛陵愚山先生宦游轍迹幾半天下……辛丑,復過湖上。"施念曾《施愚山先生年譜》卷二"順治十八年辛丑"條:"是歲春夏,先生游西湖。"

讀施閏章《觀海集》,有詩贈之。

《七言古詩二·觀滄海歌讀愚山觀海集作》。

按,雷士俊《艾陵詩文鈔》卷五《施愚山觀海集序》:"《觀海集》,施子愚山提學山東,詩二百一十有三篇,文十有三篇。……順治辛丑春正月,艾陵居士雷士俊序。"知《觀海集》是施閏章提學山東時作。另朱彝尊《曝書亭集》卷五重光赤奮若《觀海行贈施學使閏章》,施本年游越,毛詩亦當作於此際。

宋琬由寧紹臺道遷兩浙提刑按察使,詩以送之。

《七言絕句二·送宋臬臺由紹興道赴任杭州十四首》。

雍正《浙江通志》卷一二一《職官十一》:"(提刑按察使)宋琬,字玉叔,山東萊陽人。順治丁亥進士。十八年任。"

於沈胤範宅觀陳洪綬所畫竹。

《七言古詩四·畫竹歌》:"崇禎中,陳二待詔洪綬爲沈胤範畫鈎勒白竹,題云:萬曆乙未,法華山貌竹數種。在無用老人卷。李長蘅見之,嘆曰:小净,名醉墨矣。後爲權要得去。關中人張道民脱白驊馬易之。是畫,一種耳。西河毛甡觀畫采隱堂,咨嗟爲歌。"

爲沈胤範《采山堂古樂府》作跋。

《采山堂古樂府跋》:"采山,沈舍人所居名也。舍人爲樂府,與予説有契也,故於其屬予跋也跋之。"

六月,屈大均將還里,填詞送之。

《填詞三·法駕導引·送一苓和尚還羅浮》,詞中有"六月水西頭""荷花泛去白螺舟"句。

按,朱彝尊《曝書亭集》卷五重光赤奮若《寒夜集燈公房聽韓七山人甽彈琴兼送屈五還羅浮》,知屈本年還里,蓋先生與大均別時在六月,大均本年冬自浙返里。

六月,施閏章爲《夏歌集》作序。

施閏章《學餘堂文集》卷六《毛大可詩序》:"夏六月,客居山陰,蕭山毛子大可及何伯興書至,亟相推許,以所定《越州詩選》《文園倡和詩》見寄。余發而觀之,皆可誦者。會久旱水渴,舟楫皆阻,余遥次其《文園詩》……余將歸,艤舟造訪,則大可至自山中……出其全詩相質,余乃知大可之甄選越詩、振興風雅者,蓋有本也。"

應施閏章之招,同韋人龍、韋六匠、陳大成、張杉、徐緘、平載問過岳王祠觀宋高宗手敕。

《填詞四·滿江紅·施愚山憲長招仝韋劍威六匠陳集生張南士徐伯調

平載問過岳王祠觀宋高宗手敕用文待詔王弇州韻》。

韋人龍,字劍威,浙江武康人。諸生。(阮元《兩浙輶軒録補遺》卷二)

陳大成,字集生,江蘇無錫人。著有《影樹樓詩》。(丁紹儀《國朝詞綜補》卷十)

韋六匠、平載問,生平不詳。

施閏章將歸,與徐緘、祁豸佳、張杉、姜廷梧、沈胤範、羅坤送行,施有詩留別諸人。

施閏章《學餘堂詩集》卷十八《西湖惜別吟答蕭山毛大可》。

施閏章《學餘堂詩集》卷六《留別越中諸子》,題下注曰:"時徐伯調、祁止祥、毛大可、張南士、姜桐音、沈康成、羅弘載相繼至。"

夏,與朱士曾、沈胤範、沈华範、葉雷生、祝弘坊、金燾等集南華山莊,有詩贈許三禮。

《七言古詩二·即席贈安陽許三禮進士南華山莊燕集仝朱大士曾沈九嗣範令弟華葉大雷生祝宏坊金燾諸孝廉作》。

雍正《河南通志》卷四十五《選舉》二:進士"(辛丑科馬世俊榜)許三禮,安陽人,督捕侍郎。"

朱士曾,字敬身,浙江山陰人。工詩,善書法。(震鈞《國朝書人輯略》卷二)

葉雷生,字蕃仙,浙江山陰人,著有《葉蓉庵詩》。(阮元《兩浙輶軒録》卷四)

祝弘坊,字子禮,浙江山陰人。康熙九年(1670)進士,官陝西會寧縣知縣。(秦瀛《己未詞科録》卷五)

許三禮(1625—1691),字典三,號西山,河南安陽人。順治十八年(1661)進士。康熙十二年(1673),授海寧縣知縣。後遷福建道御史。二十七年(1688),提督四譯館太常寺少卿,尋轉大理寺;十月,充武殿試讀卷官;十二月,升順天府尹。二十八年(1689),轉左副都御史。二十九年(1690),升兵部督捕右侍郎。(黃宗羲《南雷文定四集》卷三《兵部督捕右侍郎西山許先生墓誌銘》)

葉雷生作《賦得春日凝妝上翠樓》,作詩和之。

《填詞四·長亭怨慢·賦得春日凝妝上翠樓和葉蕃鮮》。

夏,同許三禮集金燾宅。

《七言律詩二·杪夏集金孝廉燾同中州許三禮明府》。

夏,清廷興"奏銷案"以鎮壓江南士紳。

《清聖祖實録》卷三:順治十八年六月,"庚辰,江寧巡撫朱國治疏言:

蘇、松、常、鎮四府屬并溧陽縣未完錢糧文武紳衿共一萬三千五百一十七名,應照例議處;衙役人等二百五十四名,應嚴提究擬。得旨,紳衿抗糧,殊爲可惡。該部照定例嚴加議處"。董含《三岡識略》卷四:"江南賦役,百倍他省,而蘇、松尤重。邇來役處之徵,有兌役、里役、該年、催辦、捆頭等名。雜派有鑽夫、水夫、牛稅、馬豆、馬草、大樹、釘麻、油鐵、箭竹、鉛彈、火藥、造倉等項。又有黄册、人丁、三捆、軍田、壯丁、逃兵等册。大約舊賦未清,新餉又迫,積逋常數十萬。時司農告匱,始十年并徵,民力已竭,而逋欠如故。巡撫朱國治剛愎自用,造欠册達部,悉列江南紳衿一萬三千餘人,號曰'抗糧'。既而盡行褫革,發本處枷責,鞭撲紛紛,衣冠掃地。如某探花欠一錢亦被黜,民間有'探花不值一文錢'之謡。"

按,孟森《心史叢刊初集·奏銷案》指出:"整理賦税,原屬官吏特權,特當時以故明海上之師,積怨於南方人心之未盡帖服,假大獄……以威劫江南人士也。"陳寅恪《柳如是别傳》第五章:"明末蘇、松、常、鎮之士大夫,多置田産,以供其生活之費用。清室因鄭成功舟師入長江之役,江南士大夫多響應者,發起奏銷案以資鎮壓。"

七月,蘇州發生"哭廟案",金人瑞等十八名諸生被殺。

秋,施閏章遷江西參議,分守湖西道。

施念曾《施愚山先生年譜》卷二"順治十八年辛丑"條:"秋,奉命分守湖西。"康熙《江西通志》卷五十八:"施閏章……歲辛丑,升江西參議,分守湖西。"

秋,朱禹錫官山陽縣知縣,寄詩贈之。

《五言律詩四·寄贈朱大禹錫出宰山陽》。

乾隆《江南通志》卷一百八《職官志》:"(山陽縣知縣)朱禹錫,山陰人,順治十八年任。"

朱禹錫,字孟璜,浙江山陰人。順治十二年(1655)恩貢生。歷官山陽縣知縣、吏部稽勳司主事。(阮元《兩浙輶軒録》卷四)

秋,周亮工游西湖,以所著《賴古堂集》相贈,先生作詩寄謝。

《五言律詩四·周侍郎來湖上辱貽賴古堂集用龔掌憲贈侍郎南還詩韵二首奉寄》。

按,周亮工《賴古堂集》卷二二《題陳章侯畫與林鐵崖》:"辛丑,余冤亦雪。是年秋,值公明聖湖,出此相視。"知亮工本年秋至杭州。

周亮工(1612—1672),字元亮,又有陶庵、減齋、緎齋、適園、櫟園等别號,學者稱櫟園先生、櫟下先生,河南祥符人,後移家金陵。崇禎十三年(1640)進士,官至浙江道監察御史。入清後,歷官山東濰縣令、兩淮鹽法道、淮揚海防兵備道副、福建按察史、福建布政使、左副都御史、户部右侍郎等,一生飽經宦海沉浮,曾數次下獄,被劾論死,俱遇赦免。生平博極群書,愛好繪畫、篆刻,工詩文,著有《賴古堂集》《讀畫錄》等。(《賴古堂集》附錄錢陸燦撰《墓志銘》)。

姜希轍候轉歸里,作詩贈之。

《五言律詩三·姜都諫覲歸候轉》《七言排律·奉贈姜掌垣內轉候闕歸里并覲》。

按,《事狀一·姜司諫治外事狀》:"姜司諫君用治吏起家,世祖皇帝持召諸治吏二十三人……令入諫,而司諫君稱首。于是君得騫騫爲直臣凡五年。今皇帝踐阼,念其勞,以列卿詔進。君乃乞假覲省水部君於堂。"知姜希轍本年假歸。

與姜希轍飲於胡司寇宅。

《四書索解》卷一"無違"條:"順治辛丑,予與姜京兆飲胡司寇宅。時司寇方爲江南副使,有江西胡侍郎子在坐,作酒明府令,手一觴遍屬坐客,有能於'無違'二字,代一口語免飲。各沾醉,無能代者。"

胡司寇,未詳何人。

友徐繼恩落髮爲僧,名净挺,號偹亭。

《塔志銘一·洞宗二十九世傳法五雲偹亭挺禪師塔志銘》:"偹公以義士而托於僧,然竟受僧法。……公名净挺,號偹亭,即仁和徐世臣也。世臣諱繼恩,別字逸亭。……西湖愚庵,受洞宗法,公與之游,有契,遂落染,設三壇净戒,時年四十七。……公生於萬曆四十三年十月四日,卒於康熙二十三年九月二十四日,世壽七十,法臘二十四。"

按,據文中"遂落染,設三壇净戒,時年四十七。……公生於萬曆四十三年十月四日,卒於康熙二十三年九月二十四日,世壽七十,法臘二十四"語,知徐本年出家。

冬,與姜希轍、蔣平階、張杉過雲門寺訪偹亭和尚。

《七言排律·過雲門謁偹亭和尚同姜京兆蔣平階張杉二十二韵》。

蔣平階(1617—1714),字大鴻,又字雯階、斧山,號宗陽子,江南華亭人。明末,入幾社,師從陳子龍。明亡,赴閩,唐王授以兵部司務,晋御史。福建破,遂亡命,服黄冠,假青烏之術,浮沉於世。詩文詳贍興麗,宗雲間派,以西京、盛唐爲要歸,於書弘覽,洞究無遺。著有《地理辨正》《水龍經》《八極神樞注》。(乾隆《紹興府志》卷六十三)

嘉靖《浙江通志》卷七十一:"雲門寺,在雲門山,晋王獻之居此,嘗有五色祥雲,詔建寺,號雲門。"

作《贖婦記事》。

《贖婦記事》:"清師破江陰,誅其民以城抗者,而俘其婦。戚三鈹項僕城下,得不死,獨念婦王氏俘去,嘿禱於神⋯⋯順治丙申,道開以記屬西河僧開。越五年,僧開記事。"

仿元人《賣嫁》《放偷》二遺劇,作《擬連廂詞》,被誣訕上官,寧紹分巡王廷璧命捕之,總督釋置不理。

《擬連廂詞》卷首毛遠宗識語:"按:宋人《松漠紀聞》一書,大抵載汴河以北遼、金遺事。有元人小說家曾取其二事,編作兩劇,而其文不全;且事本《紀聞》,然間雜以子虛、亡是汗漫不經之言,君子惡之。家公少年時,曾改其劇,謂小說家語,敗倫傷化,既事在元前,思以前元詞正之,因念遼作大樂,金作清樂,內有《連廂詞》,頗近古法。⋯⋯而《連廂詞》,舞人扮演,必得與詞義相照應者,行立坐卧,悉與唱文、賓白,互爲動止。此在宋安定郡王《鼓子詞》、金董解元《搊彈詞》後,漸接元人雜劇院本,扮家執唱一大關鍵也。⋯⋯此一例係先汀州司馬得之於寧庶人所傳《樂譜》中者,而見之者忌之。有隙者訴其文於兩浙布政使張君,謂其文誚君不待聘而自呈其身。君信之,敕提學張君上之制府,幸驗文無過,得不坐,然其文則何可泯矣!家公恥爲詞,且事秘,恐聞者驚怪,因久毀之,不令見。宗私藏一帙,謂家公大節在是,挽回名教、砥世摩俗,豈可與小說家詞并就泯没?況憂患所繫,生其後者,豈敢遺忘?因勒附詞末,冀與斯世填詞家一論述云。男遠宗識。"

《墓志銘十一·自爲墓志銘》:"予少好爲詞,至是,無賴,取元人無名氏所制《賣嫁》《放偷》二遺劇,而反其事,作《連廂詞》,謂可正風俗,有裨名教。提學購得之,誣謂放偷,縱從賊也;賣嫁者,歸命本朝,不待聘而自呈其身也。狂生失志訕上官,不敬上之制府,下寧紹分巡王君籍捕之,制府以爲冤,釋置不理。"

按,上文"寧紹分巡王君"即王廷璧,雍正《浙江通志》卷一百二十一:"(分守寧紹臺道)王廷璧,河南祥符人,進士,順治十八年任。"

姜圖南分巡濟南道。

道光《濟南府志》卷二十九《秩官》七:"(分巡濟南道)姜圖南,順天大興人。進士。十八年以按察司副使任。"

冬,赴宋琬飲席,琬爲訴蒙難事。

《七言古詩五·宋憲使雪中飲席》。

冬,宋琬被族人誣告與登州叛軍于七有涉,被捕入獄。

宋琬《重刻安雅堂文集》卷一《題王西樵書金剛諸品經後》:"辛丑冬,予以族子告密,檻車徵諸北闕。"

按,毛先舒《潠書》卷一《安雅堂文集序》:"前臬憲牟國宋公按浙而治未一年,中蜚語去。"王熙《王文靖公集》卷十九《通議大夫四川按察使司按察使荔裳先生宋公琬墓誌銘》:"先是文登有劇盜于七,爲地方之害,公族人某誣公與通謀,而七遂作亂。乃自浙江械繫公送刑部獄中,窮治無跡,猶輕重兩比。以請廷議,謂證虛不當坐,緣是放廢者八年。"

有詞寄懷鄒祗謨。

《填詞三·虞美人·寄懷鄒訏士》。

按,施閏章《學餘堂文集》卷七《王丹麓松溪詩集序》:"往歲辛丑,客西湖,丹麓觴予霞舉堂。是時,新建王于一、山陰徐伯調、武進鄒訏士、會稽羅弘載與比鄰陸藎思、高仲兄弟皆在。"知鄒祗謨本年亦客杭州。另朱彝尊《曝書亭集》卷五重光赤奮若《曹侍郎席上送別顧工部大申還華亭鄒進士祗謨還晉陵二子將有入都之役》,知鄒祗謨歸里後有赴都之役。毛詞亦當作於本年。

是年,授徒姜希轍宅。

《序三十·江皋草堂應試文序》:"予避人以前,曾授徒於會稽姜京兆宅。一年凡七人,而售者五,曰希輅(丁巳)、曰兆熊(癸酉)、曰兆驊(丙子)、曰之琦(壬子、壬戌)曰公銓(丁巳),皆姜姓也。"

姜希轍(1621—1698),字二濱,號定庵,浙江會稽人。明崇禎十五年(1642)舉人。順治五年(1648),補溫州府教授。九年(1652),遷直隸元城縣知縣。十四年(1657),升戶科給事中。十五年(1658),轉禮科右給事中。十六年(1659),轉兵科左給事中,是年冬,升禮科都給事中。十八年(1661),任會試同考官。康熙十六年(1677),補奉天府府丞。著有《兩水亭集》。(《清史稿》卷二八二、雍正《浙江通志》卷一六九等)

是年,母張氏卒。

《墓誌銘十一·自爲墓誌銘》:"予出亡之前一年,太君死。"

按,蔡仲光《謙齋詩集》卷七《毛甥四袠生日》題下注曰:"甥時有母夫人之喪,而尊大人年且八十。"先生明年四十,時母張氏已喪。據後譜,先生明年出亡,知母卒於本年。

約於是年,余體崖居升鉉觀,詩以送之。

《序五·送余煉師居升鉉觀序》:"菰城山水甲天下,武康計籌山則《春秋》計倪所栖地也。……山有升鉉觀,大夫嘗燒金云。其後二千餘年,觀毀屢矣!……臨安余煉師自皋亭來,顧而樂斯,乃葺其廢墜,假之傴息,同人各爲詩贈行,而命予以序。"

按,張丹《張秦亭詩集》卷七《喜與余煉師體崖東渡》,知余煉師名體崖。

約於是年,諸耿衣五十生日,作詞祝壽。

《填詞四·滿庭芳·壽諸耿衣五十》。

諸耿衣,生平不詳。

約於是年,張修崖、吕祚德游越,與公燕於右軍祠下。

《填詞四·玉漏遲·白門張修崖京口吕錫馨游越同人公燕於右軍祠下即事》。

張修崖,金陵人。生平不詳。

吕祚德,字錫馨,江南金壇人。順治八年(1651)中舉,歷官中書舍人、禮部主事、禮部員外郎、兵部員外郎。(康熙《金壇縣志》卷八)

馮協一生。

【時事】 正月初七日,順治帝卒;初九日,子玄燁登基,以明年爲康熙元年。二月,李定國、白文選合兵入緬甸迎永曆帝,未果。八月,清廷下"遷界令",令江、浙、閩、粤四省沿海居民各向内地遷移三十里,禁舟出海,欲以斷絶鄭成功之接濟。十二月,吴三桂率清兵入緬甸,執永曆帝。是年,鄭成功圍臺灣九個月,逐荷蘭人,收復臺灣。

卷三　亡命天涯，交友論學

清聖祖康熙元年　壬寅（1662）　四十歲

春，返里，有詞留別姜兆熊。

《填詞四·念奴嬌·示姜苣貽留別》。

姜兆熊（1646—1719），字苣貽，號夢得，浙江會稽人。姜廷梧子。康熙三十二年（1693）中舉。（姜錫桓纂修《姜氏世譜》）

授徒蕭山。

《序三十·江皋草堂應試文序》："其明年，授徒於蕭山，裁八閱月耳。凡九人，而售者亦五，曰張燧（丁卯、庚辰），曰李日燿、日焜（壬子）。曰遠宗（丁巳），曰文（戊午），則兄子與孫也。"

李甲以二子日煒、日焜問字先生，因作《李氏兄弟字說》。

《李氏兄弟字說》："李子兼汝以二兒日煒、日焜問字於齊于。齊于曰：長字一輝，次字次輝，維煒與焜皆輝也。……蓋煒爲輝，焜亦輝也。鄙意以爲長君、次君名异而實絜，但有長幼，都無差別。"

按，文末識語曰："日煒後更名日燿，與日焜壬子同薦。嘗從學于西河之門。"

作《姜司諫治外事狀》。

《事狀一·姜司諫治外事狀》："姜司諫君用治吏起家……今皇帝踐阼，念其勞，以列卿詔進，君乃乞假覲省水部君於堂，鄉游。而其友毛姓以避人故主君家，會守越者來請君諫書，兼錄君爲吏時事，取其大都一二則可爲典者，而屬姓以狀，謹狀。"

按，據文中"今皇帝踐阼"語，知作於本年。

姜垚續娶翁氏，填詞賀喜。

《填詞三·玉樓春·姜汝高公子迎婚武林》。

按，姜錫桓纂修《姜氏世譜》童華《翁孺人傳》："蒼崖先生繼配翁孺人，錢塘翁給事楓隱公諱自涵季女。……先生元配爲金楚畹公女孫,德容并美,殁年二十二,子公銓甫四齡。……會京兆過武林,聞翁有淑媛,且係年家子,即委禽焉,時孺人年十五,遽爲人母。"

姜垚(1638—?),字汝皋,號蒼崖,浙江會稽人。姜希轍長子。康熙十五年(1676)歲貢,授昌化教諭。遷國子監學正,需次候補。著有《柯亭詞》等。(姜錫桓纂修《姜氏世譜》童華《國子監學正蒼崖公傳》)

三月,張亦明七十壽辰,爲文祝壽。

《序五·張將軍七十序》:"歲三月,將軍年七十。予適返里門,拜君於堂……今天子龍飛之年,首推郡縣有隱德者,舉鄉飲酒禮,吏以君應。"

按,據文中"今天子龍飛之年"語,知作於本年。

張亦明,蕭山人。生平不詳。

春,蔡仲光五十生日,作詩祝壽。

《五言格詩四·大敬生日和南士作》。

按,詩中有"服政感救鄉"句,知作於蔡仲光五十歲時。蔡仲光《謙齋文集》卷十二附徐芳聲《壽蔡大敬七十初度》:"兹當壬戌之春,正大敬懸車之日。"上推二十年,知本年春蔡仲光五十。

四月八日,游華藏寺,懷徐繼恩逃禪湖上。

《五言律詩三·四月八日游華藏寺并懷徐徵君繼恩逃禪湖上》。

五月二十二日,吳邦輔七十生日,與蔡仲光、張杉赴山陰祝壽。

《七言古詩一·奉贈吳金吾七十初度》。

《序二·訪吳金吾贈答詩序》:"西河毛甡偕山陰張杉、同里蔡仲光過訪吳先生金吾於州山草堂,赴社事也。……而獨先生以七十遺民,尚在草野。嗟乎,可咏也已!於是訪先生者,俱起爲賦詩,人各四韻,名之曰'贈',所以誦先生也。時先生之子卿禎與先生季弟侍御公之子棠禎皆高才,有答詩。甡爲序。"

按,詩題下注曰:"吳元(本爲玄,因避康熙帝諱改)素先生,爲吳大司馬冢孫,傳襲錦衣。"知爲吳玄素祝壽。詩中有"先生七十真古稀"句,知作於吳邦輔七十生日時,據《山陰州山吳氏族譜》第四部黃字集一支大分暉卷一:"(吳)邦輔,字元相,號玄素。……萬曆癸巳五月廿二生。"知吳邦輔本年五月七十生日,與詩中"朱榴花發紅藕香,鳴珂舊第薰風凉"語合。

吳邦輔(1593—1675),字元相,號玄素,浙江山陰人。由邑庠襲祖蔭錦衣衛正千戶,考選北鎮撫司理刑,升指揮同知,任本衛堂上僉書,仍管北鎮撫司事。(吳隱等纂修《山陰州山吳氏族譜》)

五月,沈胤範生日,作詞祝壽。

《填詞四·臨江仙·沈康臣生日席上作》。

孟遠之京,詩以送之。

《五言律詩二·送孟遠之京》。

孟遠(1634—1692),字次微,號傭庵,浙江會稽人。稱舜仲子。諸生。少與朱士稚、張宗觀結交,久困場屋。順治十八年(1661),爲學使谷應泰賞識,拔入國子監,後考授州判。著有《傭庵北游集》。(平步青《霞外攟屑》卷四)

於姜廷梧宅食魚,得施閏章所寄書等。

《七言絕句二·姜十七宅食魚得湖西節使施公書并有所貽率然代意成二絕句》。

六月,友魏耕以"通海案"被處死。

葉廷琯《鷗陂漁話》卷三《楊大瓢之父遣戍事》引楊賓《祁奕喜李兼汝合傳》:"慈溪魏耕爲兵部侍郎張煌言結客浙東西,班孫留之寓山,或經年不去,先府君(楊越)亦時時過寓山與耕語。當是時,浙東名士競以氣節相尚,蕭山李甲、歸安錢纘曾與班孫皆耕之主也。有江陰無賴孔元章者,遇耕西湖,自言從煌言所來,有所需。耕許之,既而覺其妄,批其頰。而耕所交,元章多知之,於是僞爲耕書抵纘曾,纘曾又毆之。元章遂之鎮浙將軍告變,捕纘曾等。……壬寅春,耕、纘曾難作,纘曾遺其妻書以幼子屬府君及甲,書爲邏者所得。獄成,耕、纘曾皆死,甲同府君、班孫徙寧古塔。"

全祖望《鮚埼亭集內編》卷十三《祁六公子墓碣銘》:"祁六公子者,諱班孫,字奕喜,小字季郎,忠敏第二子也。其兄曰理孫,字奕慶……故世皆呼曰祁五、祁六。……公子兄弟自任以故國之喬木,而屠沽市販之流亦兼收并蓄。家居山陰之梅墅,其園亭在寓山,柳車踵至,登其堂,複壁大隧,莫能詰也。慈溪布衣魏耕者,狂走四方,思得一當,以爲亳社之桑榆。公子兄弟則與之誓天稱莫逆。……又發澹生堂壬遁、劍術之書以示之,又遍約同里諸遺民如朱士稚、張宗道輩以疏附之。壬寅,或告變於浙之幕府,刊章四道捕魏耕,有首者曰:'苕上乃其婦家,而山陰之梅墅乃其死友所嘯聚。'大帥亟發兵,果得之,縛公子兄弟去。既讞,兄弟爭承。祁氏之客謀曰:'二人并命,不更慘歟?'乃納賂而宥其兄,公子遣戍遼左。其後理孫竟以痛弟鬱鬱而死,而祁氏爲之衰破。"

友祁班孫、李甲以"通海案"戍塞外,作詩詞送之。

《七言律詩四·送出塞》《填詞四·春從天上來·擬昭君詞送友出塞》。

七月初一，丁克揚母來氏七十生日，作詩祝壽。

《五言律詩四·奉贈丁進士克揚母太君初度》。

按，《蕭山丁氏家譜》相五房二房世系："師孔……娶庠生鶴庵來公道治女，子二：克揚、克搖。……來氏生萬曆癸巳七月初一日戌時，卒康熙丁未十一月十五日卯時，年七十五。"知本年丁克揚母來氏七十。

丁克揚（1612—1697），字抑之，號琴溪，蕭山人。順治十六年（1659）進士，官湖廣通城縣知縣。著有《琴溪合稿》。（《蕭山丁氏家譜》相五房二房世系）

七月，莊廷鑨"明史獄"起。十一月，友陸圻、查繼佐涉案被逮。

陸圻《威鳳堂文集·游天台山記》："壬寅九月幾望，予將游天台山。……十一月歸杭，大獄起，十二月而檻車徵京師。"

陸莘行《老父雲游始末》略云："康熙元年二月，陸圻聞莊氏史中竄列海寧查繼佐、范驤及己名以爲參閱，遂於二人具呈於學官。至十一月，圻以莊史案被逮，尋解至京。次年正月，陸圻、查繼佐、范驤三人之家屬亦被繫，凡一百七十六人。三月，圻復自京解至浙聽審。五月，獄決，以圻等三人檢舉在前，乃獲釋。而圻長子於入獄前已有疾，既被繫，愈益困頓，出獄，遂死。圻尋亦出家雲游。"

《墓志銘十五·陸三先生墓志銘》："烏程莊氏輯僞史，艷麗京名，陰竊同時指名者曰范君文白、查君伊璜，與麗京作參定姓氏，不告諸本人而標名卷端。適周侍郎從閩還，見其書不實，畔亂無狀，又不出自館局，犯功令，以告文白。文白大驚，亟偕麗京、伊璜合爲詞檢舉，由烏程縣達府，將入奏而未遑也。烏程知縣吳君者，以他事去官，不得於知府，且怨莊氏不遂賂，首之部堂。會皇上改元之歲，平章者怒甚，緹騎四出……莊氏檻其首者。三君披銀鐺就道，家人無少長皆繫獄。……既而讞上，上憐其無罪，得不坐。康熙二年五月，獄解。"

按，莊氏明史案爲清初文字獄之一，楊鳳苞《秋室集》卷五《記莊廷鑨史案本末》、全祖望《鮚埼亭集外編》卷二十二《江浙大獄記》、王先謙《東華錄》、傅以禮《莊氏史案本末》卷上所述甚詳，可參考。陳寅恪《柳如是別傳》第五章："噫！當鄭延平率舟師入長江，牧齋實預其事。鄭師退後，雖得苟免，然不久清世祖殂逝，幼主新立，東南人心震動，故清廷於江浙區域，特加鎮壓。莊氏史案之主要原因，實在於此。"

八月，周斗垣赴和州，詩以送之。

《七言絕句一·送周翁赴令子和州官署是年十月值八十初度》。

按，蔡仲光《謙齋詩集》卷八《周翁斗垣先生八十壽序》："壬寅八月，吾鄉周翁斗垣先生治裝將之其子任和州,而過予爲別。翁斯時年已八十矣。"毛詩當作於本年。

杭州賞枋戒定寺重建,作文記之。

《碑記一·重建賞枋戒定寺址碑記》:"自後梁開平間大興古刹,修律戒而習禪定,於是越州城西多戒定禪寺,賞枋,其一矣。嘗考賞枋戒定較諸戒定爲最雄,而往多興廢。……自順治十二年至康熙元年,募甫合……位成,僧衆將勒石,而以記告之蕭山毛甡……遂臚其說以爲記。"

被怨家誣陷殺營兵,易名王彥逃亡。

《墓志銘十一·自爲墓志銘》:"怨家讎憤不得泄,瞯予姻戚有負責於營而相評者,忽攫予於途,謂予當償,擁予將渡江。鄰人識予者,追之至西陵渡口,篡之還。次日,購道殣橫所篡處,指爲營兵,毛生聚人殺營兵,宜重典,籍捕四出。(鄰衆千人爭渡江鳴冤,營將疑其事,檄寧紹分巡王君廷璧雜治,怨家復羅織私之分巡游客許君名三間者,中傷之,遂援重典,案籍捕逮。)友人蔡仲光急過曰:'怨深矣!不走,將不免。'指壁間所書王烈名曰:'請名王彥,字士方,吾他日天涯相問訊者,王士方矣。'"

全祖望《鮚埼亭集外編》卷十二《蕭山毛檢討別傳》:"而西河平日亦素不持士節,多仇家,乃相與共發其殺人事與官,當抵死,愈益亡命。良久,其事不解,始爲僧渡江而西。乃妄自謂選詩得罪王自超,撰《連廂詞》得罪張縉彥以致禍,皆事後強爲之詞者也。"

按,關於先生避仇出游淮上的年歲,各書記載不一,茲考證如下:雍正《浙江通志》卷一二一,王廷璧於順治十八年至康熙五年分守寧紹臺道。先生易名逃亡當不早於順治十八年。《墓志銘十·瘲珍志銘》云:"兒珍,三先兄子也。予出游時,恐從此不得歸,是以後予。……予歸,而珍以瘲死。……珍七歲後予,十八歲死。"知先生臨出亡時,以三兄子毛珍爲繼子,時毛珍七歲,而毛奇齡歸蕭山時,毛珍病死,時毛珍十八歲。由此可知,先生在外流亡的時間共十二年。《墓志銘十六·皇清敕封文林郎弗庵盧公墓志銘》:"予避人東歸,在康熙一十二年。"《序三·海寧呂覺我先生傳序》:"癸丑冬,予遠游歸。"知先生結束流亡生涯、返回故里的時間爲康熙十二年癸丑(1673)冬。由以上材料逆推,知先生易名流亡的時間在康熙元年。據本譜,先生本年八月有《送周翁赴令子和州官署是年十月值八十初度》詩,則先生流亡時間,當在秋末。張穆《閻潛丘先生年譜》所記順治八年、章太炎《楊顏錢別錄》所記永曆六年(即順治九年)先生避仇出游淮上,皆誤。

又按,順治年間,先生與"通海案"涉案人魏耕、祁班孫、李逹等同爲登樓社成員,交往頗密,其於"通海案"發當年離鄉流亡,或與其抗清有關。

臨出亡,以三兄慧齡子毛珍爲繼。

《墓志銘十·瘞珍志銘》:"兒珍,三先兄子也。予出游時,恐從此不得歸,是以後予。"

仲兄錫齡以學《易》相囑。

《墓志銘十一·自爲墓志銘》:"出門時,仲兄與三泣送予,謂曰:'古賢處憂患者必知《易》,汝知之乎?'予跪而受言。"

逃亡後,妻陳何及子毛珍被繫獄。

《墓志銘十·瘞珍志銘》:"督、撫以下,分守郡縣,籍捕疊出,珍隨母被繫。"

全祖望《鮚埼亭集外編》卷十二《蕭山毛檢討別傳》:"顧西河前亡命時,其婦囚於杭者三年。"

過吳江,投顧有孝宅。有孝待之甚厚。

《七言律詩三·垂虹橋投顧有孝居》。

《墓志銘十一·自爲墓志銘》:"過吳,投顧有孝家。值予病,有孝賣書買參藥食予。"

《序一·贈吳江顧徵君初度序》:"而予以避人,易名氏投先生廬,先生以家人禮待之。"

顧有孝(1619—1689),字茂倫,號雪灘釣叟、抱甕丈人,晚號雪灘頭陀,江蘇吳江人。少游陳子龍之門,子龍殉國難後,棄舉業歸隱。生平好客,有"窮孟嘗"之稱。薦博學鴻儒,不就。選《唐詩英華集》,著有《雪灘釣叟集》。(徐釚《南州草堂集》卷二十五《雪灘頭陀傳》、民國《吳縣志》卷七十六下)

由顧有孝薦,投寓長橋佛寺,聽竺蘭上人彈琴。

《七言古詩三·投寓長橋蘭若聽竺蘭上人彈琴》,詩中有"秋庭日落當夜陰,竺師爲我彈鳴琴"句,所記亦是秋天景象。

按,詩末毛遠公識語:"叔氏之投竺公,由顧茂倫也。時竺公以彈琴截叔氏瘧。"

竺蘭上人,生平不詳。

寓吳江塔寺巢雲房,有詩贈竺蘭上人、聖宣上人。

《七言律詩二·寓吳江塔寺巢雲房贈竺蘭聖宣二上人》。

聖宣上人(1635—?),江蘇吳江塔寺僧人,竺蘭和尚弟子。(徐釚《南州草堂續集》卷四甲申《聖宣和尚七十》)

十月初五,四十生日,蔡仲光以詩祝壽。

蔡仲光《謙齋詩集》卷七《毛甡四袠初度》。

王猷定卒。

妾張曼殊生。(據《墓誌銘六·曼殊葬銘》)

【時事】 二月,鄭成功部將陳霸於南澳率部降清。三月,吳三桂押永曆帝還雲南。四月,吳三桂奉清廷之命將永曆帝及其太子絞殺於雲南府,永曆政權覆滅。五月,鄭成功病逝於臺灣,子鄭經於廈門即延平王位。六月,李定國病逝。七月,康熙帝命四川、陝西、湖廣三省會剿西山大順軍。十一月,南明監國魯王卒於臺灣。

清聖祖康熙二年　癸卯(1663)　四十一歲

之靖江,與彈箏客游處。

《墓誌銘十一·自爲墓誌銘》:"之靖江。旅亭近關者,有掬箏客住東廂,過門,聞箏聲,中心惻惻,不能行,遂止宿焉。……至是,客彈有誤處,微指之。客大悅,邀住十日,瀕別,請爲予償諸房蓐錢。予曰:'豈以予爲賣伎者耶?'謝之,去。"

有詞贈當壚者馮弦。弦悅先生詞,擬就之。

《填詞四·調笑令·馮二》序曰:"馮二,馬洲當壚者也。倩鍾子由解甡《桃枝詞》,而就甡焉。甡渡江行,不得從。按,《桃枝詞》,今亡。二,名弦。"

施閏章《學餘堂文集》卷十七《毛子傳》:"游靖江,當壚馮氏者悅其詞,欲私就之,甡謝曰:'彼美不知我,直以我爲狂夫也。'徑去。"

《詞話》一:"馬州當壚者馮二,名弦,夜聞予歌,倩予同行者導意。予辭之曰:'吾不幸遭厄,吹篪渡江,彼備不知音,豈誤以我爲少年游耶!'次日遂行。後十年,見《名媛詞緯》中有馮氏《江城子》二闋,是讀予新詞所作。其詞曰:'綠陰何處曉啼鶯?弄新聲,最關情。一夜寒花,吹落滿江城。讀得斷碑黃絹字,人已渡,暮潮橫。'又曰:'蘭陵江上晚花飛,冷烟微,着人衣。無數新詞,最恨是桃枝。待得蘭陵新酒熟,桃葉好,送君遲。'誦之,亦殊自淒惋。聞其詞,倩桐鄉鍾王子代作者,然又有《武陵春·春晚》《虞美人·賦得落紅滿地》二詞,亦甚佳。想皆不出其手,然其意則有不可已者。"

陳康祺《郎潛紀聞二筆》卷十六："康祺按：西河少年落拓江湖，無復繩幅。《鮚埼外集》痛詆之，他書亦多訾議。是舉拒奔女於旅肆，尚不失爲君子之行。特蒙難出亡，對酒家婦吹簫按節，其人去狂且幾何！況既知引避，又復以彼美之姓氏、里居播告朋輩，則仍西河之所以爲西河也。"

馮弦，字舜風，浙江會稽人。當壚女。（杜珣編著《中國歷代婦女文學作品精選》）

在靖江，作《黃姑取妻詞》。

《七言古詩五·黃姑取妻詞四章》序曰："毛甡已渡江，與友飲馬洲城東村。村人兒贅前村家女，匱婚儀，議離處數年，至是年七月六日，適合。甡見此，戲爲作此詞，有生倫比似者，稍稍諷解。"

捕至，亡匿泰州，居月餘。

《墓志銘十一·自爲墓志銘》："躡者果至，遂匿海陵，越一月。"

五月，莊廷鑨"明史獄"決，友陸圻獲釋。

《墓志銘十五·陸三先生墓志銘》："康熙二年五月，獄解。……麗京自獄還，輒鬱鬱不自樂。"

秋，經瓜洲、高郵，將達淮安，有詩寄故友山陽知縣朱禹錫。

《排律二·渡瓜洲次宿明到高郵將達淮先呈朱禹錫明府》。

《墓志銘十五·山陽劉勃安先生墓志銘》："予避讎之吳江，顧有孝謂曰：'張元節出門，其所投止皆名士，得不敗。倘至淮，勃安可寄也。'及渡淮，而山陽令朱君，予故友也。"

朱禹錫，字揆叙，浙江山陰人。順治十二年（1655）恩貢生。順治十八年（1661），官山陽縣知縣。康熙五年（1666），擢吏部稽勋司主事。（乾隆《淮安府志》卷十九）

抵淮安，有詩呈朱禹錫。

《七言律詩二·赴山陽呈朱禹錫明府》。

按，乾隆《江南通志》卷一〇八："（山陽縣知縣）朱禹錫，山陰人，順治十八年任。"詩中有"臥理三年有治書"語，知先生本年至淮安。

與張纘孫寓淮安天寧寺，與淮諸名士相往來。

《墓志銘十五·山陽劉勃安先生墓志銘》："舍予天寧寺而飲食之，因得匿姓名，與淮人士相往來。"

《二先師判鬼錄》："山陽令朱君禹錫善讞獄，見海寇案末有蘇道士名而疑之，以詢予。予時與杭州張纘同寓淮之天寧寺。"

張纘孫，字宗緒，浙江錢塘人。著有《粵游草》。（阮元《兩浙輶軒錄》卷十三）

飲淮守備張氏署,遇毛有俶,有俶邀往彭城,以朱禹錫挽留,不果往。

《墓志銘十·故明靖南將軍德配李夫人墓志銘》:"予避人淮陰,淮守備張君請召賓客。西鄉上坐長者,目接不語,及更衣,牽予暗中認之,則故靖南將軍兄有俶也。次日,過將軍委巷,夫人曰:'何不載叔之彭城,同就舍養?'予以故人山陽令挽留,不果。"《墓志銘十一·自爲墓志銘》:"過淮,淮守備張君與予舊,一見,即邀予過飲。西向坐客目攝之,中酒,牽予於旁舍勞問,則故保定弟靖南將軍有俶也。具言保定死,武寧已殉節,而己以亡軍幸免。詰朝,將携予至彭城舍養。值山陽令朱君禹錫故善予,聞予至止,爲予開館驛,擇日請召諸賓客燕飲爲歡。"

張氏,未詳何人。

八月,清廷詔鄉、會試停止八股文,以策論取士。

《清聖祖實錄》卷九:康熙二年八月癸卯,"鄉、會考試停止八股文,改用策、論、表、判。鄉、會兩試,頭場策五篇,二場用'四書'本經題,作論各一篇,表一篇,判五道。以甲辰科爲始"。

董含《三岡識略》卷四《改試士法》:"(康熙二年)八月,改試士法,八股制藝,永行停止,鄉、會試用策、論、表、判,減三場爲二場。至戊申七月,詔復舊制。"

在淮,謁劉源長,值劉著《茶史》成。

《墓志銘四·敕封文林郎内閣中書舍人劉先生墓志銘》:"曩渡淮時,謁劉先生,會先生著《茶史》成。……時先生方七十。"

劉源長(1593—1676),字介祉,江蘇山陽人。著有《茶史》《參同契注》《楞嚴經注》。(同治《重修山陽縣志》卷十三)

嚴沆假還,遇諸淮安,作詩贈之。

《七言律詩九·嚴都諫假還有贈》。

按,陳祚明《稽留山人集》卷九癸卯《淮陰舟次遇顥亭假歸賦贈四首》,知本年嚴沆假歸,毛詩當作於本年。

嚴沆(1617—1678),字子餐,號顥亭,浙江餘杭人。順治十二年(1655)進士,授庶吉士,改給事中。十四年(1657),典試山東。康熙初,擢吏科掌印給事中。歷升太僕少卿、僉都御史、副都御史、總督倉場户部右侍郎。著有《古秋堂集》《燕臺集》等。(乾隆《杭州府志》卷八十二、阮元《兩浙輶軒錄》卷一)

八月,集劉昌言閬園,作詩贈之。

《排律二·閬園雅集贈劉昌言進士二十韵》。

劉昌言(1617—1672),字禹度,江蘇山陽人。順治十六年(1659)進士。康

熙七年(1668),官岑溪縣知縣,卒於官。(同治《重修山陽縣志》卷十三)
朱禹錫生日,作詩祝壽。
《七言古詩一·朱明府禹錫生日作》。
朱禹錫母史氏七十,作文賀壽。
《序八·朱母史太君七十壽序》:"朱子揆叙爲宰楚州三年矣。太夫人史太君在官舍,年邁七十,楚州民各起爲壽。……楚州民屬予祝辭,而時方報政,遂有采輿情以當饗獻者,予因用其説而書之於幛。"
按,文中有"朱子揆叙爲宰楚州三年矣"語,知作於本年。
在淮安,交閻修齡、若璩父子,爲閻氏眷西堂題詩。
《五言律詩四·題眷西堂》序曰:"閻氏自山右來淮,名其堂'眷西',不能忘舊,乃從堂主人再彭之請云耳。"
《序二十四·送潛丘閻徵君歸淮安序》:"予避讎之淮安,與淮之上下無不交,閻君潛丘在其中。"
按,全祖望《鮚埼亭集外編》卷十二《蕭山毛檢討別傳》:"乃其游淮上,得交閻徵士百詩,始聞考索經史之説,多手記之。"張穆《閻潛丘先生年譜》何秋濤按語:"率以賦詩、填詞、選制藝、評傳奇爲事。集中經解,雖卷帙繁重,實皆歸田後作,自言二十餘歲時,已作《續詩傳》,遭兵燹失其稿,然世亦未有見者。《鳥名》一卷,仍歸田後所成,托之早歲剩稿耳。《白鷺洲主客説詩》成於愚山署中。西河經解之最早出者也,中多引潛丘説,時方與潛丘訂交也。則謂西河考證之學,得自潛丘,良信。……總之,西河固心折於潛丘,而必欲强與爭勝,此其所以爲西河也。"全氏、何氏所述不確。施閏章《學餘堂文集》卷十七《毛子傳》:"平生長於治《詩》,取毛、鄭諸家,折衷其説,著《毛詩省篇》。"施文作於康熙四年,時毛奇齡流亡湖西施閏章幕,施文中稱毛氏"長於治《詩》",則康熙四年前,毛氏已治《詩經》,與毛氏《自爲墓志銘》所述相符。且先生長閻若璩十三歲,當時若璩尚奔波於鄉試,未以經史考索聞名,全文謂"始聞",亦與常理不符。
閻修齡(1617—1687),字再彭,號牛叟,又號容庵,晚號丹荔老人,山西太原人,寓居江蘇淮安。崇禎八年(1635)補諸生,後主盟望社,風雅之士翕集。明亡,遁迹白馬湖濱,以耕釣自隱。著有《秋心集》《秋舫集》《冬涉集》《影閣集》《眷西堂詩文》《紅鶴亭詞》等。(王弘撰《砥齋集》卷五《閻處士牛叟傳》、同治《重修山陽縣志》卷十三)
閻若璩(1636—1704),字百詩,號潛丘,山西太原人,客居江蘇淮安。修齡子。幼多病,讀書閣記不出聲。年十五,以商籍補山陽縣學生員。研究經史,深造自得。康熙十八年(1679),應博學鴻儒科試,不第。二十九年(1690),受徐乾學聘,參撰《大清一統志》。皇四子胤禛聞其名,延入邸中,索觀所著書,每進一篇,必稱善。卒後,胤禛遣使經紀其喪,親製詩四章,復爲文祭之,有云:"讀書等身,一字無假。孔思周情,旨深言大。"著有《古文尚書疏證》《四書釋地》《潛丘札記》《困學紀聞注》等。(張穆《閻若璩年譜》、秦瀛《己未詞科錄》卷六)

阮葵生《茶餘客話》卷二十二《淮故》:"閻牛叟之眷西堂在新城東門。"

有詞題閻修齡《青溪傳》後。

《填詞六·沁園春·題閻容庵青溪傳後》序:"予夙爲《調笑》詞,紀馮弦事。惜弦雖令材,而事近於媟。渡淮十日,晤容庵粉巷。出彭生詞讀之,初以爲賦古耳,及讀竟,始知爲容庵少時事也,容庵真今之君虞、樊川矣哉!《青溪傳》辭致幽斐,其所答寓札,亦復激宕可誦。因爲括諸詞合作一首。詞雖不工,事喜不媟,世毋以予詞入調笑可耳。"

九月二十日,徐致遠五十,作詩賀壽。

《七言律詩十·雲門徐武静五十》,詩中注曰:"其難兄閻公孝廉在前朝有名。"

按,陳乃乾、陳洙編《徐閻公先生年譜》"萬曆四十二年甲寅"條:"九月二十日,弟致遠生。致遠字武静。"推之,知徐致遠本年九月五十。

冬,渡河,有詩寄蔡仲光、徐芳聲、史廷柏、張杉、張梧、姜廷梧、丁克振、吳卿禎、顧有孝諸友。

《七言古詩二·渡河寄大敬徽之憲臣并呈張五杉張七梧姜十七廷梧丁五克振吳二卿禎顧大有孝》,中有"渡江王彥今仍在,曉日寒風又渡河"句。

史廷柏(1614—1676),字憲臣,號覺庵,又號訥齋,浙江蕭山人。(史晉纂修《蕭山史氏宗譜》卷十四《邑庠生覺庵公傳》)

過禹州,有詩呈太守史廷桂。

《排律一·過禹州呈史廷桂使君》。

史廷桂(1623—1667),字中黃,號書岩,浙江蕭山人。廷柏弟。拔貢生。順治十二年(1655),授肥城縣知縣,有惠政。十八年(1661),遷禹州知州。工文詞。著有《猶奕堂詩》。(史晉纂修《蕭山史氏宗譜》、民國《禹縣志》卷十八)

十月,史廷柏五十壽辰,作詩祝壽。

《七言絕句四·史四廷柏五十飲席》。

按,史晉纂修《蕭山史氏宗譜》卷十四《奉贈訥翁史先生暨德配徐夫人偕壽小引》末載先生此文,曰:"今年冬,先生歲六十。……康熙十二年歲次癸丑孟冬月,西河全學弟毛奇齡頓首拜撰。"推知史廷柏本年孟冬五十。蓋史廷柏時客弟廷桂禹州署中。

胡鶴翥之任廣東揭陽縣知縣,詩以送之。

《七言律詩一·送胡揭陽之官》。

按,乾隆《揭陽縣正續志》卷四:"(知縣)胡鶴翥,字翀之,號柯岩,浙江山陰舉人。康熙二年,選授揭陽縣。爲政慈明,愛民禮士。"毛詩當作於本年。

祁德瓊卒。

祁彪佳《祁忠惠公遺集》附編商景蘭爲祁德瓊《未焚集》所作序:"吾女德瓊之長逝也,蓋十有二年矣。……甲寅二月朔,眉生氏題。"

金埴生。

【時事】 三月,陝西提督王一正敗大順軍郝搖旗於鄖襄地區。九月,鄭經部將陳舜穆率所部降清。十月,清兵攻占廈門、金門。

清聖祖康熙三年　甲辰(1664)　四十二歲

人日,途中登高,有詩抒懷。

《七言古詩四·人日途中登高作》。

按,據詩中"離家已是三年久"語,知作於本年。

元夕,客禹州,觀鄉飲酒禮,有詩志感。

《七言律詩一·中州元夕觀鄉飲有感》。

在禹州,觀馬文升家伎。

《五言絕句一·看伎》詩中注曰:"中州馬端肅家姬。"

二月,與史廷桂游潁上,過張良洞。

《七言古詩三·春日同史使君游潁上過張良洞作》。

乾隆《續河南通志》卷七:"黄風洞,在蘭陽縣西十二里白雲山下,一名張良洞。"

爲史廷桂《猶奕堂詩》作跋。

《史書岩猶奕堂詩跋》:"間嘗慕全齊之區,謂一登泰岱,下俯歷下,可瞰今所謂白雪樓者,輒蓋食不逮。書岩雖視已所歷猶奕然,然既吏齊地,則進此而翱翔六宇,即一唱三嘆,但呻吟'黄金''白雪'之句,亦豈有量哉？"

春，寓禹州署，登白雲樓，作《白雲樓歌》。

《七言古詩三·白雲樓歌》序曰："游飲禹州州署，楊花飛飛，望白雲樓，爲嘆興。"按，《墓志銘十一·自爲墓志銘》："（禹）州使君，予邑人也，延署中。署爲故懷慶王宅，後有白雲樓最高，楊花飛飛。登其樓，大醉，手拾楊花，不能哭，作《白雲樓歌》。"盛唐《西河先生傳》："乃復之禹州。州守史君，同邑人，藏之故懷慶王宅白雲樓中，作《白雲樓歌》。"

民國《禹縣志》卷五："明懷慶王故邸，清初改爲州署。"同書同卷："白雲樓，明徽藩懷慶郡王建，清初改王府爲州署，今縣署白雲大仙廟是其遺址。毛奇齡寓禹，有懷懷慶王，作《白雲樓歌》。"

春夜，飲禹州署，有詩題惜陰亭壁。

《五言律詩一·鈞州署中夜飲題史使君惜陰亭壁四首》。

民國《禹縣志》卷五："惜陰亭，在縣署，清康熙初知州史廷桂建。"

禹州朱氏兒救父打虎，作詩歌之。

《七言古詩一·打虎兒行》序曰："禹州民朱兒救父打虎，史使君廷桂獎勞之，予識之禹署。"

有詩寄吳懋謙，兼憶沈荃。

《七言古詩一·憶昔寄華亭吳山人懋謙到武林并憶沈翰林》。

按，據前譜，順治十一年冬，吳懋謙、沈荃游杭州。據詩中"東飛鸒雗鵲西避，今來已是十年事。君游京洛我自還，羨君辭賦留燕關。翰林久作大梁使，至今尚滯鮦陽山"句，知毛詩作於本年。

登嵩山，匿道士土室中。

《五言律詩一·入嵩陽將登嵩岳有作》《五言律詩一·登嵩岳感懷》《排律一·謁嵩岳》。

《墓志銘十一·自爲墓志銘》："已而邑人至者多知之，去，之嵩山，匿道士土室中。"盛唐《西河先生傳》："同邑仇者覘知之，去，之嵩山，匿道士土室中。"

游少林寺，有詩志感。

《七言律詩二·游少林寺》《五言律詩三·宿少林寺夢跋陀飲予水》《七言古詩一·入少林書事》。

在嵩山，高笠僧貽古本《大學》一本，據以成《大學知本圖說》。

《大學知本圖說》："嘗坐嵩山土室中，夜半涕泣。忽有告之者曰：'何不向廟市買書觀之？'予時辨僞《詩傳》《詩說》未成，思有所考校，而兼念《尚書》蔡傳不無可疑，欲覓孔傳參稽之，而遍觀廟市，并無一書。惟見一高笠先生,髡其首,持《大學》一本,即陽明先生所授名'古本'者。見予語,悦之,必强予讀。予向嘗讀之,無所異也。至是讀訖,覺有異,乃再讀之,請受書。……予快然有得。凡三日,而《大學》全功無不昭揭如日星,曠朗若河海,灼然洞然,目可睹而手可循,始悟從前之講學皆夢夢也,于是自畫一《大學知本圖》以質之。當是時,力行數月,復從嵩山還禹州。"

按,《經集》凡例:"《大學知本圖説》作於少林寺僧房,時遼寧老僧高笠先生傳授古本《大學》,故著此。"

登嵩山子晉峰,有詩懷姜廷梧、蔡仲光、錢霍。

《五言律詩一·上子晉峰懷姜十七梧蔡五十一仲光錢六霍》。

錢霍,字去病,一字願學,号荆山,浙江上虞籍,山陰人。貢生。著有《望舒樓集》。(陶元藻《全浙詩話》卷四十三)

寒食,至洛陽,游金谷園。

《五言絶句三·洛陽道》《七言古詩三·洛州寒食》《排律一·金谷園花發懷古得春字》。

上巳,有詩寄故人。

《七言古詩三·上巳與故人》。

飲洛陽康氏園,有詩和張公子《花騾嘆》。

《七言古詩四·和張公子花騾嘆》序曰:"仝張公子飲康氏園,芍藥蔽畝,半菱藉地,花騾踢足避紅行,遇寒紅,乃長鳴不前,客有嘆者。"

張公子,未詳何人。

有詩贈洛陽妓龐湘。

《五言絶句一·龐湘》。

按,《七言古詩一·洧川楊花歌》詩末注曰:"'龐湘,洛中妓。"

過杞縣,遇張榮廷,爲《張氏世德紀》作序。

《序一·雍丘張氏世德紀序》:"余友丁子藥園自禮部典河南試,其所得士有曰張君榮廷者,居雍丘。……予薄游汴南,遇張君於黄河之濱。……張君出《世德紀》命予叙,予則述其德之可大者如是而已。"

雍正《河南通志》卷四十六:"(丁酉科)張榮廷,杞縣人。"

至洧川,見楊花盛開,有詩抒感。

《七言古詩一·洧川楊花歌》。

游汴梁城,有詩懷陸進、張綱孫、毛先舒。

《排律一·登汴城即事》《七言絶句四·吹臺懷陸大進張四綱孫毛五驂》。

陸進(1624—?),字藎思,浙江仁和人。歲貢生。官温州府學訓導。著

有《巢青閣集》。(阮元《兩浙輶軒録》卷一)

在大梁道署樓,有詩懷河南按察使司副使沈荃。時沈荃丁憂歸里。

《五言律詩三·懷沈憲使大梁道署樓》《飲大梁道署海棠樹下懷沈憲使荃》。

過陳州,聞村人賦《上陽白髮人》歌,作詩志感。

《七言古詩二·陳州村人或賦上陽白髮人者毛甡過聞而感焉》。

經歸德城,下馬賦詩。

《五言絶句一·予經歸德城女墻塌地埏埏如丘樊與同行者下馬賦詩》。

過商丘,游梁孝王園,與梁園諸子宴集。

《五言律詩一·宿商丘作》《五言律詩一·過梁園》《排律一·梁園感懷》《七言古詩三·集宋中即席贈梁園諸子》。

自梁返淮,黄之翰以詩相慰。

《五言律詩二·自梁歸道淮和黄二之翰辱慰原韵》。

按,《序二十四·送潛丘閻徵君歸淮安序》:"予避讎之淮安……暨之梁、之宋,不能前,復歸淮安。"知先生先至淮安,游河南後,復歸淮安。

黄之翰(1644—1680),字大宗,江蘇山陽人。宣泰子。性豪邁,喜交游。性尚然諾,篤氣誼。著有《止園詩方》。(光緒《淮安府志》卷二十九、王晫《今世説》卷四《雅量》)

爲黄之翰止園題詩,兼爲黄之翰《止園詩方》題詞。

《七言絶句一·黄家亭子》。

《題止園詩方》:"止園踞東湖之勝,幽清渺漫。予向思賦之,未能也。大宗居其中,其爲詩如輞川杜曲,優游日涉,遂領佳要。……大宗嗣兵曹家學,從西樵游,所往來多高人軼士。是詩之傳,亦欲得和詩如裴秀才者,可共題之,某題。"

宣統《續纂山陽縣志·山陽藝文志》卷七:"止園,黄蘭岩觀察别業,在蕭湖。"

劉源長子謙吉中進士,隨衆人賀之。

《墓志銘四·敕封文林郎内閣中書舍人劉先生墓志銘》:"是歲,解舉人京師,先生之冢君六皆,以第三人中禮部試,四方來賀者滿庭下,予於是時隨衆中賀先生。"

劉謙吉(1623—1709),字六皆,號訒庵,江蘇山陽人。康熙三年(1664)進士。歷官中書舍人、刑部主事、思南府知府。三十三年(1694),擢山東提學僉事。著有《雪作鬚眉詩鈔》。(同治《重修山陽縣志》卷十三)

查繼佐客淮,與之游處。

《五言絶句一·查繼佐客淮復買小鴉頭自隨短句爲壽或云嘲焉并命鴉頭歌之》。

按,沈起《查繼佐年譜》"康熙三年甲辰"條:"客淮,中秋前一日讌集曲江樓。"知查氏本年客淮。

四月,與查繼佐、高宗楫、白夢鼎、劉漢中、劉琯、丘元復、鄒嶧、喬萊、劉始恢等集劉謙吉園,宴飲賦詩。

《七言律詩·集劉謙吉進士園賦得高枕乃吾廬同高宗楫司理鄒嶧進士劉始恢喬萊兩孝廉韵》、劉謙吉《雪作鬚眉詩鈔》卷六《初夏思園集海鹽查伊璜蕭山毛大可諸城丘來公白門白孟新家勃安昭華賦得高枕乃吾廬》。

高宗楫,字濟公,山東梁山人。舉人。順治十七年(1660),官蘇州理刑推官。(同治《蘇州府志》卷五十五)

白夢鼎,字孟新,江蘇南京人。弱冠以《平流寇策》爲丁操江所識。福王時,曾因黨禍入獄。著有《存貞録》等。(道光《上元縣志》卷十六)

劉漢中(1621—1701),字勃安,晚號拙安,江蘇山陽人。貢生。晚授東流訓導。(《墓志銘十五·山陽劉勃安先生墓志銘》、同治《重修山陽縣志》卷十三)

劉琯,字昭華,號寄園老人,江蘇山陽人。工篆、隸。著有《緑筠草堂詩文集》。(同治《重修山陽縣志》卷十三)

鄒嶧,字桐崖,江蘇山陽人。康熙三年(1664)進士。後隨安親王討耿精忠,以功授建昌知府。在官八年,擢雲南提學僉事,遷山西冀寧副使。(光緒《淮安府志》卷三十一)

丘元復(1644—1711),字來公,號漢標,又號嵋庵,山東諸城人。七歲能文,十歲補諸生。善行、楷書,多著述。著有《禮記提綱集解》《桑柘吟》《西軒草》等。(乾隆《諸城縣志》卷八)

劉始恢,字价人,又字碩人,江蘇山陽人。昌言季子。康熙九年(1670)進士。授大理寺評事,歷吏部考功郎,轉吏部文選郎。(乾隆《江南通志》卷一百四十四)

喬萊(1642—1694),字子静,號石林,江蘇寶應人。康熙二年(1663)舉人,六年(1667)進士。授内閣中書舍人。十八年(1679),舉博學鴻儒科一等進士,授翰林院編修,與修《明史》。二十年(1681),充廣西鄉試主考官。二十四年(1685),充日講官知起居注,尋遷左春坊左中允,纂修《三朝典訓》,進翰林院侍講,再進侍讀。中蜚語罷歸。潛心讀《易》。

著有《石林集》《喬氏易俟》。(秦瀛《己未詞科録》卷二)

劉謙吉父母雙壽,作詩祝壽。

《七言古詩三·桂樹謠爲劉進士謙吉尊人雙壽》。

白夢鼎、夢鼐母陳氏八十壽辰,填詞作詩賀壽。

《五言絶句二·戲作麻姑獻芝圖并題爲白母壽》。

《填詞四·念奴嬌·爲白孟新仲調母夫人壽》下闋曰:"幸遇八十華辰,稱觴遠近,各具登堂禮。曾讀前朝黨錮傳,二白齊名杜李。(弘光中,南相捕黨人,時宣城沈眉生、桐城方密之與白氏兄弟皆被逮。)滂母賢哉,從容告誡,籍籍盈人耳。"

按,方文《嵞山再續集》卷四癸卯年《白母八十壽詩》詩中注曰:"孟新、仲調之母也。"知康熙二年,白母八十。先生本年與白夢鼎晤於淮安,賀壽詩詞當作於本年。

黃申招飲宅中。

《七言古詩三·於黃申光禄宅豪飲》《排律一·黃甫及鴻臚書院前竹》。

黃申,字甫及,江蘇山陽人。明諸生。崇禎間授監軍道,福王時官鴻臚寺卿。(宣統《續纂山陽縣志》卷十)

與丘象升、象隨昆仲結縞紵之好。

《排律一·飲丘象升學士賦贈》。

《寄丘學士》:"避人淮市,得與伯仲結獻紵之好。"

按,是夏,丘象升歸里,丘象隨《西軒甲辰集·喜三兄曙戒歸里四首》。

丘象升(1629—1689),字曙戒,號南齋,江蘇山陽人。順治十二年(1655)進士,改庶吉士。十四年(1657),授翰林院編修。十六年(1659)擢侍講學士。十七年(1660),左遷瓊州府通判。康熙五年(1666),授武昌府通判。後官至大理寺左寺副。著有《南齋詩集》。(李澄中《白雲村文集》卷二《侍講丘公傳》、同治《重修山陽縣志》卷十三)

丘象隨(1631—1701),字季貞,號西軒,江蘇山陽人。工詩,與兄象升有"淮南二丘"之目。康熙十八年(1679),舉博學鴻儒科進士,授翰林院檢討,與修《明史》。後官至司經局洗馬。著有《西軒紀年集》,輯有《淮安詩城》。(馮景《有道集·洗馬丘季貞先生傳》、光緒《淮安府志》卷二十九)

吴晟招飲,作詩贈之。

《五言律詩·飲吴晟》。

吴晟,字西李,江蘇山陽人。康熙二十一年(1682)進士,選庶吉士。歷

左中允。二十七年(1688),分校禮闈。善詩賦,著有《清溪草》。(乾隆《江南通志》卷一百六十六)

爲馬駿、黃之翰《杜詩分韵》作序。

《序七·杜詩分韵序》:"輯詩家有分時、分體、分類、分韵四則。杜詩本分時者,近有刻分體,名《杜詩通》。而至于分類、分韵,逮今無之。此西樵《分韵》之所爲作也。……其書法工擅一時。……故與其及門黃大宗者,判甫集而聲區之。……西樵、大宗必有起而剖晰之者。"

馬駿(?—1679),字圖求,號西樵,江蘇山陽人。康熙八年(1669)中舉。工詩善書,兼能鼓琴。晚薦博學鴻儒科,未試而卒。著有《杜詩分韵》《聽山堂集》。(同治《重修山陽縣志》卷十三)

夏,陳台孫病中招飲,以詩贈之。

《七言古詩五·陳黃門台孫病中招飲賦贈》。

按,詩中有"兩年兩至淮陰城""今年我從中州來"語,知作於本年。

陳台孫(1611—?),字階六,號楚州酒人,江蘇山陽人。崇禎十三年(1640)進士,授富陽縣知縣,調平陽知縣。入清後,授戶科右給事中,改禮科,轉工科左給事中,遷福建督糧道參議,補陝西隴右道參議。工詩。著有《鶪笑齋詩集》《蜃舫集》。(同治《重修山陽縣志》卷十三)

交樂建中、功昭父子,題其《鳴和篇》。

《七言絕句二·樂六舞功昭父子邀集凫亭予以別集未赴閱日復爲詩見招兼屬訂日率筆酬意》《五言律詩一·集凫亭》《七言絕句一·題凫亭》。

按,《題凫亭曇廬鳴和篇首》:"予渡淮,交凫亭、曇廬父子最晚,然而最親。"

樂建中,字六舞,號凫亭,江蘇鹽城人。(閻爾梅《白耷山人詩集》卷六上注:"六舞諱建中,鹽城人。")

樂功昭,字象諧,號聲庵,又號曇廬。建中子。(《七言絕句一·題凫亭》詩末注曰:"亭下曇廬爲令嗣功昭咏室。")

端午後,寓高家亭子,黃世貴、蔡爾趾、舒起鳳、戴金、劉漢中、舒章、周麟、童衍、劉琯過飲。

《七言古詩二·寓高家亭子午日後黃大世貴蔡二爾趾舒四起鳳戴金劉二漢中舒章周麟童衍劉三琯移尊過飲率賦兼呈黃二翰樂大六舞高儀淑光淑》。

黃世貴,字剡知,江蘇山陽人。(宣統《續纂山陽縣志》卷十五)

蔡爾趾,字子構,江蘇山陽人。康熙中歲貢,晚官祁門訓導。(張穆《閻

潜丘先生年譜》）

戴金,字龍質,江蘇山陽人。(宣統《續纂山陽縣志》卷十五)

童衍,字蕃徵,江蘇山陽人。(宣統《續纂山陽縣志》卷十五)

舒起鳳、舒章,俱江蘇山陽人,生平不詳。

與馬駿、蔡爾趾、樂建中、倪之煌同飲黃之翰止園,相與論詩。

《詩話》四:"臨清倪天章云:張燕公《灉湖山寺》詩落句有誤。'若使巢由同此意,不將蘿薜易簪纓',不成巢由不終隱耶? 時在黃大宗飲次,同席者馬西樵、蔡子構、樂六舞等數人,各不能答。西樵令將前六句誦一過,即曰:'得之矣。'子構曰:'何也?'西樵曰:不曰'禪室從來雲外賞,香臺豈是世中情'乎? 子構終不解。及飲散,天章、子構與予同舟歸,以問予。予曰:'西樵善説詩意,謂即此山寺已屬物外,能得此意,何必蘿薜,雖簪纓亦可,故曰不以彼易此也。此游山寺而生道心之時也。'後見唐詩選本,忽有改'若使'爲'惟有'者,意索然矣。唐詩近古,猶時見風人遺旨處,正在此。恐後人不知,展轉改篡,故復識之。"

阮葵生《茶餘客話》卷二十一:"馬西樵、蔡子構、樂六無(舞)、倪天章、毛大可同飲黃大宗之翰園中論詩。天章謂:張燕公《灉湖山寺》詩'若使巢由同此意,不將蘿薜易簪纓','若使''不將'字當有誤。不然,語與意相反,殊費解。西樵曰:'不然。君將前六句朗吟一過,即得之矣。'天章猶未解。西樵曰:不云'禪室從來雲外賞,香臺豈是世中情'乎? 大宗喜曰:'是不減匡鼎《説詩》。'天章猶未解。大可曰:'西樵善説詩。謂此山寺無復世中之情,不啻雲外之地,不必蘿薜始易簪纓。'一座稱善。"

游漂母祠,有詩抒仰懷之情。

《七言排律·客於淮陰過漂母祠下悠然感興效長慶長律以抒牲仰懷之情》。

遇高通於淮陰,作《瘞水盞子志石銘》。

《墓志銘十·瘞水盞子志石銘》:"水盞子者,越器也。……明興平伯從子高通畜婢住子,能叩食器爲《幽州歌》。……乃購食器之能聲者,得内府監製成化法器如幹,則水淺深,分上下清濁,叩以犀匙,凡器八而音周,强名曰'水盞子'。順治乙酉,王師下安平,江都隨破,家人之在文樓者皆散去,住子投射陂死。康熙甲辰,予遇通於淮陰城,托鎮淮將軍食。……鎮淮將軍命瘞之淮城東唐程將軍咬金墓側,如瘞住子者,而使予志於石。"

高通,陝西米脂人。高杰從子。

重集閬園,有詩贈劉昌言及其二子始大、始恢。

《七言古詩三·重集閬園醉宿賦贈劉昌言進士暨始大始恢二令君》。

按,詩中有"去年來此園,荷根出水枯葉寒。今年來此園,雨餘又見荷珠團。此園久別亦可念,況復園中主人面。春風送我入洛陽,上巳清明不相見"句,知作於本年夏。

劉愈(1639—1707),原名始大,字膚士,又字文起,江蘇山陽人。昌言長子。康熙二十一年(1682)進士,歷官行人司行人、工部屯田司主事。(同治《重修山陽縣志》卷十三)

白夢鼎歸江寧,詩以送之。

《五言格詩四·淮上送白孝廉歸白門》,中有"今我逢淮山,水蘸夏荷綠。與之拜漂母,彈絲并擊筑"句。

舒漢文贈佳履名酒,作詩謝之。

《五言絕句二·謝舒漢文贈佳履名酒》。

舒漢文,江蘇山陽人。生平不詳。

胡奏膚招集收綠堂,作詩贈之。

《五言律詩一·收綠堂小集即事》,題下注曰:"胡奏膚別業也。"

胡奏膚,字碩公,江蘇山陽人。崇禎中諸生。工詩善書,尤精於醫。(同治《重修山陽縣志》卷十二)

淮陰楊母生辰,作詩祝壽。

《五言絕句二·壽淮陰楊母》。

劉珵餉法酒諸食物,作詩謝之。

《五言絕句二·劉珵餉法酒諸食物》。

劉珵(?—1693),字美當,一字超宗,晚號灌花老圃,江蘇山陽人。順治十七年(1660)貢生。官青陽訓導。精《易》學。著有《灌花老圃集》。(戴晟《瘞硯齋集·超宗先生別傳》、同治《重修山陽縣志》卷十三)

雨後,飲黃宣泰園林,有詩贈黃之翰。

《五言律詩三·雨後飲黃兵部園林留詠并與黃二之翰》。

過宿馬駿聽山草堂,作詩贈之,兼有題詩。

《五言律詩二·飲黃園過宿馬西樵聽山草堂》《五言律詩三·題聽山堂》。

按,《七言絕句一·黃家亭子》詩末注曰:"馬西樵聽山堂在黃園左。"

又飲馬駿宅,作詩贈之。兼爲其詩集作序。

《五言律詩三·飲馬駿宅》《七言古詩二·西樵山人歌》。

《序七·淮陰馬西樵詩集序》:"西樵主淮陰風雅者幾二十年……西樵

雅好古,其爲人、爲文、爲詩,無一不古。……予知西樵有年矣,今見西樵於枚皋之里。"

交王孫晋於淮安,作詩贈之。兼爲其《南游詩》作序。

《五言律詩二·贈王孫晋四首》。

《序七·寶應王孫晋南游詩序》:"與王生遇淮市,翩翩者王謝家子也。……又既而與秉燭對榻,縱談古今學術。……兩人者詠歌於淮市,淮市見者皆笑之。天下之知予者莫如王生,而其知王生者予也。"

王孫晋,字左公,江蘇寶應人。(沈德潛《清詩別裁集》卷八)

八月十四日夜,與張新標、張礽禕(後更名鴻烈)、查繼佐、劉漢中、王孫晋、張慕曾飲張新標曲江樓,賦《明河篇》,淮上諸家傳寫殆遍。

《七言律詩二·中秋前一日集曲江樓分賦》。

《七言古詩二·明河篇》序曰:"毛甡游淮陰,查繼佐孝廉并蠁過張吏部曲江園,觀百戲。時秋八月十四日,江南北名士十百來集。凡水亭、當湖、樓臺、館舍、刺史、諸王、軍府伎樂畢出,驚見妙幻,目不及瞬。自曙起烏啼,迨夜漏盡,日初出兩竿,迭呈絶藝,如灌河接魚,勿得已矣。……自傷淪落,未易遘此盛會,樂極哀生,易於感慨。又當烟竿熱層,累遞上狀,城郭宮宇,人物狗馬,簾幨釭幛,士女觀者,填塞渚港。亦有簫管,燈紗相間映,水烟模糊。奉觴女郎,從烟霏霏中載它舟去,亦又凄已。蹋鞠者閻生,擫筝王生,有清歌絶妙。錫山朱生、吳門孫生,皆一時絶技擅場。幸一遘觀,明當散去,聊從諸君後,賦詩三篇:一樂府,一律,一此題也。時賦詩者十之二,甡與張公子礽煒詩先成,人誦之。劉漢中贈甡詩曰:'詞人罷唱曲江樓。'王孫晋曰:'賦傳明月夜,詩動曲江樓。'張慕曾曰:'今來同上曲江樓,崔顥題詩衆莫酬。'餘載東山釣史集中。"(查伊璜,號東山釣史。時西河詩成,一時好事者爭相傳寫,凡閱二十日始還稿。遂有他本,小异十許字,見倪大章《序》。又施愚山先生入賀,道淮,題其篇曰:"繁絲雜吹,糜靡傷情。若大可者,真是才子。")

《墓誌銘十一·自爲墓誌銘》:"而吏部張公偕今檢討鴻烈父子闢名園於東湖之濱。八月十五夜,水亭堤榭,張燈布幔,雜設妓樂及色藝嚲弄,而集寓淮諸名士凡數十人,賦詩游飲於其中……予倚醉扣盤賦《明河篇》,凡六百餘言,及旦,則淮上諸家傳寫殆遍。"

張新標(1618—1679),字鞠存,號淮山,江蘇山陽人。順治六年(1649)進士,授内閣中書舍人,官至吏部考工司郎中。坐事謫黑水監,以疾告歸。著有《淮山詩選》《英華集》《涉江集》等。(同治《重修山陽縣志》卷十三)

张礽祎,字云子,号泾原,后更名鸿烈,字毅文,江苏山阳人。新标子。康熙十八年(1679),举博学鸿儒科进士,授翰林院检讨,纂修《明史》。因事镌级除国子监助教,迁大理寺副,以忧归。后康熙南巡淮上,迎献诗赋,特复原职。辑有《淮南诗钞》。(秦瀛《己未词科录》卷三)

张慕曾,生平不详。

宣统《续纂山阳县志》卷七:"曲江楼在萧湖依绿园内,张鞠存吏部所构。"

八月二十三日,伯兄万龄六十生日,寄诗贺寿。

《五言律诗二·寄呈伯兄六十初度时余滞淮》。

按,毛麟亭《萧山毛氏宗谱》卷四《大房世系纪》:"(万龄)生于明万历乙巳八月二十三日。"据以知本年六十。

八月,遇吴百朋于淮市。时吴以补选赴都,诗以送之。

《五言律诗一·淮安道遇吴百朋推官补选赴都》《五言律诗一·奉送吴推官分韵》。

按,孙治《孙宇台集》卷二十四《亡友吴锦雯行状》:"甲辰,再任广东肇庆司理。"知吴补选赴都在本年。诗中有"八月寒风急,相逢淮海间。官程环古道,客思满秋山"句,知作于本年秋。

交倪之煌,作诗赠之。

《五言律诗二·赋得秋字赠倪之煌》。

倪之煌(1628—1670?),字天章,山东临清人,客居淮安。为人坦易简直,不乐仕进,雅好为诗。所居一草亭,四方名流道淮者,无不延揽,唱酬无虚日。老无子,遂削髮为僧,法号懒庵,亦号钝道人。著有《南涉杂诗》《泗上杂言》。(光绪《淮安府志》卷二十九、宣统《续纂山阳县志》)

友人各馈淮酒,作诗谢之。

《七言三韵律·淮寓谢友人各馈淮酒》。

程涞招饮宅中,遇其弟程淞,作诗赠之。

《五言律诗二·饮程涞进士》《五言律诗二·赠程淞》。

程涞,字维东,安徽歙县人,山阳籍。顺治十八年(1661)进士,官平谷知县。(道光《歙县志》卷七之二)

程淞,字娄东,号寓庵,安徽歙县人,山阳籍。程涞弟。官侯官知县。(民国《歙县志》卷四、李元庚《望社姓氏考》)

与张缵孙、张慕曾、吴百朋、马骏、程淞集倪之煌一草堂。

《五言律诗二·和张缵孙慕曾吴百朋马骏程淞于倪之煌草堂宴韵得秋字》。

按，一草亭在淮安湖嘴，之煌晚遁空門，改亭爲庵。杜濬《變雅堂文集》卷七《一草庵記》："吾友倪子天章，忽剃髮爲浮圖，自淮挐舟五百里，訪余於金陵。一日，語余曰：'吾既已僧矣，偃然而廬。吾廬非是也，吾向者之一草亭，今欲改以爲庵……。'余曰：'又他求哉？即名一草庵可矣。'……一草亭在淮安郡城西門內。而倪子以山東人也僑居，構此亭。"

又與張纘孫、查繼佐、吴百朋、俞之璧集朱禹錫放生池公讌。

《七言律詩二·朱明府放生池公讌同張纘孫查繼佐吴百朋俞之璧即席》。

俞之璧，浙江仁和人。（民國《杭州府志》卷一百十二）

九月九日，與張新標、查繼佐登雲起閣，賦詩感懷。與張新標同過歌姬桃二家。

《七言律詩二·九日雲起閣登高分得鹽韻》序曰："八月幾望，集淮陰張吏部園，各賦詩三章。九日，復集雲起閣，黃花映酒，清歌遏雲，雖非復向時繁會，而風景悠然。東山釣史分韻牌賦詩，時請摘去'險'韻，勿許。甡最後到，日將墮，應手抽牌，得'鹽'韻，舉座嘩然，曰：'果然。'蓋預擬相難也。復有五古題一《賦得秋菊有佳色》。"

《五言格詩一·賦得秋菊有佳色》題下注曰："康熙甲辰重九，雲起閣登高賦也。分牌得'鹽'韻，先有律，只復'鹽'字。"

《排律一·賦得秋菊有佳色》序曰："九日，雲起閣各賦陶句，其不得'秋'字，從險也。唐人試是題，有唱得'佳'字而承以花者，豈誤'佳'爲'嘉'與？抑'佳''嘉'本同，今不然與？好學者稽焉。"

《五言絶句一·書壁》序曰："遇桃二枚皋里中，從珠湖會也。重九日，復集雲起閣，曲江主人扶醉再攜檻蹋歌，同過桃家，乞書二絶句於壁。"

桃二，本姓陶，字淺緋。（《五言絶句一·書壁》詩末注）

宣統《續纂山陽縣志》卷十四："雲起閣在蕭湖。"

九月九日，與沈胤範遇於淮陰，旋揮淚別去。時沈赴京入國子監。

阮元《兩浙輶軒錄》卷五載沈胤範《淮城九日喜晤大可》。

《詩話》六："予避人淮陰，值沈舍人公車過淮，揮泪別去。"

按，汪懋麟《百尺梧桐閣文集》卷五《刑部廣西清吏司主事沈君墓志銘》："康熙十四年秋七月，聞吾友沈君肯齋歿於官。……先生生五十二，年十七爲諸生，十九食餼，四十一入國子監。"知本年沈胤範四十一歲，入國子監。

九月十九日，與閻修齡、若璩父子登淮陰程咬金冢。

《七言古詩一·九月十九日登淮陰城東程將軍家》，中有"我登淮陰城，秋衣振縹緲。淮陰城東有高阜,九日初過又重九。閻君父子好探奇,邀我登高共飲酒"句。

按,《送潛丘閻徵君歸淮安序》:"與之登城東程將軍冢,題名而去。"

九月,張新標生日,作詩祝壽。

《五言律詩二·張新標吏部初度》。

按,陳維崧《陳檢討四六》卷十五《徵淮安張鞠存先生雙壽詩文啓》:"更以來年欣聞雙壽,太君則六旬設帨,庚申度值其初。先生則九月懸弧,甲子方逾其二。"知張生日在九月。

逢王弘昌,作詩贈之。

《排律一·贈東牟王弘昌》。

王弘昌,山東東牟人。生平不詳。

倪之煌之徐州,作詩送行。

《七言古詩四·彭城行送倪之煌之徐州》。

遇彈筝客,與飲枚乘故里,作《彈筝賦》。

《賦一·彈筝賦》:"淮南桂樹之瑤堂,城北椒花之麗館。有朔客修髯,彈筝哀吟。毛甡客游,聞而淚滋。次日,流飲於枚生之里,徘徊於曲江之園。將軍梁姓者,遣歌僮八人,翦髮塗眉,撫筝而歌。"

顧如華六十生日,作詩賀壽。

《七言律詩五·顧侍御生日》。

按,詩中有"封章曉入清宮肅,甲子星週法曜寒"句,知作於顧如華六十生日時。據江慶柏《清代人物生卒年表》:"顧如華(1605—1667),字質夫,又字西巘。"知顧本年六十。

顧如華(1605—1667),字質夫,號西巘,湖北漢川人。順治六年(1649)進士,除廣平知縣。十四年(1657),擢御史。十八年(1661),巡按四川。康熙五年(1666),出爲浙江參議。著有《病中移心集》(同治《漢川縣志》卷十六)

顧如華還京,作詩寄之。

《五言律詩四·顧侍御巡鹽將還京甡以羈游不得奉餞申此二詩》。

延豐《重修兩浙鹽法志》卷二十二:"(兩浙巡鹽御史)顧如華,湖廣漢川,進士。康熙二年九月任。"

觀海翁所藏陳洪綬摹李公麟《乞士圖》,跋其後。

陳洪綬摹李公麟《乞士圖》載先生跋:"不見老蓮者十餘年。客淮,觀海翁所藏畫,得此幛,如與晤對。此係老蓮得意筆,蓋中年畫而晚年又題者,觀其字畫昭然也。海翁秘之,誠不妄。西陵毛甡題并識。"

按,《乞士圖》載陳洪綬自題:"己卯秋杪,作於聖居。時聞箏琵聲,不覺有飛仙意。洪綬。"光緒《淮安府志》卷四十:"康熙二三年間,蕭山毛奇齡以避難來,山陽令朱禹錫舍之天寧寺,變姓名曰王彥,字士方,以文采重衣冠間。"知康熙二三年間,先生客淮安。文中有"不見老蓮者十餘年,客淮"語,據前譜,知陳洪綬卒於順治九年壬辰(1652)。自順治九年至康熙二三年,恰十餘年。

海翁,未詳何人。

與查繼佐赴閻氏父子飲席。

《五言律詩二·集閻修齡若璩父子即席》。

遇王司馬於淮陰,作詩贈之。

《七言古詩三·河隍司馬吟贈王司馬》。

王司馬,未詳何人。

十月,登郭冏有筠亭,爲其詩卷子題詩。

《題淮陰郭氏有筠亭詩卷子》:"郭子錦伯以'有筠'名亭。甲辰十月,毛甡登其亭而觴之,雜坐若干人,乃接風日於筠中,風閒日流,郭子顧同游而爲之賦詩。"

郭冏,字錦伯,江蘇阜寧人。著有《筠亭集》。(民國《阜寧縣新志》卷十七)

民國《阜寧縣新志》卷二:"有筠亭爲郭冏別墅,淮陰胡從中題。"

臘月,與張礽褘、周鱗、劉漢中、童衍、戴金、黄世貴、施有光、蔡爾趾游楊氏澹園。

《排律二·楊園聯句》序曰:"毛甡與淮南名士作晨夕游。臘月,游楊園,亭臺雅勝,友朋好合,因請聯句,環相限韵,頃刻而成。"另先生集中有《五言律詩一·游楊氏園林和韵》。

按,丁晏《山陽詩徵》卷十五張礽褘《楊氏澹園雅集聯句》序曰:"客淮者與淮之君子臘月游澹園,亭臺雅勝,友朋融好,遂共長律以紀,命甡限韵。"

按,此次聯句,由先生押定韵腳,一人一聯,鋪張描繪澹園風光,輪流賡續,一韵到底。段朝端《跰鮮餘話》記此事曰:"作者九人,大可外,爲黄世貴剡知、戴金龍質、童衍蓍徵、張礽褘雲子、蔡爾趾子構、施有光爾賓、周鱗喬岳、劉漢中勃安,每人五言二韵,乾隆《志》載之,原《志》削去。以大可之博雅,而諸子能與之游處觴咏,文采輝映,已見一斑,不可令其湮没。按,八人中名最高者爲張毅文太史(初名礽煒,後改鴻烈),次則劉、蔡、周,俱官司訓。施官涇州,至童、戴、黄三君,後生幾不能舉其姓氏,只此詩斷句存大可集中。……澹園在大溝巷,本周天飛提學別業,鬻於楊,後歸丁氏。道、咸間,尚可游覽,今鞠爲茂草久矣。"

周鱗,字喬岳,江蘇山陽人。元相子。康熙中歲貢生。晚官潛山教諭。(同治《重修山陽縣志》卷十三)

施有光,字爾賓,江蘇山陽人。由廩貢生選銅陵教諭,升略陽知縣,擢涇州知州,以清理積案見稱。(同治《重修山陽縣志》卷十三)

冬,施閏章入覲還,遇諸淮上。

《七言古詩四·淮上逢施少參閏章自京邑還任抒意》。

按,施念曾《施愚山先生年譜》卷二"康熙三年甲辰"條:"是秋,入覲。"蓋施閏章秋入覲,冬過淮安。

與蔡爾趾、劉漢中、黃世貴、舒章、倪之煌、童衍、戴金、舒起鳳集一漚亭。

《五言律詩二·蔡爾趾劉漢中黃世貴舒章倪之煌童衍戴金舒起鳳集一漚亭和爾趾》《五言律詩二·憩一漚亭》。

按,一漚亭在淮安鼍亭旁。《題鼍亭曇廬鳴和篇首》:"鼍亭踞東湖之勝,傍亭而廬,即曇廬。予寓一漚亭,與相隔也。"

楊才瑰子九霞九歲能文,穎悟絕人,先生作《楊童子歌》贈之。

《七言古詩三·楊童子歌》序曰:"楊進士才瑰童兒九歲,文諷俊妙,玉膚色,持觴隨楊君後,相驚神也。……故鄉故人子李焜、李曜,長大蹉跎,無復識知近狀,見童兒,不覺生有羨意。未請字,曰'楊童子'。"

按,文中"故鄉故人子李焜、李曜",即李甲二子李日煒、李日焜,日煒後更名日曜,詳見《李氏兄弟字說》。

楊才瑰,字賦臣,江蘇山陽人。康熙三年(1664)進士。歷官松江府教授、國子監助教、兵部武選司主事。著有《廿一史纂要》《雲間皋聲堂詩》。(同治《重修山陽縣志》卷十三、乾隆《淮安府志》卷二十二上)

有詩咏楊才瑰小盆松。

《五言絕句二·楊進士賦臣小盆松》。

駱復旦補江西崇仁縣知縣,詩以送之。

《七言古詩四·送駱復旦明府補任崇仁》。

光緒《撫州府志》志卷三十八:"(國朝崇仁知縣)駱復旦,山陰人,康熙三年任。"

在淮安,值任金吾北行,詩以送之。

《七言古詩三·集淮陰舊城醉中送白門任金吾北行》。

任金吾,未詳何人。

夜飲倪之煌一草亭。

《七言古詩三·夜飲倪之煌一草亭放歌并示劉二漢中王二弘昌》。

《七言律詩二·一草亭同韵》序曰："游子歲寒,良朋宵晤。霜月流地,嚴飈襲衣。共衘鮑子之卮,争擷梅花之句。一亭合唱,四韵依成。"

遇朱茲受於淮陰,爲朱氏族譜作序。

《序四·坡山朱氏族譜序》："朱茲受先生客游淮陰,往以種嬰男秘痘,得禁方書。自漕、部使下及於令、丞,皆迎而師之,且將赴内廷親王、諸大臣召,而予以家嬰之厄於痘而思救之也。謂先生以秘術生天下嬰,當蕃其族姓,以饗其報,而先生坡山宗也,出《坡山族譜》,屬予爲叙。"

朱茲受,未詳何人。

除夕,守歲淮安,作詩志感。

《七言絶句二·楚州除夕三首》《七言絶句五·山陽縣署歲飲》。

約於是年,成《國風省篇》一卷、《毛詩寫官記》四卷。

《國風省篇·叙篇》："涉江以後,頻行瀨中,既經胠篋,重以界攘,辭中可記,獨《國風》耳,餘何有之矣!友人張杉迫予記憶,因漏就闕,補餘成文,合而計之,得如干篇。初名'問答',以其中起義多假諸諏發疑文也,然而其名侈焉,因復改今名。"

《毛詩寫官記》卷一："昔漢武置寫書之官,記其所聞,名'寫官'。毛姓居壁中,有官寫者説《詩》於主人之堂,未能記也。久之,而纖詞璅文串見於心,于是稍憶其所説,雜以成記,曰'寫官記'。夫寫官者,不能名其所由得,而纖詞璅文僅寫夫當時之所記憶。而予以避人之餘,復逐逐於其所爲説《詩》者,纖詞璅文以爲襞積,有似於復供其寫焉者,則亦曰寫官而已。而不特此也。記《詩》者,以有所辨而記之者也,然其所辨者,皆朱子《詩》也。夫朱子以爲前此者無《詩》,故置齊、魯、韓、毛、鄭諸家以及歐陽、蘇氏、呂東萊、鄭漁仲諸言《詩》者,而自以爲《詩》。"

按,《經集》凡例："後在道路,思記不可得,乃雜憶璅屑,作《國風省篇》《毛詩寫官記》《詩札》諸卷,但無書參對。且有偶惑於舊説,與晚年論辨相齟齬者,緣早刻淮安,不能刊正。"

錢謙益卒。胡介卒。

李孚青生。

【時事】 正月,清廷拒絶荷蘭人提出的在中國長久居住和自由貿易的要求。二月,鄭經部將吳升率所部降清。同月,大順軍餘部馬騰霄率衆降清。三月,鄭經因衆叛、缺糧,率所部歸臺灣。五月,俄國侵略者竄入中國黑龍江地區,寧古塔將軍巴海率兵擊退。七月,清廷以施琅爲靖海將軍,攻臺灣。七月,張煌言被捕,九月,被害於杭州。八月,大順軍餘部李來亨卒。大順軍自順治元年抗清,堅持二十年,至此結束。

清聖祖康熙四年　乙巳(1665)　四十三歲

元日,與黄世貴、劉漢中、蔡爾趾、童衍登淮陰城樓。

《排律一·元日登淮陰城樓眺望同黄大世貴劉二漢中蔡二爾趾童大衍》。
來蕃有憶先生。

《墓志銘十·二友銘》:"君來蕃,字成夫,邑人。……來學曰:'卒之歲,大雪,君憶牲遠游……吟所製山陰張杉、徐緘,臨安陸圻,江都韓□,華亭蔣平階,吴江顧有孝,同邑徐芳聲、毛甡八君咏詩,慟哭乃歸。'"

二月,題宋搨《聖教序》帖。

《題宋榻聖教序帖》:"宋搨聖教碑,海内能藏家絶少,大抵小斷便佳耳。此本鉤畫清穎,風骨朗然,真神物也。使君爲北平趙君所贈,趙君云:'嘗得之劉帥幕府,帥平豫章金虎符軍,全活兩儒,儒懷之以報。'蓋用此效生者,儒不與俱没於軍,帥不使終溺於幕。皆有神助。乙巳二月日。"

春,遇張黼千金亭,爲其《適吴筆記》作序,兼爲其子文集作序。

《序一·張孔繡適吴筆記序》:"張孔繡將適吴,記途之所行,……削木以藏,凡得若干板。及距淮,遇西河毛甡於千金亭,出示甡讀之。……孔繡且游吴,吾將游齊,與杜陵生相見於笠山之下,以待孔繡一削木矣。"

《序三·歷下張童子集序》:"予與張黼遇淮上。黼,世家子也,其先相國有文名,黼述之,不愧世家子,然吾獨序黼所爲文耳。及讀黼子童子文,則黼又作之者也,童子又述之,益復不愧世家子,异哉!……與杜陵生友善,其次子,聖童也,今少長矣。予每憶其人,并欲詢其所爲文,而張子與杜陵友,張子之子亦即與杜陵之子友。子讀童子文,如見杜陵之子,即如見杜陵之子文,异哉!"

按,先生本年夏已至山東,文中有"吾將游齊"語,故繫於此。

張黼,字孔繡,淄川人,拔貢生。(道光《濟南府志》卷四十三)

萬曆《淮安府志》卷三:"千金亭在淮陰舊縣西。韓信微時,漁釣於此,漂母常進食。信既貴,報以千金。後人因築亭其上。"

張黼之江西,作詩贈之。

《七言律詩二·淮陰道遇淄川張黻之江西有贈》。

怨家踪迹之,藏劉漢中家月餘,去。

《墓志銘十一·自爲墓志銘》:"淮人從此物色予,予念《需·象》云'君子以飲食宴樂',今出險,已宴樂矣,過此,將失位,急舍之,去。於是之齊,之楚,之鄭、衛、梁、宋間。"

同治《重修山陽縣志》卷二十一:"八月十五日,新標大會名士於曲江樓,士方賦《明河篇》,文詞跌宕,一時傳播。宣城施愚山覽其詩,驚曰:'何物王生,此必吾友江東小毛子也。'怨家踪迹之,漢中藏於家,月餘乃行。"

三月,將去淮,有詩酬別淮上諸友丘象隨、蔡爾趾、劉漢中、黄世貴、戴金、張礽禅(鴻烈)、王孫晉、王弘昌、劉珵、劉琯等。

《七言古詩五·將歸贈丘四象隨》《七言古詩五·毛牲將行張公子礽禪贈牲踏冰行率筆酬之》《七言古詩六·留別劉琯兄弟》《七言古詩六·別戴大金黄大世貴》《七言古詩二·奉贈蔡二爾趾并爲酬別》《七言古詩二·放歌酬王孫晉詁別》《七言古詩二·放歌爲劉二漢中留別》《七言絶句一·戴金索書詩卷留別書後》。

按,戴晟《寤硯齋集·拙安劉先生哀辭》:"蕭山毛翰林大可避仇來淮上三年之久。"

夏,山陽畢家溝決堤,作《山陽畢家溝勒石記》。

《碑記十一·山陽畢家溝勒石記》:"山陽城南五十里曰畢家溝。……康熙四年夏,恒暘之後,繼以恒雨。凡浹五晝夜,諸水暴漲,漕與湖憤溢,抵諸溝而決堤而奔。漕使以他故,不暇視,急檄山陽令朱君禹錫,使治事。……因記其言書之石。"

夏,畫《鷟兒圖》留贈朱禹錫。

《七言絶句二·頃以家冗獲咎暫去鄉里枉荷山陽令朱公極留三却三挽臨行感激念其廉材惠民而未嗣因寫鷟兒圖留贈并爲作詩》。

夏,游山東。

《五言律詩四·菏澤》《五言律詩四·定陶道中并謝魏文學兄弟》《五言律詩一·齊州道中遇雨》。

按,《詞話》一:"乙巳夏,予欲登岱,及濟寧而病。"《詩話》五:"予兩觀趵突泉,一在乙巳,一在丙寅。"知先生本年夏游山東。

過濟寧,登太白酒樓。有詩詠濟寧會通河。

《五言律詩一·登太白酒樓》。

《七言古詩三·會川吟》,題下注曰:"濟寧會通河也。"

在濟南，尋蔣平階不遇，以詩抒懷。

《五言律詩一·懷蔣斐濟上》。

按，詩末商徵說注曰："西河與大鴻先生最好，聞在故淄川相公宅，往尋之，不遇，涕泣而返。大鴻稱杜陵生。"

過魯連村，有懷丁克振。

《七言絕句四·過魯連村懷大聲》。

秋，溯宣城青溪過響山，有詩志感。

《七言絕句二·溯宣城青溪過響山作》。

客宣城，喜遇丁澎，爲其《采芝圖》題詩。時丁澎自塞外戍所還。

《七言律詩三·飲宣城王博士宅喜遇丁禮部澎（時禮部還自塞外）》。

《七言絕句七·丁澎采芝圖》，其二曰："獨向深林采玉芝，林端駐杖有何思？須知屬國南還日，猶是顛毛未白時。（药園從塞外歸，故云。）"

丁澎（1622—1690），字飛濤，號藥園，浙江仁和人。與弟景鴻、潆并能文，有"三丁"之目。順治十二年（1655）進士，官刑部廣東司主事，調禮部主客司郎中。十四年（1657），爲河南鄉試副考官，科場案起，遠戍塞外五年。康熙九年（1670），授禮部祠祭司郎中，升儀制司員外郎。二十二年（1683），參修《浙江通志》。順治年間，與宋琬、施閏章、張譙明、周茂源、嚴沆、趙錦帆相唱酬，時稱"燕臺七子"。著有《扶荔堂詩文集》。（林璐《歲寒堂存稿》卷三《丁藥園外傳》、錢林《文獻徵存錄》卷六）

得周亮工任青州海防道消息。

《排律三·途中喜從丁儀曹得周侍郎亮工分藩覆書感紀成篇》。

秋，同張淑、施譽、梅直登宣城徐元太山樓。

《排律二·登宣城徐司寇山樓眺望（同張荀仲、施次仲、梅古愚三先生作）》，中有"杰閣成高眺，名園接勝游。天低宛水暮，風落敬亭秋"句。

施譽（1602—1679），字次仲，安徽宣城人。閏章叔父。文思敏贍，尤工五七言詩，著有《芳遠亭稿》。（施閏章《學餘堂文集》卷十七《先叔父文學公砥園府君行狀》、嘉慶《宣城縣志》卷十六）

梅直（1603—？），字似之，號木山，又號古遺（愚），安徽宣城人。（梅朝宗等修《宛陵宦林梅氏宗譜》）

登寄雲樓，有懷施閏章。

《七言絕句二·登寄雲樓懷愚山》。

將之廬陵，丁澎詩以送之。

丁澎《扶荔堂詩選》卷五《宛上送毛大可之廬陵兼訊施少參尚白》。

十月,重過河,有詩話一則,憶登封測景臺事。

《詩話》五:"登封測景臺在太室南小山上,亦名没影臺,以短至日午時無影故也。又有觀星臺,在臺南,下有量天尺,琢石卧地,作尺測景。……曾避少室還,夜宿山家,見碓磑埋地,有字,是壞碑改造者。摩視之,仿佛有'百子王'字,且有詩句,存'祈年羞雉汁,禱嗣驗螽斯'十餘字。詢之,知'百子王'者係土人呼文王之稱,其云'祈年',則不止禱嗣,以文王有九齡事,故獻雉羹以祈之。《楚詞》云'彭鏗斟雉'是也。里俗事雖鄙褻,然亦椎樸多古意。乙巳十月,重過河,憶其事,旅舍書此。"

復游少室,遇戴尊師於少林後院,作《琴室勒石記》。

《碑記二·琴室勒石記》:"崧高多穴居者……崇禎壬午,土賊李濟宇拒闖於洛,據少室南名御寨者,而誘殺少室僧,遍發崧高左右冢宅。遂於同泰北發得二穴,相連如環,中無秘器,表裏側折,合以埏門,門石刻'琴室'二字,然實無琴也。……康熙四年,潁川戴尊師經久居崧陽,得是穴而移就之。……予游少室,遇尊師於少林後院,因邀予過室,使志其事。"

經竇家潰,遇毛有倫家婢,言有倫家事。

《墓志銘十一·自爲墓志銘》:"已而應湖西道之招,經竇家潰,有紅字李店,蒸不托食客,鄰棚賣漿婦目予不輟,予就問之,則故保定伯家婢也。軍散時,失身於此,已若干年矣。因坐棚下言保定家事,各流涕,遂解身所衣闟衣勞之,去。"

《七言絶句三·即事》序曰:"宿竇家潰,賣漿婦連連目予,問之,曰:'非毛氏小郎乎?'曰:'何以知之?'曰:'妾故保定伯家婢也。向屯西陵渡時,主嘗厭郎,郎不解食生炙臭,索胹淘之,妾以笑被杖,寧能忘乎?'予聞之愴然,因就飲,解橐中金餉之,去。伯籍北平,毛氏,同姓,故嘗食其營。大兵下江東,全軍歸降,爲提督京營標官,守京城西門,家遂散失。婦善擘阮,汾州人。"

《詩話》八:"予避人時,過竇家潰,有紅字李店,賣不托食客。下驢就之,傍一賣漿婦連目予,至食竟,予怪問故。曰:'小郎不記耶?妾保定伯家婢也。郎過西陵軍時,妾嘗捧饋焉。其忘之乎?'言訖,潸然泪垂。予解闟勞之,并書一詩,去。其詩曰:'錦帳雙鬟貌似花,河陽軍散各天涯。可憐紅字三家店,不賣青門五色瓜。'蓋借此婦之失身,傷保定也。及予詩傳人間,揚州宗定九有和詩,而人爭續之,然皆與予意相差殊矣。保定名有倫,本北平毛氏,予兄行。順治乙酉,江東三郡括民徒抗王師。保定與武寧侯王君原以備倭軍海濱,至是,移其軍西陵,名西陵軍,故予嘗過之。及王師渡江，西陵軍潰，武寧不絀死，保定出降，兵遂散。婦所依賣漿，不知如何人云。"

將渡湖，有詩寄淮安舊游戴金、蔡爾趾、劉漢中、黃世貴、倪之煌、舒章、王弘昌、劉琯。

《五言律詩二·將渡湖寄戴金蔡爾趾劉漢中黃世貴倪之煌舒章王弘昌劉琯》。

行次左蠡湖，出南康，有詩寄蔡仲光、姜廷梧、張杉，并呈施閏章、趙開雍、駱復旦、何嘉祐。

《五言律詩一·渡左蠡作》《排律四·從湖口入彭蠡舟次登覽書事》《行次左蠡放船出南康已來舟中寄蔡五十一仲光姜十七廷梧張五杉并呈施湖西趙司馬駱崇仁何奉新諸公》。

趙開雍，字五弦，號韋齋，江蘇寶應人。順治三年（1646）舉人。歷官兗州府推官、南安府同知、慶遠府知府。著有《思生錄》。（阮元《淮海英靈集》甲集卷二）

何嘉祐（1624—1682），字子受，浙江山陰人。順治十四年（1657）中舉。康熙三年（1664），授江西奉新縣知縣。八年（1669），擢戶部廣東司主事，監督寶泉局。十二年（1673），京察一等，兼理江南。十八年（1679），以使粵功，升本部員外郎，監蕪湖鈔關，晉郎中，改都察院湖廣道監察御史，巡視西城。二十一年（1682），權鹽河東，卒於官。（《墓志銘十二·誥授奉直大夫都察院湖廣道監察御史何君墓志銘》、乾隆《紹興府志》卷五十）

觀陶侃故居，登廬山、閣皂山，皆有詩。

《五言律詩三·過陶桓公故居》《五言律詩四·雨中望廬山》《五言律詩四·泊匡廬下》《五言律詩一·將登廬岳口吟》《排律一·廬山》《五言律詩三·望閣皂山》。

抵南昌，登滕王閣。

《五言絕句一·上滕王閣》。

遇周茂源於南昌。

《五言格詩五·周括州南昌寓亭贈瞿生》。

周茂源（1614—1672），字宿來，號金山，江蘇華亭人。明末，參加幾社，名與"幾社六子"相亞。順治六年（1649）進士，授刑部主事，轉郎中。官至處州府知府，後以逋誤，罷歸。著有《鶴靜堂集》。（乾隆《華亭縣志》卷十二）

瞿生，未詳何人。

訪李明睿,語及崇禎末議南遷事。

《雜箋》二十六:"往見李少宗伯於豫章,酒酣,語崇禎末議南遷事,宗伯曰:'爾時主之者,惟李都憲與予二人,他無與焉。'"

按,崇禎十七年,農民軍圍京師。李明睿召對主南遷,策不用,時人多惋惜之。談遷《國榷》卷一百:"(崇禎十七年二月)命府部大臣各條戰守事宜,上候于文華殿,各札入。左都御史李邦華、少詹事項煜、右庶子李明睿各言南遷及東宮監撫南京。上驟覽之,怒甚。"計六奇《明季北略》卷二十《李明睿議南遷》:"上召左中允李明睿陛見……至是,召對德政殿。上問禦寇之策,明睿請屏左右密陳,趨進禦案,言:'臣自蒙召以來,探聽賊信頗惡,今且近逼畿甸,此誠危急存亡之秋,只有南遷一策,可緩目前之急。'"

將適吉安訪施閏章,途中有寄詩。

《排律四·彭蠡湖達南昌將適廬陵訪施湖西途中有寄凡三十二韻》。

按,《瀨中集》卷首駱復旦序:"予令崇仁之三年,聞毛子艤舟臨江之湄,與施公少參飲酒賦詩。"知先生本年至吉安。

自南昌逾峽江至吉安,再寄施閏章并諸幕府。

《排律四·自南昌逾峽江入廬陵界再寄施湖西并諸幕府四十三韻》。

行臨川江上灘,有詩志感。

《五言格詩五·於臨川江上灘作》。

至吉安,登取亭。

《排律二·登取亭》序曰:"溯贛江揚帆到廬陵城下,有亭翼然,亭下瀏水泠泠……予登亭,慨然念使君,因為賦詩。"

民國《廬陵縣志》卷四:"取亭,在金牛泉上,湖西道施潤(閏)章建。"

重泛宮亭湖,有詩贈饒九南道副使周體觀。

《五言格詩五·重泛宮亭湖效劉楨體奉貽周副使三首》。

周體觀(1618—1680),字伯衡,河北遵化人。順治六年(1649)進士,以庶吉士遷戶科給事中,轉吏科給事中,出為饒九南道副使。後從軍荊襄,卒。著有《晴鶴堂詩鈔》《南洲草》。(光緒《遵化通志》卷四十八)

同治《南康府志》卷二:"宮亭湖,在城東五里。……一作邧亭,一名神林,湖岸有宮亭廟。"

在湖西,應施閏章之囑,作《木芙蓉賦》。

《賦一·木芙蓉賦》序曰:"湖西節鎮,幕府之庭,有木芙蓉,倚乎東楹。根株盛長,枝葉縹碧。鮮葩皆敷,殷泫欲滴。當茲涼秋佳月,白日爽體。清都葳蕤,標致繁會。宛若美人,搖搖天際。斂唇揚蛾,流影揄袂。飄乎多思,静若有待。座客抽觸,與之相對。于是翠竹群扶,丹蕉互倚。……蕊帶露以生妍,花薄寒而增斐。使君顧之,翩然以喜。遂屬毛甡爲之賦。"

吳百朋赴肇慶府司理任,遇於吉安,詩以送之。

《七言律詩一·白鷺洲施湖西席送吳百朋之任滇州即席同陸圻韵》。

按,陳祚明《稽留山人集》卷十一乙巳《送吳錦雯司李端州》,毛詩當作於本年。

飲湖西署,值施閏章二子彦淳、彦慤之蕭江,作詩贈之。

《五言律詩一·飲湖西官署兼贈施彦淳彦慤二公子之蕭江二首》。

施彦淳(1648—?),安徽宣城人。閏章長子。(施念曾《施愚山先生年譜》卷一)

施彦慤(1655—?),安徽宣城人。閏章次子。(施念曾《施愚山先生年譜》卷一)

施閏章席上送張纘孫之粤。

《五言律詩一·施少參席送張纘孫之粤即席和韵》。

飲就亭,觀施閏章集。

《五言律詩一·飲就亭觀愚山集》。

同治《臨江府志》卷四:"就亭、愚樓,在舊湖西分守道署內,參議施閏章建。"

登愚樓,有詩志感。

《五言律詩一·登愚樓》。

晤許煥於吉安,時煥左遷吉安府同知,作詩慰之。

《七言律詩一·晤太倉許長水煥左遷吉州司馬賦贈兼慰》。

許煥,字堯文,號長水,江蘇太倉人。與吳偉業等同列復社"十哲"。順治四年(1647)進士,授福建莆陽縣知縣。八年(1651),任浙江北關監督,十四年(1657),任嘉興知府。康熙初年,左遷吉安府同知。著有《止止樓隨筆》《燕臺草》。(同治《九江府志》卷二十五、民國《太倉州志》卷十)

胡虞胄過訪,作詩贈之。

《七言古詩六·憩螺川胡推官虞胄過訪因贈》。

胡虞胄,字又元,號三山,河南光山人。順治十六年(1659)進士。授吉安府推官。精於《春秋》。(光緒《光州志》卷九)

與胡以寧、方中通、堵鳳蒸定交。時方中通侍父青原山。

《排律三·定交詩爲胡以寧方中通堵鳳蒸》《七言律詩二·和方二中通

韵并酬》《五言律詩一·謝胡大公子以寧》。

按,方中通《陪集·陪古》卷一《音韵切衍自序》:"乙巳春,通侍青原方丈。"知方中通本年侍父青原山中。

方中通(1635—1698),字位伯,號陪翁,安徽桐城人。以智次子。幼隨父宦京邸,後弃家尋親,奔侍吉安。纘承先緒,研究天人、律數、音韵、六書之學,著有《陪詩》《陪集》《數度衍》《律衍》《音韵切衍》《篆隸辨從》《易經深淺説》《心學宗續編》《繼善録》等。(光緒《重修安徽通志》卷二百二十二)

胡以寧,字萬咸,江蘇南京人。(施閏章《學餘堂文集》卷十四《游青又記》)

堵鳳蒸,字子威,江蘇無錫人。(施閏章《學餘堂文集》卷十四《游青又記》)

識蕭伯升於吉安白鷺洲講席,作詩贈之。

《五言格詩五·施湖西白鷺洲講席贈蕭孟昉》《七言古詩五·書意贈西昌蕭伯升白鷺洲高樓》。

蕭伯升(1619—1678),字孟昉,江西泰和人。士瑋從子。性豪俠,所交多名下士。官會昌教諭。編有《蕭氏世集》。(同治《泰和縣志》卷十八)

與施閏章等論韵、論杜詩。

《詩話》三:"施侍讀在湖西,嘗與客論韵,謂'佳人'是'皆人','館娃'是'館歪',不特吳人誤讀爲'家人'、爲'館媧',而舉世皆誤讀,殊不可解。予時在坐,謂世未嘗誤,作韵者自誤耳。旁一客曰:'然則沈約非耶?'予不答而罷。"

《詩話》四:"杜甫《短歌行贈王司直》詩,人皆能誦之,然皆不得其解。然不知何以不解亦稱好,此真不可解者。如云'王郎拔劍斫地歌莫哀',此'莫哀'謂是甫莫王郎乎?抑郎莫甫乎?又云'我能拔爾厄塞磊落之奇才',若我甫,則無理;爾甫,即又非體。至末句'青眼高歌''眼中之人',則益惘然矣。後在湖西講次,遇善歌詩客,云:'此詩十句,作兩截歌法。上截歌慷慨,下截歌悲遜。上郎下甫,意思瞭然。'逮夜歸,飲施愚山使君署堂,舉似愚山。愚山稱快久之,且爲注曰:'歌莫哀'者,歌曰甫莫哀也。'拔爾',拔甫也。'豫章翻風白日動,鯨魚跋浪滄溟開',發奮在此也。'且脱劍佩休徘徊',且住此,勿躊躇也。此甫代郎言也。當是時,郎欲携甫行也,故甫曰'西得諸侯棹錦水',業已隨郎作西川行矣。'欲向何門跋朱履',更欲從誰也。'仲宣樓頭春色深,青眼高歌望吾子',旅寄之久,所望青眼者,惟子爾。'眼中之人吾老矣',況子青眼之中之人,即吾也,而已老矣,尚何他求耶?蓋決計從子也。此甫自言也。"

過施男,施男贈以《筇竹杖》。

《五言律詩一‧過施男廉使寓亭》《五言律詩二‧施男所著名印竹杖賜教却賦》。

施男(?—1672),字偉長,江西吉水人。順治初,隨征廣西,招撫有功,授按察副使。尋丁父艱,歸。著有《筇竹杖》《爾雅合鈔》《琴川吟》等。(道光《吉水縣志》卷二十二)

登白鷺洲高樓,懷施閏章行部蕭江。

《七言古詩一‧登白鷺洲高樓值施使君留蕭江有懷》。

十一月五日,友來蕃卒。

《蕭山來氏家譜》卷二《大房世系》:"蕃,行恒七,字盛夫,生萬曆壬子六月初七日……卒康熙乙巳十一月初五日,年五十四。"

十一月十七日,父八十壽辰,姜希轍作《敬翁毛老伯先生八秩壽圖小言》。

毛蘸亭《蕭山毛氏宗譜》卷四《大房世系紀》:"秉鏡字汝明,號竟山,生於明萬曆丙戌十一月十七日。"

游青原山,有詩贈藥地禪師(方以智)。是時,藥地禪師居青原山淨居寺。

《五言律詩一‧游青原十三首》,第十首末注曰:"此首贈藥地師。"

按,《序三十一‧中洲和尚黃山賦詩》:"向過無可大師於青原,見其以轉輪皮經而旋觀之,詢曰:'大師尚翻經耶?'曰:'達磨當使之讀書。'"

十二月六日,與施閏章、方以智、方中通、陳晋明等再游青原山。

《五言律詩一‧重游青原七首》。

按,施閏章《學餘堂文集》卷十四《游青又記》曰:"同游者五人,刻石紀姓氏。康熙乙巳季冬之六日,藥地禪師弘智、胡萬咸以寧、毛大可奇齡、方位白中通、堵子威鳳蒸。"方中通《陪集‧陪詩》卷三《施愚山先生邀同胡萬咸毛大可陳康侯堵子威游青又庵》。方以智《浮山文集後編》卷二《青原得瀑記》:"視去年愚山與毛大可、堵子威、胡萬咸及犬子刻石處,蟲篆儼然,何分今古?……歲在兆詳,浮渡山愚者弘智記於筍參中。"

方以智(1611—1671),字密之,號曼公,又號鹿起、龍眠愚者等,安徽桐城人。崇禎十三年(1640)進士,官檢討。弘光時,爲馬士英、阮大鋮中傷,逃往廣東,以賣藥自給。永曆時,任左中允,遭誣劾。清兵入粵後,在梧州出家,法名無可,別號大智、藥地、愚者大師等。晚年定居江西廬陵青原山,自稱極丸老人。康熙十年(1671),因"粤難"被捕,旋自沉殉國。生平博極群書,天人、禮樂、象數、名物以及聲音、文字靡不淹貫,著有《通雅》《物理小識》《藥地炮莊》《東西均》《浮山全集》《周易圖象幾表》《諸子燔痏》《切韵聲原》《烹雪録》等。(任道斌《方以智年譜》、光緒《重修安徽通志》卷二百十八)

陳晋明,字康侯,一字德公,浙江錢塘人。祚明弟。著有《采菽堂季子詩留》。(阮元《兩浙輶軒録補遺》卷一、康熙《錢塘縣志》卷二十二)

重過凈居寺,有詩和藥地禪師韵。

《五言律詩三·重過凈居和藥地大師萍字》。

十二月十九日,父卒,年八十。

毛齲亭《蕭山毛氏宗譜》卷四《大房世系紀》:"(秉鏡)卒於康熙乙巳十二月十九日,年八十。"

小至夜,與汪如龍集湖西幕,爲其詩作跋。

《陽坡詩跋》:"陽坡詩游覽居多焉,似非詩勿游者,亦其習也。……小至夜,與陽坡集湖西幕。……陽坡,汪文節公後,兄弟舉進士。"

汪如龍,字發若,又字健川,號陽坡,安徽宣城人。康熙十八年(1679),官淄川縣知縣。(道光《濟南府志》卷三十八、施閏章《學餘堂詩集》卷十《汪發若孝廉陽坡草堂》)

冬至夜,與何懷仲、汪如龍、堵鳳蒸集施閏章湖西署論詩。

《五言律詩一·長至夜讌集湖西署同賦》。

按,《七言律詩》卷首載《長至夜論詩筆記》:"毛甡客西江,長至夜,與桐城何懷仲、宛溪汪發若、錫山堵子威飲施湖西幕。湖西曰:'少陵與人同爲詩,輒不競,何也?往次《早朝》詩,某最抑少陵作,人多所怪。'甡曰:'唯。'"

何懷仲,未詳何人。

蕭伯升邀游春浮園度臘,不果往。

《七言絶句一·蕭伯升邀甡春浮園度臘不果將赴蕭江覆寄見懷》。

與周令樹、施男、胡以寧、方中通、陳晋明、堵鳳烝夜集蕭伯升江舟,分韵賦詩。

《七言律詩二·同周司理令樹施憲使男胡大以寧方二中通陳四晋明堵三鳳烝夜集蕭伯升江舟分韵》。

周令樹(1633—1688),字計百,河南延津人。弱冠,工文章,有盛名。順治十二年(1655)進士,除贛州府推官。居數年,被劾落職,事白復官,遷大同府同知。舉卓异,進太原知府,移病歸。(潘耒《遂初堂文集》卷十

九《太原太守周君墓志銘》)
謁廬陵縣知縣于藻。
《排律二·謁于廬陵作》。
于藻(？—1676)，字慧男，順天大興人。貢士。康熙元年(1662)任廬陵縣知縣。才識通敏，愛民造士。治縣十餘年，所興舉悉爲百世之利。(民國《廬陵縣志》卷七)
冬，與周令樹、于藻、何永紹等宴飲賦詩，作《芳洲公讌圖》。
《七言古詩六·醉歌行同周司理令樹飲于廬陵作》。
《五言律詩一·于廬陵就讌詩》序曰："乙巳冬末，群公西游者共集於雙江之濱。惟時玄颷斂凍，烏裘嚮春，儼車騎之將徂，展蒯緱以自惜。幸逢廬陵令于公慧男，以河陽之長，作平原之邀。下榻南州，爲歡東道，恍入戴逵之官舍，便羇司馬於都亭。于是令君者，本屬人倫之表，今成國士之知。千里幸合，一時難已。屢仿習池之勝游，不假鄴園之公讌。烹魚來幸舍，似乎迭相爲賓；釃酒過柴車，不知何者是客。借芳洲之行樂，同金澗以賦詩。刻燭授言，不拘句韵。"
《詞話》一："獨令遠寄詞又有云：'記芳洲公讌，酒酣聽度曲，別奏清商。寫出雲樓雪樹，景倍瀟湘。'又'楊柳腰肢，雪兒分韵，櫻桃口頰，樊素生香'。則以予乙巳冬杪，曾於吉安白鷺洲公讌，酒酣度曲，且戲作《芳洲公讌圖》，故又有'雲樓'句。"
何永紹，字令遠，號存齋，安徽桐城人。廪生。工詩文，好游歷。著有《寶樹堂詩文集》。編有《龍眠古文一集》。(道光《桐城續修縣志》卷十六)
冬，周令樹赴贛州，作詩餞之。
《七言律詩二·江上餞周司理赴虔州》《五言律詩三·冬夜湖西席限韵二首時計百司理將曉行》。
遇曾宏，作詩贈之。
《五言律詩一·遇曾副使宏有贈》詩中注曰："曾自號石屋老人。"
曾宏，生平不詳。
冬，曾宏還峽江，詩以送之。
《五言律詩一·送曾三還峽江同用鮫字》《五言律詩一·又同用江字》。
冬杪，何永紹有寄詞。
《詞話》一："計乙巳冬杪，至今寄詞時，適遇丁巳，恰一十二年。"
歲末，施閏章行部臨江，過署告別。
《五言格詩三·湖西施使君行部臨江予獨留吉安守歲獻春過行署告別

遂取使君原贈韵率和二首》。

病中,與陳晋明翻杜甫詩遣懷。

《五言律詩二·旅病同游翻杜詩有露下天高秋氣清一律敬撮轇叠勿仍連偶因觸病字亦成三首雖乖大雅殊遣抑懷》。

冬,發章門,與陳晋明戲翻李頎詩呈姜圖南。

《五言律詩二·臘日發章門戲翻李頎送司勛盧員外詩呈姜侍御》。

除夕,在吉州,有詩感懷。

《五言絶句二·吉州守除三首》。

是年,施閏章爲先生作傳。

施閏章《學餘堂文集》卷十七《毛子傳》:"毛甡,蕭山人也。初名奇齡,字大可,一字齊于,曰:'吾淳于髡也。'少與兄萬并知名,人呼'小毛子'。……甡年四十餘,尚無子,自言當以客游老云。"

是年,在白鷺洲書院,與施閏章、楊洪才論《易》。

《仲氏易》卷四:"康熙乙巳,宣城施閏章講學廬陵白鷺洲,時湖廣楊洪才至,問難。間曰:'某最不能讀《易》,如《坤》之无成有終,在諸儒言之,非不娓娓,然此係臣道,六爻皆然,何獨於三爻發之榘?'皆嘿然。"

《墓志銘十一·自爲墓志銘》:"乃赴湖西,住一年。初,湖西有舊講堂,王文成講學處也。外有白鷺洲,使君新設講會於其中。"

按,全祖望《鮚埼亭集外編》卷十二《蕭山毛檢討別傳》:"已而入施公愚山幕,始得聞講學之説。西河才素高,稍有所聞,即能穿穴其异同,至數萬言。"

楊洪才,字拙生,號耻庵,湖北孝感人。少穎异,工詩,尤溺於宋五子之學,立貞通學社。著有《弋獲録》《正史法誡》。(丁宿章《湖北詩徵傳略》卷十二)

又與楊洪才論淫詩、笙詩。

《大學知本圖説》:"向在湖西,與楚人楊氏之徒劇辨淫詩、笙詩,雖予説屢勝,然心甚薄之,以爲此虚妄無學,但争樹門幟者。及聞其論孟子'求放心不當在事物上求',予幡然下拜。時湖西使君及諸坐上客皆相顧眙腭,且微言曰:'此非辨淫詩者耶?'予曰:'向予所争者辨淫詩,今予所拜者求放心也。'使君乃大服。"

與施閏章論《論語》"子使漆雕開仕"條。

《四書索解》卷一:"施少參講學湖西,有客問:'子何以使漆雕開仕?'少參曰:'子焉能使開仕?但可以仕耳。此虚詞也。'客曰:不然。但可仕則當如仲弓可使南面,韓愈文'可以出而仕矣',明着'可'字,是文無有也。且惟實有仕處,故可使仕;若虛使之,是教之自衒,且干進也,而可乎?少參無以應。"

汪渢卒。

顧嗣立生。

【時事】　三月,京師地震,清廷下大赦詔。三月,雲南東部各土司及故南明餘部乘吳三桂征水西土司之機,起兵反清。八月,清廷驅逐傳教士二十五人出京,限期南下廣東。十月,鄭經部將朱英降清。

清聖祖康熙五年　丙午(1666)　四十四歲

正月十五夜,於樟湖渡看迎燈。

《七言絕句一·元夕樟湖渡看迎燈口吟》。

三月三日,與臨川王氏禊飲臨江官署,作詩贈之。

《七言排律·三月三日臨江官署禊飲二首》《七言絕句三·與臨川王君禊飲有贈》。

王氏,未詳何人。

春,游石溪寺。

《五言律詩三·入石溪寺》《石溪寺遇雨》。

春,在吉安,有詩示妾繁條。

《五言律詩一·袁江示繁條》。

喜逢南安府同知趙開雍,作詩贈之。

《七言古詩四·喜逢南安趙司馬開雍入京率贈》。

有詩寄梅枝鳳,梅有答詩。

《五言律詩五·答寄梅東渚二首》、梅枝鳳《東渚詩集》卷三《答毛大可湖西見寄》。

梅枝鳳(1615—1689),字子翔,號東渚,安徽宣城人。著有《東渚詩集》《慎墨堂詩品》《東游草》《石軒詩選》。(梅朝宗等修《宛陵宦林梅氏宗譜》、嘉慶《宣城縣志》卷十七)

春,泊舟江西餘干,憶包秉德文集尚未行世,慨嘆不已。

《排律三·少與包二秉德蔡五十一仲光沈七禹錫爲鄉游道古論文視若兄弟今包二死十四年沈七死十八年矣獨蔡五十一與予居人間世予又瀕死道路曩時交游文章悉亡兵灾憶包二尚存集數卷未行世予泊舟餘干城

下爲賦此詩》。

春,登臨江城南紫芝山諸亭,感而賦詩。

《七言古詩七·紫芝山歌》序曰:"施公分司築亭於臨江城南之瑞筠山,忽紫芝數百本繞亭叢生,南昌李宗伯碑爲之記,且更名此山爲紫芝山,而標諸亭。越數年,毛甡登亭而歌焉。"

晤清江知縣屈有信,作詩贈之。

《排律三·贈清江屈明府》。

屈有信,字遜公,河南汝州人。拔貢生。康熙三年(1664)任清江縣知縣。在任十四年,歲無巨獄,囹圄空虛,內擢主事。(同治《臨江府志》卷十八)

春,與施閏章、王撫民、溫如璜、張亨升、屈有信等游慧力寺。

《排律三·同施參藩王使君溫別駕張司刑屈明府暨諸公游慧力寺》。

王撫民,字端侯,遼東寧遠人。康熙二年(1663)任臨江府知府。(同治《臨江府志》卷十)

溫如璜,字玉山,順天昌平人。康熙元年(1662)任臨江府通判。(同治《臨江府志》卷十)

張亨升,字柔力,河北完縣人。順治十六年(1659)進士。康熙四年(1665)任臨江府推官。八年(1669),任安仁縣知縣。(同治《臨江府志》卷十、嘉慶《安仁縣志》卷八)

光緒《江西通志》卷一百二十二:"慧力寺在臨江府城南,瀕江,即唐歐陽處士宅。宋熙寧間建,後毀。明洪武間重建。……嘉靖間毀,萬曆間興復。"

施閏章招講臨陽講堂。

《七言律詩三·施使君臨陽講堂作》。

聞朱禹錫遷吏部稽勛司主事,作詩志喜。

《五言律詩一·聞朱山陽遷吏部稽勛喜賦》。

遇高詠於湖西,作詩贈之。

《七言排律·遇高詠蕭江幕府》。

高詠(1622—1685),字阮懷,一字懷遠,號遺山,安徽宣城人。幼有神童之目,書、畫、詩稱三絶。康熙十八年(1679),舉博學鴻儒科進士,授檢討,與修《明史》。著有《若岩堂集》《遺山詩》等。(光緒《宣城縣志》卷十八、秦瀛《己未詞科錄》卷三)

晤麻乾齡,作詩酬之。

《七言律詩三·酬麻二處士乾齡》。

麻乾齡,字天爲,安徽宣城人。生平不詳。(劉城《嶧桐詩集》卷九《喜麻天爲乾齡入峽見訪次韵》)

晤陳上善,與論古文《尚書》。

《七言絕句四·盤谷先生歌爲陳舍人上善書扇》。

《古文尚書冤詞》卷八:"避人湖西,客有陳上善者,能言古文事。"

陳上善,字元水,晚號盤谷老人,江蘇蘇州人,以避亂徙家南昌。工古文詞。著有《山居詩》《適餘堂集》。(嘉慶《廬州府志》卷三十七)

寒食夜,與施閏章、沈壽國、陳上善、高咏、徐蘇注、麻乾齡集就亭,限韵賦詩。

《排律一·寒食夜集施公就亭分得湖字同陳二上善高四咏徐大崇倫麻二乾齡諸子》、施閏章《學餘堂集》卷四十三《寒食夜集得八齊(同毛大可、沈治先、徐若彝、高阮懷諸子)》。

沈壽國,字治先,號築岩,安徽宣城人。沈壽民弟。(嘉慶《宣城縣志》卷十四、端方《壬寅銷夏錄》)

徐蘇注,原名崇倫,字若彝,安徽宣城人。(嘉慶《宣城縣志》卷十四)

與陳上善、沈壽國飲湖西署。

《排律一·春暮飲湖西署同陳二舍人沈二徵君即席》。

春夜,飲就亭花下,有詩贈施彥愨。

《七言古詩七·春夜飲就亭花下見施二公子彥愨當筵賦詩有贈》《七言絕句四·雨夜就亭送客觀芍藥即席和施公子彥愨》。

與施閏章、陳上善、田若琬、沈壽國、徐蘇注雨座觀牡丹。

《七言絕句三·雨後觀牡丹即席和愚山韵》、施閏章《學餘堂詩集》卷四十八《牡丹初放同諸子雨坐陳元水毛大可田未若沈治先徐若彝》。

田若琬,字未若,號少華,陝西富平人。以諸生入太學,康熙八年(1669)舉人,授樂昌縣知縣。(光緒《富平縣志稿》卷五)

沈壽國還宣城,詩以送之。

《七言絕句三·雨中送沈築岩還姑山》。

夏,集臨江黃氏園,有詩咏臨川水。

《排律三·集臨江黃氏園用佳字》《五言絕句二·臨川水》。

夏,廬陵縣大覺禪堂落成,方以智應邀上堂,與于藻、胡以寧、陳晉明、劉平田、劉襄友暨蓮社弟子與會。

方以智《冬灰錄》卷三《大覺禪堂落成寄幻寺主請上堂時于慧男劉平田胡萬咸毛大可陳康侯劉襄友暨蓮社弟子俱在會》。

劉平田(1589—?),即釋大朔,俗姓劉,字平田,江西高安人。精於佛學。明亡後,隱於僧。(張貞生《庸書》卷六《武功筆記》第三)

劉襄友,生平不詳。

王岱訪施閏章於湖西,與之結識,互有詩酬答。

《五言律詩一·逢長沙王孝廉索書卷子因贈二首》、王岱《了庵詩集》卷九《次毛大可韵時同客螺川訪愚山》。

王岱(?—1686),字山長,號了庵,又號石史、九青、且園、戈山人,湖南湘潭人。明崇禎十二年(1639)舉人。入清後,屢試不第。順治九年(1652),授安鄉教諭。後遷隨州學正、順天教授。康熙二十二年(1683),改廣東澄海縣知縣,卒於任。工詩文,能書畫。著有《了庵詩集》《且園近詩》《且園近集》等。(廖元度《楚詩紀》卷二)

與施閏章、高咏、張梧、張岱、張貞生相與論經。

《中庸說》卷二:"宣城施少參講學廬陵,長沙孝廉王岱講《中庸》'鬼神'章,堅言視不見、聽不聞是體之微,體物不遺是用之費。主客不已。山陰張雛隱曰:'微顯與體用原不相屬,只以體用言鬼神之德,不得言用,以別無體在德外也。然而經文於此只以體物徵德之盛,"不見""不聞",但翻覆以起下句,謂如此不見聞而體物無是,所以盛也。則體物即德盛矣。人敢言德盛是用否,且敢言不見不聞是德盛否?'時少參與坐客數十人,皆是其言。"

《四書賸解》卷三:"往在廬陵講堂,吉安鄉官張貞生、長沙舉人王岱謂:'子之一問,恐顏淵赴鬥死。'而宣城高阮懷非之,曰:'赴鬥必按,實子畏蒲時。《家語》載:公良孺以車五乘相從,且有兵器,故可鬥,顏淵無是也。且鬥亦不期必死。若謂師死則弟必殉之,則師弟赴死,古元明據。即忠臣殉君,亦必有益於君,如比干諫諍,甯俞索饘類,若君死亦死,則止徒人費子車氏之流,聖賢所不許也。'時四座愕然。湖西施使君即起坐長揖,曰:'若胡氏請討復仇之義當如何?'阮懷曰:'此更不必然者。天子不爲匹夫復仇,周天子僅亦守府。時已無方伯,將欲誰告?且匡人非夫子仇也。陽虎暴匡人,而匡報之,是匡人仇陽虎,陽虎且不得仇匡人,夫子焉得以陽虎之仇認爲己仇?向使天子可告,方伯可興師問罪,則匡人有辭,顏淵此舉爲鹵莽矣。且解經須逐字逐句皆有著落。顏淵死後,則彼此遺失,其不相知儼然矣。乃曰"子在",則即此二字,自有解說。今夫子顏淵一問一答,全然不曉當日之義,但曰子在而不鬥,淵何以知子在?萬一不鬥而返,而子已不在,則將仍返故處鬥耶?抑已之耶?'時座客皆離席,請阮懷解說,阮懷曰:'吾唯不能解,以有此疑也。'

遂約次日再會,以各陳己見,因相視嘆息而罷。"
　　張貞生(1623—1675),字幹臣,號簣山,江西廬陵人。順治十五年(1658)進士。選庶吉士。散館,授編修。晋國子司業,兼管祭酒事。累遷至侍講學士。因言事降二級,乞病歸。後以原官召用,至京卒。著有《玉山遺響》《唾居隨錄》《庸書》。(民國《廬陵縣志》卷十九上)
遇張梯叔父於湖西石陽縣,值其六十生日,作詩祝壽。
　　《七言絕句一·予與張四兄弟作雁序游久矣今來石陽遇令叔三先生于施公湖西署中值其初度湘潭王生索共題卷軸以賀倉卒書獻情見辭語》。
爲施閏章詩集作序。
　　《序六·施愚山詩集序》:"予過湖西,與愚山論次當代能詩可嬗後者,合得一十二人,愚山居一焉,因較愚山詩,竟五日。……愚山刻《谷音》二卷,序之者,江右陳士業也。……予故論愚山之詩,而舉士業之語以衡之,世之較愚山之詩者,可以觀矣。"
屢歸不得,見就亭鸚鵡三脱三復,賦詩抒懷。
　　《七言古詩七·予屢歸不得釋冗屢過湖西施公苦相留日留日刻留刻適就亭鸚鵡三脱三復返予刺傷於心因爲賦鸚鵡還詞》《就亭鸚鵡去而復返》。
作《棗花錄》。
　　《棗花錄》:"吉安曾副使言族丙應試,旌陽觀道士謂之曰:'見棗花當舉'……待年,果入解。……丙午錄。"
妾林繁條卒。
　　《墓志銘十一·自爲墓志銘》:"既而娶江寧林氏女名繁條,携之至江西,死。"
施閏章將移治,欲轉赴韶州,不果往。
　　《序三十·陸孝山詩集序》:"當予避人湖西時,以滯久難安,將投嶺表,依故人之官韶州者,而故人不欲。值孝山爲南雄太守,招之曰:'來,南雄亦可居。'時予既已赴崇仁之招,雖不果往,而聞而壯之。"
將返里,施閏章作詩送行。
　　施閏章《學餘堂詩集》卷四十八《即席送大可還蕭山》。
臨行,施閏章餞之清江,互有詩贈答。
　　《七言絕句四·李少宗伯更名臨江城外清江爲使君江感施分司之清也予去臨江因徘徊使君江上慨然成詩》、施閏章《學餘堂詩集》卷八《臨江答毛大可留別二首》。
　　《詩話》六:"施少參在湖西時,人感其清,指臨江城外清江爲'使君江'。

予嘗過湖西,及去,少參餞予於使君江上,贈予二詩。其次云:'清江千曲路漫漫,五月江流帶雨寒。此去湘湖歸卧穩,幾時重過使君灘?'予賦答二詩,其次云:'五月榴花照地丹,離筵重聽五弦彈。使君江上多情水,還載孤舟下信安。'少參得詩,咨嗟嘍啃,執手不得别。臨揮袂,復展二詩,諷一過,嘆曰:'只數語便情深至此,固知感人處原不多也。'向使辭歸客直作謝主語,主能感否?後予歸,遇南士,舉似之。南士云:'少參語真深情之言。'"

六月六日,嚴沆母江氏七十壽辰,寄詩祝壽。

《排律二·奉贈嚴都諫賢母江孺人壽》。

按,潘衍桐《兩浙輶軒續録》卷二邵奏平《康熙丙午季夏六日嚴母江太夫人七十壽哲嗣灝亭給諫壽亦五十詩以祝之》、方文《嵞山再續集》卷三丙午《寄壽嚴顥亭母夫人七十》,毛詩當作於本年。

轉投撫州崇仁縣知縣駱復旦,駱復旦歡留之。

《五言格詩三·贈駱崇仁四首》。

按,《墓志銘十一·自爲墓志銘》:"乃以使君將移治,辭之,轉之崇仁。崇仁令駱君歡留之。"《瀨中集》卷首駱復旦序:"明年,則毛子幡然來,蓋未能遽歸也。"

光緒《撫州府志》卷三十八:"(崇仁縣知縣)駱復旦,山陰人,康熙三年任。"

宿崇仁東明寺,見駱復旦詩。

《排律一·宿東明寺十二韻》《五言絶句二·寺東廊見叔夜詩》。

夜讀龔鼎孳《香嚴齋詩集》,有詩志感。

《七言絶句三·寺館夜看龔中丞香嚴齋詩集》。

龔鼎孳(1616—1673),字孝升,號芝麓,安徽合肥人。崇禎七年(1634)進士,授蘄水知縣。因鎮壓張獻忠起義有功,升兵科給事中。李自成入京,任直指使,巡視北城。入清後,歷官吏科給事中、太常寺少卿、刑部右侍郎、左都御史、刑部尚書、兵部尚書、禮部尚書。工書畫,精詩文,與吴偉業、錢謙益并稱爲"江左三大家"。著有《定山堂集》《浠川政譜》。(嘉慶《合肥縣志》卷二十四)

駱復旦欲過東明寺訪先生,不果,寄以詩。

駱復旦《桐蔭堂詩鈔》卷三《擬訪毛十九牲不果見寄》,中有"欲過東明寺"句。

駱復旦、陳石麟過訪東明寺,聽寺僮讀《大學》。

《四書索解》卷二:"予避人崇仁縣,時駱叔夜明府同陳石麟進士訪予東明寺,聽寺僧讀《大學》'人之其所親愛而辟焉'五句,叔夜曰:'辟焉句如何住得?辟了後是如何?'予與石麟俱不能答。"

陳石麟,字及陵,號勿齋,江西崇仁人。順治十八年(1661)進士。歷官獻縣知縣、澄城知縣、鄞縣知縣,俱以善政聞。康熙二十五年(1686),擢户部山西司主事,遷吏部考功司郎中。(光緒《撫州府志》卷五十四)

在崇仁,寄宿巴山之民家。

《九懷詞》:"予避人之崇仁,寄宿於巴山之民家者越一年。"

秋,遇徐緘於撫州崇仁之東明寺。

《墓志銘十·二友銘》:"予與徐君伯調先後出游者若干年。丙午秋,遇於撫州崇仁之東明寺。君既徙去,爲予止三日,臨別,約曰:'爲我寄詩,吾當寄以序。'越數月,予離崇仁,憶之,寄以詩,而君亦寄序從泰和來。"

與周茂源、徐緘會江西,各以新詩相示。

周茂源《鶴靜堂集》卷九《與徐伯調毛大可會南州各以新詩見示》。

徐緘將西行,疑先生留妓飲不爲供饌,馳詩劇嘲。

《七言絶句三·伯調將西行疑予留妓飲不爲供饌馳詩劇嘲因妄爲答嘲焉》。

伯兄萬齡有詩寄懷。

毛萬齡《采衣堂集·自嘆并懷季弟大可》題下注曰:"時弟在江右。"

在崇仁,遇朱驊元,憶其亡兄朱士稚。

《五言律詩三·逢朱三却憶難兄朱大士稚》。

朱驊元,字晉叔,浙江山陰人。(阮元《兩浙輶軒録》卷五)

與朱驊元、馮之京、王文鼎、王漢過四洲寺,飲巴亭。

《五言律詩三·過四洲寺與朱三馮大》《七言古詩七·飲巴亭放歌并謝朱三驊元馮大之京王十文鼎王二漢》。

馮之京、王文鼎、王漢,生平不詳。

秋,王文鼎以會試赴都,詩以送之。

《七言古詩七·巴山酒爐送王十孝廉北行》。

秋,聞沈胤範順天鄉試中舉消息。

《七言絶句三·聞沈九北闈捷音》。

按,汪懋麟《百尺梧桐閣文集》卷五《刑部廣西清吏司主事沈君墓志銘》:"君諱胤範,字康臣,又字肯齋,世爲紹興山陰人。尋以丙午舉順天。"

九月九日,臨川獨酌,有詩寄徐芳聲、蔡仲光、張杉。蔡仲光有答詩。

《七言排律·九日臨川獨酌有感并寄徽之大敬南士》、蔡仲光《謙齋詩集》卷八《答齊于九日臨川獨酌見懷之作》。

與徐胤定以《九日野眺》詩示駱復旦。

駱復旦《桐蔭堂詩鈔》卷四《徐克家毛大可以九日野眺諸篇見示悵然賦此》。

徐胤定《涉江草》成,爲作引。

《徐克家涉江草引》:"毛甡游江表,不得已也。徐子亦不得已而游江表。乃以十年來所不能逢之故國者,而日相遇於荆關楚水之間,登臨唱酬,積其所爲詩,名曰'涉江'。"

陳石麟招飲,作詩贈之。

《排律一·飲陳石麟進士》。

與徐胤定、朱驊元、馮之京、商袞、黃吉出巴山北城晚眺。

《七言絕句二·同徐二十二胤定朱三驊元馮大之京商二十八袞黃吉出巴山北城晚眺口號》。

《墓志銘十一·自爲墓志銘》:"其鄰人黃吉日饋予酒脯,且邀予故人朱三、徐二十二游飲北城巴山間,凡數月。"

商袞、黃吉,生平不詳。

同陳石麟、劉尊、汪懋勛讌集駱復旦崇仁官署。

《七言排律·讌崇仁官署同陳石麟進士劉尊汪懋勛諸孝廉呈駱明府》。

汪懋勛,字次華,江西新建人。順治十七年(1660)舉人,康熙九年(1670)進士。(同治《南昌府志》卷三十一)

劉尊,字謙甫,號乙山,江西崇仁人。以舉人考授推官。尚氣節,敦友誼。(同治《崇仁縣志》卷六之四)

駱復旦修柏葉橋,作《修柏葉橋募簿跋》。

《修柏葉橋募簿跋》:"崇仁之有柏葉橋,舊也。南自豐、渝,北達閩、粵,以梯以彴,而乃建於昔而隳於今,輜車躊躇,褰裳不前。……崇仁縣令,儒者也。好言王道,柏葉之修,令實爲政焉。故於叙《募簿》而爲之告之,世之養福者,共傳此文。"

朱驊元與巴城妓小小被迫分離,傷之,爲作《古決絕詞》。

《七言絕句三·古決絕詞》序曰:"《古決絕詞》者,毛甡爲朱三作也。三爲巴城妓小小所昵,忽正白旗他使者購小行,小通三不得,會大霪雨,江漲流溢,從漲江解舟滔滔去。斂小帛囊,貯錢一枚,燈心草一枝,箸寸許綫一條,作十許結,屬他妓送者貽三。且曰:'他日當哭我江流間矣。'三傷之,因爲作此詞。時同游者六人,有和焉。"

與姜圖南、徐胤定、朱驊元宴集,各有詩。

《五言格詩五·蠡城公讌詩》序曰:"姜侍御東游蠡城,同人公讌於張春坊故宅。酒半,侍御出所携伎童三人,登場爨演,皆殊姿妙藝,相遞爲旦色。歌扇招風,舞裙曳地,坐客皆心醉。如是三日,徐二十二、朱三各起爲倡韻,屬予和詩。"

吳自璵以會試赴都,詩以送之。

《七言古詩八·天馬行送崇仁吳孝廉公車》。

按,詩中注曰:"吳爲崇仁相公孫。"據康熙《江西通志》卷八十二:"吳道南,字會甫,崇仁人。萬曆己丑廷對第二人,授編修。……爲東閣大學士。"光緒《撫州府志》卷四十四:"(康熙五年丙午鄉試)吳自璵,崇仁道南孫。"知詩題中"崇仁吳孝廉"爲吳自璵。

與何國仁遇於崇仁,作詩贈之。

《五言絕句二·與何八十七國仁飲次書贈》。

何國仁,字道安,號匏庵,浙江山陰人。崇禎末年,由順天諸生聘修玉牒,以恩入貢,例得赴選人。明亡後,歸越,家已中落。時假館江淮間,放情詩酒。著有《道安先生集》。(阮元《兩浙輶軒録》卷四)

聽羅牧彈琴。

《五言律詩三·聽羅牧彈琴》。

羅牧(1622—1705),字飯牛,號雲庵、牧行者、竹溪,江西寧都人,僑居南昌。爲人敦古道,重友誼。能詩善飲,工山水,楷法亦工,又善制茶。(同治《贛州府志》卷五十五)

周令樹回任,作詩贈之。

《排律三·贛州周司理令樹回任舟次》。

過孔渡驛,有詩寄周令樹。

《七言三韻律·孔渡驛寄虔州周使君三首》。

陸應陽《廣興記》卷十三:"孔渡驛,臨川。"

宿巴陵署,翻杜甫《臘日》詩。

《五言律詩四·雪夕病起翻少陵臘日詩同諸公宿巴陵署》。

臘月十五夜,與徐胤定、鄧上效作王建《玩月》詩。

《五言絕句二·臘月望夕喜旅客翻王建玩月絕句云合望月時常望月分明不得似今年仰頭五夜風中立從未圓時直到圓偶感其言且傷時暮亦爲效作》。

十二月十九日,父周年忌辰,以詩哀之。

《五言律詩四·西山雪行邁先大人忌辰》。

籍捕幾及,鄧論秀匿之別室,作《鄧老秀》詩。

《五言絶句二·毛牲行湖東旅主人孟君依新檄禁客宿其少婦鄧老秀請而可更爲擱浣諸衣裝臨行徬徨繫之以詩》。

按,《書七·與吳廣文論國風男女書》:"予避湖東,籍捕幾及,旅主人之子鄧論秀匿予別室,且陰繼饔餐,幾至波累。予作《鄧老秀》一詩,托言憲禁客宿,而旅主人之婦鄧老秀違禁請留,以隱記其事,此亦掩爾壺漿勿令之露之意也。"

將度玉山,悶宿旅亭,翻王之渙《涼州詞》遣懷。

《五言絶句二·將度玉山悶宿旅亭翻王之渙涼州詞閑遣》。

同治《廣信府志》卷一之二:"玉山在廣信府玉山縣治西北百二十里。"

翻和王昌齡《宮詞》。

《五言絶句二·翻和宮詞》序曰:"旅悶咄咄,一壁舊粘王龍標'昨夜風開'宮詞,呼旅主人兒有文者,屬截離翻接,移七作五,妄名翻詩。較詩牌爲妙,愛其給捷,率接'春風夜月露桃寒井'諸字,而略未成句。予便爲成之,使渠唱云:'夜月開宮殿,春風舞露桃。承輪寒井外,新賜錦簾高。'牲和云。"

長至日,與何國仁、徐胤定翻杜甫《小至》詩遣興。

《五言律詩四·客中至日翻輳杜甫小至詩遣興》。

長至日,與鄧上語。旋有詩留別鄧上。

《五言絶句二·長至語當壚鄧上》《五言絶句二·又翻涼州詞別鄧上》。

鄧上,生平不詳。

除夕前一日,在崇仁官署分歲。

《五言律詩三·除夕前一日崇仁官署分歲作》。

除夕,作《守歲》詩。

《五言絶句二·守歲》。

是年,有札覆曾宏。

《復曾副使柬末》:"駱崇仁猶崔秋浦者也。向朱吏部宰山陽時,視吾猶崇仁,然要皆牲友耳。若其它不乏晉接,總知牲者,惟定陶魏文學兄弟、湖東婦鄧老秀、此間黃吉,漠不識魏、齊,而遂能解相印偕去,何以得此?"

是年,成《尚書定論》三卷,駱復旦爲刻之。

《經集》凡例:"先生在道路,雜作《尚書定論》諸條,崇仁知縣爲之刻成三卷,未行也。"

是年前後，蒙何元英分俸。

  《覆何户部》："向在豫章，遠蒙分俸。"

  何元英（？—1679），字蕤音，浙江秀水人。順治十二年（1655）進士，授行人。典試粵西，遷督捕主事。歷户部郎中，督理大通橋糧務，尋擢雲南道御史，巡視河東鹽政。累官通政參議。（阮元《兩浙輶軒錄》卷四、光緒《嘉興府志》卷五十二）

是年前後，就臨江藏書家搜《西廂記》。

  《兼本雜録》卷十一《論定西廂記緣起》："予薄游臨江，客有語及者，似生憂患。因就臨江藏書家遍搜，得周憲王、大觀堂本，凡二本，他無有矣。"

【時事】　六月，鄭經率部進攻侵占鷄籠山之荷蘭兵。十二月，鄭經撤澎湖守軍薛思進等部回臺灣開墾。是年，清廷復逃人刺面例。

清聖祖康熙六年　丁未（1667）　四十五歲

正月十五夜，同徐胤定觀燈。

  《七言排律・元夕觀燈同徐二十二嗣定作》。

馮之京歸里，詩以送之。

  《五言律詩三・送馮之京歸里》。

駱復旦夫人倪氏四十五生日，題《麻姑擷芝圖》祝壽。

  《五言絶句二・題麻姑擷芝圖爲駱明府夫人初度》。

  按，《墓志銘八・駱明府倪孺人合葬墓志銘》："孺人少君一歲，而先君死，生於癸亥，卒於庚申，享年五十八。"知倪氏本年四十五歲。

二月九日，途次江西豐城，傷姜坦早逝，作詩哭之。

  《排律三・亡劍篇哭姜坦》序曰："姜公子垚買兩劍牝牡，以一佩弟坦，比神物也。予出游，公子垚携寶刀并一西入晉陽，坦年少爲天帝召去，悲乎哉！莫邪安在耶？予傷公子之死，有似亡劍。二月初九日，泊舟南昌府豐城城下，感華事，即傷公子之佩一劍以死，亡鐵英也，著《亡劍篇》。"

二月，有雜箋一則，蓋聞於臨陽講堂。

  《雜箋》九："人爲天地所生，而能并天地，何也？天地能生物，天地不能生人也。其不能生人，何也？凡天地生物，則全予其生於物，而生人不然，必使其人自生之。……故萬物因天，人法天。因天者，榮落毛革，生死動蟄,與天爲轉旋已耳。乃若法天,天有晝夜,而吾法之爲顯晦;天有治亂,而吾法之爲進退。因之者,我無與計;法之者,人自爲功,故曰'人爲貴'。此聞之臨陽講次者,丁未二月。"

二月,將出巴城,有詩寄徐緘。

《七言古詩七·將出巴城道寄徐十五緘》。

三月三日,與朱驛元禊飲,值其生日,作詩賀壽。

《七言律詩三·客中禊飲值朱三驛元生日》。

春,將歸,作詩留別駱復旦、黃吉。

《五言絶句二·留別駱明府》。

《五言絶句二·別黃吉》序曰:"巴城人黃吉給甡酒脯者四月日,且時延甡所親友朱三、徐二十二輩作郊游,其家穿然耳。臨行,估馬匹賫糧送甡,辭不得,更爲留兩日,賦詩以別。"

黃吉送至石牛渡。

《五言絶句二·黃吉送甡至石牛渡》。

楊洪才再至吉安,施閏章作書相招。

《白鷺洲主客説詩》卷一:"宣城施愚山以少參分守湖西,講學於吉安城南之白鷺洲,會楚人楊耻庵名洪才率其徒數人東來。而予以避人故居撫州之崇仁縣,愚山移帖於崇仁縣令,使之招予。"

三月,再赴湖西講堂,心懷家鄉,賦詩抒意。

《七言絶句四·湖西講堂作》《七言絶句四·予再赴湖西講堂已暮春矣聽座中歌孟氏牛山篇不覺出涕因賦懷家園詩一章見意》《五言三韻律·重過清江訪施湖西宿石溪寺作》。

至湖西講堂,講會已畢,因留數日,與楊洪才等辨《詩》《禮》《尚書》。

《白鷺洲主客説詩》序曰:"及予至,而講會畢矣。乃留三日,與耻庵諸君盤桓洲間,偶有所講,輒寫記於版。"

《墓誌銘十一·自爲墓誌銘》:"時楚人楊君耻庵從東來,率其徒講文成之學,使君與之辨《詩》,辨《禮》,辨《尚書》,皆不能詘。予辨而詘之,使君以爲其學疏,遂以新安之學抵其隙,謂:'學在事物,不求之事物而求心性,非空門乎?'耻庵不之辨,少頃,午食,使君曰:'子淵不遷怒,何易?昨怒官庖闕供具,責之宜也。今治魚留乙,而又責之,則遷怒矣。'耻庵曰:'若此者,可得求之事物否?'予聞之,大悟,即下拜,歸而惺然坐,通夜不寐。"

又與楊洪才、施閏章極嘆近代倫常之缺。

《詩話》五:"楚中楊耻庵赴湖西講席,極嘆近代倫常之缺,兄弟尤甚。

宋學以前,尚有摯性篤行如陽道州兄弟者,今絕響矣。"
成《白鷺洲主客說詩》初稿。
《經集》凡例:"《白鷺洲說詩》作於湖西施使君外舍。"
返南昌途中,遇陸圻。時陸圻往拜父祠。
《七言律詩四·喜遇陸圻因贈》,詩中注曰:"麗京尊大人兩宰吉安,皆有祠,時麗京重定祠典碑記。"
按,《墓誌銘十五·陸三先生墓誌銘》:"予避人湖西,見麗京於廬陵城下,問之,從贛還也。既而返南昌,再見於吉水之水次,曰:'拜吉水公祠也。'"陸圻《威風堂集·祭文部》之《重建永豐陸侯祠堂記》:"明崇禎乙亥,武林陸夢鶴先生知永豐縣。……君諱運昌,字夢鶴,浙江錢塘人,崇禎甲戌進士。改舊址而新之者,則署縣事楊君光達,蓋循吏也,例得并書。康熙丁未春正月,江西分守湖西道參議加一級前山東按察使司僉事提督學政刑部廣西清吏司員外郎宣城施閏章譔。"此文亦載施閏章《學餘堂文集》卷十一,知本年陸父祠堂建成,陸圻至江西拜父祠,毛詩當作於此際。
春,重登滕王閣。
《五言絕句一·重登滕王閣》。
按,詩中有"柳色春城霽,風光南浦新"句,知作於春日。
聞沈胤範、邵懷棠中進士,有詩寄徐芳聲、蔡仲光。
《七言絕句四·寄徽之大敬代書時聞沈九嗣範邵二懷棠雋南宮》。
雍正《浙江通志》卷一百四十三:"邵懷棠,會稽人,丁未進士。"
邵懷棠,字待庵,號其人,浙江會稽人。康熙六年(1667)進士。十三年十二月,官吳縣知縣。十四年十月,降調。(康熙《吳縣志》卷二)
閏四月,施閏章長子彥淳二十生日,作詩贈之。
《七言律詩三·施大公子彥淳生日作》。
按,施念曾《施愚山先生年譜》卷一"順治五年戊子"條:"閏四月,先生長子彥淳生,夫人李氏出。"據以推之,知彥淳本年二十。
四月,途經貴溪,有詩懷徐芳聲、徐芳烈、單隆周、史廷柏、丁克振、蔡仲光、張杉、董繼、商命說、吳卿禎、姜廷梧、姜兆禎、金鎏、史在朋、呂洪烈。
《排律一·重由南浦達湖至貴溪途中懷徽之涵之昌其憲臣大聲大敬并山陰張五杉董三繼商大命說吳二卿禎姜十七廷梧姜大兆禎金二鎏史大在朋呂四洪烈》。
董繼,字子長,浙江會稽人。著有《畫賦》。(阮元《兩浙輶軒錄》卷七)
史在朋,字晋生,號鹿園,浙江餘姚人。諸生,受業於黃道周。著有《鹿

園詩草》。（阮元《兩浙輶軒錄》卷四、光緒《餘姚縣志》卷二十三）

呂洪烈（1624—1702），字清卿，號弦績，又號藥庵，浙江山陰人。著有《葯庵詞》。（王昶《國朝詞綜》卷四）

姜兆楨、金鎏，生平不詳。

友陸圻祝髮爲僧。有書寄陸圻，詢及"舌報"之疾。

陸莘行《老父雲游始末》："丁未春，辭叔，至徽州。是歲，祝髮。"

《書一·與陸麗京書》："甡白：昨者別臨江，意謂足下還豐城也，甡又遷住他所，故過豐城也，不意足下乃入黟山，從五衍游。……特昨相見時，有蓄念欲仰決一段，逮見輒忘，如是者數，雖對有他歡，定無容及。然過則念之矣，恐從此不復頻見，獨念此事，又疑不得釋，遂臚之耳。……甡憶《搜神記》亦有漢選部郎張君，有詞舌過。忽患舌腫，須臾，出舌於口外，大無度。遇一老翁九十餘，携一少妻來，饟食之，病差。且云：'舌下懸好豚。'實亦不知何等病也。其詞報之說，或不果然。若其病，則非杭引毒熨所可逮也，豈不危哉？吾將求其說也，必若以爲舌報者。足下方隱於緇流，當又有說，不然，則足下聖儒，耳兼五音、奇胲之術，恐從此不傳。"

按，陸圻擅醫術，故作書詢之。《序三十·東皋二圖序》："錢唐有名士而寓於醫者三人，一陸景宣……景宣以東林都講賣藥長安市，不知所終。"據文中"不意足下乃入黟山，從五衍游"句，知作於陸圻祝髮爲僧後。

沈胤範作詩招先生入京，未赴。

《詩話》六："舍人中禮部試，招予入都，而已渡梁園，入少室，南尋巴山。舍人寄四詩，猶憶其三：'西河才子漢鄒枚，曾吊梁王上吹臺。借問巴山南去雁，何年得入蘇州來？'則指招予事也。"

夏，從南昌還，道過顧有孝，值其生日，作文祝壽。

《序一·贈吳江顧徵君初度序》："又移年，從南昌還，值先生初度，復得以賣餅之餘，過從先生。"

吳江才女沈關關爲顧有孝繡《抱甕丈人濯足圖》，爲題詞。

《填詞五·小重山·題吳江女士沈關關爲顧茂倫清繡抱甕丈人濯足圖》。

按，朱彝尊《靜志居詩話》卷二十二"顧有孝"條："晚自稱雪灘釣叟，松陵女子沈關關刺繡作《雪灘濯足圖》，一經裝池，過江人士以不與題辭爲恨。"陳維崧《湖海樓詩集》卷二丁未《題顧茂倫濯足圖》。毛詞約當作於本年。另尤侗《百末詞》卷三《漁家傲·題沈關關繡顧茂倫濯足圖》、朱彝尊《曝書亭集》卷第二十六《邁陂塘·題顧茂倫雪灘濯足圖圖爲松陵女子沈關關所繡》。

沈關關,字宮音,江蘇吳江人。母楊氏,工繡佛,用髮代綫,號爲墨繡。關關傳其技,兼繡山水、人物,益工。(同治《蘇州府志》卷一百三十一)

有書謝竺蘭上人。

《書一·謝竺蘭上人書》:"今士方辭後,不通一札,而西河毛牲,馳書報謝……今又踉蹌走楚豫間,轉入湖西,誠恐過此更遠,或不能通謝,遂於外生歸浙,道過茂倫,裁語叙思,一問高坐暨諸聖宣高足近年道狀。"

七月初七日,康熙親政,大赦天下。

《清史稿》卷六《聖祖本紀》一:"秋七月己酉,上親政,御太和殿受賀。加恩中外,罪非殊死,咸赦除之。"

有札寄劉漢中、蔡爾趾、黃世貴等淮陰諸友。

《寄劉勃安蔡子構黃剡知諸子》:"廬陵乍還,不能復道淮。他日天涯海角,願聞踪迹,全好皆知我情。"

接黃世貴、劉漢中、蔡爾趾、倪之煌、劉琯、戴金書問,悵然累日。

《五言三韵律·暫憩北幹村接得剡知勃安子構天章昭華龍質并勃安令子書問悵然累日》。

爲顧如華《涉園集》題跋。

《顧侍御合集跋》:"漢陽顧西巘先生言滿天下,天下之推詩古文家者,必推顧先生。先生以其學進之蘭臺,嘗冠豸冠按廣漢矣。今又按吾浙,白筆之外,詩卷存焉,予因較之……先生之《涉園集》耶?"

與丁澎擬輯天下名家詩,未果。

《王阮亭詩集弁首》:"會以他事去湖西,遂不果決。暨予暫還臨安,重與丁儀曹論踵其事,而未得也。"

搜得碧筠齋本、日新堂本、即空觀本、徐天池本、顧玄緯本《西廂記》。

《兼本雜錄》卷十一《論定西廂記緣起》:"既而返臨安,又得碧筠齋、日新堂、即空觀、徐天池、顧玄緯諸本,凡八本。"

跋任王備詩集。

《任王備詩集跋》:"王備有三絕,詩一,書一,其一則鎪摩之技也。……予從臨川還,王備忽貽詩屬序,予得之喜,曰:'此又一絕乎?'"

任王備,生平不詳。

潛歸,怨家迹之,匿張杉處。

《墓志銘十四·山陰張南士墓志銘》:"中道遇赦,潛歸,將到家,而怨家迹之。南士親飾爲舟子,待之白魚潭,而藏於家。"

與羅坤集紹興東昌坊。

《題羅坤所藏呂潛山水册子》:"壬子秋,遇羅坤蔣侯祠下,屈指揖別東昌坊五年矣。"

羅坤,字弘載,浙江會稽人。諸生。康熙十八年(1679),薦舉博學鴻儒科,未第。著有《羅村詞》。(王昶《國朝詞綜》卷十)

又得善本《西廂記》於方記室家。

《兼本雜録》卷十一《論定西廂記緣起》:"既後則驟得善本於蘭溪方記室家,與向所藏本頗相似,特不署所序名,鐫字委刓而幅窄,稱爲'元至正舊本',而重授刊于初明永樂之一十三年。較之碧筠諸本刻於嘉靖以後者,頗爲可信。且曲白曒爸,與元詞準,比諸傳譜與《雍熙樂府》諸所載曲,尤稱明晰。"

方記室,未詳何人。

九月八日,與張杉、王鎬、錢霍、王元愷、平津、祝弘坊飲沈華宴,憶沈胤範。

《七言古詩七·沈華席上同張杉王鎬錢霍王元愷平津祝弘坊并憶沈九秘書時九月八日》,詩中注曰:"時予留姜桐音、平載問宅。"

王元愷,字舜舉,號載溪,浙江山陰人。歲貢生。著有《在兹堂集》。(阮元《兩浙輶軒録》卷九)

平津,字載問,浙江山阴人。

王鎬,生平不詳。

九日,客平津宅,作詩贈之。

《排律二·平津宅九日》。

匿姜廷梧宅,姜作詩慰之。

《五言律詩四·予宿桐音宅出所賦慰詩四章妙麗愀愴諷之傷懷因勉酬三詩導情》。

按,《序一·桐音集序》:"及甡以避讎故,徘徊草澤,則桐音實藏之,日與張南士纓冠往來,以出之於厄。"

爲姜廷梧詩集作序,蓋在此際。

《序一·桐音集序》:"方桐音之未蒙難也,刻詩名《待删集》,流傳海内。予與張木弟實爲序焉。……今者,甡藏桐音家,桐音輯甡詩,且亦自輯其所爲詩……惜也木弟已死,不得與共序其詩,而予以困厄之餘,欲序其詩,而不能如南士之論之也,則予之并愧其詩者矣!"

與張杉、余道升、楊雪崖翻李白《少年行》、王昌齡《從軍行》。

《五言絕句二·客悶同諸公翻李白少年行》《又翻王龍標從軍行》。

按,詩末張維起評語:"時西河避予里,與余道升、楊雪崖輩燈下翻此詩。"兩詩後附有張杉詩。

余道升、楊雪崖,俱山陰人。生平不詳。

與姜希轍、胡唯一、張杉、史在朋、商命説、姜垚翻王建"中庭地白樹棲鴉"詩,并作唱和。

《五言絶句二·月夜翻王建中庭地白樹棲鴉詩并作唱和》。

胡唯一,生平不詳。

又與姜垚翻王建"中庭地白樹棲鴉"詩。

《五言絶句二·又翻前詩原韵》。

同張杉、姜廷梧、姜兆熊對雨山樓,分韵賦詩。

《排律三·山樓對雨同南士桐音暨姜生兆熊得絲字》《排律三·秋晚新晴登桐音山樓飲宿聯句》。

冬,與張杉夜宿山陰阪上草堂,作《秋風起鄰園》詩。

《五言絶句三·夜宿阪上草堂同南士作秋風起鄰園詩仿韓孟體》《雪夜宿阪上同南士仿韓孟體聯句即事》。

按,首詩題下注曰:"阪上在山陰埭南,有王氏別業,今圮。"

遇吳復一於姜希轍宅。

《序七·錢塘吳元符游仙録序》:"予與元符遇姜京兆坐中,元符知予,予不知元符也。方是時,予避人潜歸,舍京兆之尊人工部君者,而元符試禮部,出京兆門下,躬渡江爲工部君壽,因得一見元符。"

吳復一(1639—1669),字元符,號心庵,浙江錢唐人。順治十七年(1660)舉人,十八年(1661)成進士。以病歸里。(陸繁紹《善卷堂四六》卷八《進士心庵吳公傳》)

作《二先師判鬼録》。

《二先師判鬼録》:"後予間還里,避姜京兆宅,見其從兄綱,重詢絃事。曰:'從弟死有年矣。曩者,清師下杭州,潞王北去,其宮眷留者,匿之塘西孟氏家,從弟爲王氏所誘,謀出首,而既而悔之,不與名也。其後王氏出首者五人皆暴死,而從弟賴先師救解,以不與名得免。然越五年,亦竟死。'京兆問:'先師者誰?'曰:'先師者,一顔淵,一子服景伯也。'時京兆備書其事。……當京兆宅言此事時,在坐者一十二人。"

除夕,守歲姜希轍宅,值姜父天樞元日七十壽辰,作詩祝壽。

《七言古詩八·守歲姜掌諫宅值太翁虞曹公上日初度酒酣有感因即事成句并呈掌諫君書次幛末》,中有"連歲浮西江,三朔剪華勝。曾飲巴山山寺中,夜走郎官集車乘。今來守歲依諫公,猶藏複壁東垣東。堂前老都諫,愛我如孫嵩。……云是三朝賜勝時,正逢七十懸弧節。當年都諫趨紫宸,仗前冠劍稱親臣。八風吹入金門曉,萬壽呼來玉殿春。忻承假沐留覲省,通德門高愛光景。上日陳筵紫氣生,元辰進誥黃絲迴"句。按,姜錫桓纂修《姜氏世譜》卯集《續姜氏世譜本宗紀年考略》:"紫環公生萬曆己亥元旦,卒康熙壬子六月二十七日,年七十五。"知姜公明日七十,據詩題中"守歲姜掌諫宅,值太翁虞曹公上日初度"語,知毛詩作於本年除夕。

姜天樞(1599—1672),字及生,號紫環,浙江餘姚人。(姜錫桓纂修《姜氏世譜·姜工部紫環先生傳》)

蔡仲光、侄遠公搜先生出游時詩,成《瀨中集》十四卷。蔡仲光爲作序。

蔡仲光《謙齋文集》卷七《毛西河瀨中集序》:"與大可交二十有五年矣,予長十年,家相去里許。……大可性恢奇,與予交年二十,即奔走衣食。"

按,文中有"與大可交二十有五年矣""與予交年二十"語,知序作於本年。《瀨中集》卷首駱復旦序:"漸聞其舊集盡被燬,友人蔡大敬急搜其新詩刻行世。予乃寄《西游》所作,合輯成集。"《瀨中集》卷首蔡仲光序:"乃大可未歸,而舊詩藏於家者十亡六七。於是其從子阿連輩急搜平時所遺者并遠游諸作,請予册輯。"《瀨中集》卷首起例:"姜垚曰:《瀨中集》者,西河出游時詩也。……其名'瀨中',標所從矣。樂府、五言古詩別附他集,判古體也。兹輯絕、律、排體,合七言諸詩,凡一千七百五十四首,共一十四卷,猶惜非全詩焉。"

又按,《瀨中集》爲先生早年詩集,共十四卷。卷首有姜希轍、蔣平階、蔡仲光、徐緘、駱復旦諸人序。其中五言絕句一卷、七言絕句二卷、五言律詩二卷、五言排律二卷、七言律詩二卷、七言古詩四卷、五言三韵律、七言三韵律、七言排律、六言詩共一卷。《瀨中集》的篇目全部收入《西河合集》。

作《書圖繪寶鑒後》。

《書圖繪寶鑒後》:"《圖繪寶鑒》,合四卷,元吳興夏文彥著。……而曾介九仍以乞楊爲一叙之,弇州不識是書與九仍輾轉,而不考夏氏,遂爲九仍所著書也。事不深考,誣所從來,乃無作者久矣。且夫爲人傳,抑不可以無實錄。丁未書。"

蕭山隆興寺重建,作文記之。

《碑記三·重建隆興寺碑記》:"隆興寺在金泉井東,去城西一里,負蕭山之麓而前撫支渠,舊傳晋隆吉將軍所建。……德師明然從婺來,由西吳渡江,處於湘溪者數十年。既已修復净土、西方諸院,巾幢相映,鐘鼓遞答,乃復慨然以隆興再興爲念。會其地爲丁氏別業,丁君大聲者,夙嗜苾蒭,且與師爲方外交,因師請次,遂盡捐故址,半爲信施,而師亦稍償以募金之半。順治十六年,預訂信約,至康熙建元有六,度地立程,簡材陶甓,凡舊時亭檻,細宷纖杙,翳於荒坪者,概從徙置。而近城居民,獻力薦貨,稍稍應募。遂於無射之月,陳梁立棟,爰堅寶坊。"

約於是年,爲任辰旦《行稿》作序。

《序七·任千之行稿序》:"千之當垂髫時,即梓其所著行世,世笑之,及今而乃得以行稿稱。夫千之驚才异姿,少小嶄頭角,入里塾,驚里中兒,偶舉於社,則社之先生輒不敢即與之較短論長。與予同學於予兄之門,而予訕之,予至今猶怖心也。"

約於是年,朱禹錫妻茅氏四十生日,作文祝壽。

《序二·茅夫人生日序》:"茅夫人者,朱子揆叙之配也。揆叙與予友,予知揆叙,因以知夫人之賢。顧私謂揆叙雖久仕,然齒髪鮮妍,裁盛年耳。迄今而夫人以四十告,然則揆叙之逾於強仕可知也。……而揆叙已先爲吏部,則四十已後,其爲服官者又可知也。"

顧如華卒。

【時事】 二月,清廷禁止各旗撥換土地。七月,康熙帝行親政禮。同月,鰲拜黨通過議政王大臣等議蘇克薩合二十四款罪,叛蘇克薩合處絞。九月,故明後裔朱光輔於江南反清,事敗被殺。

清聖祖康熙七年　戊申(1668)　四十六歲

正月十五,陪姜天樞赴臥龍山堂觀燈宴,有詩和姜天樞韵。

《七言絕句四·奉陪姜太翁觀燈宴作》《五言律詩五·赴臥龍山堂觀燈宴作和姜太翁韵》。

同姜希轍陪其父天樞看梅西溪。時入雲溪訪俍亭,不值。

《五言律詩四·同姜黃門希轍陪太翁虞部看梅西溪即事》,詩中注曰:"時入雲溪訪俍亭,不值。"

三月三日,修禊山陰,與姜承炌朝夕詠歌。

《姜价人文稿跋》:"憶予在暮春,修禊山陰,與姜生詠歌朝夕,致歡且樂也。"

姜承炌,字价人,浙江會稽人。(姜錫桓纂修《姜氏世譜》卯集)

三月十四日，丁克振卒。（丁南生等纂修《蕭山丁氏家譜》相五房二房世系）

與張杉兄弟論列《西廂記》。

> 《兼本雜録》卷十一《論定西廂記緣起》："越二年，復以避人故，假居山陰白魚潭，乃始與張氏兄弟約爲論列。出篋所實本，并友人所藏王伯良本并他本，竟以蘭溪本爲準，矢不更一字，寧爲曲解，定無參易。凡論一折，限一畫，凡二十二畫不足。"

六月，與黃宗羲、黃宗炎、蔣平階、張應鰲、趙甸、邵廷采等集紹興證人書院講學。

> 邵廷采《思復堂文集》卷七《謁毛西河先生書》："康熙七年六月初吉，望見光顏於古小學即證人院。本年，蕺山高弟如張奠夫、徐澤蘊、趙禹功諸先生輩咸在講座，而先生抗言高論，出入百子，融貫諸儒。采時雖無所識知，已私心儀而目注之。"

> 邵廷采《思復堂文集》卷三《東池董無休先生傳》："自蕺山完節後，證人之會不舉者二十年。先生謂：'道不可一日不明，後生生今日，不幸失先民遺教，出處輕而議論薄，由學會之廢也。善繼述蕺山志事者，亟舉學會。'復請蕺山高第弟子張奠夫、徐澤蘊、趙禹功諸前輩集古小學，敷揚程、朱、王、劉家法。於是，餘姚黃梨洲、晦木，華亭蔣大鴻，蕭山毛大可皆挈其弟子自遠而至。"

黃宗羲（1610—1695），字太冲，號南雷，晚號梨洲老人，浙江餘姚人。尊素長子。師事劉宗周，得蕺山之學。曾參加抗清活動，明亡，屢拒清廷徵召，隱居著述講學。著有《明儒學案》《宋元學案》《明夷待訪録》《易學象數論》等。（光緒《餘姚縣志》卷二十三）

黃宗炎（1616—1686），字晦木，一字立溪，浙江餘姚人。尊素次子。與兄黃宗羲、弟黃宗會號稱"浙東三黃"。著有《六書會通》《周易象辭》《圖書辨惑》《尋門餘論》《二晦集》《山栖集》等。（光緒《餘姚縣志》卷二十三）

張應鰲，字奠夫，浙江會稽人。師事劉宗周。明亡後，講學以終。著有《四書頌解》等。（康熙《會稽縣志》卷二十四）

邵廷采（1648—1711），字念魯，又字允思，浙江餘姚人。諸生。少從韓孔當講學姚江書院，又遍交證人弟子，聞誠意、慎獨之説，欣然悦之。屢試不第，講學姚江書院十餘年，授徒著述，終老鄉里。爲學重在經世致用，力倡讀史以救當世之失。對宋明忠烈、晚明恢復事迹，皆極意搜羅表彰。著有《思復堂集》《姚江書院志略》《東南紀事》《西南紀事》等。

（姚名達《姚念魯年譜》、光緒《餘姚縣志》卷二十三）

妻陳何借得吳芝禎所評《明史》，題其卷首。

　　《題吳夫人評閱明史卷首》："陳何亟稱吳夫人善文，且饒腹笥。……丁未春，其閨左有牡丹一本……逮觀，則臨軒覆茵，圖書燦然，就中《明史》半部，丹黃初下，夫人筆也。……夫人名芝禎，其兄卿禎、弟棠禎，俱有文。……閱一歲，予內陳何假史觀，因題之，何知狀。"

　　吳芝禎，浙江山陰人。吳卿禎妹。（吳隱等纂修《山陰州山吳氏族譜》）

從張杉宅徙匿紹興法華山天衣寺。

　　《五言絕句二・天衣雜詠詩》序曰："乃者久行思歸，潛身渡江，幾罹隙孽，從張五宅轉投入法華山天衣寺中。……賴乾公從靈隱東渡，卓錫茲地，頓還故觀。"

　　《墓誌銘十四・山陰張南士墓誌銘》："越一年，遠近多有知者，乃徙之南山之天衣寺。"

謁乾公和尚，作詩贈之。

　　《排律四・投寓天衣寺謁乾公和尚同張五杉用宋之問韻》《七言律詩四・謁贈天衣乾大師》。

　　萬曆《紹興府志》卷二十一："天衣寺在法華山，前有十峰雙澗。晉義熙十三年，高僧曇翼結庵誦《法華經》，多靈異，內使孟覬請置法華寺。至梁惠舉禪師亦隱此山，武帝徵之不至，昭明太子遺以金縷木蘭袈裟，遂以天衣名寺。"

　　乾公和尚，生平不詳。

與慧公遇於天衣寺。

　　《寄庵詩跋》："慧公詩不減休上人，予向與之遇天衣，今寓靈隱。"

　　慧公，生平不詳。

乾公和尚命先生皈法，未果。

　　《序十二・募建天衣乾公骨塔疏序》："向避人天衣，乾公引予至大悲閣前，鳴鐘轑燭，命予皈法，予約以年歲而未償也。"

悶居法華寺，與乾公和尚拈韻成詩。

　　《七言絕句四・悶居法華寺偶閱梁山牧牛頌乾庵大師問如何是忘牛存人夙不解禪戲拈舉依韻師稱善他日舉似金輪僧僧曰李白自稱金粟王後身徒誑語耳子真是耶因笑而成詩》。

乾公和尚作《天衣古跡十詠》《天衣雜題》，作詩和之。

　　《七言律詩十・奉和乾庵和尚天衣古跡十詠原韻》《五言律詩四・擊銅缽和天衣雜題十首》。

按,《五言絶句二·天衣雜咏詩》序曰:"借宿禪寮,爲予懺釋,晨暮鼓鐘,因奉和乾公《十峰》詩,并易他迹,名《天衣雜咏》詩,覽觀云爾。"

七月七日,在天衣寺,有詩志感。

《五言律詩四·七夕天衣寺》。

有詩懷來度。

《五言律詩四·懷來十四度别駕雲南》。

吕師濂、劉孔學游雲南,作詩懷之。

《五言律詩四·吕八師濂劉大孔學游滇府有懷》。

吕師濂(1626—1669),字黍字,號守齋,又號何山草堂,浙江山陰人。著有《何山草堂詩稿》。(阮元《兩浙輶軒録》卷一)

劉孔學,生平不詳。

姜希轍言先生冤於浙江巡撫蔣國柱,將雪冤,仇家借他隙重陷之,復出游。

《墓志銘十一·自爲墓志銘》:"會稽姜黄門,故友也。爲言於中丞蔣君,將雪其事,讎者借他隙重陷之,乃復之禹州。"

按,據雍正《浙江通志》卷一百二十一,康熙三年至八年,蔣國柱任浙江巡撫。

秋,過松江,有詩寄松江海防同知朱用礪。

《七言古詩八·將過松江先寄朱大用礪使君》。

嘉慶《松江府志》卷三十七:"(海防同知)朱用礪,山陰人,康熙七年任。"

朱用礪(1627—1681),字若一,號冰在,浙江山陰人。爕元孫,兆宜子。順治八年(1651),援例授國史院中書舍人,後官松江郡丞、直隷永平府同知。(朱增等纂《山陰白洋朱氏宗譜》)

作《雲間雜詩》。

《五言律詩二·雲間雜詩》。

訪董含,董有贈詩。

董含《蓺葵草堂詩稿·蕭山毛大可見訪有贈》。

董含(1626—1697),字閬石,號榕庵,江蘇華亭人。順治十一年(1654)中舉,十八年(1661)進士,以奏銷案罷。與弟董俞號"二董"。著有《古樂府》《閑居稿》《北渚草》《林史》《山游草》《藝葵草堂稿》《三岡識略》等。(嘉慶《松江府志》卷五十六、民國《上海縣志》卷十五)

周綸過訪,作詩贈之。

《五言律詩二·贈周綸》。

周綸(1637—1688),字鷹垂,江蘇華亭人。周茂源子。康熙初,以貢生官國子監學正,受業於王士禛。著有《不礙雲山樓稿》《芝石堂文稿》《石樓臆編》等。(嘉慶《松江府志》卷五十八)

有詩答張彥之。

《五言律詩二·答張五彥之》。

張彥之,字洮侯,初名慇之,江蘇華亭人。幼與弟漢度、九荀有"三張"之目。著有《浴日樓詩稿》。(嘉慶《松江府志》卷五十六)

九月九日,與周茂源飲朱用礪官署。以《瀨中集》示周茂源。

《七言絕句三·九日飲雲間朱司馬使君官署三首》。

周茂源《鶴靜堂集》卷十四《蕭山毛大可來吾里示以瀨上草》,其二曰:"自別章門惜解攜,扁舟忽過越來溪。相逢正是重陽節,一夕黃花發滿畦。"

九月十一日,董含招集,以解維不赴。

《五言律詩二·雲間董進士含招集以解維不赴蒙寄見憶有謝》。

按,董含《藝葵草堂詩稿·重九後二日邀大可復仲洮侯硯銘六益文子雪峰小集》,詩中注曰:"大可以行促不赴。"

九月,過無錫,與秦保寅、嚴繩孫、秦松齡宴飲,有詩贈秦保寅。

《七言古詩八·定情歌飲秦二保寅醉後作》,詩中注曰:"嚴蓀友與令侄留仙同為詞。"

按,詩中有"今來但溯春申浦,何意還登秦氏樓"語,知先生先游滬後,旋至無錫。

秦保寅(1628—1690),字樂天,號石農,又號箬溪,江蘇無錫人。家富藏書,喜賓客。工詩,精於醫。(光緒《無錫金匱縣志》卷二十二)

嚴繩孫(1623—1702),字蓀友,號秋水、勾吳嚴四,晚號藕蕩漁人,江蘇無錫人。諸生。康熙十八年(1679),以布衣舉博學鴻儒科進士,授檢討,參修《明史》。二十年(1681),充日講官起居注,任山西鄉試主考官。二十三年(1684),升遷右春坊右中允兼翰林院編修。以詩古文辭擅名。兼工書畫。著有《秋水集》《秋水文集》《明史擬稿》。(秦瀛《己未詞科錄》卷三)

秦松齡(1637—1714),字留仙、漢石、次椒,號對岩,晚號蒼峴山人,江蘇無錫人。順治十二年(1655)進士。改翰林院庶吉士。散館,授國史館檢討。因逋糧案削籍,從軍荊襄。康熙十八年(1679),中博學鴻儒科進士,復授檢討。二十年(1681),充日講官起居注,後官至左春坊左諭德。著有《蒼峴山人詩文集》《微雲詞》《毛詩日箋》。(秦瀛《己未詞科錄》

卷二)

有詩留贈秦松齡。

《七言古詩七·泛舟過秦園留贈秦翰林松齡有作》。

遇賀宿於秦保寅宅,互有詩贈答。

《七言古詩四·答丹陽賀宿原韵》,詩中注曰:"時飲秦樂天宅。"

賀宿,字天士,號客星,江蘇丹陽人。附貢生。少寓毗陵,同鄒祗謨、陳玉璂結詩文社。(光緒《重修丹陽縣志》卷二十)

與吳偉業、秦松齡夜飲,席間暢談勝朝往事。

《書一·與秦留仙翰林書》:"昨在高齋,酒深燭微,崇譚反幽,梁溪主人與婁東學士互溯前朝,好言隱事,醉者振巾,醒者促烏。本年此景,雖逾年曠祀,當復不忘。……近所依者,淮西金使君耳。"

《序二·太倉張慶餘詩集序》:"予見太倉吳學士晚,記在梁溪,遇學士飲。"

《碑記二·范督師祠記》:"特予嘗從吳祭酒飲,祭酒能言故國事,嘗謂督師才過中上,而僨於好用。"

按,"婁東學士""太倉吳學士""吳祭酒"皆指吳偉業。據馮其庸、葉君遠《吳梅村年譜》"康熙七年"條:"九月,往無錫……與姜宸英、嚴繩孫、顧湄同過秦松齡之寄暢園,作詩咏勝。"嚴繩孫《秋水集》卷三《秋夕山園同西溟留仙》。馮孟顒《姜西溟先生年譜》"康熙七年"條:"秋,客無錫,同嚴蓀友、秦對岩游惠山。"先生本年九月亦自滬上至無錫,月份相合,兩人當會於本年九月。馮其庸、葉君遠《吳梅村年譜》"康熙九年"條:"八月,往無錫……與秦松齡、毛奇齡等夜飲,席間暢談前朝之事。"實誤。另據本譜"康熙九年"條,先生康熙九年已至汝南。

與姜承炘渡江,跋其《文稿》。

《姜价人文稿跋》:"歲九月,與姜生渡江,姜生出所製《文稿》,請予弁首。"

赴江寧,建平吳博士作詞送之。

《詞話》一:"建平吳博士送予之江寧,有《念奴嬌》詞,嘗藏之袖間。暨十年後,重過其廬,出詞讀之,則字已漫滅不可認矣。其詞曰:'五更初起,裝成未、把酒送君燈下。揮手出門,正月落、滿屋光流如瀉。此去江南,他時江北,回首無多話。驅車行矣,可憐獨步歸舍。試看繞地荆榛,君今卜、何處能超罣攏。元節望門去路遠,天下朱家皆假。田舍粗安,壺漿堪掩,意氣長相藉。天涯何限,一時去此秋夜。'其詞甚悲愴,有梗概,博士真愛我。予向在蔡州席上誦此詞,爭傳寫去。"

吴博士，未詳何人。

過江寧，謁周亮工，值其行部揚州，留詩代訊。

《七言古詩七·過江南奉謁周侍郎值其行部留詩代訊》，詩中有"姜生呼我汝南去，路出龍江幾回住？斯時正好謁侍郎，又當行部留維揚"句。

九月末，謁周亮工，爲周藏畫題詩，并作《讀畫樓藏畫記》。

《七言絶句二·題櫟園藏畫頁子》《五言絶句二·題畫爲櫟園》。

《碑記一·讀畫樓藏畫記》："今之好畫之甚者，曰周先生。……戊申秋，予從江上謁先生，先生出畫册命讀。……先生號櫟園，名亮工，大梁人，當世能文家之所推爲櫟下先生者也。……毛甡記。"

遇魯超於秦淮，時魯超官蘇州海防同知。

《七言律詩十·蘇州魯司馬赴京口造下海軍船遇於秦淮有贈》。

按，同治《蘇州府志》卷五十五："（海防同知）魯超，文元，大興人。生員。康熙三年二月任。"

魯超，字文遠，號謙庵，浙江會稽人。拔貢生。歷官國史院中書舍人、內弘文館典籍、淮揚道副使、蘇州府同知、松江府知府。康熙三十一年（1692），授粤西按察使。三十七年（1698），擢廣東布政使。（光緒《廣州府志》卷一百八）

十月，同姜承烈訪倪燦於碧峰寺，爲倪燦《秉鑒圖》題詞。

《題秉鑒圖》："予游巴城，戲爲駱明府夫人作《麻姑圖》。閨公過明府，私臨之歸。閨公筆墨秀人間，而乃爲是，可惑甚矣。予同武孫、公叔訪閨公於碧峰寺，强予畫，予辭不能，出所臨畫揶揄之，因大慚，便復作此。閨公方登文選樓，且夙善藻鑒，爲《秉鑒》，志贈也。十日前，適爲櫟下老人戲墨，題曰：'生平無繪學。'戲爲者裁第三程耳，此又四矣。戊申十月日。"

按，"十日前，適爲櫟下老人戲墨"，指爲周亮工題畫事。

倪燦（1626—1687），字闇公，號雁園，江蘇上元人。康熙十六年（1677）中舉。十八年（1679），舉博學鴻儒科進士，授翰林院檢討，與修《明史》。工詩，擅書法。著有《補遼金元藝文志》《宋史藝文志補》《雁園集》。（《碑傳集》卷四十五喬萊《倪檢討燦墓志銘》、秦瀛《己未詞科錄》卷二）

嘉慶《重刊江寧府志》卷十："碧峰寺在南門外。本晉瑞相院，永嘉中爲寺，唐貞觀敕褚遂良重建，改名翠靈。宋淳化改名妙果，元至元中改鐵索寺。洪武初重建，以居碧峰禪師，因以名寺，敕宋濂爲碑。國朝順治十三年重修。"

將往汝南,有詩答倪燦原韵。

《七言律詩四·奉答倪燦原韵》。

過睢州,訪湯斌,與之論知本之學。湯斌屬記其母殉節事。

《序三十二·湯潛庵先生全集序》:"予避人睢州,值潛庵先生以關西參政請十旬假,就之論知本之學,與關東賀凌臺先生知本説合,因留睢半月,且囑予記其太夫人殉節事。"

《碑記二·特旌誥贈湯母趙恭人崇祀祠記》:"予過睢陽,問昔所稱樂羊子妻遺迹,無有也。既而還江介,睢州湯斌以其母恭人崇祀事狀過示予,且屬予爲文。……康熙七年,蕭山毛甡感母事,再拜稽首,而記以詩。"

湯斌(1627—1687),字孔伯,號荆峴,晚號潛庵,河南睢縣人。順治九年(1652)成進士,改庶吉士,授國史院檢討。十二年(1655),官陝西潼關兵備道副使。康熙五年(1666),師從孫奇峰於蘇門山講學,建繪川書院。十八年(1679),舉博學鴻儒科進士,歷官翰林院侍講、侍讀、江寧巡撫、禮部尚書、工部尚書等職。著有《湯子遺書》《洛學篇》《睢州志》等。(雍正《河南通志》卷四十五、《清史稿》卷二六五)

十一月,姜廷梧卒,年四十有二。

《墓誌銘一·姜桐音墓誌銘》:"君諱廷梧,字桐音,明大司農仲子也。……戊申十一月若甲子死,距生年若甲子若月若日甲子,四十有二。"

是年前後,有書寄丘象升。時象升官武昌府通判。

《寄丘學士》:"學士不歸館,分監武昌,比之東坡居士栖雪堂時。特滔滔江漢將使遠勝蘄、黄間,則別駕之功耳。貴門生史君擔簽造謁,正西門官柳遠繫人思之際。江東毛生非生長在淮者,一言淮人士,輒如故鄉宗黨父兄子弟之不可已。順風相詢,并無所事。賢季并諸同志,悉道此意。"

【時事】　正月,清廷加鰲拜、遏必隆太師。七月,命鄉、會試恢復以八股取士。是年,廣東陳玉友、李虎子、鄭阿仁等依山結寨,進攻揭陽。

清聖祖康熙八年　己酉(1669)　四十七歲

過汝寧,有詩贈汝寧知府金鎮。

《七言排律·過汝寧奉贈金太守鎮一十四韵》。

《碑記一·白龜圍記》:"歲己酉,避人之淮西。"《墓誌銘十·二友銘》:"己酉秋,予赴豫州。"

按,先生客金鎮幕,蓋姜希轍之助也。姜希轍與金鎮爲同年舉人,且是姻親。《墓誌銘三·誥授通議大夫江南提刑按察使司按察使金君墓誌銘》:"女四,長適奉天府府丞定庵姜公子坦。"

金鎮(1622—1685),字又鑣,號長真,河北宛平人。少有夙悟,與兄釴、弟鉉有"三珠"之目。崇禎十五年(1642)中舉。順治元年(1644),授山東兖州府曹縣知縣,旋以艱歸,補河南閿鄉縣知縣,升刑部河南司員外郎。順治十三年(1656),官河南汝寧府知府。康熙十二年(1673),補揚州府知府。十四年(1675),升江寧驛傳鹽法道副使,兼署鹽運司事。十八年(1679),遷江南按察使。著有《清美堂詩集》。(《墓誌銘三·誥授通議大夫江南提刑按察使司按察使金君墓誌銘》、光緒《順天府志》卷一百《人物志》十)

九月九日,遇郭襄圖於淮西,作詩贈之。

《七言律詩四·淮西使君九日席上贈郭襄圖作》。

按,彭孫遹《松桂堂集》卷十四《南湖送郭皋旭游京師》,詩作於本年春,知郭襄圖本年北游。

郭襄圖,字皋旭,號匡山,浙江平湖人。貢生。性倜儻,好交游。工詩,著有《更生集》。(阮元《兩浙輶軒録補遺》卷二、沈季友《檇李詩繫》卷二十七)

秋,王先吉中舉。

《墓誌銘八·吏部進士候補內閣中書王君墓誌銘》:"君以康熙己酉舉於鄉……君諱先吉,字枚臣,別字毅庵,王,其姓也。"

蔡仲光《秋菊賦》,作詩和之。

《賦一·秋菊賦》:"予於秋節,重當遠行,蔡子大敬作《秋菊賦》贈予,其辭哀焉。越一年,又遇斯節,縈河之後,愾而和之。"

十月初五日,三兄慧齡卒,哭甚哀。

《大學知本圖説》:"如在潁川聞家三兄死,野哭甚哀,至三日而哭不已。"

毛繡亭《蕭山毛氏宗譜》卷四《大房世系紀》:"(慧齡)卒於康熙己酉十月初五日,年五十一。"

喜遇俞汝言於汝南官署,互有詩贈答。兼爲其《三述補》作序。

《七言絕句三·喜遇俞汝言汝南官署是日微雪》、俞汝言《漸川集》卷四《酬毛大可》。

《序一·俞右吉三述補序》:"俞子負用世才,而不用於世……予遇俞子於當湖者十五年,漸聞所著書,自詩歌、雜文外,更爲填詞。……既而遇於河,乃得遍觀所著書,且復出所爲《三述補》者。"

按,沈季友《檇李詩繫》卷二十四"漸川老人俞汝言"條:"汝言字右吉,秀水人。……予憶戊申、己酉之歲,右吉至西平署。"《蕭山縣志刊誤》卷三:"曾記己酉歲,予在淮西金使君署,禾中俞右吉在座,客出其所著《三述補》,索予爲叙。三述者,奇事、盛事、异典也。"知兩人本年客於淮西。

俞汝言(1614—1679),字右吉,號漸川遺民,又號大滌山人,浙江秀水人。明末,參加復社。明亡後,積極參加抗清,失敗後游歷四方。精熟諸史和明代掌故,著有《漸川集》《大滌山房集》《左氏晋軍將佐表》《禮服沿革》《漢官差次考》《崇禎大臣年表》《明世家考》《春秋平義》《春秋四傳糾正》《京房易圖》等。(光緒《嘉興府志》卷八十)

金鎮子敬敷射獵,作詩咏之,俞汝言有和詩。

《七言古詩七·射獵歌爲金公子敬敷作》和《金公子射虎詞》、俞汝言《俞漸川集》卷三《射獵歌同毛大可》。

金敬敷,金鎮次子。官監生。授北城兵馬司指揮,候補主事。(《墓志銘三·誥授通議大夫江南提刑按察使司按察使金君墓志銘》)

汝南郡署牡丹盛開,與俞汝言題詩志感。

《排律二·題汝南郡西堂牡丹》、俞汝言《俞漸川集》卷四《汝南署中牡丹盛開粉紅一種尤絶分韵得留字》。

接陳敬止書,填詞寄懷。

《填詞五·南柯子·淮西客舍接得陳敬止書有寄》。

陳敬止,江西清江人。嗜學能文,尤工於畫。(彭藴璨《歷代畫史彙傳》卷十三)

應雪公之請,登汝南觀音閣,作《觀音閣種柳記》。

《碑記二·觀音閣種柳記》:"汝南城南有觀音閣,故明崇莊王奉敕之所建也。……北平雪公自南岳來,卓錫於閣中……邀予與客登閣啜茗,坐而樂之。"

雪公,生平不詳。

黄子錫住苕南癸亭,種瓜自給,遥寄以詩。

《七言古詩七·鴛湖黄子錫自號麗農住苕南癸亭種瓜自給予在淮西道遥題此詩》。

黄子錫,字復仲,號麗農,浙江嘉興人。諸生,有文譽,工詩善畫。著有

《麗農山人遺稿》。(徐沁《明畫錄》卷五)

友姜希轍候補都下,寄詩贈之。

《七言排律·客中寄姜司諫以京卿候補都下》。

按,《神道碑銘一·誥授中憲大夫奉天府丞前禮科都給事中定庵姜公神道碑銘》:"康熙元年,內升京堂官候補,越八年,始赴都。"知姜希轍本年赴都候補。

有札覆董繼,并爲其《畫賦》作序。時董在京師。

《回董子長》:"在淮不通一札,及遇敬止,知早在都下,裁欲寫問,已著曙,將別矣。手記頃及,宛如當面。"

《序八·畫賦序》:"會稽董子長薄游京師,以不怡於時,著《畫賦》自娛。上自庖犧,下逮今兹,窮搜極探,旁及無象。其按部繁而譬類賾,遣言多遷而寄旨斯約,該舉咸有,歸於一致。於是四望彷徨,寓書於河西客子亡名瀨中之毛甡而爲之序。"

作《詩札》二卷。

《詩札》卷一:"予既依汝南太守,聽寫官言《詩》,削牘去之,然猶未達也。往以札問訊,遂有徵諸咫尺者,續續爲記,曰'詩札'。雖然此非言《詩》之爲箋也,特不可忘矣。"

冬,從淮西歸,爲《梅市倡和詩抄稿》題記。

《書後緣起·梅市倡和詩鈔稿書後》:"《梅市倡和詩抄稿》者,閨秀黃皆令女君所抄稿也。皆令自梅市還歸明湖,過予室人阿何於城東里居,其外人楊子命予選皆令詩,而別錄皆令與梅市所倡和者爲一集,因有斯稿。蓋順治十五年也。既而李子兼汝已刻《梅市倡和詩》,復命予序,則此稿遂不取去,遺籠中久矣。康熙己酉,予暫還城東里居,偶揀廢籠,則斯稿在焉。距向遺此稿時約若干年,皆令女君已亡於京師也,兼汝與梅市祁子奕喜,又同時戍塞外,予亦弃家去,不復得至梅市。而其稿中所列,如胡夫人,已物故,其爲詩最工。若修嫣者,爲王子舍人内君,聞死前歲。以視向序此稿時,若何矣!"

《序十七·楊母九十壽詩文集序》:"康熙己酉,從淮西歸。"

作《申請覃封俞太孺人旌表事狀揭子》。

《申請覃封俞太孺人旌表事狀揭子》:"某年月日,紹興府屬鄉官某等,敬以山陰縣覃恩敕封駱母俞太孺人事狀,申請題旌,具揭臺下。……爲此具揭,須至揭者。"

《墓誌銘八·駱明府倪孺人合葬墓誌銘》:"八年己酉,遇恩詔赦免。……配倪氏,封孺人……及君罹於理,孺人慮不測,則太夫人苦節将終不得聞,急遣僕遍告君執友并門生之已仕者,揭之兩大中丞范君,特疏題請奉俞旨給銀建坊。"

按,文中有"揭之兩大中丞范君",據雍正《浙江通志》卷一百二十一,范承謨康熙八年至十二年任浙江巡撫。同書卷二百九:"駱元裕妻俞氏,康熙十年與同里俞一和妻馮氏俱奉旨建坊旌表。"俞氏建坊旌表在康熙十年,駱妻倪氏揭之浙江巡撫范承謨事在康熙八年,先生本年暫返鄉里,申請旌表揭子當作於本年。

黄運泰四十生日,作詩祝壽。

《七言絕句一·黄開平四十初度》。

按,《墓表三·故明兵部車駕司郎中黄君墓表》:"君諱運泰,字開平……康熙十年,予客淮西,君已出葬於天樂鄉應駕尖黄州府君之塋傍。……君年四十二。"推知黄本年四十。

作《會稽倪孝子記傳序》。

《序八·會稽倪孝子記傳序》:"會稽富盛倪孝子仙溪君曾覓木心石療母心疾,於是同里王大參、陶侍讀、趙文學輩,爭爲之記傳,而世之聞之者,尚莫得其概也。……山陰駱子叔夜者,倪氏倩也,曾示予記傳,謂予宜序,而予未應也。予避人巴山,值叔夜爲巴山令,孝子之孫赤子者,亦以訪巴山令故,先予赴巴山。驟見予,即重謂予序,予終以未應,故於送赤子歸時,爲詩導其情,徘徊淒愴,亦略見以概,然卒未應也。今則駱子以爲令得罪,將罹不測,予計無能救駱子,思駱子又無罪,橫被口語,萬一罹不測,予則無以報駱子命。"

作《書張司空傳後》。

《書張司空傳後》:"予既應張君請,作《張司空傳》。凡有互异,已爲參擇,文獻不足,存其可徵,復恐見者之不量也。……世無信史,誰與闕文?吾作《司空傳》,而有感於後之記事者也,因書之。己酉書。"

約於是年,爲姜廷梧志墓。

《墓志銘一·姜桐音墓志銘》:"君諱廷梧,字桐音,明大司農仲子也。……戊申十一月若甲子,死。……若甲子若月日,將擇葬若所,兆熊、兆鵬、兆驊同持狀造蕭山毛甡,跪請爲銘,甡以言微辭,兆熊泣曰:'先大人易簀時,呼熊前囑:"……西河毛先生,吾肺腑交,而流離走四方,吾不能與之訣,吾念之,汝執筆記吾言。"是先生與先大人何如?而忍無一言於先大人。且先大人隱者也,隱而何以顯者銘。'甡曰:'然,可以銘已。'"

徐致遠卒。吴復一卒。
【時事】　五月,康熙帝清除鰲拜勢力。并親臨太學釋奠孔子。六月,康熙帝下旨永遠禁止圈地。八月,清廷嚴禁官員交結在内近侍。十二月,恢復從舉人中挑選知縣例。

清聖祖康熙九年　庚戌(1670)　四十八歲

春,徐乾學中進士。王先吉中進士。王穀韋中進士。
秋,再游汝南,逢陳洪綬季子陳字,作詩贈之。
　　《七言絶句三·逢陳老蓮季子飲贈》。
　　《碑記一·息縣丞廳壁勒石記》:"庚戌秋,予再游汝南。"
　　陳儒楨,原名字,字無名,自號小蓮,浙江諸暨人。陳洪綬季子。太學生,考授州同。(黄涌泉《陳洪綬年譜》"明崇禎七年"條引《宅埠陳氏宗譜》卷三十九)
秋,陳洪量由汝寧府通判遷淮安府同知,作文贈之。
　　《序七·贈陳別駕遷淮安司馬序》:"三韓陳君由典奏起家,爲淮西別駕,其稱上佐有年矣。今年秋,天子特簡諸守贊有政績者,念淮西別駕能,遷淮陰郡司馬,以典兵贊郡,兼籌海防,開牙於射陽、鹽瀆之間,淮西守以下,暨諸邑長,供張於郡東門外,而索予一言以爲贈。……君伯仲皆仕顯,其仲氏掌樞曹司校,多所建立。"
　　光緒《淮安府志》卷十二:"(海防同知)陳洪量,遼陽人,九年任。"
與沈胤範互有詩書往返。
　　《七言排律·以詩代札懷復沈九嗣範秘書》、沈胤範《采山堂二集》七言排律《酬毛大可汝南署中寄懷長律》。
　　《復沈九秘書》:"臨安西巷,與陸弟對門居者浹月,比見,輒念令兄天上人,爾時便擬作長安道詩。及再游淮蔡,則神思惘惘,幾欲半途過蘄黄、游方外去。今又兩年矣。頃尺一來,開展躊躇,且以足下所遇,猶嘆遲暮,有'仕學兩淹'語,視僕何如耶?……賜詩沈著,迥過流輩,第難於擬和,長句非律法,惟繩準之。因白附悉,不遂繁詞。"
作《鳴鷄賦》。
　　《賦一·鳴鷄賦》:"秋中臨穎,夜半荒旅。街無漏下之銅,巷絶紞如之鼓。嚴霜已栖墻,明月又入户。吟蟲唧喞,秣馬齟齬。悵清秋之閒寂兮,悄遥夜之無聲。悲征行之孔邁兮,夢還歸而未成。"

與童煒邂逅淮西,爲其《行稿》作序。

《序八·童煒行稿序》:"童煒……於康熙庚戌,冠庖經房,對策歸里,與邂逅於淮西客舍。出其所爲文讀之,然後知向之所期,兼古學而得爲經義帖括,一雪其語者,煒是也。"

雍正《浙江通志》卷一百四十三:"童煒,會稽人,庚戌進士。"

過平輿,與王欽游。

《七言律詩四·飲息縣同王孝廉》。

按,《序四·王孝廉鄉居序》:"向游汝南,過平輿城。……既而與王孝廉游。"

王欽,字文思,河南息縣人。庠生。篤實忠厚,孝友傳家。尤工於畫。（嘉慶《息縣志》卷六）

過息縣,訪知縣劉遇奇,并爲劉遇奇《慎餘堂詩文集》作序。

《七言古詩八·訪劉息縣并讀周櫟園侍郎所詒文序因爲書贈》。

《序十七·慎餘堂詩文集序》:"廬陵劉君試仕來新息,其爲舉文,亦既藉藉傳人間矣。乃抱牘未幾,復以所著詩古文相質。……劉君之能以舉文見,復能以詩古文見也。予寄居倉卒,不能與劉君論古學,而第披其集,視其詩若文,淵淵乎如大禹之吹筠而平陽之擊石。……而乃顏其集曰'慎餘',則其不事誇靡,務求戢檢,謹言行而爲世用者,不概可知乎?"

劉遇奇,字崛膺,號翕廬,江西廬陵人。明崇禎十五年（1642）舉人,順治十六年（1659）進士。偕邑人建景賢書院,又興復西原會館,以廣明王時槐、陳嘉謨之學。康熙六年（1667）授河南息縣知縣。著有《慎餘堂詩文集》。（民國《廬陵縣志》卷十九上）

作《息縣雜詩》。

《七言絕句三·息縣雜詩》。

與息縣縣丞夏聲訂交,作詩贈之,并爲夏聲詩集作序。

《排律二·贈夏丞》《七言律詩四·答夏聲贊府和韻》。

《詞話》一:"息縣夏少府有雪中送予《念奴嬌》詞,亦用此韻。"

《序二·東嘉夏廣秦詩集序》:"東嘉夏廣秦丞於息,而以能詩稱,則其不得志可知也。昔者予嘗游息矣……廣秦一見予,則日邀予騎馬去游於邑,而爲之賦詩,今《蓮渚續集》所稱《松齋游讌詩》是也。當予之在淮南也,淮南諸名士往往爲予謀所居,予卒辭之去。及來淮西,則思歸時也。"

夏聲,字廣秦,浙江東嘉人。曾攝令上蔡,以事左遷息縣縣丞,後官西和

縣知縣。工詩,著有《蓮渚詩集》。(乾隆《續河南通志》卷八十)
有札與曹鑄、何景韓、王復旦,言爲夏聲作《廳事記》事。

《與曹受可何景韓王千之諸子》:"接教。以爲丞既有廳事耳,暨覆札來,始知仍在賃所也,無廳事作廳事記,其愛夏公乃爾耶!即此意,足傳矣。"

《碑記一·息縣丞廳壁勒石記》:"予游息,聞息丞名,懷刺入縣門,求所謂丞廳事者,無有也。……庚戌秋,予再游汝南,息名士曹子鑄、王子復旦各遺書來,請爲丞作廳事記。……君夏姓,名聲,字廣秦,浙之東嘉人也。由司理左補爲今官。性好飲,工詩,所著有前後《蓮渚詩集》。曾攝令上蔡,上蔡人德之,爲勒石。"

曹鑄,字子受,河南息縣人。順治十一年拔貢生。有文名。(《墓志銘一·禮部精膳司主事曹公墓志銘》)

王復旦,字千之,河南息縣人。生平不詳。

何景韓,未詳何人。

爲汝南曹氏《世賢録》作序,并爲曹鑄父琪志墓。

《序十三·汝南曹氏世賢録序》:"汝南曹淮湄先生爲儀曹郎時,曾以其贈公在崇禎之末,率民徒拒寇而死於城下,既已上之臺,而未旌也。其後,先生以居太君喪,哭泣而死。于是先生之子郡司馬君,以贈公之忠,先生之孝,合請而旌之。且爲輯贈公與先生遺事,攟摭撰述,兼附諸所爲題旌者,勒成一書,曰'世賢録'。"

《墓志銘一·禮部精膳司主事曹公墓志銘》:"予游汝南,聞曹先生孝名。……先生諱琪,字玉度,別字淮湄,世居息之臨淮里。……先生以順治十七年八月六日卒,年五十七。以康熙元年十二月二十一日卜葬於邑城東鳳鳴崗先人墓側。有子男一人,曰鑄,由廩選甲午拔貢士,能文章。"

息縣儒學大成殿修復,作文記之。

《碑記一·重建息縣儒學大成殿碑記》:"康熙七年夏,大霖潦……邑宰劉君、丞夏君、尉章君、學博張君於行事之次,相顧諮嗟,謀所以恢是殿者。……始康熙八年五月,迄九年六月,凡一年工告成。……蕭山毛甡爲文。"

過息夫人妝樓遺址,有詩志感。

《七言古詩八·過息夫人妝樓遺址有感》。

與夏聲游濮公山。

《七言古詩八·游濮公山作》。

作《息縣雷迹碑記》。

《碑記一·息縣雷迹碑記》:"息縣市東祠有雷迹碑,宋元祐所立碑也。碑在祠東,廡高三尺,石裂而刓,字剝泐不可誦。……予游息,寓祠下,祠僧引予拂其石,且就其漶字而索其義,將重爲之記,記諸陰。"

息縣重修協天祠右廂觀音閣,爲募引。

《重修息縣協天祠右廂觀音閣募引》:"息之治東南有協天祠……祠側樹碣,志明萬曆間重修,而不詳所始。及搜廡下斷石,得宋元祐辛卯《雷迹碑記》。……予游息,與息之士大夫交,遂以交息之長吏,知皆賢好施者,且假寓兹祠凡三十日,知住持亦賢,可施。予因應住持請而爲之告之如此。"

阻雪息縣,與諸公集何景韓梅花書院。

《七言古詩七·息縣阻雪同諸公集何景韓梅花書院有作》。

夏聲由息縣丞遷西和縣知縣,作詩文送之。

《排律三·送夏明府之任西和》。

《序三·送夏少尹遷西和令序》:"廣秦夏君以司刑來爲息少尹。……歲庚戌,計簡小吏有行名者,於是以廣秦爲能,遷鞏昌西和令。將行,邑賢士大夫與比户民,咸出郭供張於朝陽門外,擔瓶挈榼,攀車而行,一若不忍其去者。予漫游汝南,送君於途。"

有箋一則,記淮揚水災事。

《箋》二十一:"康熙庚戌,淮揚水災,高郵以下,湖決二口,各百丈許。"

聞張沐《白龜圃》成,爲文記之。

《碑記一·白龜圃記》:"中州講理學者二,其在河南,則爲上蔡張先生。先生與徵君孫鍾元交。……歲己酉,避人之淮西。……越明年,復來淮,則西和夏令曾令蔡,適將過蔡,造先生廬,予謀與偕前,而夏令不能待也,夏令還。告曰:'先生方讀《易》,於家構圃而椽焉。'題曰'白龜',請記之。……今復以避人故,獲爲先生作《圃記》,倘避人不已,將必造先生於圃,且渡河去,一質之徵君,以肆求先生所爲讀《易》也者。"

張沐(1630—1712),字仲誠,號起庵,河南上蔡人。順治十五年(1658)進士。康熙元年(1662),授直隸內黃知縣。晚歲歸里,先後主講於天中書院、嵩陽書院、汴梁書院。著有《四書疏略》《五經疏略》《前川樓文集》等。(乾隆《續河南通志》卷五十六)

陳字之燕,詩以送之。

《七言絶句三·客中送陳無名入燕作》。

江南伎童至,與童煒、尹坪、韓肅觀伎賦詩。

《七言絶句三·留淮西金使君郡樓三年晨夕聽伎多陽陵西巴之音有吳中舊部亦蕭散不整大雪晚宴江南新伎至觀之生憶因爲賦四絶句并雜歌侑時座客童煒尹坪韓肅皆有和詩》。

尹坪、韓肅,生平不詳。

有書覆周亮工,就陳洪綬隱逸事正己前説。時周爲陳洪綬作《别傳》。

《書一·報周櫟園先生書》:"昨到汝南署,便過息縣……然且爲先生道此者,以報先生游息事及之云爾。日者,先生爲陳老蓮作《别傳》,以未備諸隱軼事,飲間,詢甡……後在秣陵館次,書數事付管記,都不甚晰。思先生表微闡軼,汲汲然不遺餘力,且必探捃其形實而後已,恐其中未晰,負先生意,願有以正之。……逮至汝南署,金長真使君,老蓮友也,間詢之,然亦不知其先人名字,且并不知其曾爲方伯也。適月餘,老蓮季子赴京師,道汝南,特諸之。飲間,季子名無名。"

按,周亮工與陳洪綬交篤,黄涌泉《陳洪綬年譜》"天啓二年"條:"周亮工以父官諸暨,省親居主簿廳。與先生數游五泄山,遂以筆墨定交。"周亮工《讀畫録》卷一有《陳章侯傳》。

有書答張梧。

《書一·答張梧書》:"月日信到,違離有年,東西南北,未審所在,忽獲良訊從長安來,且驚且喜。……今奔走稍定,終以多所負累,難遽還里,汝南金使君,吾所依也。"

毛有俶夫人李氏卒,爲志墓。

《墓志銘十·故明靖南將軍德配李夫人墓志銘》:"越七年,予游淮西,得夫人訃。……夫人籍京衛,氏李……夫人以監國恩封一品夫人,年四十六,康熙庚戌若月日卒。"

有札寄朱禹錫,兼訊馬駿、黄之翰、張鴻烈。

《與朱吏部》:"名士作吏部,惟公爲山公後一人。……聞碩人釋褐,西樵舉北闈,婁東、大宗、雲子俱訪友都下,想時相見。此悉係山陽舊游,故并詢及。"

按,"聞碩人釋褐",指劉始恢中進士事。繆幸龍主編《江陰東興繆氏家集》中繆彤《雙泉堂文集·題跋》之《書劉膚士贈言卷後》:"吾同門禹度劉公,以己亥進士選廣西岑溪令。……公之官時,長君膚士侍行焉。……公有二子,長曰膚士,次曰碩人,庚戌成進士。""西樵舉北闈",指馬駿中舉事。宣統《續纂山陽縣志》:"馬駿,字圖求,號西樵,己西舉人。"

有札寄覆張沐,言及《大學》古本。

《寄復上蔡張先生》:"向夏明府去時,藉其便經,寄所屬題楣,不見再索,定知已到。……即近年稍知讀古本《大學》,然尚以捉摩未定,觸手胡突。頃讀爲學次第一書……向在施湖西講次,有楚人楊耻庵者,單言'立志',此是'知止'一節,先儒已道過,但繼之'存養',則是定後得靜、安耳。就正無日,若到得立志,自當直造廡下,以究指趨。"

草成《尚書廣聽録》初稿。

《尚書廣聽録》卷一:"《漢·藝文志》曰:'《書》以廣聽。'予讀宋儒書,不能于此外有所推暨,而往往以聽而廣其説。是廣聽者,本以《書》廣,今乃以聽廣也。予奔走稍息,而徵車忽至,不能再讀書矣。因取舊所雜聞者,編而記之,名曰'廣聽'。"

按,《古文尚書冤詞》卷首李塨序:"若夫《廣聽録》者,本先生出游時作,而所係猶切。"盛唐《西河先生傳》:"乃應淮西金使君之招,留之三年。初,先生受《尚書》,疑蔡傳多誤,已蓄論辨,至是,將考正定爲一經,而署中無書,即假借亦不得,乃日讀《大學》正文,驗心意、理欲及出入、存否,間草草作《尚書廣聽録》。"

爲汝南張廣文傳奇題詞。

《填詞六·滿庭芳·爲汝南張廣文題傳奇卷首》。

張廣文,未詳何人。

約於是年,作《寶鑑賦》。

《賦四·寶鑑賦》:"汝南劉使君持衡於兹,猶鑑監物。應而不藏,動得不逼。光景有曜,型模畢見。有負局之奇,兼容成之觀。于其行也,指璇臺寶鑑以爲之賦。"

約於是年,旅舍揀得所寄潘廷章《西陵曲》詩,感而志憶。

《七言排律·臨平別潘廷章一十六年旅舍揀得所寄西陵曲哀思妙麗感生客心因爲賦述且志鄙憶》。

是年前後,遇陶籧於中原,爲其指頭書畫題文。

《陶籧指頭書畫引》:"凡書畫以指,而必有具。古用刀,今用筆,皆具也。……陶籧曰:'吾安用具哉?……吾請以指頭行之。'……與之相遇於中原,而以爪觸垩,以飛蓬相抵擲,而猶有藉者,此非一指頭禪乎?吾見之喜而爲之書。"

陶籧,字小羞,又字達夫,浙江會稽人。以貲授江南和州司馬,旋移調河南五和令。性喜書畫,專用指頭成之。書兼行、草,畫則人物、花鳥皆擅長。(道光《會稽縣志》卷二十二)

是年前後,爲弟子金敬致《看劍圖》題詩。

《七言絕句七·題及門金公子看劍圖二首》。

金敬致,字正夏。金鎮季子。官監生,候補國子監典簿。(《墓志銘三·誥授通議大夫江南提刑按察使司按察使金君墓志銘》)

是年前後,作《洞神宮記》。

《碑記一·洞神宮記》:"會稽馮經以制舉爭雄齊郡者二十年,不得志也,去而游嵩洛。其同邑章貞者,謫滎陽,貽予書曰:'有仙源君來,將以洞神宮屬子爲文。'予未審仙源君者何人也。既而知爲經,念經居齊郡者久,嘗七登岱矣。……宮在鎮宮左,禹井之陰。……貌仙於其中,以報其所夢,題之曰'洞神'。仙源君從之。"

柴紹炳卒。沈謙卒。吳百朋卒。鄒祇謨卒。倪之煌卒。徐緘卒。

【時事】 五月,定二甲、三甲進士均以知縣用。十月,鄭經部將林伯馨等降清。十一月,清廷頒布"聖諭十六條"。

清聖祖康熙十年　辛亥(1671)　四十九歲

二月,有詩懷董含。

《五言律詩二·懷董含》,其一曰:"自別雲間去,三年度汝溪。蔣亭方二月,吾憶董膠西。蕙草春前寄,蘋風醉後題。雙緘思不盡,長使角巾低。"

春,伎童唐郎將歸江南,過索書絹,有詩志感。

《七言絕句三·有伎童將歸過索予書絹抒筆志感》。

汝寧城外,送伎童唐郎還江南。

《七言絕句三·汝寧城外送伎童還江南》序曰:"伎童唐郎,吳中有名,安西潘將鎮紅水者,奪之以行。汝寧金使君爲贖,留之蔣亭三月,送還故鄉。予恨沉淪與相似,而猶不得歸,似有感焉。予初贈詩云:'家在九龍山下住,生來洗面是桃花。'伎童得詩,請名'䴙花'。至是,使君憐其慧,以'慧憐'字之。予友張杉者尋予汝上,聞其事,似恨不及送,亦有和詩,見乎情詞。"

春,在汝南官舍,評沈季友詩。

沈季友《南疑集》卷首先生評語末署:"辛亥春日,弟毛甡題於汝南官舍。"

沈季友(1653—1698),字客子,號南疑,浙江平湖人。西平知縣菜子。

陸萊婿。康熙二十六年(1687)舉人。少聰穎,精制藝及古文詞,尤工詩。由正黃旗教習考授知縣,未及任而歸,杜門著書。著有《學古堂集》,輯有《檇李詩繫》。(光緒《平湖縣志》卷十七)

春,遇譚吉緯於汝南,作詩贈之。譚吉緯贈畫,并賦《西平樂》詞見訊,先生答詞志謝。

《七言古詩八·汝南郡亭飲次贈譚八吉緯》《填詞六·上西平·譚開子貽畫并賦西平樂詞見訊志謝》。

譚吉緯,疑即譚開子,據先生《復譚八開子》"爐頭別樂工,偶爲不恬",似爲樂工,又工詞。

譚吉緯將歸,以詞贈別。

《填詞六·蘭陵王·別譚開子》。

春,曹爾堪赴京,過於汝南,互有詩贈答。

《排律三·贈曹爾堪學士》《排律五·春晚曹顧庵學士過天中署夜飲即席和見贈原韵》。

《排律三·汝南金太守席書事一十二韵不揣下里同座上諸公和得東字》。

按,施閏章《學餘堂文集》卷十九《翰林院侍講學士曹公顧庵墓志銘》:"辛亥春,嘗一過京師。"

四月十三日,有書寄秦松齡,以伎童唐郎相托。

《書一·與秦留仙翰林書》:"四月十三日,甡再拜白,留仙足下無恙。……今在淮西,已三年矣。……且恐其人歸後,仍致失所,是爲相聞,亦欲暇時一賞其技,且爲語同好有所引也。其人唐姓,使君瀕別,乃有贈字,要之,猥璅無理,全藉昭晰。"

七月七日,在汝南官署,填詞志懷。

《填詞五·少年游·汝南官署七夕作》。

九月九日,見賣解者於淮、泗間,作《九月九日觀戲馬賦》。

《賦四·九月九日觀戲馬賦》:"且九秋之將暮,登高丘而覽觀。修迅商之故序,爰藉飲以爲歡。乃望鄉關之邈邈兮,俯平原而有嘆。夫何散爵酒既盤兮,別命作伎,輟優彈兮。是以遷坐亭皋,薄致粔妝。顧盼廣衍,將以戲馬。"

《詩話》三:"曾見賣解者於淮、泗間,其妓甚少弱,足甚纖,而礐控若飛。詢其力,曰:'力在肐膊及足跗間,他無有也。然兩體習久,則亦不知其力矣。'予嘗有《戲馬》小賦寫其事,然無詩。惟金公子在五曾作一長歌,又過於疏嗲。"

十月,有詩話一則,記讀蔡仲光集事。

《詩話》一:"蔡子伯作《送王彥》詩五首。彥即予也。初,予出游時,子伯送予,座右書'王彥方'名。子伯指之曰:'今請名彥,字士方。他日天涯相問訊者,王士方也。'故予詩亦有'東吳舊知予,故呼我王彥'句。第子伯諸詩,雖云送予,皆事後追憶爲之。每首中各有所指。首章'地主真高誼,深堂結弟昆',指吳江顧茂倫而言。是時入吳,主茂倫去,蓋茂倫真寶石也。第四首'黃河葦一渡,白幘泪千行'者,則以南士曾渡河尋予,故云然。皆是實事,然皆屬事後。辛亥十月,讀《子伯集》,因拭泪書此。"

歲除,有詩志感。

《五言絕句二·蔡州宿除三年矣飲次感賦》。

因長懷故鄉,仿屈原《九歌》作《九懷詞》見志。

《九懷詞》:"昔屈原放於江潭,見楚南之邑,其俗好祠,而善爲哀歌。每祠,必師巫男女,婆娑引聲,歌神弦諸曲,以悅於神,而其詞鄙俚。原乃作《九歌》十一章,變其詞。大抵皆憂愁幽思,中心靡煩而無所發,不得已,托兹神弦哀彈之,以攄其抑紆之情。其聲橙橙,聽者生故居之思焉。……當晋武惠時,予鄉人夏統,以采藥入洛,洛王侯貴官爭物色之,欲强之仕,統乃歌《土風》三章以見志,聞者曰:'其人歌土風,不忘故鄉,當不願仕矣。'遂爭致酒醴而去。《土風》者,一《慕歌》,祠舜也。謂舜能慕親也。一《河女之章》,祠孝娥也。以孝娥爲盱江女也。一《小海唱》,祠伍大夫也。大夫不良死而尸於江,哀之。江也者,海之小者也。雖其詞不傳,不知何如,然亦神言矣。今蕭俗祠神尚有伍大夫,而舜帝與娥不與焉,且其詞不記,不能如仲御之能引聲,而故居之思則未嘗忘也。因憶鄉祠,當歲終巫者祝神,名甚夥,皆不可考,而其有特祠而略可疏者,名凡有九。雖其名多互異,展轉訛錯,亦且以意考證,并述所傳聞,定詞九章,以遠附於《九歌》之末。縱詞不逮原,歌聲間奏必不及仲御,而憂思紆鬱,前後一轍。爰仿漢大夫王褒舊名,亦名《九懷》,曰:'吾懷之云爾,歌也乎哉?'"

按,盛唐《西河先生傳》:"乃應淮西金使君之招,留之三年。……因長懷故鄉,仿屈生《九歌》作《九懷詞》以見志。"

應西平知縣沈荃之請,有詩詠西平舊迹。

《五言律詩六·詠西平舊迹八首》。

雍正《河南通志》卷三十七:"(西平縣知縣)沈荃,浙江平湖人。進士。康熙元年任。"

沈棻(1627—1673)，字子佩，號藕庵，又號嵞岈外史，浙江平湖人。順治十二年(1655)進士。授河南西平縣知縣，治聲爲中州第一。在任十餘年，卒於官，年四十七。著有《柏亭稿》《藕庵尺牘》《詩體明辨》《文體明辨》。(光緒《平湖縣志》卷十六)

遇范鋐於汝南郡署。

《范鋐入川勒石記事》："康熙辛亥，予遇鋐於汝南郡署。"

范鋐，未詳何人。

在汝寧官署，成《詩傳詩説駁義》五卷。

《詩傳詩説駁義》卷一："《詩傳》，子貢作。《詩説》，申培作。向來從無此書，至明嘉靖中，廬陵中丞郭相奎家忽出藏本見示，云得之黄文裕秘閣石本。然究不知當時所爲石本者何如也。第見相奎家所傳本，則摹古篆書，而附以楷體今文，用作音注。嗣此，則張元平司馬刻於貴竹，專用楷體，無篆文。而李本寧宗伯則復合刻篆文、楷體於白下，且加子夏《小序》於其端，共刻之，名曰'二賢言詩'。而于是《詩傳》《詩説》一入之《百家名書》，再入之《漢魏叢書》，而二書之名遂相沿不可去矣。按：從來説《詩》，不及子貢，即古今藝文志目，亦從無《子貢詩傳》，徒以《論語》有'賜也始可與言《詩》已矣'一語，遂造爲此書。其識趣穿陋，即此可見。若申培魯人，善説《詩》，故《漢書·儒林傳》云：'言《詩》，于魯則申培公。'而《藝文志》亦云：'漢興，魯申公爲《詩訓故》。'則申培説《詩》，固自有據。但《傳》又云：'申公獨以《詩經》爲訓故以教，無傳。'言第有口授，無傳文也。則申公雖説《詩》，而無傳文。即《志》又云：'所載《魯詩》有《魯故》二十五卷、《魯説》二十八卷。'《隋志》亦云：'小學有《石經魯詩》六卷。'則申公説《詩》，雖有傳文，亦第名《魯故》《魯説》《魯詩》，不名《詩説》，即謂《魯説》，即《詩説》。然《詩説》祗二十四篇，無卷次，亦并非二十八卷與二十五卷六卷。況《隋志》又云：'《魯詩》亡于西晉。'則雖有傳文，而亦已亡之久矣。乃或者又曰：《魯詩》亡於西晉。則西晉後亡之，固已然，安知西晉之所亡者，不即爲明代之所出者耶？則又不然。夫《魯詩》至西晉始亡，則西晉以前，凡漢、魏説《詩》，有從《魯詩》者，則必當與今説相合。乃漢、魏以來，説《詩》不一，假如漢杜欽云：'佩玉晏鳴，《關雎》刺之。'注云：'此《魯詩》也。'今《詩説》所載，反剽竊匡衡所論，如云'風詩之首，王化之基'，曾不一云刺詩。如劉向《列女傳》云：'《燕燕》，夫人定姜之詩。'或云：'此《魯詩》'。'而《詩説》反襲毛、鄭，爲莊姜、戴嬀大歸之詩。如此者不可勝。則今之《詩説》全非舊之《詩故》，居然可知。且舊詩次第見於《左傳》襄二十九年。其時吳季札觀樂,以次相及,在孔子刪定之前,《毛傳》《訓詁傳》次第無不吻合,此非齊、魯、韓三家所得異者。即小有差殊,不過幽王之先後,與商、魯之存亡已耳。今《詩說》悉與古異,有《魯風》,無《豳》與《魯頌》,而以《豳》與《魯頌》合之爲《魯》,且又以《豳》之《七月》一詩名《邠風》,雜入小雅,而以小雅、大雅分爲正、續爲傳,即《風》與《雅》與《頌》中前後所次又復錯雜倒置,與舊乖反,然而外此無相合也。獨《子貢詩傳》與此兩書自爲輔行,爲補苴,彼倡此和,如出一手者。申培魯詩宗,不聞受學子貢,子貢亦不聞授某某爲魯學……且其大概多襲朱子《集傳》,而又好旁竊《小序》,又惟恐《小序》之爲朱子所既辨也,故從其辨之不甚辨者,則間乃襲之。否則,依傍朱子傳而故爲小別,然亦十之八九矣。則豈有朱子生於百世下,上與子貢、申培暗吻合者,豈朱子陽襲子貢、申培書,而私掩之不以告人者?老學究授生徒,市門日煩,苦無所自娛,乃作此欺世焉?其庸岡固陋,無少忌憚,乃至如此,此不可不辨也。予客江介,有以《詩》義相質難者,攦摭二家言,雜爲短長。予恐世之終惑其說,因於辨論之餘,且續爲記之,世之說《詩》者可考鑒焉。"

按,《經集》凡例:"惟《詩傳詩說駁義》成於汝寧官署。"

在汝寧官署,成《後知本圖説》。

《經集》凡例:"後在汝寧署,著《後知本圖説》。"

友黃運泰出葬,其子致書先生志墓,不達。

《墓表三·故明兵部車駕司郎中黃君墓表》:"君諱運泰,字開平……康熙十年,予客淮西,君已出葬於天樂鄉應駕尖黃州府君之塋傍,其子致書請志墓,不達。"

金烺寄書請銘其父母之墓,時先生從淮西轉徙嵩少,未果。

《墓表五·金文學魯孺人合葬墓表》:"君以崇禎十四年卒……康熙十年,君配魯孺人以單居三十載,從君地下,子闇復寓書屬予銘墓。會予從淮西轉徙嵩少,不得書。"

金烺(1641—1702),字子闇,號雪岫,浙江山陰人。歲貢生。康熙四十年(1701),官湖州府學訓導。著有《觀文堂詩鈔》。(阮元《兩浙輶軒錄》卷八)

在禹州,成《大兵出關録》。

《大兵出關録》:"予以避人過無錫秦留仙翰林宅,值吳梅村祭酒在,夜談前朝事。客有詢其座主宜興相公曾私放本朝兵出關,'有之乎?',曰:'本朝兵何等,不暫留京師大患,幸矣,敢言私放哉?然而實有之。'……予後避禹州,偶憶其言,雖多失記,然約略大概,俟作史者參稽焉。"
金鎮夫人何氏五十生日,填詞祝壽。
《填詞六·滿庭芳·題玉妃獻册圖爲汝寧金使君夫人生日》。
按,《墓誌銘三·誥授通議大夫江南提刑按察使司按察使金君墓志銘》:"君姓金氏,諱鎮,字又鑣。……配何恭人,山西平陸縣知縣幼卜公女。"
知金鎮娶何氏。
妻陳何有《子夜歌》二章見寄。
《詩話》一:"陳何寄《子夜歌》二章,蓋憶予作也。其序云:'外人以避仇未歸,撿黄皆令《子夜歌》,用其詞。'則是貸皆令作者。其詞云:'一去已十載,九夏隔千山。雙珥依然在,如何不得環。'又云:'白露收荷葉,清明種藕枝。君行方歲暮,那有見蓮時。'舊體"蓮"本隱'憐',今借隱'連',然亦可隱'憐',以予曾自呼'阿憐翁'故也。何,予婦,無字。"
有札覆陳字,論作詩之法。
《回陳子》:"淮西官驛,於風雪中送上徵輅,迄今匝歲矣。……他鄉寥落,兼托食於人,何暇更及辭句。札示以作詩之法,在性情不在聲律,甚當。"
有書寄施閏章。
施閏章《學餘堂詩集》卷二十九《得毛大可書》。
在商城,值熊奮渭九十,思爲詩頌之,以事不果。
《序六·贈周先生九十壽序》:"去年,客商城,有少時所受知兩浙開府中丞熊公,年已登九十,思爲詩頌之,究以事去。"
熊奮渭,字汝望,又字佐文,河南商城人。萬曆四十四年(1616)進士。歷官皋縣知縣、泰興縣知縣、工科左給事中、禮科給事中、户科都給事中。崇禎元年(1628),調兵科都給事中,後改任尚寶卿。崇禎十一年(1638),以右僉都御史銜任浙江巡撫。後官至兵部侍郎。十四年(1641),任南京户部右侍郎。明亡,投降清朝,順治四年(1647),任大理寺卿。五年(1648),改任刑部右侍郎。(嘉慶《如皋縣志》卷十五)
約於是年,劉中柱有詩憶先生。
劉中柱《真定集》卷一《憶毛大可游中州》。
劉中柱(1641—?),字砥瀾,號雨峰,江蘇寶應人。康熙中以廩生授臨淮縣教諭,歷官户部郎中,奉命監京倉。官至直隸真定知府。著有《兼隱齋詩鈔》。(徐世昌《晚晴簃詩匯》卷三十八)
是年前後,爲吴孫庵詞集作序。
《序三·中州吴孫庵詞集序》:"予初見吴君,常人耳。既而知爲非常人,又既而嘆爲可及古人。……吳君善爲詩,復以其餘者爲詞,詞又善。因爲之序之,而記予之得遇古人者如此。"

吳孫庵,未詳何人。

藥地禪師卒。吳偉業卒。李明睿卒。黄運泰卒。

【時事】 二月,康熙帝始行經筵。五月,靖南王耿繼茂卒,其子耿精忠襲爵。時耿氏鎮福建,平南王尚可喜鎮廣東,平西王吳三桂鎮雲貴。"三藩"割據南疆,各自爲政,與清廷矛盾日趨尖鋭。十月,鄭經部將柯喬棟降清。

清聖祖康熙十一年　壬子(1672)　五十歲

春,范鋐將入川,與金鎮祖道於懸匏樓下。

《范鋐入川勒石記事》:"康熙辛亥……又明年,鋐請入川,汝南金使君祖道於懸匏樓下。予曰:'諺有云:老不入川,君入川何也?'鋐泣不語。"

春,將南還,沈棻貽以縑紵,作詩寄謝。

《排律三·沈棻明府治西平有名欲往從之不果值予南還以縑紵見貽因寄并謝一十二韵》。

春,從汝南還,道吳,訪顧有孝。時有孝方輯《山左四家集》,重讀王士禛詩。

《王阮亭詩集弁首》:"今年春,從汝南還,道經吳江,訪顧子茂倫於維舟之頃,因得重讀阮亭所爲詩。蓋茂倫方輯《山左四家集》,而以阮亭詩示予。"

春,有詩寄張梧,時張梧客江寧幕。

《五言律詩二·寄張七梧江寧幕府》。

四月十二日,爲周鼎泰志雪堂作碑記。

《碑記二·志雪堂記》:"周子鋐讀書西村,名所居之堂曰'志雪堂',實古今書史、圖畫於其中。……會毛甡歸里,過飲於堂,中酒,把筆若有所感。……周子方少年,席其門緒,其家之入承明、掌綸綍者,方將策功良時,爲風爲雲,而周子翻是之志。"

按,魯燮光編《蕭山叢書·周荆山志雪堂贈言遺迹》載毛奇齡《志雪堂記》,末署:"西河毛甡製并書於城東舊居,康熙壬子四月十二日。"

  周鼎泰,字子鉉,號荆山,浙江蕭山人。(乾隆《紹興府志》卷六十一)
六月二十七日,姜希轍父天樞卒,作文誄之。
  《皇清敕封禮科都給事中前工部郎中姜公誄文》:"康熙十一年六月二十七日,皇清敕封禮科都給事中前工部都水司郎中姜公卒。……而今司諫之嚴父也。……春秋七十有五,僾然遽逝。"
  按,姜錫桓纂修《姜氏世譜》卯集《續姜氏世譜本宗紀年考略》:"紫環公生萬曆己亥元旦,卒康熙壬子六月二十七日,年七十五。"
八月,周斗垣九十,作文祝壽。
  《序六·贈周先生九十壽序》:"迄於今,始有以周先生九十屬爲文者,然則九十之不易也。先生生望族,其嗣子皆能以禄養。曩時次君迎先生養和州,值先生年八十,板輿就道,親朋祖賀,觀者嘖嘖。"
沈胤範典試江南,往就之。有詩相贈。
  《序二十八·魯緗城詩序》:"予避人還真州,值山陰沈九康臣以丞相判官主文江南,藏予秦淮之複壁間。"
  《七言絶句三·簡江寧主考》。
  法式善《清秘述聞》卷二:"(康熙十一年壬子科鄉試)江南考官……沈允範,字康臣,浙江山陰人。丁未進士。"
遇羅坤於蔣子文祠下,爲羅坤所藏吕潛山水册子題詩。
  《題羅坤所藏吕潛山水册子》:"壬子秋,遇羅坤蔣侯祠下。……及飲酣後,探得橐中所携吕潛畫,則居然似也。吕畫妙人間,不能名其所自來,坤藏之如藏其文者。"
與沈胤範弟華同住秦淮,作詩贈之。
  《七言律詩四·偕沈華範同住秦淮有贈》。
與沈胤範、周玉忠、虞相、羅坤、馮肇梅、沈華范集萬竹園。
  《五言律詩二·萬竹園沈九主考席同周玉忠虞相羅坤馮肇梅令弟華范》。
  按,《墓碑銘一·刑部廣西清吏司主事沈君墓碑銘》:"君諱嗣範,字康臣,别字肯齋。……壬子,典江南鄉試……君篤於友愛,仲弟華善病,貽書憂勞,既招華江南,同卧起。時友人毛甡在座,比夜必飲,飲必著曙。"周玉忠、周虞相、馮肇梅,未詳何人。
  乾隆《江寧新志》卷第十一:"萬竹園在城西南隅,與瓦官寺近。"
周玉忠生日,作詩祝壽。
  《七言古詩四·錦筵桃花歌爲周公子玉忠初度》。

點定沈胤範詩集。

《序十·采山堂詩二集序》:"其後招予於白門,盡出其十年來所爲詩,屬予點定。"

與沈胤範、沈華、羅坤、周玉忠、姜燦等游雨花臺、佟園。

《五言律詩二·同諸公登雨花臺》《游佟園同沈嗣範主考令弟華范周玉忠羅坤姜燦》。

姜燦,生平不詳。

於沈胤範邸聽伎。

《五言律詩二·沈秘書夜邸聽伎二首》。

撤闈日,沈胤範邀先生過叙。作《沈肯齋典試江南序》。

《排律二·沈九秘書典試江南於撤闈日邀予過叙率爾有贈》。

《序三·沈肯齋典試江南序》:"今天子十有一年,廷臣請定各省主鄉試官,天子念東閣制誥諸內史橐筆勞苦,當預簡命,而是年以諸內史纂修先皇帝實錄有成效,於是慰賚之餘,例予分遣,沈子肯齋得予江南主試官。"

有詩贈江寧府知府張際龍。

《五言律詩二·贈江寧守》。

乾隆《江南通志》卷一百七:"(江寧府知府)張際龍,蕭山人,拔貢,康熙八年任。"

游雨花臺、牛首寺,各有詩。

《七言律詩四·從雨花臺至牛首道中》《五言律詩二·登牛首禪寺》。

與沈胤範度曲吹笛,作《秦淮吹笛賦》。

《賦一·秦淮吹笛賦》:"吳興祕書君嘗與西河毛甡宿采山之堂,西河度曲,吳興吹笛。及爲內史,撰制東閣,典文江左。西河過之,仍邀一弄。"

與朱曾蠡登燕子磯。宿江寧郭外,逮明,羅坤送酒資至。

《七言絕句三·同朱曾蠡登燕子磯飲》《七言絕句三·夜雨同朱曾蠡江寧郭宿逮明羅坤送酒資至》。

朱曾蠡,字仲軼,浙江山陰人。(黄運泰、毛奇齡《越郡詩選》卷三)

施閏章有寄書。

施閏章《學餘堂文集》卷二十八《寄毛大可》:"中州不及相聞,白門距宣城三驛,復爾爾。空同有云:'海內詩朋官罷減,城中酒伴病來稀。'咏之撫床。於邑伯調、錦雯相繼去,吾曹亦皆老矣。小毛子才調風華,不讓古人,卷帙較侈,金汝州曾爲料理剞劂否?向承寄一册,爲他友所奪,至今怏怏。幸加倍償我。前歲嵩少諸作,惜不令吾兄見之。詩文見在校仇。蕭瑟掩關,不敢望故人命駕。或出游道路之便,枉過溪亭留數日。謝、李千年已還,又當使敬亭小破岑寂也。"

晤黃虞稷,互有詩酬贈。

《七言律詩四·答贈黃虞稷江南踵韵》。

按,鄭方坤《全閩詩話》載黃虞稷贈先生詩,其一曰:"麗藻清詞鄴下逢,西河才子氣如龍。頻年變姓嘗爲客,是處移家欲任春。"

黃虞稷(1629—1691),字俞邰,號楮園,福建晉江人,僑寓江寧。居中子。七歲能詩,出語驚人,有"神童"之稱。康熙十七年(1678),清廷徵博學弘儒,黃虞稷以母喪未與試。後預修《明史》及《大清一統志》。家富藏書,編有《千頃堂書目》《宋史藝文志補》《增刻唐宋秘本書目》等,著有《楮園雜志》。(乾隆《泉州府志》卷五十五)

觀黃虞稷家藏書,作《千頃樓藏書賦》。

《賦四·千頃樓藏書賦》:"乃詣温陵黃子俞邰於秣陵之故城,登千頃之巍樓,觀其先人海鶴先生所藏之書。六萬餘卷,判爲六部,曠然興懷,惕焉有悟。夫其經史异林,官私殊列。堆垛盈塵,綑載連轍。四類已啓,五庫未閉。"

按,《序一·存心堂藏書序》:"山陰沈秘書招予白門,偶有校核,借書温陵黃氏,得六萬卷,索予爲賦記之。"

遇張梧於江寧,旋别。

《五言律詩二·遇張梧江南幕》《别雛隱江南有謝》。

友李甲二子李日耀、日焜同舉鄉試,作詩抒感。

《七言古詩四·李日耀日焜同解省試有感》。

按,詩中有"有友名高被謡諑,曾徙塞外二子遺",指李甲因"通海案"被戍塞外事。

雍正《浙江通志》卷一百四十三:"(康熙十一年壬子科)李日焜,蕭山人。李日耀,蕭山人。"

有書覆金鎮,言及《淮西二碑稿》事。

《復汝寧金使君》:"使君于我厚矣!向道養窮士如釋矢,決則邇之,釋則遠之。今知不然,譬如繳矢,近則欲其可遠,遠則欲其可近。僕雖寡情,豈能暫忘此一綫耶?賢季開藩中州,早知使君當引嫌,昨聞潭屬仍寓貴治,可稱田使君在郡,似一家人。第不審何時赴都,要當車下一把彗耳。《淮西二碑》稿,近始索得,段稿亦欠善本讎對,各多書一本,用備討擇,想當屬之後任者。"

按,"賢季開藩中州",指金鎮弟鉉遷河南布政使事。雍正《河南通志》

卷三十五:"(承宣布政使)金鉉,直隸宛平人,進士,康熙十一年任。"
書張司獄贈言册子後。

《書張司獄卷册子後》:"江寧張司獄,世傳其有隱德……予至江寧……張君彙贈言爲册子,索予書,遂書之,且告世之典獄者。"

張司獄,未詳何人。

約於是年,何元英有書寄先生,慶先生得子。先生以札答之。

《覆何戶部》:"足下乃稱僕文有名,并慶得子。古來名必起都下,故以相如之才,尚屢赴長安,而後名聞於天子。僕裹足帝京,兼不好交近貴,論文則名日銷落。……至謂得子,則子虛之甚,益驗所傳皆訛也。僕東西無著,生子之人,且不能得,安從得子?去年京兆書來,傳足下誕馨,此實有之。"

作《壽烟客高峰喬岫圖軸》。(《歷代流傳書畫作品編年表》第150頁)

周亮工卒。蔣超卒。黃子錫卒。劉昌言卒。

汪景祺生。方棨如生。

【時事】 四月,因江南連年水旱灾,命暫停徵收以前拖欠錢糧。八月,義王孫徵淳卒。十月,以徵淳弟徵灝降襲慕義公。是年,廣東平遠周海元聚衆起義,由長寧、安遠進攻會昌等地,兵敗被殺。

清聖祖康熙十二年　癸丑(1673)　五十一歲

沈胤範招赴京師,不果往,覆書謝之。

《墓碑銘一·刑部廣西清吏司主事沈君墓碑銘》:"君典江南試……次年,招予於京師,不果。"

《書一·復沈九康臣書》:"累接來章,并諷妙句。知文衣在御,猶戀烏裘……陟接來示,乃知秫稜之書,未經栖目;山陽之笛,居然在耳。"

十月,金鎮補任揚州府知府,作文贈之。

《序三·贈汝寧金太守補任揚州序》:"予去汝寧之明年,汝寧太守金君以滿俸例遷諸道副史,會其弟方伯補藩河南,君引嫌請辭。遂於次年十月,補揚州太守,計其爲太守已十六年矣。"

按,乾隆《江南通志》卷一百八《職官志》:"(揚州知府)金鎮,浙江人,舉人,康熙十二年任。"汪懋麟《百尺梧桐閣集》卷十一癸丑稿《送金長真太守之任揚州三首》。知金鎮補揚州太守的時間爲康熙十二年。

十月,史廷柏與夫人徐氏六十雙壽,作文祝壽。

《序四·史訥齋先生偕德配徐夫人雙壽序》:"今年冬,先生歲六十。夫先生則又已六十矣。當先生弱年,蜚聲文林……會先生德配徐夫人以偕老同齒,設兩坐於絳紗之內,再拜起立。"

按,史晋纂修《蕭山史氏宗譜》卷十四《奉贈訥翁史先生暨德配徐夫人偕壽小引》載先生此壽文,末署:"康熙十二年歲次癸丑孟冬月,西河全學弟毛奇齡頓首拜撰。"

冬,與王先吉飲周鼎泰志雪堂。

王先吉《容安軒詩鈔·同毛大可飲周子鉉志雪堂》。

冬,周鼎泰游天台山,爲文記之。

《周子鉉游天台山記事》:"周子鉉,學道人也。顧年少,足不逾閫外。癸丑冬,予遇於城東之酒壚。見其負卧具,探橐中錢,若將賈航頭夜行。……及詢其所之,則曰:'游天台也。'台,距此五六百里。……予嘗慕天台之奇,思一紀其勝,而久而不得。及讀孫興公《賦》,知興公亦未至,而圖其狀而賦之。今子鉉所游,自栖溪以往,凡四明五界、九里萬年,無不造其幽而窮其秘。……距子鉉所游甫一月,而章安兵起,後遂有不及游者。"

姜希轍輸貲爲先生復廪監生籍。

盛唐《西河先生傳》:"至是,赦屢下,救先生者日益至,黄門姜君直以原名據原廪生籍輸貲入國子例,名曰廪監。"

按,全祖望《鮚埼亭集外編》卷十二《蕭山毛檢討別傳》:"於是由愚山以得通於鄉之先達姜公定庵,爲之言於學使者,復其衣巾。然懼其復陷下等,卒令定庵爲之捐金入監。"全氏所述不足信,由此可見一斑。姜希轍與先生爲同鄉,先生避人前,在姜希轍宅設館授徒,見本譜"順治十八年"條。非由施閏章得交姜希轍,明矣。

盧宜典教蕭山,執贄復業,有詩贈盧宜。

《七言古詩十一·衔魚篇贈廣文盧先生》。

按,《墓志銘十六·皇清敕封文林郎弗庵盧公墓志銘》:"予避人東歸,在康熙一十二年。值邑之師氏爲定海盧公,以丙午中式第五人解省,典教蕭山。予執贄復業。"全祖望《鮚埼亭集外編》卷十二《蕭山毛檢討別傳》:"顧以不善爲科舉文,試下等者再。時蕭山司教者,吾鄉盧君函赤,名宜,憐其才,保護之。"

康熙《蕭山縣志》卷十六:"(國朝教諭)盧宜,鄞縣人,十一年任,由舉人。"

盧宜(1629—1708),字公弼,又字弗庵,號函赤,浙江鄞縣人。康熙五年(1666)舉人。歷蕭山縣教諭、嘉善縣教諭,遷鎮遠縣知縣。著有《鴻迻堂集》。(乾隆《鄞縣志》卷十七)

繼子毛珍死,爲銘墓。

《墓志銘十·瘝珍志銘》:"兒珍,三先兄子也。予出游時,恐從此不得歸,是以後予。……予歸,而珍以瘝死。……然則予之歸日,正兒之死期也。哀哉！珍七歲後予,十八歲死。"

應吕治平之請,爲其曾祖吕覺我傳作序。

《序三·海寧吕覺我先生傳序》:"少受《四書訓解》,師曰:'此海寧吕先生之書也。'既長,習制義赴試,因得從家兄受海寧吕雍時所錄行卷,兄曰:'雍時者,吕覺我先生之曾孫也。'……癸丑冬,予遠游歸,距昔受書時已三十餘年,而雍時貽先生傳來,屬予爲序。"

吕治平,字雍時,浙江海寧人。官德清訓導。(乾隆《海寧州志》卷九)

蕭山長巷沈氏修族譜,爲作序。

《序二·長巷沈氏族譜序》:"邑之望族,推長巷沈氏。……度支文學修譜,在壬子歲,越一年,命序,謹序如右。"

爲文記范鋐入川事。

《范鋐入川勒石記事》:"越一年,予還里門,而鋐負木歸,艤舟西陵,訪予於城東之故廬,值予他出……而屬予記其事。鋐三十五年中,凡四入川,不達,暨可達,而祖母與母皆老,……故鋐入川時已老云。"

爲周鼎泰所藏董文敏臨《聖教帖》題詞。

《題周子鋐所藏董尚書臨聖教帖》:"此本幼見之黃刺史家,今復爲子鋐所有。子鋐妙書法,得此,恍右軍之洛,得梁鵠書,欲令書法不精進,不得已。"

跋陳洪綬詩。

《陳老蓮詩跋》:"姜綺季,老蓮老友也。與晨夕處,遇有題,輒記之,久得若干首,匯爲一卷。老蓮見之,喜而爲之序。自予選越詩,付此稿來,今二十年矣,老蓮死二十二年。綺季與予各出游,亦不減十四五年,友人有請刻老蓮詩者,仍付之去。世但知老蓮畫,不知其詩。"

按,據前譜,知陳洪綬卒於順治九年壬辰,據文中"老蓮死二十二年"推之,知作於本年。

應任四邦之請,爲其叔父叔連遺墨題記,并題其家藏劉伯温札記卷子。

《書任叔連遺墨後》:"此叔連君遺墨也。……康熙癸丑,予還舊廬,其猶子青岩君,拾其遺墨數番……毛甡記。"

《任氏家藏劉誠意札記卷子書後》："予從澹生孝廉觀其所藏先人元禮公與故明劉誠意往來寓復并誠意投贈卷子……迄觀青岩所藏卷,則益驗元公之賢與後人之能世守,均可念矣。……同里後學毛甡謹記。"

任四邦,字屏臣,號青岩,浙江蕭山人。著有《青岩吟稿》。(阮元《兩浙輶軒錄》卷三)

金九洲母蔡氏壽辰,作文祝壽。

《序五·金母壽序》："金母蔡夫人,雷甲族也,會稽金君九洲,當明崇禎間,隨其從父宦於雷,鼎革之際,從父殉國,則金君家焉,因娶母。……癸丑夏,謀所以設母悅者。"

金九洲,浙江會稽人。生平不詳。

約於是年,作《會稽縣志總論序》。

《序六·會稽縣志總論序》："康熙壬子,再修志,會守令遷革不以時,典之者異首目,一時博雅執掌故諸弟子,各游散滯四方,遂不得一與較核。暨稍歸,而志成。"

是年前後,有書寄嘉定知縣趙昕。

《書一·與趙明府書》："曩者運會之季,曾束髮與吳越諸君子角逐藝林,爭長篇帖。伊時便知禹航有趙我惟先生,其制舉文字為鄉邑所誦稱。此足下之伯氏也。繼即聞足下名,見足下制舉文字亦為鄉邑所誦稱,詢之知者,曰:'此向者我惟先生之弟也。'第艱於一見,邑壤隔矣。……敝郡拙選,久無覓理。昨貴宗棠溪公,甡受恩有人也,云足下故亦需此。"

乾隆《江南通志》卷一百八:"(嘉定知縣)趙昕,餘杭人,進士,康熙八年任。"嘉慶《餘杭縣志》:"趙昕,字雍客,……最之弟也。幼工制舉業,兼善詩古文詞,與兄先後名噪於時。順治辛卯中亞魁,辛丑成進士,授官嘉定。"另據民國《杭州府志》卷一百三十四:"趙最,字我唯,餘杭人。崇禎十六年進士,司理汀州。"

宋琬卒。祁班孫卒。歸莊卒。

【時事】 十一月,吳三桂因清廷意欲撤藩而起兵反清。十二月,索額圖請誅主張撤藩之人,康熙未允。十二月,清廷率軍討吳三桂,拘禁居住京城之吳三桂子吳應熊及其隨從人員。同月,楊起隆詐稱"朱三太子",謀起事於北京,事泄敗亡。

按，蔡仲光《謙齋文集》卷七《王自牧集杜序》："己酉秋冬之際，王子自牧游燕，往返僅三匝月。……忽遽間已集杜句，成詩百數十餘首。"知王余高集杜詩在康熙八年己酉，時先生遠適淮西，序當於本年歸里後所作。

四月，胡璲宅被竊，先生聞之，作詩嘲之。

《七言古詩六·嘲胡東岩被竊詩》序曰："甲辰首夏，胡子東岩從郡歸。夫何暴客者伏隱東岩之室，竊貲以奔。西河毛甡聞而笑之曰：'東岩有十盜而無四封，向氏探其前而司屬不得揭其後，東岩殆困哉！'……于是慰其薄失而嘲以放言。"

按，"甲辰"，當爲"甲寅"之誤。據前譜，康熙三年甲辰，先生尚流亡淮安，故繫於此。

胡璲，字玉叔、匡叔、方叔，號東岩，浙江蕭山人。生平不詳。(《胡方叔字說》)

夏，謁朱玉貞，點定其詩。

《序十·朱斯佩五律遺稿序》："予詣斯佩，斯佩出五字律一百餘首示予。時盛暑，設床坐林下，索予點定其詩，逮晡而別。"

九月，徐釚作詞見憶，和韵答之。

《填詞五·惜分飛·答吳江徐菊莊見憶原韵》。

秋，方象瑛、毛際可避亂入杭。

方象瑛《健松齋集》卷六《思古堂雅集記》："余自甲寅秋偕毛會侯之避地西陵，播遷之餘，惟詩文、朋友稍慰晨夕。"王嗣槐《桂山堂詩文選》卷二《送毛會侯北上補官序》："歲甲寅，毛子會侯避寇亂，僑居省城之慶春門，去余北郭草堂十里許。"

與胡璲、王雅禮見田鳴玉於吳山。

《序十六·田子相詩賦合集序》："向從胡氏東岩、王氏文叔見子相於吳山之岑，爾時子相未弱冠也。"

王雅禮，字文叔，浙江蕭山人。著有《嵩峰橋詩》。(阮元《兩浙輶軒錄》卷四)

田鳴玉，字子相，浙江山陰人。著有《岊瞻樓詩鈔》。(阮元《兩浙輶軒錄》卷十三)

爲王雅禮詩貞子題詩，蓋在此際。

《題王文叔詩頁子》："文叔身隱而文，遨游吳、楚諸侯間。吳、楚諸侯爭欲傳其詩，因刻詩。……少與文叔共鉛槧，長各游散，不相倡酬者已二十年。……近文叔制《樂辭》一卷，陵轢漢、魏。"

胡璲更字方叔,爲文記之。

《胡方叔字説》:"胡方叔,初字匡叔,以兄弟多人,有似匡裕兄弟,故云。觀其別字匡岩,可知也。然其初本字玉叔,玉叔名璲……因號東岩。吾嘗作《東岩先生被竊詩》以嘲之。……方叔之爲匡叔,爲玉叔,爲匡岩子,爲東岩先生,而終成其爲方叔者。……作《方叔字説》。"

施閏章有詩寄揚州知府金鎮,詢及先生。

施閏章《學餘堂文集》卷二十八《寄金揚州長真》:"學使一席,近代已成金穴,即以伯夷處之,人必目爲盜跖。向來不幸涉足,至今爲累,公私屬目,交責環向,歸田八載,埽地赤立。家本農人,爲老農畢世足矣。所未能忘者,拙文百餘篇,詩近五六百葉,向在官,固靳不與人刻,今坐困如枯魚,二三知交,醵金灾木……毛西河今尚在署齋邪?"

按,康熙六年,施閏章因裁缺歸里,據文中"歸田八載"語,知作於本年。

許弘勛官紹興府知府,作詩贈之。

《七言古詩十二·越州太守行爲許使君夫子作》。

雍正《浙江通志》卷一百二十二:"(紹興府知府)許弘勛,遼陽人,康熙十二年任。"

許弘勛(1643—1692),字元功,盛京遼陽人。康熙三年(1664),以父蔭授刑部陝西司員外郎。四年(1665),升兵部車駕司郎中。七年(1668),調順寧府知府。十二年(1673),補紹興府知府。十四年(1675),升浙江按察副使。二十二年(1683),補福建按察副使。二十三年(1684),升陝西布政司參政。二十六年(1687),升雲南按察使。三十年(1691),升河南布政使。(邵廷采《思復堂文集》卷三《河南布政使許公傳》)

赴許弘勛飲席,有詩贈歌婢。

《五言律詩一·許使君歌席》《贈許使君小歌婢》。

觀徐昭華畫,作詩贈之。

《排律六·觀徐昭華畫障作》。

《詩話》一:"昭華未師予時,予別有《觀昭華畫幛》詩曰:'吾郡閨房秀,昭華迥出塵。書傳王逸少,畫類管夫人。紫水和泥染,青山帶露皴。蝶衣聯繡褶,花片漬朱唇。閣上烟雲曉,階前草木春。祇愁頻對鏡,圖作洛川神。'此詩頗傳人間。後昭華畫真有追管夫人處,詩之實事求是如此。"

徐昭華,字伊璧,浙江上虞人。徐咸清女,駱襄錦妻。工詩,有"徐都講"之稱,著有《徐都講詩》一卷,附刻《西河合集》卷末。亦工書畫,尤工畫

蝶。（馮金伯《國朝畫識》卷十六）

徐昭華見先生詩，欲師事之。

《碑記三·傳是齋受業記》："予避人時，以詩傳人間，人爭誦之，愛予者至爲予鏤板使行遠。……予友徐仲山曾得予印本，藏之家，其女昭華者好之，請於父曰：'吾讀唐後詩，不愜於心，獨是詩者，歘然若有會，吾思以學之，而不知其爲何如人也。'父曰：'嗟乎！此吾友西河者也。其人窮於時，流離他方，吾方欲爲文招之，而若好其詩，他日歸，吾請爲若師。'女曰：'諾。'其後予歸里，而仲山貽予昭華詩。予讀其七絕，大驚，以爲吾向學唐人詩時，偶有得，庶幾類於是，今不能矣，而若人能之，吾不信閨閣中果有是。仲山曰：'是人已師子，故詩頗類子，而子翻未之知耶？且安見閨閣中必無是也？'"

和徐昭華《青未閣十景》詩。

《七言絕句七·青未閣十景之二和徐昭華作》。

單隆周《雪園詩賦初集》卷十五《和青未閣十詠》序："余友徐仲根題所居南樓曰'青未了'，蓋取工部'望岳'句也。其嫂氏及子女輩俱工吟咏，即斯樓爲妝閣，遂有《青未閣十咏詩》，唱和成帙。憶辛卯，嘗過仲根，登樓吟嘯，面面皆暢，今二十餘年矣，睹詩憮然，遂有此和。"蔡仲光《謙齋詩集》卷七《同青未閣十景》、王先吉《容安軒詩鈔》七言絕《青未閣十咏》均作於本年。

康熙《會稽縣志》卷第五："青未了閣離縣三里，兵部侍郎徐人龍肄業。"

送乾公和尚赴揚州天寧寺，有書寄揚州太守金鎮。

《寄揚州太守金使君》："揚州佳勝地，得使君居上頭，元龍、永叔豈復有前徽也？……中春遣使過，而阻於兵行，今則日尋山鞠窮矣。西陵道傍，從戈甲中送乾公赴天寧。"

《序十二·募建天衣乾公骨塔疏序》："……又既則送乾公住揚之天寧，時兵戈滿前，植錫於西陵之路傍，從容告別。"

與何靜子游，觀何靜子所藏書目，爲作序，并爲何氏宗譜撰序。

《序一·存心堂藏書序》："吾郡藏書，推梅市祁中丞家。……及觀何子靜子所藏書目，嘆故鄉無書，猶有充積如是家者。……世有以海內書府見詒者，予必以存心堂應之。"

《序一·芹沂何氏宗譜序》："何氏宗譜，創之六世侍御公。……何氏在蕭凡六世，而侍御公始爲之譜，則前此已闕也。又六世，而經察公續爲之譜，則後此又宜慎也。故何氏自浦江來遷，肇居西河，及其既而始遷芹沂。乃其間門閥相仍，入三臺者數世，列諸曹寺者又數世，然總曰芹沂,著有辨矣。……甥先運同公與侍御公同學,而先教授公則侍御公女孫夫也。既忝世誼,而何氏知名士則盡爲甥友,故因静子所示譜而序之。"

何静子,浙江蕭山人。生平不詳。

過任辰旦書館,憶少時同硯任辰旦、王先吉、韓日昌先後通籍,感己之落魄。

《排律二·過任四辰旦書館因憶王十六先吉韓十七日昌并於此館同受書家兄門下今三君皆先後通籍而予獨羈遲於此徘徊睹觀遂有斯咏》。

爲王子懷《鑒園詩》作序。

《序一·鑒園詩序》:"王子懷從游於亡友北沙之門……爲《鑒園詩》。……而予選孚先、德孚詩爲《江園二子》,在乙未歲。今江園二子,或存或殁,介於顯晦者已二十年,而予以出走之餘,乃復爲子懷序《鑒園詩》,詩雖和平,然欲不因爲感嘆,又豈可得哉?"

九月二十七日,與任四邦、張百修訪釋本雲、釋本圜,復過楊雲士齋看菊。爲楊雲士《楊園藝菊詩》作序。

《七言古詩十二·甲寅九月廿七日同任青岩張百修訪放莽蛤庵兩和上復過楊雲士齋看菊漫賦》。

《序九·楊園藝菊詩序》:"今楊子雲士好藝菊,其爲種不越數十,而擇其株好而色殊者,且區蒔得法,漱溉摘掇,歲勞而日瘁。凉秋花發,菶茸滿堂,觀者數百里争造其下,一至再至,悉流連把玩而不能去。於是有貽其咏吟以志勝者,久之成集,而命予序首。"

釋本圜(1632—1685),湖廣人。年十六,謁僧明然,削髮入空門。參報恩通禪師,會報恩赴世祖章皇帝召,携師入京,侍萬善殿。康熙二十四年(1685),康熙帝召見師於玉泉行在,賜飯,命賦詩。(方濬師《蕉軒隨録》卷七)

釋本雲,字放庵,湖南長沙人。(鄧顯鶴《沅湘耆舊集》卷一百九十二)

張百修、楊雲士,生平不詳。

秋,福清禪院修復,爲文記之。

《碑記三·修復福清禪院碑記》:"今年秋,周子子鉉携西溪僧來,謁予爲記,曰:'予方游福清,而福清院主介香城院主以記文請。'……今律僧自慧偕其徒濟生,竭蹶丐募,仍還故觀。凡殿堂寮舍,趺蓮承藻,魚羸鐘杵,巾盂幢幕,燦然一新。"

友趙甸卒,爲文狀其遺事。

《事狀一·趙孝子遺事狀》:"予與山陰趙甸游……甲寅,甸死。其門下士劉世洙已爲之傳,名《趙孝子傳》,予采其遺事而狀之。"

邵廷采於董瑒處得先生文集,驚其雄博無涯涘,考核精嚴。

邵廷采《思復堂文集》卷七《謁毛西河先生書》:"迨十三年,避寇入郡,始得先生之文集於重山董先生所。伏讀深思,不能名狀,但驚其雄博無涯涘,考核精嚴,諸體具備。歷觀當今作者,本原之大未有過於先生。"

王克華游杭州,爲其《游草》作序。

《序九·王憲鄰游草序》:"與憲鄰相别有年,聞其東來,惟恐顛毛乍改,相見不識。……及予見憲鄰,而形容粹然,仍如城北徐公者。獨新詩之美,較勝疇昔,驟讀之,幾至不辨。……方予以避人渡淮,而憲鄰勞之,惟時賣餅淮市,未遑出而偕憲鄰倡且和也。及其後,漸聞憲鄰詩流傳東南間,窺其所貽什,意旨厚矣。……今憲鄰來越,予復渡江,而憲鄰東西流覽,不能忘其地,而爲之賦詩。"

王克華,字憲鄰,江蘇山陽人。(宣統《續纂山陽縣志·藝文志》卷七)

戴金游杭州,爲其《詩稿》作序。

《序九·淮陰戴龍質詩稿序》:"予以避人之淮陰,淮陰友人爭邀致其家而進以食。……特不見者十年,幸得一見,感生於神明,喜達於色景。……予愛龍質,即宜愛其詩,不問其詩之當與不當,而一以愛之,而予於龍質,則反有推求而不能已者。"

劉漢中輯倪之煌《遺集》成,爲作序。

《序九·東昌倪天章遺集序》:"方予避讎時,皷管渡淮,淮之君子爭裹飯飯之,而其載之車而藏之壁者,則天章也。天章以東昌名士,亦不得志而居淮,驚翔之鳥,同集於瀨,其意氣相得,豈顧問哉?……乃天章以不得於家人,還歸東昌,既而又徙之彭城,憂死於雲龍蜿蜒之間。予在途聞之,仿徨哀哭。……今勃安輯天章集,而貽予屬序。"

秋,兀庵、節岩、釋本圜同集净土放和尚,各賦詩見懷,奉答長律。

《七言排律·兀庵節岩蛤庵同集净土放和尚許各賦詩見懷奉答長律一十二韻》。

十月,過無錫,訪知縣吳興祚。時吳已遷行人司行人,將次赴都。

《排律三·過訪無錫縣吳興祚明府有作時已遷行人將次赴都》。

吳興祚(1632—1698),字伯成,號留村,浙江山陰人,漢軍正紅旗人。順治七年(1650),由貢生授江西萍鄉知縣。十二年(1655),任山西大寧縣知縣。順治十八年(1661),遷山東沂州知州。康熙二年(1663),降補江南無錫縣知縣。十五年(1676),以軍功平閩,擢福建按察使。十七年(1678),擢福建巡撫。二十年(1681),擢兩廣總督。二十八年

(1689),降調。三十一年(1692),授歸化城副都統。三十六年(1697),大軍征噶爾丹,命復還原職,未幾,卒。生平好晉接交游,暇則詩文觴咏。及罷官,乃不能給衣食,至死,人皆痛之。著有《宋元聲律選》《史遷句解》《粵東輿圖》。(秦松齡《蒼峴山人文集》卷六《副都統前光禄大夫總督兩廣軍務兵部尚書兼都察院右副都御史正一品世襲拜他喇布勒哈番又一拖沙喇哈番留村吳公行狀》、嘉慶《山陰縣志》卷十五)

爲無錫縣麗譙樓題詩。

《七言排律·題無錫縣麗譙樓十二韵并呈吳明府》。

過南京,值丁胤九十,作詩祝壽。

《七言絶句三·秦淮老人》,詩後金炯識語:"此贈丁寄枝詩也。丁九十,所藏多諸公贈詩,有《秦淮老人》卷。"

按,王士禎《帶經堂集》卷四十二《游牛首山記》:"乙巳五月,始謝吏局,稱金陵寓公。……秦淮老人丁繼之,年八十有一,尚饒濟勝之具,許爲鄉導。"乙巳年爲康熙四年,時年丁胤八十一,推之,知本年九十。平步青《霞外攟屑》卷五《字號假借同音》:"丁允,一字繼之,《西河合集》七言絶句卷三《秦淮老人》後金子玼評語作'寄枝'。此類或一時筆誤,未可徵引,以爲皆假借同音也。"

十月,過揚州,值金鎮修復平山堂,有詩詞記事。

《排律四·揚州金太守修復平山堂燕集和曹侍郎韵》。

《填詞五·朝中措·平山堂續詞》序曰:"揚州平山堂傾廢久矣!康熙甲辰冬十月,予過揚州,值太守金君從故處建堂,命予以酒,且勒歐陽修《朝中措》原詞,使坐客續其後。予思歐陽公贈劉原父時,平山欄檻方盛,然猶眷念手植,若有感於春風之易度者。況距公千載而興是堂,其藉於世之爲原父豈鮮也?因被醉書此詞,附坐客後。"

按,"甲辰"當爲"甲寅"之誤。楊鍾義《雪橋詩話餘集》卷七:"國初,平山堂久圮,汪蛟門於康熙甲寅、乙卯間與金長真太守修復。"汪懋麟《百尺梧桐閣文集》卷三《平山堂記》:"十二年秋,山陰金公補揚州……會余丁先妣憂,歸里……於明年之七年經始,於九月告成……公置酒,大召客,四方名賢結駟而至,觀者數千人。"知平山堂修復於康熙十三年甲寅秋,與毛詩中"淮西三歲别"合。

嘉慶《揚州府志》卷三十一:"平山堂在郡城西北五里蜀岡上大明寺側。慶曆八年二月,歐公來守揚州時,爲堂於大明寺之坤隅。江南諸山拱揖檻前,若可攀躋,故名。……國朝康熙壬寅,土人變制爲寺,以堂爲前殿,而堂又無復存矣。癸丑,山陰金鎮知揚州府事,邑人汪主事懋麟謀重建,經始於甲寅九月,告成於十月。"

金鎮重勒蘇軾與歐陽修詞,填《西江月》續之。

《填詞五·西江月·續東坡詞》序曰:"此予續東坡詞也。東坡憶歐陽公而爲是詞,予復憶坡而重續其詞。雖然,予豈能坡哉?太守金君重勒坡詞與歐陽公詞并列,故予并續之云爾。"

在金鎮署,與汪懋麟論宋詩。

《詩話》五:"嘗在金觀察許,與汪蛟門舍人論宋詩。舍人舉東坡詩'春江水暖鴨先知''正是河豚欲上時',不遠勝唐人乎?予曰:此正效唐人而未能者。'花間覓路鳥先知',唐人句也。'覓路'在人,'先知'在鳥,以鳥習花間故也。此'先',先人也,若鴨,則先誰乎?水中之物皆知冷暖,必先以鴨,安矣。且細繹二語,誰勝誰負?若第以'鴨'字、'河豚'字爲不數見,不經人道過,遂矜爲過人事,則江鰍、土鱉皆物色矣。時一善歌者在坐,觀察顧曰:詩貴可歌咏,若'河豚'句,似不便咏吟,試倩善歌者歌之,能脱嗓否?各笑而罷。"

王士禎《帶經堂詩話》卷二十七《笑枋類》:"蕭山毛檢討大可生平不喜東坡詩,在京師日,汪季角舉坡絶句云'竹外桃花三兩枝,春江水暖鴨先知。蔞蒿滿地蘆芽短,正是河豚欲上時',語毛曰:'如此詩,亦可道不佳耶?'毛憤然曰:'鵝也先知,怎只説鴨?'衆爲捧腹。"

按,先生文"嘗在金觀察許",王文言"在京師日",所記地點不合。兹以毛氏所記爲準。據拙著《汪懋麟年譜》"康熙十三年"條,本年汪氏丁内艱家居,先生本年冬過揚州,蓋於此時與汪懋麟論坡詩於金鎮署中。

汪懋麟(1639—1688),字季角,號蛟門,又號十二硯齋主人,晚號覺堂,江蘇江都人。康熙二年(1663)中舉,六年(1667)中進士。八年(1669),授内閣中書舍人。二十二年(1683),補刑部浙江清吏司主事,以徐乾學薦,入明史館充纂修官。二十三年(1684),中蜚語罷歸。著有《百尺梧桐閣詩文集》《百尺梧桐閣遺稿》《錦瑟詞》。(拙著《汪懋麟年譜》)

作《重置掩骼公田碑記》。

《碑記三·重置掩骼公田碑記》:"今恒鑒弟子圓行潛先業之墮,募諸善信,遂合虞君咨牧、吴君飛羽、金君自昭、劉君孟雄、姜君汝皋輩同爲信施,置公田如干畝,就城闉山麓,塗其坎而覆以龕。坎如干骨,地如干坎……捃拾道路之不藏者,穴龕以下,畝鍾所息,出入惟記,如是有年。康熙甲寅,剡川上下山寇竊發,延燎不揃,遂至薄郭。時官兵驅殺,多所俘鹵,而城南居民有在鹵中者二十餘人。圓行傷之,嘆曰:'埋死與救生,一也。'遽鬻田請贖。……山陰何君調之爲鹽運司判官,算商於揚。圓行丐姜京兆書,持缽竟往,謁君於真州,而告其事。君慨然予金如干,且握其手曰:'師當再來。'歸,復置田如干畝,重爲掩骼,而請記之石。"

是年前後,爲金炯《詩集》作序。

《序一·金子㽵詩集序》:"子㽵爲制舉,制舉工;爲詞,詞工;進而爲文賦,則文賦無不工。若其詩,則爲之有年矣,世皆知其工。……世謂子㽵得家學,其大父京兆公、外大父馬少參公皆有文名,母太君静因,集名'遂閑'。今其舅氏馬子玉起詩類劉隨州。若弟子藏,則所稱進士工詩者也。"

金炯(1636—?),字子㽵,浙江山陰人。(金烺纂修《山陰賢莊金氏家譜》)

是年前後,爲蛤公和尚《湘溪集》作序。

《序五·湘溪集序》:"《湘溪集》者,蛤公和尚所爲詩也。蛤公生江陵,長參諸方,驅錫燕、齊、吳、楚之間。其既也,從平陽受信器,應分寧席,而第以初時避地在永興也,永興有湘湖,因名'湘溪'。……予選蛤公詩,兼付剞劂,而重述予言以爲之叙。"

是年前後,爲景文和尚詩集作序。

《序六·景文沙門詩集序》:"景文斷乳爲沙門,未嘗誦儒者書也,而能詩。……景文,平陽孫,本師破堂,今來參湘溪,湘溪者,破堂之弟,今能詩家所稱蛤公和上者也。"

是年前後,爲張赤遥《七哀詩》作序。

《序五·張少尹七哀詩序》:"張少尹君曾隨其從祖憲副君宦京洛,交天下士大夫,予于是時得一遇少尹君。迨少尹君宦吾浙,復宦吾邑,則予游瀨上始矣。……君原有詩集,名'赤遥集',赤遥,其字也,予序之。今附詩於集而别爲一卷,覆命予序,故序。"

張赤遥,生平不詳。

是年前後,爲任四邦《吟稿》作序。

《序一·青岩吟稿序》:"青岩先生工文章。自申、酉以後,往往爲詩,雖其始類有所托,而因情寄興,輾轉益工。……顧青岩不欲以詩示人,其趨庭善述,惟恐積久未章,先臚其什一,以問於世。"

是年前後,與齊岱游,爲文記其母賢節事。

《特旌賢孝節壽齊母録》:"賢孝節壽齊母者,鄞張姓。康熙八年,其子寅與岱以母節狀白鄞令,令白之學使者,學使者按令甲請旌,遂旌曰'賢孝節壽齊母',歲給薪米、燭炭并《時憲曆》有差。……蕭山毛甡曰:'予方與岱游,而岱兄寅已謝世,然母强如故,此可謂非壽乎?……'岱以母狀請牲傳,謹節錄其概如傳。"

是年前後,爲駱復旦詩集作序。

《序六·駱叔夜詩集序》:"叔夜以詩古文辭會天下豪俊,天下豪俊翕然歸叔夜。……吾聞叔夜在北寺時,其所治署有老親,齧指悲哀,誠恐晨夕不繼,見爲倚閭憂。其爲詞痛心,難以盡聞。及再令崇仁,重罹網罟,則子長縲絏,幾陷不測,生平交游,多至有掉臂去者。……予久蒙念訊,往欲以書報少卿,而未能也。"

是年前後,爲王雅禮《嵩峰樓稿》作序。

《序六·王文叔嵩峰樓稿序》:"世惡吾言,吾復以言爲世罪,肱其篋,焚其書辭,知與不知者,咸誡且訕,以爲今而後,當勿復令是家爲文。而文叔坦然示《嵩峰樓稿》,以較以叙。"

是年前後,友人新刻《銅圖石經》,爲作序。

《序一·新刻銅圖石經序》:"《銅圖石經》者,宋天聖中禁方書也。範銅象人,分布腧穴於其身,而畫之竅之,且制《經》三卷。……友有刻舊本《圖經》三卷授予叙者。……《銅圖石經》者,勒石者也,銅則猶未也。今天下莫不好生,而湯液多方,至針燎常不得其法,吾勒之以傳世,豈無範銅而起者乎?"

是年前後,爲蔣曾策詩集作序。

《序三·雲間蔣曾策詩集序》:"予昔交杜陵,愛其言詩,然不相見者且十年也。今既見杜陵而讀杜陵詩,稱善,及其既也,又讀杜陵之子曾策詩,又稱善。"

是年前後,爲朱虚《曆法天在》作序。

《序七·曆法天在序》:"朱先生少參分守吾郡,留心於天文家言。其所論著者,曰'坤乾',曰'陰陽',曰'奇門太乙',皆有成書,而尤於分天轉曆之術稱爲至精。蓋其得之於家之所傳。……予井觀有年,不辨早晚,而先生不以予固陋,馳書使,束册載幣,立取予一言爲序。予嘗窺舊曆,與郡之士大夫追論三五,皆云西曆最良。……先生論著雖半爲先世指授,而隨在參訂,不遺一得……名曰'天在'。"

【時事】 二月,吳三桂部陷長沙、岳州諸地,進襲江西。四川提督鄭蛟麟、廣西將軍孫延齡等先後響應。三月,耿精忠據福州反清,遣兵攻掠江西、浙江等地州縣。六月,鄭經取泉州、漳州,次月取潮州。十二月,陝西提督王輔臣叛於寧羌。是年,福建、江西、浙江等地民衆乘機起事者甚衆,江南震動。

清聖祖康熙十四年　乙卯（1675）　五十三歲

春夏間,張杉赴汝南尋先生,遇於城南之蔣亭。

《墓志銘十四·山陰張南士墓志銘》:"康熙十四年,南士過禾中,聞牲在汝寧金使君署,念甚。遂獨身持被,涉江溯淮,由潁、亳而西,直趨汝寧。遇於城南之蔣亭,相抱痛哭。曰:'國家屢有赦,籍簿已滅,怨家亦散亡盡,黄門姜君爲君雪其事,可還矣。'遂大游淮蔡十日,携牲而歸。"按,蓋先生於上年冬重至汝南,或文中"康熙十四年"記述有誤,闕疑待考。

閱元稹《會真詩》,與張杉、金敬敷聯續。

《排律二·聯續元稹詩三十韻一首》序曰:"汝南蔣亭閱唐元稹《會真詩》,深鄙其事,并笑樊川所續不足。因謂元稹非續詩也,即其詩耳,杜則真貂之末矣,擬晚食外重戲續之。會張杉尋予蔣亭,與金公子敬敷共留倡偶,故知所偶必愈不足,私慶生平既無此事,而古人遭逢乃不幸偶類於是,可以爲恨。"

應張杉之請,爲其亡兄張梯志墓。

《墓志銘一·張梯墓志銘》:"山陰有三張子,張梯、張杉、張楞也。……前此,三張子與蕭山毛牲友善,牲避人渡江未歸,至是,杉尋牲於汝南城南之蔣亭,酒酣,泣曰:'吾四兄死若干年矣……顧無爲之志其墓者,志之者,其在君乎?'牲曰:'諾。'乃志之。君行四,字木弟。"

金鎮遷江寧驛傳鹽法道副使。

乾隆《江南通志》卷一百六《職官志》:"(整飭通省驛傳鹽法道)金鎮,宛平人,舉人,康熙十四年任。"

作《修復平山堂記》。

《碑記七·修復平山堂記》:"平山堂踞維揚之勝,岡巒竹木,蔭映四野。相傳六一守揚時,公事之暇,率賓朋讌集歌咏其内,是以逡巡數世,皆歷歷可紀,而其後不能繼也。……今太守金君自汝南來遷,重守是邦。計之有宋慶曆間,相去甚遠。且治揚甫匝歲,即復遷江南副使,倉卒引去。又其時適當六師張皇、禁旅四出之際,揚之疲於奔命、往來芻秣者,日不暇給。乃登臨感慨,毅然修復於所謂平山堂者,是豈僅爲是游觀地哉?蓋亦有感於前人之所爲,而興而廢,廢而復興,汲汲以成之,惟恐後也。……第堂成,命酒,賓朋歌咏,已非一日。而予以訪舊之餘,續游其地,不期月間,一若賓主去留、後先頓异者,昔人所謂'登斯堂而重有感'也。堂以某年某月成,越一年,乃始飲於堂,而屬予爲記。"

按,汪懋麟《百尺梧桐閣詩集》卷十二甲寅稿《仲冬平山堂落成太守金公招同諸君燕集即席得五十韵》,知平山堂修復於康熙十三年甲寅。據文中"堂以某年某月成,越一年,乃始飲於堂"句,知毛文作於本年。

將入金陵,有詩寄金敬敷。

《排律三·從大江口將入石頭作并寄金二公子敬敷》。

五月,施閏章叔父譽七十四生日,寄詩祝壽。

《七言律詩一·中夏寄贈宛陵施先生初度》,詩末注曰:"先生爲愚山從父,故額云。"

按,施閏章《學餘堂文集》卷十七《先叔父文學公砥園府君行狀》:"公諱譽,字次仲,晚自號砥園。……公生明萬曆壬寅五月二十六日,以康熙己未正月四日考終,享年七十八。"知施譽本年七十四。

六月,施閏章游蘇州,與張杉訪於朱明寺。

《排律二·同南士訪愚山寺寓作》。

按,《詩話》一:"乙卯六月,遇尚白於朱明寺中。"尤侗《西堂雜組》卷四《施愚山薄游草序》:"乙卯六月,施愚山先生自宛陵至吳門。"

同治《蘇州府志》卷第三十九:"朱明寺在府城隍廟西。"

六月,爲曹林滌硯小影題詩。

《七言古詩九·題曹石莊滌硯小影》。

按,葛金烺《愛日吟廬書畫錄》卷三"曹林洗硯圖小像卷絹本"條:"壬子二月十九日,自識於止崔草廬,時年六十有一。"後載毛奇齡與張杉題跋,張杉題跋末署:"乙卯夏杪題,爲石莊道長兄并正,蘭亭弟張杉具草。"毛詩亦當作於本年。

曹林(1612—?),字石莊,又字道存,號石頭和尚,江蘇上元人。住淮安湛真寺、揚州桃花庵。生平喜結文字緣。善吹洞蕭。工畫山水。(王鋆《揚州畫苑錄》卷四)

客蘇州,喜遇金鎮巡驛,作詩贈之。

《七言古詩十二·客吳門喜遇金副使巡驛感贈》。

在蘇州,喜遇郭襄圖。

《排律六·吳門喜遇郭襄圖飲次留贈并謝所貽聯句》。

與施閏章、丁澎、尤侗、徐釚、張杉、郭襄圖、袁駿集宋實穎讀書堂,分韵賦詩。

徐釚《南州草堂集》卷五乙卯《暫歸吳門宋先生招同施愚山大參丁飛濤

儀部尤展成司李暨蕭山毛大可會稽張南士平湖郭皋旭同郡袁重其雅集讀書堂分賦》。

袁駿(1612—約1684),字重其,江蘇長洲人。早歲喪父,傭書養母。以貧甚,母節不能旌,乃徵海內詩文,曰《霜哺篇》。凡士大夫過吳門者,多爲題咏。母老不能行,庭前花開時,負母以看,作《負母看花圖題咏》。(同治《蘇州府志》卷八十八)

爲徐釚《續本事詩》題詞。

《續本事詩題詞》:"吳江徐子電發因有《續本事詩》之選,所以備輯題序,媲諸記事。予惟是近代以來,時移物更,景與會遷。其間閱歷遭逢,感慨都有。……即微斯編,亦必以爲序傳之。"

按,徐釚《本事詩》末曰:"康熙十一年歲次壬子臘月梅花開日,吳江徐釚書於菊莊之香雪窩。"知《本事詩》成於康熙十一年。毛本年游蘇州,遇徐釚,當於此時爲題詞。

徐釚(1637—1709),字電發,號虹亭、菊莊、拙存,晚號楓江漁父、松風老人、菊莊老人,江蘇吳江人。康熙十八年(1679),舉博學鴻儒科進士,授翰林院檢討,與修《明史》。著有《南州草堂集》《南州草堂續集》《菊莊詞》,輯有《續本事詩》《詞苑叢談》《楓江漁父圖題咏》。(徐書城纂修《吳江徐氏宗譜》、秦瀛《己未詞科録》卷三)

爲袁駿《負母看花圖》題詩。

《七言古詩九·題袁孝子負母看花圖》。

釋宗渭赴昆山繭園,與張杉聯句送之,施閏章、丁澎、尤侗、吳綺、錢中諧、蔡元翼俱有和詩。

《五言律詩五·紺上人赴昆山葉太史繭園請席聯句時宛陵施少參臨安丁禮部邗上吳刺史吳門錢明府尤司理蔡茂才俱有和詩》、施閏章《學餘堂詩集》卷三十一《送筠上人自吳門移錫玉峰次大可韵》、尤侗《看雲草堂集》卷七《送筠上人至芋香庵和毛大可張南士聯句韵二首》、丁澎《扶荔堂詩選》卷《和韵送筠上人之玉峰》。

釋宗渭,字筠士,號紺池,又號芥山、華亭船子,江蘇華亭人。清初詩僧,原姓周。少時從宋琬學詩,中年後游尤侗之門。性愛竹。工詩,其詩講究煉字煉句,講究意境渲染。不用禪語而深含禪理,時名甚高。(釋宗渭《芋香詩鈔》卷首宋實穎《華亭船子傳》)

吳綺(1619—1694),字薗次,晚號聽翁,別號紅豆詞人,江蘇江都人。五歲能詩,長益淹貫。順治十一年(1654)拔貢,授弘文院中書舍人,遷兵部主事,歷郎中,遷湖州府知府,因忤上官,被解職。貧無田宅,購廢圃

以居。長於詩,尤工駢體。著有《林蕙堂集》《唐詩注》《記紅集》《宋金元詩永》。(嘉慶《揚州府志》卷五十一)

錢中諧(1635—?),字宮聲,號庸亭,江蘇吳縣人。順治十五年(1658)進士,官瀘溪知縣。康熙十八年(1679),舉博學鴻儒科進士,官翰林院編修,與修《明史》。著有《三吳水利條議》等。(民國《吳縣志》卷第六十六下)

蔡元翼,字右宣,江蘇吳縣人。與顧逸圃、金侃、潘鏐、曹基、黄玢、金貢工詩,時稱"依園七子"。(乾隆《元和縣志》卷二十五、徐崧《百城烟水》卷三)

飲尤侗園林。

《五言律詩四·尤司理園林飲次和韵四首》。

與俞南史、江覲臣、蔡元翼、董瑒送別施閏章。

施閏章《學餘堂集》卷四十九《蔡右宣汪覲臣諸子追送至虎丘毛大可張南士董無休即席有詩贈別》《七言律詩七·同吳江俞麓床赴江覲臣蔡右宣閶門舟集即席分韵是日送施分司還宣州》《七言絕句七·閶門舟集別施使君閏章有感》。

董瑒,初名瑞生,字叔迪,後更名瑒,號無休,浙江會稽人。年七歲,畢讀五經。十歲,能綴文。少時從學劉宗周,預證人會。陳子龍為推官,見其文,以為絕倫。喜言兵事。明亡後,遂隱於僧。(乾隆《紹興府志》卷六十二)

江覲臣,生平不詳。

過吳縣,有詩贈吳縣知縣邵懷棠。

《七言律詩六·贈邵吳縣》。

乾隆《江南通志》卷一百七《職官志》:"(吳縣知縣)邵懷棠,會稽人,進士,康熙十三年任。"

寓邵懷棠縣署,論定《西廂記》。

《兼本雜錄》卷十一《論定西廂記緣起》曰:"已而之吳,寓邵明府署,又凡二十畫,合四十二畫。……蓋既悲時曲之漫填,而又懼是書之將終昧於世也,於是論序之,以存填詞一綫焉。"

《詞話》一:"《西廂》久爲人更竄,予求其原本正之,逐字核實。其書頗行。第中尚有不能詳處。如第四折内,有'和尚們回施些,幽期密約'句,予向所釋,但曰'施僧曰布施,反乞僧施曰回施'。以爲本文已明,不必更有引釋耳。後友人有論及者,堅謂'回'作'曲'解,是委曲周旋意,雜引'回曲'二字作證。曾記《北史》北齊李庶無鬚,人謂'天閹',崔諶嘗戲庶曰：'教弟種鬚法，取錐刺面爲竅，而插以馬尾，當效。'是時崔族多惡疾。庶因答曰：'請先以方回施貴族藝眉，有效，然後種鬚。'蓋惡疾是癩疾，以癩者無眉，故云也。然則回施，反施矣，蔡子伯曰：'施，音賜。今俗稱回賜者。'即回施之謂。尤較直捷，但釋古須有據耳。"

七月，徐乾學母顧氏六十生日，以詩壽之。

《七言古詩十三·昆山徐母顧夫人壽》。

按，徐乾學《憺園文集》卷三十三《先妣顧太夫人行述》："吾母生於明萬曆丙辰七月二十八日未時，終於康熙丙辰十一月初七日辰時，享年六十有一。"知生日在七月；據詩中"猗嗟我母年六旬"語，知爲徐母六十生日作。

八月，丘象升、象隨父俊孫七十生日，作詩祝壽。

《排律六·丘大參年伯七十初度》。

按，錢保塘《歷代名人生卒錄》卷八："丘俊孫，字籲之，號德峻，山陽人。萬曆三十四年丙午八月二日生，康熙二十五年丙寅十月六日卒，年八十一。"知作於本年。

秋，聞沈胤範卒信，哭於旅。

《墓碑銘一·刑部廣西清吏司主事沈君墓碑銘》："君典江南試……次年，招予於京師，不果。又次年，君轉都官，又次年，訃至時，予方游吳門，哭於旅。"

按，汪懋麟《百尺梧桐閣文集》卷五《刑部廣西清吏司主事沈君墓誌銘》："康熙十四年秋七月，聞吾友沈君肯齋殁於官。"

秋，呂洪烈攜邵長蘅《文稿》至，爲作序。并爲邵長蘅《青門五真圖》題詩。

《序九·青門文稿序》："向從《蘭陵文選》中讀邵青門文，嘆其豪上雋永。……今年秋，避人吳市，則遥題其所寄像。所稱《青門五真圖》者，其貌有五，其人蓋可得而見也。既則呂子弦績攜其稿來，曰：'此青門君之文也，盍序之？'"

《五言絕句三·題青門五真圖五首》。

按，邵長蘅《青門旅稿》卷四《毛會侯垂竿圖記》："予嘗命工圖予像，凡五。……時康熙庚戌也。"毛題詩當在康熙九年後，先生本年秋在吳，故繫於此。

邵長蘅(1637—1704)，一名衡，字子湘，號青門山人，江蘇武進人。諸生。奏銷案起，以逋欠被黜。後入太學，試得第一，例授州同，不應。遂淹蹇以終。擅詩文，尤以古文名一時，宋犖以其與侯方域、魏禧爲三大家。嘗與馮景同客江蘇巡撫宋犖幕。著有《邵子湘全集》。(《邵子湘全集》前附陳玉璂《青門山人傳》、宋犖《西陂類稿》卷三十一《青門山人墓志銘》)

秋,與董瑒、張杉、錢霍集曾燦寓宅,分韻賦詩。

曾燦《六松堂集》卷七《乙卯秋日董無休張南士錢去病毛大可集寓齋分賦得殘字》。

曾燦(1625—1688),原名傳燦,字青藜、止山,自號六松老人,江西寧都人。與魏禧、魏際瑞、魏禮、彭士望、林時益、李騰蛟、丘維屏、彭任稱"易堂九子"。少有詩名。明亡後,祝髮為僧,游閩、浙、兩廣,後僑居吳下二十餘年,晚歲客游京師而卒。著有《六松草堂文集》《止山集》《西崦草堂集》等。(光緒《江西通志》卷一百六十九)

過江寧,訪周在浚,為其《記年圖》題詩。重讀其父亮工《畫人傳》,為作序。

《七言絕句三·題周在浚記年圖》。

《序九·畫人傳序》:"予過龍江,見櫟下先生,值先生作《畫人傳》。……今相距七八年,畫人存者若梅村、虞山、浮廬一輩,又相繼亡去,而先生亦逝矣。……雪客承先人遺志,重輯先生集,而是傳稍闕,且有虛臚其名者。予再過龍江,訪雪客於遙連之舊堂,得重讀是傳,而命予以序。"

按,此《畫人傳》即《讀畫錄》。先生曾於康熙七年過江寧,據文中"今相距七八年"語,知作於本年。

周在浚(1640—1697),字雪客,號梨莊,又號耐龕,河南祥符人。周亮工長子。貢入京師,考充國子監教習。康熙二十四年(1685),官太原參軍。著有《雲烟過眼錄》《南唐書注》《遺穀集》等。(嘉慶《重刊江寧府志》卷四十二)

乾隆《江南通志》卷二十五《輿地志》:"(江寧府)龍江關在江寧縣西儀鳳門外。"

值周在浚刻其父《賴古堂文集》成,為撰序。

《序八·賴古堂文集序》:"櫟園先生以少司農出為督糧使,使江淮間,四方之士慕之者争願見先生,舟車輻輳,道路為隘。……西河毛甡頓首撰。"

周亮工《賴古堂文集》卷首周在浚識語:"康熙十四年歲次乙卯,不孝周在浚謹識。"集刻成於本年,先生本年適復過江寧,序亦當作於本年。

過蕭伯升、張芳、吳山濤於長干佛寺,主人出漚藍菜說餅,諸人共作《說漚藍餅》詩。

《詩話》一:"予過西昌蕭孟昉於長干佛寺,適句容張芳、餘杭吳山濤在坐。主人出漚藍菜說餅,坐中共作《說漚藍餅》詩。第'漚藍'無考,或作'吳藍',或作'甌藍',俱無所據。其菜味苦,而滌淘之,香鮮异常。唯秣陵高坐寺中產此物,他處不產。或云:'高坐上人從西方得此種。'……又云:'海中有漚藍國,獻此。'不知孰是。"

張芳(1612—?),字菊人,一字鹿床,又字澹翁,號械庵拙叟,江蘇句容人。順治八年(1651)舉人,九年(1652)成進士。歷官常寧縣知縣、宜江縣知縣。罷歸後,閉户不出,著作甚富。(羅正鈞《船山詩友記》卷十六)

吳山濤(1624—1710),字岱觀,號塞翁,浙江錢塘人。崇禎十二年(1639)舉人,入清後,官甘肅同谷知縣,有政聲,以建少陵七歌堂被誣。罷官後,浮家泛宅,浪游苕霅。工詩,善書法。著有《塞翁集》。(阮元《兩浙輶軒錄》卷四)

與吳山濤互有詩贈答。

《七言律詩九·白下遇吳山濤明府見贈有答》。

爲蕭伯升《硯鄰偶存》《快閣紀存》作序。

《序九·硯鄰偶存序》:"西昌蕭孟昉以豪詄自喜,其意氣卓犖,交游滿天下……予交孟昉有年矣,當予見孟昉於廬陵講堂,相顧忼慨,天下事亦何一足當吾所爲? 今距十餘年,而沈淪往來,重合柴車於長干、雨花之間,慰勞無恙。……孟昉家有別業,其先奉常著書處,則春浮園也。亭臺花竹,甲於江表,乃蕩無一存,而孟昉於通德舊門,別爲營構,名曰'硯鄰'。今《硯鄰偶存》,則所爲文也。"

《序一·快閣紀存序》:"西昌有快閣……宣城施愚山少參分司湖西,悉舉往迹已廢者,次及快閣,且爲修祠記,書之石。蕭君孟昉者,邑人也,賢且好義,每襄所欲作,因復搜前書已闕者,重讎核而續以新輯,名'快閣紀存'。……曩者牲羈吉州,蕭君屢馳書招予度歲春浮園,則其先太常公別業也。即欲於是時一登快閣,而雪深足寒,卒不果前。今其事已往矣。"

《詩話》一:"蕭孟昉飲予白鷺洲,又飲予章江舟中,意氣慷慨,旁若無人。後飲予秣陵,時孟昉嫁女於范觀察幕。"

按,康熙四年(1665),先生與蕭伯升相識於吉安,據文中"今距十餘年"語,當作於本年。

與姜希轍、呂洪烈、羅坤、蕭伯升飲次，蕭以妾施綠白相贈，先生力辭。

《詩話》一："後飲予秣陵，時孟昉嫁女於范觀察幕……又值江右賊起，家鄉不可居，挈室徙避，蒼頭婦女，千百餘人，俱僦居譙。因飲次，持觴釂予，曰：'君尚乏嗣，而旁無捲衣，何也？吾侍人施綠白少好未字者，猶滿行笥，請過譙出觀，任擇為當夕，可乎？'予笑辭之。次日，倩吳明府岱觀致情，必得予首肯，而呂子弦繢、羅子弘載適同寓，互起慫恿，惟姜京兆曰：'予與西河交二十年，使西河此時需此，吾豈不能貽巾箱之寵，而必待孟昉？顧西河每辭之，必其情有不可道者在也。'于是乃止。孟昉為太常公嗣，人嘗以'四君'呼之。予此事雖不就，然安可忘也？後予還句容，謝以札，且為詩曰：'西昌蕭公子，攜姝贈落托。傴僂相讓間，笑倒瓦棺閣。'孟昉得詩，大喜。瓦棺即昇元，相傳為梁朝舊趾。時孟昉又飲予其地，故有此句。"

遇方亨咸於長干寺，預袒席之好。

《序二十·龍眠方又申游稿序》："顧予與方氏交頗習，而獨於宮詹父子兄弟未嘗委摯一被容接。前歲，從長干得見侍御，預袒席之好。"

方亨咸（1620—1679），字吉偶，號邵村，又號龍瞑、心童道士，安徽桐城人。拱乾子。三歲能記典故，九歲落筆成章，順治三年（1646）中舉，四年（1647）成進士，歷官獲鹿縣知縣、刑部主事、陝西道監察御史。後因江南科場案流放寧古塔，釋歸，遂不復仕。能文善書，精於小楷，尤擅畫山水、花鳥。所繪《百尺梧桐卷》，被視為"神品"。著有《塞外樂府》《邵村詩文集》《班馬筆記》等。畫作《雲橫翠嶺圖》《竹石圖》《山水扇》《深山垂綸圖》。（道光《續修桐城縣志》卷十六、馮金伯《國朝畫識》卷二）

與姜希轍、紀映鍾、方亨咸赴周在浚飲席，請陳道人為幻術。

《詩話》一："秣陵周雪客飲席，有陳道人在坐，請為幻術。取其稭及荄，吹之出火，引扇邀月栖壁，一切射藏發覆，揭之如睹，且能使握松相搏，彼我互易。時客有謂五金不能易者，雪客取金二，令紀伯紫、方邵村分握之，道人呼曰：'過。'忽伯紫手中覺金從虎口拔去，而邵村食指隙內有物納入，及開掌，而彼金已移此矣。後道人避席，席中各書紙圖，雜和之令射。道人至，手掄其圖，各認取分還，然後亦書紙，與圖并發，悉吻合。唯至姜定庵圖，咨嗟曰：'此三字難射，當是一鱗蟲名否？'定庵私喜，以為必失，蓋其中本'花龕'二字也。及書發，曰：'花合龍。'其巧如此。時有詩記之，見《蘿村集》。"

紀映鍾（1609—1681），字伯紫，又作伯子，號戇叟，自稱鍾山逸老，江蘇上元人。明諸生。明亡後，弃諸生，躬耕養母。晚客龔鼎孳幕十年，龔

死後南歸,移家儀真。著有《戇叟詩鈔》。(道光《上元縣志》卷十六)
姜廷幹六十,作詞壽之。

《填詞五·臨江仙·壽姜綺季》。

姜廷幹(1616—?),字綺季,浙江山陰人。詩、畫、文章無不精詣,尤精山水、花鳥畫。(光緒《餘姚縣志》卷二十六)

十月,邵懷棠左遷之蘭州,詩以送之。

《七言律詩七·贈別邵明府左遷之蘭州幕》。

康熙《吳縣志》卷二:"邵懷棠,字待庵,浙江會稽縣人。丁未進士。十三年十二月任,十四年十月,以事降調去。"

爲余懷《峨江吟卷》作序。

《序九·余澹心峨江吟卷序》:"澹心游越時,予方入蔡。……乃澹心入越,不及與予同爲詩,洎予入吳,而始屬予序其所爲詩。"

余懷(1616—1695),字澹心,號曼翁、廣霞,又號壺山外史、寒鐵道人,福建莆田人,僑居南京。與杜濬、白夢鼐齊名,時稱"魚肚白"(諧"余杜白")。工詩詞,善譜曲。著有《硯林》《板橋雜記》《味外軒文稿》《研山堂集》《秋雪詞》等。(《清史列傳》卷七十、《國朝耆獻類徵初編》卷四二八)

和顧夢麟及其子湄齋居倡和詩。

《五言律詩一·和顧織簾齋居同令子伊人倡和遺册原韵》。

顧夢麟(1585—1653),字麟士,號中庵,人稱織簾居士,江蘇太倉人。顧炎武族兄。與楊彝友善,并稱"楊顧"。天啓四年(1624),與張采、楊廷樞、朱隗等十一人組織復社。入清後,隱居不出,教授汲古閣毛氏。著有《十三經通考》。(康熙《常熟縣志》卷二十二)

顧湄,字伊人,本姓程,嗣於顧夢麟,遂姓顧氏。順治十八年(1661),以奏銷案罣誤,遂絕意仕途。專力於詩古文,徐乾學慕其名,延館於家。曾校正《通志堂經解》。著有《水鄉集》。(嘉慶《直隸太倉州志》卷三十六)

十二月,過蘇州,與姜實節同觀名硯。并爲姜實節《歲寒圖》題詩。

《雜箋》二十五:"姜仲子僦吳門,藏管夫人硯。綠石,徑五寸,橫半之,厚如橫。池子與面若兩環互抱,而面侵於池,其蝕繡黝澤,往往四射。予嘖嘖久之。仲子遽邀予過鄰家,觀宣和紅絲硯。……今已兩易主,適所藏者錢氏耳。予聞之愀然,嘗欲賦以詩,不得,因漫筆此。錢氏字我安,隱者也,亦字臥庵。時乙卯臘月初六日。"

《七言絕句七·題姜實節歲寒圖》。

姜實節（1647—1709），字學在，號鶴澗，山東萊陽人。埰子，隨父流寓於吳。工詩善書。著有《焚餘詩草》。（王培荀《鄉園憶舊録》卷一）

爲姜肩吾《效金元樂府》題詞，蓋在此際。

《姜肩吾效金元樂府題詞》："姜子肩吾，思緩聲之當續，假麗唱以相宣。"

姜肩吾，埰孫。（鄭世元《耕餘居士詩集》卷三《過姜肩吾齋》詩中注曰："肩吾爲如農先生孫。"）

姜實節家藏明宣德年間脂粉箱，作詩歌之。

《七言古詩九·宣德窯青花脂粉箱歌爲萊陽姜仲子賦》。

《詩話》一："萊陽姜仲子有家藏脂粉箱，宣德年宮中物也。磁質，花文曼體，而覆承雨窪，子母隔膜周通，間以小竇，而竇脣掩的，啓之窈然。予與莆田余懷、宜興陳維崧各有詩記之，名'宣德窯脂粉箱歌'。仲子爲合刻一板，而豐南吳剌史綺又爲之跋。其跋語有云：'姜子既獨珍之什襲，三君乃競美以篇章。物兼華實以咸工，詞備抑揚而盡變。'又云：'揮毫三嘆，多才子之能名；濡簡數言，待後賢之論世。'予至今猶愧其言。"

按，陳維崧《迦陵詞全集》卷十三《滿庭芳·詠宣德窯青花脂粉箱爲萊陽姜學在賦》、吳綺《林蕙堂全集》卷二十二《宣德窯脂粉箱》有同題詩。

姜實節家藏東坡像，極類先生。

《雜箋》二十四："萊陽姜仲子出貞毅先生所藏東坡像示予，則儼予像也。"

《詩話》八："萊陽姜仲子見予於閶門，初未識也，歡然道契闊。既而跮踱，反離立不自安。予問故，曰：'家舊有東坡像，久在心目，今見似而誤以爲舊識也。'坐人皆屬目，咸以爲坡像如是。予不應。後僦居錢唐，姚季方每曰：'先生像類坡。'且出家藏米芾所畫《着屐圖》比觀。予亦不應。嘗曰：'吾百不及坡，然亦何必附坡？'"

冬，與姜希轍宿繆肜園。

《七言律詩九·宿繆氏園同姜京兆作》。

繆肜（1627—1697），字歌起，號念齋，江蘇吳縣人。少機敏，擅文譽。康熙六年（1667）殿試第一，授修撰，升侍講。後歸里，家居二十年，杜門不與世事。著有《臚傳紀事》《雙泉堂文集》。（民國《吳縣志》卷六十六下）

徐崧過訪，互有詩贈答。

《七言絶句八·同姜京兆寓繆修撰園吳江徐崧枉過闕候有詩見嘲依韵奉答並以代訊》。

按，徐崧《百城煙水》卷二毛甡《乙卯冬同姜定庵京兆寓繆氏園適徐松之過訪有詩次答》,知作於本年冬。

徐崧(1617—1690),字松之,號臞庵居士,江蘇吳江人。少從史元游,善詩,好山水。著有《百城烟水》等。(乾隆《吳江縣志》卷三十七)

朱鶴齡寄以詩。

朱鶴齡《愚庵小集》卷五《寄毛大可》。

朱鶴齡(1606—1683),字長孺,號愚庵,江蘇吳江人。明諸生。與顧炎武同爲驚隱詩社成員。明亡後,屏居著述。工詩文,覃精訓詁之學。著有《愚庵小集》《詩經通義》《尚書埤傳》《禹貢長箋》《讀左日鈔》《杜詩輯注》《李義山詩注》等。(同治《蘇州府志》卷一百六)

冬,周體觀以從軍過蘇州,互有詩贈答。

《七言律詩八·依韵答周副使體觀吳門舟次見贈》。

周體觀《晴鶴堂詩鈔》卷十六《別毛大可》,中有"江上早逢毛大可,十年今復遇蘇州。遷居自墁茅堂壁,乘輿親操雪夜舟"語。

按,尤侗《看雲草堂集》卷七(自壬子至丙辰止)《酬別周伯衡(時從楚軍,暫游吳下)》,同書同卷下篇爲《乙卯除夕》,尤詩作於本年冬,毛詩亦當作於本年。

歲暮,與姜希轍、周體觀、吳綺、陳學士、吕洪烈、羅坤集蘇州,即席賦詩。

《七言律詩九·雪後閶門舟集同周掌科吳太守陳學士姜京兆吕四洪烈即席》。

陳學士,未詳何人。

冬至日,有詩寄徐崧。

《七言律詩二·長至寄懷吳江徐崧》。

爲蘇州沙氏《三孝子卷》題詞。

《題三孝卷》:"予久聞金閶有沙孝子……今沙氏三孝子,復能剔臂和糜,築廬守隧,以各見其志……予寓金閶,客有携《三孝卷》屬題,因題此,世之徇孝名者可監耳。"

爲文記周氏家藏三代誥命事。

《周氏家藏三代誥命記事》:"明吏部文選清吏司員外郎周公順昌既以死璫難贈太常寺卿。其子茂蘭刺舌血上書,請封三代。……而上果破例,令所部從優給贈三代。一時死忠者皆得援例請全給,其例從茂蘭始,而易代而未之改也。……予初同杜陵蔣生過茂蘭,茂蘭語其事,且索予記。既同姜京兆再過之,得觀其誥軸三,真世寶也,時京兆作《血疏書後》。"

歲暮,將還里,以詩酬別錢中諧。

《七言律詩八·酬別錢中諧進士和韵有感》。

爲顧有孝《雪灘釣叟圖》題詩。

《七言絕句六·雪灘釣叟歌四首》。

按，汪懋麟《百尺梧桐閣集》卷十三乙卯《定九以顧茂倫雪灘釣叟圖索題即寄茂倫兼簡趙山子》，毛詩亦當作於此際。

許弘勳自紹興府知府遷寧紹兵巡副使，賦詩贈之。并作《紹興府太守今遷兵巡道許公見思碑記》。

《排律六·郡太守許公遷寧紹兵巡副使賦贈》《排律六·許使君詩》《五言格詩一·許使君詩》。

《碑記四·紹興府太守今遷兵巡道許公見思碑記》："公守吾郡者滿一歲，察廉爲寧紹兵巡副使。民思之，自郡逮各邑鄉官、郵亭，爭勒石紀功德。……因仍留寧紹兵巡，以慰民志，雖所去見思如未去者。毛甡爲記。"

雍正《浙江通志》卷一百二十一："（分巡寧紹道）許弘勳，遼陽人。恩蔭，康熙十四年任。"

來叔荀及夫人王氏六十，作詩祝壽。

《七言古詩十二·祝來叔荀王夫人夫婦六十偕壽》。

按，《蕭山來氏宗譜》卷四《叔荀兄傳略》："叔荀，大宗果符公第三子也。淡於功名，勇於爲義，同胞四人無不友愛，而於次兄仲虛尤篤，蓋一生於萬曆甲寅，一生於萬曆丙辰，止差二歲。"推知來叔荀本年六十。

是年，宗元鼎閱先生《瀨中集》，題詩三首。

宗元鼎《宗定九新柳堂集》卷六《閱毛大可瀨中集偶題三首》。

按，宗集卷與卷之間依詩體編排，各卷編年排列，此首位於《汪舍人秦淮水閣看燈船後同施大參讀濟南司勳年譜題絕句手錄見寄感而成詩四首》後。據汪懋麟《百尺梧桐閣詩集》卷十三乙卯《秦淮同尚白大參讀西樵考功年譜感題四絕句》，序曰："曩在都下，與尚白大參別，忽四年矣。乙卯五月，相遇秦淮水閣，懷人感舊，因出阮亭先生手編《西樵考功年譜》并來書見示，欲爲考功表墓。……燈下展讀，感琅邪友於哀切，與尚白公生死交情，俱可涕也。"知汪懋麟與施閏章同閱王士祿年譜在本年五月，宗詩亦當作於本年。

宗元鼎（1620—1698），字定九，一字鼎九，號梅岑，又號東原居士、梅西居士、小香居士、賣花老人等，江蘇江都人。康熙十八年（1679），貢入太學。工詩善畫，與兄元觀、弟元豫、侄之瑾、之瑜稱"廣陵五宗"。著有《芙蓉集》《新柳堂集》。（光緒《江都縣續志》卷二十六）

遇丁三俊杭州，語及丁孝子《身後芳名卷》事。

《題身後芳名卷子》："《身後芳名卷》者，丁孝子東皋君死孝錄也。萬曆辛巳臘,孝子之父病肺喘,已中死法。孝子禱於除,請身代之,歲朝,又禱,匿其文紙幣中。……裔孫日宣者,攫於火,重爲裝潢。今紙尾有焦,則爇之爲也。夫止一稿也,而初不盡焚於紙幣,今復不揃於火,天之信孝子何如耶?康熙乙卯,遇日宣會城,語其事。"

丁三俊,字日宣,浙江蕭山人。庠生。(丁南生等纂修《蕭山丁氏家譜》)

爲程斯敏母吳氏作狀。

《事狀一·程節母事狀》:"程母氏吳,休寧商山女,歸程自康,年二十二而孀居。……母之子名斯敏者,乙卯舉孝廉,與吾邑來給諫游,吾嘗思其賢,今而知爲得母教也。……敏以狀屬予傳,予自以不文,仍爲具狀,乃狀。"

吳邦輔卒。吳卿禎卒。乾公和尚卒。

【時事】 二月,王輔臣取蘭州等地。五月,鄭經部將劉國軒於潮州大敗清兵。是月,廣東龍門、增城、從化、惠州等地民衆紛起抗清。十二月,册立皇子胤礽爲皇太子,詔告全國。

清聖祖康熙十五年　丙辰(1676)　五十四歲

二月,爲茹泰詩集作序。

《序九·茹大來詩序》:"山陰二茹子皆以古今文、詩詞名能於人。予嘗與小茹子游,亟稱其兄大來今文爲己所未及。夫小茹子以今文取科第久矣,然猶謂不及大來,則豈非大來之文其所詘者猶優乎?"

按,茹泰《漫興篇》卷首載先生序,末署:"康熙丙辰中和節,西河同學弟毛奇齡題於東郭柳下。"

茹泰,字大來,浙江蕭山人。著有《漫興篇》。(《蕭山縣志稿》卷十六)

三月三日,摹陳居中《千秋絶艷圖》,跋其後。

《毛西河論定西厢記》末附《千秋絶艷圖跋》曰:"鶯像前不可考,宋畫院陳居中爲唐《崔麗人圖》,則始事也。……予論《西厢》成,客有攜居中刻畫强予臨此。……丙辰上巳齊于氏跋。"

方膏茂過訪,互有詩贈答。兼爲方膏茂詩集題辭。

《七言律詩九·桐城方孝廉過集草堂值大霪雨即席和韵》《原韵答方敦四孝廉見贈二首》《讀方敦四詩集再用前韵題贈》。

方膏茂(1626—1681),字敦四,號寄山,安徽桐城人。拱乾第四子。年二十三中舉，兩上公車不第，遂不復出。順治十四年（1657），受五弟章鉞江南科場案牽累，被流放寧古塔。著有《餘耸集》。（道光《續修桐城縣志》卷第十六）

五月，爲陳至言《近體詩》作序。

《序九·陳德宣山堂近體詩序》："德宣與何卓人游，卓人亟稱德宣才不可及，方有事制舉，而以詩爲餘事，然已率能如郎士元、劉禹錫輩。予覽之，嘆曰：'良然哉！'……倘假予以年，吾見德宣之能名也。德宣好賈山《至言》，故以'至言'名而山其堂，然則山堂不僅以詩也。"

按，陳至言《菀青集》卷首載先生序，末署："康熙丙辰夏五，西河毛奇齡題於東園柳下。"

夏，與陶天章訪姜希轍。

姜希轍《兩水亭餘稿·久雨初霽喜毛十九大可陶大天章偕至》。

按，姜集卷與卷之間依詩體編排，各卷編年排列，此首位於《丙辰紀雨五月十五日》與《嚴顥亭少司農六十初度詩以志懷》之間，當作於本年。

陶天章，生平不詳。

秋，姚文焱至蕭山，有詩贈先生。

《七言古詩十三·桐城姚孝廉文焱見贈感賦》，詩中注曰："時訪其弟明府蕭山。"

乾隆《紹興府志》卷二十七："（蕭山縣知縣）姚文熊，江南桐城人，進士，康熙十五年任。"

姚文焱，字彥昭，號盤青，安徽桐城人。孫森子。十二歲作《金陵感懷詩》，時稱神童。康熙八年（1669）中舉。授長洲教諭，教士有方。升峽江縣知縣，革陋規，輕徭役，興學校，峽人德之。著有《楚游草》《超玉軒詩集》。（乾隆《江南通志》卷一百四十六、馬其昶《桐城耆舊傳》卷七）

長至日，何源浚生日，作詩祝壽。

《七言古詩十二·何使君壽》。

按，詩中有"去年長至值初度，飢驅吳會曾修翰"句，知作於本年。

冬，張淑七十，作詩祝壽。

《五言格詩四·張荀仲先生七十壽詩》。

按，施閏章《學餘堂文集》卷九《張荀仲七十序》："吾叔父齒先五歲，期以今年就山陰爲壽，兵興道警，又日事藥餌，不果往。"知施譽長張淑五歲。同書卷十七《先叔父文學公砥園府君行狀》："生明萬曆壬寅五月二十六日，以康熙己未正月四日考終，享年七十八。""萬曆壬寅"爲萬曆三十年（1602），據以知張淑生於萬曆丁未（1607）。另沈壽民《姑山遺集》卷二十二《書張荀仲冊子》"陸舟先生齒齊予而差後,蓋吾以丁未春,先生以冬也,鈞(均)六十有四矣。……時庚戌七月望日也",與詩中"良月邁皇覽"語合,據以知先生於本年冬七十。

冬,江寧巡撫慕天顏新開吳淞閘,爲文記之。

《碑記十一·新開吳淞閘碑記》:"十五年秋,大中丞慕公開幕斯地,睹茲閘而惄焉憂之……會上海任令浙人,敏於相事,立募浙匠之能者……始乙卯之臘,迄丙辰陽月工竣。"

王先謙《東華錄》康熙十八:"秋七月……癸卯,以慕天顏爲江寧巡撫,由江蘇布政使遷。"

冬,左國棅游蕭山,旋歸里,詩以送之。

《五言律詩六·左暝樵歸里》。

按,《序十四·桐城左仲子暝樵詩集序》:"去年冬,公仲子暝樵先生來游永興,距向望公介弟時已三十餘年。予與先生相對,各已老大,然猶幸於流離未殞之際,得納履一相見,惜乎去之遽也。"

左国棅(1616—1685),字子直,号暝樵,安徽桐城人。左光斗次子。崇禎末諸生,明亡後,歷游燕、秦、梁、楚、吳、越等地,著有《粵游集》。(民國《安徽通志列傳稿》)

是年,與吳沐、何倬炎、吳升、陳至言受知於蕭山知縣姚文熊。

左如芬《纕芷閣遺稿》卷首先生序:"余與吳子應辰、何子卓人、吳子征吉、陳子山堂皆以文字受知於非庵夫子,夫子亦不惜傾心下之。余數人益復峻潔自持,絕不以私事走謁公庭。"

姚文熊,字望侯,號非庵,安徽桐城人。孫槩子。順治十七年(1660)中舉,康熙六年(1667)成進士。初授浙江江山縣知縣。十五年(1676),調蕭山縣知縣。二十二年(1683),遷陝西階州知州。後降調歸。(道光《續修桐城縣志》卷十二)

吳沐,字應辰,浙江蕭山人。著有《北松吟稿附詞》。(丁紹儀《國朝詞綜補》卷九)

何倬炎,字卓人,號甫田,浙江蕭山人。之杰仲子。著有《晚香堂詩草》。(阮元《兩浙輶軒錄》卷九)

吳升,字征吉,號幹園,浙江蕭山人。諸生。著有《聽松樓集》。(阮元《兩浙輶軒錄》卷十三)

陳至言(1655—?),字青崖,一字德宣,號山堂,浙江蕭山人。康熙三十二年(1693)舉人,三十六年(1697)成進士,選庶吉士,授編修。四十八年(1709),督學河南。工詩,與同鄉張遠齊名。著有《菀青集》。(阮元

《兩浙輶軒録》卷十)

爲何倬炎《友勝集》作序。

《序九·友勝集序》:"今何生卓人輩讀書論文,雅有同好,將欲合里閈交游,爲他山之攻,抽詞比牘,月有較,時有會,礧礪真切,不涉浮薄,蓋一雪從前社事而更爲斯集。"

爲吴沐詩作序。

《序十·吴應辰詩序》:"應辰工舉義。……故自應辰詩出,而習舉義者不得妄戒爲詩,即窮年爲詩,自誇有得者,不得傲舉義以所不能,才人之絶技也。"

集俞嶙園亭,爲俞鼎詩作序。

《七言律詩六·夜集俞明府園亭次其小阮石眉原韵》。

《序十·俞石眉詩序》:"胡子東岩亟稱石眉爲仲高小阮,工爲詩文。去年,遇會城。……既而讀其詩,風旨警上,梗概多氣,雖縱橫睥睨,倚天拔地,然要歸於大雅,東岩非欺予者。特石眉年富,方窮經術,究其所蓄,已足挹人頤而折人角。"

俞嶙,字仲高,號嵩庵,浙江餘姚人。順治十五年(1658)進士。康熙十一年(1672),官從化縣知縣。(光緒《廣州府志》卷一百九)

俞鼎,字彞仲,號石眉,浙江餘姚人。副貢生,著有《秋吟集》。(阮元《兩浙輶軒録》卷四)

錢唐知縣梁允植索賦。

《七言絶句五·梁令索賦》。

梁允植(1629—1683),字承篤,號冶湄,河北正定人。清標侄。康熙十一年(1672),任錢塘縣知縣。十九年(1680),遷延平府知府。著有《藤塢詩集》《柳村詞》。(雍正《畿輔通志》卷七十五)

紹興府知府何源浚重修臥龍山越望亭,爲文記之。

《碑記七·重修臥龍山越望亭記》:"越望亭在龍山之岑。相傳前守湯君曾於明嘉靖間修復此亭,因名'越望'。歷八十餘年,暨崇禎之末,海風颶然,遂發砥而檻以傾,迄於今,又三十年矣。山陽何公於守越之明年……得識亭故址,重思修復……請書之石,是爲記。"

按,雍正《浙江通志》卷一百二十二:"(紹興府知府)何源浚,江南山陽人,教習,康熙十四年任。"據文中"於守越之明年",知作於本年。

何源浚,字昆孚,一字梅莊,江蘇山陽人。由貢生授建寧府通判。值耿精忠叛,隻身赴浙江請兵,陳恢復大計,以功授紹興知府。二十年(1681),轉馬湖府知府。三十年,遷福建浙江糧儲道等。(乾隆《淮安

府志》卷二十二）

讀何源浚《渡曹娥江哭父卷子》，爲題詩。并爲何源浚《望雲圖》及畫軸題詩。

《七言古詩十二·讀何使君夫子渡曹娥江哭父卷子書後》《五言絶句三·題何使君望雲圖》《七言絶句六·何使君畫軸》。

何源浚與姚文熊斷案公允，填詞志之。

《填詞五·鵲橋仙·即事》序曰："邑甲聘戊女，有强委禽者。明府姚公斷歸甲，合卺訟庭。其斷詞駢麗，世多稱之。既而訟者争不徹，太守何公復斷歸甲。時予方從兩公游，兩公并命予爲詞紀其事。"

《詞話》一："邑某聘某氏女，將就婚，有强委禽者，明府姚公斷還之，令交拜於訟庭。其斷詞駢麗，傳誦人口，既而訟者争不徹，觀察下府讞，府使君何公復斷還之，一時傳爲盛事。時予在何使君坐，使君命予製《鵲橋仙》詞。詞云：'東床先訂，西家願宿，何事穿墉穿瓦！縱教强委後來禽，却不道、子南夫也。明府風流，使君瀟灑，兩斷可妻公冶。莫言河漢鵲橋乖，看合卺、在訟庭之下。'"

何之杰葬母王氏，爲書石。

《墓志銘四·何母王太孺人墓志銘蓋石》："虞山錢宗伯爲王太君墓志銘時，歲在辛丑，即太君就木之明年，尚未定瘞丘也。……今丙辰某月日，奠宅於山陰青化之大甲山。……因置銘於隧，而命予書石。"

爲何之杰《北游集》《瞻雲集》作序，蓋在此際。

《序二·何伯興北游瞻雲二草序》："初，伯興行三子詩，一徐君伯調，其一予也。……今予避人久，湖游於時，而伯興亦寄晦行間，不以詩文酬酢者二十年。伯興乃北南其車，踟躕金臺……凡所感閲，輒爲歌詩。……予方與其季名倬炎者作阿戎游，而伯興反驅馳南北，寄志篇什，似亦有不得已者。惜倬炎方學史，不暇韵語，而伯調已逝，乃不得共論其詩如疇昔者也。"

有詩寄答朱鶴齡。

《七言律詩九·寄答吴江朱鶴齡原韵時方箋詩謬附予詩説并謝》。

與陳啓源互有詩贈答。

《七言律詩六·吴江陳啓源貽詩賦酬》。

陳啓源（？—1689），字長發，江蘇吴江人。諸生。博通經學，著有《毛詩稽古編》《尚書辨略》《讀書偶筆》《存耕堂稿》等。（同治《蘇州府志》卷一百六）

作《嚴禁開燔郡南諸山碑記》。

《碑記七·嚴禁開燔郡南諸山碑記》:"明季崇禎間,居民無賴者,開鑿陳伽嶺山,燔其石而爐收之,以灰以堊,民多災傷。郡守王君與推官陳君立爲禁絕。……按:本朝申禁,一在順治十一年,爾時盜偶開鑿,而當事發覺,遽行敕止。一在康熙十年,爾時以公作所需,致薦紳士民同起請命,不數月間,旋已報罷。今則盤踞熺烈,不由公作。……文學某等,以其事白之邑,邑白之府,府白之道使君,道使君命勒石永禁,垂久遠,且以告後之守此土者。石凡二:一植府治,一植盛塘之上埠。邑令高君、郡太守何君、道使許君,皆有名氏勒禁末。"

爲亡友沈胤範志墓,兼爲其《采山堂詩二集》作序。

《墓碑銘一·刑部廣西清吏司主事沈君墓碑銘》:"又次年,訃至時,予方游吳門,哭於旅。又次年,而君之柩自京師歸,始就哭於喪次,於是君子五杲出狀請表碣,不敢辭。君諱嗣範,字康臣,別字肯齋。"

《序十·采山堂詩二集序》:"予與康臣爲詩時,同之者爲伯調、木弟、桐音、奕喜四人。木弟早世,無集。而兹四人者,各有刻集行人間。其集以堂名,伯調名'歲星',桐音名'芳樹齋',奕喜名'東書',而'采山'則康臣所居堂也。特康臣刻《采山詩》時,值予以籍捕,夜走吳下,無暇爲較讎,而康臣屢屬予序,亦不能應。暨康臣赴都,遇諸淮,而後讀其詩而相對泪垂。……而惜乎康臣死,而其説不早見於世也。今康臣遺集,其同舍郎汪君爲之較讎,而以不忘舊,仍名'采山',且屬予爲叙。……汪、沈之名,已行人間。而伯調亡後,其《歲星》二集,世多瑕瑜。芳樹之後人,貧不能鬻紙染板,而東書少年戍死塞外,其毀其所爲,惟恐不盡。獨予以一身當五人共逝之後,復取《采山詩》而爲之序之,即欲相對泪垂如在淮時,亦豈可得乎?"

題丁應正《身後芳名卷子》。

《題身後芳名卷子》:"《身後芳名卷》者,丁孝子東皋君死孝録也。……裔孫日宣者攫於火,重爲裝潢。……康熙乙卯,遇日宣會城,語其事。又一年,而以卷屬題,牲盥手卒讀,并題如前。"

按,單隆周《雪園詩賦初集》卷六《題丁履端身後芳名卷》:"履端,明太學生。父病篤,具疏請代。父良愈,而履端亡。閲月,於廢簏中得其稿,仝邑孫學思書'身後芳名'。"

爲李屺源《隨筆草》作序。

《懷山書言引》:"懷山相對時,若深山道流,絕無音聲,及其發之也,而洋洋然。效晉代清談,能作數十萬言。懷山口授,僧開手書,不自知其手之狎而板之續也。……於是懷山彙其帙,請爲之叙。"

按,李岯源《隨筆草》卷首載先生序,文字稍有差别,末署:"西河同學弟毛甡僧開氏題。"卷首郭藩序作於"丙辰仲夏十八日",先生序亦當作於本年。

嚴沆六十生日,作詩壽之,兼貽其子曾榘。

《五言格詩四·龍文篇祝嚴司農壽并貽其大令侍御》。

按,據詩中"玄冬會皇覽,甲子回青蒼"句,知爲嚴沆六十壽作。據《清代人物生卒年表》"嚴沆(1617—1678)",知本年六十。

嚴曾榘(1639—1700),字方貽,號蠖庵,浙江餘姚人。嚴沆子。順治十四年(1657)中舉。康熙三年(1664)進士,改庶吉士。散館後,擢廣西道監察御史,歷臺諫二十四年,多所建白。(嘉慶《餘杭縣志》卷二十五)

客徐咸清傳是齋,徐倡"爲讀西河新句好"詩,徐妻商景徽、女昭華皆有詩和之。

徐世昌《晚晴簃詩匯》卷一百八十三商景徽《讀毛西河瀨中集作》。

《七言絶句七·予詩謬爲商景徽閨秀所誦題詩過情因用其原韻自嘲兼以志謝其外人徐二咸清吾好友得貽與之》《和徐昭華讀瀨中集原韻有感》。

《詩話》一:"及予出游,仲山每招予以詩,語甚哀。暨中道潜歸,匿其家,喜甚。其内人商夫人、女昭華,皆閨秀也,仲山倡'爲讀西河新句好'詩,令和之。商夫人詩云:'芙蓉露下小池秋,金鴨烟消宿雨收。爲讀西河新句好,都梁艾蒳滿妝樓。'又云:'彩筆翩翩映玉臺,頻將繡帙向風開。可憐杜甫驚人句,不數陳留曠世才。'昭華詩云:'胭脂花落覆紅罌,獸頸初垂火自含。爲讀西河新句好,渾如秋月照澄潭。'又云:'少小愁觀白日詞,蘆中人去竟何之?不知繫絮溪邊女,曾讀西河瀨上詩。'夫人名景徽,會稽商太傅女,與女兄祁中丞夫人、女侄雲衣,皆能詩。"

商景徽,字嗣音,浙江會稽人。周祚次女,景蘭妹,徐咸清妻。著有《咏雛堂集》。(阮元《兩浙輶軒録》卷四十)

以《擬劉孝標妹贈夫》《賦得拈花如自生》試徐昭華。

《碑記三·傳是齋受業記》:"未幾,越中果有疑昭華詩非己作者,聞於昭華,昭華怒,乞其父招予,請自試。予時以他往,不赴,貽試題二:一《擬劉孝標妹贈夫》詩,一《賦得拈花如自生》。則摘范靖妻《咏步摇》句也。時昭華未嘗爲古詩,學爲之,其制效原體,而下句妍婉,與原詩埒。蓋昭華天才也,乃仲山復貽書曰:'以試題遥示,是豈吾父子意哉?夫閨閣亦人耳。少苟誦讀,與男兒何异?而必謂閨閣中當有僞,向使吾家無此女,將不得復張吾門緒乎哉?顧事有實,然不可谩也。他日倘入郡,尚俟子過我,了此一案。'"

《詩話》一:"徐昭華請予試題,予爲示其二:一《擬劉孝標妹贈夫》詩,一《賦得拈花如自生》,即沈滿願《咏步摇》句也。其《擬詩》云:'流蘇錦帳夜生寒,愁看殘月上闌干。漏聲應有盡,雙泪何時乾?'又云:'芙蓉花發滿池紅,黛烟香散度簾櫳。畫眉人去遠,腸斷春風中。'其《賦得》詩云:'明珠照翠鈿,美玉映紅妝。步移摇彩色,風回散寶光。蛛絲鬢上繞,蝶影鬢邊翔。誰道金玉色,皆疑桃李香。'"

徐昭華又請試,命題《畫蝶》五絶,先生有和詩。并作《傳是齋受業記》。

《五言絶句三·予遲暮歸里徐二咸清命其女昭華師予飲予傳是齋酒半請試予喜其畫蝶即以命題昭華拈筆立成詩曰蛺蝶翻飛去翩𨇠彩筆中雖然圖畫裏渾似覓花叢因和其韵》《七言絶句七·徐昭華乞試命題畫蝶喜賦二首》。

《詩話》一:"昭華又請試,會昭華畫蝶工甚,遂命題《畫蝶》五絶,限'東'韵。昭華立成,云:'蛺蝶翻飛去,翩𨇠彩筆中。雖然圖畫裏,渾似覓花叢。'誦之,一座驚嘆。余喜爲和詩云:'滕王有遺譜,描之深閨中。羞殺東園蝶,翩翩滿緑叢。'蓋言羞時輩也。時予又爲二絶書傳是齋,志忭幸之意,一云:'四十年來老自驚,新收門下女康成。不知書面縑花好,試看階前帶草生。'又云:'深堂樺燭照銜卮,隔幔吟成畫蝶詩。不是小鬟頻乞試,那知閨閣有陳思。'其云'小鬟',則指奴子將命者。"

《碑記三·傳是齋受業記》:"今齋與閣皆爲仲山著書處,而予過是齋,昭華出受業,謁予爲師。既罷,仲山復請試以詩,時予方就飲,甬東仇石濤在坐。會昭華爲其祖從母范郡丞夫人作畫幛,予喜其畫蝶,遂命題《畫蝶》五絶,而以坐有甬東客,限以'東'韵。語未絶而詩至,誦之,一座稱嘆。予喜而和之,且爲二絶句記其事。"

收女弟子徐昭華,友人紛作詩志其事,先生有和詩。

《五言絶句三·續畫蝶詩》。

《詩話》一:"其既命昭華師予,時雲間張錫懌有詩云:'弟子如蘇蕙,先生類馬融。'予邑任辰旦詩云:'誰知咏絮堂前女,猶是扶風帳裏人。'張遠詩云:'甲門傾國富文華,曾向毛萇授五車。'皆指其事。餘見予《傳是齋受業記》。"

《詩話》一:"後張遠首和《畫蝶》詩韵,一時傳和,竟至盈卷。予另有四首,不和韵,亦録卷末。"

有詩題徐東畫扇。

《七言古詩十·戲贈徐曼倩畫扇》。

徐東,字曼倩,浙江上虞人。咸清子,昭華兄。(《墓碑銘二·徵士徐君墓碑銘》)

有詩贈徐昭華夫駱襄錦。

《五言律詩五·晚宿傅是齋贈駱加采作(即徐昭華外人也)》。

駱襄錦,字加采,浙江諸暨人。(《墓碑銘二·徵士徐君墓碑銘》)

是年前後,與毛先舒辯《韵學通指》得失,并爲先舒《東苑詩鈔》作序。

《序三·毛稚黄東苑詩鈔序》:"《東苑詩鈔》者,稚黄集中之一編也。稚黄編文不一時,復不一類,各見指趣,而此以苑名,識所居也。稚黄讀書東園矣,東園者,宋東苑也。……今稚黄臥病有年,歷盛夏,衣重裘,口語喑喑。而集中諸編分班列部,其爲朝成而暮遍者,且犁然也。"

《書三·辯毛稚黄韵學通指書》:"頓首。鄉示《韵學通指》一書,以行橐褊小,十年途路,未經携討。昨語次諮及,歸渡翻簡,義核而博,舉例通約,留世書也。特其中有未能安者,思面受審定,而舉足榛棘,積闊成滯;又其義未敢以終隱,因假呎尺,一發冒昧。……況著書實難,姓垂盡之年,筋力耗弊,卒未能勒成一家。而五兄撰述等身,動比宿構,流聞接布,古人罕見。惟慮細碎不撿,爲名山小隙,且欲自附於殷源籤問之列,因妄申臆計,以徼主客。儻或公羊不肯,耳目實短,冀少加慰喻,起所未逮。"

按,據谷輝之《毛先舒年譜》"康熙八年"條:"春,劇病。……自此纏綿病榻,前後達十年之久。"與毛序中"今稚黄臥病有年,歷盛夏,衣重裘"合,故繫於此。

浙江巡撫陳秉直考績尤异,爲文頌之。

《碑記四·兩浙開府中丞陳公轉運碑記》:"兩浙開府中丞陳公由藩方特簡,加授節鉞,不數月,稱治。夫開府之制,合治兵民,而其後督理軍撫理民也。今則東南用兵,天子重撫任,使統軍容,顓誅殺,一復古節鉞舊事。……公名某,由恩選起家,歷任大使,爲今官。嘗舉尤异,廷賜袍帽,以嘉其功。今復考第一,爰爲頌。"

雍正《浙江通志》卷一百二十一:"(巡撫都察院)陳秉直,奉天襄平人。貢士,康熙十四年以浙江布政使升任。"

是年前後,爲吳棠禎《吹香詞》題詞。

《吹香詞弁首》:"吳子伯憩工儷辭,既已克揚壯采,頡頏雕龍繡虎間,乃復遺其弱采,爲喁喁之音,壯弱不同,同準於艷。"

吴棠禎(1644—1692),字伯憩,號雪舫,浙江山陰人。著有《雪舫詩集》《吹香詞》。(阮元《兩浙輶軒録》卷九)

是年前後,爲侄遠公《瓊枝集》題詞。

《阿蓮瓊枝集題詞》:"則夫身慚大阮,誰得當微雲佳婿之稱?爾過潘尼,何必減花影郎中之譽。"

毛遠公(1633—1697),字季蓮,一字驥聯,浙江蕭山人。康熙十六年(1677)舉人,後屢上公車不遇。著有《菽畹集》。(阮元《兩浙輶軒録》卷六)

是年前後,爲陸進《新曲》題詞。

《陸藎思新曲題詞》:"况五言一遍,調韻頗遒;幾叠六么,管弦斯急。其中因革屢殊,短長互掩。"

是年前後,爲包吕和書畫册子作序。

《序一·包吕和書畫册子序》:"吕和於畫無所不能,而尤長於畫墨竹。……今吕和死若干年矣,其畫亦多不可見。予向與吕和之兄飲和爲忘年交,謂吕和畫易得,未嘗取索,及其死,而悔之。然猶以爲其畫多在人間,苟購之,當不盡亡也。今飲和繼死,而予亦逮老,流離道路者若干年。吕和子公度忽持其父書畫册來。……公度能嗣其世學,復能旁搜其所遺,以留爲勿替,吕和畫雖亡,其不亡者猶在也,公度勉之。吕和詩與書法,皆不減畫。"

是年前後,爲亡友來蕃、徐緘志墓。

《墓志銘十·二友銘》:"予友來君、徐君皆於予入豫州年先後下地。來君門下士來學、徐君子誼同時請予爲銘。予思二君雖未葬,然亦無能琢石標美於隧,古有不穿土而飾用志者,因述其行,略爲之銘云。君來蕃,字成夫,邑人。……君夙穎,十歲出試,輒冠軍。甲申以後,弃去舉業,爲詩古文詞。始以博大自喜,既好爲瑰奇倜儻之語,既又力追先秦間文,崇尚奥衍,然終不能鋟所著行世。有《北沙集》藏於家,以别字北沙也。……君諱緘,家山陰之木汀,又家梅市。初擅舉子文,爲'雲門五子'之一。既以詩古文争長海内,海内人皆知君名。……及與金山人游,則盡得其呼噏旋轉之法。蕭煉師者,長年人也。從衡岳來,止梅市。君既家梅市,與證之,大信。……予在豫州,得施少參書,告君死。……君詩十卷、文六卷,已刻,名'歲星堂集',其未刻者藏於家。"

約於是年,爲王復禮詩作序。

《序十·王草堂詩序》:"故予於近詩概不暇讀,而獨於草堂有降心焉。則豈予之有私於草堂也哉?夫草堂固修處士之行而擅大夫之才者也。"

王復禮(1645—?),字四勿,號草堂,浙江錢塘人。守仁六世孫。性孝友,富著述。著有《草堂集選》《家禮辨定》《四書集注補》《季漢五志》《三子定論》《武夷九曲志》《聖賢儒史》《節物出典》等。(潘衍桐《兩浙輶軒續錄》卷一、康熙《錢塘縣志》卷二十二)

約於是年,爲田鳴玉詩作序。

《序十·田子相詩序》:"往餞胡東岩之汾陽,料其贈行詩,得田子相七律,驚爲嘉、隆間詩人。既從予邑王子文叔見子相所刻方幅,則居然唐詩也。惜予見子相時少,不能盡識其生平所作,爲之甲乙。今子相自輯其詩,次第編摘,將以示於人,而畀予以序。"

約於是年,何文燦輯朱玉貞五律遺稿成,爲作序。

《序十·朱斯佩五律遺稿序》:"別數日,而斯佩死。今斯佩所著書無一存者,而獨是詩以予所點定,特爲編摘,乃得存。……而與予論詩,則在今歲一、二月間,予漫游多年,逮歸,而親朋在者已無幾矣。……予痛斯佩死,而蹉跎車過,無挽,無誄,無虞殯,無哀詞,無銘狀志述,而獨斯一編爲二人手迹,開卷而親。……輯其詩者,何自銘也。"

約於是年,爲蔡紫佩詩集作序。

《序十·蔡子佩詩序》:"蔡子子佩具絶人之姿,不恃攻苦,輒能爲文章、詞賦、歌咏、論議,即下及書數、繪畫、博塞、游娱之細,無不意志所至,手目畢達。而特其所爲詩,則若有冥心求通,博觀取勝,不甘以才分自限者。……子佩舊爲詩,頗學茂秦,而近詩有進。"

蔡紫佩,字子佩,浙江蕭山人。仲光族孫。(蔡仲光《謙齋文集》卷七《紫佩詩序》)。

約於是年,爲蔡子聞《懷許堂續集》作序。

《序十·懷許堂續集序》:"《懷許堂續集詩》者,蔡子聞似祖之所爲名也。子聞之祖青蓮君,曾爲詩,名'懷許堂集',以東晉許掾嘗寓兹土,因以懷之。……乃子聞痛祖德之云亡,思覯前烈,復以'懷許'名而謂之續。"

蔡子聞,浙江蕭山人。生平不詳。

約於是年,爲王紫凝《幹山集》作序。

《序十·王紫凝幹山集序》:"予隨群公作舉文社,高會於洛思山之耆闍,時搖筆者不下一二百人。予爲甲其三:一選郎朱君;一滎陽丞章君;一紫凝也。乃朱君爲選郎,歷文選、考功、稽勛諸司,掌選者屢矣,而貧不能飾蓋履。丞被謫幾死。紫凝三十年衣麻,不得卸去。……聞之章丞好爲詩,自筮仕山左,繼謫中州,而近且從征乎荆門、夏口之間,其爲集當不止是也。"

王紫凝,生平不詳。

約於是年,爲王晫《峽流詞》作序。

《序六·峽流詞序》:"王子丹麓擅掞天之才,華文四發,自著記撰述外,多爲詩歌雅騷。……乃復以餘者溢而爲詞。予受讀之,一何情之厚而辭之綺如是也!"

王晫(1636—?),初名棐,字丹麓,號木庵,又號松溪子,浙江仁和人。著有《今世説》《峽流詞》《霞舉堂集》等。(阮元《兩浙輶軒録》卷八)

是年前後,爲胡光禄《東岡瑣言》作序。

《序十·胡氏東岡瑣言序》:"胡光禄著書東岡,有《東岡瑣言》,自六經九家以迄之街談巷議。書凡幾卷,卷凡幾部,乾象五行,書詩禮樂,竺乾柱下,神蛇鬼豕,一一臚列,不啻匱石之探而冢土之汲,紛紛乎雜説之弘覽矣。"

胡光禄,未詳何人。

是年前後,爲王寅《周易自得編圖説》《春秋自得編》作序。

《序四·王甲庵周易圖注序》:"王甲庵講《易》有年,其旨謂理外無數,數外無理。天地之理,皆起於數,數即畫也。……近世學《易》家爲予所及見者,自蕺山劉氏、上蔡張氏而外,俱能各極指趣,自爲其説,然無以過也。即桐城方氏歷世學《易》,已括取諸家,彙爲一乘,顧亦未能該是書也。予嘗因甲庵之《易》而曠觀之,天地之《易》具在也。"

《序六·春秋自得編序》:"《春秋》爲經世之書,而意旨通微,義例龐蹟,隨所解會,悉得以觸類達志。……而後之爲《春秋》者,既飾傳作經,復裂經就傳,而《春秋》亡矣。向與甲庵論《春秋》,每喜其發凡新穎,起義開闢,嘗以爲能出儕識,必其能發秘義者。今讀其書,知其得之深而見之大也。"

王寅,字甲庵,浙江蕭山人。著有《周易自得編》《周易自得編圖説》《春秋自得編》。(雍正《浙江通志》卷二百四十一)

是年前後,爲丁克揚《琴溪合稿》作序。

《序十四·琴溪合稿序》:"而琴溪以解組未歸,栖遲於武昌楊柳之間。……今琴溪歸里,思彙其所著,若所稱前、後《楚吟》,與《秋夢》《旅愁》《消夏》諸編合爲一集,而命予以叙。"

是年前後,爲張衍懿詩集作序。

《序二·太倉張慶餘詩集序》:"太倉張慶餘未嘗見予也而思予。予友南士,曾携予詩游嶺外,慶餘見予詩,則益以予爲可思,揀其所刻《張子近詩》與《張子游草》二本寄予,且屬予序。……往游淮西,輒携其詩示人,人見之者,疑爲嘉、隆間作,則其詩豈難超於今人詩與?"

張衍懿(1634—?),字慶餘,號烟舫,江蘇太倉人。著有《烟舫集》。(嘉慶《直隸太倉州志》卷五十三)

是年前後,爲吴復一《游仙録》作序。

《序七·錢塘吴元符游仙録序》:"及予再歸,而遇元符之弟璨符,猶元符也,然元符已死。……暨予止里門,而璨符録其兄《游仙記傳》,且彙所贈文詒予爲叙。"

是年前後,爲姜垚《汴梁竹枝詞》題詞。

《題汴梁竹枝詞》:"竹枝爲巴東折竹之音,北人勿宜也。自鐵崖倡西湖竹枝,而後之咏方土者輒效之,於是有汴梁竹枝詞。……讀蒼崖諸詞,抑何颯颯有餘思也。"

是年前後,姜垹選刻先生《當樓集》成。

《詞話》二:"特予少時與姜公子作《當樓詞》,極知失温厚之意。"

按,《西河合集·填詞五》卷首識語:"前四卷本,姜汝長所選刻,名《當樓集》。"《當樓集》現藏上海圖書館,前有姜垹序。

是年前後,爲《來氏論表策世業》作序。

《序三·來氏論表策世業序》:"今三峰先生其曾孫元成亦以家學起,舉於鄉,而以進士名天下。其得於有司稱其所學,而有司亦遂無有以其學失之者,將復彙先生制舉文與己所著,共一家言,名'論表策世業'。而元成,予友也,故屬予叙。因念讀三峰先生文時,嘆韓子、歐陽子皆不幸不遇有司。及讀元成文,且謂自今後更無可容韓子與歐陽子所嘆。"

是年前後,陶芳賓《詩餘譜》成,爲文序之,兼爲之説。

《詩餘譜説》:"會稽陶燕公定《詩餘譜》成,屬僧開叙。僧開既叙之,且爲之説。其説曰:古詩异近體,近體限句字,古詩不限句字也。詞异詩,詩句字不限聲,詞限聲也。夫詞限聲,而可不審聲乎?雖然,詩亦限聲矣。"

陶芳賓,字燕公,號丹丘中人,僑居蕭山。(陶元藻《全浙詩話》卷四十九、宋長白《柳亭詩話》卷二十八)

是年前後,方又申游杭州,爲其《游稿》作序。

《序二十·龍眠方又申游稿序》:"江左能詩家,舊推雲間、龍眠,而方氏則尤擅龍眠之勝,故啓、禎之際,有稱'雲龍'與'方陳'者,陳則黄門,方者,指諸方也。……今則三孝廉君慨然游越,而季子又申特將車以來,承顔受詞,不啻覲安琰而遇莊朏焉。"

劉源長卒。查繼佐卒。史廷柏卒。商景蘭卒。來度卒。于藻卒。周體觀卒。

吳焯生。

【時事】 正月,鄭經部將劉進忠、劉國軒攻取粵東諸州縣。二月,尚之信降吳三桂。十月,耿清忠率部降清。清軍接連收復失地。

清聖祖康熙十六年　丁巳(1677)　五十五歲

正月,爲姜希轍《兩水亭餘稿》作序。

《序十一·兩水亭餘稿序》:"定庵不屑以詩名……至鄉游有年,予始強其録近所爲詩。……至於今,而始以《兩水亭稿》付之録事,然而餘矣。……方定庵兩入諫闈,其忠言讜論,每藉筆札,又何嘗以文章之事爲緒事哉?"

按,姜希轍《兩水亭餘稿》卷首載先生序,末署:"西河毛甡僧開氏謹撰,康熙丁巳陬月。"

正月,偶爲姚士重畫梅,互有詩贈答。

《七言古詩十二·入春庭梅未開偶爲桐城姚士重孝廉作畫梅蒙以畫梅長歌見贈中憶西園看梅事率筆賦答》。

姚士重,字勃少,號松潭,安徽桐城人。康熙十一年(1672)貢生,選授寧國府學訓導。秩滿,移任渝川縣丞。後任渝川知縣。(道光《續修桐城縣志》卷十二)

正月,赴上海訪任辰旦,茹泰作詩送行。

茹泰《漫興篇·西陵送毛十九大可之上海訪任明府》。

至上海知縣任辰旦署,作詩贈之。

《七言排律·過上海訪任待庵明府有贈》。

乾隆《江南通志》卷一百七:"(上海縣知縣)任辰旦,蕭山人,進士,康熙十四年任。"

二月三日,與張杉、張錫懌、朱在鎬、丁夢芝、徐允哲、莫時荃赴馬廷桂伎席,填《桂枝香》詞。

《填詞六·桂枝香·即事》序曰:"馬丹谷伎席有小鬟後至,病不能作伎,坐侑間,詢何名,曰:'未也。'張弘軒先生以其氏李,且病中遲至,取'翩何珊珊'之句,贈名'翩來'。同席者各爲詞記之。予與張南士、朱拜石、丁殿生、徐西崖、莫蕙先并作《桂枝香》詞。時康熙十六年二月三日。"

《詞話》二:"康熙丁巳,上海多游客,馬丹谷廣文伎席有小鬢後至,詢其名,曰:'未也。'座客張弘軒以其遲來,取'翩何來遲'之句,贈名翩來,命予即席爲詞記之。予詞曰:'夜堂聽伎。正絳帳花垂,玉鑪香細。蓮炬光中,兩兩舞裙拖地。　忽來金雀鴉鬟小,算纔堪、瑣兒年紀。欄邊歌緩,油車暗裏,翩然而至。便手把、金樽徐遞。似嫩葉裁衣,幽蘭吹氣。病起遲來,問取小名尚未。風流京兆偏憐惜,道延年、女弟如是。珊珊可念,何如竟喚,翩來爲字?'此《桂枝香》調也。時小鬢得詞,歡然謝去。"

張錫懌(1622—1691),字越九,號弘軒,江南上海人。好義,工詩文。順治十二年(1655)進士,官泰安知州。著有《樹滋堂近稿》《嘯閣餘聲》。(同治《上海縣志》卷二十、徐世昌《晚晴簃詩匯》卷二十七)

朱在鎬(1611—?),字周望,自號拜石老人,江南上海人。崇禎十五年(1642)舉人,入清後,任廣西推官,有賢聲。歸田後,宦橐蕭然,日與曹垂璨、張錫懌輩酬唱。著有《西江雜述》《岑洞瑣言》《雲間忠義錄》《拜石老人集》等。(同治《上海縣志》卷二十)

徐允哲,字西崖,江南上海人。諸生。工詩古文,王士禛、冒襄、錢金甫、周金然輩皆目爲畏友。兼長書法,以晉人爲宗。著有《申江集》《響泉詞》。(同治《上海縣志》卷二十)

丁夢芝,字殿生,浙江蕭山人。(黃運泰、毛奇齡《越郡詩選》卷三)

馬廷桂,字丹谷,江蘇常熟人。順治三年(1646)舉人。十五年(1658),官績溪縣教諭,轉上海縣教諭,遷翰林院待詔。工詩賦。(康熙《徽州府志》卷四)

莫時莝(1634—1715),字蕙先,浙江蕭山人。(《蕭山莫氏宗譜》)

與徐允哲成忘年交,爲其詩集作序。

《序十一·徐西崖詩集序》:"予知西崖有年矣。前此過西崖,見其詩,未見其全也,今則得見其全詩。自搦管以來,以逮今日,合古今諸體,録其可與世相見者,爲一集,爲二集。夫西崖年不過三十,而其以詩爲當世指名,則近在十年之間。"

按,《序二十一·星槎詩序》:"予過上海,與徐君西崖爲忘年交。西崖真才人也。"

二月,吳興祚遷福建按察史,詩以送之。

《七言古詩十·送吳明府超遷觀察之閩》,詩中有"東風二月度七閩,溪花海樹郎官春"句。

  按，秦松齡《蒼峴山人文集》卷六《留村吳公行狀》："康熙十五年冬，天子以閩海初定，思得文武兼濟之臣以綏輯之，特擢公爲福建按察史。"曾燦《六松堂集》卷七《丁巳春初送吳伯成觀察入閩》，知吳興祚福建按察使之任，命下於去年冬，今年春赴任。《書四·覆謝福建吳觀察薦舉書》："車騎南行，時正值某吹箆海上，不能隨族躬餞，衹以奏記托姜京兆寄去。"與詩中"東風二月度七閩"語合，知毛詩作於二月。

三月三日，修禊申江，有詩和任辰旦。

  《排律五·上巳申江修禊和任明府韻》。

三月四日，與曹垂燦、張錫懌、周譽凡、趙爾磐、朱服萬、羅木桓、徐允哲修禊於滬城之東園，填《沁園春》詞。

  《填詞六·沁園春·即事》序曰："三月四日，曹綠岩明府，張弘軒州牧，周譽凡孝廉，趙愚公監郡，朱服萬別乘，羅木桓、徐西崖文學，招集群公修禊於滬城之南園，有女妓三人行酒，即席朱別乘作《沁園春》詞，予依韵次其後。"

  曹垂璨（1614—1688），字天琪，號綠岩、且閑道人，江南上海人。少穎異，嗜學。順治四年（1647）進士，歷任槀城縣知縣、遂安縣知縣，皆有惠政。康熙二十二年（1683），參修《上海縣志》。著有《五石山房全集》《片玉齋集》《且閑亭集》《明志堂集》《越游草》《茶隱居小草》《竹香亭詩餘》。（同治《上海縣志》卷二十）

  龔爾美，原姓周，字譽凡，江南上海人。周金然從子。（同治《上海縣志》卷十五）

  趙爾磐，字愚公，江南上海人。（嘉慶《松江府志》卷十六）

  朱服萬、羅木桓，生平不詳。

寒食夜，胡繩先招飲上海署中，填《念奴嬌》詞。

  《填詞六·念奴嬌·即事》序曰："暮春三月寒食夜，胡繩先招飲上海署中，聽妓，酒半爲詞。"

  胡繩先，生平不詳。

清明後，與海上諸友公讌南園，填《滿庭芳》詞。

  《填詞六·滿庭芳·南園公讌即事》。

  乾隆《婁縣志》卷十四："南園在南門外阮家巷。"

三月十三日，宿朱與濬家。

  《碑記四·觀音庵送子記》："丁巳三月十三日，予過上海，主簪原家，因予與其尊大人司刑公有舊故也。"

朱與瀣,字簪原,江南上海人。(同治《上海縣志》卷十七)

三月二十六日,張錫懌宅牡丹初開,與馬廷桂、朱在鎬、楊弦索、女妓玉烟、陳婉等作催花小集。

《七言古詩十二·暮春二十六日張弘軒刺史宅牡丹初開預作催花小集歡讌竟日同馬廣文朱郡丞周孝廉楊生弦索女較書玉烟陳婉》。

楊弦索,生平不詳。

三月,飲任辰旦官署,有詩和任辰旦韵。

《七言律詩七·醉和任明府官署歌席原韵》。

三月,上海歌妓玉烟索贈,填《菩薩蠻》贈之。

《填詞五·菩薩蠻·索贈》序曰:"客上海數月,歌妓玉烟者,又名玉嫣,解佐酒,日日在坐。張南士有贈妓詞,妓甚愛之,因索及予。時晚春新月生,剛作妓罷,遂出便面書去。其詞後闋各隱玉烟、玉嫣字。"

《詞話》二:"獨其姊名玉烟者,慧甚,更善行酒。除入勾欄外,凡飲席,必來典觴。且能使意之所屬,曲爲照顧。令不苦飲,如是者多月。張弘軒嘗曰:'如玉烟者,可稱傾城悦名士矣。'第其人尤慕張南士名,嘗持束綾乞予書客所贈詞,口誦了了,顧獨愛南士作。時南士寄任明府署,不得頻見,玉烟每乞予招會予寓。每會,必流戀竟日,不欲去。予嘗謂之曰:'南士長於予,其窮愁失志與予同。予遘難以後,全無歡情,亮南士此際亦未必便與予遠。然且眷眷如是者,汝何所知於南士,而得有此?'曰:'使必得歡情而後與之知,世之所以無知也。'時聞之者,皆善其言。後玉烟歸畷城,南士與徐西崖各賦絕句贈行,屬予爲跋。臨岐,復爲作《南浦》詞。詞曰:'申江初霽,送將歸、魂斷柳條青。南國佳人堪念,妙麗洵傾城。別我蕙心如結,惜臨歧、携酒對紅亭。更牽衣細語,萬千珍重,一曲寄深情。　　記得碧桃開處,乍相逢、春夜按新聲。不似今朝幽怨,凄切思難勝。恨殺潮生南浦,也催人、畫楫度前汀。向亭皋搔首,踟蹰愁逐水雲橫。'其云不似今朝者,以是時當筵歌會,真長亭數曲,較凄然也。"

三月,過楊玉衡宅聽妓,作《蝶戀花》詞。

《填詞五·蝶戀花·客上海過楊生玉衡聽妓作》。

楊玉衡,未詳何人。

寓朱在鎬宅,爲其《記年圖》題詩。

《五言絕句三·題朱拜石司理記年圖》。

按,《詩話》一:"予游海上,主朱周望司李家,讀其曾王父邦憲公《江南感事》詩。"

訪鐸庵遠公,不遇,喜遇曇英和尚,作詩贈之。

《七言律詩八·過上海訪鐸庵遠公不值喜遇曇英和上用張弘軒壁間韻》。

曇英和尚,生平不詳。

同治《上海縣志》卷三十一:"鐸庵在新學宮東,舊爲張在簡園。康熙元年,曹垂璨、俞源改爲庵。"

朱在鎬、張錫懌、徐允哲招赴曇潤和尚西林寺社集,有詩和徐允哲韻。

《七言律詩八·朱法曹在鎬張州守錫懌徐文學允哲招赴曇潤師西林社集和允哲韻》《七言律詩八·西林社集分韵得青字》。

曇潤和尚,生平不詳。

光緒《松江府續志》卷三十八:"法忍教寺在朱涇鎮,一名西林寺。"

爲朱大山文稿作序。

《序十二·大山稿序》:"予與滬上二朱子游,未嘗僅以文章也。顧伯氏周望少時用制文冠《毛詩》北闈。其文久爲遠近所稱,而季子大山復以《娛清樓詩》傳之人間,然則其文章且若是矣。……予薄游滬上,主周望家。因得竊讀大山所存稿,嘆大山前所自期,具能有之……第其稿所存止十之三,而予復汰去其半。"

朱大山,上海人。著有《娛清樓詩》。

寓南園,曹垂燦作詩相贈,和韻答之。

《五言律詩五·客寓南園答曹明府見貽原韵》。

乾隆《華亭縣志》卷七:"東園在蓬萊巷後,徐元春別業。"

任辰旦生日,作詩祝壽。

《七言律詩八·待庵明府生日和其自壽原韻》。

任辰旦夫人丁氏四十生日,填詞作文賀壽。

《填詞五·臨江仙·申江署中題麻姑獻酒圖爲丁夫人初度》。

《序十二·丁少君四十壽序》:"我友任君待庵以初仕爲上海令,會夫人丁少君年躋四十。……予與待庵束髮定交,爭欲以藝文雄長天下,而爲龍爲蛇,相逢官舍……雖欲過加以諛詞而不敢也。"

按,丁氏爲先生友丁克振女,《蕭山丁氏家譜》相五房二房世系:"丁克振……女二:長適兵科都給事任辰旦。"

喜遇王西園,爲其《偶言集》作序。

《填詞六·沁園春·答王西園見贈之作》。

《序十二·王西園偶言集序》:"予與西園王子游,嘆其所爲詩詞工麗絕俗,以爲雲間遺響庶幾未墜。近讀其爲文,駢情儷句,具極高勝。……而西園以文筆之巧,奪造物之能,敏心慧指,纂組成勢,雖使嫘女縈絲,天孫制錦,猶不能擅其文而易其藻與彩也。"

王西園,生平不詳。

蔣棝過訪,留句見寄,先生作詩酬之。

《七言古詩八·杜陵蔣棝游淮曾讀予舊詩有感枉過不值留句見寄予適滯海濱率賦酬意》。

蔣棝,字荊名,號天涯布衣,江蘇長洲人。康熙五年(1666)後,流寓淮安數年。性落拓,好飲。工詩。著有《天涯詩鈔》。(乾隆《淮安府志》卷二十二、沈德潛《清詩別裁集》卷二十)

過張吳曼草堂,讀其集梅詩,作詩贈之。

《七言古詩十二·過張吳曼草堂兼讀其所著梅花詩集有贈》。

《詩話》一:"上海張吳曼有集唐梅花詩數百首。按:唐人咏梅花,不及三二十首,而集句反多,必其不僅取材於咏梅詩者。予嘗評近代集詩家,謂泗上施助教、太倉顧湄,一博一精,與吳曼而三。後見沈天庸尊人貞居先生《梅花集唐詩》,始知先吳曼而起者,先生也。先生寄居梅花源,繞屋藝梅,約數千畝,幾與蘇之鄧尉、杭之安樂相埒。觀其集句有云:'地疑明月夜,山似白雲朝。'則其梅之多與集句之勝,不俱可想見耶!"

永瑢《四庫全書總目》卷一百八十四集部三十七:"《集古梅花詩》……張吳曼撰。吳曼字也倩,上海人。居吳淞江上,其地多梅,因為集句賦咏。"

張吳曼(1611—?),字也倩,江南上海人。著有《集古梅花詩》《切法指南》。(同治《上海縣志》卷二十七)

又與任辰旦赴張錫懌牡丹飲席,有詩和任辰旦韵。

《排律二·同任明府赴張弘軒州守牡丹飲席和明府韵》《和待庵看牡丹南園原韵》。

飲張公孫宅。

《七言古詩十二·雲間張公孫伎席作》。

張公孫,生平不詳。

上海廳事前枯槐再花,有詩和任辰旦韵。

《七言律詩七·上海廳事前枯槐再花和任明府韵》。

作《神告記》,記任辰旦讞獄事。

《碑記四·神告記》:"康熙十六年三月,安西占魏丙貿卉布上海市中,夜就旅主人宿,醉卧,風雨大作,失橐所藏金三百兩。……上海令任君素善讞……君名辰旦,字待庵,蕭山人,由丁未進士為令官。"

顧有孝以吳江王貞女事相囑,作詩咏之。

《五言格詩二·王貞女詩》序曰:"康熙中,吳江王自瑶許字同里蘇生,未歸,生死。自瑶年十八,截髮守節。既而姑亦死,服除,請歸之,蘇母曰:'豈有以無夫而歸妻者耶?'自瑶曰:'死者,吾夫也。夫死而代夫事翁,則夫猶未死也。不然,吾夫在地下,請歸之地下已耳,有何難焉?'父母知志不可奪,遂聽之。丁巳三月二十七日,蘇迎婦如禮。自瑶乃加髻,與父母别,蘇遣小姑迎於門,自瑶乞撤彩,止樂,始入。是日,雨雪,遠近來觀者皆泣下。既升堂後,拜夫影哭畢,其翁感其義,令不即以婦禮見。先垂涕西向拜四,自瑶亦垂涕北向答拜四,然後成禮。時自瑶年二十有二,吳中人多爲文嘉之。予過海上,顧子茂倫屬以詩,乃仿樂府辭應之云爾。"

五月初五,游黄浦。

《七言古詩四·黄浦午日作》。

五月,作《觀音庵送子記》。

《碑記四·觀音庵送子記》:"上海城南有觀音庵,邑人祈子處也。朱公子簪原曾禱庵……既而果有娠,將彌矣。丁巳三月十三日,予過上海,主簪原家,因予與其尊大人司刑公有舊故也。……因從簪原請而爲之記之,康熙十六年五月日。"

嘉慶《松江府志》卷七十六:"送子庵在南門外。明崇禎七年僧恒一建,國朝康熙十六年修。蕭山毛奇齡有《送子觀音記》。"

五月,將返杭,任辰旦作詩送別。

阮元《兩浙輶軒錄》卷七任辰旦《送毛十九大可還西陵》,中有"江上烟波對別筵,藕花蘆葉送行船"句。

有詩留別朱在鎬、張錫懌、曹垂燦、馬廷桂、朱與濬、沈東園、徐允哲、王西園。

《五言格詩二·留別朱在鎬司李作》《七言古詩十二·留別張中憲錫懌有感》《七言古詩十二·紅橋酒散別曹明府》《七言古詩十三·別馬廣文作》《七言古詩十三·暮潮行別朱公子簪原》《七言古詩十二·答和沈東園贈別作兼示王西園》《填詞六·南浦·和徐西崖贈別》《填詞六·西河·答和王西園送別》。

夏,上海初歸,訪姜希轍。

姜希轍《兩水亭餘稿·暑中毛大可上海初歸即過相訪》。

夏,與王先吉論宋名家詩。

《序十一·王枚臣西臺雜吟序》:"前一年夏,曾持宋名家詩過予論較,取滄浪、宛陵、眉山、涪翁諸集,上下甲乙。"

夏,爲來集之《倘湖樵書》作序。

《序十四·倘湖樵書序》:"今年夏,從海上還里,私讀先生所爲文,竊疑先生以如是之學,何難舉所聞所識而編之志之,乃未幾而果以所著名《樵書》貽予論叙。予受而讀之。……予邑夙推多識者三人,一包二淳博,一蔡五十一子伯,其一則先生也。予兄事包、蔡,而先生以倍年之長,忘分下交,將自廁載酒問字之列,乃蹉跎就老,包二且久逝,今巋然者,獨先生與伯耳。今天子方向文章,昭回飾物,徵天下博聞强識之士,以充著作,既已敦趣先生,璧帛到門,而先生以年老謝去。"

按,來集之《倘湖樵書》卷首載先生序,末署:"時康熙二十二年十月,同邑西河後學毛奇齡頓首爲撰并書。"康熙二十二年(1683),先生官京師,未過上海,且未還里。據本年譜,先生本年夏從上海歸里,序當作於本年夏,故繫於此。

門人姜垚喜其歸里,填詞相贈。先生爲姜垚詩集、詞集作序。

姜垚《柯亭詞》長調《桂枝香·喜西河先生歸自雲間新詞盈帙有贈女郎諸作》。

《序十一·蒼崖詩序》:"蒼崖姜生善爲詩,然未嘗爲詩。其爲詩也,必以正。……蒼崖與杜陵蔣先生游,杜陵者,華亭人也。"

《序十二·柯亭詞序》:"向與蒼崖作集字詩,平陂單複,頃刻裁押。予早知其能填詞,及其游大梁,作《大梁竹枝》若干首,愿雅而雋狎,得填詞家遺法。"

同王晫、陸進會飲湖墅。

《填詞六·慶清朝慢·湖墅高會同王丹麓陸藎思諸公即席》。

爲吳陳琰父盛祖《桃源圖》題詞,并爲吳陳琰詩作序。

《填詞六·滿江紅·題吳墨舫桃源圖步原用文待詔韵》。

《序十二·錢唐吳清來詩序》:"予讀《蒻霞詞》而思清來,清來讀予詩而思予,其彼此神契,亦又何異?……況清來高才,其爲詩詞,又予之所遜爲未逮者乎?今清來詩超越凡近,雖直抒所見,不假容飾,而意態横溢,駸駸乎有神駒拓落之致。其和予詩,不下十百餘首,顧皆非原詩所得仿佛。惜予逮老,不能與之相唱和。"

吳陳琰(1659—?),字清來,又字寶崖,號芋町,浙江錢塘人。官荏平知縣。著有《蒻霞詞》《春秋三傳同异考》《五經今文古文考》《桂蔭堂文集》《通元觀志》《曠園雜志》。(嘉慶《東昌府志》卷二十一、阮元《兩浙輶軒録》卷十一)

爲徐芳烈小蓬萊別業題詞。

　　《填詞六·醉蓬萊·題贈徐涵之小蓬萊別業》。

八月,從子遠公中舉。

　　毛鸙亭《蕭山毛氏宗譜》卷四《大房世系紀》:"(遠公)字季蓮,號菽畹……中康熙丁巳亞魁。"

丁泰主浙鄉試,以詩寄訊,先生作詩答之。

　　《五言格詩二·丁給事典試兩浙枉訊奉答時予猶子見舉門下》。

　　法式善《清秘述聞》卷二:"(康熙十六年丁巳科鄉試)浙江考官……給事中丁泰,字來公,山東日照人,戊戌進士。"

仲秋,爲女弟子徐昭華詩集作序。

　　《序十四·徐昭華詩集序》:"閨中傳詩,自《三百》始。……始寧徐昭華以詩傳人間者有年,其人慧生,而產於世家。父仲山君席大司馬公遺業,著書等身;而其母商太君,則爲冢宰公愛女,稱工詩者。然則昭華之能詩,豈待詢哉? 第昭華嬌稚,不屑就女傅,即隨兄弄文史,亦未嘗斤斤爲學。……乃昭華特好予詩,凡繡枰針管,脂盂黛鬲,偶有著筆,即漫寫予詩,以當散玩,故其後謬呼予師,而予得藉是數數課題面試,以驗其誠僞。……予故曰:'如昭華者,可令班昭爲後先,蘇蘭爲姊姒。'非諛語也。"

　　徐昭華《浣香閣遺稿》卷首載先生序,末署:"康熙丁巳仲秋,西河毛大可題於東郭柳下。"

有詩紀何源浚治績。

　　《排律五·何使君紀績詩》。

九月九日,何源浚於龍山張別,爲文記之。

　　《碑記三·何使君九日龍山張別記》:"何使君以外訃至去官,人之留之者,湛舟塞路,呼告於兩臺使君。……先是郡署有亭在龍山之巔,其亭當郡臺而敞可四瞭,名曰'越望',即唐時望海亭故址也。今傾廢有年,而使君方修復之。會九日,將落成,僚佐咸集,而民之呼留不得者,請得于此日一見使君作張別狀。……郡人士各有詩歌及賦、序傳之,而屬予以記,因記。使君名源浚,即淮之梅庄先生,今治郡以慈,郡人又有稱'何母'者。"

浙民謀祀何源浚於義愛舊祠,作文記之。

　　《碑記三·崇祀何太守義愛祠版記》:"何公治郡之明年,民愛之……會公遭大故,將去越。……民愛益切,謀祀公義愛舊祠,貌公像而勒版其側。……公諱源浚,淮安人,由建寧府別乘入覲,值甌閩兵變,遂留京,改爲今官。"

秋,作《募建天衣乾公骨塔疏序》。

  《序十二·募建天衣乾公骨塔疏序》:"不謂別一年而乾公死,死而歸其骨於天衣者又一年矣。……丁巳秋月,將有事建塔,爰叙募簿,且告世之能助者。"

秋,作《寧州龍安山兜率寺重興碑記》。

  《碑記五·寧州龍安山兜率寺重興碑記》:"佛書載兜率夜摩宫殿在諸天以上,璀璨弘麗,可居能仁,故名山法地有所創建,每借之以顔其刹,如梓潼、分寧皆有兜率是也。……丁巳之秋,龍安兵稍解。……乃使謁文於予,爲紀石用。"

  光緒《江西通志》卷一百二十一:"兜率禪院在義寧州仁鄉從説禪師道場。"

陶芳賓移居,作詞寄贈。

  《填詞五·喜遷鶯·寄贈陶燕公移居奉和何毅庵張邇可原唱韵》。

重過上海縣署,有詩寄徐允哲。

  《七言律詩九·重過上海縣署寄徐西崖即用其所詒來韵》。

遇王鴻資於上海,值其四十生日,填詞賀壽。并爲王鴻資《客中雜咏》作序。

  《填詞五·百字令·客滬上爲王鴻資初度》。

  《序十·王鴻資客中雜咏序》:"今之爲詩者,大率兵興之後,掣去制舉,無所挾撝,而後乃寄之於詩。惟鴻資不然。少爲詩數百,自書之而與之雕工,人之讀其詩,兼摩其書,以爲兩絶。……暨鴻資漫游四方,值天下初亂,中州群盗大起,鴻資獨杖劍挾策,思一得當,以展所學,而卒不可得,歸而梓其詩。"

  王鴻資,浙江蕭山人。生平不詳。

王鴻資名其樓曰"半樓",作文記之。

  《碑記五·半樓記》:"王子鴻資挾其文以遨游天下,自燕、齊、代、隴以暨荆、鄧、甌、粵嶺海之外,率驅柴擔簦,坦坦如衡術者,凡四十年。……暨其後從五嶺歸,慨然念故里不可去,乃復買宅於沂川之間。環沂舍傍,築層樓其中。前可瞰城南諸山,而北幹一峰適當北牖,且鄰園之蓁薈而翳蔚者,松楸木莽,晻映左右,於是判樓而分受之,顔之曰'半'。……今鴻資薄游海濱,而予以訪舊之餘,與之晨夕,蓋嘗飲予酒,而告予以將返而居是樓也,遂述其撰事而乞予以記。"

遇錢光繡於滬上僧舍,互有詞答贈,兼詢其祖若賡、父敬忠忠孝事。

  《填詞五·綺羅香·用原韵答贈甬上錢蟄庵見贈》。

《詩話》一："後遇聖月於滬上僧舍，詢其實，始知孝子真難爲也。孝子父臨江君初爲儀部，時值神廟以選妃事，刺其隱，恚甚，書君名屏間。既以不附江陵相，出守臨江，會江陵修憾於吉安，故御史劉臺陷之死。而其羅織成獄者，王開府也。至是，江陵死，御史江君白臺冤，下命行勘，委君及瑞州守究其事。適新開府曹君爲王開府導地，冀以悖全，而君持不詘，竟坐王戍。曹大怒，乃取他事劾君酷，嚴旨提問，擬奪職，不可；擬杖，不可；擬遣戍，不可；擬辟，可之。復賜御筆判狀曰："即決。"于是舉朝大震。是時翰林文似韓首訟君冤，而九卿及臺省以下，皆互疏切爭。及政府申公文定亦具密揭，然後得更"秋後"字，然而危矣。其後申公陰檄江省……使此地連停秋決者若干年。暨積久相忘，而後逡巡陰附之獄籍，然猶未敢明布也。至若孝子初生之時，即君罹獄之歲。歷歲若干，始受書獄中；又若干，始就試；又若干，始登鄉薦登第，然猶未敢訟冤。至神廟升遐，而後號呼詣闕下，猶且不敢訟，言不宜死，即宜死，願以身代。如是者有年，而後出獄，暨出獄數年而後死。然則孝子之用心，如是其疚且久也。當君死時，距出獄不滿三歲，孝子哀痛，幾殉之。倪文正有慰孝子書一篇，久傳人間。若出獄事，則同時何武羲、吴海日、李芳瓊、沈青嶼、姜燕及諸君皆陰爲之謀。天下事可爲而得爲者易，不可爲而必爲者難，孝子則所爲爲其難者。臨江君名若虞，孝子名敬忠，即聖月祖若父也。其先數世，自侍郎副使君，下暨孝子，俱以進士起家。後臨江君孫肅樂，亦以進士爲刑部郎，殉國難，有名。"

聖宣和尚索題詩，作詩酬答，兼訊竺蘭上人。

《七言古詩九·予向渡湖時更名王士方宿竺蘭聖宣二上人房去今二十年後予過上海聖宣貽書兼索書舊日所題詩句感生於心賦此志謝并呈蘭公代訊》。

十月，姜希轍補奉天府丞，詩以送之。

《五言格詩三·送姜京兆之任奉天》。

按，姜希轍《兩水亭餘稿》七言律詩《丁巳家居聞命補奉天少尹四首》，知姜本年之任。另黄百家《學箕初稿》卷二《送定庵姜先生赴任盛京奉天府序》："康熙丁巳孟冬，定庵姜先生赴任盛京奉天府。"知赴任時在孟冬。毛詩亦當作於此際。

康熙《盛京通志》卷第十四："（奉天府府丞）姜希轍，浙江會稽人，舉人，康熙十七年任。"蓋聞命赴任在本年孟冬，明年到任。

友何永紹寄詞相訊，和韻答之。

《填詞六·風流子·答和桐城何令遠見寄》。

按，《詞話》一：「計乙巳冬杪，至今寄詞時，適遇丁巳，恰一十二年。」

十二月，施閏章六十生日，填詞寄壽。

《填詞五・百字令・寄壽施愚山少參六十》。

冬日，任辰旦爲製衣，感而賦詩。

《七言古詩十・冬日過上海署故人任明府製衣衣我感賦》。

除夕，守歲上海。

《七言絕句二・申江守歲詞》。

是年，爲左國棅詩集作序。

《序十四・桐城左仲子暝樵詩集序》：「乃又距一年，而貽書問訊，兼寄生平所爲詩，屬爲序首。」

是年，成《集課記》一卷，記任辰旦在上海知縣任上治績。

《集課記》：「予與任君待庵（名辰旦）讀書城東草堂，期爲管、樂，不期爲董、晁也。既而遭鼎革，予避物去，而待庵以第四人舉於鄉，丁未成進士，與禮部廷問第一人俱出頻陽門下，各虛館職待待庵，而待庵拂衣歸就子舍者凡八年。例：初改官者始縣令。于是筮君令上海。按：令有治課，凡導揚撫字，顯善刺惡，敦業崇利，折獄平賦，以逮時候畜積，倉庫傳驛，堤防栽植，雖往有分佐，而專責之令一人。故一人所掌，不翅古所授一十二事，而君悉有以治之。紐金縮綬，操割其地，若有餘刃。……予嘗過海濱，觀其治，嘆曰：『君哉！君哉！』夫人幼而學，壯而欲行，而乃一出而悖之，生平所學者何事，而出處兩截？……且夫上海固繁邑也，戶甲數萬計，歲入畝丁租賦合不下四十餘萬，然且漕租半之……又其地瀕海，烽火四接，多防軍，而君能調之軍民之間……若夫門堰修築，城垣廬舍，其不賦民力而費民錢，比比也。此可謂非古之廉辦者與？非風抗其高，雲垂其澤者與？非不負所學者與？昔漢令：秋冬集縣課計，上於其所爲國。今雖無其事，而治績不可泯也。予縱不文，敢略記其實，以告世之學仕者。」

作《催妝圖軸》。(《歷代流傳書畫作品編年表》第 150 頁)

【時事】 二月，清軍陷泉州、漳州，鄭經退守廈門。三月，清兵取贛州、吉安。五月，尚之信率部降清。十二月，清廷撤駐浙江、福建之蒙古兵還京。

卷四　應試制科，修史議禮

清聖祖康熙十七年　戊午（1678）　五十六歲

在上海，爲任辰旦作新年樂詞。

　　《七言絶句二·上海縣新年樂詞（爲任明府作）》。

元月，清廷詔徵博學鴻儒，命内外諸臣薦舉海内名士。

　　《清聖祖實録》卷七十一：康熙十七年正月"乙未，諭吏部：'自古一代之興，必有博學鴻儒振起文運、闡發經史、潤色詞章，以備顧問著作之選。朕萬幾餘暇，游心文翰，思得博學之士用資典學。我朝定鼎以來，崇儒重道，培養人材。四海之廣，豈無奇才碩彦、學問淵通、文藻瑰麗、可以追踪前喆者？凡有學行兼優、文詞卓越之人，不論已仕、未仕，令在京三品以上及科、道官員，在外督、撫、布、按，各舉所知，朕將親試録用。其餘内、外各官，果有真知灼見，在内開送吏部，在外開報督、撫，代爲題薦。務令虚公延訪，期得真才，以副朕求賢右文之意。爾部即通行傳諭。'於是大學士李霨等薦原任副使道曹溶等七十七人。"

　　福格《聽雨叢談》卷四："康熙八年，既復八比之文，天子念編纂《明史》必需績學能文之士，乃詔啓博學鴻詞之科，以羅博洽之彦。無論京外現任及已仕、未仕、布衣、罷退之士，均准薦舉。内由三品以上大員科道御史，外由布、按二司以上，各舉所知，惟翰林不預焉。十七年詔下，次年己未三月初一日試於體仁閣下。直隸省薦舉十五人，江南六十七人，浙江四十九人，山東十三人，山西十二人，河南五人，湖廣六人，陝西九人，江西三人，福建三人，貴州一人，其餘用兵省份未薦，共得一百八十三人。"

浙江巡撫陳秉直、驛傳道李之粹、分巡寧紹臺道許弘勛、福建布政使吳興祚舉薦先生。

　　《制科雜録》："時予走四方，裁得還里，而頓膺斯舉，且怖且愧。特寧紹臺道許公、驛傳道李公、巡撫陳公皆濫相推許，於兩浙州縣所薦，合五十餘人,核至五人,而予名預焉。"

《書四·覆謝福建吳觀察薦舉書》:"近弦績書來,驟傳閣下以新奉上諭,循求天下博學之士,謬薦及某,甚爲駴怖。"

秦瀛《己未詞科錄》卷三:"毛奇齡……廩監生,由浙江巡撫陳秉直薦舉,授檢討。"

春,遇兜率弟子於上海,作《吳江泊蘆庵碑記》。

《碑記五·吳江泊蘆庵碑記》:"吳江當太湖之委,烟波四暨,其中多隱君子者……若所稱泊蘆庵,其一也。……丁巳秋,介吾兜率師謁予爲記。而予以事未應。至戊子春,遇兜率弟子於申浦之上,遂書稿去。"

按,文中"戊子"當爲"戊午"之誤。據上下文,丁巳爲康熙十六年,下文"戊子春,遇兜率弟子於申浦之上",而康熙十七年是戊午年,先生仍在上海,"戊子"當爲"戊午"之誤。且丁巳(1677)年後的戊子年(1708),先生已八十六歲,時已病卧蕭山城東草堂,未至上海,亦可爲證。

作《吳江宿蘆庵碑記》。

《碑記三·吳江宿蘆庵碑記》:"松陵惺公少而落染,歷參諸方者二十年,既已浩然有得矣。……自乙未終於己亥,迄於今又二十年矣。"

按,"己亥"爲順治十六年(1659),據文中"迄於今又二十年"語推之,知作於本年。

三月,讀宗元鼎《新柳亭集》,觸境生感,有詩寄宗元鼎。

《七言古詩十三·戊申三月旅亭夜讀東原宗元鼎所著新柳亭集中有三詩專賦予瀨中事觸境生感因爲長句寄去隨筆無叙》。

按,"戊申"當爲"戊午"之誤。宗元鼎《宗定九新柳堂集》卷二《西河毛大可以長句見寄賦此答之》,宗集卷與卷之間依詩體編排,各卷編年排列,此首位於《夜閱汪舍人題徐贊善花溪牡丹詩因作長歌寄贊善》前,據汪懋麟《百尺梧桐閣文集》卷二《净業堂詩序》:"康熙十七年戊午暮春,來游於吳,徐子健庵館余花溪之上。……時牡丹盛開,入夜,雨大作。健庵燒燭命酒,劇飲達曙。"汪懋麟《百尺梧桐閣詩集》卷十六戊午《客原一贊善花溪時牡丹盛開張幕置酒酌余曰花爲舍人開也余慚斯語歌以謝之》,知汪懋麟題徐乾學花溪牡丹詩在本年,宗詩亦當作於本年。

五月,吳興祚遷福建巡撫。

王先謙《東華錄》康熙二十一:康熙十七年五月:"以吳興祚爲福建巡撫,由按察使遷。"

有詩簡錢金甫。

《七言律詩九·簡青浦錢徵士》。

錢金甫(1638—1692),字越江,號瞻屺,江南上海人。康熙十八年(1679),舉博學鴻儒科進士,授翰林院編修,與修《明史》。著有《保素堂稿》。(秦瀛《己未詞科錄》卷三)

爲潘江《龍眠風雅》作序,兼寄己著《兼本雜錄》,潘以詩志謝。

《序十二·龍眠風雅序》:"乃潘子木厓復慨然念宋、元以降,自武、樂、洪、宣下逮今日,有其人其文久傳人間,而風雨兵革,侵蝕流散,漸至泯蔑而不可考者。將先輯其詩爲集,因博采國志,旁搜家乘,凡夫故老之遺聞,閭閻之狙識,務必袪其可疑而徵其可信,不泛不遺,以該以審,命之曰'龍眠風雅'。且不以予爲不文,屬爲叙次。……木厓著書等身,其所爲詩,久爲海内所誦揚,然猶兢兢乎不忘先烈而具爲搜討,今之所爲後,即後之所爲先也。"

潘江《木厓續集》萊戲草(起戊午一月盡七月)《毛大可爲予序龍眠風雅復以所著兼本雜錄惠教諷讀之下傾倒倍至却謝》。

按,《兼本雜錄》現存四卷本和二十卷本,四卷本藏國家圖書館,二十卷本藏遼寧圖書館。《兼本雜錄》除《論定西廂記緣起》《朱道人播痘禁方緣起》《題鶯像》《刻今詩鼓吹新編題詞》《丁徵士誄文》五篇外,其他篇目均已收入《西河合集》,收入時個別篇名有改動。

潘江(1619—1702),原名大璋,字蜀藻,號木厓、耐翁,安徽桐城人。少孤,母吴氏賢慧能文,著有《松聲閣集》。幼承母教,博覽群書,尤專於詩古文。後游歷齊、岱、京、楚等地,與海内名流以詩文相結。明亡後,歸隱桐城龍眠山之河墅,吟詩著文,娛情山水。康熙十八年(1679),以博學鴻儒薦,以母老不赴。著有《木厓詩集》《六經蠡測》《字學晰疑》《記事珠》《古年譜》等,輯有《龍眠風雅》《龍眠古文》,編有《桐城鄉賢錄》。(光緒《重修安徽通志》卷二百二十二)

爲任辰旦《介和堂詩鈔》作序。

《序十一·介和堂詩鈔序》:"少與待庵誦賈長沙《疏》,三過能記,及旬日,而予忘之,而待庵不忘,人嘗以此定優劣焉。……待庵自升賢以洎通籍,中間閒暇日多,然究不爲詩,即爲詩,窮極工麗,擅庾、鮑之勝,然猶且弃去不存。及試仕海上,而後於蟠錯之暇而偶一爲之,若所稱介和堂者,則官舍名也。……吾嘗過海上,觀待庵吏治,優游鎮静。"

應任辰旦之請,爲上海孝子楊文蔚撰傳。

《傳七·楊孝子傳》:"孝子名文蔚……母痢見血,中死法,醫者凡數輩,皆前後相顧去……闔户刲左臂,以其肉雜參汁瀹之,三瀹三進。母初進而體下,再進而涑淬以去,三進而愈,時康熙丙辰九月二十一日。又二年戊午,上海令任君廉其事,請告之臺,將獎之。……乃爲之題其門曰'以身壽母',而請西河爲之傳。"

七月,從上海歸里,葉吟以詩相詢,依韵答之。

《七言律詩七·秋初從吳中歸值甬東葉天樂以詩下詢依韵答之》,詩中注曰:"余將往都中。"

葉吟,字天樂,號甬仙,浙江慈溪人。著有《分書詩韵》《三秋詩》《銀河詞》《酹月詞》《采菊詞》。(光緒《慈溪縣志》卷四十八)

姜承烈爲先生詩文集作序。

姜承烈《樂志堂文鈔》卷二《毛大可集序》:"余也不材,與大可生同時,居同里,臭味同心,得朝夕誦其詞章,親其丰采,佩其話言,不無厚幸。今大可詩文告竣,余不敢不弁一言,藉大可以垂不朽。"

按,此序先生集中未載,據序中"詩文告竣"語,疑爲《兼本雜錄》所作序。但《兼本雜錄》是文集,不是詩集。姑繫於此,闕疑待考。

以徵辟事詢蔡仲光,蔡以"各行其志"爲答。

蔡仲光《謙齋文集》卷首蔡惟慧《大敬公傳》:"十七年,開博學鴻儒科,毛奇齡以徵辟赴問於先生,曰:'各行其志,不必問也。'"

三辭徵檄揭子,未獲允。

《奉辭徵檄揭子》:"於康熙十七年月日,吏部諮開徵取博學鴻儒,以文詞卓越、才藻瑰麗者,召試擢用,備顧問著作之選。謬注姓名。(徵名係原名奇齡。)且令所下縣具文敦請……姓貧困之久,嘗得心疾,偶經勞瘁,間日便發。雖曰駑駘下賤,苟足使伯樂一顧,可增價十倍。然病馬弃野,筋敝力耗,終無所用。姓草野學究,不知進退,冒昧辭謝,伏望詳察,謹此具揭。"

《再辭徵檄揭子》:"已經扶服辭過,具結復去。今蒙駁照該縣原有博學鴻儒,速行延請,再及姓名。檄下之日,紙牌木帖,叠促經管……夫既非博學,何有鴻儒?況鮮才藻,兼多疾病。伏乞臺下俯鑒微衷,轉文申覆,使姓無冒昧赴舉之嫌,諸上臺無舉非其人之罪。姓伏床把筆,荒亂無序,息喘待命,無任狼狼。"

《三辭徵檄揭子》:"知諸臺檄徵,不容病辭,且不需府縣執結。案名會請,遽行照知,此非縣文轉覆所能達意,因敢冒昧頓首,直揭臺下,凡臺下之所以堅持絞急不肯姓辭者,必以姓之辭爲謬漫不可信也。……然則姓辭之必無虛假……一則無學,一則有病。無學之人,諮車所不臨;多病之門,吉士所不顧。然且必兢兢如是者,誠恐一不見諒,則他日徵書之下,重多違復,必有以言之不早爲今日罪者。……要之,病於學,病於身,俱不可舉,縣文病結具在,惟藉慈察。"

按,《制科雜錄》:"予初辭道、府,繼辭布政司及院使,皆不許。"盛唐《西河先生傳》:"康熙十七年,上開制科,敕中外大臣薦舉才學官人可以膺著作、備顧問者,入應制試,謂之博學鴻儒科進士。兩浙巡撫陳公、分巡寧紹台道許公、福建布政司使吳公互起薦先生,凡三辭,不獲。"

清廷命督、撫督催所薦舉人員赴京,先生勉強應徵。

《五言律詩六·康熙十七年予以不學謬膺薦辟三辭不允兩浙開府陳中丞竟投檄舍下勒攜赴部勉強應命感而有作》。

按,《東華錄》康熙二十二:"吏部題:各省題薦人員,原令其作速起程,今陝西李容、王宏撰、江南汪琬、張九徵、周慶曾、彭桂、潘耒、嵇宗孟、張新標、吳元龍、蔡方炳,直隸杜越、范必英,浙江應撝謙,山西范鄗鼎,江西魏禧,並以疾辭。陝西李因篤以母老辭,相應咨催,赴京得旨。李因篤等既經諸臣以學問淵通、文藻瑰麗薦舉,該督、撫作速起送來京,以副朕求賢至意。"

覆書吳興祚,謝其薦舉。

《書四·覆謝福建吳觀察薦舉書》:"某久處困詘,甘心蓬草,如麋鹿在野,叵耐縶鞅;猿猱入市,不可衣履。故生平奔逃,北極齊、宋,而必不敢使誤步所至略近長安,何則?都會在前,足未涉而心已驚也。……某素乏知交,並鮮故舊,而偏於閣下有生平之歡,致有此役。"

葉吟游吳,作詞送之,並為其《分書詩韻》作序。

《填詞六·沁園春·送葉天樂游吳門》。

《序十二·葉氏分書詩韻序》:"葉氏《分書詩韻》者,慈溪葉天樂以八分書而書近世所慣用之詩韻也。昔者,葉此君先生擅八分……今天樂以先生嗣人,既能讀其所遺書,然且紹為書法……因書《詩韻》五卷。計一萬一千三百五十八字,大書其韻,而注以小楷,間有字形互異者,則又小書一字於注字之左,且偶芟今韻之不可用而增正韻之可用者,名曰'分書詩韻'。"

謁陳秉直、許弘勛,謝其舉薦。

《七言律詩九·奉謁陳中丞邸第有作》《七言古詩十三·奉謝分巡許元功使君夫子薦舉抒意》。

陳秉直(1625—1700),字廉成,號紫堂,奉天襄平人。歷官平陰縣知縣、泉州府知府、浙江布政使、浙江巡撫。(雍正《浙江通志》卷一百二十一)

將赴都,有詩贈蕭山縣知縣姚文熊。

《七言古詩十三·介丘吟為姚明府作》。

應徵北上，王先吉以詩送之。爲王先吉《西臺雜吟》作序。

王先吉《容安軒詩鈔·送毛大可應博學鴻儒科北上》。

《序十一·王枚臣西臺雜吟序》："初與枚臣同爲詩，每見而避之，畏其湛深，而枚臣亦中道弃去，口不言詩者數十年。暨枚臣成進士，授西臺舍人，始效謝監'吟紅藥當階'之詩，於是畜所吟，遲久成集。……獨念予與枚臣暨任君待庵、韓君燕克同硯有年，而三君皆前後通籍，策名於時，然後各出所爲詩，爲世指名，而予第爲詩、爲雜文，究之不得成一名。"

王先吉《容安軒詩鈔》卷首自叙末署"康熙戊午孟夏，蕭然湘湖逸客王先吉毅庵識"。卷首載先生序，未署年月。集刻於本年，毛序亦當作於本年，故繫於此。

臨行，張遠作詩相送。

《序二十三·張邇可蕉園詩序》："予赴制科時，邇可爲詩送予，重以'茂陵多病，莫頌《子虚》'爲囑。"

張遠（1632—?），字邇可，浙江蕭山人。湛深經術，博涉群書。康熙三十五年（1696），由歲薦官縉雲縣教諭。著有《杜詩會粹》《蕉園集》《梅莊集》《雲嶠集》。（乾隆《縉雲縣志》卷三）

徐芳聲、何之杰送之官亭。芳聲爲文授之，寓切劘之意。

《序三十二·東皋詩集序》："予向赴召入都，時同邑徐徵君與何子毅庵扶杖過予，送予於官亭。"

《墓志銘八·徐徵君墓志銘》："君諱芳聲，字徽之……既後甡受聘應制科，君留甡不得，乃爲文一篇授甡，寓切劘之意。"

八月九日，北上，途遇徐咸清，與之同行。

《制科雜録》："將部諮擲寓，以要必赴，因狼倉出關。時戊午八月九日，正舉浙鄉試，是日係第一場試士日云。……時同志有學最相好者，惟上虞徐仲山，且與一路同行。"《詞話》二："予赴京師，路遇徐仲山，忻然同行。"

八月，有札寄姜希轍，告以徵辟事，姜有答詩。

《排律二·寄贈姜京兆一首》、姜希轍《兩水亭餘稿·秋夜懷西河毛十九大可值寄札遠至且聞待詔公車行將北入兼訊同徵徐二仲根》。

八月十五日，爲姚文熊妻左如芬《纕茞閣遺稿》作序。

左如芬《纕茞閣遺稿》卷首先生序："若夫《纕茞閣集》，固向所什襲，不屑爲一二俗人道者耳。一夕，忽手是編，囑余數人序跋，并謀得良劂工付梓。豈非以夫人之賢，不以詩詞重？而夫子重夫人之賢，未始不以詩詞見耶？余因持稿以歸，亟呼童子燒燭竟讀。……目其才情筆致，擬自班姬、文姬而外，無能與夫人比肩頡頏者。真閨秀之絶技也！戊午秋，會有博學鴻儒之舉，促余赴召，余亦匆匆公車北上，每以不及竣事爲憾。……時康熙戊午歲桂月望日，題於北山草堂，門人毛奇齡大可氏頓首拜撰。"

左如芬，字信芳，號龍眠女史，安徽桐城人。左光斗孫女，左國林仲女，姚文熊妻。工詩，著有《纕芷閣遺稿》。（同治《江山縣志》卷十一）

秋，從孫毛文舉鄉試。

雍正《浙江通志》卷一百四十三："（康熙十七年戊午科）毛文，蕭山人。"

秋，爲李鴻霔父采蘭志墓，時李鴻霔典試兩浙。

《墓志銘十二·誥封奉政大夫直隸順德府同知李先生墓志銘》："先生諱采蘭，字秀揚……卒年九十五。康熙戊午，季子鴻霔以内閣中書典試兩浙，家之群從有幸出於其門者，至是，筮葬，援通家之誼，屬予爲銘。"

法式善《清秘述聞》卷二："（康熙十七年戊午科鄉試）浙江考官内閣中書李鴻霔，字厚餘，山東新城人，甲辰進士。"

李鴻霔，字季霖，號厚餘，山東新城人。采蘭季子。順治十一年（1654）舉於鄉，康熙三年（1664）成進士，授内閣中書舍人。十六年（1677），分校北闈，所取多名士。十七年（1678），典試浙闈。二十年（1681），修實録。二十二年（1683），擢刑部浙江司員外郎，轉户部郎中。二十七年（1688），出知雲南元江州。未幾，以疾卒於官。（道光《濟南府志》卷五十五）

徵車過淮安，憶昔避難於此，填詞志感。

《填詞五·少年游·過淮城口占》序曰："予去淮久矣。康熙十七年，徵車入京，從淮城下過，遂駐馬流涕，占此詞。"

途中，與徐咸清有詩詞記事。

《五言律詩五·北征二首》《七言律詩八·北征同徐二咸清途中作》《七言律詩六·平原道中示仲山諸同行作》《七言律詩九·德州渡河和徐仲山韵》《五言律詩三·奉召赴都經泰岳遥望有作》《填詞五·小重山·自涿州至琉璃河達京和同行韵三首》。

九月初，至京，有詩呈馮溥。

《七言古詩十二·青雲辭奉呈益都相公書事》。

馮溥（1609—1692），字孔博，號易齋。山東益都人。順治三年（1646）進士。四年，補殿試，改庶吉士。六年（1649），授内翰林弘文院編修。十年五月（1653），改經局洗馬兼修撰；七月，遷翰林國史院侍讀。十一年（1654），授國子監祭酒。十三年（1656），授内翰林弘文院侍講學士，旋轉侍讀。十四年(1657),充經筵講官。十六年(1659),擢吏部右侍郎。康熙初年,轉左侍郎。七年(1668),擢都察院左都御史。九年(1670),擢刑部尚書。十年(1671),授文華殿大學士。二十一年(1682)致政歸。著有《佳山堂詩集》《佳山堂二集》。(《清史稿》卷二百五十、咸豐《青州府志》卷四十六)

有詩呈李天馥。

《排律五·上李相公》。

李天馥(1635—1699),字湘北,號容齋,籍隸河南永城,安徽合肥人。順治十四年(1657)舉人,十五年(1658)成進士,改庶吉士,散館,授檢討,遷國子監司業。歷侍講、侍讀學士,充日講起居注官、詹事府少詹事、內閣學士。充經筵講官、户部左侍郎,轉吏部。晋工、刑、兵、吏四部尚書,遷武英殿大學士。著有《容齋千首詩》。(嘉慶《合肥縣志》卷二十四)

有詩呈杜立德。

《排律五·上寶坻相公》。

杜立德(1611—1691),字青來,又字純一,直隸寶坻人。崇禎十六年(1643)進士。入清後,授中書舍人,考選户科給事中。累遷太常寺少卿,歷工、兵、吏、刑諸部侍郎。後任刑部尚書、户部尚書,調吏部尚書。拜國史院大學士,改保和殿大學士兼禮部尚書,晋太子太傅。(《清史稿》卷二五〇《列傳》三十七、光緒《順天府志》卷九十九《人物志》九)

有詩呈李霨。

《七言古詩十一·上高陽相公詩》序曰:"予以康熙戊午應召入都,蒙高陽相公日揀予舊文,翻閱由繹,奬引過當,感而爲之詩。"

李霨(1625—1684),字景霄,號坦園,河北高陽人。順治四年(1647)進士,改翰林院庶吉士,授檢討,特改編修。歷任秘書院學士、内弘文院大學士、工部尚書兼東閣大學士、太子太保、保和殿大學士加户部尚書等職。著有《閩役紀行略》《伴星草》《心遠堂詩集》。(雍正《畿輔通志》卷七十二)

李天馥補薦先生,并召讌集,先生有詩志謝。

《七言排律·戊午九月予謬以入薦赴都奉謁李學士蒙賜晋接兼屢有請召陪侍讌集謹賦長律一十六韵志謝》。

《制科雜錄》:"予甫至京,閣學李合肥師補薦予,曰:'予不可以失是人也。'即邀予主其家。"

客李天馥宅,與李因篤辨古韵,數詘之。

《制科雜錄》:"時薦舉諸公滿長安市,閣學李師宅雖止予一人,然宴會無虛日。關中李天生爲三相公所薦,李師以同姓年長,每兄事之,而天生亦居之不疑。其人生平稱'關西夫子',嘗從吳中顧寧人講韵學,最有名。至是,與予辨古韵,數次不勝,即大怒,始而恫喝,繼將加以拳勇,蓋關中習氣如此。"

盛唐《西河先生傳》:"制試時,上精於韵學,兼以韵押定甲乙……爾時關中李檢討與吳門顧處士亭林竭終身之力以講韵學,然率狃於陸氏《切韵》二百八部之說,每持東、冬、支、之諸分部以繩《詩》《易》,而先生詘之。其後與先生飲閻學公宅,復言:亭林精韵學,不讀叶音,然非閩人陳第說也。陸德明云:'古人韵緩,不煩改讀。'而吳棫叶之,則非本字,直改讀字矣。……李生憒甚。閻學公曰:'徐之。叶讀之是非,吾未辨也,但有說於此。少時,讀箕子《麥秀歌》,惡其無韵,故世有論韵於吾前者,吾必曰:止能押是則言,不能押是則勿言。請試押之。'……李生乃大笑曰:'韵有四聲,未聞有三聲也。'先生曰:'四聲起於齊周顒而沈約成之,古無有也。古人自爲韵,而多以平、上、去三韵互相通押,謂之三聲。不讀虞廷賡歌有"股肱起""元首喜""百工熙"乎?又不讀《蔓草》詩有"零露溥""請揚婉""適我原",《彤弓》詩有"受言藏""中心貺""一朝饗"乎?'公頻顧李生曰:'是也。'李生曰:'學韵不學三聲,未爲不知韵也。'各笑而起。"

全祖望《鮚埼亭集外編》卷十二《蕭山毛檢討別傳》:"西河雅好毆人,其與人語,稍不合即罵,罵甚繼以毆。一日,與富平李檢討天生會與合肥閻學座,論韵學。天生主顧氏亭林韵說,西河斥以邪妄。天生秦人,故負氣,起而爭,西河罵之。天生奮拳毆西河重傷,合肥素以兄事天生,西河遂不敢校。聞者快之。"

按,先生與李因篤論韵不合屬實,但全氏"天生奮拳毆西河重傷"所述恐不確。李因篤告歸時,先生有詩相送,見明年譜。

李因篤(1631—1692),字天生,又字子德,號中南山人,陝西富平人。通經學,擅詩詞,人稱"關西夫子"。康熙十八年(1679),舉博學鴻儒科進士,授翰林院檢討,甫三日,以母老乞歸。著有《古今韵考》《受祺堂詩文集》《漢書音注》《廣韵正》。(光緒《富平縣志稿》卷五、秦瀛《己未詞科錄》卷二)

九月九日,丘象升、丘象隨、李鎧、張鴻烈等游裕親王園林,呼先生同赴,先生以他集未從。

《排律六·遙同淮上諸公九日游裕親王園林登高限韵得徒字》序云:"予於九日過舒南宮舍人邸舍,值淮上丘學士兄弟、李明府、張孝廉諸公車馬四集,將以是日游裕親王園林,作題糕之會,呼予共載。予適以他集,不能從。"

按,丘象隨《西軒戊午集·九日舒南宫招集樂比園登高》、丘象升《南齋詩集·九日樂此園登高和張毅文》。

李鎧(1638—1707),字公凱,號惺庵,江蘇山陽人。順治十八年(1661)進士。歷官綏陽縣知縣、蓋平縣知縣、鐵嶺縣知縣。康熙十八年(1679),舉博學鴻儒科進士,授翰林院編修,與修《明史》。官至内閣學士兼禮部侍郎。著有《艮齋詩文集》《讀書雜述》《史斷》。(秦瀛《己未詞科録》卷三、同治《重修山陽縣志》卷十三)

九月十日,遥和淮上諸友重九游裕親王園林登高限韻詩。

《排律六·遥同淮上諸公九日游裕親王園林登高限韻得徒字》序云:"既而諸公各有詩,即席分字,限一十二韻,匯録見示。昔梁孝王辟兔園召客,自睢陽爲複道,屬之平臺,凡四十餘里。而河間王德嘗築日華宫,置客館二十餘區,以待學士。今親王爲帝室賢胄,肺腑枝葉,其開園築館,原足爲賓從厠足,而諸公以鄒、枚之才,偶接蘭阪,即能銜杯抽牘,以當獻頌。此在鄴宫讌集,所稱良辰勝地,賢賓盛主,莫過於是。而予以無分不預,則其爲悵恨,可勝道哉!嘗讀韋學士和唐主《九日》詩,知學士亦未嘗預會,强顔作和;而李白九日不與崔侍御同游敬亭,然猶有寄侍御詩見之本集。予效顰附和,亦請限韻,顧未知其與古人何如爾?康熙戊午重九後一日,某識。"

李天馥子孚青舉鄉試,作詩贈之。

《七言古詩九·奉贈李公子鄉舉入試長句》。

雍正《合肥縣志》卷十三《選舉二·乙科》:"(康熙十七年戊午科)李孚青,天馥子,順天榜。"

李孚青(1664—1715),字丹壑,安徽合肥人。天馥子。康熙十七年(1678)中舉,十八年(1679)成進士,官翰林院編修。著有《野香亭集》《道旁散人集》。(光緒《重修安徽通志》卷二百二十八)

謁金鋐,作詩贈之。

《排律六·贈副都御史金君》。

金鋐,字冶公,號悚存,順天宛平人。鎮弟。順治九年(1652)進士。初官翰林院編修。改祭酒。康熙元年(1662),升四川按察使。五年(1666),迁安徽左布政使。十一年(1672),擢河南布政使。旋升兵部督捕右侍郎,二十年(1681),到云南總理軍需。康熙二十二年(1683),升福建巡撫。二十五年(1686),調浙江巡撫。(雍正《浙江通志》卷一

百二十一)

喜逢陳維崧,題其《填詞圖》。

《填詞五·少年游·題陳檢討小影(傍有侍兒坐蕉簟弄笛)》。

陳維崧(1626—1682),字其年,號迦陵,江蘇宜興人。與吳兆騫、彭師度稱"江左三鳳",與吳綺、章藻功稱"駢體三家"。明亡後,科舉不第。康熙十八年(1679),舉博學鴻儒科進士,授翰林院檢討,與修《明史》。著有《迦陵詞》《湖海樓詩集》《烏絲詞》等。(秦瀛《己未詞科錄》卷二)

觀西洋國所進黃獅,有詩和李霨韵。

《七言古詩九·詔觀西洋國所進獅子因獲遍閱虎圈諸獸敬制長句紀事和高陽相公》。

按,《清聖祖實錄》卷七六:康熙十七年八月:"庚午,西洋國主阿豐素遣陪臣本多白壘拉進表貢獅子。"陳維崧《迦陵詞全集》卷八《雪獅兒·戊午秋西域獻黃獅子至一時待詔集闕下者不下百人皆作詩歌揄揚盛事崧亦填詞一首》,毛詩亦當作於本年。

與王嗣槐、吳農祥、吳任臣、陳維崧、徐林鴻受知於馮溥,稱"佳山堂六子"。

陳康祺《郎潛紀聞二筆》卷十五:"康熙十七年,仿唐制開博學鴻儒科,四方之士待詔金馬門下,率爲二三耆臣禮羅延致。其客益都相國馮公邸第者,尤極九等上上之選,都人稱爲'佳山堂六子',蓋錢塘吳君農祥、仁和王君嗣槐、海寧徐君林鴻、仁和吳君任臣、蕭山毛君奇齡、宜興陳君維崧也。"

結識馮溥子協一,作詩贈之。

《七言古詩十二·過益都相公三世兄躬暨賦贈》。

馮協一(1661—1737),字躬暨,號退庵,山東益都人。溥第三子。蔭生。歷官浙江紹興府同知、江西廣信府知府、廣東廣州府知府、福建汀州府知府、臺灣府知府。著有《友柏堂遺詩》。(光緒《臨朐縣志》卷十四之中)

馮溥開宴萬柳堂,先生作《萬柳堂賦》,一時稱之。

《賦三·萬柳堂賦》題下注曰:"西河徵車赴京時,益都相公大開閣,請召諸門下士共集於城東之萬柳堂,即席爲賦。時作者三十人,益都以是篇壓卷。次日,侍讀喬君爲傳寫一通,謬爲己作,以示曹峨嵋司成。峨嵋曰:'此非君作也,然則誰作?'曰:'此非西河不能也。'一時競傳之,以爲佳話。"

其序曰:"萬柳堂者,益都相公馮公之別業也。其地在京師崇文門外,原隰數頃,污萊廣廣,中有積水,渟瀯流潦。既鮮園廛,而又不宜於粱稻,於是用饗錢買爲坻場。垣之墅之,又偃而瀦之,而封其所出之土以爲之山。岩陁塊曲,被以雜卉。構堂五楹,文階碧砌。芃蘭薜苕,蔵蔓於地。其外則長林彌望,皆種楊柳。重行叠列,不止萬樹。因名之曰'萬柳堂',歲時假沐於其中。自王公卿士,下逮編户、馬醫、傭隸,并得游燕居處,不禁不拒,一若義堂之公人者。昔都城門外,多群公所置别業,如樊川金潤、謝墩韋谷以及富鄭公園、田游岩宅之類,并有山亭水榭、魚鳥花竹之勝。然數傳以後,或存或毁,未必當時爲世通也。今以公所營而較之於昔,不無朴齒。然而曠澹之懷,與物同之。且去此數里……其於游觀自得之外,更有會焉。故其街曰太平,其坊曰興隆,而其途之傍則曰教養,蓋取東南近藉教侯之養之義。至若元時豐臺有萬柳堂,與此异地,雖其名同,非以襲其事也。因爲之賦。"

按,《制科雜録》:"高陽、益都二師相亦并蒙召請。益都師開宴萬柳堂,延四方至者,命即席作《萬柳堂賦》,蒙獎予第一。"

于敏中《日下舊聞考》卷五十六:"萬柳堂在廣渠門内,爲國朝大學士益都馮溥别業。康熙時,開博學鴻詞科,待詔者嘗雅集於此。……今其基周圍一頃餘,内有小土山,即昔蓮塘花嶼也。"戴璐《藤陰雜記》卷六《東城》:"國初,益都相國馮文毅仿廉孟子萬柳塘遺制,既建育嬰會於夕照寺,傍買隙地,種柳萬株,亦名萬柳堂。"

九月,王熙招飲怡園,與朱彝尊、陳維崧、鄧漢儀、李良年、陸元輔、田茂遇、周起莘同赴,分韵賦詩。

《七言絶句七·陪諸公集宛平相公園林十二首》序曰:"時當二嬉,候届三商。開平津、東閣之門,招鄴下、南皮之客。聖主重元臣,親題光德。時上親題'席寵堂'三字扁額手書以賜。詞人依上宰,侍宴芳林。集賢里北,車過裴相家園;細柳營南,席設岐公别業。藉片時之請沐,許延景以賦詩。潘生陪梓澤,不廢回溪峻坂之詞;公幹在西園,每慚菡萏芙蓉之句。因成短什,便紀良游。"

按,陳維崧《湖海樓詩集》卷六戊午稿《王大司馬胥庭先生招飲怡園同陸翼王鄧孝威毛大可田佛淵朱錫鬯李武曾周次修分賦》、朱彝尊《曝書亭集》卷十著雍敦牂《王尚書招同陸元輔鄧漢儀毛奇齡陳維崧周之道李良年諸徵士讌集怡園周覽亭閣之勝率賦六首》、李良年《秋錦山房集》卷六戊午稿《大司馬王公招飲怡園同陸翼王毛大可鄧孝威陳其年田佛淵朱錫鬯周起莘分賦》,毛詩當作於本年。

王熙(1628—1703),字子雍,一字胥庭,號慕齋,河北宛平人。崇簡子。順治四年(1647)進士,改國史院庶吉士,授檢討,歷遷春坊諭德、翰林院掌院學士加禮部尚書、弘文院學士兼禮部尚書、左都御史、工部尚書、兵

部尚書、保和殿大學士。著有《寶翰堂集》。（雍正《畿輔通志》卷七十一）

鄧漢儀（1617—1689），字孝威，號舊山，別號舊山梅農，江蘇吳縣人，後遷居泰州。早年從查繼佐習舉業，明末入復社。康熙十八年（1679），召試博學鴻儒，以年老授中書舍人。工於詩。著有《淮陰集》《官梅集》《過嶺集》等。輯有《詩觀》。（道光《泰州志》卷二十四）

李良年（1635—1694），原名法遠，又名兆潢，字武曾，號秋錦，浙江秀水人。少有雋才，與朱彝尊并稱"朱李"。與兄繩遠、弟符稱"三李"。康熙十八年（1679），與博學鴻儒科試，報罷。其後，游幕四方，曾至福建贊巡撫軍事，又應徐乾學之招，助修《一統志》。工詩詞，爲古文尤長於議論。著有《秋錦山房集》。（光緒《嘉興縣志》卷二十五）

陸元輔（1617—1691），字翼王，一字默庵，號菊隱，江蘇嘉定人。著有《十三經注疏類抄》《續經籍考》《菊隱集》。（張雲章《樸村文集》卷十四《菊隱陸先生墓志銘》、乾隆《江南通志》卷一百六十三）

田茂遇，字楫公，號佛淵，江南青浦人。夏允彝弟子。順治十四年（1657）中舉，授新城縣知縣，未赴。康熙十八年（1679），應博學鴻儒召，未第。性醇厚謙讓，家貧好客，陳子龍歿後，代其子還官田租二十年，又爲梓其遺集。晚年，築水西草堂，藏書萬卷，觴咏以終。著有《水西草堂集》等。（光緒《青浦縣志》卷十九）

周起莘，原名之道，字西山，又字次修，浙江蕭山人。歲貢生。康熙間官宣平教諭。（光緒《宣平縣志》卷七、阮元《兩浙輶軒錄》卷二）

戴璐《藤蔭雜記》卷九："怡園跨西、北二城，爲宛平王文靖公第。賓朋觴咏之盛，諸名家詩幾充棟。"于敏中《日下舊聞考》卷六十："怡園在南半截胡同，本朝康熙中大學士王熙別業也。中有額曰'席寵堂'，又額曰'耆年碩德'，又額曰'曲江風度'，皆聖祖仁皇帝御賜。今亭館已圮，其地析爲民居矣。"

過舒漢雯官邸，作詞贈之。

《填詞五·小重山·過舒漢雯中書官邸有贈》。

暮秋，與徐咸清、陳維崧、王嗣槐、宋實穎、吳任臣赴喬萊飲席。

阮元《兩浙輶軒錄》卷六徐咸清《同宋既庭毛大可陳其年王仲昭吳志伊赴中書喬石林席即事》。

王嗣槐（1620—?），字仲昭，號桂山，浙江仁和人。康熙十八年（1679），應博學鴻儒試，授中書舍人。工詩文，善賦，文詞瑰麗。著有《桂山堂詩文選》《太極圖説論》《錦帶連珠》。（秦瀛《己未詞科錄》卷四）

吳任臣(1625—1686),字志伊,一字爾器,初字徵鳴,號托園,浙江仁和人。廩生。康熙十八年(1679),舉博學鴻儒科進士,授檢討,與修《明史》。著有《周禮大義》《禮通》《春秋正朔考辨》《十國春秋》《山海經廣注》《字彙補》《托園詩文集》。(秦瀛《己未詞科錄》卷三)

張新標、鴻烈父子應徵入京,以其先人合祀錄請序。

《序二十一·淮陰張儀部農部二鄉賢祖孫合祀錄序》曰:"予游淮陰,值儀部郎張公與其孫農部主事同時舉鄉賢,自巡、漕、開府暨督學使君以下,皆藉藉稱兩先生宜附廟祀……今相距二十年,予被徵來京師,而農部之子吏部公偕嗣上舍,亦父子同時膺聘幣,徵車赴都,投牒之次,見予於選堂之廡間,重以予游淮之舊,握手道故。予方念吏部公父子聘幣,一時稱勝事,而公則復以其先人合祀一錄令諸同舉者各爲詩歌,而屬予爲序。"

爲張新標《采菊圖記年》題詩,蓋在此際。

《七言絕句八·題張鞠岑吏部年伯采菊圖記年》。

十月初五,五十六生日,馮溥代兒輩祝壽。

馮溥《佳山堂詩集》卷十《代兒輩壽毛大可四首》。

十月,爲孟遠《傭庵北游集》作序。

孟遠《傭庵北游集》卷首先生序曰:"吾郡自文長後得才子四人,張秀才用賓、駱明府叔夜、姜國子武孫,其一則次微也。用賓死於兵久矣。叔夜兩爲縣,不得志,去。而武孫與次微則但栖遲人間世。……今次微集中如傳記、序者,猶在也。第用賓詩文以早死,俱不得成。叔夜爲詩勝於文,武孫詩與文皆足上掩古人,非文才可比。而次微舊爲詩,雖已成家,朕未能超今人而上之,而苟其不隨習俗,矯矯獨行於天地之間,有如此文者,而猶謂山陰才子之尚有文才,吾不信矣。康熙戊午十月,西河同學弟毛奇齡撰。"

按,平步青《霞外攟屑》卷四:"癸酉秋,從坊肆得《傭庵集》一册,《傭庵北游集》一册,版心魚尾刻'孟次微集'。二者蓋其子目,不分卷數,不知尚有何集。文若干篇,無可考,可喟也。"

十月,王士禛父與敕七十,寄詩祝壽。

《排律六·寄祝王匡廬先生七十初度(即新城王禮吉、東亭、阮亭三先生之父也)》。

按,王士禛《帶經堂集》卷四十八《誥封朝議大夫國子監祭酒先考匡廬府君行述》:"生於萬曆己酉年十月十一日亥時,歿於皇清康熙二十四年乙丑九月二十八日酉時,享年七十七歲。"推知本年七十。又孫枝蔚《溉堂續集》卷六戊午《王欽文先生七十》,毛詩當作於本年。

王士禛(1634—1711),字子真,一字貽上,號阮亭,別號漁洋山人,山東新城人。順治八年(1651)中舉,十二年(1655)成進士。歷官揚州府推官、禮部主事、户部福建司郎中、户部四川司郎中、翰林院侍講、翰林院侍讀、國子祭酒、少詹事、都察院左副都御史、兵部督捕侍郎、户部右侍郎、户部左侍郎、都察院左都御史、刑部尚書等職。著有《帶經堂集》《居易錄》《池北偶談》《分甘餘話》等。(道光《濟南府志》卷五十五)

十月十六日,尤侗妻曹氏訃至京,作詩慰之。

《七言絕句五·爲尤悔庵悼亡時悔庵以召試在京》《七言古詩十·慰尤司法喪婦作》。

按,尤侗《西堂詩集·哀弦集》後附梁清標、王士禛、汪琬、李天馥、孫一致、施閏章、沈荃、彭孫遹、宋實穎、孫枝蔚、李念慈、葉封、鄭重、王頊齡、王鴻緒、陳錫嘏、李因篤、馮雲驤、彭定求、張烈、黄與堅、周清源、李澄中、沈珩、丘象隨、方象瑛、龍燮、陳維岳、倪燦、嚴繩孫、喬萊、米漢雯、張鴻烈、高咏、龐塏、毛升芳、陸棻挽詩,又有毛際可、鄧漢儀、徐釚、曹廣端、曹貞吉、陳維崧、朱彝尊、李良年挽詞,又有汪楫、馮甦挽騷,宋德宜誄文,彭孫遹、施閏章、宋實穎祭文。

十一月一日,清廷月給應試諸人俸廩并柴炭、銀兩,有詩志感。

《七言律詩六·康熙十七年十月一日大學士索額圖明珠奉上諭各大臣題薦才學官人除現任員外着户部帖給俸廩并薪炭銀兩按月稽領感賦二首》。

按,詩題"十月"當爲"十一月"之誤。《制科雜錄》:"是年十一月初一日,大學士索額圖明珠奉旨:各大臣官員題舉才學官人,俟全到之日考試。其中恐有貧寒難支者,交與户部酌量給與衣食,用以副朕求賢重文之意。户部議帖給俸廩并柴炭、銀兩,按月稽領。真曠典也!"秦瀛《己未詞科錄》卷一:"是年十一月初一日,大學士索額圖、明珠奉旨:各大臣官員題舉才學官人,俟全到之日考試。其中恐有貧寒難支者,交與户部酌量給與衣食,用以副朕求賢重文之意。户部議帖給俸廩并柴炭、銀兩,按月稽。真曠典也!"

十一月四日,吴綺六十生日,寄詩祝壽。

《七言古詩十一·吴興太守行》,詩中注曰:"時太守方辭薦辟,故云。"
按,陳維崧《湖海樓詩集》卷六戊午稿《寄贈園(薗)次(是歲園(薗)次六十)》,毛詩注有"時太守方辭薦辟"語,知作於本年。

冬夜,與孫枝蔚、鄧漢儀、汪楫飲施閏章邸舍。

《排律五·夜飲施少參邸舍同諸徵士作》、施閏章《學餘堂集》卷十三《冬夕豹人大可孝威舟次枉集寓齋》、孫枝蔚《溉堂續集》卷六戊午稿《施尚白少參招同鄧孝威毛大可汪舟次飲寓齋賦謝》、汪楫《京華詩》七言古詩《施愚山招同豹人大可孝威集寓齋》。

孫枝蔚(1620—1687),字叔發,號豹人,又號溉堂,陝西三原人。幼爲諸生,抵抗李自成入關,兵敗走江都。肆力於詩古文辭,名噪海內。康熙十八年(1679),以博學鴻儒徵,授中書舍人。著有《溉堂集》。(汪懋麟《百尺梧桐閣文集》卷八《徵君孫豹人先生行狀》、乾隆《江都縣志》卷二十六)

汪楫(1636—1699),字舟次,號悔齋,又號耻人,原籍安徽休寧,占籍江蘇儀徵,寄居江蘇江都。康熙十六年(1677),以明經任淮安府贛榆縣教諭。十八年(1679),舉博學鴻儒科進士,授翰林院檢討,參修《明史》。二十一年(1682),充冊封琉球正使。二十八年(1689),擢河南府知府。三十二年(1693),遷福建按察使。三十四年(1695),遷福建布政使。著有《悔齋詩》《觀海集》《中山沿革志》等。(朱彝尊《曝書亭集》卷第七十三《通奉大夫福建布政司使内升汪公墓表》、唐紹祖《改堂先生文鈔》卷下《通奉大夫内升福建布政使加二級汪公墓誌銘》)

與丘象升、孫枝蔚、閻若璩、吳雯集飲。

吳雯《蓮洋集》卷五《即席柬丘曙戒先生時同豹人大可百詩諸君子二首》。

吳雯(1644—1704),字天章,號蓮洋,原籍奉天遼陽,後居山西蒲州。諸生。康熙十八年(1679),試博學鴻儒科,不第。少穎悟,博覽群籍。工詩。著有《蓮洋集》。(秦瀛《己未詞科錄》卷六)

十二月,宋犖視榷贛州,作詩餞之。

《七言律詩七·餞宋員外使榷贛關》。

按,宋犖《西陂類稿》卷四十七《漫堂年譜》"康熙十七年戊午"條:"十一月,堂官保舉才能,奉命出榷贛關。……十二月出都時,博學鴻詞諸公集闕下,以詩文相送者甚多。"孫枝蔚《溉堂續集》卷六戊午《送宋牧仲員外榷税虔州兼寄懷易堂諸子》、陳維崧《湖海樓詩集》卷六戊午稿《送宋牧仲員外出榷贛州》、王士禛《漁洋續集》卷十一戊午稿《送宋牧仲員外榷贛州四首》,毛詩亦當作於本年。

宋犖(1634—1713),字牧仲,號漫堂,又號綿津山人,晚號西陂老人,河南商丘人。权子。順治四年(1647),年十四歲,以大臣親子遵諭入朝爲三等侍衛。次年,命大臣率侍衛諸臣赴內院考試,拔第一,以文用得通判。康熙三年(1664),授湖廣黃州府通判。八年,丁母憂。十七年(1678),補理藩院院判,遷刑部員外郎,権贛州關,遷本部郎中。二十二年(1683),升直隸通永道僉事。二十六年(1687),升山東按察使。十月,升江蘇布政使。二十七年(1688),擢江西巡撫。三十一年(1692),調江寧巡撫。四十四年(1705),內升吏部尚書。四十七年(1708),以衰老乞休,奉旨以原官致仕。著有《西陂類稿》《綿津山人集》。(道光《濟南府志》卷三十七)

十二月,金鉉由左副都御史遷兵部督捕右侍郎,作詩贈之,兼賀其舉子。

《五言格詩二·金副憲遷少司馬舉子有贈》。

王先謙《東華錄》康熙二十二:康熙十七年十二月,"以金鉉爲兵部督捕右侍郎,由左副御史遷。"

十二月,黃虞稷以母喪歸里,詩以送之。

《七言絕句八·送黃徵君虞稷喪母還里》。

按,王士禎《漁洋續詩》十一戊午稿《送黃俞邰南歸》、陳維崧《湖海樓詩集》卷六戊午稿《送黃俞邰南歸》、孫枝蔚《溉堂續集》卷六戊午《送黃俞邰奔太孺人喪歸金陵》,毛詩亦當作於本年。

十二月,馮溥七十生日,作詩祝壽。

《七言排律·奉呈益都相公生日二十韻》。

按,《佳山堂壽册》王嗣槐序云:"今上龍飛十有七年嘉平之月,爲益都師相馮公七秩覽揆之辰,在朝名公卿、賢大夫及布衣聞有道之士皆徵詣闕下者,莫不爲詩歌文辭以祝公。"知本年十二月馮溥七十生日。另陳維崧《湖海樓詩集》卷六戊午稿《壽益都相國馮易齋先生七十》、孫枝蔚《溉堂續集》卷六戊午《壽馮易齋相公》,毛詩當作於此際。

十二月十六日,梁清標生日,以詩祝壽。

《五言格詩二·九頌篇奉贈梁大司農夫子并祝初度二十一韻》。

按,陳維崧《湖海樓詩集》卷六戊午稿《壽大司農梁蒼岩先生》,毛詩亦當作於本年。另李澄中《白雲村文集》卷三《保和殿大學士梁公墓志銘》:"公諱清標,字玉立,別號蒼岩。……公生於前庚申十二月十六日,終於康熙辛未八月初一日,年七十有二。"知梁清標生日在十二月十六日。

梁清標(1620—1691),字玉立,一字蒼岩,號蕉林,又號棠村,河北正定人。崇禎十六年(1643)進士。順治元年(1644),改翰林院庶吉士。歷任弘文院編修、國史院侍講、詹事府詹事、禮部左侍郎、吏部右侍郎、吏部左侍郎、兵部尚書、禮部尚書、刑部尚書、户部尚書、保和殿大學士等職。精於鑒賞，所藏書畫甲天下。著有《蕉林詩集》《棠村詞》。(李澄中《白雲村文集》卷三《保和殿大學士梁公墓志銘》)

冬夜，與施閏章、高詠、汪如龍同集。

高詠《遺山詩》卷三《冬夜施愚山毛大可汪發若小集寓齋次日愚山見貽長句依韻奉酬》、施閏章《學餘堂詩集》卷四十《阮懷携酒饌就發若客館夜集同大可雪懷》。

冬夜，與陳維崧、毛升芳、方象瑛、王昊集飲毛際可邸舍，分韻賦詩。是夜，又同詠鹿脯。

《五言律詩五·同諸公集家明府會侯邸舍分韻得花字》和《五言律詩五·集家明府同諸公賦鹿脯分韻》、陳維崧《湖海樓詩集》卷六戊午稿《冬夜同王惟夏毛大可允大方雪岷飲毛會侯寓廬分得衣字》和《迦陵詞全集》卷十四《水調歌頭·毛會侯席上限咏鹿脯詩詞以代之同王惟夏方雪岷毛大可允大諸君賦》、王昊《碩園詩稿》卷三十五《集毛會侯大令寓齋偕陳其年毛大可允大諸子分得雲字》王昊《碩園詞稿》之《水調歌頭·鹿脯毛鶴舫大令席上限韻》、毛際可《浣雪詞鈔》卷上《水調歌頭·鹿脯調和其年韻同大可兄賦》。

按，《填詞六·水調歌頭·咏鹿脯》題下注曰："家會侯邸舍以鹿脯食客，方雪岷、陳其年及予有詞。"

毛際可(1633—1708)，字會侯，號鶴舫，晚號松皋老人，浙江遂安人。順治十五年(1658)進士，歷官彰德府推官、陝西城固縣知縣、河南祥符縣知縣。康熙十八年(1679)，應博學鴻儒試，罷歸。著有《安序堂文鈔》《浣雪詞鈔》。(乾隆《杭州府志》卷一百五)

方象瑛(1625—1691)，字雪岷，浙江遂安人。順治十六年(1659)進士。初授荆州府推官，後改合肥知縣。(阮元《兩浙輶軒錄》卷四、光緒《嚴州府志》卷十八)

王昊，字維夏，號碩園，江蘇太倉人。諸生。康熙十八年(1679)，應博學鴻儒科試，報罷。著有《碩園詩稿》。(秦瀛《己未詞科錄》卷四)

毛升芳，字允大，號乳雪，浙江遂安人。康熙十一年(1672)拔貢生。十八年(1679)，舉博學鴻儒科進士，授翰林院檢討，纂修《明史》。著有《古獲齊駢體》。(秦瀛《己未詞科錄》卷三、光緒《嚴州府志》卷十九)

方象瑛有舊琴失而復得，以詩紀之。

《七言絕句七·遂安方大明府有舊琴失而復得紀之以詩》。

冬，與胡會恩、袁佑等陪李天馥禮玉皇閣醮壇。

《七言律詩五·奉陪李學士禮玉皇閣醮壇同胡編修袁舍人顧孝廉即事》、胡會恩《清芬堂存稿》卷一《冬日侍容齋夫子登城南玉皇閣是日爲丹壑醮壇》。

袁佑(1634—1699)，字杜少，號霄軒，山東東明人。康熙十一年(1672)拔貢。十五年(1676)，授内閣辦事中書舍人。十八年(1679)，舉博學鴻儒科進士，授翰林院編修，與修《明史》。三十三年(1694)，晋右春坊右中允，兼翰林院編修。三十五年(1696)，充浙江鄉試正主考。著有《霄軒詩鈔》。(秦瀛《己未詞科録》卷二)

胡會恩(1651—1715)，字孟綸，號苕山，浙江德清人。渭侄。康熙十五年(1676)進士，官至刑部尚書。著有《清芬堂集》。(阮元《兩浙輶軒録》卷五)

爲毛際可《戴笠垂竿圖》題詩。

《五言格詩一·爲家會侯題戴笠垂竿圖》。

按，王士禛《帶經堂集》卷三十三《漁洋續詩》十一戊午稿《題毛會侯垂竿圖》、孫枝蔚《溉堂續集》卷六戊午《題毛會侯明府小像戴笠垂竿圖》，毛詩亦當作於本年。

馮宿榮遷補國子監博士，作詩贈之。

《七言律詩六·馮二宿榮遷補國子監博士》。

馮宿榮(？—1692)，字紫燦，浙江錢唐人。康熙十五年(1676)，任天台縣教諭。後官禮部主事。(民國《台州府志》卷十五)

爲龔勝玉題《種橘小影》。

《七言絕句六·龔節孫以種橘小影索題二首》。

按，王士禛《帶經堂集》卷三十三戊午稿《題龔節孫種橘圖二首》，毛詩亦當作於本年。邵長蘅《青門旅稿》卷一《題龔節孫種橘圖》序曰："東坡云：'吾性好種植，能手自接果木，尤好栽橘。陽羨在洞庭上，柑橘栽至易得，欲買一小園，種三百本。屈原作《橘頌》，吾園若成，當作亭，以"楚頌"名之。'然東坡園與亭竟未就也。龔子節孫移居陽羨，仿此意繪圖，乞名人詩詞盈篋矣。"

龔勝玉，字節孫，號眉望，江蘇武進人，卜居宜興。慕蘇軾爲人，作《仿橘圖》以明志。官奉天錦州通判。(光緒《武進陽湖縣志》卷二十三)

在李天馥宅讀李澄中所著《卧象山人詩》，愛之。

《序二十三·李侍讀卧象山人集序》："往予來京時，慕諸城李漁村之爲人，既而從李學士師宅誦漁村所著《卧象山人詩》，愛之。"

李澄中(1630—1700),字渭清,號雷田,又號漁村,山東諸城人。康熙十八年(1679),舉博學鴻儒科進士,授翰林院檢討,與修《明史》。二十九年(1690),充雲南鄉試正考官,清廉却賄。尋遷翰林院侍讀學士,告老歸。著有《卧象山房集》《白雲村文集》。(秦瀛《己未詞科錄》卷三、咸豐《青州府志》卷四十七)

約於是年,爲徐咸清《資治文字》作序。

《序十一·資治文字序》:"吾友徐氏仲山洞精字學。其於《三蒼》《爾雅》諸書,自李、程以下,正變沿革,源流了然。……凡幾易冰雪始脱稿,合若干卷,名之曰'資治文字'。蓋將以獻之朝廷,佐一代同文之治,豈僅爲載籍之先資已哉!"

嚴沆卒。

顧之斑生。

【時事】 二月,清廷以江西已定,命進兵湖南。同月,鄭經率部圍攻海澄,三戰皆捷,聲名大振。三月,吴三桂於衡州稱帝。八月,吴三桂病死衡州,部將奉其孫世璠繼位。十月,姚啓聖兩次遣人赴廈門議和,鄭經皆不從。

清聖祖康熙十八年　己未(1679)　五十七歲

正月初一,與孫枝蔚、朱彝尊、陳維崧、汪楫、吴雯、喬萊、陳鈺飲曹禾齋,先生度曲,陳維崧吹簫和之。

《五言律詩五·元日同諸公集曹舍人宅限韻》、孫枝蔚《溉堂後集》卷一己未《元日同毛大可陳其年朱錫鬯汪舟次喬石林吴天章集飲曹頌嘉齋中同用青咸二韻》、朱彝尊《曝書亭集》卷十屠維協洽《元日同孫枝蔚毛奇齡陳維崧吴雯汪楫諸徵士喬萊舍人湯右曾上舍集曹舍人禾書齋遲李良年潘耒不至即席限韻二首》、陳維崧《湖海樓詩集》卷六己未稿《己未元日同孫豹人毛大可朱錫鬯吴天章陳冰壑飲曹峩嵋宅限青咸二韵》、吴雯《蓮洋集》卷五《己未元日同豹人大可舟次錫鬯其年子靜集峩嵋舍人宅拈青咸韵》、汪楫《京華詩·己未元日曹舍人頌嘉招同豹人大可錫鬯其年冰壑天章石林共集遲武曾次耕西崖不至限韵二首》、李良年《秋錦山房集》卷六《己未元日止酒齋食謝曹頌嘉舍人之招因呈坐上諸公二首》、丘象隨《西軒己未集·元日孫豹人陳其年毛大可朱錫鬯吴天章汪舟次喬石林李武曾潘次耕湯西崖集曹峩嵋飲酒賦詩遥和其韵二首》。

曹禾(1637—1699),字頌嘉,號未庵,又號峨嵋,江蘇江陰人。康熙三年(1664)進士,官中書舍人。康熙十八年(1679),舉博學鴻儒科進士,授翰林院編修。官至國子監祭酒。詩古文皆有名,著有《未庵初集》《峨嵋集》。(秦瀛《己未詞科錄》卷三、乾隆《江南通志》卷一百六十六)

陳鈺,字其相,號冰壑,江蘇寶應人。貢生。著有《巢園集》。(阮元《淮海英靈集》戊集卷二)

正月初五,梅庚至京,作詩贈之。

《五言律詩五·喜梅庚至同施侍講韵》。

按,孫枝蔚《溉堂後集》卷一己未《喜梅耦長至次施尚白使君韵》,知梅庚本年至京;另據高咏《遺山詩》卷三《人日前二日過愚山小飲喜耦長至》,知梅庚初五至京。毛詩當作於此際。

梅庚(1640—?),字耦長,號雪坪,晚號聽山,安徽宣城人。少孤,家貧,母劉撫以成立。資禀穎異,好讀書。康熙二十年(1681)舉人,後屢試不第。官浙江泰順縣知縣。工書畫,尤工於詩。著有《天逸閣集》。(張維屏《國朝詩人徵略》卷九、嘉慶《宣城縣志》卷十七)

正月十五夜,李天馥作《上元觀燈曲》,依韵和之。

《詞話》二:"康熙己未上元夜,予尚依内閣學士李夫子宅。夫子方出閣,招予至東華門舊弘文院夜飯觀燈。歸第,夫子當夕製《上元觀燈曲》,予依韵和之。"

與鄧漢儀、吳農祥、汪楫、吳任臣、徐林鴻赴梁清標飲席,即席咏米家燈。

《填詞六·剔銀燈·咏米家燈》序曰:"梁尚書席上有燈,爲宛平米氏所製。堆紗叠縠,作山水、花鳥、人物,座客各有詞,屬和焉。"

按,梁清標《棠村詞》長調《剔銀燈·鄧孝威毛大可吳慶伯汪舟次吳志伊徐大文集邸中小飲》。吳農祥、徐林鴻、鄧漢儀本年應試報罷後即離京,諸人同集當在本年。陳維崧《迦陵詞全集》卷十九《剔銀燈·棠村夫子席上咏米家燈》、尤侗《百末詞》卷四《念奴嬌·咏米家燈和其年韵》、徐釚《菊莊詞》二集《百字令·棠村席上咏米家燈和其年韵》均爲本年作。

侄遠公入京會試,與李天馥、李孚青、徐咸清同集。

毛遠公《菽畹集·春宵晏曲呈李學士年伯暨公子丹壑年兄兼呈徐子仲艮家阮大可》《李學士招飲即席牙籖分字刻限詩成同賦者令嗣丹壑同郡徐子仲艮家阮大可》。

正月,同汪琬、吳雯、汪楫、李因篤夜飲王廷璧寓。

《七言古詩二·飲王大參邸舍有感》、吳雯《蓮洋集》卷五《早春同茗文先生及舟次大可天生夜集王昆良大參寓齋》。

汪琬(1624—1691),字苕文,號鈍庵,初號玉遮山樵,晚號堯峰,江蘇長洲人。順治十二年(1655)進士,授户部主事,遷刑部郎中,降補北城兵馬司指揮,再遷户部主事。康熙十八年(1679),舉博學鴻儒科進士,授編修,與修《明史》。著有《堯峰詩文鈔》《鈍翁類稿》。(乾隆《長洲縣志》卷二十五)

王廷璧,字昆良,河南祥符人。順治九年(1652)進士。改刑部主事,遷禮部郎中。督學廣東,擢浙江溫處道參議,降福建汀州府同知,晋陝西凉莊副使。著有《聚遠樓集》《珠樹堂集》。(乾隆《續河南通志》卷五十四、秦瀛《己未詞科録》卷七)

正月,汪如龍之任淄川知縣,詩以送之。

《五言律詩五·送汪令之任淄川》。

按,道光《濟南府志》卷三十八:"汪如龍,字健川,江南宣城人。舉人,康熙十八年知淄川縣。"施閏章《學餘堂詩集》卷十三《汪發若同年之任淄川》、高咏《遺山詩》卷三《送汪若發令淄川》、江闓《江辰六文集》卷十《送汪發若任淄川》,知毛詩題中"汪令"爲汪如龍。施、高詩題中一爲"發若",一爲"若發",據施閏章《學餘堂詩集》卷二十八《留汪發若同年夜宿官閣》、同書卷三十七《汪發若孝廉陽坡草堂》,知爲"發若"。高咏《遺山詩》"若發"誤。

正月,葉豹文赴濟寧守備任,詩以送之。

《五言律詩五·葉公子守備清源》。

按,王昊《碩園詩稿》卷三十五己未稿《送葉道子都尉之任臨清》、顧景星《白茅堂集》卷二十己未《送葉道子之任濟寧》、李良年《秋錦山房集》卷六《送葉道子守備清淵》。毛詩亦當作於本年。

同治《蘇州府志》卷六十七:"昆山葉豹文道子,山東臨青衛守備。"

葉豹文,字道子,江蘇昆山人。葉國華幼子,葉奕苞弟。康熙三年(1664)武科進士。初任臨清守備,後遷江西寧州銅鼓石都司僉事。移疾歸。(光緒《昆新兩縣續修合志》卷三十《文苑一·葉國華傳》後所附小傳)

馮溥作詩相贈,依韵酬謝。

馮溥《佳山堂詩集》卷六《贈六子詩》其二《贈大可》、《七言律詩六·謬蒙益都夫子作六子詩見贈予居其一且落句韵各叶本姓謹依韵奉答并謝二首》。

二月二日,清廷宣岳州大捷,有詩和馮溥、李霨、杜立德韵。

《七言律詩六·岳州大捷奉和高陽寶坻益都三相公喜賦原韵六首》。

按,據陳維崧《湖海樓詩集》卷六己未稿《岳州大捷上於二月二日宣諭臣民是日大雪敬和三相國原韵二首》,毛詩當作於本年。

春夜,同諸公飲趙舍人宅。

《七言古詩十二·春夜飲趙舍人宅同諸公作》。

趙舍人,未詳何人。

二月十五,孫一致將還養,作詩贈之。

《七言古詩十·孫侍讀初補學士復將還養於其生日歌以贈之》。

按,孫枝蔚《溉堂後集》卷一己未《家惟一學士五十初度》,毛詩當作於本年。據孫一致《世耕堂詩集》卷下《辛未二月十五初度》,知其生日在二月十五。

孫一致(1630—1693),字惟一,號止瀾,亦號籜庵,江蘇鹽城人。順治十五年(1658)進士。歷官翰林院編修、翰林院侍讀學士。工詩,善草書。著有《世耕堂集》。(乾隆《江南通志》卷一百六十六)

二月,葉奕苞懷歸心切,作《憶鶴》詩,和其原韵。

《七言絕句七·和憶鶴詩》,詩末注曰:"時予病臂,故云,繭園,葉氏園名。"

葉奕苞《鋤經堂詩·北上錄·倡和詩》一《憶鶴詩》序云:"久客長安,懷歸頗切,故國仙驥,時入夢中。偶賦此詩,忽邀同志枉和……遂無倫次。己未三月望日,二泉居士葉奕苞識。"

葉奕苞(1629—1686),字九來,號二泉,又號半園、群玉山樵,江蘇昆山人。葉方藹從弟。康熙十八年(1679),應博學鴻儒科試,報罷。歸里後,築半繭園隱居,考訂碑刻和搜集地方志史料。擅詩,工書法。著有《經鋤堂詩稿》《金石錄補》《醉鄉約法》。(同治《蘇州府志》卷九十六)

有詩和馮溥、李霨《春游》詩。

《七言律詩五·長安雜感奉和高陽益都兩夫子春游原韵》。

試前患臂瘍,毛際可送藥劑。

《制科雜錄》:"先是,予體羸,手臂以北方風高每瘋燥作癢,族弟會侯送藥劑來,是火酒制者。"

以臂瘍辭試,未果。

盛唐《西河先生傳》:"及試,先生忽臂瘍,腕脹如瓠。詣家宰驗病,選郎楊君執不可。"《制科雜錄》:"予時以右手腫爛告病,不許。……時滿、漢太宰皆執不許,而掌院葉師以爲偽也,云:'君但洗去其藥,自愈矣。'至選君楊公,則淮人,故知予者,慰云:'天下名士有幾?若先生告去,則此舉爲不光矣。'不得已,強出。"

陳晋以草藥漱之,稍愈。

　　《制科雜録》:"是夜,遇陳太士,用草藥漱之,稍愈。"
　　陳晋,字太士,浙江會稽人。歲貢生。官長興縣教諭。(嘉慶《長興縣志》卷十七)

試前,陳維崧招飲,以事未赴。

　　《七言絕句七·陳迦陵妓席予不得與因索題扇賦此時予以病臂赴部辭試用簡棠村夫子詩人字》。

讀梁清標新詩,有詩呈簡。

　　《七言絕句七·病臂辭試讀棠村先生新詩呈簡》。

試前一日,傳外間覘知試題。

　　《制科雜録》:"相傳先試一日,上命内閣諸學士及翰林院掌院擬題,皆一文賦,一詩,高陽李師擬'璿璣玉衡賦''賦得雨中春樹萬人家',寶坻杜師擬'王者以天下爲一家''論省耕',益都馮師擬'十三經同异''考耕籍',内閣學士項公擬'士先器識而後文藝論''賦得春殿晴熏赤羽旗',閣學李師擬'酹嶁碑贊''遠人向化歌',掌院學士葉師擬'珪璋特達賦''三江九江考''賦得龍池柳色雨中深'。上用高陽師賦題,寶坻師詩題。第先試一日傍晚,或云外間有覘知其題者。"

三月初一,試博學鴻儒一百四十三人於體仁閣,試題爲《璿璣玉衡賦》及《省耕詩》五言排律二十韵。

　　《清聖祖實録》卷八十:"康熙十八年己未三月丙申朔……試内外諸臣薦舉博學鴻儒一百四十三人於體仁閣,賜宴。試題《璿璣玉衡賦》、《省耕詩》五言排律二十韵。"
　　《制科雜録》:"三月初一日,平明,齊集太和門,以魚貫入,詣太和殿前,鴻臚唱行九叩頭禮畢。是日,上御殿祭堂子回,命諸薦舉人員赴東體仁閣下。太宰掌院學士捧題出,用黄紙十張,上寫題二道,放黄幨桌上。跪領題訖,用矮桌列墀下,坐地作文。及巳牌,太宰掌院學士復宣旨云:汝等俱繋薦舉人員,有才學的,原不必考試,但是考試愈顯你們才學,所以皇上十分敬重,特賜汝宴。凡是會試、殿試、館試狀元、庶吉士,俱没有的,汝等要曉皇上德意。宣訖,命起赴體仁閣,設高桌五十張,每張設四高椅,光禄寺設饌十二色,皆大碗高攢,相傳給直四百金。先賜茶二通,時果四色,後用饅首卷子紅綾餅粉湯各二套,白米飯各一大盂,又賜茶訖,復就試。時臨宴者,太宰滿、漢二員,掌院學士滿、漢二員,皆南北向坐,謂之主席,以賓席皆東西向也。餘官提調者皆不與焉。予是日仍告手腕難執筆,不聽。爲賜宴時,强把金筯,指小衄,因草草完卷即出。

其夕晚出者十餘人,皆給燭竣事,然後彌封,諸試卷作四封,當夜呈進。"

三月初十,康熙帝抽閱試卷,疑先生卷"煉石"句不經,詢諸大臣。

《制科雜錄》:"至初十日,大風。帳房內親看,抽四卷出,其一即予卷,且夾一紙籤於卷中,御書'女媧事'三字,以予賦詞有云'日升於東,匪彎弓所能落;天傾於北,豈煉石之可補?'疑'煉石'句不經,將以詢諸大臣也。時以大風起,不終閱。"

三月十七日,閱卷畢,按例分爲四等,先生卷原置上卷末。

《制科雜錄》:"十七日,啓奏呈繳。照前代制科分等,第進士科分甲乙例,判作四等,曰上上,曰上,曰中,曰下。時閱卷者見予卷紙籤,不知所謂,且疑上不善其詞。三相公欲置之上卷首,而掌院踟躕曰:'第置上卷末,伺皇上意旨何如耳?'"

二十日,殿試。二十二日,康熙帝欽定將先生卷置於上卷中。

《制科雜錄》:"會二十日殿試。二十二日,中堂掌院俱作讀卷官,上諭:前所試上上卷、上卷,着入史館纂修《明史》;餘俱遣回,其年老者量加虛銜,未到者不再試,亦不必令來。遂問:'有不完卷的,何以列在中卷?'眾答曰:'以其滕詞可取也。'又問:'上上卷內有"驗於天者不必驗於人"語,無礙否?(彭孫遹文)'眾答曰:'雖意圓語滯,然故無礙也。'又問:'有"或問於予曰及唯唯否否"語,豈以或指朕?予自指耶?(汪琬文)'眾答曰:'賦體本有子虛亡是之稱,大抵皆寓言,似不必有實指也。'又問:'有女媧補天事,信否?'益都師曰:'在《列子》諸書有之,似乎可信?'上曰:'朕記《楚詞》亦有之,但恐燕、齊物怪之詞不宜入正賦否?'益都師曰:'賦體本浮誇,與銘、頌稍异,似可假借作鋪張者。'上曰:'如此,則其文頗佳,今在何等?'答曰:'已置之上卷末矣。'上命稍移在上卷中。嗟乎!予實不才,且是日腕脹,全不盡生平所長,不知何以猥蒙聖眷如此!"

三月二十九日,榜發。欽取五十人,先生列二等第十九名。

《清聖祖實錄》卷八十:康熙十八年己未三月"甲子(即二十九日),諭吏部:'薦舉到文學人員,已經親試,其取中一等彭孫遹、倪燦、張烈、汪霦、喬萊、王頊齡、李因篤、秦松齡、周清源、陳維崧、徐嘉炎、陸葇、馮勖、錢中諧、汪楫、袁佑、朱彝尊、湯斌、汪琬、丘象隨,二等李來泰、潘耒、沈珩、施閏章、米漢雯、黃與堅、李鎧、徐釚、沈筠、周慶曾、尤侗、范必英、崔如岳、張鴻烈、方象瑛、李澄中、吳元龍、龐塏、毛奇齡、(錢)金甫、吳任臣、陳鴻績、曹宜溥、毛升芳、曹禾、黎騫、高咏、龍燮、邵吳遠、嚴繩孫,俱着纂修《明史》。''其見任、候補及已任未仕各員,作何分別？''授以職銜，其餘：見任者，仍歸原任；候補者，仍令候補；未仕者，俱着回籍。'"

《制科雜錄》："及拆卷，上又曰：'詩賦韵亦學問中要事，何以都不檢點？賦韵且不論，即詩韵在取中中者，亦多出入，有以冬韵出宮字者（潘耒卷），有以東韵出逢、濃字者（李來泰卷），有以支韵之旗誤出微韵之旂字者（施閏章卷），此何説也？'衆答曰：'此緣功令久廢，詩賦非家弦户誦，所以有此，然亦大醇之一疵也，今但取其大焉者耳。'上是之，遂定爲五十卷，上上卷二十，作一等；上卷三十，作二等；餘中卷、下卷，分作三等；四等者，總名爲下第，不填榜内。至拆畢，因於上卷中斥去一卷，上命擇一有名者補之。時中堂、掌院各有所薦，皆不允。最後，益都師以徐咸清薦（即徐仲山也），上曰：'有著作乎？'曰：'有《資治文字》若干卷。'上曰：'《資治文字》何書也？'曰：'字書也。'傍一學士曰：'字書，小學耳。'遂置不問。後上白取嚴繩孫卷補之（即前云中卷中不完卷者）。"

《文集·文華殿大學士太子太傅兼刑部尚書易齋馮公年譜》"七十一歲己未"條下："時兩廣平，朝廷徵天下文學之士，仿古制科例，名博學鴻儒。先後詣闕，御試賜酒饌優禮，選取五十人，皆授以翰林官。餘高年者間授中書職銜，遣回籍。"

黄鴻壽《清史紀事本末》卷二十一："帝見應舉者踴躍奔赴，乃大悦，詔户部月給俸禄廩。至是親試體仁閣，試題《璿璣玉衡賦》《省耕詩》五言排律二十韵。得士五十人：彭孫遹、倪燦、張烈、汪霦、喬萊、王頊齡、李因篤、秦松齡、周清源、陳維崧、徐嘉炎、陸葇、馮勖、錢中諧、汪楫、袁佑、朱彝尊、湯斌、汪琬、丘象隨列一等；李來泰、潘耒、沈珩、施閏章、米漢雯、黄與堅、李鎧、徐釚、沈筠、周慶曾、尤侗、范必英、崔如岳、張鴻烈、方象瑛、李澄中、吴元龍、龐塏、毛奇齡、錢金甫、吴任臣、陳鴻績、曹宜溥、毛升芳、曹禾、黎騫、高咏、龍燮、邵吴遠、嚴繩孫列二等。俱授爲翰林院官，纂修《明史》。"

秦瀛《己未詞科録》："上元倪燦，寶應喬萊，長洲汪琬、尤侗、范必英，吴江潘耒、徐釚，華亭王頊齡、吴元龍（長人），上海錢金甫，太倉黄與堅，無錫秦松齡、嚴繩孫，武進周清源（浣初），江陰曹禾，宜興陳維崧，常熟周慶曾（燕孫），儀真汪楫，山陽丘象隨、張鴻烈（岸齋）、李鎧，山東趙執信，浙江朱彝尊、毛奇齡，安徽施閏章、龍燮等在北京應清博學鴻儒試得官，與修《明史》。"另如王士禎《池北偶談》卷二、陸以湉《冷廬雜識》卷一、《啁啾漫記》等均載此召試博學鴻儒事。

康熙帝命吏、禮二部確議取中人員授職及職銜事宜。

　　《制科雜錄》:"至廿四日,上諭吏、禮二部:'這取中人員,該授何職? 着確議具覆。'時二部不諳舊制科例,但擬已仕者,照現任品級,或升或加級;其去任在籍者,或宜起用,或宜在籍加銜;一應未仕者,俱授翰林院待詔。具覆。上命閣臣取前代制科舊例來閲,查得兩漢授無常職,晉上第授尚書郎。唐制,策高者特授以尊官,其次等出身,因之有及第、出身之分。宋制分五等,其第一、第二等,皆不次之擢;第三等始爲上等,恩數比廷試第一人;第四等爲中等,比廷試第三人,皆賜制科出身。第五等爲下等,賜進士出身。上乃降旨:這薦舉取中人員,俱授爲翰林官,應給職銜,着再議具奏。其杜越、傅山、王方穀等,文學素著,念其年邁,從優加銜,以示恩榮。於是已仕者俱照品級授講、讀、宮坊、編修等。其未仕者,概授檢討。總充史館官,纂修《明史》。其杜越等,俱授内閣中書,聽其回籍,依議。"

同籍五十人集衆春園,俱有詩,施閏章作序。

　　《制科雜錄》:"後同籍五十人集於衆春園,仿題名故事,各賦詩一首,施愚山爲之序。"

三月末,馮溥召中試者十六人修禊萬柳堂,衆人談經論禮。

　　《制科雜錄》:"自放榜後二日,尚未授職,益都師復修禊於萬柳堂,蒙召者一十六人。酒再巡,司掛者呼解托,師曰:'解托有出乎?'長洲汪苕文曰:'有,出《禮器》。'曰:'天子、諸侯之尊廢禁,即解托也;大夫、士棜禁,則以棜作禁,不解去矣。'師左右顧曰:'然則解托有名分,可輕解乎?'予曰:'似可以解、可以不解。'師曰:'何?'曰:'以解托而推及廢禁,非博通典禮者不能言。但廢禁即解托之意,其實非解托也。古尊彝必有架,名之曰禁。禁者,閑也。謂尊彝本貯酒物,恐其欹側,必作架以閑禁之。若杯斝,則何閑乎? 且廢禁者禁名,非解去之謂也。禮有以下爲貴者,天子、諸侯,其架最卑,如隉廢然,猶《儀禮》稱'廢敦廢爵'也。棜則稍高矣,故曰以下爲貴。蓋名分在高卑,不在去留也。'師曰:'善。'遂命去托,既而座中有言修禊爲祓濯者,有言《論語》'浴沂'亦是祓濯,非入水浴者。師顧予曰:'注疏何解?'予曰:'不記也,似乎"浴"字無明注者。'衆嘩然曰:'豈有以注疏之核而遺此字者?'師立命取注疏觀,是包咸《注》,但曰'浴乎沂水之上,風涼乎,舞雩之下。'邢《疏》亦然。師又顧予曰:'君可謂不愧博學矣!'時師又問:'若包《注》者,是祓濯,抑是澡洗?'宣城施愚山云:'沂水之上,則非澡洗矣。'時嘉興徐勝力熟《春秋傳》,謂'古無裸體入水者,惟齊懿被弑時,有丙歜、閻職入申池浴,然池與沂川不同,且是賤者之事,非士大夫所宜行;又時屬夏月,非暮春也。暮春入水,恐無是理矣。'衆以爲然。"

春,翁介眉之官黄州府同知,作詩贈之。

《七言古詩九·翁司馬之任黄州以詩留別有贈》。

按,光緒《黄州府志》卷十一上:"(黄州府同知)己未,翁介眉。"另陳維崧《湖海樓詩集》卷六己未稿《送錢塘翁武原同知黄州》、王士禛《帶經堂集》卷三十四己未稿《送翁武原赴黄州岐亭丞》,毛詩當作於本年。

翁介眉(1645—1685),字武原,號孟白,浙江錢塘籍,海鹽人。康熙十八年(1679),官黄州府同知。二十二年(1683),遷桂林府知府。編有《清初詩集》。(潘衍桐《兩浙輶軒續録》卷四)

春,友邵長蘅至京。

邵長蘅《邵子湘全集》卷首陸嘉淑《青門簏稿文序》:"己未春,子湘携其文自南來,一日而名動京師。"

春,項景襄招飲,與宋既庭、徐咸清、陳維崧、鄧漢儀、夏駰同赴飲席。

《七言古詩十·項學士招沐益都相公萬柳園同諸公即席》、阮元《兩浙輶軒録》卷六徐咸清《閣學項眉山先生於虎林幕府會面今二十餘年復見燕邸招同宋既庭毛大可陳其年鄧孝威夏宛來飲感賦》。

按,陳維崧《湖海樓詩集》卷六己未稿《學士項眉山先生有子甫十四齡姿性秀發即席能射覆屈坐上客歌以贈之》,所記或爲同日事。又徐咸清、宋實穎本年秋即歸里,故繫於此。

項景襄(1628—1681),字去浮,號眉山,浙江錢塘人。順治十二年(1655)進士,歷官兵部侍郎。(吳灝《國朝杭郡詩輯》卷一)

夏駰,字文茵,一字宛來,又字宛東,浙江烏程人。歲貢生。著有《爛溪集》《交山平寇本末》。(秦瀛《己未詞科録》卷八)

春雪初霽,飲李天馥邸。

《五言律詩五·長安春雪初霽飲閣學李夫子宅分詩牌集字同顧二舉人魏大員外》《五言律詩五·雪中集詩牌飲李閣學宅》。

按,《詩話》二:"李閣學夫子宅,每翻韵牌作詩,值雪霽集飲,泅手拈一版,偏值'雪'字,已作'翠嶂雲俱合,平橋雪未乾'句。會丹壑詩早成,坐客驚視,皆閣筆。獨強予成之,且謂予'雪'字當禁,請改'路'字,則'路'字居然轉勝多矣。予凡集牌詩多不存,此詩尚存,感其事也。丹壑爲夫子大令,名孚青,年十六成進士,與予同入館。每下筆,多驚人句。王弇州作《三述》,謂有明一代十六成進士者,惟王庶子一人,則丹壑可知耳。"

顧二舉人、魏大員外,未詳何人。

春夜,與王嗣槐、陳維崧、吳任臣、徐林鴻、徐咸清、吳農祥集馮溥宅,即席賦詩。

《七言律詩六·春夜燕集益都相公邸第即席和韵同王舍人陳吳二檢討徐林鴻咸清吳農祥三徵君暨公子慈徹協一》、馮溥《佳山堂詩集》卷六《春日同王仲昭毛大可吳志伊陳其年吳慶伯徐仲山徐大文胡胐明集萬柳堂即席賦》、阮元《兩浙輶軒錄》卷六徐咸清《益都相公招集萬柳堂即席口占二律同王仲昭毛大可陳其年吳志伊柴譽斯家大文步韵》。

吳農祥(1632—1708),字慶百,號星叟,又號大滌山樵,浙江錢塘人。康熙十八年(1679),試博學鴻儒,報罷。工詩古文,尤精於《易》。著有《梧園詩文集》《流鉛集》《西湖水利考》。(秦瀛《己未詞科錄》卷六)

毛際可報罷,還任祥符知縣,詩以送之。

《七言絕句五·家明府以徵車赴御試下第還任祥符爲詩送之》。

任辰旦報罷,還任上海縣知縣,詩以送之,兼示王先吉。

《七言古詩十一·昔日篇送任令南還上海兼示王十六舍人》。

李天馥子孚青改翰林院庶吉士,作文賀之。

《序二十一·李丹壑進士館選庶吉士賀屏序》:"……早齡通籍,代不乏人,而求其十六成進士者,則自明三百年來,所傳只王庶子一人,而他無聞焉。國家崇儒右文,景運日隆,加之聖天子興復古學,一時摛文搩藻之士,翩翩蔚起意,必有聖童畸質,可爲當代標人瑞者。而學士李公其令嗣丹壑以十五歲舉於鄉,十六成進士,時康熙己未。春官列名,赴殿廷對策,擢高等,遂得召問,改翰林院庶吉士,使讀書中秘,以補館學生三十人之列。一時聞之者,無不嘖嘖稱嘆,以爲極盛。……予故於彈冠之頃,不爲頌而爲勉如此。"

光緒《重修安徽通志》卷二百二十八:"李孚青,字丹壑,合肥人,大學士天馥子。年十六,成康熙己未進士。"

梁拱宸再任奉天府府尹,詩以送之,兼訊姜希轍。

《排律五·送梁京兆之任奉天兼訊姜少京兆》。

按,康熙《盛京通志》卷十四:"(奉天府府尹)梁拱宸,康熙十八年再任。"據同書同卷:"(奉天府府尹)梁拱宸,遼東人,康熙十三年任。"知本年梁再任奉天府府尹。

爲陸次雲家藏"萬年冰"扇墜題詩。

《七言絕句六·陸明府有水晶一團中含水草影碧色名萬年冰屬賦率筆》。

按,徐釚《詞苑叢談》卷十一:"錢塘陸雲士大令家有萬年冰一塊,長安諸公賦之者甚衆。"陳維崧《迦陵詞全集》卷十九《百字令·咏陸雲士萬年冰扇墜》、吳雯《蓮洋集》卷十《咏陸雲士萬年冰二首》。

陸次雲,字雲士,號北墅,浙江錢塘人。監生。康熙十八年(1679),應博學鴻儒試,報罷。歷官郟縣知縣、江陰知縣。工詩文,著有《玉山詞》《湖壖雜記》《北墅緒言》《事文標异》《澄江集》等。(乾隆《杭州府志》卷九十四)

四月十五日,康熙禱雨,作詩記之。李霨、杜立德作《甘霖應禱》詩,先生有和詩。

《排律五·甘霖應禱恭頌二十韵》《七言律詩六·上以久旱躬禱郊壇立霈奉和高陽相公恭紀原韵》《七言律詩八·和寶坻相公甘霖應禱原韵》。

按,尤侗《于京集》卷二己未稿《四月十五日聖駕禱雨立降喜成二律限韵》,毛詩亦當作於本年。

四月二十日,諸翰林到任。二十一日,赴史館。

《制科雜錄》:"乃擇四月二十日到任,各朝服、頂帶於欽天監火神廟,齊到衙門行禮畢。次日,遂赴史館。"

成《制科雜錄》一卷,記本年徵博学鴻儒事。

《制科雜錄》:"制科始於兩漢,皆朝廷親試,不涉有司,歷漢、魏、六朝、唐、宋不改。惟唐試科不一,遂分制科與進士及明經諸科爲二,然惟親試者得稱制科,又謂之大科,餘皆非是也。自元、明專用進士一科,不用制科,即有薦舉擢用,如賢良方正等,皆不經召試,有薦舉而無科目,因誤以進士科爲制科,且以八比文爲制舉文,而典制與名稱俱失之矣。至是,始開科,實別於八比,而世仍未之曉也。是時,相傳爲博學宏詞科。按:博學宏詞爲前代科名,此并非是。但世不深考,不曉'鴻儒'所自出,遂以'宏詞'當之,即同試與同籍諸公亦尚有自署其銜爲宏詞者。不知'鴻儒'二字出自董仲舒《繁露》,有云:'能通一經者曰儒生,博覽群書者號曰洪儒。'故其後作《陋室銘》者曰'談笑有鴻儒',鴻即洪也,猶古洪水稱鴻水也。"

四月,徐咸清南歸,詩以送之。

《七言古詩十一·徐二將歸暫寄湖南周開府里第過別有贈》《七言絕句六·送徐仲山南歸》。

吳農祥、徐林鴻南歸,詩以送之。

《七言古詩十·送吳農祥徐林鴻二徵君南歸戲效宋人體詩兼示王二內史徐二布衣》。

雨後,愛新覺羅·博爾都招飲爽園,與梅庚、邵培風即席賦詩。

　　博爾都《問亭詩集》卷二《雨後招毛大可梅偶（耦）長邵培風集爽園分得時字》。

　　博爾都(1655—1707),字問亭,又字大文,號東皋漁父。清太祖努爾哈赤曾孫,輔國慤厚公塔拜孫。拔都海第三子。順治十七年(1660)十月封三等輔國將軍,康熙八年(1669)五月,因受伯父班布爾善之禍牽連,被革去輔國將軍。十九年(1680)三月,復授三等輔國將軍。著有《問亭詩集》。(沈德潛《清詩別裁集》卷二十、王荷《博爾都及其詩歌研究》)

　　按,邵培風,爲博爾都子孟允業師。博爾都《問亭詩集》卷八《寄懷邵培風》詩下注:"即亡兒業師。"

　　楊鍾羲《雪橋詩話》卷三:"博問亭別號東皋漁父,輔國恪僖公拔都海子,襲封輔國將軍。有《問亭詩集》《白燕栖草》。所居東皋,有楓莊、爽園,刳竹引泉,結亭種樹,與大可、阮亭、鈍翁、愚山、其年、梁汾、耦長攤書繞座,具醴留詩。"

五月十七日,中式五十人俱授館職,先生官檢討,充明史館纂修官。

　　《清聖祖實錄》卷八十一:康熙十八年五月"庚戌,授薦舉博學鴻儒邵吴遠爲侍讀;湯斌、李來泰、施閏章、吴元龍爲侍講;彭孫遹、張烈、汪霦、喬萊、王頊齡、陸棻、錢中諧、袁佑、汪琬、沈珩、米漢雯、黄與堅、李鎧、沈筠、周慶曾、方象瑛、金甫、曹禾爲編修;倪燦、李因篤、秦松齡、周清源、陳維崧、徐嘉炎、馮勖、汪楫、朱彝尊、丘象隨、潘耒、徐釚、尤侗、范必英、崔如岳、張鴻烈、李澄中、龐塏、毛奇齡、吴任臣、陳鴻績、曹宜溥、毛升芳、黎騫、高詠、龍燮、嚴繩孫爲檢討。"

邵長蘅聞五十人同官翰林,作詩賀之。

　　邵長蘅《青門旅稿》卷一《五月十七日喜聞諸公同官翰林賦贈五十韵》序云:"康熙十八年,詔舉博學鴻詞,海内之士應詔集闕下者百餘人。上親試之,得五十人,悉命官翰林,纂修明史,蓋異數也。與余雅故者,施愚山閏章、汪鈍翁琬、秦對岩松齡、錢宫聲中諧、曹峨嵋禾、喬石林萊、李子德因篤、陳其年維崧、毛大可奇齡、朱竹垞彝尊、汪舟次楫、嚴蓀友繩孫、徐勝力嘉炎、潘次耕耒、李渭清澄中、方渭仁象瑛、周雅楫清原暨家戒三遠平。"

潘江聞先生授翰林院檢討,寄詩祝賀。

　　潘江《木厓續集》卷四己未《聞宏博諸公特授翰林院編修檢討等官其中如毛子大可陳子其年倪子闇公丘子季貞汪子舟次徐子電發龍子理侯皆

予布衣舊好也感賦却寄》。

夏,茆薦馨、施閏章、孫卓、高詠以同鄉同官翰林,適施閏章寄雲樓下梅樹忽發四花,梅清繪《瑞梅圖》寄至京,同館多作詩詞祝賀。

《填詞五·虞美人·己未四月宣城施少參寄雲樓下梅樹忽發二花值是科殿試榜發同邑孫予立茆楚芬以一甲同授館職既而又發二花則少參與同邑高阮懷并以制科授館職一時相傳以爲草木之瑞非偶也舉人梅淵公繪瑞梅圖寄至京同館各爲詩頌之予和少參詞書圖卷末》和《七言律詩五·枯梅生花和韵》、施閏章《學餘堂詩集》卷二十三《己未夏家園老梅作四花余適同孫予立茆楚畹高阮懷并官翰林里中梅淵公諸故人作瑞梅圖歌索和漫題其後》、陳維崧《湖海樓詩集》卷六己未稿《宣城施愚山先生家園有梅數株橫斜閣外今歲四五月中梅忽吐二枝適孫茆兩鼎甲捷至無何復綻二萼則先生侍讀之命又與高檢討同日下四花前後正與四公宅第相望也同人和詩記之余亦殿以五古一章》。

按,王士禛《池北偶談》卷二十二"梅异"條:"宣城自本朝來科甲久不振,康熙己未,施侍講愚山閏章、高檢討阮懷詠以辟薦,孫編修予立卓、茆編修楚畹薦馨以鼎甲,四人同時入翰林。時施園有梅三月復開四花,其方位恰應四人所居,人以爲异。梅孝廉淵公清繪爲圖。……壬戌,茆卒。癸亥,施、孫相繼卒。乙丑,高卒。又不知何説也。"

梅清(1623—1697),原名士義,字遠公、淵公,號瞿山、瞿硎、梅癡、敬亭山農等,安徽宣城人。順治十一年(1654)舉人。工詩,善書畫。與施閏章、高詠創"宣城詩體"。著有《瞿山詩略》等。(光緒《宣城縣志》卷十八)

感陳晉醫其臂,作《金匱仙人歌》志謝。

《七言古詩十·金匱仙人歌贈陳子太士》序曰:"陳子太士與予共文會者將二十年,曾登選樓,甲乙諸試帖、墨義、雜文示天下,天下人爭奉爲金科玉律,彊估藉之起市門利。既而攜去,得葛洪金匱術,遨游長安。予被薦就試,試之前三日,右手病痹而潰於熨,腕脹如長瓠,五指僵矗。告吏部,不聽;告監臨掌院,不聽。隔試一日,將夕矣,遇太士於途,驚曰:'何不早示我,令至此?'急市藥二升許,濩之,令濯;自溫至涼,再濩之,指漸有文;至漏一下,又濩之,漸皱。次日,赴試泰和殿,腕仍發痛如艾焙。暗下,而指詘可書,因勉書。完卷出,出則病亦減。是雖天固厄之,然太士醫療之神,何可沫也!逾月,予從諸君後,蒙聖鑒取中,且用古制科例,授館職。因感太士術,作《金匱仙人歌》謝之。詞頗不叙,致其意。"

五月二十六日,開史局內東華門外。徐元文爲監修總裁官,葉方藹、張玉書爲總裁官。

　　《清聖祖實錄》卷八十一:康熙十八年五月"己未,命內閣學士徐元文爲《明史》監修總裁官,掌院學士葉方藹、右庶子張玉書爲總裁官。"

五月末,陳鴻績卒,同年公祭之。

　　陳維崧《陳迦陵儷體文集》卷十《公祭同年陳子遜文》。

　　陳鴻績(?—1679),字子遜,浙江鄞縣人。順治十四年(1657)中舉,任浙江睢寧縣知縣,註誤。康熙十八年(1679),舉博學鴻儒科進士,授翰林院檢討。旋卒。(《鶴徵錄》卷二)

徐元文赴任途中,有詩寄諸同館,先生有和詩。

　　徐元文《含經堂集》卷六《赴監修明史之召途中簡葉訒庵張素存二總裁暨史館諸公四首》、《五言格詩一·入史館奉和監修先生赴召柬同館諸公原韻三首》。

　　徐元文(1634—1691),字公肅,號立齋,江蘇崑山人。順治十一年(1654)中舉,十六年(1659)成進士。歷官翰林院修撰、國子監祭酒、內閣學士兼禮部侍郎、翰林院掌院學士兼禮部侍郎、都察院左都御史、刑部尚書、戶部尚書,進文華殿大學士。著有《含經堂集》《得樹園詩集》。(同治《蘇州府志》卷九十五)

先生列第五班,分纂弘治、正德兩朝列傳并《盜賊》《土司》《后妃》諸傳。

　　《書七·復蔣杜陵書》:"今同館諸公分爲五班,自洪武至正德,作五截鬮分,某班只分得弘、正兩朝紀傳,而志、表則均未及焉。某於兩朝中,又分得《后妃》六篇、《名臣》二十五篇、《雜傳》一篇,合三十篇。既又以《盜賊》《土司》《后妃》三大傳謬相推許,統屬某起草。"

　　按,尤侗《明史擬稿》卷首自序云:"康熙十八年,詔徵博學鴻儒纂修明史,與選者五十人,分爲五班,自洪武至正德,編次亦如之。予班第五,則所纂者弘、正時事也。"尤侗同分得"弘、正時事",與先生所述合,知兩人同班。

初入史館,意氣風發。

　　《五言格詩五·初入史館作》。

陳晋之任長興教諭,詩以送之。

　　《七言律詩八·送陳太士長興廣文》。

與馮溥、徐嘉炎、吳任臣等集萬柳堂,馮溥問"朝聘以時",先生答之。

　　《四書索解》卷四:"往入館時,值康熙己未,上計行觀禮,侍班禮畢,同館諸君陪益都相公憩萬柳堂。益都問'朝聘以時',予曰:'漢、唐儒者皆不識朝聘之時,況今日矣。'益都咈然曰:'朝聘大事,且《尚書》《三禮》多載之,豈有漢後都不知其時者?'顧徐華隱曰:'《章句》如何?'華隱舉《章句》謂:'比年一小聘,三年一大聘,五年一朝。'益都曰:'此得非時乎?'予曰:'此是《王制》文,然雜舉他禮,并不知爲何代典制。此在先儒有非之者。……'益都大驚,屬予與徐華隱、吳志伊三人究竟其禮,皆悵悵無所定。"

徐嘉炎(1631—1703),字勝力,號華隱,浙江秀水人。康熙十八年(1679),舉博學鴻儒科進士,授翰林院編修,與修《明史》。官至內閣學士兼禮部侍郎。著有《抱經齋集》。(秦瀛《己未詞科錄》卷二)

六月,與諸同館集宋德宜宅觀諸名伎。

《七言古詩十一·夏杪集宋大司馬宅觀諸名伎偕同館諸子即席》。

清廷月賜修史官筆札,有紀恩詩。

《排律五·賜筆紀恩和韻》。

方象瑛重葺健松齋,自爲之記,囑先生作賦,因成《健松亭賦》。

《賦四·健松亭賦》序曰:"武疆之傍,有名園焉。花竹臺榭,雄於新都。贈公方先生爲遂安相公仲子,曾於崇禎之末避寇鄰郡,得栝子松於黟山許氏之舊園,植之齋前,朝夕灌剔。蓁蔚而櫹爽,累經冬榮,不厭春德。康熙甲寅,常山、開化寇起,園復燬於寇。所有花竹無復槎枒,松獨無恙。予同年生方君渭仁以制科試授館職,遂於誦芬之次,慨然念先烈未沫,而手澤尚在,因構亭而楔之,名曰'健松'。蓋取唐詩'松涼夏健人'之句也。……乃自爲之記,而屬予以賦。"

方象瑛(1632—?),字渭仁,號霞莊,又號艮山、金門大隱,浙江遂安人。天資穎异,九歲能詩,十歲作《遠山净賦》。與毛際可同里,同有文名,東南士人以"方毛"并稱。康熙二年(1663)中舉,六年成(1667)進士。康熙十八年(1679),舉博學鴻儒科進士,授翰林院編修,與修《明史》。二十二年(1683),任四川鄉試正考官。著有《健松齋集》《明史分稿殘本》《方氏先賢考》《松窗筆乘》。參修康熙《遂安縣志》。(拙著《方象瑛年譜初稿》、光緒《嚴州府志》卷十八)

七月二十八日,京師地震,朝廷下詔修省。

《五言格詩一·康熙十七年七月二十八日京師地震大厭朝廷下詔修省群工怵惕予以謹戒之餘竊讀政府作續紀一首和益都夫子韻》。

按,詩題"十七年"當爲"十八年"之誤。詩中有"歲在己未"句,己未即康熙十八年(1679)。另《詩話》七:"康熙十八年,京師地震,公私廬舍俱毀。"葉夢珠《閱世編》卷一《天象》:康熙十八年"七月二十八日庚申,京城地震,自己及西,聲如轟雷,勢如濤涌,白晝晦暝……自宮殿以及官廨、民居,十倒七八。"

七月,李因篤授官後以母病辭歸,詩以送之。

《五言格詩一·送李檢討予養還山》。

按,楊謙《朱竹垞先生年譜》"康熙十八年"條:"七月……送李檢討因篤終養。天生入史館,亟上書陳情,請歸養其母。"李因篤陳情歸養,影響甚大,京師諸公紛以詩相送。湯斌《湯子遺書》卷十《送李子德奉旨歸養二首》、方象瑛《健松齋集》卷十八己未稿《送李天生奉旨歸養》、陳維崧《湖海樓詩集》卷六己未稿《送同年李子德終養還秦中》、尤侗《于京集》卷二己未稿《送李子德檢討歸養二首》、王頊齡《世恩堂詩集》卷六《送李天生歸養》、潘耒《遂初堂詩集》卷三《送李天生還關中》、嚴繩孫《秋水集》卷六《送李天生同年侍養歸秦中》、徐釚《南州草堂集》卷七《送李天生還山五百字》、李良年《秋錦山房集》卷六《送天生檢討兄歸關中二首》、袁佑《霽軒詩鈔》卷二《送同年李天生終養旋里》、博爾都《問亭詩集》卷二《送李天生歸養》。

與馮溥論韻,感沈約《四聲譜》失傳已久,欲訂正而無暇。

馮溥《佳山堂詩集》卷二《偶與毛大可論韻學大可云休文四聲譜失傳久矣沿至唐宋間增改紛雜以訛襲訛學者無所考據今欲訂正之無暇也感而賦此》。

七月,王士禎索梅庚畫,作詩和之。

《七言絕句六·和王侍讀索梅庚畫片原韻》。

按,王士禎《漁洋山人精華錄》卷八《初秋索梅耦長畫》。梅庚本年春至都,明年春歸江南,知王、毛二詩作於本年秋。

重九前夕,汪懋麟服闋還京。

參拙著《汪懋麟年譜》"康熙十八年"條。

九月九日,與王嗣槐、陸葇、吳任臣陪馮溥登善果寺毗盧閣。

《五言格詩一·九日陪馮夫子登善果寺毗盧閣和韻示同游諸公》《七言律詩六·九日登善果寺後毗盧閣示同館諸公》。

按,馮溥《佳山堂詩集》卷二《九日同王仲昭毛大可吳志伊陸義山登善果寺毗盧閣》、陸葇《雅坪詩稿》卷六《九日奉陪益都相國同舍人王仲昭太史毛大可吳志伊登善果寺佛閣》。

陸葇(1630—1699),原名世枋,字次友,又字義山,號雅坪,浙江平湖人。康熙六年(1667)進士,初授內秘書院典籍。十八年(1679),舉博學鴻儒科進士,授翰林院編修,充《明史》纂修官。旋升詹事府贊善,歷主福建鄉試、順天鄉試。後奉命直南書房。三十三年(1694),擢內閣學士,兼禮部侍郎銜,總裁諸書局。著有《雅坪詩稿》《雅坪文稿》《雅坪詞譜》。輯有《歷朝賦格》。(秦瀛《己未詞科錄》卷二)

九月十五日夜,月食,有詩。

《五言格詩一·月蝕詩》中有"季秋月丁未,望日日將暝。太陰在降婁,不輯於奎觀。維時西初刻,里燭方進薦"句。

按,陳維崧《湖海樓詩集》卷六己未稿《九月十五夜月食紀事》,毛詩當作於本年。

九月十七日夜,與王嗣槐、吳任臣、汪楫、陳維崧、潘耒、胡渭燕集馮溥西齋。

《七言古詩十·益都師相請召同館生西堂燕集用陳檢討即席原韵命和》。

按,馮溥《佳山堂詩集》卷三《秋日王仲昭毛大可吳志伊陳其年汪舟次潘次耕胡朏明小飲西齋和其年重陽登高見憶之作原韵》、陳維崧《湖海樓詩集》卷六己未稿《九月十七夜同王仲昭毛大可吳志伊汪舟次潘次耕胡朏明飲馮冒聞躬暨西齋翌日益都夫子用拙韵作詩見示仍疊前韵》,毛詩當作於本年。

潘耒(1646—1708),原名棟吳,字次耕,號稼堂,晚號止止居士,江蘇吳江人。檉章弟。少師事徐枋、顧炎武,博通經史、曆算、音學。生平篤於師誼,徐枋歿後,為刻《居易堂集》。顧炎武去世後,又為刻《亭林遺書》及《日知錄》。并刻檉章《國史考異》及《松陵文獻》行世。康熙十八年(1679),以布衣舉博學鴻儒科進士,授翰林院檢討,纂修《明史》。尋充日講起居注官。二十三年,以浮躁降調。四十二年起復,三年後辭歸。著有《遂初堂集》《類音》等。(秦瀛《己未詞科錄》卷三)

胡渭(1633—1714),初名渭生,字朏明,號東樵,浙江德清人。康熙十八年(1679),應博學鴻儒試,報罷。後助徐乾學修《一統志》。著有《禹貢錐指》《易圖明辨》《洪範正論》《大學翼真》《東樵遺詩》等。(阮元《兩浙輶軒錄》卷十六)

西堂燕畢,馮溥作《宮怨詩》,作詩和之。

《七言古詩十·西堂讌畢仍用前韵擬宮怨詩益都師相詩先成命予援筆立和其後》。

按,馮溥《佳山堂詩集》卷三《再用前韵戲為宮怨簡陳其年》、陳維崧《湖海樓詩集》卷六己未稿《益都夫子復用前韵戲作宮怨詩見簡再和一首》,毛詩當作於本年。

九月,邵長蘅往登州,作詩送別,邵有答詩。

　　邵長蘅《青門旅稿》卷一《將之登州留別阮亭愚山兩先生冰修其年耦長諸子》後附有諸人送別詩,先生其一也。

　　按,邵長蘅《青門旅稿》卷首序:"予自己未春入都,涉秋,東之海上。"陸嘉淑跋云:"重陽前一日,將送青門友兄之登州,適得晦木寄詩,輒和其韵。"諸人送別詩當作於本年九月。

陸嘉淑至京,互有詩贈答。

　　陸嘉淑《射山詩鈔·偶成與毛大可》、毛奇齡《七言絕句六·答和陸大嘉淑見貽原韵》。

秋,葉封報罷,將歸黃州,作詩贈之。

　　《七言古詩九·葉主事歸黃州有贈》。

　　按,方象瑛《健松齋集》卷十八己未《送葉慕廬歸黃州》、尤侗《于京集》卷二己未稿《送葉井叔歸黃州》、陳維崧《湖海樓詩集》卷六己未稿《送葉慕廬歸黃州》,毛詩亦當作於本年,詩中有"宮槐初落秋雲飛"語,所述爲秋日景色。

　　葉封(1623—1687),字井叔,號慕廬,又號退翁,浙江嘉興人,湖北黃岡籍。順治十六年(1659)進士。歷官延平府推官、登封縣知縣、西城兵馬司指揮、工部虞衡司主事。晚年,居於武昌樊湖,以漁釣自娛,著書爲樂。工篆隸。著有《慕廬集》《嵩陽石刻集記》。(乾隆《黃岡縣志》卷八)

秋,孫致彌南還,詩以送之。

　　《七言古詩十三·送孫孝廉還里》。

　　按,張廷瓚《傳恭堂詩集》卷一《送同年孫愷似歸吳門》序云:"戊午春,召遣內侍之高麗搜求遺書,更選文士一人與之爲貳。內侍遂舉愷似,并取其平日所著詩文以進。上大嘉賞。使事畢,藩王厚貽愷似金,堅拒不受,中外咸稱其廉。秋八月,與余同舉於鄉。明年春,試禮部不第。又數月,始束裝南歸,同人治具徵歌,餞之於張氏園林,因賦此以送之。"知孫致彌本年秋歸里。

　　孫致彌(1642—1709),初名翮,字愷似,號松坪,江蘇嘉定人。康熙十七年(1678),以國學監生假二品服,爲朝鮮副使。是年,中順天鄉試。二十七年(1688)成進士,選庶吉士。四十一年(1702),典試山西,授編修,擢右春坊右中允,遷侍講,晋侍讀學士。尋充《佩文韵府》總裁,工詩,兼善書法,與陸元輔、趙俞、張雲章、張大受、張鵬翀稱"六君子"。著有《杕左堂集》《杕左堂詞》,輯有《朝鮮采風錄》。(王昶《國朝詞綜》卷

十六、光緒《嘉定縣志》卷十六)

同年喬萊作《秋日閑居詩》,依韵陸續和之。

《五言律詩六·和秋日閑居詩十首》序曰:"同年喬編修示《閑居詩》屬和。嗟乎!我乃無居,(時借寓王光祿宅。)因於奔走之暇,陸續和此,悉依原韵,見者毋哂爲不閑,乃可耳。"

按,王頊齡《世恩堂詩集》卷六己未《和喬石林秋日閑居韵十首》、丘象隨《西軒己未集·秋日閑居用喬石林韵十首》、施閏章《學餘堂集》詩集卷三十二《秋日閑居和同年喬石林編修韵》、丘象升《南齋詩集·秋日閑居和喬石林三首》,毛詩亦當和於本年。

秋,效作唐判體,共十首。現存《弃履判》《巫樂被戲判》《爭高粱粟稱名判》《孝廉略傴受毆辱判》《蔡邕弃妻判》《井田判》六首。

《館擬判》卷首邵瓊識語:"西河於己未秋充明史館官,客有以唐判體擬制者,適貽至,遂與同館陳迦陵輩并取其題效爲之,共十首。其稿不存久矣。今從迦陵遺篋中抄得六首。……觀此,則其多遺製可知耳。"

中秋後風雨連日,馮溥賦《苦雨》詩,依韵和答。

馮溥《佳山堂詩集》卷三《苦雨簡毛大可》、毛奇齡《七言古詩九·中秋後風雨連日蒙馮老夫子賦苦雨吟見懷依韵和答》。

馮溥作《秋凉飲酒詩》,先生與陳維崧俱有詩和之。

《五言格詩一·秋凉飲酒詩和馮夫子韵》。

按,馮溥《佳山堂詩集》卷二《秋日飲酒詩》、陳維崧《湖海樓詩集》卷六己未稿《秋凉飲酒詩和益都夫子韵》,毛詩當作於此時。

秋冬之際,徐元文至京。

尤侗《于京集》卷三《喜徐立齋學士至京二首》。

十月初一,康熙帝於西苑親試武進士馬步射,作《應制西苑試武進士馬步射賦》。

《賦二·西苑試武進士馬步射賦》序曰:"自古文教之興,必有武備;至治之世,不廢兵革。故黄帝設縉雲之官,西伯拜非熊之將。殼弓日下,官可射烏;征楛蠻中,庭來貢鳥。我皇清肇造方域,廣被九有,遂下郡縣,以致四訖。初間神武開國,陟禹方行;繼之叡文承歷,紹堯出治。毓聖德於少陽,宣哲猷於元輔。……乃仿唐代期門之選,六郡咸臻;爰使諸方教押之英,三班入試。翹關既舉,不用馬槍;長垛能嫻,觀其步射。當此屠維協洽之歲,值兹元英在朔之辰。上幸瀛臺,實惟西苑。親觀較射,以當臨軒。……惟時衛士,許載筇以咸觀。乃命詞臣,各抽毫而作賦。"

按,據文中"當此屠維協洽之歲,值兹元英在朔之辰"句,知作於本年十月初一。

十月,尤侗作《題畫》詩,先生作詩和之。

《七言絶句五·漫和尤太史馬上口占原韻二首》。

按,尤侗《于京集》卷三己未《題畫二首》序云:"予歲朝作詩,有'家在江南楊柳村'之句,蓋思歸也。羇旅經年,忽忽入夢,因乞梅子耦長圖之,以代卧游,題二斷句貽諸公屬和焉。"

十月,雪中陪馮溥請沐善果寺,與陳維崧俱有詩和馮溥韵。

《七言古詩九·雪中陪益都相公請沐善果寺即事奉和原韻》。

按,馮溥《佳山堂詩集》卷三《冬日同王仲昭毛大可陳其年善果寺看雪》、陳維崧《湖海樓詩集》卷六己未稿《冬日陪益都夫子善果寺看雪》。

陪馮溥游善果寺歸,和陳維崧詩,時王嗣槐、胡渭在座。

《七言古詩十一·大雪陪益都夫子游善果寺歸燈下同夫子和陳檢討詩一人呼韻一人給寫信口占叶不許停刻時王二舍人胡徵君在旁知狀後舍人亦有和詩紀其事》、王嗣槐《桂山堂文選》卷十一《冬日走筆和其年韵示大可朏明二子》。

按,"王二舍人"指王嗣槐,"胡大文學"指胡渭。《詩話》六:"康熙辛酉冬,大雪,陪益都夫子游善果寺歸。燈下,夫子取陳檢討《雪》詩長句,與予同和其韵,作即事詩。使一人唱韵,一人給寫,信口占叶,不許停刻。時王二舍人、胡大文學在旁,知狀。凡四十二句,片刻各就。次日,王舍人亦依韵和之,以紀其事,有云'昨日看雪飯僧寺,蘭湯浴起漱茗芽。歸來師弟相倡和,行間字裏飛春葩。縱橫落紙擲健筆,蒼松虬舞枝槎枒。强韵險澀人苦押,入手渾脱點不加。圓如黄鸝舌底滑,疾若霜旻飢鷹挐。長吟不落銀燭爉,半月只掛西窗紗'諸句,皆是實事。"王嗣槐明年春離京,知《詩話》"辛酉"當爲"己未"之誤。

冬,與同年黄與堅、嚴繩孫、周慶曾、陸棻、徐嘉炎、方象瑛、潘耒、李鎧赴張鴻烈之招。

丘象隨《西軒己未集·冬日張毅文招同黄庭表毛大可嚴蓀友周燕孫陸義山徐勝力方渭仁潘次耕李公凱小集時大可先歸》。

《詩話》五:"同官張毅文嘗於冬日遣人挈榼往酤,飲同館諸公,且爲詩曰:'竹林寺畔頂泉居,井澤香甘新醅餘。豈是三辰酬草制,那能千日夢華胥。野梅欲破偏宜雪,市味難兼幸有魚。縱飲莫隨燈促去,免教元結笑何如。'其云'元結笑'者,以元次山詩'有時逢惡客,還家亦少酣',注'古人以飲不盡歡爲惡客',故云。若'燈促去',則未之解。詢之,曰:

'不見前除已燃燈乎？'各笑而散。"

黃與堅（1621—1701），字庭表，號忍庵，江蘇太倉人。順治十六年（1659）進士，候選知縣。奏銷案起，罷官。康熙十八年（1679），中博學鴻儒科進士，授翰林院編修，與修《明史》。二十三年（1684），典貴州鄉試，遷左贊善。著有《大易正解》《易學闡一錄》《願學齋集》等。（《清史稿》卷四百八十四《列傳》二百七十一、秦瀛《己未詞科錄》卷三）

周慶曾（？—1684），字燕孫，號屺瞻，江蘇常熟人。順治五年（1648）舉人，十五年（1658）成進士。康熙十一年（1672），補內閣中書。十八年（1679），中博學鴻儒科進士，授翰林院編修，與修《明史》。二十三年（1684），任浙江鄉試正主考，卒於杭州公署。著有《硯山詩草》。（康熙《常熟縣志》卷十八、秦瀛《己未詞科錄》卷三）

除夕，李霨入閣草制，作即事詩，先生和其原韻。

《五言律詩五·奉和高陽相公除夕入閣草制即事原韻》《謬和高陽夫子除夕草制原韻辱蒙賜詩仍用前韻詞過獎誘因復依韻奉呈二首時己未臘月三十日》。

爲徐釚《楓江漁父圖》題詞。

《填詞五·明月棹孤舟·題吳江徐檢討孤舟垂釣圖》。

按，王士禛《帶經堂集》卷三十四己未《題徐電發檢討楓江漁父圖》、嚴繩孫《秋水集》卷五《題徐電發楓江漁父圖》。

爲同年錢中諧所藏司馬相如玉印題詩。

《七言古詩九·錢編修所藏司馬相如玉印歌》。

按，王士禛《帶經堂詩話》卷二十二："錢編修宮聲中諧有司馬相如小玉印，因憶元陸友仁得衛青玉印，翰林虞伯生諸公皆有詩，友仁因著《印史》。"陳維崧《湖海樓詩集》卷六己未稿《錢編修所藏司馬相如古碧玉小印歌》。

爲喬萊桃花泛舟畫像題詩。

《五言絕句三·題同年喬編修桃花泛舟畫像五首》。

按，陳維崧《湖海樓詩集》卷六己未稿《桃花流水圖歌爲喬編修石林賦》，毛詩當作於本年。

汪存庵至京，旋還徐州，作詩贈之。

《七言律詩六·與汪廣文》。

按，陳維崧《湖海樓詩集》卷六己未稿《送汪存庵廣文出都》、馮溥《佳山堂詩集》卷四《送汪存庵學博二首》、彭孫遹《松桂堂全集》卷十七《送徐州汪廣文》，毛詩當作於本年。

汪存庵,生平不詳。

與施閏章、高咏飲宣城會館話舊。

《七言律詩六·飲高太史宣城會館話舊有感和施侍講韻》。

茆薦馨以母訃歸里,詩以送之。

《七言絕句八·同館茆君以母訃奔宣城》。

茆薦馨(1629—1682),字楚畹,號一峰,安徽宣城人。康熙十八年(1679)進士,授編修。著有《畫溪堂稿》。(光緒《重修安徽通志》卷二百二十六)

王垓分守寧紹道,作詩贈之。

《七言律詩六·王給事分守浙東》。

雍正《浙江通志》卷一百二十一:"(分巡寧紹道)王垓,山東膠州人,順治丁亥進士,康熙十八年任。"

王垓(1618—1684),字漢京,号巢雲,山東長山人。順治六年(1649)進士,授行人。康熙二年(1663),出使琉球。遷户科給事中。十四年(1675),典浙江鄉試。十八年(1679),遷寧紹道,卒於任。著有《使琉球記》。(同治《即墨縣志》卷九)

劉果督學江南,以詩送之。

《七言律詩八·送劉使君任江南提學》。

乾隆《江南通志》卷一百五:"(提督學政)劉果,諸城人,進士,康熙十八年任。"

劉果(1627—1699),字毅卿,號木齋,山東諸城人。順治十五年(1658)進士。康熙三年(1664),授太原府推官。七年,改任直隸河間縣知縣,治聲頗佳,遷刑部主事。十八年(1679),任江南提學道。著有《蕪園詩集》。(咸豐《青州府志》卷四十六)

羅有章母葉氏生日,作詩祝壽。

《七言絕句六·祝母詞爲羅氏兄弟作》。

按,孫枝蔚《溉堂後集》卷一己未《壽羅母葉太孺人》題下注曰:"羅有章、懷祖、臨思之母。"毛詩亦當作於本年。

羅有章,未詳何人。

得姜希轍奉天所寄書,有詩寄答。

《七言律詩五·得姜京兆奉天貽書感賦却寄》。

吳元萊遷直隸分巡,作詩贈之。

《七言律詩五·贈直隸分巡吳使君》。

按,詩題下注曰:"使君司通刑法驛傳,係崇禎朝興化相公之子。"光緒

《重修天津府志》卷十二:"直隸(按察使)吳元萊,江南貢生,十八年任。"

吳元萊,字北海,江蘇興化人。吳甡子。順治十七年(1660)貢生。由中書歷部郎,擢直隸巡道,以清廉著名。((咸豐《重修興化縣志》卷八)

蔡仲光屢寄書勸歸,語甚激切。

蔡仲光《謙齋文集》卷八《寄毛大可書》:"前數有書致足下,其中所言大抵皆語足下歸耳。足下始以博學鴻儒致身檢討,猶未及半載也,而仲光有書勸其歸,非故爲此潛伏岩穴之言以自行其志而詆足下。又恐足下自喜其身立清要而疑人有同心陰相汲引,則更深誣人也。讀書而居翰苑,亦進取者之恒心,然足下年已五十有七矣。……鄙意慮患乃在機未萌之先,而與足下相知,又超乎形迹之外,故爲此論,以曉左右。惟俯聽而深察之。"

有詩寄徐芳聲、蔡仲光。

《五言格詩一·書簡末寄徽之大敬二兄》。

梁清標六十續娶,填詞賀之。

《填詞五·萬年枝·梁司農師六十續娶》。

按,據李澄中《白雲村文集》卷三《保和殿大學士梁公墓志銘》:"公諱清標,字玉立,別號蒼岩。……公生於前庚申十二月十六日,終於康熙辛未八月初一日,年七十有二。"知梁本年六十。

張肯穀調任濟南知府,詩以送之。

《七言律詩七·送張太守之濟南》。

張肯穀,字式似,安徽巢縣人。歲貢生。初任涇陽縣丞,遷神木縣知縣,擢秦州知州。兵變被執,不屈,以計得脫,因導諸軍進剿有功,康熙十四年(1675)擢鳳翔府知府。十八年(1679),調濟南府知府。(雍正《巢縣志》卷十四)

何嘉祐出榷蕪湖,詩以送之。

《七言律詩八·何起曹榷使蕪關》。

乾隆《江南通志》卷一百五:"(蕪湖鈔關)何嘉祐,户部員外,康熙十八年任。"

金鎮遷江南提刑按察使司按察使,寄詩賀之。

《七言律詩九·寄江南觀察金君》。

乾隆《江南通志》卷一百六《職官志》:"(江蘇按察使司)金鎮,宛平人,舉人,康熙十八年任。"

張壎遷登封宰,京師諸人各爲詩送之,先生爲作序。

　　《序二十一·送登封令江南張君赴任序》:"予至京師,會江南張君以謁選得登封宰。……張君將行,京師善詩者,各爲詩送之,而請予序之如此。"

　　雍正《河南通志》卷三十七:"(登封縣)張壎,江蘇長洲人,貢生,康熙十八年任。"

　　張壎(1640—1694),字牖如,江蘇長洲人。以諸生就鑲藍旗官學,爲教習。選河南登封縣知縣,以卓异,升廣西南寧府通判。(道光《蘇州府志》卷八十五)

趙廷標補長沙驛鹽道,餞於彰義門。

　　《墓表二·誥授嘉議大夫陝西督糧道布政使司參政趙君暨誥封恭人許太君墓表》:"君諱廷標,字叔文,別字雲岑,杭州錢塘人,趙姓。……方予在都時,值君以服闋補長沙驛鹽道,將行,餞君彰義門。"

　　乾隆《長沙府志》卷十八:"(驛鹽糧儲道)趙廷標,浙江貢生,康熙十八年任。"

山陰陳氏立家廟,爲作廟記。

　　《碑記五·陳氏家廟碑記》:"山陰陳氏……鼎革以來,其二十五世孫有仰南君者,曾捐金五伯兩爲立廟記,而逡巡未逮。暨二十六世孫子修君,於己未春復捐金五百兩以蕆其事。……將以是年嘉平,奉神板於堂,而乞予以記。"

爲釋香林志塔。

　　《塔志銘二·少林傳正衣優婆夷香林涅禪師塔志銘》:"師香林,名無涅……康熙己未,雲還建師塔於園,介天寧僧普照者乞予以銘。"

爲馮慈徹學正卷子題詩。

　　《七言古詩九·書馮二世兄學正卷子》。

　　馮慈徹,字冒聞,又字玉爽,山東益都人。馮溥仲子。官兵部司務。(光緒《益都圖志·人物志》卷九)

與何源浚遇於京師,作詩贈之。

　　《七言古詩十二·雪中集梅莊主人何使君邸第有贈》。

是年,伯兄萬齡自仁和教諭乞休。

　　康熙《仁和縣志》卷九:"(教諭)毛萬齡,字大千,紹興府蕭山縣人,由恩貢歷任十年,康熙十八年乞休去。"

約於是年,姜希轍寄《盛京遺事》四十九詩,一一和之。

　　《詩話》七:"姜京兆寄《盛京遺事》四十九詩,予一一和之。"

約於是年，前作《白鷺洲主客説詩》《詩傳詩説駁義》刻於京師。

《白鷺洲主客説詩》："康熙戊午，予應聘至京。御試後，與愚山同授館職，過愚山於宣城會館夜飲，出所講寫記相示，予因轉録其講《詩》者主客數條，以志勝事。……時同館宣城高阮懷、諸城李漁村、任丘龐雪崖皆聯席知狀云。"

《經集》凡例："惟《詩傳詩説駁義》成於汝寧官署，《白鷺洲説詩》作於湖西施使君外舍，皆從兩家索得之，刻於京邸。"

約於是年，作《三江考》《九江考》。

《館課擬文·三江考》："三江之爲名久矣，其在經傳，則雜見之《禹貢》《周禮·職方氏》《爾雅》《國語》《水經注》《史記》《吴都賦》《吴越春秋》諸書，而特其所爲注，言人人殊，卒莫得而指定之。夫讀書通大義，自昔已然，況古今山川陵谷遷變，耳目踪迹，未必悉合，泥古者無所於通，而揣摩臆度之見又未可爲據，然而大概可睹也。……夫惟浦陽爲三江之口，則蠡之去越，將必出浦陽而入海，由海而入松，由松而入湖，《國語》所謂'遂乘輕舟而入五湖'者是也。如以爲松江、婁江，則松、婁者五湖之下流也，豈有出松、婁而反入湖者？古文具在，而學者貿貿，究至堅持其説，必欲執《三吴水利》以注古經，夫《水利》焉能注古經矣？"

《館課擬文·九江考》："《禹貢》九江，不知所在久矣。其在趙宋以前，皆以彭蠡爲九江。"

約於是年，擬館課，有詩紀之。

《七言律詩九·擬館課四首》題下注曰："予以制科上卷比之一甲，即授館職，不隨庶吉士教習，兼課館業。偶集閣學李夫子宅，命予與令嗣庶常世兄立賦四題，即席起草，追刻燭遺事，筆不加點。愧世兄詩先成，予勉强卒業，亦付録事，且謬蒙鑒賞。嗟乎！駑馬隨良驥，敢言利鈍哉？特感深難忘，不敢删軼，并志此以紀勝會云。"

是年前後，爲顧氏《燕臺醫按》作序。

《序二十·燕臺醫按序》："雲間顧先生獨不然。先生以經義治四門學，作選人京師，京師藉藉。聞先生善醫，其家居時，每醫人有成績，稱聖儒。"

顧氏，上海人。善醫。生平不詳。

是年，朱彝尊序刻《樂府補題》，作詞和之。

《填詞六·樂府補題和詞》題下注曰："《樂府補題》者，南渡越州諸處士所作詞也。卷首載玉笥王沂孫聖與、蘋洲周密公謹，以及菊山唐珏玉潛、後村仇遠仁近，共十三人，同於宛委山房諸處咏龍涎香、白蓮、蟬、莼、蟹五題。其調爲《天香》《齊天樂》《摸魚兒》《水龍吟》《桂枝香》，合一抄本，在梅市祁宅藏書中。禾中朱竹垞爲序之，而鏤板京師，且屬同館作和詞各五首。"

單隆周卒。

《蕭山西河單氏家譜》："（隆周）卒康熙十八年己未三月二十七日。"

張新標卒。曹爾堪卒。陳廷會卒。何元英卒。俞汝言卒。方亨咸卒。馬駿卒。

【時事】　正月，清軍取岳州、長沙。二月，取湘潭、常德、衡州、耒陽等地。六月，清廷命各地設社倉、義倉。十月，劉國軒進兵漳州。

清聖祖康熙十九年　庚申（1680）　五十八歲

清軍收復成都，詔集百官於午門外宣捷，有詩紀事。

《七言排律·王師收復成都詔集百官於午門外宣捷紀事十五韻》。

按，方象瑛《健松齋集》卷十八庚申稿《官軍收復四川午門宣捷恭紀六十韻》，毛詩當作於本年。

正月十五夜，赴梁清標飲席，梁出窩絲糖供客。

《詞話》二："梁尚書上元席上，出窩絲糖供客，其形如扁蛋，光面有二堷，若指撟者。嚼之，粉碎散落，皆成細絲，座客無識者。尚書云：'此崇禎末宮中所製，今久無此矣。惟西山净室有老宮人爲比丘尼，尚能製此糖。每歲上元節，必以銀花碗合子相餉，真罕物也。'乃出己所製《糖多令》詞，命座客和之，予和詞云：'搗盡笛頭泥，春蠶已蛻衣，片餳裹作彈丸兒。不破彌羅三寸繭，誰解道，一窩絲。粗妝漢宮遺，餞饌久未施，開元宮女尚能爲。今日尚書花餤會。銀碗合，使人思。'"

正月十六日，與陳維崧、施閏章、高詠赴梁清標飲席。

《詞話》二："次日，舍人汪蛟門録予詞，詣梁尚書請觀。值尚書作勝會，設席於猪市，對門王光禄宅有内務府供奉太倉王生、無錫陸生、陳生，携笙笛在座。其時，薦舉來京者，惟施愚山大參，陳其年、高阮懷兩文學赴召請到門。尚書立命具小輿招予。酒再巡，二生遞歌，王生把笛，演舊清曲畢。尚書命二生歌予詞，使王生以笛倚之，倡儻嘹喨，一坐皆竦聽。尚書大悦，因問：'笙笛必有譜，此無譜而能倚曲，何耶？'王生曰：'善歌者以曲爲主，歌出而譜隨以成；不善歌而敎歌者，欲竊其歌聲，則以譜爲主，譜立而曲因以定。'尚書曰：'有是耶？然則今所歌者，其歌聲已歇矣,君尚能依其聲立一譜乎?'曰:'何不可?'次日,王生就昨所歌者,竟定一笛色譜。尚書命他僅就笛按聲,與昨歌無異,因嘆息謝去。尚書者,真定相公梁夫子也,時爲司農有年矣。後予臨入館,執摯門下。特是詞倉卒湊趁,極不愜意,不知夫子何以見賞如此。益信李白《清平調》詞、白樂天《桂華曲》,原不必佳也。"

按,諸人詠窩絲糖事,據文中"薦舉來京者,惟施愚山大參、陳其年、高阮懷兩文學赴召請到門"語,當是發生在本年元夜;但據文中"舍人汪蛟門錄予詞"語,似應爲明年事,因汪懋麟於康熙十八年秋服闋至京(見拙著《汪懋麟年譜》"康熙十八年"條)。姑繫於此,闕疑待考。

二月,應何之裕、之祚兄弟之請,爲其父汝尹志墓。

《墓志銘三·台州教授何公墓志銘》:"台州府儒學教授何公既死之四十二年,孝子之裕、之祚始以庚申之中春,卜葬城南蜀山阪。時予居京師,孝子馳使賫書狀,請予志石。予與孝子交三十年……公諱汝尹,字克言,又字太衡,由貢生授台州教授……生於隆慶改元六月,卒於崇禎十年十二月。"

春,王嗣槐赴常州幕,作詩贈之。

《七言古詩十·贈王舍人赴常州幕》。

按,陳維崧《湖海樓詩集》卷七庚申稿《送王仲昭舍人赴蘭陵郡守幕》、方象瑛《健松齋集》卷十八庚申稿《送王仲昭之毗陵》,毛詩當作於本年。詩中所述爲春日景色,故繫於此。

春,愛新覺羅·博爾都寄以雨中見懷詩,和其原韻。

博爾都《問亭詩集》卷二《雨中寄毛十九大可》、毛奇齡《七言律詩六·奉和宗藩博爾都雨中見懷原韻》。

和愛新覺羅·博爾都《春詞》四首。

《七言絶句五·春詞四首和覺羅博公所貽原韵》。

春,丁煒分巡南贛道,詩以送之。

《七言律詩六·丁民曹分巡贛州》。

按,徐釚《南州草堂集》卷七庚申《送丁雁水僉憲之任贛南二首》、丘象隨《西軒庚申詩·送丁雁水之贛南兼懷魏叔子》,毛詩亦當作於本年。詩中所述爲春日景色,故繫於此。

丁煒(1634—1696),字澹汝,號雁水,福建晋江人。順治十二年(1655),授漳平教諭,改魯山縣丞,遷獻縣知縣。擢户部主事,歷員外郎,出爲贛南道兵備副使,升湖廣按察使。著有《紫雲詞》《問山詩集》。(道光《晋江縣志》卷五十六)

三月,周清源父六十,同館諸公各賦詩贈之,先生有和詩。

《七言律詩六·周太史尊人明府公年伯六十來京師同館諸公各賦詩奉贈和韵》。

按,吳農祥《泊齋別録·周月翁太翁七十雙壽序》(庚午):"歲在己未,武進宮贊雅楫周君以雄文博學中制科之選。上奇其材,入史館。丁卯,命主山東鄉試。戊辰,旋以宮贊提督浙江學政。於是君遣吏迎太公月翁先生及金太安人於官署,而太公、太安人於今年庚午年始登七十。"

周清源(?—1707),字浣初,一字雅楫,號蓉湖,又號且樸,江蘇武進人。康熙十八年(1679),舉博學鴻儒科進士,授翰林院檢討,充《明史》纂修官。官至工部右侍郎。著有《雁宕山游記》。(秦瀛《己未詞科録》卷二)

三月,與吳任臣、朱彝尊、徐嘉炎、李澄中、馮勖、龐塏、米漢雯、龍燮、李鎧集喬萊一峰草堂送丘象隨歸山陽。

《七言絕句六·同年丘檢討予養歸里》。

按,丘象隨《西軒庚申集·別家兄曙戒歸省》、李澄中《卧象山房詩正集》卷四《一峰草堂與大可志伊竹垞勝力勉曾雪崖紫來雷岸舍弟公凱送季貞省覲歸山陽分得飛字》,毛詩當作於本年。

馮勖(1637—?),字方寅,號勉曾,又號蓺東逸史,江蘇蘇州人。康熙十八年(1679),舉博學鴻儒科進士,授翰林院檢討,與修《明史》。著有《蓺東集》。(秦瀛《己未詞科録》卷二)

龐塏(1641—1725),字霽公,號雪崖,河北任丘人。康熙十四年(1675)中舉。十八年(1679),舉博學鴻儒科進士,授翰林院檢討,與修《明史》。後改工部主事,出爲建寧府知府。工詩文詞,善行楷。著有《叢碧山房集》《詩義固説》《春秋經傳》,輯有《昭君怨詩集》。(乾隆《任丘縣志》卷九、秦瀛《己未詞科録》卷三)

米漢雯(?—1695),字紫來,號秀岩,順天宛平人,順治十八年(1661)進士,授江西贛州府推官。康熙七年(1668),任建昌縣知縣。後補長葛縣知縣。十八年(1679),舉博學鴻儒科進士,授翰林院編修,參修《明史》。二十年(1681),充雲南鄉試主考官。官至侍講學士。書、畫俱仿米芾,頗得家法,時呼"小米"。尤工篆刻。著有《漫園集》《始存詞》。(秦瀛《己未詞科録》卷三)

龍燮(1640—1697),字理侯,號石樓、改庵,又號雷岸、桂崖,晚號瓊花主人,安徽望江人。康熙十八年(1679),舉博學鴻儒科進士,授翰林院檢討,與修《明史》。左遷大理寺評事,後官至中允。著有《瓊花夢》傳奇、

《芙蓉城》雜劇。（秦瀛《己未詞科録》卷三、龔垓《欒公年譜》）

清明，與汪霦、喬萊、汪楫、汪懋麟游西郊摩訶庵。

《七言絶句五·清明日請沐西郊與同館汪春坊喬侍讀汪檢討主事作》、汪懋麟《百尺梧桐閣遺稿》卷二庚申稿《清明同大可子静家舟次朝彩游摩訶庵四首》。

汪霦，初名王霖，字昭泉，又字朝采，號東川，一號亦齋，浙江錢塘人。康熙十五年（1676）進士，官行人司行人。十八年（1679），舉博學鴻儒科進士，授翰林院編修，與修《明史》。二十年（1681），典試陝西。遷春坊贊善，擢國子監祭酒。升內閣學士兼禮部侍郎。編纂《佩文韻府》成，升户部右侍郎。有《西泠唱和集》。（秦瀛《己未詞科録》卷二、乾隆《杭州府志》卷八十二）

吳長元《宸垣識略》卷十三：" 摩訶庵在慈壽寺傍。明嘉靖丙午，中官趙政建。庵不甚大，潔浄特甚，前後多松檜。四隅各有高樓，叠石爲之，登樓一望，川原如繡，西山蒼翠，欲與人衣袂接。萬曆後，庵中杏花多至千餘，游人最甚。天啓中，樓爲魏奄所毀。"

爲汪懋麟《藍羅裙子束纖腰畫卷》題詩，蓋在此際。

《七言古詩九·汪主事以藍羅裙子束纖腰畫卷索題》。

娶豐臺賣花女阿錢爲妾，陳維崧更其名曰曼殊。京師諸公紛贈以詩。

《墓誌銘六·曼殊別志書幀》：" 曼殊，豐臺賣花翁女。生時，母夢鄰嫗以白花一當寄使賣。其前鄰奶奶廟也，後鄰錢氏，疑昔者乃錢氏嫗，因名阿錢。……及娶，檢討陳君就予飲，更名曼殊。曼殊者，佛花也。" 陳維崧《陳迦陵儷體文集》卷八《賀毛大可新納姬人序》題下小注云：" 姬性好佛，因字曼殊，予所命也。"

《詩話》三：" 予娶曼殊，京師多贈詩，曼殊手書之成帙。" 馮溥《佳山堂詩集》卷三《賀友人納姬》、尤侗《百末詞餘》卷六《新樣四時花·賀毛大可納姬》、陸葇《雅坪詞譜》長調《金菊對芙蓉·毛大可納姬》、潘耒《遂初堂詩集》卷三《毛大可納姬二首》、汪懋麟《百尺梧桐閣遺稿》卷二庚申稿《贈大可姬人曼殊》、汪楫《京華詩·毛大可納豐臺張姬戲贈四絕句》、朱彝尊《曝書亭集》附録《水仙子·爲毛大可挽姬人曼殊豐臺花匠女也》。

按，文中有 " 先是，曼殊將歸時，相國馮公，予師也，爲予擇娶之，而憐其慧，視若己女。至是，公將致政歸，謂曼殊曰：" 本以毛生無子，故娶汝，今三年不身，而大婦忽南至，汝自料能安其身耶 " 語，知本年娶曼殊爲妾。

鈕琇赴項城知縣任，詩以送之。

　　《七言律詩七·餞鈕明府赴項城》。

　　雍正《河南通志》卷三十七："（項城縣）鈕琇，江南吳江人。拔貢。康熙十九年任。"

　　鈕琇（？—1704），字玉樵，號書城，江蘇吳江人。康熙十一年（1672）拔貢生。歷任河南省項城縣知縣、陝西白水縣知縣，兼攝沈丘蒲城篆，調廣東高明縣知縣。博雅工文，著有《觚賸》《觚賸續編》《临野堂集》等。（乾隆《震澤縣志》卷十六）

過汪楫新居，作詩贈之。

　　《排律五·過汪二檢討新居和馮三郡丞韵》。

　　按，徐釚《南州草堂集》卷七庚申《和東川韵贈悔齋移居四首》，知汪楫本年移居。

五月，程維屏父卒，爲志墓。

　　《墓志銘二·程贈君墓志銘》："惟余門下士清源君，其先世自山右洪洞遷於清豐，譜牒散失，不倚附他族，惟曰清豐程氏。清豐程氏者自遷祖至清源君，凡八世，其七世則贈君也。……康熙十九年五月二十五日，贈君卒於治，年六十有六。其子清源君既扶柩還清豐，乃以葬事馳狀來乞志銘。"

夏，同年錢金甫暫假歸里，詩以送之。

　　《七言律詩七·送錢編修歸養雲間》。

　　按，陳維崧《湖海樓詩集》卷七庚申稿《送錢編修越江暫假還松江》、王頊齡《世恩堂詩集》卷七庚申《送同年錢越江歸里》，知錢氏本年假歸，毛詩當作於本年。

六月二十七日，康熙帝賜李霨、馮溥御書一軸。李霨作詩紀之，先生有和詩。

　　《詩話》七："康熙十九年六月二十七日，上駐蹕瀛臺，命侍衛……捧御書一軸，特賜大學士李霨、馮溥。奉上諭：'朕萬幾餘暇，留心經史，時取古人墨迹臨摹，雖好慕不衰，實未窺其堂奧。歲月既深，偶成卷軸。卿等佐理勤勞，朝夕問對，因思古之君臣美惡皆可相勸，故以平日所書者賜卿，方將勉所未逮，非謂書法已工也。'時高陽相公《恭紀》詩曰：'寶軸初瞻御墨鮮，鸞翔鳳翥繞雲烟。尊同義畫垂千古，煥若堯文下九天。揮翰偶因幾務暇，結繩真契典謨前。登床飛白何須羨，綸閣叨陪雨露偏。'予有和詩。"

馮協一娶徐秉義女，作詩賀喜。

《七言絕句六·花燭詞爲馮公子協一作》，詩中注曰："新夫人爲昆山徐宮坊女。"

按，陳維崧《迦陵詞全集》卷二十八《賀新郎·爲馮躬暨催妝》題下注曰："躬暨，益都夫子三世兄。是日，夫子方有御書之賜，'白馬珊鞭'，書中句也。"據以知本年六月馮協一新婚。

陸次雲赴郟縣知縣任，詩以送之。

《七言律詩七·陸明府之郟》。

按，陸次雲《北墅緒言》卷三《三蘇先生墓銘》："歲庚申，次雲承乏是邑。"

七夕，陸進以妻亡返里，詩以送之，兼示其子曾禹。

《七言律詩七·金魚池聞笛餞陸大歸里并示其令子曾禹》《七言律詩八·七夕送陸大學博南歸時大有悼亡之信》。

按，方象瑛《健松齋集》卷十八庚申稿《送陸藎思南歸兼慰悼亡》，毛詩亦當作於本年。

陸曾禹，字汝諧，浙江錢塘人。陸進子。監生。著有《巢青閣學言》。
（徐世昌《晚晴簃詩匯》卷六十四）

爲陸進《付雪詞二刻》作序，蓋在此際。

《序八·付雪詞第二刻序》："陸子藎思爲樂府歌詞，方駕齊、梁；其爲曲子，則縱橫元、明間。宜其爲詞，上掩溫、韋，下超歐、柳。……藎思以詩文雄長海內者數十年……而後乃爲詞。及爲詞，而初顏'巢青'，繼題'付雪'，今則'付雪'又二刻也。"

按，陸進《巢青閣集》自序："余初不作詞。余之作詞，自交徐先生野君、毛子稚黃、沈子去矜始。……積數年，有《巢青閣詩餘》之刻。嗣後宋觀察荔裳、吳太守薗次、鄒進士程村先後至湖上……輒邀酬倡，積累漸多。思欲就正海內，命曰'付雪詞'。……無何，荔裳、程村、去矜皆赴召玉樓，而薗次解綬歸里，稚黃臥病，野君授女弟子，隱處絳帳。同人散盡，將不復從事於此矣！壬子被放，枯坐無聊，適沈子適聲、吳子璟符、張子砥中、俞子季璨有詞社之訂，未免見獵心喜，又復成帙。……康熙己未仲夏。"知《付雪詞》二刻於康熙十八年仲夏。十九年，陸進至京，旋返錢塘，毛序當作於本年。

七月，梅庚赴田雯幕，詩以送之。

《七言古詩十一·送梅庚赴江南田使君幕和其留別原韻同陸大即席》。

按，陳維崧《湖海樓詩集》卷七庚申稿《送梅耦長還宛陵》、汪懋麟《百尺

《梧桐閣遺稿》卷二庚申稿《送梅耦長南歸兼簡淵公》,毛詩亦當作於本年。

尤侗過翰林院柯亭、劉井,有詩志感,與施閏章、彭孫遹、陳維崧和其韵。

《七言律詩七·翰林院中舊有柯亭劉井井爲劉文安定之所鑿柯學士潛手植二柏建瀛洲亭以臨之李西涯詩有云我行樹陰日千匝是也今遺迹尚存而其人已往同年尤太史過此慨然有感遂成二詩予與施侍講彭編修陳檢討同和其韵》、陳維崧《湖海樓詩集》卷七庚申稿《咏翰林院中古迹次尤悔庵韵》、彭孫遹《松桂堂全集》卷十九《和悔庵柯亭劉井韵》。

按,尤侗《于京集》卷三庚申稿《劉井柯亭二首》序云:"翰林院中舊有柯亭劉井,井爲劉文安定之所鑿,柯學士潛手植二柏,造瀛州亭以臨之,李西涯詩所云:'我行樹下日千匝'是也。今遺迹尚存,而其人已往。予過之,慨然有感,爲二詩志之。"施閏章《學餘堂集》卷四十一《劉井柯亭》序曰:"翰林院有石井,相傳劉文安定之所鑿,柯學士潛作亭其傍,曰瀛洲。夾植雙柏,李文正東陽詩所謂'我行樹陰日千匝'也。今井存亭廢,亦無雙柏,惟餘老槐,感懷舊迹,和尤悔庵同年。"

同年王頊齡妻卒,作《悼亡詩》,先生題詩其後。

《七言律詩八·題同年王編修悼亡詩後》。

按,王頊齡《世恩堂詩集》卷七庚申《悼亡四十二韵》中有"憶昔結褵初,太歲在戊戌。子年方十八,予齒差小一"句。另方象瑛《健松齋集》卷十八庚申《爲王頊士悼亡四首》,毛詩當作於本年。

王頊齡(1642—1725),原名元齡,字顥士,號瑁湖,晚號松喬老人,江南華亭人。康熙二年(1663)舉人,十五年(1676)成進士。十八年(1679),舉博學鴻儒科進士,授翰林院編修,與修《明史》。歷工部尚書、武英殿大學士。雍正初,進太傅。著有《世恩堂集》。(《清史稿》卷九《列傳》五十四、光緒《金山縣志》卷十九)

馮溥作咏盆桂詩,先生作詩和之。

馮溥《佳山堂詩集》卷四《咏齋中盆桂兼贈行九》、毛奇齡《五言律詩五·盆桂和韵》。

按,陳維崧《湖海樓詩集》卷七庚申稿《咏盆桂次益都夫子韵》,毛詩當作於本年。

八月三十日,康熙帝賜翰林諸臣太液池鮮藕,作詩紀之。

《排律五·八月三十日上賜翰林院諸臣御河鮮藕恭紀一十八韵》和《七言律詩七·敕賜瀛臺秋藕叩謝恭紀》。

按,尤侗《于京集》卷三庚申稿《賜藕恭紀(八月晦日)》、陳維崧《湖海樓詩集》卷七庚申稿《八月三十日賜藕恭紀》、方象瑛《健松齋集》卷十八庚申稿《賜藕紀恩》、秦松齡《蒼峴山人集》卷四《庚申八月三十日賜翰林詹事官太液池藕恭紀十韵》，毛詩當作於本年。

八月，爲馮溥《佳山堂詩集》作序。

《序二十一·益都相公佳山堂詩集序》："士有一言而足爲天下重者，宰相是也。……予誦益都師相之爲詩久矣！方予誦師相詩時，每嘆其言大而旨博，義深而見遠，綱緼闔辟，渾括萬有，渢渢乎大人之言也！暨予以應召來京師，會天子蕃時機，無暇親策制舉，得仿舊例，先具詞業繳丞相府，予因獲隨儕衆謁府門下。……今師相之詩，自樂府古體以迄兩韵，分班定部，類有成書。其間上紹《三百》，下及八代，就其裁制，皆足統源流而窮正變，乃嶒峖博大，動無細響。……豈無讀師相之詩而愀然思、蹶然而興於道者？然則敦厚之教，風人不廢焉。"

按，馮溥《佳山堂詩集》卷首有高珩、魏象樞、施閏章、梁清標、汪懋麟、曹禾、徐乾學、李天馥、王士禎、方象瑛、王嗣槐、陳維崧諸人序，先生序末署："康熙十九年八月，西河門人毛奇齡百拜謹識於長安邸舍。"

八月，江闓之益陽縣知縣任，詩以送之。又爲江闓父廬墓圖題詩。

《七言律詩七·送益陽江明府》。

《五言格詩一·題青園廬墓圖》序曰："江闓孝廉圖其父青園公爲祖尚寶公廬墓，索予以詩。"

按，王士禎《漁洋續詩》卷十三庚申稿《送江辰六令益陽》、方象瑛《健松齋集》卷十八庚申《送江辰六之官益陽》、孫枝蔚《溉堂後集》卷二庚申《送江辰六赴益陽縣任》，毛詩當作於本年。

江闓（1634—1701），字辰六，號覽古、青蕪，別號牂牁生，晚號鹵夫，安徽歙縣人，貴州貴陽籍。吳綺婿。康熙二年（1663）舉人，榜姓越。歷官益陽縣知縣、均州知州、解州府知府。任滿，報最，內升員外郎。著有《江辰六文集》。（道光《歙縣志》卷之八之二）

秋，與陳維崧、汪霦、汪楫、林堯英、毛端士、馮慈徹、馮協一陪馮溥游萬柳堂。

《五言律詩六·奉陪馮夫子游萬柳堂和韵同汪春坊陳檢討林主事諸公》。

按，馮溥《佳山堂詩集》卷四《秋日其年邀同大可舟次行九子啓暨兒慈徹協一集萬柳堂分賦四首》。

林堯英，字螢伯，號澹亭，福建莆田人。順治十八年（1661）進士，授江西饒陽縣知縣，擢户部江西司主事，轉刑部郎中，出視河南學。性好學，工

詩歌，爲"燕臺十才子"之一。著有《澹亭詩略》。（秦瀛《己未詞科錄》卷七）

毛端士，字行九，號匏村，江蘇武進人。著有《匏村詩稿》。（光緒《武進陽湖縣志》卷二十八）

閏中秋夜，月下賦詩。

《五言律詩六·閏中秋月下作》。

按，陳維崧《迦陵詞全集》卷十九《百字令·庚申長安閏中秋》，詞中注曰："中秋自甲戌閏後，今歲始再閏。"知本年閏中秋，毛詩當作於本年。

馮溥示以《閏中秋詩》，依韵和之。

馮溥《佳山堂詩集》卷四《閏月中秋二首》、《五言律詩五·益都夫子賜示閏中秋詩屬和依韵二首》。

掌院學士葉方藹作《亭下雜花》詩，和其原韵。

《七言古詩六·奉和葉掌院夫子亭下雜花原韵》。

鄂爾泰《詞林典故》卷七《題名》上："（皇朝掌院學士題名）康熙十七年十二月，葉方藹由侍講學士升任，江南崑山人。"

葉方藹（1629—1682），字子吉，號紉庵，江蘇崑山人。順治十四年（1657）中舉，十六年（1659）成進士，授翰林院編修。康熙十二年（1673），御試翰林諸臣，列第一，充日講起居注官。歷國子監司業、侍講學士、侍讀學士、禮部侍郎、刑部侍郎。著有《讀書齋偶存稿》《葉文敏公集》《獨賞集》。（同治《蘇州府志》卷九十五）

九月，葉方藹題翰林院壁，作詩和之。

葉方藹《葉文敏公集·題翰林院壁用東坡清虛堂韵》、毛奇齡《七言古詩十·奉和崑山葉掌院夫子題翰林院壁用東坡清虛堂韵》。

按，尤侗《于京集》卷三庚申稿《葉院長先生和東坡清虛堂詩題翰林院次韵》、方象瑛《健松齋集》卷十八庚申《和葉紉庵院長題翰林院壁用東坡清虛堂韵》、陳維崧《湖海樓詩集》卷七庚申稿《恭和掌院葉紉庵先生題翰林院壁次東坡清虛堂韵》，毛詩當作於本年。

秋，吳儀一自奉天抵京，旋歸徐州，詩以送之。

《七言律詩七·吳二東游》。

按，章培恒《洪昇年譜》"康熙十九年庚申"條："秋，吳儀一自奉天來京……已而儀一赴徐州，有《送吳舒鳧之徐州》詩。"

吳儀一（1647—？），字璨符，號抒鳧，又號吳山，浙江錢塘人。髫年入太學，名滿都下。奉天府丞姜希轍重其才，延之幕中。遍歷邊塞，詩文益工。尤長於詞。著有《吳山草堂集》。（潘衍桐《兩浙輶軒續錄》卷二、

乾隆《杭州府志》卷二）

田雯按部松江，作詩寄懷。

《七言絕句六·寄田使君督學按部雲間》。

按，陳維崧《湖海樓詩集》卷七庚申稿《送田綸霞督學江南》、孫枝蔚《溉堂後集》卷二庚申《贈田綸霞督學江南》，毛詩當作於本年。

田雯（1635—1704），字紫綸，一字子綸，亦字綸霞，號漪亭，自號山薑子，晚號蒙齋，山東德州人。康熙三年（1664）進士，授中書舍人。十二年（1673），升戶部福建司主事。次年，升雲南清吏司員外郎。遷工部營繕司郎中、工部虞衡司郎中，累擢江南督學、湖廣督糧道、光祿寺卿、江南巡撫、貴州巡撫、戶部侍郎、刑部侍郎。著有《古歡堂詩》《山薑文集》《長河志籍考》。（《清史稿》卷四八四《列傳》二百七十一、道光《濟南府志》卷五十六）

十月十九日，應馮溥之招，與徐釚、徐嘉炎、陳維崧、方象瑛、汪懋麟等游王熙怡園。

《五言律詩六·益都相公携門下諸子游王大司馬園林即席奉和原韻四首時首冬雪後》。按，馮溥《佳山堂詩集》卷四《冬日同諸子游王大司馬園亭四首》、徐釚《南州草堂集》卷八庚申《十月十九日益都公招游王司馬怡園奉和原韻四首》、徐嘉炎《抱經齋詩集》卷八《孟冬十月十九日益都夫子招集王大司馬怡園奉和原韻四首》、陳維崧《湖海樓詩集》卷七庚申稿《益都夫子招游大司馬怡園敬和原韻四首》、方象瑛《健松齋集》卷十八庚申稿《益都公招集王司馬怡園和原韻》、汪懋麟《百尺梧桐閣遺稿》卷二庚申稿《益都公招游怡園奉和原韻》，毛詩當作於本年。

于敏中《日下舊聞考》卷六十：“怡園在南半截胡同，本朝康熙中大學士王熙別業也。……今亭館已圮，其地析為民居矣。”

十月，題《文待詔雪圖》送高珩歸淄川。

《七言古詩十一·題文待詔雪圖奉送高少司寇還般山》。

按，《清聖祖實錄》卷九二：“康熙十九年十月，刑部右侍郎高珩以老乞休，允之。”尤侗《于京集》卷三庚申稿《送高念東侍郎歸淄川》、方象瑛《健松齋集》卷十八庚申《送少司寇高念東先生予告歸淄川》、陳維崧《湖海樓詩集》卷七庚申《題文衡山雪景送少司寇高念東先生還淄川》，毛詩亦當作於本年。

高珩（1611—1696），字葱佩，號念東，別號紫霞道人，山東淄川人。崇禎十二年（1639）中舉，十六年（1643）成進士，授翰林院庶吉士。入清後，授秘書院檢討，升國子監祭酒。順治八年（1651）典試江南。遷詹事府少詹事、吏部侍郎,以事改太常寺少卿,升遷都察院左副都御史,終官刑部侍郎。著有《栖雲閣詩文集》《荒政考略》《四勉堂箋刻》。(乾隆《淄川縣志》卷六)

十月,與方象瑛、徐釚、陳維崧陪馮溥游祝園。

《五言律詩六·陪游祝氏園即席和益都夫子原韵四首》。

按,馮溥《佳山堂詩集》卷四《冬日游祝氏園亭四首》、陳維崧《湖海樓詩集》卷七庚申稿《雪後陪益都夫子游祝園敬和原韵四首》、方象瑛《健松齋集》卷十八庚申稿《冬日陪益都夫子游祝園即席奉和原韵》、徐釚《南州草堂集》庚申卷八《雪後陪益都公飲祝氏園林奉和原韵四首》,毛詩當作於本年。

《詩話》五:"祝氏園在安定門西,關左祝御史別業也,今不可考矣。"

馮溥再游祝氏園,亦有詩和之。

《七言古詩九·奉和益都夫子雪中游祝氏園林原韵》。

按,陳維崧《湖海樓詩集》卷七庚申《祝園看雪長句和韵》,毛詩亦當作於本年。

十一月二日,徐乾學五十生日,作詩祝壽。

《五言格詩五·奉贈徐春坊先輩兼祝初度一十五韵》。

按,陸葇《雅坪詩稿》卷二十《徐健庵太史五十壽詩》,詩中注曰:"予長太史一年而同日生。"《神道碑銘二·皇清予告內閣學士兼禮部侍郎雅坪陸公神道碑銘》:"距生明崇禎三年十一月二日,享年七十。"知陸葇生日爲十一月二日。推之,知徐本年五十。馮溥《佳山堂詩集》卷二有《壽徐健庵宮贊二首》。

十二月二十一日,伯兄萬齡卒。

毛鱗亭《蕭山毛氏宗譜》卷四《大房世系紀》:"(萬齡)卒於康熙庚申十二月二十一日,年七十六,葬八字橋。"

冬,趙吉士榷揚州,詩以送之。

《七言古詩十·送趙郎中榷使揚州》。

按,陳維崧《湖海樓詩集》卷七庚申稿《送趙天羽郎中出榷楊州鈔關》、朱彝尊《曝書亭集》卷十上章沜灘《送趙主事吉士榷關揚州》、施閏章《施愚山詩集》卷十四《趙天羽戶部榷揚州》、徐嘉炎《抱經齋詩集》卷九《送趙天羽民部榷關邗上二首》、方象瑛《健松齋集》卷十八庚申《送趙天羽戶部榷揚州》。毛詩當作於本年。

趙吉士(1628—1706),字天羽,又字漸岸,號恒夫,安徽休寧人,浙江仁和籍。順治八年(1651)中舉。康熙七年(1668),授交城縣知縣。十二年（1673），升户部山西清吏司主事，後歷河南司、四川司主事。十四年（1675），遷奉直大夫。十九年（1680），權揚州關鈔，兼通州中南倉主管。二十三年（1684），授朝議大夫。二十五年（1686），擢戶部給事中，因事降補國子監學正。著有《萬青閣全集》《林卧遙集》《寄園寄所寄》《續表忠記》等。（朱彝尊《曝書亭集》卷七十七《朝議大夫戶科給事中降補國子監學正趙君墓誌銘》、吳顥《國朝杭郡詩輯》卷一）

冬，與陸世楷晤於陸菜邸，時陸世楷以補思州知府至京。

《序三十·陸孝山詩集序》："既而予與其弟義山同官京師，距向招予時已十三年，而孝山以補思州太守重來，會京邸。"

按，陸菜《雅坪詩稿》卷二十七《庚申除夕和伯兄韻》，題下注曰："伯兄已補貴州思州知府。"同書卷二十有《臘月三日伯兄領思州憑》，知本年十二月陸世楷在京，與毛文"以補思州太守重來，會京邸"語合。

陸世楷（1626—1690），字英一，號孝山，晚號鋼翁，浙江平湖人。順治三年（1646）拔貢。五年（1648），授山西平陽府通判。八年（1651），授山東登州府同知。十三年（1656），遷廣東南雄知府。康熙十九年（1680），調思州府知府。著有《越吟》《秋吟》《晋吟》《齊吟》《嶺外思陽集》《種玉亭詞》《踞勝臺詞》。（乾隆《平湖縣志》卷七）

歲暮，入史館，有詩志感。

《七言絕句六·歲暮入史館書感用家太史韻》，詩末注曰："時鬮題中有《盜賊傳》，故云。"

爲馮甦《見聞隨筆》撰序。

《序二十三·馮司寇見聞隨筆序》："《見聞隨筆》者，司寇馮先生所著書也，一名《兩渠傳》。大抵紀闖、獻始末，自起迄敗，以爲凡有國者所鑒戒。……會天子開館修前代史書，詔徵獻賢所記識者，在京朝大小了無一應。獨先生所著哀然捆載，爲一時所未有。夫西南之變亂極矣！自茶陵喪師，鹽叢失守，衊南萬里，喋血者數十年，而先生歷仕，適當其地，由推官以至巡撫……予承乏史職，鬮題給札，適得《土司》《盜賊》諸傳，因獲盡讀先生所著書。"

馮甦（1628—1692），字予人，又字再來，號蒿庵，浙江臨海人。順治十四年（1657）中舉，十五年（1658）成進士。十八年（1661），除永昌府推官。調守楚雄，兼攝大理、雲南、臨沅諸道及按察司篆，所至有聲。升廣東布政使，內升刑部右侍郎，轉左侍郎。博學工文，凡天文、輿地、河渠、樂律以及詩古文辭，靡不精通。著有《滇考》《見聞隨筆》《劫灰錄》《撫粵日記》《奏議語》《石園稿》《南中集》《知還堂稿》。（民國《台州府志》卷一百十）

吴宗信游京师,爲其《游上黨詩》作序。

　　《序十四·吴冠五游上黨詩序》:"予聞烏聊、白岳間有吴子冠五,其爲人爲詩爲天下人所推重,而予求其詩而未之見也。……冠五嘗游上黨矣,去而輯其詩來京師。夫上党介秦、趙之間,壺關、虒祁,本河朔勝地。予方傳綏盜……而讀冠五詩,一何雕冥漠而刺虛無如是也!"

　　按,文中有"予方傳綏盜"語,知作於本年。

　　吴宗信,字冠五,安徽休寧人。少攻制舉業,不售。負才好游,跅弛不羈。著有《履心集》。(道光《休寧縣志》卷十四)

梅清畫《古松圖》賀施閏章六十壽,施閏章作詩爲謝,先生有和詩。

　　《七言古詩十二·瞿山畫松歌和施學士》。

　　按,胡承珙《求是堂詩集》卷二十二《梅瞿山萬松圖爲朱岩泉題》:"圖爲壽施愚山先生六十生辰作,愚山及高阮懷、梅耦長諸人皆有詩,岩泉裝潢成軸。"施閏章《學餘堂集》卷二十三《畫松歌爲梅瞿山作》、王士禛《漁洋續詩》十三庚申稿《瞿山畫松歌寄梅淵公》、潘耒《遂初堂詩集》卷四《畫松歌爲梅瞿山作》、陳維崧《湖海樓詩集》卷七庚申稿《題梅淵公畫松爲愚山先生賦》、汪懋麟《百尺梧桐閣遺稿》卷二庚申稿《畫松歌寄淵公》。

應房廷禎之請,爲其父雙白松卷子題詩。

　　《五言格詩一·房貞靖祠堂雙白松卷子題後》。

　　按,詩題中"房"原誤作"方",孫枝蔚《溉堂後集》卷二庚申《房貞靖公祠堂雙白松歌兼寄呈令子興公》、陳維崧《湖海樓詩集》卷七庚申稿《老柏行爲房慎庵比部賦》、王士禛《帶經堂集》卷三十五庚申稿《三原貞靖房先生祠白松詩》,知爲"房"字。

　　房廷禎(1622—1686),字興公,號慎庵,陝西三原人。順治十六年(1659)進士,授豐城縣知縣。膺最,擢兵部主事,遷刑部郎中。官到僉都御史。著有《字豐實政》《柏樹奏疏》。(乾隆《三原縣志》卷九)

周熹赴長陽縣知縣任,詩以送之。

　　《七言律詩七·送周長陽之任》。

　　同治《長陽縣志》卷四:"周熹,江南吴縣人,十九年任。"

姜希轍請養歸里,先生送之潞河。

　　《五言格詩四·姜京兆自奉天請養歸里送之潞河有作》。

　　按,姜錫桓纂修《姜氏世譜》卯集《續姜氏世譜本宗紀年考略》:"京兆定庵公……至康熙十九年庚申由奉天府丞告歸。"

耿虁忠遷蔚州知州,詩以送之。

　　《七言律詩十·耿使君赴任蔚州》。

乾隆《宣化府志》卷二十一："（蔚州知州）耿夔忠，奉天人，康熙十九年任。"

劉鴻任南漳知縣，詩以送之。

《七言律詩七·劉明府赴任南漳》。

民國《南漳縣志》卷十三："劉鴻，字絅庵，浙江山陰人，康熙十九年知南漳縣。"

有論婚姻書上宋德宜。

《書四·上宋大司馬論婚姻書》："李丹壑庶常，内閣學士容齋公之子也。兒時曾聘公同年生王君女，未娶。會三藩兵變，王君仕西川，阻絶有年。丹壑年十六，於己未科成進士，館選，出宋大司馬廖天公門下，遂乞司馬公息女爲配。臨娶，而王師收復滇南，西川先辟，王君已歸命還朝，籍奏兵部。於是始紛紛追道前事。司馬公大憾……而吴俗行聘，必借諸親友爲之償價。西河爲閣學門下士，與錢編修庸亭、陳檢討其年同往行聘。至是，司馬公并責備諸君，謂預知其事，故爲隱匿，且日夕聚議不決。西河乃上書自明，後亦究用西河書中語定長次。"

按，平步青《霞外攟屑》卷九《小栖霞説稗·雙娶》："李孚青兒時聘順治戊戌進士王女，文定同年。未娶，會三藩兵變，王任四川，阻絶有年。遂聘兵部尚書宋德宜女，即是年座主。庚申，臨娶而王師收復雲南，四川先闢，王已還朝。宋大憾行聘者毛檢討奇齡、錢編修中諧、陳檢討維崧，毛上書於宋，遂用其語，宋爲長，王爲次焉。"李孚青《皇清誥授光禄大夫武英殿大學士兼吏部尚書加四級顯考容齋府君行述》："孚青，己未進士，現任翰林院編修，娶宋氏，光禄大夫太子太傅吏部尚書文華殿大學士諡文恪宋公諱德宜女，敕贈安人。繼娶王氏，四川太平縣知縣王公諱舟女，敕封安人。"

爲王三杰暢心閣册子題詩。

《七言古詩十·題暢心閣册子》。

按，馮溥《佳山堂二集》卷六《題山陰王氏暢心閣》、高詠《遺山詩》卷二《題王漢侯暢心閣》、施閏章《學餘堂詩集》卷五十《寄題王漢侯暢心閣》、潘耒《遂初堂詩集》卷三《題暢心閣二首》。

王三杰，字漢侯，浙江山陰人。（嘉慶《山陰縣志》卷二十四）

葉吟寄以《上林鸚鵡》詩，感而和之。

《七言絶句五·予舊夢一緑鸚鵡被鎛去以爲魂也暨來京師甬東葉吟以上林鸚鵡四詩見寄遂感而和之見者幸毋哂爲夢中説夢可耳》。

按，據前譜，先生與葉吟别於康熙十七年，詩中有"三年憶别在江東"句，知詩作於本年,故繫於此。

爲亡友黃運泰表墓。

《墓表三·故明兵部車駕司郎中黃君墓表》:"君諱運泰,字開平……康熙十九年,友人毛甡表其墓。"

爲任辰旦《介和堂續集》作序。

《序二十一·介和堂續集序》:"會天子詰武事,收復西川,不即較六論,留公車門。待庵日爲詩,與長安舊游酬酢往來。今詩集中所爲《帝京》《湯泉》諸詩,皆是也。夫待庵少爲詩,暨通籍而截然不爲,自筮仕以來,則間一爲之。至是,而意氣坌涌,搖筆如擢枝,既已大具詞業,呈門下兩省,就試殿前,而其後以取數限也。"

是年,駱復旦妻倪氏卒,馳書吊之。

《墓志銘八·駱明府倪孺人合葬墓志銘》:"孺人少君一歲,而先君死,生於癸亥,卒於庚申。……初,予與君同被薦,而予獨赴京,聞孺人之死,馳吊之。"

是年前後,爲屈大均詩集作序。

《序五·嶺南屈翁山詩集序》:"先是,翁山游塞外,北抵粟末,過挹婁、朵顏諸處,訪生平故人,浪蕩而返。夫粟末去内地若千里,遷流者就道,扳輪挽絏,如不欲生。乃獨從容往還,若房闥間,斯已奇矣!且其人生嶺南,凡嶺南諸山水,無不畢至,既已觀東海,即又轉之關西,登蓮華之巔,題詩百韵。爲代州驃騎將軍邀爲贅婿,伉儷國色,圍繞珠玉錦繡,睥睨驅斥。宜其爲詩,廓然於天地之間,獨抒顥氣……乃翁山還嶺南,貧約如故,獨見毛甡詩,以爲可念。會張杉游嶺南,屬寄其生平所爲詩,命甡爲叙。且謂杉曰:'凡甡所爲詩,吾能爲之;即有未爲者,吾皆能爲之。'及予讀翁山詩,則惜予之未能爲翁山之詩也。……予見翁山詩,予固未能從翁山游;即不得已,已出游,而遲回却曲,未能坦然行萬里道。雖所遭不同,然才分亦殊焉。胸無特達,志鮮激越,即終身道路,其爲踽踽者如故也。世有以予詩與翁山詩并稱者,予曰:'翁山詩超然獨行,當世罕儔。予且不能從翁山游,又安能爲翁山詩?'然而有説於此:翁山游滿天下,其所不足者,非天下之人也。翁山以相如之才,寄物比志,行且與古人爲徒。予雖不才,或得進而隨其後,則予亦第以予之不能爲翁山者爲翁山而已矣。"

按,據文中"會張杉游嶺南,屬寄其生平所爲詩,命甡爲叙"語,據前譜,知張杉康熙十七年後游嶺南,姑繫於此。

是年前後，作《募修北京西山高井村觀音寺序》。

《序五·募修北京西山高井村觀音寺序》："燕都以西山爲名勝地，四方游仕者，車騎往來，曩時紀帝京風物，恒首載之。山之麓曰高井，村距城西四十里，古刹相望，其爲摩騰、爲净居者無算也。"

是年前後，金鉉刻其師雷氏《孝經廣訓》成，爲作序。

《序十三·孝經廣訓序》："北平雷徵君，力學人也。其立身有原本，而又博於文，所著填籯溢篋，未經示世。司馬金公幼師之，將出其所著書爲之表厲，而金公孝者也，因先取《孝經廣訓》一書，訂正鋟板。予嘗考其例，大約分章解節，不襲古文，而又非今文一十八章之舊，且盡鏟唐時所增篇題。凡夫析經分傳，移易顛倒，一準朱子所更定者。"

是年前後，與施閏章、汪琬、陳維崧、博爾都等詩文唱和。

《序三十二·東皋詩集序》："嘗從施侍讀愚山、汪編修鈍翁、陳檢討其年輩，與東皋主人唱和，每唱輒自愧不及。"

是年前後，爲李柟《早朝圖》題詩。

《七言絕句八·題李木庵太史早朝圖》。

李柟（1647—1704），初名葉，字倚江，號木庵，江蘇興化人。父清。柟少贅昆山葉氏，康熙十二年（1673）成進士，選庶吉士，授檢討，累官左都御史。（同治《蘇州府志》卷一百十二）

白夢鼐卒。

【時事】　正月，清軍收復成都。二月，收復夔州、重慶等地。三月，清軍收復福建諸島。八月，再撤福建八旗兵。閏八月，河督靳輔因山陽、清河等五縣河決，自請嚴加處分。十月，清軍收復貴州平越府。

清聖祖康熙二十年　辛酉（1681）　五十九歲

和李霨《元旦》《初春入直喜雪》《雪中下直》詩。

《五言律詩六·奉和高陽相公元旦即事原韵》《七言律詩七·奉和高陽相公初春入直喜雪原韵》《奉和高陽雪中下直原韵》。

正月，陳維崧妻儲氏訃至京，爲志墓。

《墓志銘七·陳翰林孺人儲氏墓志銘》曰："孺人姓儲氏，翰林院檢討陳君妻也。……乃君應制科，置身翰苑，每欲迎孺人到京，一語昔昔，而舟車蹉跎，竟至奄忽。門來羔雁，徒致府侯勸赴之詞；身入承明，原無僚婿相欺之意……遂於康熙十九年十二月六日終於陽羨私第。"

按，尤侗《西堂雜組三集》卷八《陳孺人誄》序云："康熙十有九年十二月六日，吾友陳其年太史夫人儲氏以疾卒於家，明年正月訃至京，太史爲位邸次，哭之慟。凡同人之在長安者，無不弔也。"

正月十八日，陳維崧妾陶三至京，晤張曼殊，曼殊作詩贈之。

《詩話》三："陳檢討孺人死後，其房中人陶三自南至。以余與檢討親厚，願一見曼殊，曼殊往，陶三爲不食累日，曰：'南中無此人也。'時元夕後三日，曼殊作五字詩贈陶三，云：'元夕逾三日，天花傍一枝。二更纔上月，翻恨見成遲。'以十八日月下相別，故云。陶三乞檢討代爲答詩甚佳，今不存矣。"

正月，送陸世楷出守思州。

《七言律詩五·送陸使君出守思州》。

陸莱《雅坪詩稿》卷二十七《庚申除夕和伯兄韻》題下注曰："伯兄已補貴州思州知府。"知庚申除夕，陸世楷尚在京。詩中所述爲春日景象，當作於本年春。

二月十九日，送仁孝皇后、孝昭皇后梓宮於沙河城東之寶家莊。

《七言絕句六·敬制仁孝皇后孝昭皇后挽歌詞十四章》序曰："康熙辛酉春仲，臣奇齡恭送大行兩皇后梓宮於沙河城東之寶家莊，敬隨諸臣後，迎仗而泣，爰思古者虞殯，必有歌詞。……因不辭鄙陋，爰爲此詞，世有知音，或無貽誚。"

《排律五·恭送仁孝孝昭兩皇后哀詞》序曰："康熙二十年二月一十九日，仁孝皇后、孝昭皇后兩梓宮啓自沙河，將遷葬於遵化陵園，群臣送之者齊集於寶家莊之西塍。惟時龍輴乍移，鑾衛先發，曉月未落，悲風斯起。皇帝親臨祖饋，躬奠殯階，六衣在筵，雙帝載道。……自親王、滿、漢諸大臣暨福晉、公主、格格、奉恩將軍之妻，皆俯伏輿傍，哀號道左。"

《詩話》四："遵化溫泉在州北福泉山下。明萬曆間，始甃石爲池，而覆以房，然物色者鮮。惟武宗時，有宮妃王氏，曾題以詩，自刻小石留壁間。世祖章皇帝嘗以坐湯故，敕建宮其旁，更以白玉石甃池，擴而新之。會今皇帝以仁孝皇后、孝昭皇后山陵之役，扈從諸臣，皆敕賜往觀，兼令賦詩應制，刻石其上。何山靈顯晦，其前後迥別，一至是也！人之遭逢視之矣。時應制者，大學士明珠、李霨、尚書梁清標、吳正治、魏象樞、王熙，左都御史徐元文，侍郎李天馥、杜臻，學士張英，侍講高士奇等，凡二十二人。其詩製不拘一格，且有爲賦、爲頌者。"

作《湯泉賦》。

  《賦二·湯泉賦》："臣謹按：遵化湯泉，在州北福泉山下。明萬曆間，始甃文石爲池。分上、下二層，而覆以房。塞則充之，決溜而更之。亦粵世祖皇帝，嘗灑濯明德而坐澡其中，銘盤之後，爰築宮焉。今皇上純孝，曾迎奉太皇太后養澣聖躬。會康熙辛酉，以仁孝、孝昭兩皇后山陵之役，敕扈從諸臣，仰瞻其下，并令賦詩，勒之岩戶。臣奇齡於沙河迎駕之次，不揣鄙陋，亦拈筆爲賦。"

二月，同年汪琬告歸。

  趙經達輯《汪堯峰先生年譜》"康熙二十年辛酉五十八歲"條："二月，請告南歸。"

春，吳宗信赴渭南，詩以送之。

  《七言絕句八·吳冠五自上黨還重赴渭南》。

春，王元弼之任零陵，詩以送之。

  《七言律詩六·王明府之任零陵》。

  按，陳維崧《湖海樓詩集》卷八辛酉稿《石燕行爲零陵太守王良輔賦》、王士禛《帶經堂集》卷三十六辛酉稿《湘水行送良輔宰零陵》，毛詩當作於本年。

  王元弼，字慎餘，又字良輔，遼東奉天人，漢軍正黄旗籍。康熙二年（1663）中舉。歷官雲南蒙縣知縣、河陽縣知縣、零陵縣知縣。（民國《奉天通志》卷二百三十五）

春，博爾都送祖母櫬歸葬遼陽，詩以送之。

  《七言律詩八·奉送覺羅博問亭歸滿洲和其留別原韵》。

  按，博爾都《問亭詩集》卷三《送別汪鈍翁》詩下注曰："時予有遼東之行。"故繫於此。施閏章《學餘堂詩集》卷四十一有《答博問亭留別時送祖母太夫人櫬歸葬遼陽》。

三月三日，與徐乾學、施閏章、徐釚、陳維崧、方象瑛等修禊萬柳堂。縱論宋詩之弊。

  《七言律詩五·上巳易園修禊奉和益都夫子原韵二首時陪游者皆同館前輩二十八人》，詩中有"曲江修禊已三年，勝飲無如柳下偏"句。

  《詩話》五："益都師相嘗率同館官集萬柳堂，大言宋詩之弊。謂開國全盛，自有氣象，頓鶩此佻凉鄙弇之習，無論詩格有升降，即國運盛殺，于此繫之，不可不飭也！因莊誦皇上《元旦》并《遠望西山積雪》二詩，以示法。《元旦》詩曰：'廣庭揚九奏，玉帛麗朝光。恭己臨四表，垂衣馭八荒。'《望雪》詩曰：'積雪西山秀，仙峰玉樹林。凍雲添曙色，寒日澹遥岑。'時侍講施閏章、春坊徐乾學、檢討陳維崧輩,皆俯首聽命。"
　　按,馮溥《佳山堂詩二集》卷四《三月三日萬柳堂修禊倡和詩二首》、徐釚《南州草堂集》卷八《上巳萬柳堂讌集奉和益都公韵二首》、方象瑛《健松齋集》卷十九辛酉《萬柳堂修禊和益都夫子韵》、陳維崧《湖海樓詩集》卷八辛酉稿《上巳修禊萬柳堂和益都夫子原韵》。

三月六日,毛際可之女墮樓殉夫,不死,作《家貞女墮樓記》。
　　《碑記五·家貞女墮樓記》:"家貞女者,祥符知縣會侯女也。貞女已成婦三日,而猶稱女……貞女許字方翰林渭仁之子奕昭。方、毛故世婚,比之羊、鄧。而會侯與渭仁,又以文章相親好,其訂爲婚姻,故無所負,獨是奕昭久病瘵。當會侯以被召來京師,予見奕昭於會侯之寓,疑其肌清而損,容澤不外著,恐不年。而會侯再任祥符,其明年夏,奕昭就婚祥符官舍,則負病往,自京師達祥符千餘里,鞍轡道路,病愈劇。會侯初難之,然既已至此,無還理,乃遂於病中強爲脱褵,甫脱,即就外舍。……其重有累於貞女者,不待言也。至病革,奕昭泣曰:'吾此來,百悔亦何及矣。雖然,吾敢以三日誤汝終身哉?'女曰:'子不讀《芣苢》之詩乎?其夫有惡疾,雖未婚,猶不忍去也,況三日耶?'既而易簀,女不食,父強之,始食。……康熙二十年三月六日,日暵,登樓,呼女僮執燭隨後,示不疑。行至窗欄,將閉窗,委身而墮。樓去地二丈許,下甃以石,攬擲之,將必靡碎,而肢體不壞,惟口嘔闃血,眸子黑白洶數日,一若有鬼神維護之者,噫!异矣!……雖女年尚少,未當旌,然而靡他可知矣。祥符紳士皆有詩,而予爲記之如此,且以告夫後此之爲詩若文者。"
　　按,王士禛《漁洋續詩》卷十四《遂安毛貞女詩》、施閏章《施愚山詩集》卷十四《墜樓篇爲毛明府女咏》、陳維崧《陳迦陵儷體文集》卷二《毛貞女墮樓詩序》。

春,何永紹寄以集唐詩。
　　《詩話》六:"桐城何令遠文集甚富,兼工集唐詩,作律贈人,然不載入集。曾於辛酉春寄予二詩,是集唐者。"

春,錢捷由兵部主事遷貴州提督學政,詩以送之。
　　《七言律詩六·送錢刑部提學貴州》。
　　乾隆《貴州通志》卷十八《秩官》:"錢捷,象山人,進士,康熙二十年任。"錢捷,字月三,號陶雲,浙江象山人。順治九年(1652)進士,授岳州府推官。内擢,歷吏禮、刑部郎,克勤厥職。典試粵東,旋督貴州學政。以參議理江蘇糧儲。告歸。博學工詩,精於醫。爲文奧衍清峭,有古作者風。晚年卜居甬上,與耆舊相倡和。(乾隆《象山縣志》卷九)

春，陸光旭遷江安糧儲道，張梧隨陸光旭南還，詩以送之。

《七言古詩十三·相望篇送陸少參督餉江南》。

《七言律詩五·張梧南還》，詩中注曰："時隨陸少參歸江南。"

按，乾隆《江南通志》卷一百六《職官志》："（督理江安十府糧儲道）陸光旭，參議，康熙二十年任。"朱彝尊《曝書亭集》卷十一重光作噩《送陸參議光旭督儲江北兼訊龔方伯佳育金司臬鎮田學使雯》，毛詩亦當作於本年。

陸光旭（？—1682），字鶴田，浙江平湖人。順治九年（1652）進士，由保定知縣擢御史，遷冀南道。服闋，補江安糧儲道。爲羽士朱方旦波累，徙謫以終。（沈季友《槜李詩繫》卷二十六）

春，有詩寄丁煒。

《七言律詩六·寄贛南道丁使君》。

四月一日，欽簡日講官，入乾清門引見。

《七言律詩七·欽簡日講官宣入乾清門引見志喜》。

《詩話》四："辛酉三月晦日，夜夢隨同館諸公集瀛洲亭，酒二巡，令各賦詩。予信手書四句：'日度花磚易，春留丹禁難。老知筋力憊，閑得性情安。'至醒猶記之。逮明，館隸傳帖子，上親簡講官，引見乾清門。予憶夢中語，知必不得，直向本衙門司務官注疾歸邸。蓋是時陪同館引見已八次矣，花磚數正合。若難留丹禁，則春色定無分耳，時數之先見如是。"

四月，黄中寄書至，言及黄虞稷丁憂期滿，赴京參修《明史》事。

黄中《黄雪瀑集·與毛大可書（辛酉四月）》："弟自癸丑歲居金陵，每訪道履，亦嘗游白門，而弟之去來相左，以致廿年分手，不獲一逢。聞徵君出山時，因撫軍使者敦迫上道，不得已舍《鑑湖》一曲，作京洛風塵。此番出處，誰爲紀注？令幼安、彦方之風再光，今世杜公云直筆在史臣，將來洗箱篋，此番撰述更藉如椽矣！今家兄俞邰起服入都，朝夕奉教，連鑣禁闥，簪筆紫微，甚爲盛事！使將來學士大夫得觀習公之書，而啓東觀之秘，實有深幸！"

黄中，字平子，號雪瀑，安徽舒城人。蕭山知縣應宫子。幼聰穎，十歲，作《淮陰論》，直逼老宿。順治十四年（1657）中舉。晚年，讀書澄塘別墅。輯有《程朱年譜》《語録》《方輿記要》。著有《雪瀑集》。（光緒《續修舒城縣志》卷三十五）

四月，李清八十生日，寄詩祝壽。

《七言古詩九·寄祝興化李映碧先生廷尉初度》。

按，魏禧《魏叔子文集外篇》卷十一《李映碧先生七十壽序》："先生七十初度,在今辛亥四月。"據以知本年四月李清八十。另陳康祺《郎潛紀聞》卷七:"史局初開,詔徵前明李映碧侍御,鶴書屢赴,堅不出山。一時名輩多以詩文投贈。"汪懋麟《百尺梧桐閣遺稿》卷三辛酉稿《在昔一日贈前廷尉李映碧先生》、潘耒《遂初堂詩集》卷四《壽李映碧先生八十二首》、徐釚《南州草堂集》卷八《李映碧廷尉八十賦贈二首》、李振裕《白石山房文稿》卷三《祝宗叔映碧先生八十二首》、顧汧《鳳池園詩集》卷四《壽李映碧先生八十》、朱彝尊《曝書亭集》卷十《興化李先生壽詩》、李來泰《蓮龕集》卷九《壽前廷尉李映翁先生八十序》、王頊齡《世恩堂詩集》卷七《贈李映碧先生》、高咏《遺山詩》卷三《李映碧先生八十》均爲本年作。

李清(1602—1683),字心水,又字映碧,號天一居士,江蘇興化人。天啓元年(1621)舉人,崇禎四年(1631)進士。歷仕崇禎、弘光兩朝,歷官刑、吏、工科給事中,大理寺丞。明亡,隱居不出。著有《三垣奏疏》《三垣筆記》《南渡録》《女世説》等。(徐元文《含經堂集》卷二十七《李映碧先生墓誌銘》、光緒《續纂句容縣志》卷二十)

七月七日,沈以曦八十,寄詩祝壽。

《七言絶句五·寄祝湘潭沈使君八十》。

沈以曦(1602—1682),字仲朗,號旭輪,湖南臨湘人。崇禎九年(1636)舉人,十三年(1640)進士。初授太常寺博士,改授江南蘇州司李,識徐乾學、徐元文、徐秉義三人於童子中。服闋,謫補深州判,遷博興知縣。引疾致仕。性癖手談,工畫山水,至老不倦。(康熙《臨湘縣志》卷六)

七月八日,王熙五十四歲生日,作詩祝壽。

《七言古詩十·宛平相公初度奉贈七月八日》。

按,詩中有"三年橐筆爲史官"語,知作於本年。另張玉書《張文貞集》卷十《予告光禄大夫少傅兼太子太傅保和殿大學士兼禮部尚書謚文靖王公墓誌銘》:"宛平王公……距生天聰二年戊辰七月八日,享年七十有六。……公諱熙,字子雍,一字胥庭。"知王熙生辰爲七月八日,與毛詩合。

七月二十一日,康熙帝御瀛臺,賜群臣魚、藕、彩緞諸物,以詩紀恩。

《七言律詩五·七月廿一日上御瀛臺賜宴泛舟兼賚文綺表裏蓮藕恭紀四首》和《七言律詩六·上幸瀛臺登魚遍賜近臣恭紀和李相公韵》。

按,《清聖祖實録》卷九六:"康熙二十年七月壬申,召大學士以下各部、院衙門員外郎以上官員至瀛臺,命内大臣佟國維等傳諭曰:'内閣及部、院各衙門諸臣,比年以來,辦事勤勞,今特召集爾等賜宴。因朕方駐瀛臺,即以太液池中魚、藕等物賜諸臣共食之,又賜彩緞表裏。'大學士率諸臣叩謝,各依次坐。上命内大臣等以金尊賜飲一巡,宴畢,諸臣各謝恩出。"《詩話》三:"康熙辛酉,瀛臺賜宴時,京師夏蘭最少。……於是賜泛舟,賜宴,賜紵絲表裏,賜蓮,賜藕。時賦詩紀恩者甚多,且所賦不一,獨不及蘭。"

作《瀛臺賜宴賦》。

《賦二·瀛臺賜宴賦》:"皇帝御極之二十年,六幕既熙,萬象咸晰。内有憲稽之治,外宣班叙之文。講筵通合語,時闢三雍;受社謹咸劉,用申九伐。將奏要荒之耆定,進觀海寓之清寧。然猶處治思危,萬幾克毖;居高善下,一德相期。緬兹九重宵旰之勞,翻以百職後先爲念。君無忘幾康,臣無忘喜起,同有賡揚……臣奇齡不勝踴躍歡抃,稽首頓首而爲之賦。"

七月,山東巡撫施維翰六十生日,寄詩賀壽。

《七言律詩六·寄贈山東開府施君生日》。

按,雍正《山東通志》卷二十五之二:"(巡撫都御史)施維翰,江南上海人,進士,康熙十八年任。"據施毓巨纂修《施氏家乘》,施維翰生於天啓二年七月,推知本年六十。

施維翰(1622—1684),字及甫,號硯山,江南上海人,順治五年(1648)中舉,九年(1652)成進士。歷官臨江府推官、兵部職方司督捕主事、山東道監察御史、陝西巡按、山東巡撫、浙江總督、福建總督。(乾隆《南匯縣志》卷十二)

七月,馮甦葬親歸里,詩以送之。

《七言古詩十一·西臺先生行奉送臨海馮少司寇葬親請假歸里》。

按,陳維崧《湖海樓詩集》卷八辛酉稿《送少司寇馮再來先生暫假葬母》,毛詩當作於本年。

馮溥作《秋夜》詩,先生和其原韵。

《五言格詩一·秋夕詩和益都馮夫子韵》。

按,馮溥《佳山堂二集》卷一《秋夜二首》,位於《送少司寇侄再來歸葬十首》後,毛詩當作於本年,故繫於此。

八月十八日,浙江總督李之芳六十生日,寄詩祝壽。

《五言格詩二·寄李制府生日作》。

按,詩中有"今來邁花甲"語,知作於李之芳六十生日時。據江慶柏《清代人物生卒年表》:"李之芳(1622—1694)",知李本年六十。方象瑛《健松齋集》卷十九辛酉《寄祝李鄴園總督》、陳維崧《陳檢討四六》卷十五《徵浙江總督李鄴園先生詩啓》、王士禛《帶經堂集》卷三十六辛酉稿《寄李鄴園尚書二首》。

雍正《浙江通志》卷一百二十一："（總督部院）李之芳，字鄴園，山東武定州人。順治丁亥進士。康熙十三年任。"

八月，劉始恢典試閩中，作詩贈之。

《七言律詩七·考功郎劉君主試閩中》。

法式善《清秘述聞》卷二《鄉會考官類》二："（康熙二十年辛酉科鄉試）福建考官……吏部主事劉始恢，字价人，江南山陽人，庚戌進士。"

八月，同年范必英謝病南還，詩以送之。

《七言古詩九·送同年范太史還吳門》。

按，韓菼《有懷堂文稿》卷十八《翰林院檢討范先生行狀》："（范必英）辛酉秋，即謝病歸。"王頊齡《世恩堂詩集》卷七辛酉《送范秋濤同年歸里》。

范必英（1631—1692），初名雲威，字龍仙，後改字秀實，一字秋濤，號伏庵，自號野野翁，別號杜圻山人，江蘇長洲人。順治十四年（1657）舉人。康熙十八年（1679），舉博學鴻儒科進士，授翰林院檢討，與修《明史》。著有《寱言集》。（秦瀛《己未詞科錄》卷三、乾隆《長洲縣志》卷二十五）

八月，徐汾母邵氏七十生日，寄詩祝壽。

《七言古詩十一·徐母邵夫人壽詩》題下注曰："徐繼恩之配，汾之母也。"

按，柴紹炳《柴省軒先生文鈔》卷七《徐汾母邵夫人五十壽序》："歲在癸卯秋仲，徐生汾爲其母邵夫人乞言爲壽，時先二歲，吾友世臣已更號俍亭，飄然方外游矣。"康熙癸卯即康熙二年（1663），時邵氏五十，推之，知本年七十。又《塔志銘一·洞宗二十九世傳法五雲俍亭挺禪師塔志銘》，知徐繼恩出家在順治十八年，與先生詩中"最憐老友入林去""甘載相違苦相憶"句相合。

徐汾，字武令，浙江仁和人。繼恩長子。著有《碎琴詞》《聞乘》《賦辨》《經源》《二十一史徵》。（丁紹儀《國朝詞綜補》卷九）

九月十日，與方象瑛、徐嘉炎、陳維崧、潘耒、汪楫陪馮溥游長椿寺。時毛端士將省父游閩，詩以送之。

《七言律詩八·重陽後一日奉陪益都夫子游長椿寺兼送家行九南歸同方象瑛徐嘉炎陳維崧潘耒汪楫諸同館和夫子首倡原韵即席》、馮溥《佳山堂二集》卷四《重陽後一日毛大可陳其年方渭仁徐勝力徐電發汪舟次潘次耕邀余集長椿寺兼送毛行九南還即席賦》、陳維崧《湖海樓詩集》卷七辛酉稿《辛酉重陽後一日陪益都夫子游長椿寺兼送毛行九闈游即和夫子原韵》、方象瑛《健松齋集》卷十九辛酉《重陽後一日長椿寺燕集和韵送毛行九南歸》、潘耒《遂初堂詩集》卷四《奉和益都公重九後一日集長椿寺送毛行九南還二首》、徐釚《南州草堂集》卷八辛酉《重陽後一日集長椿寺送毛行九南還奉和益都公原韵二首》、汪楫《京華詩·重九後一日奉侍益都師集長椿寺即席次韵送毛行九南歸二首》。

九月十九日,介陳維崧見賁琮於慈仁寺,讀卉琮《望摩訶山詩》。

《序十一·賁黃理承閒堂集序》:"陽羨陳其年每推如皋賁黃理爲詩中之豪,予因介其年一見黃理於慈仁寺中。時雜坐之頃,得讀其《望摩訶山詩》,以爲善也。"

按,陳維崧《湖海樓詩集》卷七辛酉稿《九月十九同賁黃理田公彎登慈仁寺內毗盧閣分賦登高二韵》,知賁琮本年九月游慈仁寺,故繫於此。

賁琮(1630—?),字黃理,江蘇如皋人。著有《承閒堂集》。(丁紹儀《國朝詞綜補》卷七)

九月,高佑釲南返,詩以送之。

《七言律詩九·送高生佑釲南還幷游會稽和曹侍郎韵》。

按,陳維崧《迦陵詞全集》卷首高佑釲序:"辛酉九月,予從京師南還。"據以高知本年九月南返。陳維崧《湖海樓詩集》卷八辛酉稿《送高念祖還嘉禾》,毛詩當作於本年。

高佑釲(1629—1713),字念祖,號懷寓主人,浙江嘉興人。承埏子。貢生,考授州判。博聞強記,於明季朝事及東林、復社門户紛争始末尤爲諳悉。著有《懷寓堂詩》。(阮元《兩浙輶軒録補遺》卷一、光緒《嘉興縣志》卷二十五)

秋,同年毛升芳假歸,詩以送之。

《七言古詩十一·送家太史假歸新安》。

按,徐釚《南州草堂集》卷八辛酉《題畫送毛允大》,知毛升芳本年歸里。

秋,晤周綸,周有詩贈先生。

周綸《不礙雲山樓稿》卷五《喜晤毛翰林大可》。

秋,王又旦補吏科給事中,爲其亡妻張氏志墓。

《墓志銘七·王給事孺人張氏墓志銘》:"孺人張氏,西安人。其父興,由大同來遷,生孺人,即以官柳州城守都司,携孺人柳州有年。逮歸,道荆南。會合陽今給事王君知潛江有聲,而亡其雌。荆南道使君知孺人賢,謂兩家同鄉,請合好爲婚姻。孺人遂歸君。……既而産一子,越七日,孺人死。……時康熙十九年九月一十三日。……死二年,君始再赴京,補給事門下,乃始葬孺人,而命予以銘。"

按,王又旦《黄湄詩選》卷首汪戀麟序曰:"予别君十六年矣,辛酉秋,始相聚於京師。"知王又旦本年秋至京,毛文當作於本年。

王又旦(1636—1686),字幼華,號黄湄,陝西郃陽人。順治十四年(1657)中舉,十五年(1658)成進士。歷官湖廣潛江知縣、吏科給事中、户科掌印給事中。著有《黄湄詩選》。(朱彝尊《曝書亭集》卷七十五《儒林郎户科給事中郃陽王君墓志銘》)

十月,淮安周鱗母靳氏七十,作詩祝壽。

《序二十三·淮安周母靳太君七十壽序》:"淮上多名士,其最著者,莫如周左台先生。予以游淮晚,不及見也,然猶及見先生之子喬岳,與之定交而拜其母。……惟周母者,七歲誦《孝經》,八歲誦《論語》《毛詩》,九歲與其兄茶坡先生學爲文。茶坡先生者,淮名士,與先生并稱當時,所爲'靳周二子'是也。……今年首冬,爲母七十辰,親朋皆稱觴爲壽。而大丘學士爲廷尉在京,小丘即予同年生,與蔡子子構皆馳書屬予一言。……明年,喬岳當詣公車。"

按,文中"大丘學士"即丘象升,"小丘"即丘象隨;文中有"明年,喬岳當詣公車"語,指康熙二十一年,周鱗將赴會試事,故繫於此。

十一月十三日,翰林院掌院問歷代樂章之配音樂事,成《歷代樂章配音樂議》。

《議一·歷代樂章配音樂議》:"本月十三日,承令查歷代樂章配音樂者,詳核舊文,斷以己議。某譾陋,不能指析就裏,且私宅并無藏書,難藉考核,但據臆見所及,臚次成説,以報明問。竊謂歷代樂章無不可配音樂者,其樂章分部,全昉乎《詩》,而其所配之法,則《舜典》詳言之。若其歷代因革,是非得失,則歷代史書樂志,自能備載,他書冗雜,皆非所據也。大抵樂章分門,祇有《風》《雅》《頌》三部,而以重輕爲先後……今天下大定,功成樂作,考訂鐘律,正在此時。第太常舊部,未經諳習。凡一切篇什增損,簨植沿革,宜因宜改,不敢妄論,祇就明問所及樂章之配音樂者而竊議如右。謹議。"

《詩話》三:"康熙二十年,曾用臺臣疏,命詞臣改太常所奏樂章。時同館皆謂字句間必先協律吕,方能入樂,遂各輟筆。予獨謂製詞是製詞,合樂是合樂,兩不相謀。製詞者,詞臣之事;合樂者,太常之事。勿越俎也。"

十一月十八日,清軍征西南宣捷,作詩文志喜。

《七言律詩五·滇南大捷志喜四首》。

《平滇頌》序曰:"且夫前代平蠻,多在奕世,麓川、南詔,不隸版服。今者皇宇清寧,聲教四訖。東漸西被,朔南蕩蕩。九野有宴安之娛,八阿無拮抗之异。越裳、肅慎,稽顙來王;古里、天方,蹶角入貢。而百粵之尉佗既蔑,西南之莊蹻復平。則是要綏流蔡,山陬海澨。苟在受化,無不延頸歡呼,謳吟唱嘆。知職叨侍從,親聞凱奏,而不爲之紀鴻功、誦顯績,非其誼也。因於康熙二十年十一月十有八日宣捷之次,謹簪筆稽首,忻抃舞蹈,乃爲之頌。"

按,《詩話》四:"康熙辛酉,王師收滇黔,群臣獻頌甚夥。同官徐華隱獨仿舊作《鐃歌鼓吹曲》。……凡一十四章,每章因事立名,與繆襲、韋昭、何丞天輩相表裏。"尤侗《西堂雜組三集》卷二《平滇頌》、徐乾學《憺園文集》卷一《平滇頌》、王鴻緒《橫雲山人集》卷二《平滇頌》、徐釚《南州草堂集》卷十七《平滇雅》、陳廷敬《午亭集》卷一《獻平滇雅表》及《平滇雅》、潘耒《遂初堂文集》卷一《平滇賦》、徐嘉炎《抱經齋詩集》卷一《蕩平滇黔恭進鐃歌鼓吹曲十四首》、陳維崧《陳迦陵儷體文集》卷二《平滇頌》、方象瑛《健松齋集》卷十《雲南蕩平頌》等,均爲是時作。

又按,章太炎《檢論》卷八《楊顏錢別錄》:"康熙時,禁網解,奇齡竟以制科得檢討。吳世璠死,爲《平滇頌》以獻。君子惜其少壯苦節,有古烈士風,而晚節不終,媚於旄裘。全祖望藉學術以譴訶之,其言特有爲發也。自是以後,士大夫爭以獻諛爲能事,'神''聖'之號溢於私家記錄。"

十一月二十七日,陳廷敬四十四歲生日,作詩祝壽。

《七言古詩十三·陳掌院夫子生日作》。

按,鄂爾泰《詞林典故》卷七:"(皇朝掌院學士題名)康熙二十年十一月,陳廷敬由內閣學士再仕。"陳廷敬曾於康熙十六年正月任翰林院掌院學士,此爲再任,與詩中"芸臺重掌入親近"合。另據雍正《山西通志》卷二百《藝文》李光地《說岩陳公墓誌銘》:"康熙五十一年四月十九日,大學士澤州陳公疾終京邸。……公生於前戊寅十一月二十七日巳時。"

陳廷敬(1638—1712),字子端,一字說岩,晚號午亭,山西陽城人。順治十四年(1657)中舉,十五年(1658)成進士。歷官工部尚書、戶部尚書、文淵閣大學士、刑部尚書、吏部尚書等職。工詩文。著有《午亭文編》。(雍正《澤州府志》卷三十六)

十二月,陪馮溥於長椿寺飯僧說法,有詩和馮溥韵,兼示釋行瀣。

《七言律詩八·辛酉臘月奉陪益都夫子長椿寺飯僧說法即和夫子首倡原韵兼示彌壑和尚》。

释行澧(1636—1684),字弥壑,俗姓胡,浙江宁海人。彭城开化寺僧。年二十二出家。著有《英华集》等。(《塔志铭一·传临济正宗三十二世弥壑澧禅师塔志铭》)

弥壑和尚以诗相赠,和韵答之。

《七言律诗六·依韵答和弥壑和尚长椿寺说法见赠原韵》。

十二月二十四日,清廷诰封父秉镜为征仕郎翰林院检讨,母张氏为孺人。

毛黼亭《萧山毛氏宗谱》卷首载二通"诰敕",末署:"康熙二十年十二月二十四日。"

按,《清史稿·圣祖本纪》康熙二十年十二月"癸卯(按,二十四日),加上太皇太后、皇太后徽号,颁发恩诏,赐茶室,赍外藩,予封赠。"冯溥《佳山堂诗集》卷四《十二月二十日午刻以滇平颁赦二十四日午刻以加上两宫徽号再颁赦次日迎春时积雪未消人占丰年》。

十二月,冯溥生日,与诸同门共祝长椿寺。

《七言律诗·益都夫子生日与同门诸公共祝长椿寺饮次奉和夫子首倡原韵》。

冬,吴兆骞自宁古塔戍所赎还至京,作诗志喜。

《七言律诗八·喜吴兆骞入塞和徐健庵春坊韵》。

按,王士禛《池北偶谈》卷二十三:"吴江吴孝廉汉槎兆骞以顺治十五年流宁古塔二十余载。康熙辛酉,归至京师。"吴兆骞入关,一时传为盛事。徐乾学有《喜汉槎入关》诗,和者甚众。王士禛《渔洋续集》卷十四《和徐健庵宫赞喜汉槎入关之作》、冯溥《佳山堂诗二集》卷五《喜吴汉槎至都赋赠》、徐釚《南州草堂集》卷八辛酉《喜汉槎入关和健庵叔韵》、宋荦《西陂类稿》卷六《吴汉槎归自塞外邀同王阮亭祭酒毛会侯大令钱介维小集作歌以赠用东坡海市诗韵》、潘耒《遂初堂诗集》卷四《汉槎表兄归自塞外次韵志喜二首》、陈维崧《湖海楼诗集》卷八辛酉稿《喜汉槎入关和健庵先生原韵》、严我斯《尺五堂诗删近刻》卷三辛酉《喜吴汉槎入关次健庵韵》、叶方蔼《叶文敏公集》卷十三《吴孝廉归自塞外》、王顼龄《世恩堂集》卷七辛酉《喜吴汉槎入关和韵》、尤侗《于京集》卷四辛酉《吴汉槎自塞外归喜赠二首》均为本年作。

吴兆骞(1631—1684),字汉槎,号季子,江苏吴江人。少有隽才。顺治十四年(1657)中举,科场事发,遣戍宁古塔。居塞外二十余年,日与羁臣逐客饮酒赋诗,气益壮,才益沈丽。后经纳兰明珠营救,得以赎还。二十二年(1683),献《长白山赋》,康熙览而称善。著有《秋笳集》。(同治《苏州府志》卷第一百六)

冬,姜公銓客京師,從先生受業。

　　姜公銓《彭山詩稿‧贈節烈毛氏》有"辛酉之冬客京華,執經西河毛夫子"語。

　　姜公銓(1659—1693),字山啓,浙江會稽人。垚長子。康熙十六年(1677)中舉,累上公車不第。著有《彭山詩稿》。(姜錫桓纂修《姜氏世譜‧文林郎縣正尹彭山君》)

徐元夢以小箱作枕函,外裹以綺,名曰"詩枕",自題以詩,索先生和詩。

　　《七言律詩七‧徐起部以小箱作枕函外裹以綺名曰詩枕自題索和》和《填詞六‧念奴嬌‧徐都官裁枕函實詩名爲詩枕制詞索和漫次其韵》。按,陳維崧《湖海樓詩集》卷八辛酉稿《咏徐蝶園詩枕》、方象瑛《健松齋集》卷十九《展臺詩鈔下》辛酉稿《題詩枕》,毛詩詞當作於本年。

　　徐元夢(1655—1728),字善長,號蝶園,滿洲正白旗人。康熙十二年(1673)進士,改庶吉士,散館,授户部主事。二十二年(1683),遷中允,充日講起居注官,尋遷侍講學士。三十三年(1694),供職上書房,教諸皇子讀書,尋授內務府會計司員外郎。四十一年(1702),充順天鄉試副考官。五十三年(1714),授浙江巡撫。累官至大學士,諡文定。(雍正《八旗通志》卷一百六十)

陳捷母吕氏生日,作詩祝壽。

　　《五言格詩五‧將雛篇爲陳庶常母太君壽》。

　　按,施閏章《學餘堂詩集》卷十四《爲陳潁侯庶常母吕太君》,知陳庶常即陳捷。

　　陳捷,字潁侯,號鶴皋,浙江新昌人。幼孤,母吕氏教養成立。康熙十八年(1679)進士,改庶吉士,授翰林院編修。二十六年(1687),充河南鄉試主考官。著有《使豫草》。(阮元《兩浙輶軒錄》卷八)

寄書張岱,乞其所藏史書。

　　《書四‧寄張岱乞藏史書》:"居故鄉時少,但及壯歲,即亡名走四方,從未經摳衣得一登君子之堂,快讀异書。每中夜起憶,輒成恨事。今吾鄉老成,漸若晨星,而一代文獻如先生者,猶幸得履修容、享耆齒,獲此石紐,則夫天之厚屬先生者,原有在也!夫名山之藏,本待有人,久閟不發,必成物怪。方今聖明右文,慨念前史,開館修輯,已幸多日。……向聞先生著作之餘,歷紀三百年事迹,饒有卷帙,即監國一時,亦多筆札。……頃,總裁啓奏,許以《莊烈皇帝本紀》得附福王、魯王、唐王、桂王諸記於其末……今總裁竟以是紀分屬某班,旋令起草,此正惇典殷獻之時也。不揣鄙陋,欲懇先生門下,慨發所著,彙付姜京兆宅,抄錄寄館,以成史書。"

張岱(1597—1684),名維城,字宗子、石公,號陶庵、蝶庵、會稽外史,浙江山陰人。出身仕宦之家,游歷遍天下。明亡後,隱居著書,著有《石匱藏書》《琅嬛文集》《西湖夢尋》《快園道古》《夜航船》等。(阮元《兩浙輶軒錄》卷二)

施閏章問公山弗擾事,覆書答之。

《書五·答施愚山侍講問公山弗擾書》:"接問佛肸、公山二事,不得確據。佛肸雖見《史記》,然亦只就《論語》申言之。若公山弗擾,則與《春秋傳》全不合,即《家語》《史記》俱多牴牾。此原是一疑案,故前儒亦有謂此是瑯琊膠東所受《齊論》而雜入之《魯論》中者。然宋洪氏又祇以《季氏》十四章作《齊論》,而《陽貨》篇不之及。僕嘗與先仲兄校論,深嘆孔安國舊注極其尌酌,而朱氏襲其文,祇改得一句便是不妥。今足下欲依《史記》,而又疑朱注'共執桓子'四字,謂從《史記》致誤,則兩失之矣。……凡此皆就夙所見而附復若此。"

按,《墓表一·誥授奉政大夫翰林院侍讀加一級施君墓表》:"辛酉,典試河南。明年,升侍讀。"書稱"施愚山侍講",當作於本年施閏章典試河南前,姑繫於此。

是年,李天馥由內閣學士遷戶部左侍郎。

王先謙《東華錄》康熙二十七:"康熙二十年辛酉……以李天馥爲戶部左侍郎,由內閣學士遷。"

是年,新修翰林院落成,作詩紀之。

《詩話》七:"康熙十八年,京師地震,公私廬舍俱毀……二十年某日,落成,予時入編檢廳,焕然舊觀。翰林官皆有詩紀頌,予亦作長律二十韻,有專刻本。"

覆書蔣平階,言修史之苦。

《書七·復蔣杜陵書》:"惠寄三札,前後收到。……今則史館稠雜,除入直外,日就有書人家,懷餅就抄,又無力雇書史代勞,東塗西竊,每分傳一人,必幾許掇拾,幾許考核,而後乃運斤削墨,僥幸成文。其處此亦苦矣!又況衣食之累,較之貧旅且十倍艱難者耶!……某原揣今年告歸,而益都老師過愛之切,爲聘一貧家女爲後嗣計,是以羈絆不果。……至館長以樂章配音樂下議,則雖淹雅如吳志伊,亦不能出一言相答。……頃,西南告捷,同館皆獻《平湖南》《平蜀》雅頌,而某無一言,其緘晦可知矣!"

按,據文中"館長以樂章配音樂下議""西南告捷,同館皆獻平《湖南》

在史館,聞康熙問《論語》朱熹注"柳下惠"一名兩注事。

《四書索解》卷一:"康熙二十年,予在史館。聞上幸南書房,問詞臣:《論語》'柳下惠'《集注》云:'柳下,食邑名。'《孟子》'柳下惠'《集注》又云:'居柳下。'其一名而异注,何解?衆無以應。又問:朕記趙岐注《孟子》云:'柳下是其號。'號又何解?衆亦無以應。"

成《增定樂章議》。

《議二·增定樂章議》:"《禮記》曰:'王者功成樂作。'又曰:'其功大者其樂備。'今大功既定,樂律未備,自宜速爲釐定,以揚功德。第查順治年間,世祖皇帝曾命詞臣製郊祀、廟祀諸樂詩,工歌已久,但未能遍及。……若夫立樂定名,則諸曲、諸舞自有雜名,但恐無特立一名如《大濩》《大武》者,或概名之曰大清樂而已。臣愚淺陋,未敢擅越,第據妄臆,附議如右。謹議。"

按,此議題下注曰:"康熙二十年,副都御史疏請釐定樂章,播揚功德,敕定嘉名,以光大典。奉旨,着翰林院禮部會同詳議具奏。"

題毛司百《聽月樓詩》。

《七言律詩六·題家司百聽月樓詩和益都夫子原韵》。

按,馮溥《佳山堂二集》卷四《題毛司百聽月樓》、陳維崧《湖海樓詩集》卷八辛酉稿《聽月樓爲毛司百賦》,毛詩當作於本年。

毛司百,未詳何人。

史彩之任上海縣知縣,詩以送之,兼寄其兄史彬。

《五言格詩一·送史上海之任兼示舊明府暨伊兄婁縣》。

嘉慶《松江府志》卷四十三:"史彩,字簡庵,會稽人。康熙二十年知上海縣。"同書同卷:"史彬,天津衛人,康熙十六年授婁縣知縣。"

裘孔武之任東莞知縣,詩以送之。

《七言律詩七·送東莞令之任》。

宣統《東莞縣志》卷五十一:"裘孔武,浙江會稽人,康熙二十年由吏員知邑事。"

受施閏章之囑,作《重建宣城徐烈婦祠碑記》。

《碑記六·重建宣城徐烈婦祠碑記》:"宣城徐烈婦,生而許字其同鄉兒施氏。稍長,邑豪湯一泰者,艷其色,倚從子官翰林烜赫,謀之徐之無賴者而委之禽,烈婦父拒之勿受。……崇禎元年,巡按御史田君惟嘉聞於廷……祠在迎春巷東至。康熙二十年,侍讀施君閏章屬某爲記。"

張杉卒。

《墓志銘十四·山陰張南士墓志銘》:"南士張氏,名杉,山陰人。……其後五年,姓被召赴長安,而南士以猶子官廣東鹽市司提舉,過其任,疾卒。"

按,本年春,張杉弟張梧隨陸光旭自京師南還,《七言律詩五·張梧南還》詩中有"難兄三載仍留粵謂南士也"句,知本年春,張杉尚在世。蔡仲光《謙齋文集》附徐芳聲《挽張五南士》:"余之弟南士,蓋在禾黍之當年矣。……邇以請稌傭書,代耕東粵,詎客騫病,旋館捐中路。……奉此六十年水不溺、火不糜。"知張杉卒年六十,故繫於此。

聞張杉卒信,有詩寄張淑。

《七言絶句五·奉寄張陸舟先生二首》。

周平山游嶺表,寄文贈之。

《序二十一·寄贈周平山游嶺表序》:"吾邑多隱君子。……今聖天子旁招文學,以地震求治,思舉山林高隱之士。……惟平山周先生,以先在嶺表,得免,而其事亦遂已。予嘗讀子伯、南士《送平山序》,知平山去時,邑君子多以文贈,而予值赴都,不能出一言相別。……而乃托諸故人,貽書從嶺表,數千里詢問無恙,予乃知平山之意氣真而性情遠也。……方予初友平山時,裁總卯耳。今相距四十年,中間別多而會少,惟恐形迹之間,將復疏遠少親切,而回思予故人向之所爲親切者,今復散盡,而獨平山與子伯、徽之、南士數人僅稱白首,而南士又死於路。"按,屈大均《翁山文外》卷二《周秋駕六十壽序》:"歲之辛酉,予與秋駕同館五羊。"知周平山本年客粵,姑繫於此。

應林堯英之請,作詩咏范貞姑。范貞姑爲鄭重妹,次日,鄭重過謝。

《七言古詩十一·烏栖篇爲晋江范貞姑作》。

《詩話》三:"暨予居京師,晋江林郎中索爲范貞姑詩。其狀有'姑貧,依兄食'語,予賦《烏栖篇》,中云:'撤饌長依庾約兄,寒房只坐張玄妹。'但就狀賦之,實不知其兄爲何人。次日,鄭吏部山公過謝,則其兄也。且當時稱范貞姑,并不識貞姑鄭姓。"

按,林堯英康熙二十一年任河南學政,《詩話》三"林郎中索爲范貞姑詩",則毛詩不晚於本年,姑繫於此。

鄭重(1625—1694),字威如,號山公。順治十五年(1658)進士,初令靖江,行取行人,考取吏部主政,歷四司郎,轉鴻臚、光禄、少通政司左右通政,督捕左右理事,遷副憲。升刑部右侍郎,轉左。著有《霞園文集》《京華草》《秦游草》《越使吟》《文選箋注》。(民國《建甌縣志》卷二

十六)

沈以庠六十生日,寄詩祝壽。

《事狀三·敕贈文林郎益園沈君遺事狀》:"康熙辛酉,贈君之子舉於鄉,值贈君六十,同里所親者,皆爲贈君慶……而予以官京師,不及賀,寄之以詩。……贈君諱以庠,字秀之,別字益園,世居蕭山長巷里。"

朱雯母費氏建坊旌表,作詩贈之。

《七言律詩五·爲朱使君節母費太君旌表建坊贈詩》。

按,潘耒《遂初堂文集》卷二十《朱節婦贊》:"節婦費氏,中書舍人朱雯三之母也,年二十五而寡,無子。衆議立叔氏之子爲嗣,節婦不可,曰:'立嗣必以序,今伯、叔皆一子,不當立,當立伯氏之次子。今立之,異日必有爭者,請俟之。'於是依老姑以居,凡十一年,而伯氏生子,節婦乃子之,恩勤如己出。又三十年,子成進士,是爲中書君。其明年,節婦卒。又十年,雯三以其事實聞於朝,得建坊旌表。"孫枝蔚《溉堂後集》卷三辛酉《朱雯三母費太孺人貞節詩》,毛詩亦當作於本年,姑繫於此。

約於是年,爲范鄗鼎《理學備考》作序。

《序二十二·理學備考序》:"彪西先生爲河東夙儒,考道有年,乃復以理學相傳,恐有闕略,或致是非同異相持不决,因輯諸儒語録,爲《理學備考》一書。"

按,永瑢《四庫全書總目》卷六十三史部十九:"《理學備考》三十四卷,江西巡撫采進本。國朝范鄗鼎撰。鄗鼎字彪西,洪洞人。康熙丁未進士,以養親不仕,終於家。是編備列有明一代講學諸儒,初刻於康熙辛酉。"毛序當作於本年。

約於是年,《大學證文》初成,同年沈珩相與辨難。

盛唐《西河先生傳》:"若《大學證文》,則作於史館。"

《書二·復沈耿岩編修論大學證文書》:"某不量,作《大學證文》一書……今足下所難,似乎不通客意者,客意且未通,何有於辨?……論古須有本,亦須有識。某之淺陋,世所共知,祇以鄙意未明,必藉往復,故疏妄及之,尚丐高深益我未備。"

沈珩(1619—1695),字昭子,號耿岩,又號稼村,浙江海寧人。康熙三年(1664)進士,授内閣中書舍人。康熙十八年(1679),舉博學鴻儒科進士,授翰林院編修,與修《明史》。著有《耿岩文選》,輯有《十三經文鈔》。(秦瀛《己未詞科録》卷三、乾隆《杭州府志》卷九十四)

約於是年,覆書陸棻,就其來書所問《論語·鄉黨》"降一等"作答。

《書五·復陸雅坪編修問降一等書》:"連以乞疾減面,致同館不諒,競傳予於《鄉黨》篇有异義,而其言不實。每思灑暴,不可得,今幸明問辱及,正可藉此一丐審察。惟恐簡幅不足,因取他紙碌續,以憑曲鑒。日與高遺山從中左歸,遺山對殿陛,謂禮文階級次第,當從上數下,上是一,下是盡。《鄉黨》'降一等'注曰:'等者,階之級也。'"

按,陸棻明年乞歸,姑繫於此。

約於是年,與汪楫赴馬廷桂飲席。

《詞話》二:"京師老酒家有能造廊下內酒者,每倍其值。相傳明代大內御酒房後墻,有名長連者,閱三十一門;其前層短連,閱三門。共三十四門,并在元武門東,名廊下家。凡內宮答應、長隨,皆于此造酒射利。其酒殷紅色,類上海琥珀光者。常熟馬丹谷從上海教諭內遷翰林院待詔,嘗載上海酒飲客,詐以爲廊下內酒,實琥珀光也。予與同館汪舟次偶過飲,舟次醉後贈以詞,其後截云:'君今來上海,玉碗盛猶在。何必問紅泉,長連共短連。'同館相傳爲佳話云。"

是年前後,有詩和李基和《行衛即景十咏》韵。

《七言絕句八·奉和李使君行衛即景十咏原韵》,詩末注曰:"書院與古寺相接。梅崖,使君字。"

李基和(?—1705),字協萬,號梅崖,又號梅江,江蘇丹徒人,滿洲鑲紅旗籍。康熙十二年(1673)進士。歷官鎮陽縣知縣、燕平道、山東按察使、貴州按察使、湖北布政使。康熙四十三年遷江西巡撫,次年因事革職。旋病卒。著有《梅崖集》。(光緒《江西通志》卷一百二十八)

是年前後,始作《竟山樂錄》。

《竟山樂錄》卷一:"竟山者,先檢討臣字也。先檢討臣曾受樂説於先汀州司馬臣公毅,而未著爲書。逮死,口授諸説於先兄仁和教諭臣萬齡,而萬齡又死。……暨臣請急歸,以痹病僵居里門,將具憶前言,以贊勸此事,而依俙慌惚,不能成説。……恍然悟樂以聲爲主,樂之聲以人聲爲主,聲以調爲準,聲之調以宮調爲準,而皆於笛乎推之。蓋八音革、木皆主節樂,無與五聲。金、石司五聲,而編鐘、編磬專一難轉。弦以一絲典一聲,則猶之金與石也。唯竹兼匏、土,以篪、簫、管、笛而兼塤、簧於其間。其於五聲之留轉遞代,環至不竭,了無捍格。且行所無事,必無弆庫博陋,燥濕緩急,得以參互其短長,而神明變化,足爲樂準。故黃帝制樂,斷自《伐竹》;而舜樂之妙,稱爲《簫韶》。竊嘗入太常觀古宮懸,親見世祖章皇帝改造塤、篪二樂器,闢古之謬。而皇上重修樂章,辨定考博,似獨於管、笙之間別有指授。是聖人既出,實能抉其微而剔其奧,而世鮮識聲,終無詞官、太常可與語倫、夔,而敕聞在者。因述先臣之所言,而錯雜以記之,仍署之曰'竟山樂錄',以爲此豈末臣所能言焉!"

按,《經集》凡例:"至《樂經》爲六經之一,先生少有神解,且得家傳《樂譜》,在史館已作《竟山樂錄》。"

【時事】 正月,鄭經病死臺灣。二月,鄭克塽繼位;同月,清軍入雲南。四月,福建將樂縣因徵屋稅激起民變,知縣被逐。七月,清廷命施琅爲福建水師提督,定期統兵進取臺灣。十月,吴世璠自殺。

清聖祖康熙二十一年　壬戌(1682)　六十歲

正月初一,侍班午門外,高麗使見先生銅薰器,奇之。

《詩話》二:"康熙壬戌元旦,侍班,先候午門外。高麗使見予手所温張銅薰器,以爲奇,嗾其群來觀。予意欲與之,一朝士沮之曰:'不可,朝臣豈宜與外國使通贈遺者?'予遂止。"

正月初二,高麗使就先生索銅薰器,先生詢高麗國女士知書與否。

《詩話》二:"次日,其使遇於途,終就予索之去。當使就予時,歷詢朝臣知名者,兼能道同官徐菊莊詞。予戲問其國女士多知書果否,曰:然。豈惟女士,曾就一妓,見其洗妝,潄頰脂於水,水帶紅色,令賦之,應聲曰:'疏雨秋兼漏日飛,回潮晚帶斜陽落。'豈非佳詩?"

正月十四日,康熙帝饗群臣於乾清宫,和康熙《昇平嘉宴》詩。

《詩話》五:"康熙壬戌元夕前一日,上饗群臣於乾清宫,作《昇平嘉宴》詩。人各一句,七字同韻,仿柏梁體製。上首唱曰:'麗日和風被萬方',以次及滿大學士勒德洪、明珠,皆拜辭不能。上連代二句曰:'卿雲爛熳彌紫闥,一堂喜起歌明良。'且戲曰:'二卿當各釂一觥,以酬朕勞。'二臣果捧觥叩首謝。君臣相悦,千古僅有。次日,頒序。"

朱彝尊《曝書亭集》卷七十六《承德郎日講官起居注右春坊右中允兼翰林院編修嚴君墓志銘》:"正月幾望,天子以逆藩悉定,置酒乾清宫飲讌,近臣賜坐殿上。樂作,群臣以次奉觥上壽,依漢元封柏梁臺故事,上親賦《昇平嘉讌詩》,首倡'麗日和風被萬方'之句。君與潘君同九十人繼和,御製序文勒諸石。"

正月,蔡毓榮由湖廣總督調任雲貴,寄詩贈之。

《七言律詩七·寄贈黔南蔡開府使君》。

王先謙《東華録》康熙二十九:"康熙二十一年壬戌春正月……調蔡毓榮爲雲南貴州總督,由湖廣調。"乾隆《貴州通志》卷十八《秩官》:"(總督)蔡毓榮,奉天人,康熙二十一年任。"
　　蔡毓榮(1633—1699),字仁庵,號顯齋。其先江南人,後徙遼東,隸漢軍正白旗。士英仲子。順治時,授佐領,兼刑部郎中。尋授就畿道御史,兼參領。康熙初,晋秘書院學士,歷刑部左、右侍郎,吏部左、右侍郎。九年(1670),授四川湖廣總督,駐荊州。十三年(1674),專督湖廣。十八年(1679),加授綏遠將軍。二十一年(1682),調雲貴總督,加兵部尚書。二十五年(1686),内轉倉場總督户部右侍郎,轉兵部左侍郎。尋以罪謫戍口外,未幾,召還。(民國《新纂雲南通志》卷一百八十)

正月,張遠至京,爲其《蕉園詩》撰序。
　　《序二十三·張邇可蕉園詩序》:"予與張子邇可以經義投契者二十年。……今邇可忽回筆爲詩賦,取唐人詩一册遍觀之,既而復遍觀宋、元、明之詩,落筆爲五七律,爲古詩,汗漫酬應,皆入微妙。"
　　按,方象瑛《健松齋續集》卷二《張邇可梅莊集序》:"往與蕭山毛檢討大可論越中名士,輒稱其同邑張君彌可,蓋以詩文名海内者四十餘年矣。歲壬戌,以明經來京師,偶一過從,旋即别去。"知張遠本年至京。

二月中旬,高士奇扈從東巡盛京,作詩贈之。
　　《五言律詩六·高侍講扈從東巡盛京有贈四首》。
　　按,高士奇《隨輦集》卷七壬戌《扈從雜紀》詩中注曰:"今歲,扈從清凉山,皆於二月望前出都。"
　　高士奇(1645—1703),字澹人,號江村,先世餘姚人,係籍錢塘。康熙十年(1671),入國學,考取留翰林院辦事。十四年(1675),授詹事府録事,尋升内閣中書,入直内廷。十八年(1679),升翰林院侍講。歷詹事府少詹,二十八年(1689),歸里。三十三年(1694),起補原職,充明史館纂修官。升禮部侍郎兼翰林院學士,加正一品。能詩文,擅書法,精考證,善鑒賞,所藏書畫甚富。著有《左傳紀事本末》《清吟堂集》《春秋地名考略》《天禄識餘》《春秋講義》《江村銷夏録》《金鰲退食筆記》。(光緒《平湖縣志》卷十六)

二月,張英假歸桐城,詩以送之。
　　《七言律詩七·送張學士給假還里四首》。
　　按,方象瑛《健松齋集》卷十九壬戌《送張敦復學士奉假南歸》、汪懋麟《百尺梧桐閣遺稿》卷四壬戌稿《送夢敦學士假歸桐城八首》、尤侗《于京集》卷四壬戌稿《張敦復學士給假歸葬二首》,毛詩當作於本年。
　　張英(1637—1708),字敦復,一字夢敦,號樂圃,又號倦圃翁,安徽桐城人。康熙二年(1663)舉人,六年(1667)成進士。由翰林院編修充日講起居注官,歷擢侍讀學士。十九年(1680),授翰林院學士兼禮部侍郎。二十五年(1686),授翰林院掌院學士。旋擢兵部右侍郎,調禮部,兼管詹事府,充經筵講官。二十八年(1689),擢工部尚書,兼翰林院掌院學士,仍管詹事府。調禮部尚書,兼管如故。三十六年(1697),充會試正考官。三十八年(1699),授文華殿大學士兼禮部尚書。曾任《國史館文略》《大清一統志》《淵鑒類函》《政治典訓》《平定朔漠方略》等總裁官。著有《篤素堂詩集》《篤素堂文集》《篤素堂雜著》《存誠堂詩集》《南巡扈從紀略》《易經衷論》《書經衷論》《四庫著錄》《聰訓齋語》和《恒產瑣言》等。(道光《續修桐城縣志》卷十二)

二月,林堯英督學河南,詩以送之。

《七言古詩十一·送林使君督學河南》《五言律詩五·送林户部使學河南》。

雍正《河南通志》卷三十五:"(提學道)林堯英,福建莆田人,進士……康熙二十一年任。"方象瑛《健松齋集》卷十九壬戌《送林澹亭督學中州》、汪懋麟《百尺梧桐閣遺稿》卷四壬戌稿《送林澹亭視學中州》、徐嘉炎《抱經齋詩集》卷四《送林澹亭視學中州》。

三月三日,與徐乾學、施閏章、徐秉義、陸葇、沈珩、黄與堅、方象瑛、曹禾、袁佑、汪霦、趙執信、尤侗、陳維崧、高詠、吴任臣、嚴繩孫、倪燦、徐嘉炎、汪楫、潘耒、李澄中、周清源、徐釚、龍爕、汪懋麟、王無忝、林麟焻、馮慈徹、馮恊一、王嗣槐禊集馮溥萬柳堂。

《七言律詩八·上巳雨中陪益都夫子修禊萬柳堂奉和夫子原韵》。

按,馮溥《佳山堂詩二集》卷四《三月三日萬柳堂修禊倡和詩二首》、徐嘉炎《抱經齋詩集》卷十《壬戌上巳萬柳堂重修禊事和益都夫子韵二首》、陳維崧《湖海樓詩集》卷八壬戌稿《和益都夫子禊日游萬柳堂原韵》、尤侗《于京集》卷四壬戌稿《上巳萬柳堂禊集和益都公原倡二首》、施閏章《學餘堂詩集》卷四十二《三月三日集萬柳堂奉和馮相國原韵二首》、徐釚《南州草堂集》卷八《上巳萬柳堂修禊和益都公韵二首》、潘耒《遂初堂詩集》卷四《上巳修禊應制》、李澄中《卧象山房詩集》卷二十二《上巳相國馮公招飲萬柳堂次韵》、嚴繩孫《秋水集》卷六《上巳日重集萬柳堂次馮閣師韵》、張遠《梅莊集》五律《上巳萬柳堂馮太夫子限韵》等均爲本年作。

《詩話》四:"京師萬柳堂在崇文門外……每歲逢上巳,夫子必率門下士修禊其中,飲酒賦詩,竟日而散。壬戌上巳,陪侍者三十二人。夫子唱二詩,其首章第六句曰:'水萍風約故沿留。'似有所寄。及閲和詩,每遇是韵,輒沈吟良久,如徐春坊健庵'盡日行吟步屧留'、施侍講尚白'囬溪時有斷雲留'、陸編修義山'落花香倩蝶鬚留'、方編修渭仁'烟宿寒山翠欲留'、徐檢討華隱'小雨泥看屐印留'、高檢討阮懷'羽觴汎汎去還留'、汪主事蛟門'輕陰時爲落花留'、林中書玉岩'檻拂垂楊叫栗留'類。最後至潘檢討稼堂'東山身爲草堂留',夫子拍案而起,稱爲第一。蓋是年七月,夫子將致政,故先以'留'字探意,及得是語,便犁然有當也。益都論詩,最尚六義,故即唱和間,其爲比、爲賦皆有歸着,非苟然者。"

王嗣槐《桂山堂詩文選》卷一《萬柳堂修禊詩序》:"康熙二十一年,歲在壬戌暮春三日,文華殿大學士兼刑部尚書益都馮公修禊事於萬柳之堂,從游者三十有二人。堂爲公之別墅……時從游者左春坊左贊善徐健庵乾學,翰林院侍講施愚山閏章,編修徐果亭秉義、陸義山葇、沈映碧珩、黃忍庵與堅、方渭仁象瑛、曹峨嵋禾、袁杜少佑、汪東川霦、趙伸符執信,檢討尤悔庵侗、毛大可奇齡、陳其年維崧、高阮懷咏、吳志伊任臣、嚴藕漁繩孫、倪闇公燦、徐勝力嘉炎、汪悔齋楫、潘稼堂耒、李渭清澄中、周雅楫清原、徐電發釚、龍石樓燮,纂修主事汪蛟門懋麟,刑部主事王爾迪無忝,中書舍人林玉岩麟焻,督捕司務馮玉爽慈徹,候選郡丞馮躬暨恊一與嗣槐,共三十有二人,各爲七言律詩二首。"

徐秉義(1633—1711),初名與儀,字彥和,號果亭,江蘇崑山人。與兄徐乾學、弟徐元文以文名顯,時稱"崑山三徐"。康熙十二年(1673)進士,授編修。十四年(1675),典試浙江。選右中允,充《一統志》總裁官。旋升侍講,遷右庶子。三十六年(1697),擢少詹事,充日講起居住官。三十八年(1699),遷任詹事。尋命總裁《明史》,晋吏部右侍郎,仍兼詹事。與刑部侍郎綏色往勘山陝鹽商案,擬罪失當,貶詹事。四十一年(1702),充順天鄉試主考官。遷内閣學士,兼禮部侍郎。著有《易經識解》《明末忠烈紀實》《培林堂文集》。(同治《蘇州府志》卷九十五)

趙執信(1662—1744),字伸符,號秋谷,又號飴山,山東淄博人。少穎悟,九歲捉筆爲文,輒以奇語驚其長老。年十四,補博士弟子。康熙十七年(1678)中舉,十八年(1679)成進士。選翰林院庶吉士,散館,授編修。二十三年(1684),典試山西。二十五(1686),遷右春坊右贊善,兼翰林院檢討,充明史纂修官。未幾,因國喪期間觀洪昇《長生殿傳奇》,被罷。著有《飴山堂詩文集》。(乾隆《博山縣志》卷七下)

王無忝,字凤夜,河南孟津人。康熙九年(1670)進士,由行人歷西曹,讞獄多平反,遷駕部。官至金華府知府。(乾隆《續河南通志》卷五十六)

林麟焻(1646—?),字石來,號玉岩,福建莆田人。康熙九年(1670)進士,授中書舍人。二十年(1681),分校京闈。二十一年(1682),奉命冊封琉球。歸,升戶部江南司主事,尋遷戶部廣西司員外郎。二十六年(1687),典試四川,遷禮部主客祠祭儀制三司郎中。三十三年(1694),擢貴州提學僉事。著有《玉岩詩集》。(乾隆《莆田縣志》卷二十八)

三月,王又旦招游祝氏山莊,與施閏章、徐乾學、徐秉義、曹禾、顔光敏、陳維崧、王士禛、汪楫、汪懋麟即席賦詩。

《五言律詩六·王黄門招游祝氏山莊同施侍讀王祭酒徐大贊善曹編修汪二檢討汪五主事即席限山莊二字》、汪懋麟《百尺梧桐閣遺稿》卷四壬戌《幼華給事招同諸公飲祝園亭子限山莊二韻》、王士禛《帶經堂集》卷三十七壬戌稿《幼華給事招同愚山健庵大可舟次季用集祝氏別墅》、施閏章《學餘堂詩集》卷二十三《王給諫招集祝氏園林》(是日同阮亭健庵果亭舟次蛟門峨嵋)。

《詩話》三:"王給事黄湄招集祝侍御山莊,同集者,徐學士、施侍讀、曹春坊、顔考功、陳檢討、汪主事,皆一時名士。即席賦五律二首,用'山莊'二字作韻。予詩落句'相逢王給事,錯認輞川莊',人謬稱之。"

三月,晤戚珃於陳維崧宅,戚珃有詩相贈。

戚珃《笑門詩集》卷一《贈毛大可太史》詩中注曰:"壬戌春,晤於陳其年太史處。"

戚珃(1635—1687),字後升,號緩耳,又號莞爾,江蘇泗州人。工詩。著有《笑門詩集》《泗州通志》。(光緒《盱眙縣志稿》卷九)

春,清軍力挫臺灣鄭克塽部,倪殿侯作《平臺灣記》,先生爲作序。

《序十八·平臺灣記序》:"壬戌春,奏凱京師,天子親御端門,受俘獻馘。其時侍班諸臣,徒橐筆立左右,不能歌咏其事,以嬗於將來,但記諸起居,爲聖朝實録采擇。而倪君殿侯親歷行間,目睹旌竿之所及……殿侯既以其文上之將軍,將勒石海濱,而復録其兼本以示世,因次其篇帙而屬予爲序。謹序。"

倪殿侯,生平不詳。

春,蔡仲光有寄書。

蔡仲光《謙齋文集》卷八《寄大可書》:"今佺遐生及任千老歸里,兩接手書,皆言鳩工剞劂拙集爲足下事,終當了此一愿,曲盡朋友之誼。……而易齋相公過聽足下之言,親書名字於桂樹間,又復賜以所刻之集。……七十之年,今始覺衰,雖手不扶杖而甚矣其憊!春來尤却,殆不可支,强作此書。"

春,秦宗游假歸山陰,詩以送之。

《七言律詩六·秦太史歸里》。

秦宗游,字逸少,號慎齋,浙江山陰人。康熙十八年(1679)進士。改庶吉士,授翰林院編修。二十九年(1690),典試河南,稱得人。遷國子監司業,晋侍講學士。(嘉慶《山陰縣志》卷十五)

春,李煦由韶州知府移任寧波,作詩贈之。

《七言律詩六·李沮東世兄由韶州太守移任寧波》。

同治《韶州府志》卷二十九《宦績錄》:"李煦,奉天籍,山東昌邑人。由中翰轉部郎,擢守韶州,康熙十七年任。……至二十一年,以父士正自江西調撫粵東,循例回避,改任浙江寧波。"

李煦(1655—1729),字旭東,又字萊篙,號竹村,山東昌邑人,奉天籍。士楨長子。初授内閣中書。康熙十七年(1678),任韶州府知府。二十一年(1682),改寧波府知府。二十七年(1688),任暢春園總管。三十一年(1692)起,任蘇州織造達三十餘年,先後八次兼任巡視兩淮鹽課監察御史。在織造任内,迎康熙四次南巡有功,擢大理寺卿,再遷户部右侍郎。與江寧織造曹寅、杭州織造孫文成曾多次上疏,密陳江南民情及地方官員互察情事。雍正元年(1723),以其黨附皇八子允禩,被發往打牲烏拉,後死於戍所。(王利器《李士楨李煦父子年譜》、同治《韶州府志》卷二十九)

春,吴興祚由福建巡撫遷兩廣總督,寄詩賀之。

《排律六·寄吴制府廣東》。

按,王先謙《東華録》康熙二十八:"康熙二十年辛酉……十二月,以吴興祚爲廣東廣西總督,由福建巡撫遷。"雍正《廣西通志》卷五十七《秩官》:"(總督)吴興祚,直隸清河人,康熙二十一年任。"蓋二十年授職,二十一年莅任。

春,陪馮溥於長椿寺觀劇,有詩和馮溥韵。

馮溥《佳山堂詩二集》卷八《長椿寺觀劇三首》、毛奇齡《七言絶句·陪益都夫子長椿寺觀劇奉和原韵》。

春,妻陳何將遣曼殊,曼殊寧死不從。

《墓志銘六·曼殊葬銘》:"至是,公將致政歸,謂曼殊曰:'本以毛生無子,故娶女,今三年不身,而大婦忽南至,汝自料能安其身耶?抑否乎?且毛生年大,家故貧也,蕭山去此遠。貧不汝鞫,家去此遠則叵測,年大弃汝早。黄鵠口噤,則其摧挫有難言者。汝曷不請去,而貿貿爲?'蓋公愛是人,并愛予,以爲爲予兩人計,無過於是也。曼殊聞其言,大驚,反復泣謝,執不可。且曰:'本謂公敎以禮義,不謂其出此也。獨不聞女不嫁二夫耶?'當斯時,有婦辯而坐於傍者,笑而曰:"有是哉,誰則以妻汝,而誇謾若是?顧曼殊曰:'毛先生非汝夫也。'"曼殊乃大恚,號咷呼曰:'天乎!人不以我爲妻,斯已耳,乃謂我無夫,不如死。'攪身擲於地。公急止之曰:'賢哉!'嘆而起。曼殊歸謂予。予曰:'然,惟公亦爲予言之。汝試思,予豈欲去汝者,特爲予汝計,無出此便,獨需汝自決耳。'曰:'吾決之矣,君果遣予,則予請先死君前。不然,尚憐予而終收之。'言訖,訕雙膝箸地,曰:'以乞君。'既而有戚媼居京師者,假予言遣之。初不信,重强之,以爲果然,哭踴氣絶。一婢持抱之,不得。死三日,高郵葛先生力救,得活。"

張曼殊遷住墳園,讀梁清標《蕉林詩集・春郊即事》詩,倍覺淒寂。

《詩話》五:"曼殊住墳園,晚春花落,雙扉晝關。比鄰刺梅園老尼過之,讀壁間所懸詩軸,吟嘆良久,因曰:'讀此詩,倍覺此地淒寂,此何人詩耶?'曼殊曰:'舊懸此庭,不知誰作。'因流涕。後於摩訶庵中道之,有識者曰:'此《蕉林集》詩也。'蕉林爲真定司農所居地。其詩爲《春郊即事》十首之二,詩極耐吟咏,然不謂其能感人至此。既而向老尼道之,遂從司農公乞一本去。老尼知書,係明季宮婢,當時所稱'菜戶'者,崇禎甲申後,出爲尼,詩曰:'河外人家郭外村,金鞭玉勒走王孫。墅橋東畔迢迢路,芳草斜陽晝閉門。''畫樓高處故侯家,誰種青門五色瓜?春滿園林人不見,東風吹落海棠花。'"

按,陸葇《雅坪詩稿》卷十四《和答檢討毛大可》詩中注曰:"大可買妾曼殊,夫人遽從南來,分宅而處。"

四月十四日,禮部遣汪楫、林麟焻往封琉球國中山王,以詩送之。

《五言律詩六・送汪檢討林舍人奉使琉球册封中山王四首》。

《清聖祖實錄》一○二:康熙二十一年四月"辛卯,命翰林院檢討汪楫爲正使,內閣中書舍人林麟焻爲副使,往封琉球國世子尚貞爲琉球國中山王。"

作《送汪翰林奉使琉球册封中山王公餞詩序》。

《序十七・送汪翰林奉使琉球册封中山王公餞詩序》:"康熙二十一年,命册中山王世子爲嗣王,國議遣近臣任使者,捧天子詔敕及金册、玉圭以往。……在朝諸臣,并爲之供張,贈以詩歌,而屬予爲序。……副使林君同有餞,而各爲贈詩,重其事也。予拙不能賦,僅成五字四韻詩,凡如干首,而書其序於端。"

按,馮溥《佳山堂詩二集》卷五《送汪舟次奉使册封琉球國王》及《送林玉岩副使册封琉球國王》、高士奇《苑西集》卷四壬戌《送汪舟次檢討使琉球》、尤侗《于京集》卷五壬戌稿《送汪舟次檢討使琉球四十韵》、方象瑛《健松齋集》卷十九壬戌《和益都公韵送汪悔齋檢討奉使册封琉球國王》和《又和益都公韵送林玉岩舍人使琉球》、王士禎《漁洋精華錄》卷九《送汪舟次檢討林石來舍人奉使琉球四首》、韓菼《有懷堂詩稿》卷一《送林舍人使琉球》、施閏章《學餘堂詩集》二十三《送汪舟次檢討册封琉球》、陳廷敬《午亭集》卷二十三《送汪舟次使琉球》、袁佑《喬軒詩鈔》卷二《西清集·送林石來中翰充册封琉球副使》、彭孫遹《松桂堂全集》卷二十一《送汪舟次出使琉球》及《送林石來使琉球》、徐釚《南州草堂集》卷九《送汪舟次同年奉使琉球二首》、孫枝蔚《溉堂後集》卷四壬戌《送汪舟次册封琉球二首》、徐元文《含經堂集》卷八《送汪舟次使琉球》、汪琬《鈍翁續稿》卷八《送宗人舟次出使琉球》、顧汧《鳳池園詩集》卷二《送汪檢討舟次林中翰石來册封琉球》、潘耒《遂初堂詩集》卷四《送同年汪舟次奉使琉球》、徐嘉炎《抱經齋詩集》卷六《送別汪悔齋同年出使琉球》、李澄中《卧象山房詩集》卷二十二《送汪舟次檢討出使琉球》、秦松齡《蒼峴山人集》卷四《送汪舟次檢討册封琉球》、胡會恩《清芬堂存稿》卷一《送汪悔齋檢討奉使琉球二十韵》、張遠《梅莊集·汪太史册封琉球》、李來泰《蓮龕集》卷四《送林玉岩使琉球》、龐塏《叢碧山房詩初集·翰苑稿》卷七《送汪舟次太史奉命册封琉球世子》、王頊齡《世恩堂詩集》卷七《送汪舟次册封琉球》、宗元鼎《宗定九新柳堂集》卷二《送汪舟次翰林册封琉球國歌》、汪懋麟《百尺梧桐閣遺稿》卷四壬戌稿《送舟次二兄册封琉球》均爲本年作。

四月，爲沈季友《學古堂詩集》作序，并爲其《春山絲竹圖記年》題詩。

《序二十三·沈客子詩集序》："予評客子詩，目爲才子。……今客子在京師，會其婦翁與予爲同年生，客子寓其寓，而仍與予通往來，道平生歡。"

《七言絶句八·題沈客子春山絲竹圖記年》。

按，沈季友《學古堂詩集》卷首先生序末署："康熙壬戌清和月，西河同學弟毛奇齡題。""會其婦翁與予爲同年生"，婦翁指陸葇，陸葇《雅坪文稿》卷八有《祭沈婿南疑文》。

夏，沈季友南還，詩以送之。

《七言律詩六·送沈客子還禾中》。

按，陸葇《雅坪詩稿》卷二十八《送沈倩客子南歸》、方象瑛《健松齋集》卷十九壬戌稿《送沈客子歸鴛湖用見贈原韵》。

夏,蔡仲光三致書先生,以來時美之子入幕事相托。

> 蔡仲光《謙齋文集》卷八《與大可》:"未一月也,及此凡三致書於足下焉。……獨有所欲陳者,爲來相立公也,立公年少於子長,而貧更甚。然其父爲來我平,則仲光六十年所交之友,今貧病已甚。……念此老廢之人,不得不寄情於其年少之子,冀以覓食。……子長讀書能詩,所求於足下者,游揚薦引,使得一賢主人迎以入幕。"

同徐元夢、王博士集愛新覺羅·博爾都恭壽堂。

> 《七言律詩九·集宗藩博公恭壽堂同徐翰林王博士即席》。
> 王博士,未詳何人。

於恭壽堂觀多羅惠王書額。

> 《五言絶句三·集恭壽堂觀多羅惠王書額》。

劉琯南歸,詩以送之。

> 《七言律詩八·劉琯南歸》。

徐胤定還里,詩以送之。

> 《七言律詩八·送徐二十二還蘭亭》。

姜承烈會試未第南歸,詩以送之。

> 《五言格詩三·送姜二承烈舉京闈未第南歸》。

姜之琦中進士後歸里,詩以送之。

> 《七言律詩八·送姜之琦進士還里》。
> 姜之琦(1648—1705),字幼韓,號梅川,浙江會稽人。承烈長子。康熙十一年(1672)中舉,二十一年(1682)成進士。初授京曹,需次旋里,改授山東之高密縣。在任十年,以內艱歸。服闋,補雲南禄豐縣知縣。(姜錫桓纂修《姜氏世譜》胡師鴻《雲南禄豐縣令梅川公傳》)

蔡仲光又寄書先生,以族侄蔡德輝相托。

> 蔡仲光《謙齋文集》卷八《與大可》:"德輝者,族舍弟紹玉之子,而徽之、涵之之甥也。其人器量凝重,嚴於自守,遂爾因事淬勵,冀以成其凌雲之舉。惟足下爲之提携。"

蔡仲光復有寄書,囑先生做文需審慎。

> 蔡仲光《謙齋文集》卷八《又與大可》:"一暉至,得手教。……備訊足下近狀,彼云:'大可叔在京頗閑,而能重自矜持,不妄拜一客,但囊空,恐無以自給耳。'仲光聞其言甚喜。……足下在仕宦之途,凡文章、議論、書札,皆宜審慎過於平時,毋使仇怨譏訕之人得執片語以爲釁端。"

七月,徐乾學爲《明史》總裁官,作詩贈之。

《五言格詩三·總憲徐公以掌院兼史館監修奉贈一十四韵》。

《清聖祖實錄》卷一〇三:康熙二十一年七月"壬申,以左贊善徐乾學充纂修《明史》總裁官。"

八月,馮溥致仕歸里,與諸公宴集萬柳堂餞行。作《公餞益都夫子於萬柳堂賦別倡和詩序》。

《七言律詩十·同朝士餞益都夫子於萬柳堂即席和夫子留別原韵》《五言格詩二·恭餞馮相國夫子還山》。

《序十三·公餞益都夫子於萬柳堂賦別倡和詩序》:"益都先生當七十時,已三上書請致仕……當是時,城東有萬柳堂者,本先生別業,嘗幸從賓客後,廁游其中,因得於燕飲之次,攀柳枝而爲之賦之,迄於今,又四年矣。……因仿在昔都門供帳,集朝士之及門者於萬柳堂,請先生上坐,歌舞進酒,以爲兹堂別,而繫之以詩。先生唱四韵二首,及門和成之。蕭山門人某謹再拜爲之序,時康熙二十一年八月五日。"

按,《清聖祖實錄》卷一〇三:康熙二十一年六月:"甲辰,文華殿大學士馮溥以老乞休,得旨:'卿輔弼重臣,端敏練達,簡任機務,效力有年,勤勞素著,倚毗方殷。覽奏以年邁請休,情詞懇切,准以原官致仕。'"《文華殿大學士太子太傅兼刑部尚書易齋馮公年譜》:"康熙二十一年八月廿六日……又印章一方,上勒'適志東山'四字,又墨刻《升平嘉宴詩》一册。次日,辭謝,上遣中書舍人羅映台護送到家,京朝官數百人同餞之彰義門外,祖帳相望十餘里,京城小民有牽車泣下者。時值《太宗文皇帝實錄》告成,賜銀幣、鞍馬,加太子太傅,一時榮之。"馮溥《佳山堂詩二集》卷五《致仕將歸諸同人置酒萬柳堂話別漫題二律》及卷一《贈別己未諸子》、尤侗《于京集》卷五壬戌《萬柳堂宴集益都公席上留別奉和二首》、方象瑛《健松齋集》卷十九壬戌《秋日萬柳堂公餞益都夫子和原韵》和《奉送益都夫子致政東歸八首》、朱彝尊《曝書亭集》卷十二《送益都馮先生集萬柳堂次韵二首》、彭孫遹《松桂堂全集》卷二十一《奉和馮益都夫子秋日禊集萬柳堂即席留別之作》、徐釚《南州草堂集》卷八《奉送益都公致政歸里四首》、徐元文《含經堂集》卷八《送大學士益都馮公詩四首》、徐嘉炎《抱經齋詩集》卷六《萬柳堂餞別益都夫子次留別原韵二首》、王頊齡《世恩堂詩集》卷七《萬柳堂公餞益都相國馮公和席間留別原韵》、李澄中《臥象山房詩集》卷二十二《送相國馮公致政臨朐》、張遠《梅莊集》七言律詩《馮太夫子歸里》、龐塏《叢碧山房詩初集·翰苑稿》卷七《奉和益都馮相國萬柳堂留別原韵》及《送馮相國歸益都》、潘耒《遂初堂詩集》卷四《萬柳堂公餞益都公次韵奉和二首》、秦松齡《蒼峴山人集》卷四《萬柳堂餞益都相國和席間留別原韻》、汪懋麟《百尺梧桐閣遺稿》卷四壬戌稿《奉送益都公致政歸里五十韵》均爲是時所作。

九月初十日,仲兄錫齡卒,年六十七。

毛麟亭《蕭山毛氏宗譜》卷四《大房世系紀》:"(錫齡)卒於康熙壬戌九月初十日,年六十七。"

秋,同王仲山、邵遠平游徐旭旦水香園。

徐旭旦《世經堂詩鈔》卷十九《水香園余家別業也壬戌之秋同毛大可王仲山邵戒三諸先生小憩分賦》。

邵遠平(1637—?),初名吳遠,字戒三,一字呂璜,號戒庵,浙江仁和人。康熙三年(1664)進士。初選翰林,累遷光祿少卿。康熙十八年(1679),舉博學鴻儒科進士,授翰林院侍讀,與修《明史》。官至詹事府少詹事。著有《戒庵詩存》《戒庵文存》《河工見聞錄》《元史類編》《續弘簡錄》等。(秦瀛《己未詞科錄》卷三)

徐旭旦(1656—?),字浴咸,號西泠,浙江錢塘人。以河督靳輔薦,開宿遷新河三百餘里,河工成,遷興化知縣官。後官廣東連平知州。著有《世經堂詩鈔》。(民國《杭州府志》卷一百四十五、潘衍桐《兩浙輶軒續錄》卷三)

王仲山,未詳何人。

秋,駱復旦自京還里,詩以送之。

《墓志銘八·駱明府倪孺人合葬墓志銘》:"既而君以游山東,便道來京,予與之盤桓,且賦詩送之。"

按,方象瑛《健松齋集》卷三《駱叔夜詩序》:"山陰駱君叔夜與家兄雪峴同舉明經,文章、聲氣重一時。爲余序《秋琴閣詩》,今且三十年矣!君兩宰巖邑,輒縈吏議。家兄李荆州,補令合肥,亦以詿誤去。……今君放游過京師,病且日甚。"方象瑛《健松齋集》卷十九壬戌稿《送駱叔夜歸山陰》,詩中所述爲秋日景色,知本年駱復旦至京,秋還里。

十月初五,六十生日,張遠作詩祝壽。

張遠《梅莊集》五言排律《贈毛太史》題下注曰:"時六十初度。"

妾曼殊病,施庭銓以禁方見示,作詩謝之。

《七言律詩六·施鴻臚以禁方見示賦謝》。

施庭銓,字培菊,江蘇無錫人。(陳廷敬《午亭文編》卷三十七《施鴻臚對菊思親圖引》:"醫又輒難其人,既而得鴻臚施君培菊,與之游。……

培菊名庭銓，常州無錫人。"）

十月二十日，名醫葛天蔭醫愈曼殊，作《曼殊回生記》。

《碑記六·曼殊回生記》："曼殊以壬戌十月十一日死，死而有息，顧僵噤，不内藥，眼、鼻血迸出，醫者謂中死法不治。會十五日入朝，同朝官藉藉稱：'高郵葛先生國工，在孫黄門家，盍診之？'既診……嘗讀《倉公傳》，嘆古有聖儒能起死人令之生，今無是矣，葛先生非耶？先生名天蔭，國子生，淑承其字也。……十月二十記。"

張永銓有詩贈先生。

張永銓《閑存堂詩集》卷五《與毛檢討西河二首》。

張永銓（1639—？），字賓門，號西村，江南上海人。以副貢中康熙三十二年（1693）舉人，授内閣中書。宋犖撫吴時，重其學，延講嵩山書院。旋改授徐州學正，未赴。卒，門人私謚閑存先生。著有《閑存堂文集》。（同治《上海縣志》卷二十）

冬，爲張永銓《游西山記》作序。

《序十一·張賓門游西山記序》："京師以西山爲名勝地，四方來京師者，必以游西山爲愉快。……予與賓門遇申江之濱，詩文唱酬。……而徒以未游西山之故，竊誦其記，以當游覽。"

按，張永銓《閑存堂文集》卷首載先生序，末署："康熙壬戌長至後十日，西河同學弟毛奇齡拜題。"

劉始恢假歸淮安，詩以送之。

《五言格詩二·送劉考功請假歸淮安兼示令兄内史》。

按，詩中"比士閩海歸"語，指劉始恢典試福建事。法式善《清秘述聞》卷二："（康熙二十年辛酉科鄉試）福建考官……吏部主事劉始恢，字价人，江南山陽人，庚戌進士。""難兄甫待詔"，指始恢兄愈中進士事。乾隆《江南通志》卷一百五十九《人物志》："劉愈，山陽人。昌言長子。康熙壬戌進士。"另方象瑛《健松齋集》卷四《送同年劉誠庵吏部歸省序》："同年劉考功誠庵典試八閩還朝不數月，請假省其母夫人於淮安。……今春，兄文起舉進士，誠庵喜極而悲，謂吾兄弟幸不辱慈訓，顧同留京師，何以慰母氏心？投牒請假。"與毛詩語合，知劉本年假歸。

博爾都與徐元夢并以詩見寄，依韵和答。

《七言律詩五·宗藩輔國將軍博公同滿州徐翰林并以詩見寄依韵和答》。

丁文龍謁選至京，重新裝潢其五世祖《芳名册子》，爲作序。

《序二十二·丁孝子身後芳名册子序》："《身後芳名册子》者，故明丁東皋先生之孝迹也。……其五世孫進士文龍以謁選來京師,重裝潢素册,仿舊圖,而書先生遺疏於其上,以乞夫京師之善歌咏者。……予在故鄉時,已題前卷。今復記其始末而序之如此,世之咏歌者可以觀焉。"

按,王又旦《黄湄詩選》卷八《掖垣集·丁孝子詩》序曰:"蕭山丁孝子名應正,號東皋,嘉靖時人。父疾,百醫不能療。值元日,東皋禱於神,請以身代……越五日,東皋不疾死,死之明日,父良愈。後數月,撿室中見讓年文稿,旁有寢字,執而泣,因悟元旦焚幣時,其雜投之箋,即是也。康熙二十一年,其五世孫文龍來京師,屬同邑毛大可檢討記其事,命予制詩。"知丁文龍本年至京,毛詩當作於本年。

丁文龍,浙江蕭山人。康熙十五年(1676)武進士。(乾隆《紹興府志》卷三十五)

馮溥屢寄詩問訊,兼以禪語開示。先生和韻作答。

《七言律詩九·馮相公師歸後蒙寄詩問訊奉和來韻》《七言律詩五·依韻奉答益都夫子見寄之作時夫子以禪語開示故及之》。

按,《詩話》五:"益都夫子致政日,甫還里,即作札招予。恨不肖塵俗,兼約曼殊病起後同赴益都,遂致乖違。然夫子至情,何可忘也?札云:僕在京師,早知足下爲一條冰所苦。計明年當有典試一差,或可藉此出游,稍抒鬱積。然過此以往,升沈難料,人生貴適志耳,足下請自量,可能捐弃俗累,與不佞同處此僻壤否?雖敝地樓鄙,大非貴郡山水人物可繫比,然入山惟恐不深,苟能自决,豈必擇地而蹈耶?有屋可居,有書可讀,有酒可飲,有田可耕,伴侣烟霞,栖遲歲月,淵明所謂'既耕亦已種,時還讀我書'也。足下亦有意焉否乎?雖驟爲此言,近於招隱,然與足下肺腑相見,殊非他人所解,故特布此區區耳。二詩并及。'山水彈琴地,烟霞結伴居。韓康鄰藥市,焦隱得蝸廬。伐木知春永,通泉辨劫餘。惠然能命駕,花外望來車。''讀書真樂在,知子性情存。靖節移南宅,王臣念北門。論文須友益,采藥得花源。于此期晨夕,悠然見道根。'此夫子壬戌見寄者。"

同年錢中諧、沈珩、徐釚謝病假歸。

袁佑《霶軒詩鈔》卷二《錢宫聲沈昭子徐電發三同年謝病假歸感賦》。

陳字至京,爲其題《博古册子》,兼送其赴濟南幕。

《七言律詩五·題陳生博古册子和王司農韻》《七言律詩五·别陳生赴濟南幕》。

何源浚改授馬湖府知府,詩以送之。

《七言律詩七·送何使君出守牂柯》。

雍正《四川通志》卷七下：“何源濬，江南丹徒人，拔貢生，康熙二十一年知馬湖府。”

魏勤之任建昌知府，詩以送之。

《七言律詩八·魏使君之任建昌》。

同治《建昌府志·秩官志》卷六：“魏勤，字蒼霞，柏鄉人。相國裔介長子。以父蔭補刑部郎。康熙壬戌，出守建昌。……著有《遵雅堂集》行世。”

杭州知府顧岱自京赴任，詩以送之。

《七言律詩七·送杭州顧使若之任》。

按，雍正《浙江通志》載康熙時顧姓知府僅顧岱一人。據其所載履歷：“顧岱，無錫人，進士，康熙二十一年任。”

裘充美巡鹽兩淮，詩以送之。

《七言律詩六·送裘侍御巡鹽淮揚》。

王定安《兩淮鹽法志》卷一三七《職官門》：“裘充美，字大文，其先籍錢塘，後為直隸昌平人。進士。康熙二十一年，巡鹽兩淮。”

平廷鼎任宜賓縣知縣，詩以送之。

《七言律詩六·送平象九之任宜賓》。

雍正《四川通志》卷三十一：“（宜賓縣知縣）平廷鼎，浙江監生，康熙二十一年任。”

梅直八十生日，寄詩祝壽，梅有謝詩。

《五言絕句三·寄贈梅古愚八十》。

按，吳肅公《街南文集》卷二十《梅古愚先生七十序》：“古愚先生，郡之遺老，鄉之耆宿。……先生長予廿有三歲。”據江慶柏《清代人物生卒年表》：“吳肅公（1626—？）。”以此推之，梅直當生於萬曆三十一年（1603），據以推之，知梅本年八十。

為賁琮《承閑堂集》作序。

《序十一·賁黃理承閑堂集序》：“陽羨陳其年每推如皋賁黃理為詩中之豪，予因介其年一見黃理於慈仁寺中。時雜坐之頃，得讀其《望摩訶山》詩，以為善也。既而宗臣輔國將軍則又介其年與予邀黃理一見，而黃理方以赴太原之招，跟蹌謝去。爾時送黃理，因得與其年共讀黃理所為詩，又以為善。今則黃理從太原還，出其游太原所作，予善之，一如前此與其年讀其詩，而其年已死。夫即期年之間，而居者游者、生者死者，來而往、往而來者，其為不可恃如是也！……黃理詩未刻甚富，其所刻《承閑堂》，則正予所見者，尚有詞若干首，附卷末。”

按，據前譜，知賣琮二十年秋至京。文中有"其年已死……夫即期年之間"語，陳維崧卒於本年五月，知賣琮從太原再至京，當在本年季夏後，姑繫於此。

趙完璧之官武城縣知縣，詩以送之。

《七言律詩七·趙生爲武城宰》。

乾隆《武城縣志》卷八："（知縣）趙完璧，浙江紹興府人，例監，康熙二十一年任。"

在史館，與張烈論知行說不合。

《折客辨學文》："往在史館時，同官尤悔庵鬮題得《王文成傳》。總裁惡傳中多講學語，駁令刪去。同官張武承遂希意極詆陽明，予曰：'何言之？'曰：'知行合一，聖人之學乎？'予曰：'知行合一有二說，皆紫陽之言，然紫陽不自踐其言，而文成踐之。其一說，即予前所言者是也。其又一說，謂知是理，必行是理；知是事，必行是事，此即紫陽注《中庸》所云：知，所以知此也；仁，所以體此也，知在此，行即在此。凡所知所行，當在一處，亦謂之合一。乃其注《大學》，於格物則所知在物，於誠意則所行又在意，在物少一行，而在意少一知，何也？有人於此，曰：吾格禮，節文登降，所當習也；吾格樂，鐘鼓考擊，所當事也。知禮樂，當行禮樂，乃曰吾知在禮樂，而所行在意，可乎？且知禮樂只知禮樂，乃曰吾已知禮樂，而凡吾心之所行更不必再知，可乎？是此知非此行，此行非此知，一知一行，斷港絶流矣。此非合一之病，不合一之病也。此非陽明之言不合紫陽，紫陽之言不自合也。'武承大怒，訴之總裁，歸即作《訐陽明》一書，將進之。乃連具三札，一曰孝宗非令主，二曰東林非君子，三曰陽明非道學。三札齊進，同館官并起而譁之。會徐健庵庶子方入都，總裁諮之，健庵大驚曰：'陽明已耳，孝宗、東林豈可令史館是非顛倒至此？儻在明代，京朝內外共得以逐之矣。'總裁遽毀札而罷。其後武承不甘，復與湯潛庵侍讀爭辨格物，上書潛庵，潛庵但致書於予，竟不之答，而武承已死。既而文成一傳，館中紛紛，有言宜道學者，有言宜儒林者，有言宜勳臣者，總裁斷曰：'勳臣而已。'又曰：'前史無《道學傳》，惟宋有之，今何必然？請無立道學名，但立儒林，而屏陽明之徒於其中，何如？'衆皆唯唯，獨予不謂然，然而不能挽也。總裁嘗召予曰：'聞子說知行，右陽明而左紫陽，有之乎？'曰：'無之。從來論文成者，皆謂其不合紫陽，而予獨曰否。'"

按，《大學證文》卷一："睢州湯潛庵斌嘗以侍讀學士入起居注，與施愚山、李石臺二侍講論格物之說，潛庵曰：'窮理固無害，不知《大學》格物果是窮至事物之理否?'時張編修烈在坐,嘿不出一言。次日,作書數千詆之,潛庵不答。……此康熙壬戌年事。"

張烈(?—1685),字武承,號莊持,浙江東陽人,順天籍。康熙九年(1670)進士,官恩平知縣。康熙十八年(1679),舉博學鴻儒科進士,授翰林院編修,與修《明史》。官至右春坊右贊善。著有《讀易日鈔》《王學質疑》《孜堂文集》等。(秦瀛《己未詞科錄》卷二)

有札子上史館總裁,言及前作《趙嘉煒傳》不實,需俟再考。

《史館札子》:"日者搜討崇禎朝死事諸臣,因《實錄》闕失,《長編》未成,慮其間定多湮滅不傳之人,許任意搜討,不拘分限題目。遂於某月日草得四川成都府郫縣知縣趙嘉煒死事一傳,已經錄史生寫付收掌房,奉鑒在按久矣。……今相距匝歲,忽有人自成都來,道其子麒與作《通志》者有舊,妄以簿爲令,而其死事所在與月日俱謬。因復查新修《成都府志》,原載嘉煒繫縣簿,守堰而投河以死。其《狀》《記》所載月日,仍參錯不合。且或沈於江,或射於堰,皆不可定。竊念崇禎之末,記注未備,而四川又丁草殺之後,民無孑遺,任所捏撰,無從批駁。儻不細爲之稽核,則指白作黑,終成誣史。因再三研勘,凡爲令爲簿,在郫在灌,守堰決堰,未可懸揣。而寇薄成都,在十月四日;成都之破,在十月五日。若八月三日,則賊在重慶、未入成都之際。向於志銘中亦疑及之,而近核諸書,究竟未合。因先爲檢舉,請駁原傳,以存疑闕。至若死事諸官,不問高庫,簿苟能死,何必縣令?或當予以傳略改成文,具善長之意;或但從闕疑,暫懸其事,以俟再考。總藉裁酌,月日。"

爲趙嘉煒志墓,蓋在此際。

《墓志銘四·趙少府墓志銘》:"山陰趙少府曾於崇禎十七年,筮仕成都之郫縣,而驟死於賊,家未知也。……既而其子麒從成都還,謂曾覓父於郫,不得。……少府諱嘉煒,字景思。其先世宋理宗後,所謂'福王與芮子'者,世居山陰華舍村。父柱,官四川成都經歷。母陳太君同之官,生一子,即少府也。崇禎癸未,少府由監生授成都郫縣主簿,《志》稱'知縣',亦無考。"

張衡得唐時雷琴一部,爲文記之,兼作詩咏之。

《碑記七·張水部雷琴記》:"幼時,謁明代諸王於杭州,見潞王北徙,出莊烈皇帝所賜琴,付北使去。其衣琴爛然,有若雷錦,潞王泣指曰:'是雷琴,故宫人以雷文刺衣,而惜當時之未及啓視之也。'水部張君得琴燕市中……然後知水部所得,實唐時雷琴,而宣和之印,則收藏家所爲款也。"

張衡《聽雲閣雷琴篇》卷一載先生詩。此詩先生集中未載,詳見附錄二。張衡(1631—1696),字友石,又字義文,號晴峰,河北景州人。順治十八年(1661)進士,授內閣中書舍人,遷工部郎中,官至陝西榆林道。博貫經史,通曉音律,工詩,精於書法。著有《聽雲閣集》。(民國《景縣志》卷七)

應巴爾翰之請,爲其外舅姑達里虎、錫克特勒氏表墓。

《墓表一·誥授御前二等侍衛拖沙喇哈番原任兵部郎中加一級達君暨誥封淑人錫克特勒氏墓表》:"皇清御前二等侍衛拖沙喇哈番原任兵部郎中達里虎者,棘鞨族也。……康熙二十一年,君女夫巴爾翰,今戶部郎中,以君訃并狀來,云某月日將葬君某塋,而附錫充特勒氏於其傍,請表之。"

葉維藩從祀膠宮,應其孫天士之請,作文狀之。

《事狀三·臨海葉贈君狀》:"贈君諱維藩,字价叔,別號翰生,浙之臨海人也。……二十一年,提學使劉君、分巡張君、台州府知府鮑君輩,合詞請先生從祀膠宮。而贈君之孫別駕君,由廬江任賷表來京,請爲之狀。"康熙《臨海縣志》卷六:"葉天士,字龍門。臣遇子。任廬州府通判。"

何嘉祐櫬歸故里,出郭送之。

《墓志銘十二·誥授奉直大夫都察院湖廣道監察御史何君墓志銘》:"監察御史何大夫以巡鹽河東卒於官。孝子方羈丱,不能請銘,戶部尚書梁公以舊堂上官,爲之手題其旌銘,載之而南。予時職史局,出郭奠生芻旌前,視解纜行。"

丘象升以病假歸養。

李澄中《白雲村文集》卷二《侍講丘公傳》:"公諱象升……戊午,補大理寺左寺副。壬戌,以病假歸養。"

約於是年,彭始奮至京,爲其《蕭閑堂集》作序。

《序十三·彭海翼蕭閑堂集序》:"予少時,讀南陽彭先生詩,嘆先生七字四韵,能手鬪六幕,跐蹋萬類,一如拔華於青天而潄河於滄海者。……先生之後人,有能爲先生詩者,予遇之京師。……而先生後人,其爲詩輒能似之,讀《蕭閑堂集》,一何神之雄而氣之博也。……今先生之子,年逾三十,車前無八騶,閑房無炫服千人,父爲九州伯,子且不得爲五湖長也。"

彭始奮,字海翼,號中郎,河南鄧州人。而述子。著有《娛紅堂詩草》。(王士禎《感舊集》卷十六)

約於是年,爲范初《雜集》作序。

《序十三·范熊岩雜集總序》:"方范子熊岩……暨乎筮仕江右,即以節推入南康軍,佐惠文糾察,赫然稱能。既又以信州司馬,多植名迹。乃歸田未幾,歷記其生平友朋政事之業,及出處進退,襞積成說,曰《譜述》,曰《事記》,曰《枕語》,抑何辭之高而名之下與!當予與熊岩游時,熊岩方盛年,意氣忼慨。東南爲高會者,搣金伐皷,捧敦盤來前,千里百里,必以熊岩爲祭尊。……今熊岩春秋高,結廬柳下,猶且感念生平,回憶故舊,慨然於死生去就之間,取當年遺事可與政事、友朋相間發者,每述之而念其志之欿也。"

范祊,字祖生,號熊岩,浙江山陰人。順治三年(1646)舉人。初授南康府推官,興復白鹿書院,有惠政。秩滿,遷廣信同知,修葺鵝湖書院。(阮元《兩浙輶軒録》卷三)

約於是年,爲金星槎《詩集》作序。

《序二十一·星槎詩序》:"予過上海,與徐君西崖爲忘年交,西崖真才人也。既而友西崖之友,得星槎金君所投贈詩,予愛之不減西崖。……而星槎近入長安,詩體容肆,方超超乎凌厲而上,而復以長安塵鞅難以久處,將隨官浮梁者爲西江游。……星槎將行,以近詩屬序。予告之以此,并告西崖,夫西崖則已知之矣。"

金星槎,上海人,生平不詳。

是年前後,蕭山蘇潭張氏重修族譜,應張純白之請,爲作序。

《序二十一·蘇潭張氏族譜序》:"蘇潭張氏自宋時廉訪公來遷蕭山,遂族於斯。……裔孫純白由泰州教授歸里,毅然以修譜爲己任。……其竭數十年之精力,不爲不勞。而成書以後,予滯京邸,亦復不遠數千里,遣其子孝廉君,持書至京,索予爲序。"

張純白,浙江蕭山人。生平不詳。

是年前後,遇張曠於京師,爲其詩作序。

《序二十一·張澹民詩序》:"既而見澹民之詩,則澹民詩實勝公授。顧公授以客游不歸,而澹民亦日走四方,在故鄉時少。故予極愛其爲詩,而求與倡和之,則什不得一焉。今予來京師,而澹民適遠游過闕,寓於其家人爲都官郎者,因得卒讀其近年所爲詩。"

張曠,字澹民,浙江山陰人。著有《鳴玉堂詩集》。(阮元《兩浙輶軒録》卷二)

是年前後,劉櫟夫携詩入京,爲其詩作序。

《序二十二·劉櫟夫詩序》:"劉子櫟夫來長安,予重讀其詩,嘆曰:'此非當時與黃門同事者乎?'乃以當世非笑雲間之日,而櫟夫仍携雲間詩以游於世,且其詩則向時游秦之作也。"

劉櫟夫,上海人。生平不詳。

是年前後,吳郎中歸里,與高詠送之四屏園。

《詩話》八:"在京時,於四屏園送吳郎中歸里,同館高檢討舉杯誦張謂詩:'不飲郎中桑落酒,教人無奈別離何。'吳便流涕。"

吳郎中,未詳何人。

是年前後,爲何洛仙《北游集》作序。

《序二十二·何生洛仙北游集序》:"乃吾里爲詩如何生洛仙者,先予入長安,且流連於燕、齊、趙、代之間者,至久且遠。獨其所爲詩,廣大和平,不爲時誘,是何其錚錚者與!予門下何生卓人,爲洛仙大阮,其爲詩,矯然獨立,予方欲馳書示之。"

何洛仙,浙江蕭山人。生平不詳。

是年前後,趙秉和自京歸西江,詩以送之。

《七言古詩十·送趙棠溪歸西江》,中有"今來相遇薊州路,早向長門賣詞賦"句。

是年前後,有詩吊姜埰。

《七言絕句七·吊姜貞毅詩》序曰:"萊陽姜給諫埰以劾權相得罪,杖戍宣州衛,未至戍所而國破,遂寄吳市。逮死,屬其子移棺葬宣州。四方觀者各投詩吊之。予最後至,亦成五首,并詒其子安節、實節。貞毅者,學者易名也。"

《詩話》六:"萊陽姜埰,於崇禎十一年抗疏,予詔獄幾死。既而拜杖,謫戍宣州。會國破,宣州不可居,暫居吳門,自號宣州老兵,署吳門所居曰敬亭山房。且命畫《荷戈圖》以見志。嘗曰:'吾宣州軍也,死必埋我於敬亭之麓。'康熙癸丑,以病死。孝子安節、實節,遵遺命,扶柩葬宣州之敬亭山。遠近吊者皆賦詩,此千古事也。予在都門,見所刻挽吊詩累千百,合爲一册,且悉附數絕句於内,以爲幸。"

姜埰(1607—1673),字如農,號敬亭山人、宣州老兵,山東萊陽人。崇禎四年(1631)進士,除密雲知縣,改儀真,入爲禮部主事,選授禮科給事中。以言事,廷杖削籍,戍宣城。明亡後,移家江南。著有《敬亭集》。(朱彝尊《靜志居詩話》卷十九)

葉方藹卒。顧炎武卒。李來泰卒。陳維崧卒。茆薦馨卒。項景襄卒。來集之卒。

【時事】　正月,耿精忠被凌遲處死。二月,因三藩平定,康熙帝往盛京祭陵。同月,楚人朱方旦以修道爲名,招徒刻書,被殺。

清聖祖康熙二十二年　癸亥(1683)　六十一歲

元月二十六日，孫卓、周燦出使安南，詩以送之。

《排律五·送周儀曹奉使安南册吊一十四韵》《五言律詩六·送孫太史充册立使封安南國王二首》。

按，《清聖祖實録》卷一〇七：康熙二十二年正月："戊辰，命翰林院侍讀明圖爲正使、編修孫卓爲副使，往封安南國王嗣黎維正爲安南國王。"孫卓、周燦出使安南，京師諸公紛紛作詩送行。朱彝尊《曝書亭集》卷十一《送孫編修卓使安南》、尤侗《于京集》卷五癸亥稿《送孫予立編修使安南》、劉謙吉《雪作鬚眉詩鈔》卷七《送予立太史安南册封二首》、彭孫遹《松桂堂全集》卷二十三《送孫予立使安南》、方象瑛《健松齋集》卷十九癸亥《送周澹園儀部奉使安南》和《送同官孫予立册封安南國王》、邵長蘅《青門旅稿》卷一《送孫編修使安南》、高士奇《苑西集》卷四《送孫予立編修奉使安南》、潘耒《遂初堂詩集》卷五《送孫予立編修周星公儀曹奉使安南》、李澄中《卧象山房詩集》卷二十三《送孫予立編修奉使安南》、顧汧《鳳池園詩集》卷四《送孫予立編修册封安南》、王熙《王文靖公集》卷八《送孫予立編修出使安南》及《送周星公儀部出使安南》、王士禎《漁洋續集》卷十六《送孫予立編修周星公禮部奉使安南二十四韵》、王頊齡《世恩堂詩集》卷八《送孫予立册封安南》、汪懋麟《百尺梧桐閣遺稿》卷五癸亥稿《送孫編修同周儀部奉使安南》、邵遠平《戒山詩存·送孫予立編修使安南》等均爲是時作。

孫卓(1648—1683)，字予立，號如齋，安徽宣城人。五歲而孤。康熙十六年(1677)中舉，十八年(1679)成進士，授編修。二十二年(1683)，奉使册封安南國，賜正一品，服行至粵西全州，暴病卒，得年三十六。(光緒《宣城縣志》卷十八)

周燦(1636—?)，字星公，號澹園，陝西臨潼人。順治十六年(1659)進士。初授翰林，改授刑曹。二十二年(1683)，奉使册封安南國。二十五年(1686)，督學四川，尋遷南康府知府。著有《願學堂詩集》。(干建邦《湖山堂集》卷三《四川學使周星公先生傳》)

春，同年袁佑予養歸里，作詩送別。

《五言律詩六·同年袁編修予養歸里》。

按，李澄中《卧象山房文集》卷一《送袁杜少省親歸東明序》："國家定官制,六年一歸省。……康熙二十二年,袁子杜少念太孺人春秋高,一旦引例以去,朝之士大夫酌斗酒賦驪歌,出祖廣寧門外,睹其車騎,莫不愉愉有歸意焉。"知袁佑本年歸里。方象瑛《健松齋集》卷十九癸亥《送袁杜少歸省》、龐塏《叢碧山房詩初集》卷八癸亥京集詩《送袁杜少編修省親歸東明》、李澄中《白雲村文集》卷一《送袁杜少省觀歸東明序》、施閏章《學餘堂詩集》卷四十二《送袁杜少假歸省觀》均作於此際。

春,汪懋麟補刑部浙江清吏司主事,仍直史館。爲汪懋麟《夫婿早朝圖》題詩、《十美圖》題詞,蓋在此際。

《七言絕句五·題夫婿早朝圖爲汪主事作》《填詞六·十美圖詞·爲汪蛟門主事作》。

按,詳參拙著《汪懋麟年譜》"康熙二十二年"條。

春,同年陸葇南還,詩以送之,陸有答詩。

《七言古詩十二·送同年陸義山編修歸當湖》、陸葇《雅坪詩稿》卷十四《和答檢討毛大可》。

按,《神道碑銘二·皇清予告內閣學士兼禮部侍郎雅坪陸公神道碑銘》:"康熙壬戌,乞病假歸,居於家八年。"知陸葇康熙二十一年壬戌乞假;另據陸葇《雅坪詩稿》卷二十一《癸亥春正十三日出都》,知本年春正月出都。與毛詩中"春風吹簾草色青"合。

春,趙文璧中武科進士,將還里,詩以送之。

《七言古詩十二·林官歌喜趙侍衛弟還里》。

趙文璧,字子潤,號潤庵,浙江蕭山人。康熙二十二年(1683),中武科進士,拔侍衛。尋授宣府永寧游擊。三十九年(1700),擢辰州副將。升高涼鎮。五十四年(1715),補漳州總兵。著有《格苗紀略》《松雲堂詩鈔》等。(《蕭山縣志稿》卷十六)

春,金鋐擢福建巡撫,作詩贈之。

《五言格詩四·金少司馬開府八閩索書幛子》。

王先謙《東華錄》康熙三十一:"康熙二十二年癸亥……三月……以金鋐爲福建巡撫,由督捕右侍郎遷。"乾隆《福州府志》卷三十:"(巡撫)金鋐,直隸人。康熙二十二年任。"

春,金史將歸,詩以送之。

《七言律詩五·金古良將歸》。

金史,字古良,一字射堂,號南陵,浙江山陰人。擅長人物畫,有《無雙譜》傳世。(彭蘊璨《歷代畫史彙傳》卷三十八)

梅枝鳳滿聽樓筑成，爲詩文記之。

　　《碑記五·滿聽樓記》："予至宣城，偕張公荀仲訪東渚先生……既而先生築樓於草堂之傍，顔曰'滿聽'。……同里施侍讀爲之題之。而其家舉人淵公復爲之繪圖，傳來京師。京師好事者，且爲之歌咏其事。"

　　《五言格詩一·梅東渚築樓於草堂之北施侍讀題曰滿聽其群從淵公孝廉首倡二詩書卷命和遂依韵率成續原卷後》、梅朝宗等修《宛陵宧林梅氏宗譜》載梅枝鳳《酬蕭山毛西河太史寄余七十弁言并爲滿聽樓題記》。

　　按，高咏《遺山詩》卷二《寄題梅子翔滿聽樓》序曰："樓成之日，有鳴鶯繞梁，遂以'滿聽'名樓。子翔屬里中諸子紀之以詩，余獨頻年未報。今春三月，游柳林，馬上聞鶯，率賦長句。"龐塏《叢碧山房詩初集》卷十二《送李愚庵洗馬督學圻内》詩中注曰："癸亥春，余與李渭清、高阮懷及李同爲柳林之游。"知高詩作於本年，毛詩文亦當作於此時。

五月八日，蔡仲光有寄書，言及家鄉諸友情狀。

　　蔡仲光《謙齋文集》卷八《五月八日寄大可書》："庶異日飄然拂衣歸里，仲光得扶杖同君嬉游林下以終老也。石舟舍弟遠游三十四載，今春始歸，空囊無錢，更求館穀之地。我平館於山陰二載，詩老而始工，然兩目竟不能見一物。……文叔大抵從其舊主人到江寧耳。"

夏，張遠南還，詩以送之。

　　《五言格詩一·送張邇可還里用韓退之送陸暢南歸韵》。

夏，施閏章病臻，與先生泣訣，屬爲表墓。

　　《墓表一·誥授奉政大夫翰林院侍讀加一級施君墓表》："上之二十二年，侍讀施君死於官。……以病臻時，曾與予泣訣，屬予爲表墓之文。……君諱閏章，字尚白，宣城人。"

　　按，施念曾《施愚山先生年譜》卷四："康熙二十二年癸亥，先生年六十六歲，閏六月十三日丑時，以疾卒於邸齋。"

方象瑛往典四川鄉試，詩以送之。

　　《七言律詩九·方編修典試四川》。

　　方象瑛《健松齋集》卷七《使蜀日記》："康熙二十二年癸亥閏六月，奉命典試四川。……七月初一日，出都。"

七月，宋犖分巡通永，以詩贈之。

　　《七言律詩八·宋比部分巡通永》。

　　按，康熙《通州志》卷九："宋犖，字牧仲，河南商丘人。康熙二十二年，任通永道。"方象瑛《健松齋集》卷十九癸亥《送宋牧仲憲副通永》、尤侗

《于京集》卷五癸亥稿《送宋牧仲分守通永》。

七月，與尤侗、黃與堅、彭孫遹、徐嘉炎、李澄中飲喬萊齋，時尤侗予告將歸。

《五言律詩六·陪同館諸公飲喬編修宅即席和韻時同年尤檢討予告將歸》、李澄中《卧象山房詩正集》卷三《與悔庵庭表大可羨門勝力飲石林寓齋二首》、彭松遹《松桂堂集》卷二十三《早秋集石林齋次渭清韻》。

彭孫遹（1631—1700），字駿孫，號羨門，又號金粟山人，浙江海鹽人。順治十六年（1659）進士，授内閣中書舍人，候補主事。康熙十八年（1679），舉博學鴻儒科進士，授翰林院編修，與修《明史》。官至吏部侍郎兼翰林掌院學士。工詩詞，時與王士禛齊名，人稱"彭王"。著有《松桂堂全集》。（阮元《己未詞科録》卷一、光緒《海鹽縣志》卷十六）

九月十日，與同館集黄與堅新宅，分韻賦詩。

《七言律詩六·重陽後一日偕同館諸公集黃編修新宅分韻得秋字》。

九月二十四日，沈荃六十壽辰，作詩祝壽。

《七言律詩八·沈宫詹六十》。

按，邵長蘅《青門旅稿》卷六《代清故通奉大夫詹事府詹事兼翰林院侍讀學士加禮部侍郎沈公神道碑》："（沈荃）以康熙甲子十一月七日卒於京師邸第，距其生爲明天啟甲子，得年六十有一。"推之，知沈荃本年六十。另沈荃《一研齋古今體詩略鈔》卷八《乙巳九月二十四日初度》，知其生日爲九月二十四日。

秋，與李孚青同直起居注。

《詩話》四："同官年卑者，首推李丹壑世兄，入館五年，裁得二十，然真是才士。偶秋節蕆新袍成，予邀之同直起居注，適欄前乾鵲噪，予戲曰：'絮鵲早催忙入館。'丹壑臨著袍，應聲答云：'臂鷹秋遣窄裁衣。'予驟聞之，不覺折腰曰：'才子，才子。'是時秋風起，丹壑極羨諸旂人臂鷹出城，故云。第其句如許頓挫，能不待安排而出之，真咄咄怪事。"

按，據文中"裁得二十"語，知作於本年。

秋，有詩寄懷錢金甫。

《七言絶句七·寄懷錢太史同年》。

按，據詩中"五年視草對朱扉"語，知作於本年。

尤侗歸里，詩以送之。

《七言古詩九·送同年尤侗南歸》。

按，李澄中《卧象山房詩集》卷二十三《送尤悔庵檢討歸長洲》、彭孫遹《松桂堂全集》卷二十三《送展成南還即用後歸興韻六首》、潘耒《遂初堂詩集》卷五《送同年尤悔庵假歸二首》、王頊齡《世恩堂詩集》卷八癸亥《尤悔庵給假歸里作歸興詩志別依韻送之》、龐塏《叢碧山房詩初集》卷八癸亥京集詩《送尤展成太史旋里》、嚴繩孫《秋水集》卷六《送尤展成同年南歸》。

姚文熊重修蕭山縣儒學文廟。作文記之。

《碑記九·重修蕭山縣儒學文廟碑記》:"桐城姚侯蒞吾蕭有年……蓋十年以來,凡數修矣。今遷官在即,而瀕行之頃,猶不無徘徊而警未雨者,乃首捐月奉,經營載事……予乃於餕奠之後……因爲記其事而復爲之詞。"

按,文中有"遷官在即"語,知作於本年。據乾隆《紹興府志》卷二十七,姚文熊自康熙十五年至二十二年任蕭山縣知縣。

劉儼將之官蕭山縣知縣,以縣中利害事詢先生。

《墓志銘八·敕封邑大夫劉侯德配葛孺人墓志銘》:"邑大夫劉侯將之官,別予京師,詢邑中利害事……且言先王父曾以尚書郎權使北新,浙舊游地也。"

乾隆《紹興府志》卷二十七:"劉儼,直隸景州人,康熙二十二年任。"

丁文龍遷登州靖海衛守備,詩以贈之。

《七言律詩五·丁驃騎赴登州靖海衛有贈》。

光緒《增修登州府志》卷三十七:"(靖海衛康熙朝守備)丁文龍,蕭山武進士,二十二年任。"

胡寅公之任溫州府儒學訓導,詩以送之。爲胡寅公詩作序,蓋在此際。

《七言律詩五·胡廣文之任溫州》。

《序二十·胡寅公詩序》:"工舉文而復工詩者二人,姜子武孫、胡子寅公是也。二人舉文行天下,而顧蹶於一遇,武孫垂老舉於鄉,寅公至今日始就試天安門外,除溫州教授。……而寅公出《薊門雜詩》,自計車道路以及天街馳驟,載刺投贈之作,長安公卿無愚智皆藉藉道寅公詩工。"

乾隆《溫州府志》卷十七:"(康熙朝訓導)胡□,紹興人。拔貢,康熙二十二年任。"

翁介眉遷桂林府知府,詩以送之。

《七言律詩七·翁使君之桂林郡》。

按,雍正《廣西通志》卷五十七:"(桂林府知府)翁介眉,浙江錢塘籍,海鹽人,康熙二十二年任。"姜宸英《湛園藏稿》卷四《皇清故桂林知府翁君合葬墓志銘》:"君諱某,字介眉,武原其別號也。……癸亥,升桂林府知府。"毛詩當作於本年。

姚啓聖六十生日,寄詩祝壽。

《七言古詩十一·寄祝姚少保六十初度》。

按,王源《居業堂文集》卷五《姚少保傳》:"姚少保啓聖,字熙止,浙江會稽縣人也。生於明天啓四年甲子。"推知本年六十。

姚啓聖(1624—1683),字熙止,別號憂庵,浙江會稽人,籍於旗。康熙二年(1663)舉人,授廣東香山縣知縣。十三年(1674),耿精忠於閩叛,募健卒數百,赴親王幕下效力,署諸暨知縣。十四年(1675),超擢浙江溫處道僉事。十七年(1678),遷福建總督。臺灣平,晋尚書,加太子少保。(乾隆《杭州府志》卷一百五)

《馮溥年譜》撰成,方象瑛爲作序。

《文華殿大學士太子太傅兼刑部尚書易齋馮公年譜》:"七十五歲,癸亥,先生家居。"方象瑛《健松齋集》卷一《馮易齋先生年譜序》:"吾師相國易齋先生既致政歸,皇上親賦詩寵其行,于時先生年七十有四矣。及門諸子請曰:'先生德盛業隆……願先生譜敘生平,以垂示後世。……'顧謂毛子奇齡曰:'子能之爲一銓次其梗概,使吾後世子孫知吾居家立朝其質行如此。'毛子再拜受命,譜成,象瑛受而讀之。……先生貽書命象瑛爲序,因拜手記於簡末。"

按,《年譜》記事止於癸亥,當成於本年。又按,王德毅編《中國歷代名人年譜總目》"毛奇齡"條下曰:"《毛大可自訂年譜》一卷,《西河合集》内。"實誤。《西河合集》所載年譜乃先生爲馮溥所編年譜,非其本人年譜。《西河合集》卷首總序曰:"塽擬輯先生年譜,以非先生意,中止。"

許弘勛補福建按察副使,作詩贈之。

《五言格詩三·奉贈許使君夫子兵巡閩中》。

按,邵廷采《思復堂文集》卷三《河南布政使許公傳》:"癸亥,補福建按察副使,分巡延、建。"乾隆《福建通志》卷二十七:"(分巡延建邵道)許弘勛,遼東人,蔭生,康熙二十二年任。"

晤孫蘭子仁灝於京師,念師孫蘭,作《思舊銘》。

《墓志銘十·思舊銘》:"王諱孫蘭,字畹仲,無錫人。壬戌進士,由刑部郎中出爲成都知府,艱歸。補紹興,遷廣東按察司副使,分巡廣南韶道。崇禎十六年,獻賊破連州,孫蘭死。蕭山毛甡爲孫蘭門生,康熙癸亥,爲仿古作《思舊銘》。"

光緒《無錫金匱縣志》卷二十二:"王仁灝,字時大,孫蘭子。以歲貢知連江縣。工詩。"

王仁灝之官福建連江知縣,作詩贈之。
　　《七言律詩六·王時大授連江令》
　　按,民國《連江縣志》卷十二:"王仁灝,江蘇無錫貢生,富著述,以文學名。"縣志未載任年,據康熙《安慶府志》卷十:"(國朝訓導)王仁灝,無錫人,貢生,康熙十五年任,升福建連江知縣。"據同書同卷,王仁灝離任安慶府訓導在康熙二十二年,蓋即本年升連江知縣,故繫於此。
任辰旦補授工科給事中。
　　《事狀二·大理寺寺丞前兵科掌印給事中任君行狀》:"康熙癸亥,補授工科給事中。"
有詩寄宋犖。
　　《五言格詩二·寄贈宋使君犖通薊行署》。
與諸同年集米漢雯宅。
　　《五言律詩五·集同年米贊善宅和韵》。
爲胡宮母徐氏志墓。
　　《墓志銘四·敕封胡太孺人徐太君墓志銘》:"予與別駕胡君爲文酒歡,知別駕在漳爲郡良股肱,曾以征海功聞於朝,嘉之。會入計,別駕乘計車,捧瑞來覲,在京上下藉藉稱別駕賢。乃別駕過予……而既而聞母訃,疑別駕已還任,或不能待母,當大事,而別駕使至,請予先志墓。……母生於萬曆辛亥六月二十五日,卒於康熙癸亥四月十五日,以覃恩敕封太孺人。子三:長宮,漳州府通判。"
張毓瑞之任麗水知縣,餞之橫門。
　　《墓志銘五·誥封淑人張母章太君墓志銘》:"暨予官京師,而公之大令適以選人筮鄉之麗水,稱麗水君。予餞之橫門,以爲鄉有賢大夫,梓桑之慶。……子二:長毓瑞,拔貢生,見任浙江處州府麗水縣知縣。"
　　同治《麗水縣志》卷八:"(康熙朝知縣)張毓瑞,江陵人。歲貢,二十二年任。"
趙文璧出鎮永寧,詩以送之。
　　《七言律詩七·送趙侍衛弟出鎮永寧》。
同年倪燦丁母憂歸里。
　　喬萊《歸田集》卷二《倪檢討墓志銘》:"癸亥,丁朱太孺人憂。"
是年前後,朱溶歸雲間,詩以送之。
　　《七言律詩八·送朱徵君歸雲間》。
　　朱溶,字若始,江南上海人。博綜群籍,值纂修《明史》,聘入館。著有《忠義錄》《表忠錄》《隱逸錄》《蓬廬集》《漢詩解》等。(嘉慶《松江府

志》卷五十八）

是年前後，爲陳長吉志墓。

《墓志銘四·敕贈承德郎陳先生墓志銘》："予成童時，赴崇禎己卯鄉試，見山陰陳先生，以廩餼高等，率先諸試人，諸試人咸藉藉稱先生藝文不置。既而傳先生高蹈，焚所著書。……及接其猶子廣文來京，謂先生已謝世，且持其嗣君書幣并狀，以請予志墓。……先生諱長吉，字履謙，小名綠衣，以生時有綠衣客來故云。……先生生於萬曆年月日，卒於康熙年月日，娶俞孺人。"

是年前後，爲王攸寧志墓。

《墓志銘五·王徵君墓志銘》："君諱攸寧，字公遠。先世氏謝，以後王，爲王氏，初家山陰之住墅。……。康熙十四年三月十五日，君卒，年四十四。……其後族弟光祿君，亦孝友，敦行誼，多推解於世，稱君子。與予善，因率其子請志石，而系之以銘。"

是年前後，吳任臣以羅隱墓是否在蕭山詢先生。

《蕭山縣志刊誤》卷二："曾記吳檢討作《十國春秋》，詢予云：'羅隱墓在貴鄉，信乎？'予曰：'無之。'曰：'然則《紹興志》何以有此？'曰：'從來造志者，皆無學問人。縣志既載，則府志不能去矣。'"

是年前後，爲劉謙吉《天臺采藥圖》《天祿閣燃藜圖》題詞。爲劉謙吉父源長志墓，蓋在此際。

《填詞五·虞美人·題天臺采藥圖爲淮安劉六皆比部》、《填詞五·虞美人·爲劉比部題天祿閣燃藜圖》。

《墓志銘四·敕封文林郎內閣中書舍人劉先生墓志銘》："遂易簀，時四方會吊合數千人。予方走巴山，即欲致生芻而未能也。又十年，六皆補都官來京，與予對巷居，相見流涕，自言先生已卜兆，將掩石於幽，而以予受先生教，屬爲志。"

按，劉謙吉任刑部山東司主政具體時間不詳，毛兩詞皆稱"劉比部"，據《寄劉司寇六皆》注，當作於本年前後，姑繫於此。

郝惟訥卒。呂留良卒。萬斯大卒。孫治卒。李式玉卒。孫卓卒。來垣卒。梁允植卒。

【時事】 三月，康熙帝革去索額圖議政大臣、太子太保、內大臣之職，僅留佐領。秋，清將施琅率兵攻臺灣，七月，鄭成功之孫鄭克塽降清。

清聖祖康熙二十三年　甲子(1684)　六十二歲

正月初一日,陪宴太和殿。

《詩話》七:"予入館後,多紀事詩,今無一存者。嘗憶康熙甲子元旦,陪宴太和殿,有詩。時漢官各賜漢饌,大异常制。"

正月十日,趙寧生日,作詩祝壽。時趙將赴長沙府同知任。

《七言絶句七·贈趙司馬初度時正月十日將赴任長沙》《五言律詩二·趙司馬任長沙》。

光緒《湖南通志》卷一百二十二《職官志》十三:"(長沙府同知)趙寧,浙江人,二十三年任。"

趙寧,字又裕,號管亭,浙江山陰人。二十三年(1684),官長沙府同知。二十七年(1688),擢松江府知府。著有《長沙府岳麓志》《涉波詩》。(嘉慶《松江府志》卷四十三)

爲趙寧母金氏《賢孝册子》作序,蓋在此際。

《序二十三·趙象九先生德配金太君賢孝册子徵詩文序》:"予少時,早聞山陰趙先生名,嘆先生以文章行世,而不得志於時。家有老親,思丐升斗爲禄養,入伏成均,習四門書業,而京闈秋試,誤以《禮經》中乙科之首,遂拂鬱死都下。……乃金太君以名家弱息爲先生婦,備極勞苦,其奉事二親,較謹於先生在時,而加之以和。……會閩海初定,朝廷方命將詰戎,張皇撻伐,太君遽遣其次君又裕從軍海上,稍效其所學,以慰先志於地下。卒之甌粤恢復,武功耆定,而又裕得身拜一命,早通籍,以無負所遣。……孝子又裕恐母烈不彰,來史闕軼,因屬予序之,而以丐當世之能詩文者,歌咏記載,以爲傳述。"

正月二十四日,李天馥五十生日,作詩祝壽。

《七言律詩七·恭祝李少司農夫子初度三首》詩中注曰:"時歲次甲子。"

《奉祝李少司農夫子生日》,題下注曰:"生日正月下浣日。時家製一屏,乏詩,立命賦一十二首,署京朝官名。此祗八首,餘四首見第七卷。"第七首題下注曰:"公年五十。"

按,李孚青《皇清誥授光禄大夫武英殿大學士兼吏部尚書加四級顯考容齋府君行述》:"先大人生於明崇禎乙亥之正月二十四日辰時,終於康熙之三十八年己卯十月十五日戌時,享年六十五歲。"知李本年五十。

正月,同年朱彝尊遭降級處分。

  詳見張宗友《朱彝尊年譜》"康熙二十三年"條。

送春日,與龐塏、高詠集張鴻烈宅,分韻賦詩。

  《七言律詩五·送春日偕同館諸公集張毅文太史宅分得毫字》、高詠《遺山詩》卷三《送春日集張毅文同年寓齋分得端字》、龐塏《叢碧山房詩初集》卷十甲子京集詩《送春日集張雲子齋中得風字》。

二月,趙士麟之浙江巡撫任,詩以送之,并與同鄉官餞之朝陽門外。

  《五言格詩二·奉餞趙中丞之任杭州》《七言律詩五·趙中丞開府兩浙》。

  《碑記八·趙開府六事圖記》:"兩浙巡撫中丞趙公開府杭州,予與同鄉官出餞之朝陽門外。"

  按,王先謙《東華錄》康熙三十三:"康熙二十三年……二月……以趙士麟爲浙江巡撫,由左副都御史遷。"雍正《浙江通志》卷一百二十一:"(巡撫都察院)趙士麟,字玉峰,雲南河陽人。康熙甲辰進士。二十三年任。"

  趙士麟(1629—1699),字麟伯,號玉峰,雲南河陽人。順治十七年(1660)舉人,康熙三年(1664)成進士。歷官貴州平遠府推官、河北容城縣知縣、通政司右通政、左副都御史、浙江巡撫、江蘇巡撫、兵部督捕右侍郎、吏部右侍郎、吏部左侍郎。著有《讀書堂彩衣全集》。(徐文駒《師經堂集》卷十二《吏部左侍郎趙玉峰先生行狀》)

二月,薛柱斗由太常寺卿遷安徽巡撫,以詩餞之。

  《七言律詩七·餞薛中丞巡撫上江》。

  王先謙《東華錄》康熙三十三:"康熙二十三年……二月……薛柱斗爲安徽巡撫,由太常寺卿遷。"民國《懷寧縣志》卷十四:"薛柱斗,字梁公,陝西延長人。順治戊子拔貢。康熙丙辰,秉臬安徽。甲子,復來爲巡撫。"

二月,慕天顏遷湖北巡撫,作詩贈之。

  《排律五·慕中丞起湖北巡撫有贈》。

  蔣良騏《東華錄》卷十三:"康熙二十三年……二月,起慕天顏爲湖廣巡撫。"

寒食,與李澄中、高詠、吳任臣、黎騫、龐塏、曹宜溥、龍燮、崔如岳入直史館。

  《七言古詩九·寒食直史館奉和同年李漁村太史兼呈同館諸公》。

  按,李澄中《卧象山房詩正集》卷二《寒食阮懷志伊瀟雲大可雪崖子仁雷岸宗五入直史館》,中有"施陳物故憶經年,倪范還鄉各南北"句,"施陳"指施閏章、陳維崧,陳卒於康熙二十一年五月,施卒於康熙二十二年閏六月,見前譜。"倪范"指倪燦、范必英,兩人時假歸還鄉。本年秋,高詠假歸,故同館寒食直史館,必在今歲。與詩中"故國六年人未歸"合。

黎騫(？—1685),字子鴻,號瀟僧,後字瀟雲,江西清江人。順治十一年(1654)拔貢生。康熙十八年(1679),舉博學鴻儒科進士,授翰林院檢討,與修《明史》。著有《玉堂集》。(秦瀛《己未詞科錄》卷三)

曹宜溥,字子仁,號鳳岡,湖廣黃岡籍,江西東鄉人。蔭生。本榮子。康熙十八年(1679),舉博學鴻儒科進士,授翰林院檢討,與修《明史》。(秦瀛《己未詞科錄》卷三)

崔如岳(？—1691),字宗五,號雪峰,一號青崎,直隸獲鹿人。康熙十四年(1675)舉人。十八年(1679),舉博學鴻儒科進士,授翰林院檢討,與修《明史》。著有《坐嘯軒瑣言》。(秦瀛《己未詞科錄》卷三)

七月,宋德宜由吏部尚書遷文華殿大學士,作詩贈之。

《七言律詩五·宋尚書新進太宰》。

按,王先謙《東華錄》康熙三十四:"康熙二十三年……秋七月……以宋德宜爲文華殿大學士,由吏部尚書遷。"

九月九日,與龐塏、李澄中、李鎧、吳任臣、龍燮、崔如岳諸同年登善果寺閣。

龐塏《叢碧山房詩初集》卷十甲子京集詩《九日同毛大可李渭清公凱吳志伊龍雷岸崔雪峰登善果寺閣即事》。

九月二十四日,徐繼恩卒。

《塔志銘一·洞宗二十九世傳法五雲俍亭挺禪師塔志銘》:"公名净挺,號俍亭,即仁和徐世臣也。世臣諱繼恩,別字逸亭……卒於康熙二十三年九月二十四日。"

九月,汪懋麟罷官返里。

參見拙著《汪懋麟年譜》"康熙二十三年"條。

九月,同年秦松齡以順天鄉試罷職。

王先謙《東華錄》康熙三十四:"康熙二十三年九月己卯,禮部題:磨勘順天鄉試卷,文體不正三卷,文理悖謬二卷。正考官左春坊左諭德秦松齡、副考官翰林院編修王沛恩、同考官內閣中書王鄆、工部主事張雄,俱應照例革職;候選主事張曾祚,應照例革職,交刑部提問。從之。"

秋,同年高詠假歸,詩以送之。

《七言絕句五·高檢討同年假歸》。

按,詩中有"清秋過雨"語,知作於秋天。"同館追隨又六年",知作於本年。潘耒《遂初堂詩集》卷五《送同年高阮懷假歸二首》、龐塏《叢碧山房詩初集》卷十甲子京集詩《送高阮懷假歸宣城用潘次耕韻》。

秋,與李鎧、丘象隨、李澄中、黃虞稷集劉始恢宅。

《七言律詩九‧集劉選郎始恢新宅同李中允鎧丘檢討象隨李侍講澄中黃徵士虞稷即席》。

按,丘象隨《西軒甲子集‧劉价人招同毛大可李渭清公凱黃俞邰小集》,知作於本年。

秋杪,與諸同年集馮勖宅,分韻賦詩。

《五言律詩五‧秋杪陪群公集同年馮太史宅觀菊分賦得潛字》。

秋,周在都赴濟南通判任,詩以送之。

《七言律詩六‧送周在都任濟南郡丞》。

按,龐塏《叢碧山房詩初集》卷十三丙寅東山詩《贈周燕客別駕》中有"佐郡三過歲,蕭然七尺身"語,知周丙寅歲任濟南通判已三年,逆推之,當於此年赴任。毛詩有"肅肅秋風"語,當作於本年秋。李澄中《臥象山房詩集》卷二十三《送周燕客濟南別駕》亦作於本年。

周在都(1655—?),字燕客,周亮工第七子。(周亮工《賴古堂集》附錄)

爲同年汪霦《讀書秋樹根圖》題詩,時汪給假將歸。

《五言絕句三‧題同年汪宮坊讀書秋樹根圖》。

按,查慎行《敬業堂詩集》卷五甲子稿《汪東川宮贊屬題秋林讀書圖時汪給假將歸》、朱彝尊《曝書亭集》卷十二閼逢困敦《題汪贊善霦秋林讀書圖》,毛詩當作於本年。

秋,汪霦還里,詩以送之。

《七言律詩六‧奉餞汪春坊同年請假觀省還里二首》。

按,汪懋麟《百尺梧桐閣遺稿》卷六甲子稿《朝采將請假觀省先書甲子詩一册寄呈堂上屬題册首》。

十月,吳兆騫卒於京師旅舍,年五十四。

徐釚《南州草堂集》卷二十九《孝廉漢槎吳君墓志銘》:"漢槎以前辛未十一月某日生,其卒以康熙二十三年十月某日,年五十四。"

十一月八日,釋行澧卒。

《塔志銘一‧傳臨濟正宗三十二世彌壑澧禪師塔志銘》:"師諱行澧,字彌壑……示寂於康熙甲子十一月八日。"

冬,爲方象瑛《錦官集》作序。

方象瑛《健松齋集》卷二十《錦官集》卷首先生序:"渭仁以詩文名於人,

所稱《健松齋集》是也。……今幸與渭仁同受筆札,抽文擷史,將以窺其所學,且得進驗其太平丹膴之具。……會西南初辟,天子念巴蜀材藪既幸前滌,將大興文教,與斯民更始,於是特敕詞臣搜文其地,而渭仁首銜命往。……渭仁出都時,病怔忡尚未愈,馳驅崇山深箐中五千餘里,荒城古驛,僕馬瘠痛,然且登臨憑吊,題詩滿壁,即撤棘以還,山川名勝,必歌咏以盡其致。讀《錦官》一集,其襟懷所寄,豈猶然分廱聚草,悻悻自得者所能幾與?……康熙甲子冬月,西河弟毛奇齡僧開氏拜題。"

冬,同年黎騫假歸還里。

丘象隨《西軒甲子集·送黎瀟僧同年歸臨江》、龐塏《叢碧山房詩初集》卷十甲子京集詩《送黎瀟僧假歸》。

冬,佟賦斌妻石氏卒。爲志墓。

《墓碑銘二·刑部員外佟君夫人石氏墓碑銘》:"夫人氏石,遼東人。……會大中丞佟公巡撫四川,其子賦斌爲刑部員外郎,賢而有文,遂歸焉。……乃於康熙甲子十二月初七日卒,距生崇德庚辰八月二十日,享年四十有六。以覃恩誥封夫人。"

董閻父七十,寄詩祝壽。

《排律五·寄祝董太史尊人七十》。

按,顧汧《鳳池園詩集》卷四《壽董方南司業尊人》有"八千歲月蓬山客,七十風光貝闕仙"語。高咏《遺山詩》卷四《董太史方南太翁七十》,均爲董閻父七十時作。顧詩排在同卷《壽熊座主五十》和《送王瑁湖編修典試福建》之間,據《清代人物生卒年表》,熊賜履(1635—1709),推知熊本年五十;另據法式善《清秘述聞》卷二:"(康熙二十三年甲子科鄉試)福建考官侍講王頊齡,字顓士,江南華亭人。己未鴻博,內閣中書。"知三人祝壽詩均作於本年。

董閻,字方南,號如齋,江蘇吳江人。十歲,解五經大義。康熙十二年(1673)成進士,選庶吉士,以御試第一授檢討。在翰林十餘年,纂修會典,注禮經盡,職不懈,遷國子司業。(同治《蘇州府志》卷一百六)

同年潘耒坐浮躁降調,嚴繩孫乞歸。

孟森《明清史論著集刊·己未詞科錄外錄》:"三布衣入史館數年,於康熙二十三年一年中,竹垞鐫級,稼堂奪職,皆由掌院具劾。藕漁乞歸,亦在是年。"

作《擬爲司賓答問辭》。

《主客辭一·擬爲司賓答問辭》:"康熙二十三年,六宇蕩滌,中外無事。皇帝奮桓撥之烈,廓清南徼,迤及東瀛,畫地滇海之外,版漲籍渤。……惟古昔王者,當天下初定,有巡行縣寓、省方問俗之制。自三代迄今,未之有改。……皇上納群臣所言,特練時日,倡舉巡幸,減從官,省行軍。采大禹四載之需,折虞廷五年之典。隨不逾萬人,時不滿百日。登岱觀河,浮江涉淮。經閭閻,詣闕里,所至問民疾苦。父老扶杖,兒僮婦女率負戴來觀。……誠恐諸儒不諳,動循掌故,將引《虞書》《王制》觀典祭義,以及元嘉之儀、開元之禮,重相諮詢。因設主客往復,仿東方《客難》、揚雄《解嘲》、班固《答賓戲》、夏侯湛《抵疑》之文,擬爲司賓答問辭以曉譬之,庶後之君子可考觀焉。"

作《館擬甲子科湖廣鄉試録序》。

《序二十二·館擬甲子科湖廣鄉試録序》:"皇上御極之二十三年,值元會初開、干支初辟之始,禮臣以賓興大典,恪遵成例,開列諸臣應任選者,仰荷睿鑒。……積若干日,得若干人,以覃恩廣額,增若干人,并取乙貢成均者附若干人,而録文若干首以獻。……例得并書。"

作《封禪巡狩不相襲議》。

《議二·封禪巡狩不相襲議》:"愚聞:古王不襲法,聖德不襲治。一代之興,必有一代之制作,以明創建。矧時移勢易,沿變不一,斷無有包犧之政可行今日者。言者謂:皇上聖德神功,遠邁前代,當法古封禪之舉,以紀功德。而或則非之,謂:封禪非古,僅見之司馬氏七十二君之言。且其時行之者,則始皇帝與漢武也。秦與漢不足取法,當上法堯、舜,直以《虞書》五載巡狩之制,及春舉行。其言頗辨。然愚謂兩不然者。封禪之可疑,夫人而知之矣。……至煌煌巡狩,雜見《尚書》《周禮》《王制》,以及《後漢》元和北巡之詔、《唐開元禮》所定巡狩之儀,與夫宋真宗時有司斟酌省方告至之文,似古今重典,莫此爲最。而愚謂亦不必襲其名者。"

按,題下注曰:"康熙二十三年,同館官疏請封禪,而吏掌科員有謂當行巡狩、不當行封禪者。予以爲兩俱不然,乃爲之議。"

梅清作詩寄懷。

梅清《瞿山詩略》卷二十四甲子稿《懷遠九首》,其二爲《毛大可長安》。

爲同年龐塏《家庭紀懷五律詩》作序。

《序十一·龐檢討家庭紀懷五律序》:"雪崖未嘗以五字律見長也。……雪崖詩故多,今先出其《家庭紀懷》諸五字律梓以問世。此非故匿其所長也,以爲詩自有本,本在是,詩亦在是,而吾即推之爲人倫之書。"

按,龐塏《叢碧山房詩初集》卷九爲癸亥京集紀懷詩,序當作於本年。

羊山石佛寺大悲殿建成,爲文記之。

  《碑記六·創建羊山石佛寺大悲殿碑記》:"越有二石佛:一柯山,一羊山也。……乃就其石窨而袤延之,以甍以築,名石佛寺。康熙二十三年,大樹禪師從京師還,卓錫於其寺,募金造大悲大殿於舊寺之側。址之樹之,上陶而下甓,減木增漆,貊大悲像,而索予爲記。"

得勝壩天妃宮重修,爲文記之。

  《碑記七·重修得勝壩天妃宮碑記》:"古以得勝、厭北字京之門,北關之壩,皆是也。……若夫神名天妃,舊傳秦時李丞相斯,於登封之頃,出玉女於岱山之巔,至今祀之,所稱神州老姆是也。特以地祇主陰,故妃之。……康熙甲子,同官汪君曾爲册立使封琉球中山,馳波傾檣,幾於不免,乃禱天妃再而舟竟以渡,其神如此。因於其饗祀而續爲之歌。"

應金鎮之請,爲其從弟鎣祖母楊氏志墓。

  《墓志銘三·誥封金太淑人楊氏墓志銘》:"予過秣陵金觀察署,觀察每言其從弟孝,以失怙,事王母如其母。……暨予官京師,觀察弟司馬由學士爲予官前游,時相往來,倍知其從弟國學工文章,善事王母。……越明年,司馬授節鉞出撫七閩,而觀察以致仕北還,會其從弟承重居王母憂,觀察乃爲介持母狀來謁銘。按狀,母楊姓……而諸孫鎣與鎰皆以國學授監郡,向所稱孝孫能善事王母者,即鎣也。……母生於萬曆己酉月日,卒於康熙甲子月日,年七十有九,以覃恩誥封淑人。"

應同館李濤之請,爲其弟李潤撰狀。

  《事狀三·德州文學李先生狀》:"先生諱潤,字静嵐,德州衛李氏。……先生以癸亥五月,年三十七,卒。卒之明年甲子,而其兄編修君屬予爲狀。編修君諱濤,字紫瀾,予同館前輩也。"

  李濤(1645—1717),字紫瀾,號述齋,山東德州人。與兄浹、弟潤稱德州"三李"。康熙十四年(1675)中舉,十五年(1676)成進士。由庶常入明史館,事纂修,歷官臨江府知府、浙江鹽運使、廣西布政使、太常寺少卿、左副都御史、刑部侍郎。(道光《濟南府志》卷五十六)

翁叔元作詩咏程母康氏,先生作詩和之。

  《五言格詩二·永寧程母康太君死賊其子乞興安兵復仇興安帥嘉其義且善相術謂他日當代己領此衆後果然康熙甲子同館翁太史作詩誦之屬予和歌》。

  翁叔元(1633—1701),原名縋,字寶林,號静鄉、鐵庵,永平籍,江蘇常熟人。康熙十五年(1676)進士,授編修。十七年(1678),主山東鄉試。歷遷國子監祭酒,擢吏部侍郎,遷工部尚書。三十一年(1692),起補刑

部尚書。著有《鐵庵文集》。(同治《蘇州府志》卷一百)

丁思孔遷偏沅巡撫,值其五十生日,作詩賀壽。

《七言律詩五·湖南丁中丞生日》。

光緒《湖南通志》卷一百二十一《職官志》十二:"(原設偏沅巡撫)丁思孔,奉天,進士,二十三年任。"又江慶柏《清代人物生卒表》,丁思孔(1634—1694),知丁本年五十。

爲吕洪烈父師著表墓。

《墓表二·敕授江寧北捕通判吕公墓表》:"當予入郡爲文社時,有以兄弟指名者曰三張、三吕。三張者,張梯、張杉、張樏也。若三吕,則一爲巨烈、一爲相烈、一爲洪烈。兩家皆世家子弟。……而既而三張皆就木,相烈客死,巨烈爲鹽官訓導,貧不得歸。惟洪烈以記室從嶺南來,見予而諮嗟曰:'先公死二十年矣……今老矣,子猶吾兄弟行也,吾請自爲狀,而子表之,何如?'予曰:'然。'……公諱師著,又諱王師,字謫名,客星其號也。……康熙甲辰七月三十日以微疾卒,距生明萬曆己亥,享年六十有六。"

按,據文中"先公死二十年矣""康熙甲辰七月三十日以微疾卒"語,知作於本年。

許孫荃道其父思硯事,爲文記之。

《碑記五·思硯齋記》:"予少時聞父老言,合肥許中丞守吾郡時,臨去郡,别父老於錢清江,指所携硯賫諸曰:'嗟乎!此吾守此郡以來所得物也。吾不能有裨於此郡。而乃携此去。吾愧焉。'是言也,吾嘗聞而感之。暨予入京,距前事若干年,讀施侍講所爲《思硯齋詩》……今户部君生洲先生,每道其尊大人思硯事,且屬予爲記。……公諱如蘭,前朝中丞,初爲敝郡守。生洲先生諱孫荃,曾授翰林庶吉士,於予爲同館前輩,今視漕通州,所稱户部君者。"

按,徐乾學《憺園文集》卷二十五《思硯齋記》:"合肥許君生洲與余同舉進士,又同讀書翰林。歲甲子,以左部郎遷憲職,視學秦中,奉命倥裝,行有日矣,出其所刻《思硯齋記》示余,并屬記之。"毛文亦當作於本年,故繫於此。

許孫荃(1640—1688),字生洲,又字友蓀,號四山,安徽合肥人。康熙九年(1670)進士。選庶吉士,散館,改户部主事,再轉郎中、刑部四川司員外郎,官至陝西提學道。著有《慎墨堂詩集》。(光緒《續修廬州府志》卷四十五)

《古今通韵》成，自爲緣起。

《古今通韵》卷首緣起云："伏睹古經多有韵之文，自六書有諧聲、轉注二義，而韵學生焉，故《毛詩》《周易》最重協音，官韵、部韵，頗嚴出入，而惜其書之多失傳也。今通行韵書并非沈韵，而有指爲沈韵者；亦并非唐韵，而有指爲唐韵者；且唐無禮部韵，而有稱是書爲唐禮部韵者。古韵不可考矣！齊中書郎周顒著《四聲切韵》，而梁沈約效之，因之有《四聲類譜》之作。然當時著韵尚多，不必盡行約書也。至隋開皇間，有陸詞者實始作《切韵》五卷，雖其名與周顒同，而實多創始，且更名《聲律》，又名《律韵》，以爲時取士之準，故唐時律文皆用其書。至天寶間，陳州司法孫愐稍爲增訂，改作《唐韵》，然仍名'切韵'。逮宋祥符間，又改作《大宋重修廣韵》，而《切韵》遂亡。今之《廣韵》，則全非《切韵》舊本，即在宋亦未嘗以《廣韵》試士也。其所行者，則别有《禮部韵略》，與《廣韵》差別。第其所分部則尚相等，大約分四聲爲二百六部，如一東、二冬、三鍾、四江、五支、六脂、七之、八微之類，雖爲律詩，亦必合數部爲之，故試律詩者於冬韵下必注曰'與鍾同用'，於支韵下必注曰'與脂、之同用'，雖諸韵未并，然其可并者自在也。至理宗朝有平水劉淵者，實始并冬、鍾、支、脂諸部爲一百七部，且盡删去三鍾、六脂數目，而易以今日。其書頒於淳祐壬子，名《壬子新刊禮部韵略》。自元、明迄今，皆遵用之，而於是唐韵、宋韵俱不可考矣。然其書猶不去'同用'之注，故元時陰氏爲《韵府群玉》，則猶存其目在前，且其中列字仍照舊本。至金時韓道昭爲《五音集韵》，元時熊子中作《韵會舉要》，祖司馬光字母之説，竟以意顛倒，致使列字先後輾轉移易。則今之所傳，并非《壬子禮部》原本，而舉世指爲沈韵，或指爲唐韵，則何終日餐飯，而不得名之爲黍爲稻也！且其指爲沈韵者，必有自矣。間嘗客淮西，得《平水》舊本，始知今韵爲南渡後書，其先今而知之者，則見之明萬曆間江夏郭正域所僞造《韵經》之例，實則元熊忠《舉要》已明載韵目注中，世特未考耳。若其指之爲約書，則自元迄今，皆未曉也。……既而讀唐國子祭酒李涪《刊誤》一書，中有論及《切韵》者，則盛訾《切韵》所分上、去之謬及東冬、中終分別聲律之誤。是四聲所分，雖不始於詞，而四聲所分隸之字如今韵者，則皆詞所爲。至於東、冬之分部與中、終之分切，則純乎詞之爲之。且《切韵》原序爲唐儀鳳間郭知玄撰，刻於宋時《廣韵》卷首者，其述詞所言，亦以支脂、魚虞、先仙、尤侯在前，此未知分別，則明明《切韵》未行之前，支與脂爲一韵，先與仙爲同切，而法言始從而分之。且《刊誤》極詬吳聲，其詬詞者一如後人之詬約，正以約、詞皆吳人，而以詬張吳者移諈李吴。是古音之後，其分二百六部者爲隋陸詞一人，其幷爲一百七部者爲南宋劉淵一人。其他韵間行，則皆從此參變焉，而世莫知也。或曰：休文之韵已見之楊慎《韵經》，慎家藏有約《四聲》本，而慎著爲經，即慎本也。向疑升庵所注祇有《轉注古音略》一書，而未見《韵經》，及得其本，則正郭正域所爲也。正域是書雖矯詐無理，不足置喙，然正域亦惟以今韵非休文所著，而相沿無故深文吴興，盲諈瞎謑，因造爲此書，思雪其說。今復以正域所造《韵經》誤指楊慎，盲諈瞎謑，一猶之劉韵之指沈韵，則驢辜馬坐，難以施辯矣。且夫諧聲者律韵之始，轉注者古韵之始，今律韵分合既行劉韵，而古韵曾無成書，遂使宋儒注經，但取泉州通判吴棫《補音》《韵補》二書，爲之依憑，全在考窾。而明初作《正韵》者實不審《三百》以來暨漢、晉、隋、唐遺韵爲何物，而但據棫書，妄訾《平水》本爲沈本，别爲并法，《平水》并律韵，而《正韵》直并古韵，其諸誕妄，何可勝道！而詞賦用韵，遵爲科律，在舊韵所未經注明者，而今直注之，以致有宋迄今七八百年間，文人學士，其以詞賦名家者，皆不免有沿誤，則律韵亂於劉淵，古韵亂於吴棫，世皆貿貿焉而不知察也。方今啓闢文教，詔丞相、御史諸卿大夫及内外郡國舉天下有學之士試之，一如古制科用人遺法，親覽舉文，較嚴於禮部、南省諸試，其中詩賦軼韵者便爲摘發，較其輕重以定等第。……乃未經頒輯，册書典韵，闕焉有待，因於修史之暇，退乘餘晷，據平時胸臆所記，審别揚扢，仍就宋代相傳《禮韵》，參訂諸本，録其字之可準用者，嚴加刊定，即古音通轉，亦復逐韵考窾，編入各部，使詞賦家有所繩檢。雖其書成自簡陋，而踵事增華，不廢草昧，因敢飾陋就簡，與同館史官徐嘉炎、李澄中等互相質難，僥幸無誤，然後丐本院學士恭呈，幷於齋宿捧呈之頃，叙諸委折，以爲是書撰述所由始，庶後之君子可覽觀焉。"

是年前後，爲張錫懌文集作序。

《序二十·張弘軒文集序》："雲間才士每多於三吴，而其所最上而最名者二人，徐西崖、湯賓門也。然而二人者，皆游於弘軒之門，然則弘軒之爲文可知也。……當予游上海時，讀西崖、賓門之文，已嘆其難及。顧未嘗讀弘軒之文也，然嘗登弘軒之堂。……今予游長安……而弘軒不忘故舊，越千里而寓以詩與文也。予乃爲伍校而參訂之。……予向曾序西崖詩，其在長安，則又爲賓門序《西山游記》，而今復讀弘軒詩而序以是也。"

李霨卒。沈荃卒。張岱卒。周慶曾卒。

【時事】　正月，清廷命鄭克塽、劉國軒、馮錫範、陳永華等調京居住，編入旗下。九月，康熙帝首次南巡，十一月底還京。十二月，鄭克塽抵京。

清聖祖康熙二十四年　乙丑(1685)　六十三歲

正月十五夜,南海放烟火。次日,校獵。群臣從觀者皆有詩。

　《詩話》五:"康熙乙丑元夕,上於南海子大放燈火,使臣民縱觀,仿大酺之意。……次日,校獵,上親御弓矢,九發皆中。……時群臣從觀者,皆有詩。……獨徐春坊勝力作記,名《紅門火花記》,備載詳析,一覽了了。"

正月二十四日,康熙帝親考翰林、詹事各官。

　龐塏《叢碧山房詩初集》卷十一乙丑家集詩《答金右黄》詩中注曰:"乙丑正月二十四日,上考翰林、詹事各官。"

二月二十八日,高咏卒。

　王士禎《池北偶談》卷二十二"梅异"條:"乙丑,高卒。"《候潭高氏族譜》卷八:"康熙乙丑二月廿八,卒,壽六十四。"

二月,來燕雯至京會試,與晤京邸。

　《墓碑銘二·故明中憲大夫太常寺少卿兵科給事中來君墓碑銘》:"壬戌,君始卒。又三年,其四子燕雯以己酉舉人赴公車,門,值予直史館,鬮分《明史·文苑傳》。……燕雯適詣予。"

　來燕雯,浙江蕭山人。康熙三十九年(1700)進士。(雍正《浙江通志》卷一百四十三)

三月初三,呈進《古今通韻》疏。

　《恭進韻書疏》曰:"翰林院檢討臣毛奇齡謹奏:爲恭進韻書事。臣竊惟古王三重,一在考文,《周官》六書,首重韻學。蓋審音定律,一代之典文繫焉。自古韻不作,魏、晋以降,各創爲律韻行世。雖其間遞有沿革,然因陋就簡,往往標之作一代法式。故唐用《切韻》,與五經同頒科場。而宋造《禮部韻略》,特照九經例,頒行天下。明初甫定鼎,即命詞臣宋濂等輯《洪武正韻》一書,著爲律令。……今天下車書一家,滿文漢字,昭然畫一。上自章牘,下逮券契,皆歷歷遵守。獨於韻學,多未定者。今所傳韻書,共指爲沈韻,非沈韻也;又指爲唐韻,非唐韻也。沈韻與唐韻失傳久矣。竊考今本係宋南渡後平水劉淵所作,而理宗朝爲之頒行,名'壬子新刊禮部韻略'。乃自元迄今,不知何故,并傳爲沈韻、唐韻,而遵行至四百餘年,以訛傳訛,從無刊正其是非者。……因於奉命修史之暇,纂成韻書壹册。悉仍《平水》舊本而參訂之,擬名'康熙甲子史館新刊古今通韵'。其曰'康熙'者,尊朝廷也,猶之明韵冠'洪武'也。曰'甲子'者,記時也,與宋韵之稱'壬子'無异也。曰'新刊',新正也。宋韵稱《禮部新刊》,金韵稱《泰和重刊》,皆是也。其曰'古今',則謂律韵與古韵也,亦猶元之稱《古今韵會》者也。第臣纂此書,非敢自信,祇以考律審聲,古今所重。謬承著作,豈可私行?因恭呈睿覽,上求審定。……惟是遭逢聖明,千載罕覯,當此堯、舜之世,而不使蒭蕘一得及時奉獻,徒濫厠從官,虚縻歲月,豈不可惜?因冒昧呈進,謹將抄謄所撰《韵書》,分爲十卷,裝成肆册,共壹函。隨本同上,惟祈皇上裁擇施行。……康熙貳拾肆年叁月初叁日,翰林院檢討臣毛奇齡。"

三月十日,王晫五十生日,填《千秋歲》詞自壽,作詞和之。

《填詞五·千秋歲·和王丹麓自壽原韵》。

按,王晫《霞舉堂集》卷三十二《千秋歲·初度感懷》序曰:"乙丑三月十日,爲僕五十誕辰。學《易》未能知非,自愧繫年華之不再,徒老大之堪悲。偶述小詞,聊復寄慨。覽者或惜其志,依韵賜以和言。僕一日猶千秋也。"金烺《綺霞詞》之《千秋歲·乙丑三月十日爲仁和王丹麓五十初度制千秋歲詞同人和言余適游粤時舟次豫章不及稱祝即釐原韵寄之》,毛詞當作於本年。

三月,充會試同考官。

法式善《清秘述聞》卷十四《同考官類》二:"(康熙二十四年乙丑科會試)檢討毛奇齡,字大可,浙江蕭山人。己未鴻博。"

《詩話》五:"予入鏁院,領十八房考,思效梅聖俞嘉祐故事,陪歐陽主文作《禮部唱和詩》,而不可得。一則時促,彼時絕不通人者五十日,今裁廿日耳。一則監視嚴,彼時群處燕坐,嘲談笑謔,都無所禁;今則主文同考,環坐把筆,且監史在傍,一起一居,皆須檢點。一則秤量密,彼時財取任意,古文、今文,抹紅勒白,致有拈扎苗刺刷爲笑樂者;今則彈絣糾墨,搜瑜索纇,左勘右核,旁皇不暇,即緘箱將退,尚有持燭重開展者。以是鏁院日久,不得一詩。既見王編修薛澱七律八首,甚工整。在賜宴時,則有'幣頒錯繡裁雲碧,花賜敲金插帽紅'句。在閱卷時,則有'圍棘空庭人語寂,垂簾清晝柝聲傳'句。皆當時實事。至若'紫泥密下瞻天筆,黃紙新刊列御題'句,則以是年一二場,皆皇上親命題到院,黃封御筆,尤所罕覯,故云。予雖和四詩,實愧續尾。惟臨發榜前三日夜歸房後,與李丹壑世兄、張卣臣編修東西連舍,每至丙漏,重續燭,墻頭過酒,厨人説櫃食,家僮授箸,敲壁歌呼以爲樂,因復得唱和詩數首。但二君被酒,輒才如涌泉,予稍醉,反口噤不能語。每思及,至今媿之。"

閱《春秋》房卷,得士十二人。事竣,有詩呈諸同考。

《排律六·康熙乙丑予奉使分校會闈得士一十二人竣事恭紀兼呈同考諸公三十韻》。

《墓誌銘十三·誥授明威將軍進封昭武將軍王君墓誌銘》:"獨予以康熙乙丑閱會試《春秋》房卷。"

在鑲院,有詩簡同考官王九齡并主考王鴻緒。

《排律六·鑲院簡王編修同考兼呈難弟侍郎主文十韻》。

法式善《清秘述聞》卷二《鄉會考官類》二:"(康熙二十四年乙丑科會試)户部侍郎王鴻緒,字季友,江南婁縣人,癸丑進士。"同書卷十四《同考官類》二:"(康熙二十四年乙丑科會試)編修王九齡,字薛澥,江南婁縣人,壬戌進士。"

王鴻緒(1645—1723),初名度心,中進士後改名鴻緒,字季友,號儼齋,別號橫雲山人,江南華亭人。廣心季子。康熙十二年(1673)進士,授編修,官至工部尚書。曾入明史館任《明史》總裁,與張玉書等共主編纂《明史》。爲《佩文韻府》修纂之一。著有《橫雲山人集》等。(乾隆《金山縣志》卷十二)

王九齡(1643—1708),字子武,號薛澥,江南華亭人。廣心仲子。康熙二十一(1682)進士。改庶吉士,授編修。二十七年(1688),擢通政司左參議,後轉通政司右參議。三十三年(1694),轉翰林院侍講學士。三十六年(1697),進詹事府少詹,旋調都察院右僉都御史。三十九年(1700),升内閣學士,兼禮部侍郎。四十三年(1704),遷禮部右侍郎,兼翰林學士。調兵部侍郎,改吏部,轉左。四十六年(1707),擢左都御史。著有《艾納山房集》《秦山草堂集》。(乾隆《金山縣志》卷十二)

開榜謝恩後,禮部賜宴,教坊演樂舞,同考官李孚青有紀事詩。

《詩話》二:"及乙丑分校會闈,開榜謝恩後,禮部賜宴。教坊奏伎者,一歌頭執大板,穿團花衣,右立。……時同考李編修丹壑有紀事詩,一名《容臺公讌詩》,見《丹壑集》。"

三月,有詩話一則,記徐嘉炎前作《鐃歌鼓吹曲》誦平滇黔事。

《詩話》四:"康熙辛酉,王師收滇、黔,群臣獻頌甚夥。同官徐華隱獨仿舊作《鐃歌鼓吹曲》。自《聖人出》,至《文德舞》止,凡一十四章,每章因事立名,與繆襲、韋昭、何丞天輩相表裏。特其中有《海波平》一題,爲驅海寇鄭錦作,中云:'金門厦門波不揚,瞳瞳日出窮扶桑。'但及二門而不及臺灣,以其時彭湖尚未破也。今則罙入東溟矣。版圖四擴,臣及海外,千古僅事,當作《收彭湖》《畫海外》諸題以補之。乙丑三月日。"

春，沈士本中進士歸里，詩以送之。

《七言律詩五·送沈五栗士本進士歸里》，詩中注曰："是科予分闈，同宴禮部。"

沈士本（1660—1721），字壹皆，浙江蕭山人。康熙二十年（1681）舉人，二十四年（1685）成進士。授四川屏山縣知縣。丁外艱，起補蘆山縣知縣。報最，遷吏部主事。累升郎中。（《蕭山縣志稿》卷十六）

遇文果（輪庵和尚）於京師，作詩贈之。

《七言絕句五·長安遇輪庵和尚即三十年前文園公也》，詩中注曰："時予小妻曼殊將亡。"

尹坪寄琴譜與詩，作詩志謝。

《七言絕句七·尹坪以琴譜并詩寄予依韻賦答時小妻曼殊將亡》。

五月二日，妾張曼殊病卒，年二十四。

《墓志銘六·曼殊葬銘》："曼殊小妻，張姓。……康熙二十四年五月二日，病發，卒，年二十四。"

方象瑛、吳闡思作詩《曼殊挽詩》。

方象瑛《健松齋集》卷十九乙丑《曼殊挽詩爲毛大可檢討賦》、吳闡思《北游草·毛太史如君曼殊挽詩》。

按，張曼殊卒後，京師諸公悲其遇，爭作挽吊，自梁清標以下，詩、詞、文、賦不可勝紀。又有作鼓子詞，唱和成帙。諸公吊詞見《墓志銘·曼殊別志書籌》，其中尤以周清源《續長恨歌》最知名。

吳闡思（1648—?），字道賢，江蘇武進人。能詩善畫，著有《秋影園詩》《匡廬紀游》。（光緒《武陽志餘》卷六之三）

五月，曼殊婢金絨兒卒，爲銘墓。

《墓志銘六·金絨兒從葬銘》："金絨兒者，曼殊婢也。十一從曼殊，如花蔿之有枝葉。越六年，金絨兒病，初以月事閟，腹下小痛，醫者誤下之，遂中死法。曼殊在病中，聞之，泣曰：'是婢死，吾無生矣。'既而曼殊死，金絨兒驚起，以手據地行，哭七日，口血漉漉，隨死。哀哉！因攜其櫬偕曼殊同歸，而葬於其側。"

七月，王源至京，謁先生，跋《曼殊墓銘》。

王源《居業堂文集》卷二十《曼殊墓銘跋》："余在秦郵，見檢討毛大可先生贈郵醫葛淑承文，述其側室曼殊得奇疾且死，淑承立起之狀甚悉，異之。及來京謁先生，曼殊死甫兩月，則示以所爲銘傳，讀而悲焉。夫閨門之際難言矣。曼殊以賣花翁女，負殊質，既已不克安其身，勸且逼以他適者屢屢，而之死靡他，卒以身徇而不悔，可不謂賢乎？……傳載曼殊母夢白花生曼殊,而其歸先生,亦有大士授花之夢,然則曼殊生而悲,悲而不得永其年,而卒賴先生之文以傳者,豈偶然哉?"

王源(1648—1710),字昆繩,號或庵,順天大興人,寓寶應。父世德,明末以世職官錦衣衛指揮。明亡後,携二子往寶應就其同鄉梁以樟,遂家寶應。少任俠,喜談兵,從寧都魏叔子游。舉康熙三十二年(1693)順天鄉試。曾參與修《明史·兵志》。晚年,師顏元。著有《平書》《居業堂文集》。(民國《金壇縣志》卷九之四)

七月十七日,釋智道卒。

《塔志銘二·越州西山重開古真濟禪寺傳曹洞正宗第三十世以揆道禪師塔志銘》:"師諱智道,字悟通,又字以揆。……師卒於康熙乙丑七月十七日。"

九月,有詩話一則,記與馮宿榮對酒縱論乙丑科詩文事。

《詩話》六:"康熙乙丑科,予與錢唐馮禮部紫燦同邸居,兩人適共分中外簾。及撤棘,對酒邸舍。禮部云第二場'洗'號東盈五號壁,有二詩甚佳,其一云:'朱旗夜瞭九成臺,葭火當樓曉角哀。分膳局前催飯去,至公堂上送題來。'其二云:'魚鑰深深鎖棘籬,麻衣如雪淚如絲。不虞萬里歸來日,還見三條燭盡時。'是必係塞外赦回,或西南初開,辛苦從賊中來者。惜不署姓氏,其得失皆不可考。九月日。"

九月,李興祖遷山東沂鄰海贛同知,作詩贈之。并爲李興祖詩集作序。

《七言古詩十三·贈襄平李廣寧司馬赴兗州》。

《序二十二·李廣甯司馬詩集序》:"予讀廣寧詩,目之所接,口之所誦,皆豁達於心……今將以魯國司馬特遣開牙於淮沂之間,塞帷而行。"

按,李興祖《課慎堂初集·復嘯草自序》:"余自乙丑菊月量移東阿。"毛詩當作於本年九月。

李興祖(1646—?),字廣寧,號慎齋,奉天鐵嶺人,隸漢軍正黃旗。蔭生。康熙十三年(1674),任直隸慶雲縣知縣。二十四年,任沂鄰海贛同知。升直隸河間府知府。三十一年(1692),任山東鹽運使。著有《課慎堂詩集》。(道光《濟南府志》卷三十七)

秋,曹禾母八十生日,作詩祝壽。

《五言格詩四·曹伯母壽》題下注曰:"曹侍讀同年母太君也。"

按,詩中有"八十方賜珍",知作於曹母八十時。據丘象隨《西軒乙丑集·曹侍讀頌嘉母夫人八十》,知爲同年曹禾母。

秋,周在浚赴太原參軍任,贈詩爲別。

《五言律詩六·周大公子赴河東參軍贈別》。

按,吴闿思《北游草·送周子雪客赴太原藩佐用韦苏州贈令狐恩韵》,此詩排在《乙丑元旦》和《乙丑季冬訪李大令於莱蕪》之間,當爲本年作。萬言《管村乙丑詩稿·送周雪客参軍之晉藩》、查慎行《敬業堂詩集》卷六乙丑稿《送周雪客赴太原藩幕兼訊安邑丞陳六謙》中有"絶塞秋高一雁賓,投轄舊游豪氣在"句,知周秋天赴任。

秋夕,周金然招諸名士集張氏園,分韵賦詩。爲周金然《礦岩續文部二集》作序。

《排律五·秋夕周金然編修招諸名士集張氏園分賦得銀漢仿唐試體以題爲韵》。

周金然《礦岩續文部二集》卷首先生序:"今天下稱善文者,誰不推周子廣庵?顧吾之讀廣庵文在二十年前……故廣庵所著,大抵多應制代言及館課之作,其視舊所爲文,未知孰勝,然而體亦稍異矣。……則廣庵爲文,即使續集未行,予偶得前集讀之,其歡欣贊嘆,徘徊感激,必無以過乎今所爲文,何則?以其有異乎世之所爲大家者也,而況乎續之者之未有已也。西河弟毛奇齡頓首謹題。"

周金然(1641—?),字礦岩,號廣庵,又號越雪,別號七十二峰主人,浙江山陰人。康熙二十一年(1682)進士,榜姓名金然。改庶吉士,散館,授編修,官至洗馬。與修《一統志》。奉旨校輯古文《戴禮》,旋嬰疾告歸。著有《周廣庵全集》《南華經傳釋》等。(同治《上海縣志》卷二十)

秋,單之倫之任休寧縣丞,詩以送之。

《五言律詩五·送單贊府之任休寧》。

道光《休寧縣志》卷七:"(縣丞)單之倫,字天常,浙江山陰人。增監,康熙二十四年任。"

秋,數過任辰旦邸舍看菊,作詩志感。

《七言絶句八·數過任黃門邸舍看菊留三絶句志感》。

秋,爲吴闿思樂府詩作序,吴賦《古風》六章志謝。

吴闿思《秋影園詩》卷首載先生《樂府小序》:"吴子道賢爲樂府,夫人而知之也;其爲樂府,而有異於今之爲樂府,則人不得而知之。……乃道賢示余兼本,會余病,未觀。既而閣中有悼逝者,取其集詠吟,當悲歌之泣,諷而驚,驚而嘆,嘆而感。"

吴闿思《北游草·毛太史大可先生爲我作樂府序賦古風六章奉賀且志感云》。

秋杪,秦宗游假歸山陰,詩以送之。

《七言絶句七·秋杪重送秦太史假還山陰》。

按,詩中有"共入東堂已七年"語,知詩作於本年;另據"君先秋雁飛"語,知詩作於本年秋。

十月十二日,金鎮卒,年六十四,爲志墓。

《墓志銘三·誥授通議大夫江南提刑按察使司按察使金君墓志銘》:"君姓金氏,諱鎮,字又鑣。……又明年,卒,時康熙乙丑十月十二日,距生天啓壬戌十一月二日年,六十有四。"

十一月三日,釋本圜卒,爲志塔。

《塔志銘一·傳臨濟正宗三十二世蛤庵圜禪師塔志銘》:"師名本圜,字蛤庵,別號湘溪道人。生於崇禎壬申七月八日,示寂於康熙乙丑十一月三日。……予以籍蕭山,與師舊,而黃門任君曾延師住別業,故於垂寂時同往一訣,乃以予知師面,屬予志塔如右。"

十二月,顔敏與妻田氏合葬,爲志墓。

《墓志銘二·誥授通奉大夫廣西布政使司布政使顔君暨誥封二品夫人田氏合葬墓志銘》:"君諱敏,字乃來,別字澹叟。……爲宛平顔氏。君少爲諸生,與其弟諱敦字敦五并名……中順治乙酉舉人。……康熙庚申,君弟起四川叙州守,而君以八桂亂,大兵方南下,議非重臣轄其地不可,特詔君開藩廣西,時田夫人以疾卒。……君生於萬曆丁巳正月八日,卒於康熙甲子四月二十六日,年六十八。田夫人者……生於萬曆丙辰十一月二十六日,卒於康熙庚申三月十九日。……乙丑嘉平月,將合葬君夫人舊阡,而孝子伯虎介天官大夫拜予狀而謁予以銘。"

顔敏(1617—1684),字乃來,號澹叟,順天宛平人。少爲諸生,與其弟敦齊名。順治六年(1649)進士,授刑部主事,進郎中。出爲池州守,遷湖北按察司副使。既而遷本省布政司參政,分守下荆南道。補貴州按察使,攝布政使事。遷廣西右布政司使,隨轉左,改陝西。後開藩廣西,以力瘁,并病瘴,遂卒。(光緒《順天府志》卷九十九)

冬,吳闌思南還,作詩送行。

《五言格詩五·送吳道賢南還》。

按,吳闌思《北游草》自題曰:"乙丑八月既望,寓燕臺客延陵吳闌思識。"同書《乙丑季冬訪李大令於萊蕪遂留余署齋度歲》,闌思乙丑秋八月在京,季冬訪友萊蕪,則知闌思本年冬離京。

冬,同年方象瑛乞假南還。

《家烈婦誄文》:"暨乙丑之冬,予與編修君先後南還。"

按,方象瑛《健松齋集》卷二十四《奉假南歸真定夫子賦詩贈别依韻奉酬》中有"七載貧官味,歸裝只敝書"語,由己未授館職,下推七年,知方氏本年假歸。

冬,援遷葬之例,乞假在籍。

《奉史館總裁札子》:"獨是先贈公柩舍,曾爲亡伯兄教諭仁和時障土江滸,未返東浙,遂於康熙乙丑冬,援遷葬之例,乞假在籍。"

按,是年前後,己未鴻博或升轉,或假歸,或降調,或罷黜,或病卒。《明史》未成,而鴻博諸人凋謝殆盡。徐釚《南州草堂集》卷首潘耒序曰:"今吾同舉而同官者五十人,屈指六七年來,遷除者幾人,罷免者幾人,物故者幾人,若星之流,若蓬之漂,千百年後,考論其人,不將如今之視昔耶?"鄧之誠《清詩紀事初編》卷三"潘耒"條云:"鴻博之試,諸生、布衣入選者,未幾皆降黜,或假歸。始則招之唯恐不來,繼則揮之唯恐不去矣。"如楊海英《康熙博學鴻儒考》所言:己未詞科只是清廷安定天下的一個計謀,康熙帝打着"求賢右文"的旗號,廣納天下之才,其用意是在拉攏天下士人,特別是江南士人。在天下英才紛紛入其彀中之後,隨着三藩的平定,臺灣納入版圖,清朝統治進入了一個新階段。恰在此時,却是鴻儒諸人被摒弃最多的時侯。

爲釋本圜《語錄》作序。

《序十四·蛤庵和尚語錄序》:"蛤師參諸方……歲甲子,任黃門招師渡湖,會師發願將朝臺,遇於京師。和碩安親王延師於西山隆恩,建幢設鉢,遠近聞者皆宗之。居無何,翠華幸潭柘,召師行在,令賦詩,訊五宗始末,授齋賜含桃,灑以宸翰。"

蔡仲光寄書至,托先生賣其家藏畫。

蔡仲光《謙齋文集》卷八《又寄大可》:"前所藏郭恕先之畫,能畫之士辨之者多矣。或以爲真,或以爲高手臨摹,願因足下之重爲我賣之。……足下内君仲春之初……欲倩仲光作書勸足下多構畜妾,以圖允孕。"

同年倪燦服除,補前官。

喬萊《歸田集》卷二《倪檢討墓志銘》:"乙丑,服除,補前官。"

爲方中德《躬耕養母圖》題詩。

《七言古詩九·題方田伯躬耕養母圖》。

按,方象瑛《健松齋集》卷十九乙丑稿《題躬耕養母圖送家田伯還桐城》、萬言《管村乙丑詩稿·題方田伯躬耕養母圖十韵》。

方中德(1632—1716),字田伯,號依岩,安徽桐城人。以智長子。性孝友,少侍父京邸,京城陷,隨父南奔。父出亡,與弟仲通輪流侍奉。著有《古事比》《易爻擬論》《性理指歸》《經學撮鈔》《遂上居稿》《繼善錄》《心學宗續編》。(道光《續修桐城縣志》卷十五)

汪鏵典試陝西，得"壽萱"二字，值其母八十，先生作詩贈之。

《七言古詩十三·汪鏵選郎善事母值典試關中得壽萱二字碑洞摩勒以歸時太夫人八十遂預製扁額臨二字於堂以爲慶索爲此歌》。

按，法式善《清秘述聞》卷二："（康熙二十三年甲子科鄉試）陝西考官……員外郎汪鏵，字鍾如，湖廣江夏人，庚戌進士。"方象瑛《健松齋集》卷十九乙丑《壽萱堂詩祝同年汪吏部母程太宜人八袠》、萬言《管村乙丑詩稿·壽萱歌爲汪鍾如吏部賦》、劉謙吉《雪作鬚眉詩鈔》卷四《汪文選鍾如試秦得古碑壽萱二字持當采舞廣其意令同年賦之二首》。

汪鏵，字鍾如，號惕齋，安徽休寧人。性穎敏，過目終身不忘，讀書江漢書院。康熙二年（1663）中舉，九年（1670）成進士。十三年（1674），考授中書舍人。升戶部主事，轉吏部文選司主事，歷考功驗封司員外。由驗封郎中調掌選，補稽勳司。二十三年（1684），典陝西試，稱得人。（道光《休寧縣志》卷十三）

爲喬萊《侍直圖》題詩。

《七言古詩十二·題喬侍讀侍直圖》。

按，詩名"喬侍讀"，據潘耒《遂初堂文集》卷十九《翰林侍讀喬君墓志銘》："君諱萊，字子靜，號石林，寶應人。……乙丑春，上御試詞臣，君名在第四。間日，復試之，君名在第五。上甚悅，旋升侍講，五月，再遷。"先生詩當作於本年，與詩中有"明將歸去"語合。

毛漪秀提學雲南，詩以送之。兼爲毛漪秀《秦中詩》作序。

《排律六·送家僉事提學雲南》。

《序十一·家副使秦中詩序》："吾家菉園以金門之才，司馬平涼。夫平涼即古之蕭關地也……今菉園以文事顯矣，身爲望郎，天子特簡之校文黔南，甫竣事，而即復有滇南學使之命……乃於瀕行之際，輯舊所爲詩而次第之……泉明重宗誼，吾將進而諷長沙之章矣。"

雍正《雲南通志》卷十八下之一："（提學道）毛漪秀，山東掖縣人。進士。二十四年任。"

毛漪秀（1633—?），字公衛，山東掖縣人。順治十五年（1658）進士。十七年（1660），授吳江縣知縣。三藩之亂時，赴西涼，即授平涼府同知。擢刑部員外郎，升戶部郎中。曾充典試貴州，遷按察司僉事，終雲南提學。著有《游秦草》。（乾隆《掖縣志》卷四）

爲張芍房《摩青集》作序。

《序二十二·張芍房摩青集序》："予與張子芍房見於汝南之南亭，致相好也，顧嗣此不復再見。康熙乙丑，其猶子舉人偕計車來京，距向相見時一十八年,始接其書問,且問見其近日所爲詩若詞。……聞芍房構園居,名曰'陟園',取'陟岵陟屺'之義。而中建杰閣,以'摩青'名,則即李白登華時所稱'頂摩青穹'者是也。"

張芍房,河南汝南人,生平不詳。

擬《北郊配位尊西向議》。

《議二·擬北郊配位尊西向議》:"予濫受館職,值國家繼世之後,禮樂明備,且西南方闢,無考定典制諸事。惟有郊壇配位,以太常卿所奏下議,謂南郊南向,北郊北向,南北所向各异。而三祖配位皆東一西二東三,以次傍設。則一偏東上,似乎北向之位,不無左反,因之群議改正。館中諸先輩皆謂南向東配,北向西配,不宜南、北兩向俱是東配。然且各執意見,有言無北郊者,有言北郊不當北向者,有言北郊無配者。皇上亦疑於衆説,間以配地有無詢學士徐公,徵其是否,乃卒遲久不能決,以終無一定之禮可憑據也。合肥相公時方爲少宰,請召賓客於卧游之堂,酒半,謂予曰:'有北郊否?'曰:'有之。《周禮》言方澤,《祭法》言泰折,皆北郊也。'"

按,此議題下注曰:"康熙二十四年,太常寺卿徐元珙疏奏:現行祀典中,圜丘壇位北設南向,以太祖皇帝爲一配;東設西向近北,太宗皇帝爲二配;西設東向近北,世祖皇帝爲三配。亦東設西向近南。至方澤壇位已改爲南設北向。而三祖配位,亦復以東設西向爲一配近南,西設東向爲二配近南,又東設西向爲三配近北。于是五岳、五鎮以次分設,亦始於西向而迄於東向,則是壇位改設,而配位未改,穆昭右左,不無難安。奉旨下議,時翰林院官各有擬議,而主客未決。某以爲仍行舊典,不宜更易,因議如左。"

擬《不許武官起復議》。

《議二·擬不許武官起復議》:"武官起復,仿於周制'金革之事無避'一語。然當時稱爲權禮,故臨軍事始起復,事畢即否。……金革重大,則恩以義掩,所由來久。自今伊始,或臨軍,或在汛,宜起復者,必令統之者。如將軍、提督輩,題令奪情,則方許起復,否則如文臣一體守制。且即其守制者,亦必新舊交代明白,始聽去。若身有公事,若部軍押仗、旗官轉餽諸務,非事竣不行。則庶幾忠孝兩全,恩義各得,古所稱'弁經從事,不減苴麻'者,此之謂與?謹議。"

按,此議題下注曰:"康熙二十四年,言官疏請武職大小内外諸臣,當一如文臣守制,不令起復,奉旨下議。"

魏裔介七十生日,作詩祝壽。

《七言排律·寄贈柏鄉相公生日一十四韻》。

按,詩中有"賜杖不因酬赴闕",知作於魏七十時。據徐乾學《憺園文集》卷二十七《光禄大夫太子太傅禮部尚書保和殿大學士加一級柏鄉魏公墓志銘》:"公諱裔介,字石生,别號貞庵,又號昆林。……公生於萬曆之丙辰,卒康熙之丙寅,享年七十有一。"推知魏本年七十,毛詩當作於本年。

魏裔介(1616—1686),字石生,號貞庵,又號昆林,河北柏鄉人。崇禎十五年(1642)舉人。順治三年(1646)成進士,選庶吉士。散館,授工科給事中,轉吏科,升太常少卿。方三月,擢副憲,十四年(1657),擢總憲。康熙初,居御史臺,逾年,復宫保。晋冢宰,拜保和殿大學士兼禮部尚書,入贊機政。著有《兼濟堂文集》。(民國《柏鄉縣志》卷六)

爲王喆生母朱氏《旌節録》題詩。

《七言絶句七·書王編修母朱太君旌節録後》。

按,萬言《管村乙丑詩稿·王母朱太孺人旌節》題下注曰:"編修醇叔之母。"徐元文《含經堂集》卷二十五《王母朱太孺人苦節旌表序》:"節母朱太孺人,贈編修王宣遠先生之配,年二十四而寡,苦節三十餘年。季子醇叔舉進士,官翰林。……醇叔初迎養太孺人京師,今得告奉侍而歸。"

王喆生(1648—1728),字醇叔,號素岩,江蘇昆山人。少師事朱用純,能得其傳。康熙二十一年(1682)成進士,官編修。後乞假養母,絶意仕進,讀書敦行,品望日重。(乾隆《江南通志》卷一百六十三)

毛定周授丹徒縣知縣,應其所請,爲其先人表墓。

《墓碑銘一·敕贈文林郎家明府君暨高孺人墓碑銘》:"予修《明史》,作《先忠襄傳》……既而天子臨軒策士於天安門外。見貢自香山者,詢之,則前訟祠者之孫也。予方慰勞間,而香山選人由舉人授丹徒令,以兄弟行來見,且手狀再拜,將表其先人之墓,而謁予以文。……定周,順治丁酉科舉人,即新授丹徒令者。"

乾隆《江南通志》卷一百八《職官志》:"(丹徒縣知縣)毛定周,香山人。舉人。康熙二十四年任。"

爲釋行澧志塔。

《塔志銘一·傳臨濟正宗三十二世彌壑澧禪師塔志銘》:"今皇帝嗣服之二十年,西南再辟,四方有道之士咸觀京師。于時彌壑大師從開化來,應和碩親王額駙尚公之請,卓錫城西延壽寺。會益都相國馮公修無遮大會,請師設戒於長椿寺中……既而師疲於應接,游嵩洛去……因於次年甲子赴大梁。越一年,其嗣法樹南,忽携訃來……而丐君以銘。……師諱行澧,字彌壑,寧海胡氏子也。"

是年,起草誥詞若干。

《誥詞·吏部侍郎并妻》《吏部侍郎祖父母》《吏部侍郎父母》《奉天府府丞并妻奉天府府丞父母》《四譯館少卿并妻》《四譯館少卿父母》《掌道御史并妻》《掌道御史父母》《糧儲道并妻》《糧儲道祖父母》《糧儲道父母》。按,《誥詞》卷首識語:"本朝誥敕,率以品級爲等差,不分各衙門內外,第以同品同制,勒爲定式。至康熙乙丑,特命詞臣,更撰諸詞,照內外各衙門職銜,分題若干首。初晴館稿俱不存,茲從同館周贊善抄本録入,祇十之一耳。"

約於是年,王先吉選刻宋元詩成,爲作序。

《序二十二·王舍人選刻宋元詩序》:"舍人王君惟恐以今之爲宋、元者如昔之爲唐,而仍蹈其弊,於是搜討遴録,遍輯宋、金、元之詩,而以揀以料,揚其粃而汰其礫,取夫宋、金、元之近唐者而存之。"

約於是年,爲周亦韓《愛蓮堂詩》作序。

《序十三·周亦韓愛蓮堂詩序》:"予方爲周子愚亭叙其詩,嘆其負良材,不局於學,所謂名幹無軼支者。而不逾時,而周子亦韓即又以《愛蓮堂詩》屬予爲叙。"

周亦韓,生平不詳。

約於是年,爲毛士宏母陳氏志墓。

《墓志銘五·陳太孺人墓志銘》:"予承乏入史館,作弘、正朝傳,闖題得先忠襄名氏。……會忠襄諸裔有刑部郎孫以大名主簿解車京師,則予兄弟行也。因詢忠襄事,兼搜討忠襄長子廉使征土司思陸遺迹,惋嘆久之。越一年,主簿弟同兩弟國子、判官以太孺人訃來,跟蹡將南歸,急走予邸,再拜哭泣,口述太孺人遺事而請予以銘。太孺人氏陳,前朝布政司使諱迪女也。……太孺人生於若月日,卒於若月日,年七十五,子四:長士宏,直隸大名府滑縣主簿;次士奎,國子監生;次士學,出繼;次士遴,考授州判官。"

民國《重修滑縣志》卷十三:"(主簿)毛士弘,浙江餘姚人,十八年任。"

駱復旦卒,年六十四。

《墓志銘八·駱明府倪孺人合葬墓志銘》:"君生於天啓壬戌,卒於康熙乙丑,享年六十四。"

爲孫嘉績志墓。

《墓碑銘一·故明大學士前兵部職方司郎中歷九江道僉事孫公墓碑銘》:"順治三年,清師下浙東,職方孫公以抗戰不勝,蹈海死。死時,海未靖,未能浮海而問所殯也。越二十八年,康熙乙丑,天子命諸旅渡海,搗彭湖逋寇。……公孫監州君逾海尋公死所,得公揭櫬於瀚洲之間,遂啓櫬以歸,而葬之爥湖。……公諱嘉績,字碩膚,浙之餘姚人。……公以順治三年六月二十四日卒,距生萬曆三十二年九月十四日,享年四十有四。"

張烈卒。曹溶卒。翁介眉卒。

【時事】 三月,康熙帝再次致書俄國沙皇,要求俄軍撤退。五月,清軍水陸官兵夾圍雅克薩。九月,淮揚水災。十一月,河工之議起,安徽按察使于成龍主張浚海口以瀉積水,河督靳輔主張束水注海,康熙命廷臣公議。

卷五　歸田研經，著書授徒

清聖祖康熙二十五年　丙寅（1686）　六十四歲

二月，洪昇歸里，詩以送之。

《五言律詩六·送洪昇歸里覲省》。

按，章培恒《洪昇年譜》"康熙二十五年"條："二月，歸里覲省。高士奇、馮廷櫆、徐嘉炎、毛奇齡、周篔以詩贈別。"

洪昇（1645—1704），字昉思，號稗畦，又號稗村、南屏樵者，浙江錢塘人。康熙七年（1668），國子監肄業。二十年科舉不第，布衣終身。工詩，精戲曲，與孔尚任并稱"南洪北孔"。二十八年（1689），因在孝懿皇后喪期演出《長生殿》，被劾下獄，革去國子監監生。晚年歸里，窮困潦倒。著有詩集《稗畦集》《稗畦續集》《嘯月樓集》，雜劇《四嬋娟》，傳奇《長生殿》。（章培恒《洪昇年譜》、乾隆《杭州府志》卷九十四）

春，爲張英《賜金園圖》題詩。

《七言絕句八·奉題張學士賜金園圖》序曰："康熙二十年，張圃翁學士請假歸龍眠，以上所賜金，割其半買園，構四軒其中，名'賜金園'。同邑姚耕壺繪圖傳之。越三年，上召學士，仍入供奉。暇日，出圖索同館爲詩，予賦八首續畫卷後。"

《詩話》三："龍眠張學士以山水爲性情，雖曰供奉御前，而丘壑之志未忘，故自稱曰圃翁。嘗以乞假歸，出所賜水衡錢，構園居之，名'賜金園'。姚舍人爲之圖畫。予不揣，從高學士、勵編修二供奉後，鱗次題寫，慚無佳語。"

按，高士奇《苑西集》卷六《題敦復學士賜金園圖》，此卷自乙丑八月起至丙寅六月止，此詩位於《二月四日》與《孫赤崖再至都下僅得一面春來賦別聊以代柬》間，詩當作於本年春。據毛文中"予不揣，從高學士、勵編修二供奉後"語，知毛詩作於高詩後，故繫於此。

閻修齡七十生日，填《兌閣十詞》賀壽。

《填詞六·兌閣十詞》序曰："予游淮時，閻子牛叟與丁少君敦伉儷之好，作《兌閣》十闋。索予和詞，予未有以應也。閱一十八年，予赴召至京，值牛叟年七十，丁夫人已亡。其嗣君百詩重貽書并幣，專使赴長安，請和前詞。蓋欲以承尊人歡，當稱觴地也。予始理其詞，對使和去。其十闋皆有題，依題演義，不自解工拙，牛叟知我，定有以諒之耳。"

同年張鴻烈以越職言事罷官歸里，作詩留別，先生答其原韵。

《五言格詩二·奉答張檢討鴻烈南還留別原韵》。

按，龐塏《叢碧山房詩初集》卷十二丙寅家集詩《送張毅文檢討歸淮上》《毅文歸再賦》，毛詩當作於本年。

孫徵灝召集西園，時先生將南歸，作詩答之。

《排律六·蒙孫國公徵灝請召西園燕集有贈時予將南歸舟次奉答》。

孫徵灝，孫可望子。（《清文獻通考》卷二百五十四）

任辰旦改授大理寺寺丞。

《事狀二·大理寺寺丞前兵科掌印給事中任君行狀》："君諱辰旦，行四，字待庵。……丙寅，內轉，改授大理寺寺丞。"

應門人傅光遇之請，爲其母陸氏銘墓。

《墓志銘五·傅母陸太君墓志銘》："歲乙丑，奉天子簡命，分校會試，領十八房考。維時所首薦者，則傅生也。……暨予請沐歸，傅生流涕迎馬前，謂太君已小祥，將卜葬於梁諸之原，有日矣，請錫以銘。按，太君陸姓……生於崇禎辛未七月二日，卒於康熙乙丑三月三十日，年五十有五。子三：長光遇，康熙乙丑進士，即傅生也。"

按，傅母卒於康熙乙丑三月三十日，文中有"已小祥"語，知毛文作於本年四月。

四月，張仲舉由湖南布政使遷福建巡撫，作詩贈之。

《七言律詩六·張方岳巡撫閩中》。

雍正《八旗通志》卷二百五："二十年，仲舉隨興祚復廈門、金門，尋遷山東按察使。二十二年，遷湖南布政使。二十五年……四月，擢福建巡撫。"乾隆《福州府志》卷三十："（巡撫）張仲舉，遼東人，康熙二十五年任。"

四月，康熙帝下搜書令。

王士禛《池北偶談》卷四《訪遺書》："康熙二十五年四月，上諭禮部、翰林院：'自古帝王致治隆文，典籍具備，猶必博采遺書，用充秘府。蓋以廣見聞而資掌故，甚盛事也。朕留心藝文，晨夕披覽，雖內府書籍篇目粗陳,而裒集未備,因思通都大邑,應有藏編;野乘名山,豈無善本?今宜廣爲訪輯,凡經、史、子、集,除尋常刻本外,其有藏書秘錄……務令搜羅罔軼,以副朕稽古崇文之至意。'"

夏,將歸,朱彝尊、龐塏、李澄中、丘象隨、黃與堅、博爾都、劉中柱餞於沙河門外,各以詩文贈別。

朱彝尊《曝書亭集》卷十三《送毛檢討奇齡還越》、黃與堅《願學齋文集卷》二十三《送毛大可檢討歸蕭山序》、博爾都《問亭詩集》卷三《送毛大可南歸王咸中北游》、劉中柱《真定集》卷二《送毛大可檢討假歸》、龐塏《叢碧山房詩初集》卷十二丙寅家集詩《送毛大可檢討假歸蕭山》、李澄中《卧象山房詩正集》卷二《送毛大可檢討歸蕭山》、丘象隨《西軒丙寅集·送毛大可同年歸蕭山二首》。

《詩話》二:"予請十旬假,同官餞予於沙河門外,皆有詩。獨朱竹垞賦長律二十四韵,中有云:'曉雨千門散,新泉五閘聞。花光晴淡泊,峰翠遠氤氲。祖席移帆影,回塘蹙水紋。語多兼往事,觴罷判斜曛。'此即事也。至'語多兼往事'起一句,遂有云'午釁柯亭竹,秋眠蕙帳蚊',則叙予鄉游時事。'失路栖淮浦,逃名憶汝濆',則叙予出走時事。'易穿東郭履,難免北山文',則叙予應召時事。'香奩詞悵悵,錦瑟泪紛紛',則叙予亡妾時事。'爲折章臺柳,翻辭秘省芸',則叙予歸來時事。此皆貽贈之最親切者。自非竹垞,焉能知我若是?予嘗品竹垞長律,可凌駕元、白,即此可驗。其全詩見本集。"

有詩答別梁清標、喬萊、龐塏、李澄中。

《七言律詩九·奉別梁司馬夫子敬和所贈原韵》《七言律詩九·答喬侍讀同年贈別原韵有感》《七言律詩九·依韵和龐雪崖年兄送別》《七言律詩八·酬別李漁村同年》。

臨行,徐乾學爲《古今通韵》作序,先生以詩謝之。

徐乾學《憺園文集》卷二十一《古今通韵序》:"《康熙甲子史館新刊古今通韵》若干卷,翰林院檢討毛大可撰。本檢討蓋積數十年精力爲此書,既應詔試,詩賦稱旨,入史館又五年,乃上之夫韵書。……天子乙夜覽觀,以爲有裨於好古之士,温綸嘉獎。同館諸先生使之雕版印行,而檢討以其序屬某爲之,且自述其所以作書之意。……檢討嘗與予往復數十百言,守其説而不能易,某無似,不能爲説以通兩家之郵。惟是二書各有歸趣,要皆積數十年精力爲之,其必傳於後無疑者。先舅藏書名山,以俟後人,而此書遂達御前,宣付史館刊行於世。……天子右文,超越前古,不遺小學,俾廣其傳,豈非重有幸也?檢討學殖宏富,所著書尚多。在詞館積俸,當遷坊局,遽請急以去,其志行高潔如是。於其行也,爲書大略,以應其請云爾。"

《詩話》四:"健庵學士嘗爲予作《通韵序》,有云:'天子右文,超越前古,不遺小學,俾廣其傳。'時不解'小學'二字,皆以爲薄視其書,即同館學人尚有擬議以興者。豈知'小學'者,字書之學,學士安可及也?時予謝以詩,末云:'盧生本受通儒學,不料重傳保氏書。'正用盧植授生徒六書降小學事答其語耳。"

夏,與楊卧出都,舟泊黄河口,見竹林有兩連理。

《詩話》二:"予出都時,舟泊黄河口,見人家竹林且有兩連理者。此幸不復以俗弃,可雪元嘉四年之恥。然無詩,因賦七言詩投其家。時楊卧在舟中,同賦詩。"

楊卧,字柳堂。生平不詳。

過淄川,謁唐夢賚。爲唐夢賚《志壑堂集》撰序。

《七言律詩八·南還候益都夫子未得過淄川謁唐豹岩前輩書此志懷》。

《序十三·志壑堂集序》:"往讀淄川唐先生疏,其責諫官者,較切於愈之責諍臣。……及予從益都夫子游,竊讀其《志壑堂集》,嘆先生儒術醇粹,幡然一破諸俗學之陋。……昔先生嘗至越矣,見蕺山之學而論其得失,其於本體功用燎然有得。惜予以避人故,徘徊他方,不能親承之而見其所爲學也。乃予入館中,忝居後進,間取其所著,而以步以趨,憬然念今人中亦遂有言德兼至如先生者。……先生志在丘壑,而心存民物,乃羈遲有年,卒未聞有束縕之請過而問之者,豈其時爲之乎?"

唐夢賚(1628—1698),字濟武,號豹岩,又號嵐亭,山東淄川人。順治五年(1648)中舉,六年(1649)成進士,授翰林院庶吉士。八年(1651),授翰林院檢討。九年(1652),請急歸葬。著有《志壑堂集》。(道光《濟南府志》卷五十四)

訪李焕章於心寺,時焕章他往,不值。

李焕章《織水齋集·卧象山房文集序》:"丙寅夏,大可以病告歸里,過青州,用漁村之言,訪余於心寺。值余他往,不及睹。"

李焕章(1614—1692),字象先,號織齋,山東樂安人。明諸生。後弃舉子業,專肆力於詩古文詞。與安致遠、李澄中、張貞稱"青州四大家"。著有《龍灣集》《無學堂集》《老樹村集》,彙爲《織水齋集》。(乾隆《諸城縣志》列傳第十六)

謁馮溥,爲馮溥"適志堂"撰記。

《五言格詩一·康熙二十五年予請急歸里自京門赴益都特謁馮相公夫

子恭呈八章每章六韻共九十六句》。

《碑記六·馮太傅適志堂記》:"太傅引年時……御制五字詩,灑之宸翰,中有'元臣適志'之句……太傅感焉,遂於歸田之暇,築室藏弆,即以'適志'二字顔其堂,且屬宫詹學士沈君爲之書,紀聖恩也。"

按,《詩話》五:"越三年,予始告歸,且僅於歸時裁得一過覲益都。"

江上遇胡介祉,對江而泊,不及晤。

《七言律詩九·予請假南還時舟遇胡循齋少參赴都對江而泊以病不晤蒙惠示詩集相憶有年頃過明湖會於顧侍御莊復蒙見贈和答江字》。

《詩話》五:"後在舟中,讀胡少參《谷園集》,有《過趵突泉》詩:'歷下名泉稱趵突,浪花奔涌雪花開。何知十六年前客,今日看泉恰又來。'爲之悵然。少參爲山陰少保公哲嗣,其詩盛爲當時所稱。"

胡介祉(1659—?),字茨村,又字智修,號循齋,直隸宛平人,原籍浙江山陰。兆龍子。蔭生。康熙二十二年(1683),任濟南監兑督糧道。三十年(1691),官河南按察使。工詩,著有《谷園詩集》。亦善曲,著有《隨園曲譜》。(阮元《兩浙輶軒録》卷十二、光緒《順天府志》卷一百二十五)

夏,歸里,吴闡思之粤東,有詩留别先生等人。

吴闡思《秋影園詩·自諸暨還至山陰將發粤東留别胡太守馮司馬姜京兆徐徵君毛太史四首》。

按,吴闡思《秋影園詩·余自甲子北游丙寅春方得抵舍是歲夏初復有粤東之行……》,知本年夏吴南游廣東。

夏,金鋐由福建巡撫調任浙江巡撫。

王先謙《東華録》康熙三十七:"康熙二十五年丙寅……夏四月……金鋐爲浙江巡撫,由福建調。"

葬張曼殊、金絨兒於蕭山,爲銘墓。

《墓志銘六·曼殊葬銘》:"曼殊小妻,張姓。……康熙二十四年五月二日,病發,卒,年二十四。……遂携櫬歸蕭山,將附於藏予之地,而繫以銘。"

《墓志銘六·金絨兒從葬銘》:"金絨兒者,曼殊婢也。……隨死。哀哉!因携其櫬,偕曼殊同歸,而葬於其側。"

作《曼殊别志書磚》。

《墓志銘六·曼殊别志書磚》:"曼殊,豐臺賣花翁女。……因名阿錢。……阿錢慧甚,能效百鳥音。……初,予婦將至,徙居南西門墳園,慮不容也。益都夫子憐其窮,强予開閣,而曼殊難之。其後有假予意逼遣之者,曼殊死復活。……至是,病轉劇。……既而病發死。"

秋,李興祖以詩寄懷,先生以詩答之。

李興祖《課慎堂詩集》卷七《寄大可毛太史》、毛奇齡《七言律詩八·奉答兗州司馬李廣寧原韻》。

按,此詩排在《丙寅中秋陰雨同諸友人小酌醉後感賦二律》與《丙寅除夜》之間,故繫於此。

將選今古文,作《還町雜録》。

《序三十·唐七律選序》:"康熙廿五年,予請急南歸,將選古今文,作《還町雜録》。"

《序三十二·盛玉符詩序》:"予於始歸田時,作《還町雜録》。"

彭而述《讀史亭詩集》卷首先生序曰:"予向歸田時,僅録其聲律,謂三唐以還,罕有其匹,因作《還町録》,而冠之卷端。"

秋,爲劉氏《水澄傳詠》作序。

《序十六·劉氏水澄傳詠序》:"自《史》《漢》有'叙傳'之詞,概括諸本事,押韻成文。而更生作《列女傳》,遂贊頌而諷揚之。此即《水澄傳詠》之所由昉也。顧《水澄傳詠》原始家乘,而家乘之體,大抵襲廬陵、眉州,編年紀世,取其明晳。而水澄舊譜,獨詳列記、傳,旁及志、表,有似乎扶風、龍門之爲史者。……獨怪水澄閥閲甲于吾郡,自其先司馬公創譜以迄于今,增修續修,不知凡幾。而藎臣以韵文一二概括之,使知劉氏所始,六族、五忠,著于前代;而由元迄今,尚有名臣杰士、忠孝俠烈可歌而可詠者,其爲保世亢宗之無已,有如是也。"

按,《劉氏水澄傳詠》卷首載此序,末署:"康熙丙寅秋月,西河同學弟毛奇齡拜撰。"

十月,爲俞鳳章志墓。

《墓志銘二·敕授儒林郎山東都運分司運判俞君墓志銘》:"山陰兩俞君工文章,謂易庵與余庵也。……暨予官京師,而君以都運分司山東。……乃予請急歸,而君已先期首故丘,將葬矣。君之子於予歸也,造廬,手君狀,涕洟請曰:'歲之首冬,謀窆兆於山陰葑溪之鳳凰山,乞志之。'……君諱鳳章,字九儀,別字余庵……生於天啓乙丑十月六日,卒於康熙丙寅四月四日,年六十有二。"

十一月,朱溶客錢塘,爲其《忠義録》作序。

《序十七·忠義録序》:"雲間朱先生者,義士也,而工於文。……生當啓、禎間,目擊夫國家之故,北南喪亂,有相繼而死其事者。每憶而書之,久之成帙,遂題其編曰《忠義録》。間嘗廁史館,編纂前代史文,奉天子明命,無嫌無忌,因得遠丐先生所爲書爲之藍本。"

按,朱溶《忠義録》卷首載先生序,末署:"康熙丙寅冬仲,西河同學弟毛奇齡撰於西湖舟次。"

鄭景會聞先生歸里,有寄詩。

阮元《兩浙輶軒録》卷十三鄭景會《聞毛檢討歸里門有寄》。

鄭景會,字又韓,一字慕韓,又字海門,浙江仁和人。諸生。著有《醉愁集》《海門集》《鷗鴣集》。(阮元《兩浙輶軒録補遺》卷三)

同邑包銓平修族譜成,爲作序。

《序十五·包氏族譜序》:"予少時與即山游,拜其尊大人於堂。降而與即山、吕和、銓平結爲兄弟……予乞假還里,值銓平修族譜成,屬予爲序。"

包銓平,浙江蕭山人。生平不詳。

冬,同年喬萊被譴出都。

丘象隨《西軒丙寅集·送喬石林侍讀被譴出都七首》。

爲俞灝《春早堂集》作序。

《序十七·俞可庵文集序》:"順治辛卯,浙三舉秋試,是科解文往以第四人爲一鄉之冠……可庵俞先生也。既而先生成進士,予嘗於文會中得一再見,然於舉文外,不見有所爲他文者。又既而先生之子復與予從子同舉於鄉,每謂先生有詩集數卷藏於家,已托予從子屬予點定,而予以出游去,未之應也。暨予官長安,距當時屬予時已八九年。逮歸,而先生之子然後捧先生集至,賚諸相示,則儼然遺文焉。"

按,文中"又既而先生之子復與予從子同舉於鄉",指毛遠公(榜名王遠公)與俞廷槐於康熙十六年丁巳中舉事。雍正《浙江通志》卷一百四十三:"(康熙十六年丁巳科)王遠公,蕭山人。……俞廷槐,杭州人。"據文中"距當時屬予時已八九年",推之,知毛序作於本年。

俞灝(1637—?),字殷書,號可庵,浙江仁和人。順治十五年(1658)進士,官揚州府同知。著有《春早堂集》。(阮元《兩浙輶軒録》卷一)

爲張毓瑞母章氏志墓。

《墓志銘五·誥封淑人張母章太君墓志銘》:"余從子舉鄉,出聞喜侍讀門下,其於江陵司徒公,則主貢所自出也。嘗聞從子從司徒公大令今麗水君歸江陵,讀書於江陵之柳間,屢稱章太君家居程檢有法。……暨予官京師,而公之大令適以選人筮鄉之麗水,稱麗水君。予餞之横門,以爲鄉有賢大夫,梓桑之慶。而既而南歸,則麗水君方以憂服歸江陵,而以予通家,且能累太君之行而屬以志也。予何敢辭?太君章姓,江陵人……太君生於崇禎乙亥九月二十一日丑時,卒於康熙丙寅十月二十日戌時,年五十有二,以覃恩誥封淑人,子二:長毓瑞,拔貢生,見任浙江處州府麗水縣知縣。"

同年毛升芳罷歸。

丘象隨《西軒丙寅集·送毛允大同年罷歸》。

約於是年,作《公請何孝子崇祀鄉賢揭子》。

《公請何孝子崇祀鄉賢揭子》:"某等謹以公請鄉賢事具揭臺下,竊見先朝弘治年間,有蕭山何御史舜賓之子何競,因恢復本邑湘湖水利,顯報父讎,其孝著於一身,其功則在闔邑。見今郡、縣志書暨史館所存先朝實錄,彰彰可驗,不謂鄉賢一事,尚未舉行。……今孝子遺迹,實存志傳,先朝朝議,原附獎例,即《古今孝子集》凡一百有六人,孝子名氏已紀其内;而鄉賢一事,至今未舉,何以教孝?……倘得采取蕘蕘,即賜施行,澤及先進,教行後起,某等幸甚,通邑幸甚。頃者,朝廷纂修《明史》,伏見聖諭煌煌,首重孝行,太常所載,亦尚功德。竊聞史館諸賢已經備搜孝子實迹,闖題立傳,惟此崇祀一事,將與國是、鄉評共垂不腐,為此,鄉官士民等連名具揭。"

約於是年,沈士超重刻《北斗元靈經》,爲作序。

《序十四·重刻北斗元靈經序》:"《北斗元靈經》者,道書之一也。其書叙設教之原,旁及功行,姑假道於生死因應之説以爲世誡,而注釋興其間焉。……吾友沈士超,有道人也。合同志剞劂,重爲流布,將以公世之好道者。"

沈士超,浙江蕭山人。生平不詳。

約於是年,爲徐準志墓。

《墓表四·浙東招撫使故明工部員外監靖南侯軍徐公墓表》:"公諱準,字式平,會稽人。……而守者不信,遂殺公。公死三日,兵薄城,守者出降,以殺公故,盡殺在城官吏之降者。公友吕公,故北捕通判,改衢州教授,收公尸。公性孝友,爲人忼愾,不矜飾,好與人財。與人言,必盡其肝膈。博學善文,下筆數千言,而恥爲八比。初名士奇,惡流俗畸致,改名準,取以儆也。……公卒於順治三年七月廿六日,距生萬曆三十二年七月十日,享年四十三。子嘉慶,以父難蔭官,辭不受。女適吕洪烈,則余友也。其孫源曾以國子遇予於京師。及予歸,出所爲狀,拜請表,則其狀爲洪烈尊大人北捕通判公所撰,即當時收公尸者。"

爲金烺父母志墓。

《墓表五·金文學魯孺人合葬墓表》:"君以崇禎十四年卒……暨予應

詔從京師歸,醫瘖杭州,子闇乃以對策赴天安門,請宮詹學士朱君填銘壙中,而麗牲之碑尚有俟也。……君諱樞,字伯星。……君生於萬曆壬子三月二十五日,卒於崇禎辛巳五月十六日,享年三十。孺人生於萬曆甲寅十月七日,卒於康熙辛亥七月二十九日,享年五十有八。"

約於是年,取史館所作明朝后紀列傳,雜以先祖所傳《宮闈記聞》,成《勝朝彤史拾遺記》六卷。

《勝朝彤史拾遺記》卷一:"彤史者,後宮女官名也。其制:選良家女子之知書者充之,使之記宮闈起居及內廷燕褻之事,用示勸戒。而惜其書不外傳。予幼時得先子石阡府教授所藏《宮闈記聞》一卷,自洪武至萬曆,凡十三朝,可謂小備。雖所闕亦無幾,第載事未確,其文不雅馴。予承乏爲史官,值修明史,常關題起草,得順、成、弘、正四朝后妃列傳。因歷探中秘,以爲必有異聞晦事可補疏略。而遍搜史戚,但得詳冊封年時,及后妃崩薨、喪葬諸禮節,而他無所有。乃不得已,仍取外史所記與實錄稍不誣者,草成應之。而拾其餘剩,歸而雜之先子之所藏,復爲斯篇。大抵事取可驗,寧闕勿備,謂之'拾遺'。既無彤史,稱彤史者,曰非史官之正史焉。"

約於是年,成《武宗外紀》一卷。

《武宗外紀》:"《武宗外紀》者,仿《漢武外傳》而爲之也。夫《漢武外傳》與《本紀》不同,是故外之。今所紀,皆《實錄》中事,而亦以爲外,曰:以予觀於同館之爲史者,其爲《武宗紀》,不忍斥言人主之過,凡《實錄》所載諸可鑒事,皆軼而不錄。夫史以垂鑒,不諱好惡。而乃以惡惡之短,而致本身所行事而皆軼之,是本也而外之矣,因題曰《外紀》。"

魏裔介卒。蔡仲光卒。王又旦卒。顏光敏卒。吳任臣卒。葉奕苞卒。王岱卒。

【時事】 三月,于成龍遷直隸巡撫。十二月,群臣再議下河工程事,清廷議招靳輔與孫在豐至京面議。

清聖祖康熙二十六年　丁卯(1687)　六十五歲

二月,同年倪燦卒。

《碑傳集》卷四十五喬萊《倪檢討燦墓志銘》:"康熙二十六年二月,翰林院檢討倪公闇公以疾卒於官。"

春,任辰旦丁母憂歸里。

  喬萊《歸田集》卷二《任太恭人墓志銘》:"康熙二十有六年春,大理寺丞任君待庵聞太恭人喪。"

訪釋序燈於西湖笑隱庵,作《重修笑隱庵募簿序》。

  《序十八·重修笑隱庵募簿序》:"笑隱庵在清波門外,相傳古法喜院地,而與學士港爲鄰。……鼎革之際,已廢院爲錢氏湖莊,而陳君太蕶以禱嗣而購復之,仍名'笑隱',有年矣。康熙丁卯,予歸田之後,訪奕公和尚於其中。……奕公憂之,思重加整葺,而謁予以疏。"

  釋序燈,字奕是,浙江杭州人。著有《嘯隱偶吟錄》。(阮元《兩浙輶軒錄補遺》卷九)

二月,游閩,遇毛鳴岐於道山亭下。

  《序十六·家明府文山七十壽序》:"予於康熙乙卯,游閩之晋安,遇文山於道山亭下。"

  按,上文"乙卯"當爲"丁卯"之誤。《詩話》二:"康熙二十六年三月十五日,予寓福州開元寺。"同書同卷:"丁卯,客福州,飲方氏水亭。"知先生本年游閩。

  毛鳴岐(1622—?),字文山,初名獻球,福建侯官人。順治十一年(1654)舉人,康熙七年(1668),官四川營山縣知縣。晚年,主講鰲峰書院。著有《菜根堂全集》。(民國《閩侯縣志》卷四十三)

  弘治《八閩通志》卷七十三:"道山亭,在烏石山之西,宋熙寧中郡守程師孟建。"

過道山,有詩吊范承謨。

  《七言律詩十·行過道山吊范制府作》。

  范承謨(1624—1676),字覲公,號螺山,遼東瀋陽人,漢軍鑲黃旗。文程次子。十七歲時,被選爲侍衛。順治九年(1652)中進士,選翰林院庶吉士,散館後,授弘文院編修。累遷至秘書院學士。康熙七年(1668),擢浙江巡撫。十一年(1672),遷福建總督。三藩之亂起,拒不附逆,被耿精忠囚禁。十五年(1676),被害。諡號忠貞。著有《撫浙奏議》《督閩奏議》《忠貞集》。(民國《奉天通志》卷二百二十四、戴震《戴東原集》卷十二《范忠貞傳》)

三月十五日,寓福州開元寺。

  《詩話》二:"康熙二十六年三月十五日,予寓福州開元寺。申刻,雨雹如錢大,平面而盎背……互判之中,兩兩异色,半小黃,半白,白亦小減於雹色。雖畫師烘染,無如此分明者。"

乾隆《福州府志》卷十六上："閩縣開元寺在左一坊芝山南。……梁太清三年置，舊號靈山，尋改大雲。唐初曰龍興，開元二十六年，以年號改今名。"

三月十六日，與鄭開極、高兆、毛鳴岐、陳日浴、許遇、藍漣、蔡思齋集陳定國西園亭子。

《五言律詩五·高固齋徵士陳紫岩招予西園亭子雅集仍用前韻同鄭幾庭宮坊前輩蔡思齋進士暨陳越山許不弃藍公漪諸子》。

《詩話》二："次日，高固齋兆、陳越山日浴、許月溪遇、藍公漪漣、鄭宮坊前輩開極、家明府鳴岐集陳紫岩孝廉所，皆言之鑿鑿，與予所親見無異。固齋諸公各有《雨雹》詩紀其事。"

鄭開極（1638—1717），字肇修，號幾亭，福建侯官人。順治十八年（1661）進士，選庶吉士，授編修。康熙帝年少繼位，選爲伴讀。八年（1669），典試雲南。三十年（1691），以左春坊左諭德督學浙江。主纂《福建通志》，刻黃道周《九經解》。（民國《閩侯縣志》卷六十九）

高兆，字雲客，號固齋，福建侯官人。與同里彭善長、陳日浴、許珌、卜鰲、曾燦垣、林偉俱有詩名，稱"國初七子"。著有《觀石錄》《端溪硯石考》《遺安草堂集》《六經圖考》。（民國《閩侯縣志》卷七十二）

陳日浴，字子磐，號越山，福建侯官人。性跌宕，學優博，凡方技之書，無不詳覽。而詩文新拔，以雅健見奇。（民國《閩侯縣志》卷七十二）

藍漣，字采飲，一字公漪，福建侯官人。博物洽聞，工諸體詩，超脫遒逸，而篆、草、八分皆有父風。性喜游，足迹遍齊、魯、衛、魏、吳、越。與梁佩蘭、屈大均、陳恭尹交善，卒於粵。著有《采飲集》。（乾隆《福州府志》卷六十）

蔡思齋，未詳何人。

有詩贈蔡思齋。

《五言律詩六·客晉安同諸公飲次贈蔡進士作》。

客福州，訪陳定國。

《五言律詩五·福州訪陳紫岩舉人西園亭子即和其初還故廬原韵二首》。

陳定國（1640—1694），字紫岩，福建侯官人。徐釚《南州草堂集》卷二十三《游鼓山記》："辛未六月六日庚申，余與陳孝廉紫岩、藍處士公漪約同游。……紫岩名定國，公漪名漣，皆閩人。"知紫岩名定國。同書卷十六甲戌稿有《挽陳紫岩孝廉》。

客福州,有詩寄提督張君。

《七言律詩五·寄閩中提督張君》詩末注曰:"時予客福州。"

張君,失考。

福建巡撫張仲舉招飲樣樓。

乾隆《建寧縣志》卷二十六載先生《綏安二布衣詩鈔序》:"嘗游福州,閩中丞張君招東南諸名士賦詩樣樓。"

張仲舉(?—1690),遼東人。由監生官泉州府知府。康熙二十五(1686)年,擢福建巡撫。(乾隆《福建通志》卷二十七)

訪許遇,許留飲數日。

《七言律詩五·客福州訪許不弃郡丞園居蒙留飲數日即事書壁》。

許遇(約1650—1719),字不弃,一字真意,號花農、月溪,福建侯官人。順治間貢生。授河南陳留縣知縣,後調長洲縣知縣,有政聲。工詩畫。善畫松竹梅石。亦能詩,師王士禎,得其宗派。著有《紫藤花庵詩鈔》。(民國《閩侯縣志》卷八十七、乾隆《長洲縣志》卷八)

與鄭開極、高兆、陳日浴集方京池亭。席間,高兆作《洗露紅》詞吊張曼殊。

《排律五·集閩縣方京池亭同鄭宮坊前輩高兆陳日浴定國即席分韵得花字》。

《詩話》二:"丁卯,客福州,飲方氏水亭。時大雨,即席分韵牌,限七律詩。予前四云:'別院樽前水榭通,雙鳧唼藻近簾櫳。筵前忽見驚濤白,樹杪爭翻洗露紅。'適同席者鄭幾庭前輩、高固齋在坐間,并讀予所爲《曼殊別志縛》,甚感。固齋因云:"豐臺人在翻新句,小調應名《洗露紅》。'遂作《洗露紅》詞吊之。幾庭復取'洗露紅'三字作酒政,以三六翻底成牌者飲。亦一佳話。"

集侯官莊振徽園居,啖江瑤柱。

《七言絶句七·集侯官莊明府園居即事》。

《詩話》二:"周司農作《閩小記》,謂江瑤柱肉不堪咽,祇雙柱甚美。所謂雙柱,如蛤中雙丁,小即名丁,大故名柱。其言鑿鑿。及予入閩,食海物甚夥,等其品,則西施舌第一,香螺次之,獨以未食江瑤柱爲憾。濱行,莊耻五明府特購其枯者侑酒,且乞記以詩。予食之,果不堪咽。……豈司農所見别一物,而誤其名與?抑此物原有兩種耶?姑記此,以俟知者。"

莊振徽,字世慎,號耻五,福建侯官人。順治十一年(1654)舉人。康熙三年(1664),任武緣縣知縣。十二年(1673),遷高郵州知州。(乾隆

《福清縣志》卷十四）

與鄭開極、高兆飲陳日浴宅。

《五言律詩五·飲陳越山齋有贈同鄭宮坊高徵士諸公限韻》。

有詩贈藍漣,并爲藍漣自畫竹影題詩。

《七言古詩九·醯雞篇贈藍漣》《五言律詩六·又贈藍山人漣》《五言絕句三·晉安藍漣自畫竹影兼題詩持示爲書其後》。

晉安朱氏新辟山園,飲次,爲題詩。

《七言排律·晉安朱氏新辟山園築臺飲次索題一十九韻》《七言絕句五·集晉安朱氏山亭題壁》。

訪福建總督王國安,蒙其贈饗,作詩志謝。

《五言格詩二·王學士出撫兩浙旋以閩越新定開府其地予遇於福州行館極蒙贈饗賦此抒意》。

王先謙《東華錄》康熙三十三:"康熙二十三年……王國安升補浙江總督。"同書同卷:"康熙二十三年……調王國安爲福建總督,裁浙江總督。"

爲毛鳴岐父母志墓。

《墓碑銘一·敕贈文林郎家明府君暨孺人方氏墓志銘》:"明府君以子貴,占閩縣籍,其先閩之福清人也。……乃予過八閩……而文山則正丁營葬,將遷府君與孺人柩室歸之福清,曰此先志也,因以予厠從子行,屬予爲志。……府君諱一森,字應立,別字位東,生於萬曆庚寅月日,卒於順治辛卯月日,以覃恩贈文林郎,年六十二。配方太君,賢而有助,後府君五年卒,生於萬曆辛卯月日,卒於順治丙申月日,贈孺人,年六十六。子三:長獻瑞,閩縣學生,先卒;次即文山也,初名獻球,順治甲午科舉人,授四川營山縣知縣,今名鳴岐。……方文山兄弟葬府君時,以閩海多故,兵戈相尋,距府君死時已三十七年,而予隨諸親黨後,執紼於官亭。"

按,據文中"卒於順治辛卯月日""距府君死時已三十七年"語,知毛文作於本年。

許遇游南昌,作詩送行。

《七言絕句六·閩江送許遇之豫章》。

客南臺山,送高兆之粵東。

《七言絕句四·客南臺送高兆之粵東》。

乾隆《福州府志》卷十四:"南臺山去福州城九里,崇阜屹立,俯瞰閩江。舊名釣臺山,東越王餘善曾釣於此,築臺曰釣龍,後曰越王臺,曰南臺山。今則盡忘其故,直呼之曰南臺矣。"

鄭開極將赴都,值其生日,作詩祝壽。

《七言律詩十·宫允鄭幾庭前輩將赴都值其初度有贈》。

五月末,與駱士遜、楊卧食荔枝。

《詩話》二:"予在閩食欅支,值五月將晦,以急歸不能待,連日購食,終不愜意。土人謂候早,故味劣;又謂遠佳,故近惡。予不謂然。夫時近夏仲,不爲先候……時同食者,諸暨駱士遜、予門楊卧,皆謂予言然,各紀以詩。"

駱士遜,未詳何人。

將歸里,毛鳴岐詩以送之。

毛鳴岐《菜根堂全集》卷三《丁卯夏送太史毛大可歸西泠》。

五月,姜廷櫸卒。

姜錫桓纂修《姜氏世譜》載孟遠《肥城令弱翁公傳》:"姜廷櫸,字尚甫,會稽人。……丁卯夏五,遂捐館舍。"

七月三十日,徐芳聲卒,年八十四,爲志墓。

《墓志銘八·徐徵君墓志銘》:"君諱芳聲,字徽之。……君臨訣,嘆曰:'吾得卒於貞節里,幸矣!'時康熙二十六年七月三十日,享年八十有四。以是年八月十九日,葬於湘湖之井山塢。會毛甡歸里,君二子請志墓,不敢辭。"

秋,王掞主文兩浙,所試得人,先生作《兩浙提督學政右春坊王公試士碑文》。

《碑記六·兩浙提督學政右春坊王公試士碑文》:"歲乙丑,天子念學使任重,非詞臣莫承。而江南兩浙人文蔚興,宜破格升道爲院,群臣循例列銜者紛紛上,天子獨慎簡先生。……乃自乙丑至丁卯三年之間,一歲一類,合八十郡縣文人學士甲乙而差次之,無不俯觀仰息,狂歡劇譚,謂稱量之精,去取之公,真國朝四十餘年所未有事。……嘗觀其兩試吾越,每一榜出,士人爭來觀輒。……於是吾越之士,進三字以頌先生,曰'窮通翁'。窮通翁何也?曰先生所取皆窮士也,然而皆通人。……予承乏史館,忝與先生爲先後進,而請急歸里,則正值先生試士時也。邑之人士謀勒石頌德,而謁予以文,因爲書所見而應之如此。先生名掞,字藻儒,日講官起居注右春坊右贊善兼翰林院檢討,奉使爲今官。"

雍正《浙江通志》卷一百二十一:"(提督學政)王掞,字藻儒,號顓庵,江南太倉人。康熙庚戌進士。二十四年以右春坊右贊善任。"

十二月,聞康熙帝事太皇太后至孝,作《聖孝辭》(又名《抵譆》)。

《主客辭二·聖孝辭》:"臣自通籍爲侍從,叨處禁近,稔見皇上事兩宮至孝。達旦御門,必躬候慈寧起居,敬問安否。其間伺意承志,真有視聽在形聲之外者。……倐於康熙二十六年滄冬之仲,太皇太后神躬違豫,皇上親侍寢疾,抑膚嘗藥。篸不去地;撤御省膳,履未違闥。乃於臘月朔日,步詣圜壇,請損聖算,以裨慈壽。是時一聞祝告,左右驚怛,臣民於焉震動,天地爲之變色。……臣請急在籍,一聞哀詔,疾趨省會,同將軍、巡撫以下,擗踴號慟,百日之內,時申悲慘。因累詢太皇太后違豫以後,奉安以前,我皇上無涯之孝,播諸里巷,雖道遠未悉,不無乖誤。然而東南士庶動哀慕之思,每聞一節,便群聚閭門,反復傳説,彼告此訴,兒童婦女,無不感泣去者。推之薄海,亦猶是矣。憶臣侍班時,當羽翊南巡之會,曾作《司賓答問辭》以寓頌。今復爲此文,妄名《抵譆》。蓋不藉主客,恐無以發抒所由;導揚未備,因往復假借,以附於《解嘲》《抵疑》之末,使後之觀者,庶以知起居記注之外,猶有史官存信焉如是者爾。"

清廷就太皇太后喪儀下諸官集議,成《擬喪制以日易月議》。

《議二·擬喪制以日易月議》:"特臣聞諸臣所奏,援古證今,執爲不可,就其説非不甚善,然尚有未竟其義者。……故臣謂三年終制,三代可行,而今日必不可行。以爲幅員之廣狹,君國之分合,政治之煩簡,有不同也。若宮中行服,則世主可行,而堯、舜必不可行,則以皇上即堯、舜,其親政、親事,與世主之所爲親政事者,斷有別也。然則以日易月,使堯、舜在今日,亦未有不若是者。臣管見無狀,不知進退,但據臆所及而陳之如此,臣昧死頓首謹議。"

按,此議題下注曰:"康熙二十六年十二月,恭逢太皇太后上賓,皇上特諭行三年喪,持服二十七月,且獨行宮中,不令臣民持服。下諸王大臣各官集議。"《清聖祖實録》卷一三二:"康熙二十六年十二月己巳子時,太皇太后崩於慈寧宮。"

成《後觀石録》一卷。

《後觀石録》:"壽山在福建福州城北六十里芙蓉峰下。《舊志》云:山産石如璚。又云:五花石坑去壽山十里……明崇禎末,有布政謝在杭,嘗稱壽山石甚美,堪飾什器。其品以艾葉綠爲第一,丹砂次之,羊脂、瓜瓤紅又次之。然未之見也。……予入閩最晚,不敢妄覬下品,然私心欲得上品一觀,而不得。當是時,有估人販兒攤門捱巷,争以贋物來衒,概却之去。既久,忽從營丁得二石。既又從通家世友宦兹土而未歸者得五石,又既與此間友人賭棋得三石,然尚妍媸之間也。既則友人有貽贈者,有轉覓其親黨之舊藏而願售者,雖稍勝於前,非上品也。又既則有有力者托人覓致,而中爲人竊得之,私來相貿,且願貶其直,以上上之石而直出中下。……因貿得八石,而許子不弃,名遇,浙舊學使平遠先生之孫。則予世通家子也,瀕行江西,遣估者私覓閩城之佳者來售,又得九石。連前後陸續所得,通計得四十九石。大概上者十三,中上十四,中十二,中下十。偶於諦觀之次,共録一箋,以當展玩。嘗見友人高固齋作《觀石》一録,流傳人間,因謬題之曰《後觀石録》。"

汪渢、陳廷會、柴紹炳、沈昀、孫治崇祀鄉賢祠,爲文記之。

《碑記五·五賢崇祀鄉賢祠記》:"武林有五賢,皆明季隱君子也。……會學使王君由翰林春坊來改道爲院……同巡撫趙君敕府縣官迎主入祠。於是五賢者同時爲神木……而五家子弟復不以予爲不文而屬爲之記。……五賢者:一汪渢,一陳廷會,一柴紹炳,一沈昀,一孫治也。"

按,毛文未載年月,據方象瑛《健松齋集》卷十六《西陵五先生祀鄉賢說》:"西陵故有六先生,汪魏美渢、柴虎臣紹炳、應嗣寅撝謙、陳際叔廷會、沈甸華昀、孫宇台治,皆學古行高,安貧不仕。……應先生歿,前撫軍趙公特祀之鄉賢。去年春,諸生覆議奉五先生從祀,會公移鎮吳,而今少司馬金公始至……予爲具言之,公欣然許諾,於是,五先生同日祀學宮。"文中有"會公移鎮吳,而今少司馬金公始至"語,指趙士麟遷江寧巡撫、金鋐調浙江巡撫事。王先謙《東華録》康熙三十七:"康熙二十五年丙寅……夏四月……調趙士麟爲江寧巡撫,金鋐爲浙江巡撫,由福建調。"故"去年春"指康熙二十五年春,方文當作於本年,毛文亦當作於本年。

浙撫金鋐重修西江塘,爲文記之。

《碑記六·兩浙巡撫金公重修西江塘碑記》:"浙江爲三江之一……蕭山西南偏,則折流之衝也。其水北注,澔汗抵所衝而詘而之西,於是築塘以捍之,以其地之在縣西也,名西江塘。……先是二十一年,決二百餘丈,山、會、蕭三縣盡成澤國,鄉官姚總制捐貲修之。至二十六年,決二十餘丈。……大中丞開府金公視猶己溺,一日檄三下……公諱鋐,字冶公,別字悚存。壬辰進士,由内翰林起家,改祭酒,歷按察、布政二司使,進兵部侍郎,巡撫福建,調繁爲今官。"

毛際可重建曾祖一瓚仁賢祠,作文記之。

《碑記五·重建仁賢祠碑記》:"仁賢祠者,鄉人爲先吏部作也。……吾不知遂之人何以得於先吏部,先吏部亦何以得之於遂人,而合錢於甊,合材於塗,合筋骸手足於閭左子弟,而構以祠,飾以貌,于嘏于祝,題之曰'仁賢'。……迄于今,祠稍圮矣。公之孫會侯爲祥符令,已經取召,而忌者中之,所稱祥符民思之如桐鄉民者,慨然念祖德,而重爲建之。……族孫奇齡拜祠下而繫之以歌,乃爲繫曰:'公諱一瓚,遂安人,官吏部文選司郎中。'"

按,毛際可《會侯先生文鈔》卷十五丁卯稿有《重建仁賢祠上樑文》,先生文亦當作於本年。

姜承烈七十壽辰,作文壽之。

《序二十一·姜武孫七十壽序》:"先生獨晚成,舉文試義,傳譽滿海内,尚艱一售。至趨庭之賢,先雋南宫,而先生始以京闈舉也。……今先生臻貳膳,嗣子内史君就選人,將之長安,而以予爲故交也,屬予爲文,書之幨。"姜錫桓纂修《姜氏世譜》卯集《續姜氏世譜本宗紀年考略》:"迫庵公生萬曆戊午,卒康熙壬午,年八十二。"推知本年七十。

爲蕭山縣知縣劉儼繼妻葛氏志墓。

《墓志銘八·敕封邑大夫劉侯德配葛孺人墓志銘》:"越三年,予請急歸,而孺人帷軿還廣川。又一年,將殯於舊宫之傍,而志以石。……大夫不以予不文,屬使書石,予何敢辭。……孺人以名家息女來爲嗣室,先之者,曹孺人也。……孺人以康熙二十二年閏月十三日卒,距生順治十三年六月二十三日,得年二十有八。……孺人氏葛,直隸景州望族。"

駱復旦與妻倪氏合葬,爲志墓。

《墓志銘八·駱明府倪孺人合葬墓志銘》:"君駱姓,諱復旦,字叔夏,山陰人。……配倪氏,封孺人……君生於天啓壬戌,卒於康熙乙丑,享年六十四。孺人少君一歲,而先君死。生於癸亥,卒於庚申,享年五十八。……越二年,二子驥、驄將合葬君與孺人於故阡之傍,來請銘,予何忍不銘?"

約於是年,父秉鏡崇祀鄉賢,爲文記之。

《事狀一·敕贈徵仕郎翰林院檢討先君竟山公崇祀鄉賢事狀》識語:"提督浙江等處學政日講官起居注右春坊兼翰林院王據詳,本賢鑒重君宗,行高模楷。……宜崇祀,仰該府行學遵例迎主入祠,仍取給册事實報。"

按,據雍正《浙江通志》卷一百二十一,康熙間浙江王姓提督學政只王掞一人,康熙二十四年至二十七年任,故繫於此。

是年前後,友何之杰詩獄發。

《墓志銘十四·何毅庵墓志銘》:"毅庵故自負,不善下物,遇所好者,雖百詆不爲動,而意稍不合,即不少假顏色。且喜於任事,遇鄉里有公幹,必身任,不少却。當三藩弄兵,凡東甌進剿者,一切糗糧、芻秣轉運軍前,悉責之閭左,而罷官解,民力不堪。值和碩康親王統王師南征,毅庵叩馬訴其事,且侃侃有論説。親王韙之,立敕改官解,并切責州縣官,州縣官皆恨切齒。邑有西江塘,爲海潮所沖,漂没廬舍,每修築,不能起,而近塘居民益復開霪洞以灌田。毅庵争於官,民以多金饋毅庵,毅庵拒之。由是塘患息,而怨者四起。有言毅庵作詩刺當官者,州縣官得其詩,無如何,乃搜其舊稿,深文其詞字而指摘之,謂'犯國禁,死罪'。繫累之,押以官兵,渡江赴軍門,下杭、紹二府,會勘於吳山之城隍廟。毅庵對簿無所詘,有吏大聲曰:'日重光,何也?'曰:'頌禪代也。東朝繼世,與興王嗣國,凡有光於前代者,當時皆頌曰重光。《虞書》曰'重華協於帝'、《孟子》曰"于湯有光"是也。此樂府舊題也。''何以曰紀遼東?'曰:'此亦樂府題也。隋帝征遼東,而詩紀其功。凡後儒之頌功德者,皆得和之。我祖不嘗下遼東乎?夫遼東勝國之地,而謂當諱之,吾不解也。''明朝者何?'曰:'詰旦也。以詰旦而勝國,則會朝清明,不惟在明朝,且在本朝矣。''清戎者何?'曰:'清軍也。以戎兵而爲戎敵,則整我六師,以修我戎,不惟戎徐戎,并戎周宣矣。''然則何爲夷?'曰:'裔也。舜東夷,文王西夷也。且夷與夏對。今我有方夏,煌煌三祖,苾中國而撫四夷,誰夷我者?夷我者大逆,當反坐。''曷爲虜?'曰:'擄也。成爲王,敗爲虜寇,不敢以明爲虜,以明本王也。寇雖勝,然亦未底于成也。若我,則成之者矣,且我自敗寇以來,南征北討,其自中及處,有何一非我所虜,而反以虜我?大逆,當反坐。'詰者無以應,乃曰:'評選汝詩者誰也?'曰:'一徐緘,死矣。一毛某,見爲侍從官,恐非此所能詰者。況行文舊習,評與選皆身爲之,并未嘗出二人也。'時巡撫金君、提督學院王君皆儒臣,各言諸所詰不當、人官無學術、徒多事、貽笑士類,聖天子儻聞此,將以我輩爲何如人?而按察使佟君直據嘉興錢氏例,凡舊刻文卷有國諱,勿禁其'清''明''夷''虜'等字,則在史館奉上諭無避忌者。(康熙乙丑會試,外簾官不曉事例,尚有以'日''月''夷''虜'字爲疑者。及見上命題,有如'日月之代明,伯夷聖之清者'也,遂止。)乃責紹興知府胡君、蕭山縣劉君,各紀過一次,使自新,而毅庵竟免。先是,康熙癸亥,行省修《通志》,聘毅庵入館纂修'人物'。其有不得者,悉貽於此際齗之,至是,散去。會上謁禹陵,毅庵迎駕於望京門外,獻《南巡頌》十章。上命收其帖,及還京,特注毅庵名,并書其頌,敕總督王君訪里居所在,獎之。乃屏迹東郊,與同邑武進士張君、道士蔣君講《參同》之學，對坐蓄氣，夜卧能見物，然終不效。年七十九卒。所著文爲家人所燬，同邑蔡仲光、山陰張杉與予家所藏稿，俱於是時里族相戒擲於爨，鮮存者。毅庵諱之杰，字伯興，又字毅庵，邑人。"

按，何之杰詩案是清代文字獄的一個縮影，吳敬梓將它寫進了長篇諷刺小説《儒林外史》。徐珂編撰《清稗類鈔》，有"何之杰詩獄"條，認爲此案發生在康熙二十二年。顧鳴塘《儒林外史與江南士紳生活》亦認爲此案發生在康熙二十二年。鄧之誠《清詩紀事初編》認爲此案發生於康熙二十五年，胡奇光《中國文禍史》贊同此説。筆者試就此補述如下：文中"巡撫金君、提督學院王君"，指浙江巡撫金鋐、浙江提督學政王掞，金鋐自本年夏至二十八年任浙江巡撫，王掞康熙二十四年至二十七年任浙江提督學政，故此案發生在康熙二十五年到二十七年之間，較爲合理，故繫於此。

是年前後，何静子、王鴻資重裝何孝子三世畫像，爲文記事。兼爲《何孝子傳奇》作序。

《重裝何孝子三世畫像記事》："邦植何先生，孝子也。予既搜遺乘爲之作《傳》，而瞻拜闕然。王子鴻資偕其族孫静子者，詣其家請影幢觀，得六壞幢於毁軸間，風雨蟲蝕，糜漫幾盡，顧其像猶儼然也。鴻資請持歸，合錢補葺，糊其背而藉以縑繒。……静子以《續贊》屬牲。牲辭之，姑爲記其事而書之如此。"

《何孝子傳奇引》："鄉之先有何孝子者，其事已見於故明孝廟《實録》及府、縣志，而惟恐新史未采，浸久失實。予向已爲傳傳之，復擬作長短歌句，編記其本末。"

約於是年，以史館所作《盗賊傳》爲藍本，成《後鑒録》七卷。

《後鑒録》卷一："自古治政失而莠民起，世鮮淳悶，則負乘致寇，何代蔑有？然大抵開國草昧，不過如東海吕母、瑯琊子都之屬。而迄乎既衰，黄龍白波，因運竊發，流漫浸淫，稍費驅珍，卒未有初起探丸，既成斬木，而國家大命即於此樸揃，如有明二百餘年間者。或謂全代規模，定於創始。成祖尅意繕塞，整軍飭旅，窮邊絶幕，其神明區畫，全在乎是。故終代雖多邊患，而究不以是喪其國步。至若中原小寇，貌視不問。即永樂初年，廬陵縣民嘯聚劫殺，第敕都督韓觀，諭使散去。而大寧、桂林諸盗，其屢降屢叛，如韋香等，已經兵部參奏，尚降敕部院，以爲天下無事，不當用兵。故廣東賊鍾均道，自建文時弄兵，延至永樂，訛傳已死。而唐賽兒餘黨，名爲撲滅，究之賽兒翻未授首，貽謀不靖，遂致卉毒。故遷延一十七朝……夫安邊禦寇，原與軍政相表裏。明初兵力在邊，而各省衛所,半係召募,行軍之際,僅屬之都司職掌。凡布、按以下,輕爲弁官,不肯相下,而一當無事,便置若疣贅。都司本非干城,即衛所武士,皆無紀律步伐,可當禦侮。雖新設巡撫,互相管轄,而行移體統間,又多齟齬。故盜賊起即易聚,而聚即難散,縱其後勢不得已,或間用禁兵,而既而禁兵亦弱;即間用邊兵,而既則邊兵亦弱。夫至邊兵弱,而事不可問矣。且邊兵弱則邊事倍亟,雖力足剿賊,亦左支右吾,不能兩用,況乎其本弱也。然而正、嘉之際,盜賊尤劇,兵力之弱,見於此時,顧卒能遏絕亂略,以返於清平時。則咸寧、新建輩實克勘之,則豈非明之多盜賊,以明之無兵,而明之亡則又以明之無人也與?昔建溪謝給舍作《後鑒錄》,大抵輯明代治盜始末,定爲爰書,以示鑒戒。語曰'前事者,後之事之鑒',蓋致寇得失正有國所宜鑒也。予少丁喪亂,往往承故老舊聞,由闖、獻而上,遍采二百餘年間所記群盜,匯積成帙,將以備史文之擇。……則殷鑒在前,毋庸再諱。因仍存故本,而襲以給舍所録舊名,曰《後鑒錄》。亦曰夫猶是當日之爰書焉爾。"

約於是年,以史館所作《土司傳》爲藍本,成《蠻司合志》十五卷。

《蠻司合志》卷一:"蠻司者,土司也。自古無土司之名,有虞氏征三苗,高宗伐鬼方,漢武檄駹、冉、邛、僰,統謂之蠻。……其地踞湖、貴、川、雲、兩廣六省。……歷代迄今,各有大姓爲領袖,如北魏之冉氏、田氏、向氏,南宋之舒氏、彭氏、蘇氏、楊氏,皆雄長其地,呼嗾群族。特未嘗建設州司,隸之銓選,如所稱土官、土吏者。惟有明踵元舊事,悉加建設。……于是土司之名興焉。彼其大姓相嬗,世積威約,雖同爲編土,而主隸之分,定之已久。……按:有明洪武初年,凡西南夷來歸者,即用原官授之,而稽其土官、土兵及賦稅、差役、駐防、守禦之制,但定銓選,不立徵調。其定銓選法,凡土官名號,曰宣慰司,曰招討司,曰安撫司,曰長官司。初皆隸吏部驗封,而後以土兵相制,半隸武選。每襲替,則必奉朝命。其無子弟者,即妻女皆得襲替。雖數年之後,萬里之遥,亦必赴闕受職。迨天順末,詔許土官繳呈勘奏,即與襲替,於是控制稍疏,動多自恣。至成化中,又有納穀備賑、急公補授之令,則規取日陋,離畔日生。雖孝宗發憤厘革,而正德以還,陋習未除。暨嘉靖九年,始毅然復祖宗之舊。令該府、州、縣正二、經歷、巡檢、驛傳三百六十,隸驗封;宣慰、宣撫、招討、安撫長官一百三十三,隸武選。其隸驗封者,布政司領之;隸武選者,都指揮使司領之。文武相維,機權攸寓,細大相關,股掌易運。蓋蠻實難馭。獷悍桀鶩,其性;猜忌讎殺,其習;烙趾善走,枵腹善鬭,其力;鈗戀窟穴,不忍違離,假重爵命,威制服屬,其勢。知其性與習,則不宜喜功生事;而知其勢與力,則勢可以爲我用,而力不可以使之自用。故自洪武暨崇禎一十六朝二百七十餘年之間,凡沿革向背,大征大役,或得或失,稍見史乘者,略輯其大凡,彙爲一編,名曰《合志》,考古者覽焉。"

孫枝蔚卒。湯斌卒。閻修齡卒。宋德宜卒。張綱孫卒。祁理孫卒。

【時事】 五月,建周公廟碑、孔子廟碑、孟子廟碑,康熙帝親作碑文。九月,江南鄉試諸生員因考試不公,於文廟鳴鐘擊鼓跪哭,主考官米漢雯以不謹例革職。

清聖祖康熙二十七年 戊辰(1688) 六十六歲

二月初一日,高厚崇祀鄉賢,爲撰事狀。

《事狀一·誥贈翰林院侍講學士高公崇祀鄉賢主陰事狀》:"公諱厚,字古生,先世餘姚人。以游學徙居錢塘。……會越大饑,郡守王孫蘭、司李陳子龍令所在設粥廠,公特立廠於里門,貸錢燒糜,全活甚衆。……康熙二十五年,以子貴,誥贈奉直大夫翰林院侍講學士。二十七年,巡撫金公、提督學政王公、巡鹽常公從士民之請,崇祀杭州府學及餘姚縣學鄉賢,奉主入祠。後學史官某謹撰事狀而勒之主陰,二月朔日,謹狀。"

春,李之粹由貴州按察史遷浙江布政使,于其生日,作詩贈之。

《七言絕句八·藩伯李公從貴州遷浙于其初度飲次賦呈四首》。

雍正《浙江通志》卷一百二十一:"(承宣布政使)李之粹,鑲黃旗貢士,康熙二十七年任。"王先謙《東華錄》康熙四十一:"康熙二十七年……以李之粹爲浙江布政使,由貴州按察使遷。"

春,高怡中進士,爲其新房稿作序。

《序十三·高仲友進士新房稿序》:"康熙乙丑,予以領房官分試南省,得張編修卷爲本房之冠。越三年,編修亦即以戊辰分南省試。仲友貧且年少,念在堂已垂白,不俟放榜,遽歸覲,不知座主爲何如人。……仲友既南還,而予亦病假未解,乃忽挾刺從若下來。"

高怡(?—1746),字仲友,浙江武康人。康熙二十七年(1688)進士。初知長洲,尋遷鄜州,內擢監察御史,抗直敢言。(道光《武康縣志》卷二十五)

春,與沈珩、方象瑛、毛際可、尤侗會西湖,略有唱和。

尤侗《悔庵年譜》卷下"康熙二十七年戊辰"條:"二月,重至武林。一春苦雨,不能入山,僅從湖舫望山色空濛而已。沈昭子珩、毛大可奇齡、方渭仁象瑛、毛會侯際可皆至,略有倡和。"

四月,洪之杰遷江蘇巡撫,作詩贈之。

《七言律詩五·贈送洪使君巡撫江南》。

同治《蘇州府志》卷二十二:"(巡撫)洪之杰,字念庵,湖廣江陵人。進士,康熙二十七年任。"王先謙《東華錄》康熙四十一:"康熙二十七年夏四月……以洪之杰爲江蘇巡撫,由左僉都御史遷。"

五月,蕭山史村曹氏修宗譜,爲作序。

《序十五·史村曹氏宗譜序》:"宗譜與世族譜不同……若宗譜,則創於趙宋蘇氏,但以一姓爲九宗……曹氏爲蕭山茂族……予與其裔孫國學名顯宗者游,每言其家茂才名錫爵者修宗譜甚具,顯宗將捐橐謀付之梓,而屬予以序。……史村者,今曹氏居里名也。"

按,《蕭山史村曹氏宗譜》卷首毛奇齡序末署:"康熙戊辰仲夏既望,毛奇齡僧開氏謹題并書。"

十月,清廷免徵兩浙租稅,作《聖恩頌》。

《聖恩頌》序曰:"康熙二十七年十月日,恭遇太皇太后上諡升祔。伏讀恩詔,深感我皇上推恩之廣……今復免徵兩浙、山右全省正供,暨江南、湖北諸大府租賦之外,兼及庸調。此真曠古以來希有之鴻被也。……微臣無狀,調痾里門,親蒙浩蕩之恩,上戴如天之德,歡忻抃舞,可無頌言?……今鴻恩覃敷,淪肌浹骨,敢製《聖恩頌》一章,以續前烈。"

十月,成《聖孝合録》,丐浙撫金鋐代爲呈進。

《呈進聖孝合録疏》曰:"翰林院檢討今在籍臣毛奇齡謹奏:爲恭進《聖孝合録》事。臣自本年正月十日,接得府、縣官吏傳帖,恭迎太皇太后哀詔,即隨將軍、巡撫、各衙門以下,暨在籍鄉官,一同設位,叩頭發哀。禮畢,臣復於草次俯伏,哭問皇帝陛下起居。備知聖孝無涯,求醫步禱,感動天地。爾時即有里巷人民,北嚮號泣,恭紀其事者。……紳士翹首,轉相傳導。隨有揚頌諸詞,敷陳嗚咽。臣因衆哀慕,謹爲彙輯,旬日之間,漸成卷帙。……因臚次諸詞,去其草野媟嫚者,合得頌若干首,賦若干首,詩文若干首,雜體詞若干首,彙成一書,竊名《聖孝合録》。謹抄謄裝潢共若干册,丐兩浙巡撫部院臣代爲呈進,伏惟睿鑒采擇施行。康熙二十七年十月,時丐浙撫金鋐呈進,有刊本行世。"

十月,應馮協一之請,校訂馮溥《佳山堂二集》,并爲作序。

《序十九·佳山堂二集序》:"夫子之子爲予郡司馬,以歲薦遷信安太守,瀕行,始出夫子所爲詩,命予較訂。……《佳山堂詩集》鋟自庚申,閱二年,而後致政。今之《二集》,則半猶壬戌以前詩也。……獨是予壬戌歲,隨諸朝士餞夫子東歸,閱四年,而始請急,過謁通德。又三年,而餞夫子之子,椎輪卧轍,始得讀夫子《二集》,較讎之而附以一言。"

按,馮溥《佳山堂二集》卷首載先生序,末署:"康熙戊辰孟冬月,門人毛奇齡百拜謹書。"

十月,爲《蕭山陳氏宗譜》作序。

《蕭山陳氏宗譜》卷首先生序云:"余自丁卯歸里後,杜門謝客。內叔大生持家譜問余叙。……幸克祥公草創於前,濟吾公慎修於後,其苦心無容余贅,細閱之,而知其用意。……康熙二十七年冬十月吉旦……門婿毛奇齡拜撰。"

十一月,毛鳴岐有詩寄懷。

毛鳴岐《菜根堂全集》卷三《戊辰仲冬寄懷毛大可太史》。

十一月十二日,王先吉卒,爲志墓。

《墓志銘八·吏部進士候補內閣中書王君墓志銘》:"君以康熙己酉舉於鄉,庚戌成進士,是年,即考授內閣中書舍人,不即補,歸而家居。越二十年,死。……而以予密友……因再拜涕泣,請予爲銘。……卒時康熙二十七年十一月十二日,距生萬曆四十六年十二月八日,享年七十有一。以康熙二十年覃恩敕授文林郎內閣中書舍人。……君諱先吉,字枚臣,別字毅庵。王,其姓也。"

十二月,馮溥八十生日,寄詩祝壽。

《七言古詩十一·此日行寄祝益都夫子八十》。

應浙江按察史佟國佐之召,與毛先舒、毛際可赴飲。

《墓志銘九·毛稚黃墓志銘》:"暨予請假歸,會會侯來臨安,按察佟公遣兩公子擇良日,請召賓客,治巨艦於湖,延予三人坐上坐,而稚黃以年長祭酒。當是時,四方賓客在坐者,多請教稚黃,稚黃各有以應之。"

雍正《浙江通志》卷一百二十一:"(提刑按察使)佟國佐,奉天正藍旗人,康熙二十三年任。"

佟國佐(1637—1695),字吉臣,盛京遼陽人。歷官陝西潼商道分守、浙江提刑按察使、湖廣布政使、安徽巡撫。(康熙《徽州府志》卷三)

與毛稚黃、毛際可、錢彥隽集湖舫宴飲,分韻賦詩。

《七言排律·錢聖楨招集湖舫分韻得齊字》,詩中注曰:"家稚黃、會侯俱在坐。"

錢彥隽,字聖楨,初名喬雲,字聖徵,浙江錢塘人。著有《冠禮易從》《古皇帝考》《古史異》。(康熙《錢塘縣志》卷二十二)

同年張鴻烈以修《山陽縣志》至杭，就先生借書。

　　同治《重修山陽縣志》卷首張鴻烈《重修山陽縣志序》："康熙二十四年，詔修《一統志》，部檄各府、州、縣，惟山陽志獨缺。二十六年，烈歸里，本縣李公特開局，敦請，堅辭不獲，是年草成十之二三。繼因人事雜遝，書籍稀少，二十七年，移局杭州湖上，就邵宮詹戒三、毛太史大可借書，得以遍考群籍及十五省通志。"

與同年陸葇、毛升芳治酒西湖。

　　陸葇《雅坪詩稿》卷二十二《郡城過蕭山毛大可遂安毛允大兩太史治酒泛湖》。

與陳張相、陸葇、吳陳琰、沈季友游河渚，遲張鴻烈不至。

　　陸葇《雅坪詩稿》卷二十二《陳梓湘招太史毛大可茂才吳寶崖沈倩南疑同宿河渚莊樓翌日游曲水秋雪遲太史張毅文不至余病肺不快意偕南疑先回》。

　　陳張相，字梓湘，號荔村，浙江仁和人。工文詞。康熙三十四年（1695），授廣西桂林府同知。四十一年（1702），遷貴州石阡府知府。四十七年（1708），調雲南曲靖府知府。（康熙《錢塘縣志》卷二十）

與吳陳琰互有詩贈答，兼爲吳父盛祖作事狀。

　　《七言律詩八·奉答吳寶崖見贈原韻》，詩中注曰："時寶崖爲其尊人索墓狀。"

　　《事狀一·武林處士吳先生遺狀縛》："當先生易簀時，其子寶崖方成童，未能舉先生行事，而狀述之也。……先生諱盛祖，字宗彥，別字適情，常自稱墨舫主人，則志所嗜也。……先生生於明天啓辛酉五月八日子時，卒於大清康熙丁巳六月十二日未時，年五十有七。……配李孺人，生子二：長陳琰，即寶崖也，娶王。次芳，娶沈。"

與徐林鴻、吳農祥、楊還吉飲西湖酒樓。

　　吳農祥《梧園詩選·毛大可招同徐大文陪楊六謙飲湖堤酒樓》。

　　楊還吉（1626—1700），字啓旋，又字六謙，號充庵，山東即墨人。諸生。康熙十八年（1679），應博學鴻儒試，不第。後隱居嶗山烏衣巷。著有《味道樓集》《即墨舊城考》。（同治《即墨縣志》卷九）

與吳農祥、徐林鴻、陸堦爲飲酒難老之會，蓋在此際。

　　方棨如《集虛齋學古文》卷十二《吳徵君傳》："晚與陸堦、毛奇齡、徐林鴻爲飲酒難老之會，月一會，會輒權文史。"

與陸葇、吳農祥、顧嗣協雅集湖舫，限韵賦詩。

　　顧嗣協《依園詩集》卷二戊辰《湖舫雅集同平湖陸義山蕭山毛大可錢唐

吳慶伯諸公限肴鹽二韻》，詩中注曰："訂實崖、嘯夫未至。"
　　顧嗣協(1663—1711)，字迂客，號依園，又號楞伽山人，江蘇長洲人。康熙四十六年(1707)，由貢生任新會縣知縣。著有《依園詩集》。(沈德潛《清詩別裁集》卷二十一、乾隆《新會縣志》卷四)

與陸葇、吳陳琰、孫眉光、陳子襄論唐宋詩。
　　《詩話》六："同年陸義山寓會城陳子襄宅，予過之。時吳寶崖、孫嘯夫在坐，謂近學宋詩者，皆以唐詩爲籠統，不若宋人寫情事暢快，真不可解。"
　　孫眉光，字嘯夫(一作肖夫)，浙江錢塘人。與沈季友、葉之淇從陸葇學，(《經問》卷六、阮元《兩浙輶軒錄》卷十九)
　　陳子襄，未詳何人。

金鋐撫閩浙期間，政聲遠聞，爲作《東南輿誦錄序》。
　　《序十六·東南輿誦錄序》："金大中丞由綸扉起家……會七閩初定，議應遣重臣填撫其地，遂命公往……重以兩浙介在甌粵，爲神州奧區，天南半壁，尤不可無楨柱者以厚其任。……乃公甫入境……凡刑獄、賦稅務爲減損，以與民休息。至於教化，尤所急。嘗賓興入貢，在閩與在浙兩主其事，先設立講院，養貧士其中……予忝館職，爲公之後進，敢述所聞而臚之爲序，若夫公之功德仍在輿誦，予又何能多爲贅？"
　　按，方象瑛《健松齋集》卷一《東南輿誦序》："丙寅初夏，先生自閩移鎮兩浙。……丁卯夏，大旱，步禱天竺。……象瑛年來就醫會城，親睹先生善政種種……於是嘆先生愛民之誠、憂民之切，宜其深入乎人心而不能去也。兩浙士民歌頌載道，偶一裒集，而詩文且盈笥篋。"知作於金鋐離任時。據雍正《浙江通志》卷一百二十一，金鋐二十五年夏蒞任，二十七年離任。

同年周清源視學兩浙，作《周春坊新簡兩浙提督學院賀屏序》。
　　《序十五·周春坊新簡兩浙提督學院賀屏序》："會予同年生周君主文山左……即有視學兩浙之命。……故事，學使君至，凡在受治，分應進一言爲賀，因應諸君請而序之如此。"
　　雍正《浙江通志》卷一百二十一："(提督學政)周清源，字蓉湖，江南武進人。康熙己未博學鴻詞。二十七年以左春坊左贊善任。"

張星耀遷寧波府知府，爲其父銘墓。
　　《墓碑銘二·誥贈奉直大夫都察院監察御史張公墓碑銘》："張公諱鎮，字庚生，世居武強之王家莊。初以子星耀貴，贈户部山東司郎中。其卒時，相國李公爲志其墓門久矣。既又以次子星法貴，贈監察御史。會户部君以俸滿出爲寧波府知府,飾幣造請……予不敢辭。"

雍正《浙江通志》卷一百二十二:"(寧波府知府)張星耀,直隸武强人。貢生。康熙二十七年任。"

趙寧由長沙府同知遷松江知府,爲其《涉波詩》作序。

《序十八·趙管亭涉波詩序》:"管亭詩寨英擎秀,時露騷屑,故其任潭州司馬,當《橘頌》之地,京師同志咸謂其才與地值,應必有涉江憑吊諸作。而政紀瑟密,悉志時事,間爲《岳麓》諸志,與邦賢登臨咏嘯,屢見篇帙,他不漫及。……今管亭千騎將臨雲間,此地爲文章林囿……然則《涉波》亦先聲也。"

嘉慶《松江府志》:"趙寧,字管亭,浙江人。康熙二十七年由知縣擢松江知府。"

爲鄉先進單璹遺卷題詩。

《排律五·題耕隱卷子》序曰:"邑前進單能重先生名璹,隱居西山下。自明洪熙至成化,杜門絶仕進,别號耕隱,同志并爲詩贈之,迨今幾三百年矣。康熙戊辰,其裔孫廣宗,爲修其遺卷示予。予捧而誦之,中有二洪先生:一名鐘,一名鏞,皆洪、宣間詩人。其詩類元和、長慶諸名家,而其字不傳,并不識住何所、其子姓於今誰似?惜前人輯詩家不能旁搜,而邑有前進如是,不能一表微,爲可憾也。因取仲洪先生名鏞者長律一首,依其韵和之,雖慚續尾,顧私喜一日附兩賢後。乃應廣宗請,而復爲識其大略如此。"

丁澎舉子,作詩賀之。

《七言絶句八·丁禮部舉子》。

按,《碑記七·通玄觀崔府君祠禱嗣記》:"丁禮部以六十七歲舉一子,其前一年,亦既舉子矣,而未育也。"據丁澎《扶荔堂文選》卷四《同年朱止溪先生八十壽序》:"歲在重光作噩之次律中大簇月吉始和,爲予同年止溪先生八十覽揆之辰。……先生長予二十歲。""重光作噩",即康熙二十年辛酉,朱止溪八十,推知丁澎六十。據"丁禮部以六十七歲舉一子"語,知毛詩作於本年。

毛鳴岐途經仙霞嶺,有懷先生。

毛鳴岐《菜根堂全集》卷十五《過仙霞懷毛大可太史》,詩中注曰:"西河舊歲曾從閩地返浙。"

有札寄馮溥,言思力頓絶。

《詩話》六:"後予歸里門,思力頓絶。嘗寄益都夫子札子云:'某向侍夫子時,比日五十刻,能作詩千句,文一萬贏字。今相距十年,比日作一詩，必三輟筆；爲雜文一篇，作十日，忸怩不止，可爲隱痛。'"

姜垛、姜垓父瀉里祠堂成，應垛子實節之請，作文記之。

《碑記七·萊陽姜忠肅祠堂碑記》："萊陽兩姜公，既已建祠於虎丘。其明年，學者將推所自出，立兩公之父忠肅公主於祠之諗房。會商丘宋君開藩來吳，元旦謁祠下……乃重爲撰捐，別構一祠於兩公祠右，相望百餘步，顏之曰忠肅公祠，從學者請也。……康熙二十四年，祠成。越三年，貞毅之仲子疏所載事，而屬奇齡爲之記。記曰：公諱瀉里，諡忠肅，萊陽人，以崇禎十六年王師破城死。是年，登萊巡撫曾化龍疏於朝，贈光祿寺卿，賜祭葬，賜祠。兩姜公者，公之子：一禮科給事中垛，一行人垓也。"

釋上音圓寂，爲志塔。

《塔志銘二·傳臨濟正宗三十四世松居開山古山音禪師塔志銘》："師諱上音，字古山，彭姓，湖之邵陽人。……合掌而逝，時康熙二十七年正月十六日，距生萬曆四十八年五月廿六日，壽六十九，僧臘四十四。時王君麟長已省法受付，預建塔後山，奉龕歸藏，而謁予以銘。"

應毛超倫之請，記其父周尹順治末遇難事。

《家孝子記事》："孝子名周尹……順治十二年，婺源山賊大起，焚掠四出……孝子父爾久，謂泮塘不可居，謀匿山僻，使孝子涉帑，而己居守。寇至，縛爾久去。……遂留繫孝子而返其父，官兵至，寇大殺掠去，而孝子不歸，不知其死於兵、死於賊也。今若干年矣！康熙二十七年，孝子所遺子名超倫，舉於鄉，與予兄子遠公同上公車門，重語其事，且乞記於此。"

按，雍正《浙江通志》卷一百四十四："（康熙二十六年丁卯科）毛超倫，遂安人。"

是年前後，成《蕭山縣志刊誤》三卷。

《蕭山縣志刊誤》卷三："暨予奉命入史館，分纂《明史》，府、縣官各解所修志書至，予偶閱之，然後知志書之謬，真有非意計所可量者。若予邑則尤甚也。既稱縣志，則志縣所始，其大較矣。予縣自秦始皇分郡縣時，即有其縣，名曰餘暨，兩漢因之而不改。至三國吳時，改名永興。而唐天寶間，則又更名曰蕭山。此其因革亦自瞭然者。雲間陸伯生作《廣興記》，注'蕭山爲漢縣'，以爲縣始於漢，已可怪矣。至薛應旂作《浙江通志》，至云'蕭山縣始於唐'，降爲唐縣。而康熙年間，本朝續修《通志》，亦復因之而不改。及考其由來，則明嘉靖間縣明府施君堯臣作《築城記》云：'蕭山舊未有縣，自唐儀鳳始，割地爲永興，而天寶易以今名。'似乎前此全未置縣,且全不以永興爲復置,而以爲創置者,則縣自唐儀鳳始矣。夫《築城記》所係亦大,而當時誤爲之而不知,後之爲志者,則又載其文而全不之省,宜乎《通志》之竟降爲唐縣也!"

按,《蕭山縣志刊誤》卷三:"今歸田後,索故鄉遺事,了不可得。"故繫於此。

是年前後,林雲銘問韓愈一女兩婿事,作書答之。

《書七·答福建林西仲問韓昌黎一女兩婿書》:"昨蒙下詢韓昌黎長女兩婿之説,據皇甫湜所爲《昌黎志》云:'夫人,高平郡君范陽盧氏。孤,前進士昶。婿,左拾遺李漢;聳,集賢校理樊宗懿。次女許嫁陳氏。三女未筓。'是昌黎見存者三女,惟長女已嫁李漢,而次與三尚室女也。"

林雲銘(1628—1697),字道昭,又字西仲,號損齋,福建閩侯人。順治十五年(1658)進士,授徽州府通判。康熙十三年(1674),耿精忠叛,不願附逆,被耿拘囚十八個月,至清兵破閩始獲釋。後寓居杭州,著述終老。著有《挹奎樓文集》《楚辭燈》《莊子因》等。(民國《閩侯縣志》卷七十一)

是年前後,琉球中山王使者過杭,覓先生著《論釋西廂記》及《瀨中集》。

《詩話》二:"琉球中山王遣使入貢,於還京時,護送官福建侯官縣五縣寨巡檢胡奉至杭州,爲使者買絲布什器,兼覓毛初晴《論釋西廂記》及《瀨中集》詩於書林,不得。有言予寓杭州鹽橋,遂訪予。予答之。見使者,通姓氏,正使爲耳目官魏俞,副使爲正議大夫曾丞都。其譯字官蔡鑰,則談議風生,儼然一吳門人。盛言其國多書籍,有《五經》《四書》鏤板并子、史諸集,即近代名人詩文,新舊俱備。其搜初晴詩,有以也。且道汪春坊舟次册使時,文采風雅,至今國人皆思之,爲勒石中山王府前。"

按,文中有"汪春坊舟次册使"語,汪楫册封琉球,康熙二十一年受使命,二十二年出使,二十三年歸。文中另有"予寓杭州鹽橋",則先生二十五年夏從京師歸,僦居杭州,則中山使者訪於杭州鹽橋,則不早於康熙二十五年夏。故繫於此。

是年前後,爲柏亭法師《瑜珈飯戒儀》《放生儀》作序。

《序二十三·瑜珈飯戒放生儀序》:"《飯戒》《放生》二儀者,柏亭法師所撰儀也。其儀一爲祀先并度孤,而一爲放生。大抵本瑜珈教法,以密部真言爲利生之精,幽可接鬼神,而明得達於蟲蠃,因之使神天魔羅,下及怨鬼,皆得依三飯五戒,以受我普度,而胎卵脂膏,并被解脱。……先教諭同錢君向若倡立仁社,原有祀聖掩骸、施藥放生、拾字贖難、薦祖度孤諸條。而予以歸田之暇,重請師主其事,師特爲予撰二《儀》而創爲斯篇。……《儀》凡二卷,仁社諸子如錢君向若、徐君聖修、沈君輝東、周君雲子、魯君民懷皆重師所撰,合錢而梓之,以屬予序。"

是年前後,成《論語稽求篇》七卷。

《論語稽求篇》卷一:"《論語稽求篇》者,予歸田後復讀《論語》之所爲作也。……予少讀《論語》,爲經生,長而弃去。及以辭賦應制科,暨館閣撰述,則皆與經義無與,然而甫乞假而讀《易》,讀《禮》,讀《春秋》《論語》,則是經學之必無藉於八比明矣。乃少讀《論語》,皦皦然;至再讀,而反疑之;迄於今,凡再三讀,而猶豫頓生。似宣尼所言與七十子之所編,記其意旨本不如是,而解者以己意强行之。漢初,立《論語》學官,其時去古未遠,尚有《魯論》《齊論》《古論》三家本,每家立學,亦尚有師授十餘人。其在《魯論》,則常山都尉龔奮、長信少府夏侯勝,以及丞相韋賢父子、前將軍蕭望之等,各名其家。而至於《齊論》《古論》,則王吉、貢禹、膠東庸生以及馬融、鄭玄,各有解説。然且安昌侯張禹能統《古》《齊》《魯》三家,合爲之論,以授成帝。而惜其後之俱無傳也。西晋何晏本老氏之學,不習衆説,專與侍中荀顗董略取孔安國、包咸及司空陳群、太常王肅、博士周生烈餘論,而參以己見,雜采成篇,名其書曰《集解》。正始中上之。而宋朱氏《注》,則又僅見何氏一書,別無他據,旁彙以同時學人之言,似與聖門之所記稍有齟齬。先仲氏嘗曰:'此宋儒之書,非夫子之書也。'而乃有明取士,勒爲功令,家呻户嘩,習矣不察。問嘗欲取其義理,探其旨趣,剖析討論,務爲可安。而義理廣大,就仁智所見,皆可以各爲争執。而至於旨趣精微,隱顯毫末,離朱不能視,子野不能聽。是者既不敢自直而相安於非者,即欲驟爲刊之,而無所於證定,然而言論旁及,多見事物。凡夫禮儀、器制、方名、象數、文體、詞例,皆事物也,如人身然。義理者,府藏也;事物者,耳目也。府藏人所不見,我以爲府,而人必争以爲藏,何從質辨?惟耳目昭昭在人,人有指耳而稱目、指眉頰而稱頤頷者乎?義理難明,則吾以事物明之;府藏難辨,則吾以耳目辨之。……是以無據之言,必不以置喙;無證之事,必不以炫聽。偶有所見,則必使聖賢形模明明可按。而少無實學,老且健忘,捫腹喑喑,十不得一,以抔土之微而思益泰山,我知其必無是也。……而今之習《論語》者,未嘗於新、舊兩注有所窺見,一遇引經,輒墨守《章句》,以爲功令所在,不可逾越。是徒以一時肄業之故,而反欲廢千聖百王之所學,不可也。……因輯《魯論》所記者,匯爲七卷,名曰'稽求',將欲藉考稽以求夫義類之真是者。世不乏稽古之士,苟有卓見,即或舍我所求者而更求之,寧有盡焉?"

是年前後,成《越語肯綮録》一卷。

《越語肯綮録》序曰:"宋趙叔向作《肯綮録》,采方言之切日用者,編之成帙。予考隋韵,每有與越俗語相發明,凡居平呼其音而不得其文者,韵多有之,因略爲筆記,名'越語肯綮録'。"

汪懋麟卒。毛先舒卒。周令樹卒。曹垂燦卒。曾燦卒。

【時事】　二月,江南道御史郭琇疏劾明珠與余國柱等結黨營私,明珠、余國柱被革職。三月,康熙招群臣再議河工事。五月,湖廣督撫標兵夏逢龍反對裁兵,於武昌聚衆起事,連陷嘉魚、咸寧、武昌、漢陽諸縣,七月,兵敗被俘。

清聖祖康熙二十八年　己巳(1689)　六十七歲

二月,康熙帝南巡至浙,作《迎鑾曲》十章。

《五言絶句三·迎鑾曲》。

《詩話》二:"康熙廿八年正月九日,皇上南巡觀河,將至浙,忽於十六日,浙江小亹夜分有神魚長百丈,隨潮而上,兩岸溢涌……屏息間,見如山者冉冉漾去,時黑霧中如曙,能辨物,既去而暝。至二十一日丑時,餘姚縣鄔山居民吳天保家黄牛産一麟,火光穴地,鳴聲如風琴,不乳,然不解何食。獻之州縣,至會稽東郭門,有群婦狎玩之,怒視而斃。予于廿五日見之會城。自督、撫諸牙以下,老少奔相觀。……予爲《迎鑾曲》十章,其八章曰:'神魚泳中江,麒麟産旁郡。'九章曰:'况兹姚氏鄉,舜禹所巡地。'此是實事。"

迎駕於城東五雲門外,有詩紀之。

《五言格詩三·康熙二十八年皇上東巡會稽躬禱禹穴臣奇齡迎駕於五雲門外紀之以詩》。

林景熙《霽山集》卷一《白石稿·五雲梅舍記》:"越城爲浙左雄,八山四水在焉。城之東曰五雲門。"

二月,蒙康熙帝詢及病情,感激之至,作《紀恩詩》。

《五言格詩五·紀恩詩》序曰:"康熙二十八年二月,皇上以觀河南巡。臣奇齡初迎之嘉興城北,既而軫念河患,躬禱禹陵。十三日,渡江。……既則皇上勒御馬,遣侍衛馳至跪所,傳皇上問:'毛奇齡,你病已好否?'對:'未好。'侍衛回奏,皇上顧之,去。暨十五日,還渡,奇齡復送之望京門外。皇上望見,復勒御馬回向,親問:'毛奇齡,你病已大好否？'對：'尚未好。'又問：'是如何病？'對：'是雙足風痹，不能站立之症。'又問：'如何不調理？'對：'調理不能好。'及又問，則天語過高，艱於卑聽，侍衛呼答應，乃對曰：'小臣毫末，何足當皇上垂問，聖恩浩大，小臣何敢當。臣叩首謝恩。'……竊思臣濫叨主知，侍從七載，曾無杪忽有所補裨。即請急以來，又及三稔，日爲二豎所苦，報稱無地，深用抑損。雖心懸魏闕，而鴛戀未遂，何幸聖恩惓惓，垂眷再三，即大臣親切，未易叨此異數。麼小病廢，何以得此？犬馬齒雖衰，欲不鞭策僵足，捐糜殘踵，不得矣。因爲《紀恩詩》一章，以志感激，匪敢誦揚聖德，亦以攄小臣幸遇之私云爾。"

三月，張鴻烈、毛際可、顧嗣協、顧嗣立、吳陳琰、許田、俞瑒、吳沐、金輅、王六皆、張星陳等集西湖爲文酒會，成《西湖倡和詩》，先生爲作序。

《序十八·西湖倡和詩序》："康熙廿八年三月，吳門顧迂客伯仲偕依園諸子來西湖……日再易，會張太史毅文自淮至，家明府會侯自睦州至。迂客故好客，早已偕錢唐諸子若吳君寶崖、許君莘野輩爲文酒會。至是，豪飲，窮山水之勝，凡飲十晝夜不輟。……其彼唱此和而衰然成集。……而予復臥病，乃不得一與良會，以自廁於負囊挈檻之末，然且讀其詩而爲之序之。"

顧嗣立（1665—1722），字俠君，號閭丘，江蘇長洲人。康熙三十八年（1699）舉人，五十一年（1712）進士。授翰林院庶吉士，散館，授知縣，以疾歸。喜藏書，尤工詩，著有《秀野集》《閭丘集》。輯有《元詩選》。（沈德潛《清詩別裁集》卷二十三）

許田（1653—？），字莘野，一名畾，字畾父，一字改村，別號青塍，浙江錢塘人。康熙四十二年（1703）進士。官高縣知縣。著有《亦快閣集》《屏山春夢詞》《水痕詞》《屏山詞話》。（阮元《兩浙輶軒錄》卷十、王昶《國朝詞綜》卷十九）

俞瑒（1644—1694），字犀月，江蘇吳江人。（沈德潛《清詩別裁集》卷十四）

金輅（1652—1738），字以賓，號素亭，浙江蕭山人。歲貢生。官安吉州訓導。（陶元藻《泊鷗山房集》卷八《安吉州儒學訓導素亭金公墓志》、陶元藻《全浙詩話》卷四十四）

王六皆、張星陳，生平不詳。

楊雍建、丁澎、張鴻烈、杜首昌、俞瑒、顧嗣協、顧嗣立、方象瑛、毛際可、吳沐、金輅、王六皆、張星陳會於許田宅，成《聽松樓讌集》，先生爲作序。

《序十四·聽松樓讌集序》："聽松樓者，蕭山吳氏別業也。……康熙己巳，淮陰張子毅文、杜子湘草與吳門俞子犀月、顧子迂客、俠君兄弟同來明湖,適睦州方子渭仁、家季會侯寄湖之南屏,而越州吴子應辰、王子六皆、張子星陳、金子以賓皆前後至,因偕丁子藥園輩若干人,高會於莘野之草堂,而以楊先生以齋爲之祭酒,仍題之曰《聽松樓讌集》,統所名也。……予老且醉,不能承管硯,越日竣事,因復藉授簡之末而僭爲之序。"

楊雍建(1631—1704),字自西,號以齋,浙江海寧人。順治十一年(1654)舉人,十二年(1655)成進士。除知高要縣事,充廣東丁酉鄉試同考,擢授兵科給事中,轉禮科右給事中。充己亥會試同考官,再轉吏科左給事中,進刑科都給事中。著有《黃門疏稿》《撫黔奏疏》《弗過軒詩鈔》《景疏樓集》《自怡集》。(朱彝尊《曝書亭集》卷七十一《光禄大夫兵部左侍郎楊公神道碑銘》)

杜首昌(1632—1698),字湘草,江蘇淮安人。家豪富,修綰秀園。工詩詞,善草書。著有《綰秀園詩選》《綰秀園詞選》《杜稿編年》。(同治《重修山陽縣志》卷十三)

爲金輅試文作序,蓋在此際。

《序三十四·素園試文序》:"金子素亭久以舉文名於人,而友教日衆,乃與趨庭都講輩各出生平見知文,彙以示世。因人之重素亭者,名所居園爲'素園',遂稱其文爲'素園之文'。"

招杜首昌、洪昇游西湖。

杜首昌《綰秀園詩選·毛大可太史招同洪昉思泛湖》。

與顧嗣協、黃玠、史蒼山、陸葇、張鴻烈、俞瑒、吴農祥、沈季友雨集湖舫,限韵賦詩。

陸葇《雅坪詩稿》卷二十二《吴門顧迂客偕詩友黃憲尹史蒼山俞犀月招同毛大可吴慶伯沈倩南疑湖舫雨集限韵》。

黃玠,字憲尹,號怡谷,江蘇吴縣人。有學行,工山水,著聲於吴。(道光《蘇州府志》卷一百五)

史蒼山,生平不詳。

雨晴,偕陸葇、吴陳琰、孫眉光、沈季友、顧嗣協、張毅文、汪文桂同集。

陸葇《雅坪詩稿》卷二十二《雨晴偕大可寶崖嘯夫南疑欸答迂客并邀張毅文汪周士同席》。

汪文桂(1651—1731),初名文楨,字周士,號鷗亭,浙江桐鄉人。貢生。官内閣中書。與弟森、文柏皆有時名,世稱"汪氏三子"。著有《鷗亭漫稿》《六州噴飯集》。(阮元《兩浙輶軒録》卷七)

與陸荃、孫眉光、吳陳琰赴馮屺瞻飲席。

　　陸荃《雅坪詩稿》卷二十二《馮屺瞻招飲同毛大可太史孫嘯夫吳寶崖兩茂才》。

　　按，此詩介於《己巳穀日哭茂先大侄》與《庚午元旦過西宮借抄無史》之間，當作於此年。

　　馮屺瞻，未詳何人。

春，遇陳晉湖上，作詩贈之。

　　《七言律詩十‧贈陳太士》序曰："予己未召試，右臂瘍發，會太士以長桑剩術邀游諸王貴人間，折刀圭贈予，立效。既而予入館，太士謁選，得吳興司教去。兩地相憶，寄書道餐飯者，十甚熟矣。今年春，太士已拂衣，理長桑舊術，相見於明湖之濱，握手道故。……相對感激，率題四詩，所謂柬知我者不必定贈元使君也。"

季春，爲姜承烈《樂志堂文鈔》作序。

　　姜承烈《樂志堂文鈔》卷首先生序："吾友姜子武孫少負無雙之譽，弱冠受知陳黃門臥子先生，亟賞其文，嘆曰奇才。一再不遇，遂肆力詩古文詞。……若武孫者，不謂之兼才不可也。辛酉，魁北闈，藉甚聲名，長安紙貴，同人竊竊焉。……乃累躓公車，戊辰南返，若有不豫色者。……於是發篋中所存詩文，屬余評次，分爲若干卷，皆可傳者。……時康熙己巳季春，西河同學弟毛奇齡撰。"

五月，爲田鳴玉詩賦合集作序。

　　《序十六‧田子相詩賦合集序》："向從胡氏東岩、王氏文叔見子相於吳山之岑，爾時子相未弱冠也。然往往爲五七字詩，登臨咏吟，一時見者多稱之。予嘗題其篇而思其爲人。暨予以應詔入都，而子相方隨其尊人宦游江南者數年，迄于今，予請急里門，又三稔矣。"

　　按，田鳴玉《屺瞻樓詩鈔》卷首載先生序，末署："康熙己巳仲夏月，西河同學弟毛奇齡謹題。"

秋，爲施母王氏撰墓狀。

　　《事狀三‧施母王孺人墓狀》："施母王孺人，以望族之子歸於清門。……康熙二十八年己巳秋八月，將葬母某阡，而乞狀以謝親知之迎殯者。"

十月六日，作《請毀私築湖堤揭子》。

　　《請毀私築湖堤揭子》："蕭山本澤國，而地境易涸，因築湘湖以溉九鄉之田。其間開閉有時，蓄泄有候，刻石則水有尺有寸，奏之朝廷，著之律令，勒之碑版，赫赫如也。無如湖豪孫姓者，聚族而居，世爲湖患。……今孫氏以淘湖之利,合族巨富,而人丁又衆,圈水築塘,種荷蓄魚,甚且爲陶窑,爲佛舍,漸漸興占。向時令甲,凡湖中之土,以黄綫爲界,而今則爲黄、爲青,不可復問。此正當籲告伸理、大爲清復之際,而土豪怙惡,不告官,不謀衆,公然築堤而橫截之,則橫甚矣。所賴當事賢明,嚴敕正法,而奸詭百出,以二姓之族而駕爲九鄉,以孫氏所造之橋而詐稱先賢,以兩家相通之路而指爲通衢,以姻婭貨賂并墳墓風水之豪黨而妄名公舉之衆,仍不告縣,不謀族,公然謀議,以爲可行,可怪尤甚。……乃不意屢發公議,而隸不散帖,里不知會,陰陽生不到門,鄉官不集議,繆以已成不毁、朦朧姑且之辭誖謾以覆。無論此堤之成爲禍不淺,而即此行事詭秘,神奸百出,萬一稍遂其意,則前此跨湖之築,祇屬孫姓,猶且駕出多人,東支西餙,況儼奉批行,則自此以後,公然官築矣。……因於補議之餘,并爲此詞。"

按,《湘湖水利志》卷二:"乃於六日晚,爇燈自爲《揭子》,首署己名,而擇鄉官之不孫祖者,列其名於後,伏床手書之。"

作《湘湖私築跨水橫塘補議》。

《議二·湘湖私築跨水橫塘補議》:"湘湖灌田,一縣之國課,九鄉之民命均賴之。自明初迄今,著爲令甲,載在志典,并無許絲毫增損,誠重之也。頃者,湖民孫氏擅爲築堤,以截湖水。……夫以湖之利害,關係重大,在當事先賢,則有楊、顧、張、趙爲之主持;在鄉官先賢,則有魏文靖、張尚書輩爲之恢復。豈有身列薦紳,實生其地,而漠然不相聞者?然且奸邪衆多,反駕黨論,以爲公呈。其爲黑白,尤宜早辨,此所以扶病捉筆,急爲補議者也。"

按,此議題下注曰:"康熙二十八年八月,湖民孫氏私築一堤,西至湖嶺,東至窑裹吴,橫跨湖面。水利衙報縣申府,府發公議。"

冬,郭琇疏劾高士奇與王鴻緒植党營私,高士奇休致回籍,先生寄詩相慰。

《七言律詩十·高江村詹事暫假還里》。

生一子,倪璠贈名壹。尤侗有賀詩。

尤侗《艮齋倦稿詩集》卷三《聞毛大可得子戲賀二絕》。

按,《墓誌銘十一·自爲墓誌銘》:"及予六十七,生一子,呼老得,錢塘倪璠贈名壹。"

倪璠(1654—?),字魯玉,浙江錢塘人。康熙四十四年(1705)舉人,官內閣中書。長於史學,著有《周易兼兩》《神州古史考》《補遼金元三史藝文志》《庾子山集注》《武林伽藍記》等。(《清史列傳》卷七十一《文苑傳》二）。

毛際可贈集唐詩一首。

《詩話》三:"遂安鶴舫,予弟行,而文譽相埒。嘗從山中寄予集唐一首,極佳。以予垂老住杭,方注《易》也。"

有札上史館總裁,言及前在史館草梁儲傳不實。

《奉史館總裁札子》:"康熙乙丑冬,援葬遷之例,乞假在籍。……迄今又三年矣。日蒙皇上巡浙,躬告禹穴,先遣侍衛馳問某西陵渡口,逾日回駕,復面承慰問道傍……因思史事垂竣,中間實有不愜於心,思一湔滌而未能者,誠恐還館無期,一旦溘死朝露,賷志未達,抱此終疚,敢伏床詮次,遠奉閣下。竊某初間圖分傳題,在弘、正之間,爾時分得正德年大學士梁儲一題,私心自喜,以爲曾讀通紀藏書諸野史,每愛其風采駿烈,不婾不激,善爲規諷,以引君於道,明代大臣,必儲稱首。因列其草制、齒劍、沮居守、斥護衛四大事以爲柱礎,而次求其備,不意遍查史宬,按之《實錄》暨一切記載,則知此四大事者,悉屬亡是;且不惟亡是,而往往反是。……竊以爲文章重事,必不宜順情隨俗,聽其姑且。因不識進退,冒昧具札,以丐裁擇。"

魏麟徵遷杭州知府,值其生日,作文祝壽。

《序十三·杭州太守魏使君生日序》:"益都相公每入館,亟稱給事閣下溧陽魏君……予歸甫四年,而君先一年改登州司馬……乃一旦進膺帝簡,爲浙藩首府……乃閭閻以使君生日,遠近稱觴者屬予書幛爲先生壽。"

民國《杭州府志》卷一百一《職官》三:"(杭州府知府)魏麟徵,溧陽人,進士,二十八年任。"

魏麟徵（1644—?）,字蒼石,江蘇溧陽人。康熙六年（1667）進士,官翰林。歷官邵武府知府、杭州府知府。著有《石屋詩鈔》。（沈德潛《清詩別裁集》卷九）

爲仁和縣知縣王庶善試文作序。

《序十八·王明府季試文序》:"衡麓王君以楚黃名宿出宰仁和……而君以兩湖名魁,其經書墨義,海內爭誦之,爲舉文之式,迄於今若干年矣。"

民國《杭州府志》卷一百二:"(仁和縣知縣)王庶善,黃陂人,舉人,二十八年任。"同書卷一百二十二:"王庶善,字衡麓,湖北黃陂人,康熙二十二年舉人,以秭歸教諭俸滿,選杭州仁和縣知縣。"

爲聶先《南巡記頌錄》撰總序。

《序十九·彙刻南巡記頌錄總序》:"我皇上德被寰海,一巡而頌辭滿東南,再巡而頌聲滿天下。……皇上羽騎所至,輒有犒恤,東南大省,盡捐賦稅,是車駕經行而民受大賚……草臣聶先,托迹吳門,親見夫萬戶歌思,兆人慨慕……臣聶先隨遇所見,彙録一帙……因爲敷揚之而題之於篇。"劉廷璣《在園雜志》卷二:"聶晋人先,吳人,才學頗富,手眼亦高,但性情冷僻……己巳,游武林,選刻《西湖三太守詩》。"知聶先本年至杭州。聶先,字晋人,號樂讀,又號三耳生,原爲江西廬陵人,居於吳。輯有《續指月録》《西湖三太守詩鈔》《十二家詩鈔》《西湖六君子詩鈔》等。(劉廷璣《在園雜志》卷二、同治《蘇州府志》卷第一百三十六)

趙廷標及妻許氏合葬,爲志墓。

《墓志銘九·誥授嘉議大夫布政使司參政趙君暨誥封許恭人合葬墓志銘》:"故嘉議大夫陝西督糧道布政使司參政趙君請疾歸杭州,康熙二十八年巳巳十一月七日卒於家,距生明萬曆癸丑,享年七十七。孝子承煐等稽首請銘。先是君配許恭人以康熙二十一年壬戌四月十一日,已先君卒於長沙官舍,距生甲寅歲,減君年一稔……至是,謀合壙而并請予銘。刲於石。君諱廷標,字叔文。"

《墓表二·誥授嘉議大夫陝西督糧道布政使司參政趙君暨誥封恭人許太君墓表》:"君諱廷標,字叔文,别字雲岑,杭州錢塘人,趙姓。……康熙戊辰,遷陝西督糧道布政司參政,而以病乞去。……暨予歸三年,驟聞君乞病已還里,急過之,即不能一見,若君真所謂盡瘁死王事者。今某年某月,將葬君某山之原,既請予爲文志諸幽矣。"

清化山廣利寺主持宗標輯《清化廣利志》成,爲作序。

《序十七·清化廣利寺志序》:"康熙己巳,予以歸田之暇,杜足江村,而普慈後人乃挾《清化廣利志》渡江再請,願得數言叙其事。……住持宗標,丐其鄉居士,輯爲寺志。……予雖老,尚能題之。"

吳賜及妻戴氏合葬,爲志墓。

《墓志銘八·吳文學暨烈婦戴氏合葬墓志銘》:"吳與戴望族而爲婚姻。吳氏有子……名錫,字天與。……而以次年己巳四月四日,卜葬於祠側,使來請銘。……天與以康熙二十七年二月十三日卒,而烈婦即以是年三月二十四日殉之,皆享年二十有二。"

楊許玉母九十壽辰,作詩文祝壽。

《五言格詩四·楊母九十壽》。

按,《序十七·楊母九十壽詩文集序》:"予於康熙己酉從淮西歸,同人競爲詩爲介璜先生母太君壽。是時,先生宰府谷未還也,予謂太君年七十……今則太君年九十矣。"知本年楊母九十。

楊許玉,字介璜,浙江仁和人。少失怙,廬墓讀書。順治五年(1648)舉

人,授陝西府谷令,有招撫功,升太原郡丞,攝代州篆。以廉吏稱,轉升晉陽。念母老,乞養歸。(雍正《浙江通志》卷一百九十)

戴隱居九十壽辰,作文壽之。

《序十八·戴隱居九十壽序》:"隱居戴翁以新安名族來居武林。……予生平序壽,上壽最鮮,而頃爲楊郡丞慈親作九十序,今又以壽翁,即一月間而得兩序大壽以附文於末,何其幸乎!"

戴隱居,未詳何人。

是年前後,有書復何之杰,論本生祖母不承重。

《書三·復何毅庵論本生祖母不承重書》:"月日,書到。兼蒙下質,貴戚朱氏如贈君王夫人死,有疑於其孫承重之服,可否取決。某適對客,不能裁報,且生平最諱論禮,稍或繆轉,恐蹈三家叔孫之誚。故在館聚草,偶諮禮制,輒口噤不應,以爲禮無一定,且卑末何敢議也。乃明問殷切,必欲剖晰……若謂妾於其孫無報服,而遂謂無服,則嫡祖母亦未嘗於庶孫有報服也。若謂嫡母爲子服三年,妾不然,則彼原云'嫡子當爲後,庶子不當爲後'也,此皆後儒之私禮也。夫後儒私禮,何足爲訓?某久思東渡,一承教言,而病卧未逮。使還率復,綿漫無次,援筆惶恐。"

約於是年,成《大學證文》四卷。

《大學證文》卷一:"《大學》無古文、今文之殊。其所傳文,亦無石經本、注疏本之异。自西漢傳《禮記》四十九篇,中有《大學》《中庸》二書,并著爲經。而其時復有以《大》《中》二書并《論語》《孟子》稱小經者,析二書於《記》,爲之單行,因別有《大學》《中庸》之目。歷漢、晋、隋、唐以及於宋,未有异也。河南二程氏并讀《大學》,疑其引經處參錯不一,因各爲移易。實未嘗分經別傳,指爲誰作,且變置其文,而加以增補。而朱氏元晦乃復爲之割之、析之,遷徙顛倒,確然指定爲孰經孰傳、孰言孰意、孰衍當去、孰闕當補,而且推本師承,以爲皆程子之所爲。一則曰程子所定,再則曰竊取程子,夫程子則焉能不受哉?獨是改本雖存,猶屬私藏,不過如二程所改之僅存於《二程全書》之中,不必强世之皆爲遵之。而元、明兩代,則直主朱子改本,而用以取士,且復勒之令甲,敕使共遵,一如漢代今學之所爲設科射策、勸以利禄者。而于是朱子有《大學》,五經無《大學》矣。考漢代立學,原分古、今。古學校文,今學取士;古學無异同,今學可出入。而明則取士從同,校文從异,故科目士子,并不知朱本之外別有舊本。而一二學古者,則又更起而施易之,或以彼易此,或以此易彼,爾非我是,競相抵牾。而沿習既久,忽有偽造爲古本獻之朝廷,以爲石經舊文,所當頒學宫而定科目者。夫祇一改經,而相沿禍烈,至於如此!此不可不爲之辨也。夫漢、魏石經,原有兩碑,而實無兩本。乃嘉靖之末,忽假爲正始石經,變置原文,與五經之所傳者,參易殆遍。而甬東豐氏爲之發藏,海鹽鄭氏爲之核實,户曹進其書,黄門勒其字,揣其意,似亦不慊於程氏之所爲,而思奪其説。乃故托爲古文以勝之,使世之好事者,可以去彼而從此,而不知以惡人改經之心,益復自蹈爲改經之惡而不之覺。其亦愚矣!……特漢儒校經,首禁私易。即《禮記》'子貢問樂'一章,明知錯簡,而仍其故文,并不敢增損一字。而《周書·武成》所謂無今文、有古文者,即簡篇錯互,未嘗敢擅爲動移,而但爲之參注於其下。以爲校經當如是耳。向使《大學》果有錯誤,苟非萬不能通,亦宜效漢儒校經之例,還其原文,而假以辨釋。況其所爲錯誤者,則又程改而朱否、兄改而弟否者也。夫嚴父報讎,子且行劫,展轉效尤,焉所底賴?自僞石經出,而不得其由,且有罪虞松而疑莽、歆者矣。……因搜列舊文,略證諸説,而全列四改文於其後,曰《大學證文》。若元、明改本,約十餘本,不能全列,第舉其行世者五本附之,曰可從此睹其概焉。"

按《經集》凡例:"若《大學證文》,則作於史館,而成於家。"

與姚際恒論"小學"義。

《詩話》四:"亡兄大千爲仁和廣文,嘗曰:'仁和祇一學者,猶是新安人。'謂姚際恒也。……及予歸田後,作《大學證文》,偶言:'小學是寫字之學,并非《少儀》'幼學'之謂。不知朱子何據,竟目爲童學,且哀然造成一書,果是何説?'立方應聲答:'朱所據者,《白虎通》也。然《白虎通》所記,正指字學,誠不知朱子何故襲此二字?'因略舉唐、宋後稱'小學'者數處,皆歷歷不謬。坐客相顧皆茫然,則度越時賢遠矣。第是時兄已死,予述兄語示立方,立方即贈予長律二十韵,中有云:'城隈山鳥白,亭下水花紅。李固追隨日,侯芭涕泪中。深懷因令弟,縈慕等蒙童。'其情詞篤實,始知亡兄非輕許人者。"

姚際恒(1647—約1715),字立方,號首源,安徽歙縣人,寄居浙江仁和。讀書涉獵百家,後專攻經學。著有《九經通論》《庸言録》《好古堂書目》等。(民國《歙縣志》卷七)

陸嘉淑卒。丘象升卒。顧有孝卒。陳啓源卒。梅枝鳳卒。丁文龍卒。

【時事】 正月,康熙帝因河工争議不决,再次南巡視河。七月,中俄《尼布楚條約》簽訂。九月,郭琇疏劾高士奇與王鴻緒等結黨營私,高士奇、王鴻緒俱休致回籍。十月,左副都御史許三禮劾徐乾學革職後與高士奇以修史爲名,招摇納賄,徐乾學上疏乞歸。

清聖祖康熙二十九年　庚午(1690)　六十八歲

二月,客長耳禪院,爲李興祖《課慎堂集》作序。

《序十九·李廣寧課慎初集序》:"往予在京師,序廣寧所爲詩。……今先生以'課慎'名集,已極卑牧,乃復由渤海專城東方千騎,不憚越數千里,惠示兼本,索一言以題其篇,何善下也!"

按,李興祖《課慎堂初集》卷首載先生序,末署:"康熙庚午春仲,西河弟毛奇齡大可氏頓首敬題於西湖之長耳禪院。"

五月,爲高士奇《天禄識餘》作序。

《序十六·高詹事天禄識餘序》:"劉宗正父子領校天禄,當時有《説苑》《雜記》諸書散行於世,而後之爲雜説者宗之。……江村宮詹以驚才絶學供奉内廷,其所讀秘書,真有非外人所能見者。……今以耳目之餘,廣爲記憶。其中搜微剔隱,注疏考窒,有駁有辨,而皆於天禄乎得之,因顏之曰《天禄識餘》。"

按,高士奇《天禄識餘》卷首載先生序,末署:"康熙庚午夏五,西河毛奇齡拜撰。"

五月,作《通玄觀崔府君祠禱嗣記》。

《碑記七·通玄觀崔府君祠禱嗣記》:"丁禮部以六十七歲舉一子……以他事至通玄觀,觀傍有神祠,則崔府君也。自入巷至觀,目甫接而心記之,而由觀而門而庭而神,則歷歷皆昔所見者。即案舉一盤,尚坐一兒於盤間,遂禱之而歸。而婦有身,及彌月而生一兒。……康熙庚午五月日記。"

五月,陸世楷卒,年六十五。

陸奎勳《陸堂文集》卷十九《先妣張恭人行略》:"府君以丁卯乞歸,明年,連喪伯兄及四弟奏勳,鬱鬱不樂。庚午夏五,遂遭大故。"

六月,同年尤侗復至杭州,與錢中諧、倪璠、聶先會飲湖舫。

尤侗《艮齋倦稿詩集》卷四《毛大可招飲湖舫同錢宫聲倪魯玉聶晋人二首》。

按,尤侗《悔庵年譜》下"康熙二十九年"條:"六月,至杭州,毛大可招飲湖舫。"

爲聶先《學釣圖》題詩,蓋在此際。

《五言格詩一·爲聶晋人題學釣圖》。

夏,水灾,紹興知府李鐸疏救有力,作詩贈之。

《五言格詩三·康熙二十九年越郡大水蒙郡使李公盡力疏救稍得安堵贈以詩》。

雍正《浙江通志》卷一百二十二:"(紹興府知府)李鐸,奉天鐵嶺人,康熙二十八年任。"

七月七日,友徐咸清卒,爲志墓。

《墓碑銘二·徵士徐君墓碑銘》:"君仲山,諱咸清。上虞下管村徐氏歷世以科目爲京朝官……君生而慧,一歲識字,五歲通一經。甫畜髮,即能以官監生應鄉舉,入場有文章。……康熙十七年,上開制科,令京朝内外各舉郡縣有才學而堪與試者,道撫爭薦君,君辭不得,遂赴京。……越十年庚午七月七日,微疾卒。"

八月,毛先舒葬西湖青石橋,爲志墓。

《墓志銘九·毛稚黄墓志銘》:"時嚴州毛會侯以推官改祥符令,薦京師,工古今學,京師爲之語曰:'浙中三毛,東南文豪。'則又以稚黄與予及會侯而三也。……康熙庚午八月日,孝子熊臣等將卜葬於西湖青石橋先塋之傍,扶服請銘。……君初名先舒,字稚黄,錢唐人。既而名騤,爲仁和諸生,更字馳黄,君生於泰昌元年十月十五日寅時,卒於康熙二十七年十月初五日子時,享年六十有九,乃爲銘。"

按,文中"初名先舒,字稚黄……更字馳黄"誤,當爲"字馳黄……更字稚黄"。據毛先舒《巽書》卷四《毛子改字説》:"毛子名先舒,始字馳黄。《離騷》經云'前望舒使先驅'。'望舒',行天者也,君象也。……故字馳黄焉。人蓋稱馳黄者久之。今余復改字曰稚黄者何?夫馳之義雖居坤,猶夫望舒先驅云爾。余蹇弗能馳,懼不堪。且君子知人之不可先也,故後之;知物之不可以苟舒也,故卷。既曰先舒,而又加馳,余何以堪?夫余名徵諸夢而命於父,弗可改也。惟更字可也,故存黄易馳。"沈謙《東江集鈔》卷八《止毛稚黄改字説》:"毛子馳黄以文章行誼,推重鄉國。年二十餘即有大名,至於今,聲滿遐邇,蓋縱橫數千里内,好學談藝者,亡不知錢唐有馳黄也。今忽更其字曰稚黄,予甚怪之。"

八月,門人張希良主浙鄉試。

法式善《清秘述聞》卷三:"(康熙二十九年庚午科鄉試)浙江考官編修張希良字石虹,湖廣黄安人,乙丑進士。"

秋,子毛遠宗以仁和籍中舉。

盛唐《西河先生傳》:"會先生無子,三兄慧齡以學仙早死,遺子二,先生繼其一,名遠宗,以仁和籍登康熙庚午經魁。"

毛齲亭《蕭山毛氏宗譜》卷四《大房世系紀》："（毛遠宗）中康熙庚午經魁。"雍正《浙江通志》卷一百四十四："（康熙二十九年庚午科）毛遠宗，仁和人，丙戌進士。"

秋，李塨中舉。

馮辰《李恕谷先生年譜》卷二"庚午三十二歲"條："八月，赴京鄉試，中式。"

秋，高士奇生日，寄書幛子贈之。

《七言律詩十·高江村宮詹初度寄書幛子以贈》。

按，高士奇《高士奇集》卷二乙亥《去秋余五十生日慕廬學士用舊韻見贈二詩隨疊前韻送之北上今又值學士生辰適補學士命下復疊前韻》，知高士奇生日在秋天。

秋，作《湘湖水利永禁私築勒石記》。

《碑記九·湘湖水利永禁私築勒石記》："蕭山湘湖，宋邑令楊公所開湖也。……自明弘治間，湖豪孫全等漸起侵占，鄉官致仕尚書文靖魏公力為恢復，而御史何公舜賓繼之。……今康熙二十八年，距向勒石時，幾一百八十餘載，恪遵舊制，無敢越者。乃忽以秋暵湖涸，湖豪孫凱臣等糾集畚鍤，一麾而千人，不鳴官，不暴眾，築堤數里，自湖西至東，兩山之間，橫跨湖面而攔截之。邑令劉君據水利衙報文申請，而無如阻之者之眾也。……會郡伯李君初下車，時惑於阻撓，屢敕集議，而卒之用予末議，始敕令剗削，榜杻示眾。而豪黨多力，抗拒官法，府復據縣，申之藩、臬二憲司，藩、臬二憲司仍下之府、縣，剗削按律，且為之永禁，以勒之石。……今遺孽復興，幾壞大事，及此不戒，將何底止？因為布諸石而禁之如右。若其禁條，則具見宋淳熙十一年、嘉定六年、明正統五年、景泰四年、弘治十三年、正德十五年、今大清康熙二十八年禁罰各例，載《湘湖水利志》中。"

秋，成《湘湖水利志》三卷。

《湘湖水利志》卷二"本朝康熙年清占勒石始末"條："康熙二十八年八月，大旱，湖底皆坼。湖民孫凱臣等相聚數千人，一麾而集，各具畚鍤，築堤於湖中……會本府李鐸初下車，遽受中丞指，清浙東地方水利，因發縣踏勘。……乃自二十八年冬，至廿九年春，水大湖漲，豪民既抗官，不即剗削，而通邑因循，利其水漲，則堤在浸中，當自蕩浙……今毀制不復，不止兩月，府乃以縣文并申之藩、臬二憲，藩、臬二憲復下之府，府乃敕縣，詣堤所，親為剗削，姑免其應得之罪，仍將為首諸人各責三十板，枷號一月。遂勒石永禁，屬予為文，書之石。時七月廿日。"

十一月二日,徐乾學六十生日,作詩壽之。

《七言律詩十·徐司寇壽》,詩中注曰:"時以纂修總裁開館於太湖之傍。"

十二月二十七日,方象瑛仲媳毛氏殉夫死,爲作誄文。

《家烈婦誄文》:"康熙二十九年十二月二十七日,遂安方公子妻毛氏以殉夫身死。其舅氏編修君與予同館同籍,而其父明府君則又予同譜弟也。當予官京師……曾爲文記墮樓事,示京師屬文者。暨乙丑之冬,予與編修君先後南還,而烈婦亦扶夫柩室歸里門,距守志之歲,又逾十年,烈婦年二十七矣。"

按,文中"舅氏編修君",指方象瑛;"明府君",指毛際可。

聶先輯劉廷璣、魏麟徵、蘇良嗣三人詩爲《西湖三太守詩》,爲撰序。

《序十二·西湖三太守詩序》:"予僦居西湖,值在園劉君以括蒼良守借箸兹土,西江聶晋人曾選在園詩,而予爲校之。……既而蒼石魏君來,則予友也。蒼石以《石屋》《丹崖》諸集屬予纂定。而晋人適至,遂列其兩集於《百家詩鈔》之間。……會舊黃守蘇君小眉代蒼石……乃適守兹郡,相傳小眉詩提筆千首,雖紙竭墨渴而筆尚未輟。晋人居湖久……因遴三君詩并列之,名《西湖三太守詩》。……而予以僦居一老,亦躬承其際而觀其賦詩,何厚幸也!"

按,劉廷璣《在園雜志》卷二:"聶晋人先……己巳,游武林,選刻《西湖三太守詩》。太守爲誰?魏蒼石麟徵、蘇小眉良嗣,以予三攝杭州,亦濫厠名其中。二公才人也,予何敢并列焉?"劉廷璣《葛莊編年詩》庚午《由括蒼再攝武林》,毛序當作於本年。

劉廷璣(1654—?),字玉衡,號在園,遼東奉天人。隸漢軍鑲紅旗。蔭生。初授内閣中書。康熙二十七年(1688),遷處州府知府。三十五年(1696),遷浙江觀察副使。四十年(1701),調江西按察使。後降江南淮徐道。著有《葛莊編年詩》《在園雜志》等。(徐世昌《晚晴簃詩匯》卷五十)蘇良嗣,字小眉,一字肖公,漢軍正紅旗人。二十九年(1690),任杭州府知府。著有《鏡烟山房詩集》(乾隆《杭州府志》卷六十二、法式善《八旗詩話》)

爲劉廷璣《記年圖》題詩,蓋在此際。

《五言格詩二·題括蒼劉在園使君記年圖》。

宗慧堂重建,住僧丐文,作文記之。

《碑記六·重建宗慧堂記》:"法相寺在西湖南高峰下,五代時長耳和尚舊道場也。其傍有宗慧堂,相傳趙宋時所建,而今亡矣。……康熙己已,住僧方謀興復,因丐斯文爲勸緣之舉。越一年,堂成,寺僧請書碑,乃即書其文於石,某月日。"

李鐸修復郡治城郭、壇廟、館廨、麗譙諸碑,爲文記之。

《序十八·李使君修復郡治城郭壇廟館廨麗譙諸碑記序》:"三韓李使君……之治行,實不勝書,而愛民之情,每有超於記之外者。近以八州澤國……於救恤捍禦之餘,見洪流湯湯,仰天而泣。……然則使君之可紀,豈惟是矣?"

紹興知府李鐸禱雨,作詩記之。

《五言格詩三·禱祀詞爲李使君作》。

應張希良之請,爲其《文稿》作序。

《序十五·張編修文稿序》:"獨破例標編修名,使主浙試。……編修文行世已久,坊人復遴其要者而佐以新篇,因爲應其請而序之如右。"

張希良(1631—1712),字石虹,湖廣黃安人。康熙二十四年(1685)進士。官翰林院侍講學士。著有《春秋大義》《寶宸堂集》。(丁宿章《湖北詩徵傳略》卷十七)

浙撫張鵬翮監臨浙闈,舉人放榜謁謝,爲文記之。

《序二十·兩浙張中丞監臨庚午科鄉試舉人放榜謁謝公序》:"皇上御極之二十九年,禮臣舉賓興故事,次及兩浙,分別監臨提調、監試考試諸官,而以大中丞張公爲諸使長,監臨全闈,昭舊典也。……榜發之後,舉人若干人謁公於軍門,例有饗謝,因請予爲文而序之如此。"

雍正《浙江通志》卷一百二十一:"(巡撫都察院)張鵬翮,字運青,四川遂寧人,康熙庚戌進士。二十八年任。"

沈武抑中舉,爲其《默堂詩鈔》作序。

《序二十·默堂詩鈔序》:"康熙庚午,上命編修張君、尚書郎王君司浙鄉試,而以沈君武抑中乙科。……予知武抑久,三吳推指名士,首紲指武抑。……今武抑以主文編修君出予門下,見予於湖濱,……而予始得與武抑慷慨論詩,雖知之有素,然亦私幸有是舉以得一見也。然則武抑入長安,其得藉是舉以見其詩并見其人,猶是矣。予故序其詩,并述其所遇,以志予相見之有幸焉。"

沈武抑,生平不詳。

爲張右民《東皋詩集》作序。

《序十七·東皋詩集序》:"暨歸,而故交蕩然,四顧無所向,獨先生年逾八十,尚能與顧君侍御、丁君禮部輩講德論道,學者宗之爲東皋先生。然且出其所爲詩,屬予點定。……而獨予以七十之年,徘徊故鄉,魏文所謂鄴宮舊游零落殆盡者。而予猶得以遲暮歸來,從容爲高年老友親受其詩而訂之序之,則其把筆悵然者也。"

李鐸重葺前知府湯紹恩祠,作詩贈之。

《五言格詩四・重葺湯太守祠有感兼贈李使君》。

李孚青有詩寄懷。

李孚青《野香亭集》庚午稿《寄懷毛十九大可》。

姜希轍七十壽辰,作詩祝壽。

《七言律詩十・姜京兆七十》《姜京兆七十友人索書幛爲壽》。

爲王晫《霞舉堂集》作序。

《序十六・霞舉堂集序》:"王子木庵自第其所爲集,自辭、賦、記、傳、銘、誄、書、疏以及雜志、野乘、偶體、諧說,與夫論辨、記述之自爲義者,合三十五卷,名《霞舉堂集》,以屬予序。……予與木庵游約四十年,每歲過湖墅,必詣木庵。……予歸田五年,自視舊文,如三伏之綿,提起輒置,而木庵《霞舉堂集》軒軒如也,然則傳固有數矣。"

按,據文中"予歸田五年"語,知作於本年。

爲釋智道志塔。

《塔志銘二・越州西山重開古真濟禪寺傳曹洞正宗第三十世以揆道禪師塔志銘》:"師諱智道,字悟通,又字以揆,杭州仁和胡氏子也。……越五年,而屬予以銘。……師卒於康熙乙丑七月十七日。"

約於是年,爲李澄中《卧象山人集》作序。

《序二十三・李侍讀卧象山人集序》:"又既天子試郡國所舉文學,漁村在選中,因得於是時交漁村,且得與漁村同受館職,且同入柱下爲史官,乃嘆漁村非常人,今之人未有如漁村者也。其爲人慷慨,厭世苟薄,以龐達自居。其與人交不沾激,戀戀多布衣歡。"

是年前後,與胡介祉遇於顧豹文齋,互有詩贈答。

《七言律詩九・予請假南還時舟遇胡循齋少參赴都對江而泊以病不晤蒙惠示詩集相憶有年頃過明湖會於顧侍御莊復蒙見贈和答江字》。

顧豹文(1618—1693),字季蔚,號且庵,浙江錢塘人。順治十二年(1655)進士。授河南真陽縣知縣,歷官河南道監察御史,巡按鄖陽。著有《世美堂集》。(秦瀛《己未詞科錄》卷五、阮元《兩浙輶軒錄補遺》卷一)

張右民卒。秦保寅卒。丁澎卒。汪琬卒。

【時事】 六月,江南江西總督傅拉塔參劾徐乾學縱子侄家奴作惡,株連其弟徐元文休致回籍。七月,康熙帝第一次親征噶爾丹。

清聖祖康熙三十年　辛未(1691)　六十九歲

三月三日,嶺南進韵書,康熙命取《古今通韵》與之參驗。

《詩話》八:"兒子會試歸,予同年祭酒汪東川貽書云:'嶺表楊生進沈韵原本,皇上出君所進《古今通韵》一書,令政府參對,以驗其是否。'其言如此,然不得其詳。值內史汪宸瞻以艱歸見過,則身親其事者,云楊所進名《韵譜》,有八套,每套四册,共三十二册。則非沈韵矣。沈韵止一卷,焉得有此? 時皇上向閣臣問:'數年前,翰林官毛奇齡所進《通韵》,今何在?'閣臣不能對。以是年宣付史館,收其書入閣中,既而取入藏皇史宬,閣臣不知也。上踟躕問曰:'記得在皇史宬。'命索之,果然。是日,在政府大堂,開視卷首所進《表》,是康熙二十四年三月三日,計今開視是三十年三月三日,詘指已六年矣。皇上萬幾,能記憶,固神聖莫測。然適值上巳日,不前不後,亦一异事也。特宸瞻親受命取書捧進,而次日即太夫人訃至,狼倉出都,此後不相聞矣。後晤魏使君蒼石於西湖舟中,使君從內史起家,與宸瞻曾共此事,重道及,云:'皇上以楊生進《韵》與《通韵》不合,斥其書去。'"

三月,應王典子廷燦之請,爲王典《慎齋詩存》作序。

《序十八·王君慎齋詩集序》:"今慎齋以居官逝矣。予歸田有年,一時孝子有刻其先公遺集而屬予序者兩:一俞君友薇,一王君孝先也。"

按,王典《慎齋詩存》卷首載先生序,末署:"康熙辛未暮春,西河同學弟毛奇齡敬題於湖南佛寺。"

王典(1632—1689),字備五,號慎齋,浙江仁和人。貢生。官河南杞縣知縣。著有《慎齋詩存》。(潘衍桐《兩浙輶軒續錄》卷二)

春,毛鳴岐過杭州,值其七十,作文祝壽。兼爲毛鳴岐《菜根堂全集》作序。

《序十六·家明府文山兄七十壽序》:"今年春,從中州還,遘予於錢湖,謂曰:'予七十年矣,歲之首秋,則懸弧時也,子可無一言爲贈詞乎?'予聞而憬然……而反長於予。"

《序二十·家文山菜根堂全集序》:"閩之有文山,即閩之一人也。前此,周侍郎櫟園每稱文山爲五言長城,宛平王文貞之五言古詩、太倉吳學士之歌行、中原彭禹峰方伯之七言律,與文山五律可以頡頏。間嘗讀侍郎所摘文山五字句而慕之,今文山合輯其序、記、賦、頌匯爲一集。……若夫予兩人族誼,則文山方七十,予於他序中及之。"
　　按,袁行雲《清人別集叙録》卷八:"《菜根堂詩集》十五卷,毛鳴岐撰。……毛奇齡序作於康熙三十年。"

子遠宗會試下第,將歸里,龐塏詩以送之,并有詩寄先生。
　　龐塏《叢碧山房詩二集》卷六辛未京集詩《送毛遠宗下第旋里》《寄毛大可檢討》。

有詩寄浙江西安縣知縣鹿祐。
　　《七言律詩十·寄贈西安鹿明府》詩中注曰:"時予嗣兒鄉舉,以第二人出公門下,適會試下第,故云。"
　　阮元《定香亭筆談》卷三:"浙江衢州西安縣……鹿祐於康熙庚午宰西安。"
　　鹿祐(1648—1718),字有上,號蘭皋,安徽阜陽人。康熙二十年(1681)中舉,二十一年(1682)成進士,授浙江西安縣知縣。三十六年(1697),行取部曹。晉江南道監察御史,歷山東道監察御史、通政司左參議、順天府丞、大理寺少卿、太僕寺正卿、太常寺正卿。四十七年(1708),晉兵部右侍郎。後轉左,簡授河南巡撫。著有《天方禮經》。(民國《安徽通志稿·列傳稿》)

九月,約《古今通韻》十二卷爲《韵學要指》,李天馥爲作序。
　　《韵學要指》卷首李天馥序曰:"韵學之亡,幾七百餘年矣。八閩陳氏、吳門顧氏、西泠毛氏、關中李氏,皆各有撰著。而彼我偏室,毋論古今分合,較有難通,而即其四聲所始,一百七部所創,何人何代,或唐或宋。自金、元以還,迄于今兹,中間文人學士千千萬萬,其最名者,如空同、滄溟、升庵、弇州輩,皆漆室長夜,夢囈不覺。況降此者,而欲以聲律之學,探本窮源,蓋其難也!聖天子洞析古學,通貫鍾吕,每課詞業,輒爲遍指諸誤,以示考押。會檢討爲史館官,於纂修之暇,曾著《古今通韻》一書,呈進御前,蒙睿鑒奬悦,特出其書,使敕知禮部,宣付史館,然後貯之中秘,以備乙覽,有日矣。第其書已梓之行世,而卷帙繁重,不能遍達,檢討復爲之隳括,録其論議之尤要者,謂之《韵學要指》。自三古立均,太師造韵,以及後儒之審聲,末季之分部,凡夫冬、鍾、支、脂,時析時并,古韵律韵,以通以叶,皆能溯其所始而究其所終。即以訛傳訛,如沈韵、陸韵、孫韵、劉韵、《切韵》、《禮部韵》、鄭庠《古韵》、吳棫《補韵》,無不備爲指據,確示可否。使世之人讀《詩》、讀《易》、讀《離騷》、古文及諸子百家之書,一開卷而瞭然若觀火焉。漆室長夜,於此一旦,謂非聖天子神明,有以啓其聰而發其知,何以至此!……康熙辛未九月,朝霞李天馥題。"

十月,作《兩浙布政使司政事堂歌咏勒石記》。

《碑記八·兩浙布政使司政事堂歌咏勒石記》:"政事堂者,布政使司堂也。……上郡馬公從尚書郎來使權杭州,至一麾而復守其地。會天子南巡,旌其才,使提刑全浙。……復未幾而進浙行省,析圭擁節,爲外臺長。……是爲記,康熙辛未十月日。"

雍正《浙江通志》卷一百二十一:"(承宣布政使)馬如龍,康熙二十九年任。"

何源浚官兩浙督糧道,填詞贈之。

《填詞六·臨江仙合詞》題下注曰:"題爲奉贈何梅莊使君夫子作,因使君初守越,既使牂柯,後復爲兩浙督糧少參,因有此詞,但合二閱爲一首。"

雍正《浙江通志》卷一百二十一:"(糧儲道)何源浚,康熙三十年任。"

作《東園沈庵志圓尼師抄化齋糧功德簿序》。

《序十五·東園沈庵志圓尼師抄化齋糧功德簿序》:"東園多尼居……志圓尼師中年去家,伐茅而編籬,獨以俗姓本沈氏,築名沈庵,有日矣。康熙辛未,將勸緣於城,自持化簿,膜拜予而請予爲序。"

僦寓杭州,作《杭志三詰三誤辨》。

《杭志三詰三誤辨》云:"杭州繁麗甲闤宇,秖嫌其地狹,袤而不廣,僅可以舒足,而不能橫肱。……夫酈元北魏人,其作《水經注》,自大江以南,一往訛錯,世能言之。而劉道真在劉宋文帝時曾令此鄉,豈有漫無所考據而憑虛作是言者?此中致誤,當必有故焉,而不能發也。康熙三十年,予以醫療,僦杭州。客有持《神州》一書相諮詢者。予乃發其誤,并翻漢、魏、六代諸史志,作三日課。……乃稍據舊《志》,抉前人致誤所由,作《三詰三誤辨》,以佐閱志者拓冠之助。某月日識。"

按,周中孚《鄭堂讀書記補逸》卷十三:"康熙癸酉,西河僦寓杭州,有以杭志相諮詢者,因詰其故,摘其誤,各三條。并考漢、魏、六代諸史志及舊志,作是編,以裨閱志者之助。"據毛文中"康熙三十年"語,疑"癸酉"當爲"辛未"之誤。

爲馮夢祖《蒼源文集》作序。

《序二十·蒼源文集序》曰:"當予出游時,有稱諸暨馮蒼源氏爲吾越著作之雄,予嘗思其人而未之見也。暨予歸里,竊觀蒼源氏所著有《叢笴》一卷。其目列叢説、叢記、叢問、叢對諸條,仿佛古諸子家言,而不假連類,不藉影響,直抒諸所見,而精警刻核,語無旁貸,鍥鍥乎論難之能也。越數年,而介予及門示以生平所著書,兼屬予序。……特予與蒼源相隔只百里耳,其年齒相去亦不過七八歲以下,而示我所著,則予年七十,蒼源幾八十。"

馮夢祖,字召系,號蒼源,浙江諸暨人。增生。著有《蒼源剩草》《二孟枝言》。(潘衍桐《兩浙輶軒續錄》卷二)

汪霦艱歸,道及史館興輟,作《史館興輟錄》。

《史館興輟錄》:"史館在前朝東廠地……但本朝原無史館,諸史官亦并無纂修事,兹專爲纂修《明史》而設,衹其儀注有不可考者。自上開制科,以予輩五十人充明史館官。……是以當事重舉纂修主事并纂修監生,以淆其局,而主事、監生亦仍居廊房,未嘗上堂。乃復薦諸舊同館官若干人,并充纂修,則一體升降,有何分別? 然其題已鬮分,不得另鬮。而萬曆以後題未經分者,則本朝初入中國,又或以忌諱,陰相推諉,應俟五十人中有出館者,則接受其題。而數年之間,即有告歸者,有死者,有充試差者,出使外國者,有作督學院使者,且有破格内升京堂并外轉藩、臬及州、府者。自康熙己未至辛未,在館者不過一二人,餘或升侍郎,或轉閣學,或改通政使,全不與史事。而舊同館官亦俱闌散,向之爭進者今亦告退,不惟史不得成,即史館亦枵然無或至者。在五十人多處士,難進易退,且又老邁,十餘年間,不禄者已三十人矣。第不知同館多人,并不限數,何以一任其興輟如此? 時汪東川司成艱歸,於廬次偶道及,因錄之。"

鄭開極督學兩浙,爲文贈之。

《序十九·兩浙提督學政春坊鄭公新任序》:"春坊鄭公由青宫近臣視學吾浙……且夫先生之得人,非今日始也。在昔西南甫辟,昆明午收,朝廷以攘文爲奮武之略,特命先生驅車萬里,主文其地。……因合志其辭而爲之序。"

雍正《浙江通志》卷一百二十一:"(提督學政)鄭開極,字幾庭,福建侯官人。順治辛丑進士。康熙三十年以右春坊右諭德兼修撰任。"

洪綱父母合葬,爲表墓。

《墓表五·文學洪君偕張孺人合葬墓表》:"洪孝子綱不幸生四月喪父,越一年,不幸又喪母。……今康熙辛未,合葬二人普福嶺。"

周之麟卒,歸蕭山,作行擯。

《事狀二·大理寺寺丞前兵科掌印給事中任君行狀》:"會同邑周先生爲予同館前進,以通政使司通政使死,受朝祭,予歸渡作行擯。……今予年七十,内史王君亦厭世。予邑京朝官,一時共事,惟君與周先生及予三人,而兩年之間,兩人皆先我而逝。"

周之麟(1622—1691),字石公,浙江蕭山人。順治十六年(1659)進士,官檢討。後官至通政使。(阮元《兩浙輶軒錄》卷四)

周千仞八十生日,作文賀壽。

《序十七·周千仞八十壽序》:"予與千仞先生戚也而爲友。少試於杭,每千仞其兄而平山其弟,《記》曰:'十年以長,則兄事之。'予之兄先生與平山之兄予,皆以是也。乃十年以前,予爲其尊大人稱期頤之觴,爾時,先生宦高要也。……今予請假歸,而先生巋然以八十大耋,張弧於庭。……予年近七十,舊交尚在,梓里諸賢,幸不以出處相間,而尚齒之會,至今未逮。"

按,據文中"予年近七十"語,姑繫於此。

周千仞,浙江蕭山人,周平山兄。生平不詳。

是年前後,作《杭州治火議》。

《議四·杭州治火議》:"杭州多火災,歲必數發,發必延數里,且有蹈火以死者。予僦杭之前一年,相傳自鹽橋至羊市,縱橫十餘里。其爲家約六萬有餘,死者若干人。予雖未親見,顧燋爛猶在目也。乃不數年,而自孩兒巷至菜市東街,與前略相等。予所僦住房,已親見入煙焰中,其它則時發時熄,不可勝計。……是以治火之法,先計嚮邇,後計撲滅。"

是年前後,爲馮遵京、馮武京《塤箎集》作序。

《序十五·馮氏塤箎集序》:"予在京時,與紫燦禮部同邸居……及予請假還,急訪馮君屺章於有斐之堂,見其與弟重韓輩……屺章兄弟與胥山諸子共集爲詩,而屺章與弟不忍分行,因合而輯之,名《塤箎集》。"

馮遵京,字屺章,浙江錢唐人。著有《補廬詩》。(阮元《兩浙輶軒錄》卷十)

馮武京,字重韓,浙江錢唐人。(阮元《兩浙輶軒錄》卷十)

是年前後,爲湯自奇《鷄園詞》作序。

《序十五·鷄園詞序》:"湯君鳴友作《鷄園詞》。……迦陵、紅友,君鄉人也。鄉人皆善詞,而君復能以其詞而進之於聲如此。"

湯自奇,初名自立,字鳴友,江蘇武進人。精古文詞。著有《鷄園詞》。(乾隆《武進縣志》卷十)

是年前後,爲釋大拙《語錄》作序。

《序十五·城山大拙禪師語錄序》:"蕭山城山……舊名越王城,以山椒有墻蜿蜒如淞盂,因名城山。……康熙戊申,冷堂老人從雪竇來,相山川形勝而卓錫焉。……即將如來所傳僧迦金縷撬手而付之乘門之長,所稱大拙禪師者,使之奉佛衣而授僧法。……乃師以象王之尊,大踞獅座,獨拈拄杖者二十餘年。"

釋大拙,字超理,蕭山城山寺僧。著有《梧桐閣集》。(釋大拙《梧桐閣集》)

是年前後,爲馮協一、吴允嘉、徐逢吉《西江唱和詩》作序。

《序十五·西江唱和詩序》:"信安馮使君有事洪都,偕吴子志上、徐子紫凝高會於章江之濱,遂邀之同舟而歸於信安,因之有西江唱和之作。"

吴允嘉,字志上,號石倉,浙江仁和人。著有《石甋山房詩》。(阮元《兩浙輶軒録》卷十五)

徐逢吉,原名昌薇,字紫山,又字紫凝、子寧,號青蓑老漁,浙江錢塘人。諸生。著有《黄雪山房集》。(阮元《兩浙輶軒録》卷五)

是年前後,爲吴升《聽松樓近體詩》作序。

《序十六·聽松樓近體詩序》:"吴生征吉工經義,其以經義冠試士屢矣……會吴生以《聽松樓文選》行於時,四方過問者車轂輻輳,乃大起文會,與江南北士公譾於吴山之麓。……聖天子右文興學,一時好古之士争獻於廷,吴生將挾其所學以游京師,而先出其《近體詩》以問世,予取而誦之。"

是年前後,爲沈氏《同音字解》作序。

《序十七·同音字解序》:"字學有二:一以形學,一以聲學。其在形學者,自許慎、徐鍇以後,悉以篆隸爲根氐,而降而宋、元,拘牽波點,其失古楷體之舊久矣。若聲學,則自唐迄今,皆夢夢焉。予嘗於修史之暇,著《通韵》一書,進之御前。……錢唐沈君取梁周興嗣所著《千文》,而輯其同音之字,以類分聚,謂之'同音字解'。乃復以每字四隅,分注四聲,使里門兒童讀一字而字類之仄音皆備具焉。"

是年前後,爲鄭彦升《棣萼樓詞》作序。

《序十八·鄭彦升棣萼樓詞序》:"鄭子彦升與其伯仲并馳聲藝林,既以詩古文辭争長海内,復出其餘技爲《棣萼樓詞》。……予夙諳聲律,近從先大夫遺志,著爲《樂録》,正將按五聲、二變、七始、九宫、十二管之法編釋成書,而細繹兹詞,正與聲律幼眇互相闡揚,則謂《棣萼樓詞》直接大晟而上之,其亦可也。"

鄭彦升,未詳何人。

是年前後,爲弟子凌紹頤詩作序。

《序十八·凌生詩序》:"凌生繼滄有家學,其尊人鑒含君以舉文解京師,有名。繼滄繼之,不獨舉文佳勝,早能以試事争長藝林。即爲詩,亦輒矜慎,不輕於下字。嘗持詩過余,反復裁酌,若有不超於挽近不止者。

其爲詩豈可量也？凌生將以詩刊木，而索予爲序，因序之。"

凌紹頤，字繼滄，浙江錢塘人。克畏子。（康熙《錢塘縣志》卷十）

是年前後，爲顧溪翁《拈頌》作序。

《序十九·顧溪翁拈頌序》："乃溪翁歷參諸方，多有拈頌，其先後圜公而願授以法王法者，且比比焉。予請急歸里，而溪翁南來，復得讀舊時所拈頌，茫然不省。"

顧溪翁，未詳何人。

是年前後，沈師尹、沈又宗母陳氏生日，作文祝壽。

《序十九·沈母陳太君壽序》："沈母陳太君以潁川名族而歸於吳興。……乃師尹、又宗兄弟，但讀父遺書，以祗服母訓。自予歸田後，而與予益親，若以予爲江左老成，可以備冠冕本源之問，不憚載酒造廬，以相爲周旋。"

沈師尹、沈又宗，未詳何人。

是年前後，爲王復禮《聖賢儒史》作序。

《序十九·聖賢儒史序》："《聖賢儒史》者，王子草堂爲學宮祀典作也。夫學宮祀典而何以謂之聖賢儒史也哉？古者有學而無廟，凡釋菜、釋奠，皆設位爲之。而其所爲設位者，則一聖數師，而賢與儒不與焉。……草堂幼尚實學，長爲人師。其祖、其父皆以孝友姻睦稱於鄉。予嘗登其堂，聆其教，而敬之重之。草堂一本其世學，履方居正，曾於和碩康親王南征之際，獻以正學。"

是年前後，爲李蓀奇《功行錄廣義》作序。

《序二十·嘉定李氏功行錄序》："練川李九蘭負君子行。少時以藝文雄於鄉，既而避草澤，闔户不出。今老矣，自思獨行無可爲及人者，乃著《功行錄》四卷。分'出''處''方外''閨閫'四則，每則則又分若干格，格若干條。其爲格甚具而爲條頗煩，至每條則又列言論於前，而紀事實於後。蓋合理與事而一之，使讀之者，見聞雜出，理事并著，按而行之，瞭若指掌。"按，嘉慶《直隸太倉州志》卷五十六《藝文》五："《功行錄廣義》，李蓀奇撰。"陸隴其《三魚堂文集》卷八有《功行錄廣義序》。

李蓀奇，字九蘭，江蘇嘉定人。著有《功行錄廣義》。（光緒《嘉定縣志》卷二十六）

馮溥卒。梁清標卒。黃虞稷卒。徐元文卒。崔如岳卒。杜立德卒。張錫懌卒。

【時事】　四月，山東巡撫佛倫勘實徐乾學、錢鈺徇庇貪吏，兩人俱被革職。七月，康熙巡視邊外。十一月，康熙帝諭令嚴禁臣僚結黨傾軋。

清聖祖康熙三十一年　壬申（1692）　七十歲

正月，爲陳至言五七律詩作序。

《序十五·陳山堂五七律詩序》："邑之稱工詩者二人：一張子邇可，一山堂。邇可中年始學詩，山堂以小年，雖時各不同，顧其爲驟工則一也。……張子邇可近在都，予欲以邇可、山堂爲吾越張，而山堂方刻詩示世，予喜而序之如此。"

陳至言《菀青集》卷首載先生序，末署："康熙壬申孟春，西河毛奇齡題於菀青書屋。"

二月，蕭山何氏重修宗譜，爲作序。

《序二十三·何氏宗譜序》："蕭山兩何氏，一居芹泥橋，一居城西崇化里，兩家皆廬江之後，而源同派別。其在明代，則皆有御史臺世其門，而俗稱何御史家，則惟城西何氏當之。予從祖教諭公爲芹泥何氏贅婿，而予大母則城西御史公女孫也。……予歸田以來，偶以訪舊過其家，詢從前衍系，悉漫漶不可考，悵然而返。今其裔孫長仁搜先代遺譜，力爲修復，較其闕軼而補其未備，裒然成一集，以請予爲序。……頃，吾邑無賴，仍跨湖塘，以圖侵占，而予以景行御史公事，挺身爭辨，得復舊迹。"

按，稿本《毛西河書何氏宗譜序》末署"康熙卅一年壬申春中之吉"句，知作於本年春。

三月，閱邸抄，聞康熙有徑一圍三、隔八相生之諭，因成《聖諭樂本解說》《皇言定聲錄》。

《呈進樂書并聖諭樂本加解說疏》云："臣竊聞：聲音之道，與政相通，故王者功成樂作，則必辨析宮商，考定律呂，以求聲音之所在。凡以爲中和之氣所以格天人而和上下，非偶然也。自古樂淪亡，聲音之不講，西京以還，于今幾千年矣。……暨臣幸通籍，謬叨從官，嘗於侍班之次，得竊聽殿上中和樂聲，暨黃門皷吹，今所稱丹陛樂者，刻記其音節，而未之析也。會西南蕩平，皇上命詞臣改定樂章。時掌院學士曾以樂章配音樂下詢，臣具議一通，但論篇次，而未嘗一及歌咏之法。然臣嘗於入直之暇，竊入太常，乞觀宮縣諸法物，親得跪睹世祖章皇帝所改塤、篪二器……今年三月，就醫會城，伏讀邸抄，知皇上御門，偶與左右儒臣示空圍之準，指損益之理，辟蔡、孟三九之有差，補遷、固八生之未盡。所云'四上'，即一三也，徑一不足而圍三有餘，則四以上也。所云'二八'，即復八也,隔八相生,而至八而復還其始,則二其八也。聖人將出,則鬼神通之;皇言欲發,則鬼神先告之。覺考律算數,茫昧千年。而先使舊朝之殘譜暗啓其機,審律定聲,運會將開。……今聖諭煌然,宜有所承,而微臣之職又忝在記述,雖病卧里閭,而心縣魏闕,橐筆摛文,未敢少諼。因祗奉皇言而由繹之。……則是皇言一出,而其聲已定。雖微臣譾陋,不足以測高深之萬一,而據所傳聞,合之聖謨,若于斯有相發明者。因於伏牀之頃,口授臣男庚午科舉人臣遠宗把筆編次,析作八卷,裝成二册,共一函,名爲'皇言定聲録',恭呈睿覽,并鑒可否。……至若皇上神明天授,原爲開闢以來集大成之聖,金聲玉振,端在今日。因將所録樂書謹丐掌院學士臣張英代爲呈進,臣臨呈不勝屏營激切之至。康熙參拾壹年伍月拾伍日,翰林院檢討今在籍臣毛奇齡。"

按,《聖諭樂本解説》卷一:"因於伏牀之頃,口授臣男庚午科舉人臣遠宗把筆撰詞,先爲《聖諭樂本解説》一卷,次爲《皇言定聲録》八卷,并原著《竟山樂録》四卷,合十三卷,裝成二册,共一函。"

五月十五日,丐掌院學士代爲呈進《聖諭樂本解説》《皇言定聲録》,未果。

《墓志銘十一·自爲墓志銘》:"康熙癸酉,上諭群臣以徑一圍三、隔八相生之法。予曾作《聖諭樂本解説》《皇言樂本解説》《竟山樂録》,思進之太常,而阻者甚衆。"

《呈進樂書并聖諭樂本加解説疏》末注曰:"至五月,郵寄掌院學士,丐代爲呈進。會皇上幸塞外,學士慎重,不果奏。因梓入集中,以垂將來,即此見聖主儒臣啓迪對揚之盛。且亦古樂絶續大關鍵也。《樂書》八卷,見本集。……康熙參拾壹年伍月拾伍日,翰林院檢討今在籍臣毛奇齡。"

按,"康熙癸酉",疑"康熙壬申"之誤。《聖諭樂本解説》卷首載伊桑阿《聖諭樂本原疏》:"康熙三十一年正月初四日,仰蒙聖恩,以歲首機務餘暇,欲以理數、樂律之學牗誨諸臣,特召臣等至乾清門,環侍御座之側。皇上檢閲《性理》,披圖指示,因而究論算數,綜考律吕,辨徑一圍三之非,窮隔八相生之實。"

五月,兩浙公建育嬰堂告竣,作文記之。

《碑記八·兩浙公建育嬰堂碑記》:"吾浙育嬰舊堂在吴山之麓。地偏而棟狹,所輸貲糧嘗不足以給日用,乳婦各散處,無所稽攝。巡撫張公顧而恤之,於公家之暇,往往諮及,而布政使馬公遂力任其事。會方城五達有皇華舊驛,本駐使節,而鞠爲茂草久矣。乃址而堵之,闢堂三楹。……康熙壬申之三月,甫載事,而五月工竣。當事者請爲文以布之石,使他日繼此者有所視,因爲之記。"

秋,馮景以文寄先生,先生激賞之。

馮景《有道集・與毛翰林書》:"曩壬申秋,景以文謁先生,先生賞之。"

馮景(1652—1715),字山公,號少渠,浙江錢塘人。監生。康熙十七年(1678),游京師,授經於項景襄宅。二十三年(1684),設教於丘象隨宅。晚入宋犖幕。著有《解春詩文集》《有道集》。(阮元《兩浙輶軒錄》卷十三)

十月一日,成都雲道士以乱筆爲先生繪像。

《詩話》八:"後有方士以乱筆繪予像,且題曰:'莫問弧南星有無,長春寶樹正扶蘇。因君舊是瀛洲倡,故遣仙官繪此圖。康熙三十一年十月一日,成都雲道士題。'"

雲道士,未詳何人。

十月一日,任辰旦卒,爲撰行狀。

《事狀二・大理寺寺丞前兵科掌印給事中任君行狀》:"康熙三十一年十月一日,原任大理寺寺丞任君卒於家。……今予年七十,內史王君亦厭世。予邑京朝官一時共事,惟君與周先生及予三人,而兩年之間兩人皆先我而逝。獨煢煢一老,猶黯然搦筆而爲之狀,悲可知已。"

十月二十七日,嚴貞女卒,爲文狀之。

《事狀二・嚴貞女狀》:"嚴貞女者,上舍嚴君長發女也。許嫁同學柴君斂硎子際洛爲婦。而際洛亡,貞女年十五,陰卻繡綺朱碧衣,而以縞繩束其髮,父母初惡之,未之問也。越一年,俞氏來請婚,父許之。……越三月,復不食,父母屢喻之,不聽。康熙三十一年十月二十七日,咯血死。……予乞病會城,所僦仁和縣祖廟巷傍,與貞女居近,故知貞女事最詳,而特爲之狀。"

與查昇登趙寧補山閣,爲文記之。

《碑記八・趙使君補山閣勒石記》:"管亭趙使君以良二千石守松江,還里,築閣於宅之西偏。方落成時,其湘潭門人陳君鵬年登而樂之,因拾宋人'又補青山入座來'之句,顏曰'補山',紀所見也。……康熙壬申,予與同館查君庶常前後登閣,庶常曰:"《傳》曰:'進思盡忠,退思補過。'使君今日之事也。……予曰:'善。'遂用其言以爲記,且乞庶常書之石,以示後之登斯閣者。"

查昇(1650—1708),字仲韋,號聲山,浙江海寧人。康熙二十七年(1688)進士,選庶吉士,散館,授編修。累官至詹事。工書法。(陶元

藻《全浙詩話》卷四十四）

馬如龍由兩浙布政使遷江西巡撫，作文記其政迹。

《碑記八·兩浙布政使司布政使遷江西巡撫都察院政迹碑記》："聖天子御極之三十一年，上郡熊公由兩浙使相進秩大中丞，開府西江，爲外臺垣翰之長，建牙樹纛，設箛鼓節鉞，一時士大夫咸拱手爲天子稱得人慶，而下民哀號，謂奪我公去，扳車卧轍。不得已，乃歷數公政迹，凡若干條，琢石雕朱於行省之門。"

按，文中"熊公"當爲"馬公"之誤，據光緒《江西通志》卷一百二十八："馬如龍，字見五，陝西綏德州舉人。康熙三十一年由浙江布政使擢江西巡撫。"

子毛壹以痘殤。

《墓志銘十一·自爲墓志銘》："及予六十七，生一子，呼老得。錢唐倪璠贈名壹，數月識字。時予方注《易》，能以指作卦畫。四歲死。"

《易小帖》卷四："予注《易》時，亡兒佩韋懸其鏡項間，指其字，無不認者。及能言，婢以骨牌與之弄，教以重六牌曰：'此天牌也。'曰：'非也，此地牌耳，父嘗言坤爲地。指鏡六畫曰：此非坤乎？'婢以告予，予曰：'童烏解玄，豈如是耶？'後竟以痘殤，悲哉！"

慈雲寺灌頂法師開堂，作文記之。

《碑記九·慈雲灌頂法師開堂碑記》："是以兩浙名山三宗悉備，如靈隱爲禪、上竺爲講、靈芝爲律。……泊三祖普濟覺公則律宗，而爲吳越國王所師，迎住此山，是慈雲三祖。……而灌頂法師以三藏真印起而統承之。予嘗辨儒佛異同，與師相質難，歷舉從來經論與吾學相離合者，娓娓數萬言。……康熙庚戌，杭州紳士請師入慈雲講堂。……乙丑，應興福之請，講楞伽經。戊辰，赴戒壇，演法華。明年己巳，宮詹學士邵公請師主上竺，開十期講，遠方來聽者舟車不絶。……越四年壬申，聖果請講報恩《盂蘭盆經》，工部侍郎徐公請師復還院，開戒三壇。……師諱續法，字伯亭，别字灌頂，仁和亭溪人也。"

爲林兆哲父瀾撰墓表。

《墓表三·敕封承德郎雲南永昌軍民府通判林君墓表》："予入史館作《土司傳》，嘆西南徼外哀牢、金齒諸域，要荒萬里。……會予請假歸，而故人之子林生兆哲赴東曹選，得雲南永昌軍民府通判，則正值斯地。……而其尊人以疾卒於寢。又一年，林生歸葬，涕泣請表墓。嗚呼！君諱瀾，字觀子，杭州人。……康熙三十年四月二十三日卒，距生天啓丁卯年六月十一日，享年六十有五。以覃恩敕封承德郎雲南永昌軍民府通判,娶沈,封安人。子六:長即兆哲,判永昌者,君之封是也。"

作《笑隱庵碑記》。

《碑記八·笑隱庵碑記》:"笑隱庵者,笑和尚所隱庵也。其址在杭州清波門外,舊名法喜院,而中丁毀廢,大董陳氏購復之。以開住者爲照福笑魯和尚,而笑近於喜,因以'笑隱'名其庵。康熙二十二年,奕是和尚從平陽來,會靈岩翼庵將退院,而以奕公曾落染此庵,遂合檀越及僧衆啓請,願爲奕公量笏地,而奕公應之,今十法臘矣。"

爲釋序燈《偶吟錄》作序,蓋在此際。

《序二十七·嘯隱偶吟錄序》:"奕公居嘯隱,錄《偶吟》一卷,見示,凡詩若干首,佛家所謂大海之一滴者。奕公請序之,因序。"

約於是年,爲仁和縣知縣王庶善《治行錄》作序。

《序十九·仁和邑明府王公治行錄序》:"衡麓王公知其然,其宰仁和也,務爲坦坦,不務爲矯矯。……乃不數年而政成……公西陽名宿,舉進士者若干年,文章遍海内。其於學無所不窺,即盤根錯節,宰會城首邑……夫一邑之長,與一國之君相等也;一邑之民,與天下之民無以异也。一民歌之,衆民和之,天下之民皆應之,然則公之宰天下,有如此《錄》矣。"

乾隆《杭州府志》卷六十三:"(仁和知縣)王庶善,黄陂人,舉人,二十八年任。"

是年前後,爲蘇子傳《胥山詩》作序。

《序二十·蘇子傳胥山詩序》:"西泠古才地,於文争六季,於詩争漢魏、三唐以上。……今西泠耆舊渺無存者,而胥山諸子起而踵其盛會,開府好士,辟館設醴,躬請胥山諸同志,按名授簡,并以蘇子子傳爲之冠。"

蘇子傳,生平不詳。

是年前後,作《辨聖學非道學文》。

《辨聖學非道學文》:"聖學不明久矣!聖以道爲學,而學進於道,然不名道學。……惟道家者流,自鬻子、老子而下,凡書七十八部,合三百二十五卷。雖傳布在世,而官不立學,不能群萃州處,朝夕肄業,以成其學事,祇私相授受,以陰行其教,謂之'道學'。道學者,雖曰以道爲學,實道家之學也。……是以道書有《道學傳》專載道學。……逮至北宋,而陳摶以華山道士自號希夷,與种放、李溉董張大其學,竟搜道書《無極尊經》及張角《九宫》,倡太極、河洛諸教,作《道學綱宗》。而周敦頤、邵雍與程顥兄弟師之,遂纂道教於儒書之間。……予謂聖學之中,原該'道'字,初學聖人,祇謂之學,學聖既成,即謂之道。學者,道之始;道者,學之終。既非兩途,又非兩事,且并無兩功夫。第從事於此,而學在是,道即在是焉。……自孔、孟不作,道學專行,聖道、聖學其不明於世者越七百年于茲矣。今一旦指出,上自堯、舜,下及孔、孟,始終本末,到處一貫,時時可見,人人可行,無借無雜,不疑不惑,學以致道,庶幾無媿。後有學者,其亦從此而進求焉,可耳。"

顧豹文卒。吳棠禎卒。錢金甫卒。孟遠卒。馮甦卒。

【時事】 正月,康熙帝於乾清門召大學士、九卿等談音樂、數學原理。九月,康熙於京城玉泉山檢閱八旗官兵。

清聖祖康熙三十二年　癸酉(1693)　七十一歲

七月,馮協一來杭,爲其《錢湖倡和詩》作序。

《序二十四·馮使君錢湖倡和詩序》:"嘗讀《西江倡和詩》,嘆使君以郡國之長䩇掌文簿,尚能與坐客賢豪競出其清新之句,以互相贈答。……今使君去郡未補,擔囊來錢湖,重與二三友朋籊盤酒榼,叙疇昔之好,往來雜遝,因復有倡和之什傳於人間。……獨予僦錢唐,與湖堤相去不越數里,亦且偕酒人相謁,執手慰勞,然仍無一字可以相餉,徒把此一卷,爲之吟咏,愧乃滋甚。"

按,馮躬暨《湖上倡和詩》卷首載先生序,未署年月。而錢唐李延澤序末曰:"癸酉初秋,躬暨馮使君來湖上,寓邵學士別業。……中元日,使君徵召同人爲夜泛之游。"毛序亦當作於本年。

八月,仲兄錫齡子文輝中舉。正考官顏光斆,副考官司鉉。

毛黼亭《蕭山毛氏宗譜》卷四《大房世系紀》:"(文輝)字充有,號曉江。……中康熙癸酉亞魁。"

法式善《清秘述聞》卷三《鄉會考官類》三:"(康熙三十二年癸酉科鄉試)浙江考官檢討顏光斆,字學山,山東曲阜人,戊辰進士。吏部郎中司鉉,字鼎臣,直隸趙州人,癸丑進士。"

作《浙江鄉試鑲院中秋倡和詩序》。

《序二十四·浙江鄉試鑲院中秋倡和詩序》:"康熙癸酉,浙江舉鄉試,巡撫御史張公監視院事。舊例:八月十五夜,席舍給燭,監臨偕提調、監試五公座設饌於明遠樓上,綴席醼月。公乃循故實,與同事諸公銜茗,具盤榼,雖樓已改制,減去重屋,猶且雁齒坐敞櫊下,口占三律。諸公迭成之。即簾外諸司,薪膳封録,多有和者。暨撤簾,而主文兩公亦依韻得三首,合并授梓,名"倡和詩"。……通讀之,而敬題其端,在籍史官某頓首。"

八月,仁和知縣王庶善以疾卒於官,爲表墓。

《墓表四·敕授文林郎仁和縣知縣王公墓表》:"康熙三十二年,知仁和縣事王公以疾卒於署。卒之日,囑其子曰:'予承命知此土,已盡職死節官下。顧青衫出門,今以白木還,念無可爲飾木地者。蕭山毛太史儗居仁和義同里,工文而知予。其文能噓枯,而不能於媚人,苟還骨故地,棺無朱綠,應藉其文以飾之。'而子泣曰:'諾。'……遂介之詣予寓亭,泣拜述公言,請所以表其墓者,予泣詢其狀,而無有也,因抆泪就坐,叙其語以表以狀。公諱庶善,字衡麓,湖廣黄陂人也。……公生於崇禎四年十月十七日,距康熙三十二年八月二十八日卒,春秋六十有二。"

九月,作《祁夫人易服記》。

《碑記八·祁夫人易服記》:"姜桐音先生以疾死,其配祁夫人服三年喪畢,不易服。……康熙辛酉,次君貢於鄉。及癸酉,長君登賢書。方是時,距先生之死已一十六年,榜帖至,家人仍有以易服請者,邀予至其家,語之夫人。……吾作《易服記》。"

按,"一十六年"當爲"二十六年"之誤,據前譜,姜廷梧卒於康熙七年戊申(1668),距三十二年癸酉(1693)爲二十六年。

冬,閻若璩挾《尚書古文疏證》游杭,介先生交姚際恒。

閻若璩《尚書古文疏證》卷八:"癸酉冬,薄游西泠,聞休寧姚際恒字立方閉户著書,攻僞《古文》。蕭山毛大可告余:'此子之廖倆也,日望子來,不可不見之。'介以交余,少余十一歲。"

《序二十四·送潛丘閻徵君歸淮安序》:"值司寇徐公承命修天下志書未成,聘潛丘君掌其局,多所論著。而既而謝去。出其所辨《尚書》二十五篇,廣其文約數十卷,挾之游錢唐。時潛丘亦垂老,毛髮種種,而予則歸田有年,越七十,衰矣!"

閻若璩歸淮安,以文送行。

《序二十四·送潛丘閻徵君歸淮安序》:"於其歸也,遂序其言以送之,亦欲使淮徐之間,其知江東毛生所與潛丘論文者,又如是也。"

冬,吴農祥夫人傅氏卒,爲志墓。

《墓誌銘十二·吴徵君德配傅孺人墓誌銘》:"吴徵君孺人以康熙三十二年十一月卒。其明年,將筮藏於錢湖之濱,徵君自爲狀,示予何如?……孺人生於崇禎癸酉之七月,距今癸酉,適六十又一。"

慈雲寺伯亭法師新翻《大悲》《准提》二梵咒解,爲作序。

《序二十四·慈雲寺新翻大悲准提二梵咒解序》:"釋書有顯、密,顯者其經,密者其咒也。……伯亭法師通四道大藏,修馬鳴以來法海諸觀,儼日月燈之現於口目,凡顯、密各部,無不洞其原而究其裏。……解釋之餘,并及諸咒。會司天鶴亭邵君歸田有年,曩時得西僧秘授,博通四譯。問與師考晰論辨,廣所未備,每得之《名義》諸集之外,因以《大悲》《准提》二咒爲世所習誦者,先爲解注。聞之《大悲》者,觀音之心體也,《准提》即諸佛覺性也。《大悲》之咒,譯於尊法,而《准提》則龍樹所集。二《咒》奧義,從未翻解,而今忽解之。"

爲侄遠公《就正篇》作序。

《序二十七·就正篇序》:"猶子遠公偕計車行者十七年,兩爲南省首拔士,而詭得復失。遂操筆爲歌曲,游於酒人,出入王門間,幾不得歸。暨歸而悔之,乃復俯首爲舉文。"

按,據前譜,毛遠公康熙十六年中舉,文中有"偕計車行者十七年"語,推之,知作於本年。

侄遠公入都,館於索芬晴雲書屋。

索芬《晴雲倡和集》卷首毛遠公序:"晴雲書屋,索太僕讀書別業也。……予當癸酉入都門,謁東皋先生,授予輦新編,獲見太僕諸詩。……後遂緣東皋先生館於晴雲書屋。"

爲張渢詩集作序。

《序二十四·張禹臣詩集序》:"會予以年過七十,老且病,就醫會城。則禹臣亦逮老,髮齒俱改,乃不以予爲不學,出其詩請序。"

張渢,字禹臣,浙江錢塘人,著有《雪岩詩集》《地理心書》。(潘衍桐《兩浙輶軒續錄補遺》卷一)

推衍仲兄錫齡《易》説,成《仲氏易》三十卷。

《仲氏易》卷一:"仲氏者,予仲兄與三也。古以伯仲爲兄弟,《詩》'仲氏吹篪'是也。仲氏名錫齡,與三其字。仲氏在崇禎之季避難,得錮疾,授生徒,以説經自娛,而尤長於説《周易》。或勸之注《周易》,不答。……暨予歸,被徵,而仲氏病。至乞假,而仲氏已不可見矣。顧其説《易》,實有西漢以還魏晉六朝遺法,爲宋、元諸儒所未及者。予哀其志,就兄子即文輝口授諸説《易》大旨,暨各卦詁義而擴大之,爲《仲氏易》。雖然,使仲氏爲《易》,而止如是乎?"

盛唐《西河先生傳》:"仲兄子文輝亦以仁和籍登康熙癸酉鄉薦,冠《書》經房。遂下籍杭州,居仁和竹竿巷,得時省贈公張太君墓。乃痛《易》學未明,卦象、屬辭與太史占筮見之《大傳》及《春秋傳》者,亦鮮傳述。而仲兄有'五易'之説,以'移易'一法爲文王、孔子造卦象,與《春秋》史官立變解占所自始。而仲兄處士，不試，不立文字，急詢之文輝，記其口授所發端者，大爲推衍，作《仲氏易》三十卷。書成，焚一本於仲兄墓下。"

成《推易始末》四卷。

《推易始末》卷一："《周易》者，移易之書也。雖《易》例有三：一曰倒易，叙卦用之；一曰對易，分篇者用之。而必以移易一例爲演《易》屬辭之用。即演《易》屬辭概有十例：曰名，曰義，曰象，曰方位，曰次第順逆，曰大小體，曰互體，曰時曰氣，曰數目，曰乘承敵應。……夫以三聖啓之，歷之漢、晋、唐、宋、元、明諸儒闡之發之，而明而昧，昧而復明，續而絶，絶而復續，如是其不可沫也。予終畏其沫之也。因於作《仲氏易》成，取卦變諸圖，彙前儒所已言者，而合之今説，以明千世一揆之意，曰'推易始末'。後之學《易》者可覽觀焉。"

成《河圖洛書原舛編》一卷。

《河圖洛書原舛編》云："《河圖》《洛書》，其并見於經者。……故自漢代説《易》家由施、孟、梁丘、京、焦、費、趙以至馬、鄭、虞、荀、何晏、陸績、干寶、王肅，以及孔穎達、陸德明、李鼎祚諸家，各有論著，而其爲《圖》《書》，則皆云無有。……乃趙宋之世，當太平興國之年，忽有華山道士陳摶者驟出《河圖》《洛書》并《先天圖》《古易》以示世，稱爲'三寶'。并不言授自何人，得自何處，傳自何家，出之何書之中，嬗之何方術技士之手，當時見之者亦未之信。惟游其門者有种放、李溉二人深契其説，而放受先天四圖，各得一寶。溉傳許堅，堅傳范諤昌，諤昌傳劉牧，至牧而其説始行於時。於是慶曆前後，士子説《易》者始言《圖》《書》，顧其言與今不同。當時陳摶所授但有兩圖，而世不親授，不得指名。……乃元晦言《易》，則又取其説以定《圖》《書》，而於是《圖》《書》之名始一反牧説，且儼載其文於《大易》之首，岸然與三聖經書彼此分席。而自此言《圖》《書》者雖仍未信，然自明迄今，無敢議焉。"

成《太極圖説遺議》一卷。

《太極圖説遺議》云："太極無所爲圖也。况其所爲圖者，雖出自周子濂溪，爲趙宋儒門之首，而實本之二氏之所傳。《太極圖》一傳自陳摶，一傳自僧壽涯。……乃其所傳者，則又竊取魏伯陽《參同契》中《水火匡廓》與《三五至精》兩圖，而合爲一圖。……在初誦其文時，祇以爲《圖説》可疑，原無幾語，其餘多《易》文，此無容置喙者。而以今觀之，則亦未嘗無可疑也。因著爲《遺議》，而雜引其可據者，而記之於篇。"

門人編次先生説《易》之語，成《易小帖》五卷。

永瑢《四庫全書總目》卷六"易小帖"條："毛奇齡説《易》之語，而其門人編次成書者也。奇齡所著經解，惟《仲氏易》及《春秋傳》二種是其自編，餘皆出其門人之手，故中間有附入門人語者。此《小帖》凡一百四十三條，皆講《易》之雜說，與《仲氏易》相爲引伸。……今觀其書，徵引前人之訓詁以糾近代說《易》之失，於王弼、陳摶二派，攻擊尤力。其間雖不免有強詞漫衍，以博濟辨之處，而自明以來申明漢儒之學，使儒者不敢以空言說經，實奇齡開其先路。其論《子夏易傳》及《連山》《歸藏》，尤爲詳核。第五卷所記，皆商榷《仲氏易》之語。初稿原附載《仲氏易》末，後乃移入此編。舊目本十卷，今本五卷，蓋其門人編錄時有所刊削。考盛唐所爲《西河傳》，又稱《易小帖》八卷，蓋十卷刪爲八卷，又刪爲五卷也。"

成《易韻》四卷。

《易韻》卷一："古行文多用韻。自《尚書》古經并各傳外，凡諸子百氏及周、秦間文以暨《史記》《漢書》《淮南》《參同》諸書，往往間及韻語，而在古經則《周易》尤甚。顧《周易》非盡用韻者，其彖、象原辭亦偶然及之。惟夫子上、下象傳并《雜卦傳》則無一不韻，一如詩歌、銘頌、賦誄之所爲。以其用贊體，贊必盡韻，舊所謂'贊《周易》'是也。至象傳，即用韻什九，《說卦》則偶有一二語闌入韻間，而《序卦》闃然焉。自陋儒拾得'《周易》有韻'一語，并彖、象原辭字字彊協，以致矯直輮曲，文部、韻部一概亂盡，此如拾殘炙而思以論味，鮮有不以唾涕爲酸甜者也。古凡散文有有意合韻者，謂之'用韻'；有無意合韻而韻偶值者，謂之'驀韻'。就辭觀義，自是明晰。乃宋、明以還，韻學喪亡，鄭樵、吳棫妄作音叶，而朱氏引之以注《詩》《易》，極其乖誕。近吳門顧氏、錢塘毛氏且有誤認陸詞《切韻》一書，以爲東、冬、支、脂諸部必三古韻學之所始，妄以隋代陋儒一時杜撰之作，反繩檢聖經，謂'鄉音'，謂'土音'，謂'非正韻'，則罪大惡極，不可道矣。此皆宋學解經陋習，不可不大聲疾呼以救正之者。因復著《易韻》，以袪世惑。"

爲李式玉父干霄表墓。

《墓表三·錢唐李記室墓表》："嘗從家明府許讀李東琪文，嘆其博。……及予官京師，見其弟上珍於馮儀部宅。……暨予歸，而東琪已厭世，獨與上珍爲主客，聯校往來。久之，上珍忽言曰：'予將游成都，歸期未可知。先生文致足禪世，恐從此卓遠，相見罕。念先人有隱德……以康熙八年己酉五月二十六日，賫志以歿，距故明萬曆癸巳生時，春秋七十有七。而無所傳述，即次年九月七日卜葬於錢唐司嶺之新阡，亦并無志石匱於墓，不孝之罪著矣。今幸交先生，先生能無出一言表之？'……娶谢,生式金,早卒。其次式玉,即東琪也。又娶馬,生式璉,則予所交字上珍者。又娶沈,生式瑚。凡四子,皆名下士,而二爲予友。……而十孫之中,有名成輅字宏載,以康熙癸酉登兩浙鄉榜者,則又予兄子同年生也。……公諱干霄。字卓如。初諱立志。"

按,據文中"以康熙癸酉登兩浙鄉榜者"語,知作於本年,姑繫於此。

李式玉(1622—1683),字東琪,號魚川,浙江錢唐人。著有《巴餘集》。(阮元《兩浙輶軒録》卷六)

與馮景書札往返,論戴烈婦稱謂。

《書四·答馬(馮)山公論戴烈婦書》:"僕少不戒口,壯罹大隙,老年鐍閉,遠過他日。特以足下謙己太過,示文勤懇,必欲指類。因不揣狂昧,繆指三病:謂輕於下筆,一;貪於持論,二;執一說便攻一說,三。……向閲尊駁家會侯《戴烈婦傳》,以爲烈婦爲夫死,夫姓吳,宜稱吳烈婦,不宜稱戴。於是引《春秋》杞伯姬事爲證,辭嚴義切。故僕參數語,注之左方,謂婦無以夫氏者。或以謚,如莊姜、共姬是也。或以國,如杞伯姬、吳孟子是也。并無稱如伯姬、姬孟子者。……僕年逾七十,衰老日增……特來章過激,且必索盡言以當針石,故據床強起,復不憚喋喋如此。"

馮景《解春集詩文鈔》卷六《答毛大可先生書》:"……先生指景行文三病,皆洞見至隱。正如疾狂腸胃,發結痞穢,針藥所不及,而華元化獨能抽割積聚,斷截湔洗之也。既而縫合,傅以神膏,其創有不立愈者乎?沈痾去身,感激何已!"

按,據文中"僕年逾七十",當作於本年。毛際可《會侯先生文鈔》卷十戊辰《戴烈婦傳》:"烈婦戴氏,其家由新安遷於杭。……年十七,歸吳集生之子錫,事舅姑以孝聞。……錫嬰瘵疾,侍湯藥三載如一日。……夫既殯……從此水漿不入於口矣!"馮景《解春集文鈔》卷六《與毛會侯先生書》:"讀先生所作《戴烈婦傳》,其事彰,其辭雅,必傳無疑。第繫之於戴,則非也。戴,父姓也。吳,夫姓也。"

餘杭訓導王永佺親刻陳秉直《聖訓演說》,作文序之。

《序十六·新刻聖訓演說序》:"我皇上躬親教化,首重訓迪……因於康熙九年,特頒上諭一十六條,相率董勸。而兩浙中丞陳公即又作爲《演說》一書,總講分講,使頳萌愚稚,皆可通曉,已奉旨頒行。……約二十年。會總制興公、開府張公、學院鄭公再三申飭,且附諸律令,以仿古讀法之制。……餘杭訓導王君……因損俸鏤版,流布廣遠,使煌煌帝訓昭如日星,甚盛典也。"

嘉慶《餘杭縣志》卷二十:"(訓導)王永佺,山陰人,康熙二十八年任。"

汪霦居喪廬墓,與之論禮,成《廟制折衷》二卷。

《廟制折衷》卷一:"予避人湖西,偕施君少參論學於廬陵講堂。有客問廟制,而彼我争之,移日不決。……暨予甫歸里,而故交零落,往欲取禮制闕略者爲之質辨,而各主意見,近於門户。昔者漢世言禮,并有師承。惟孝元永光間,將罷廢郡國諸廟,而丞相韋玄成始創爲天子、諸侯皆立四親之説,太僕王舜與中壘尉劉歆非之。自後鄭玄注書,再遵韋説,而王肅再非之。其一時史官已有定論。韋議滋紛,不以疑文而行也;歆論博篤,不以衆訕而弃也。然而宋、元陋儒,多有專見,近代薄植,反增偏執,且有自爲廟制論以相難者。予無所左右,姑就其所爲論,重理兩家説而爲之折衷,則曰調停哉?……康熙癸酉,大司成汪君讀《禮》居廬,往有問難。兹不具録,第□漢、魏舊儒諸論略以發端焉。"

是年前後,三韓張氏重修家譜,爲作序。

《序二十四·三韓張氏家譜序》:"三韓張侍御以科目起家,遍歷三曹尚書郎,從征滇南,佐王師撻伐有功。隨以言事故,遷幕杭州,其滯録參有年矣。生平孝友惇睦,每念及所生,期於無忝,教子弟以《詩》《書》之澤,乃復續輯其家乘,而謁予以序。"

姜公銓卒。

【時事】 二月,康熙帝巡視京畿。五月,清廷頒康熙親書之"萬世師表"匾額於國子監。七月,蘇州織造員外郎李煦密折奏報江南六月十八日下雨。

清聖祖康熙三十三年　甲戌(1694)　七十二歲

正月,顔光敦督學浙江。

《碑記九·兩浙提督學政翰林院檢討顔君試士碑記》:"今學使顔君……癸酉之役,君主文兩浙,實爲得人,因之甲戌首春,即以是任。"

民國《杭州府志》卷一百二十一:"顔光敦,字學山,山東曲阜人。復聖裔。康熙二十七年進士,由庶吉士授檢討。三十三年,督學浙江。"

顔光敦,字學山,山東曲阜人。與兄光猷、光敏稱"三顔"。康熙二十七年(1688)進士。選庶吉士,授檢討,尋補日講官起居注。後提督浙江學政。(乾隆《曲阜縣志》卷八十七)

春,李天馥以母喪廬墓,先生赴義合肥,天馥作詩贈之。

李天馥《容齋千首詩》五言古《毛大可來廬書贈》。

《墓志銘十二·誥授奉直大夫都察院湖廣道監察御史何君墓志銘》："甲戌之春,予赴義合肥。"

五月,爲來集之志墓。

《墓碑銘二·故明中憲大夫太常寺少卿兵科給事中來君墓碑銘》:"君諱集之,字元成。……康熙乙卯,君自爲志銘。……越八年壬戌,君始卒。又三年,其四子燕雯以己酉舉人赴公車門。值予直史館,屬分《明史·文苑傳》,得君名,已起草去……亦惟是先生與先公爲忘年交,文章親昵,足徵信,勿諉。予曰:'諾。'又十年,乃始爲此。"

按,《蕭山來氏家譜》卷四載先生文,末署:"康熙甲戌夏五,翰林院檢討同里後學毛奇齡拜撰。"

十月,邵方平卒,爲志墓。

《墓志銘十二·清故年貢士正白旗教習候補知縣邵君墓志銘》:"君諱方平,少與兄解元奏平、宮詹君遠平同文硯。……康熙壬申……及赴官學……越三年,其子忽捧狀踵予,而泣謂君以官學教習盡瘁死。……君邵姓,仁和籍……康熙甲戌冬十月,報滿以知縣用,而是月病卒。距生崇禎庚辰六月二十日,共得年五十有五。"

徐國顯舉子,作詞贈之。

《填詞五·臨江仙·賀徐公佑明府舉子》。

徐國顯,字公佑,號東谷,安徽合肥人。康熙十一年(1672)選貢。二十七年,授翼城縣知縣。著有《慶雲樓文集》。(雍正《合肥縣志》卷十四)

寄書閻若璩,謂《尚書疏證》有損聖學。

《書七·與閻潛丘論尚書疏證書》:"昨承示《尚書疏證》一書,此不過惑前人之説,誤以《尚書》爲僞書耳。其於朱、陸异同,則風馬不及,而忽詬金溪,并及姚江,則又藉端作橫枝矣。《尚書》本聖經,前人妄有遺議者,亦但以出書早晚、立學先後爲疑,未嘗於經文有不足也。……以尊兄卓識而拾人牙慧,原不爲武,然且趨附之徒,借爲快捷方式,今見有以此而覬進取者。尊兄雖處士,然猶出入於時賢、時貴之門,萬一此説外聞,而不諒之徒藉爲口實,則以此而貽累於尊兄之生平者不少,吾願左右之閟之也。……王草堂作《聖賢儒史》一書,頗有訂證,而足下偏執程敏政無學之説以爲金科,陋矣。鄙意謂《尚書疏證》總屬難信,恐於堯、舜、孔子千聖相傳之學,不無有損。"

龐塏有詩寄懷。

龐塏《叢碧山房詩三集》卷七甲戌京集詩《寄毛大可檢討》《月夜有懷再寄大可》。

汪志道游杭,爲其《江上吹簫閣集》作序。

《序二十三·江上吹簫閣集序》:"《江上吹簫閣集》者,爲真州汪君學先作也。……學先來明湖,重出其集,以謂予序。"

按,吴農祥《流鉛集》卷十三《江上吹簫閣録跋》(甲戌),毛序亦當作於本年。

汪志道,字學先,號冷松,安徽休寧人,杭州籍。著有《潦園集》。(道光《休寧縣志》卷十、《國朝杭郡詩輯》卷六)

爲何嘉祐志墓。

《墓志銘十二·誥授奉直大夫都察院湖廣道監察御史何君墓志銘》:"監察御史何大夫以巡鹽河東,卒於官。……予時職史局……距今一十二歲首矣。甲戌之春,予赴義合肥,孝子謁予於杭州,不值也。既而予歸杭,以避病入郡,孝子重謁予……大夫諱嘉祐,字子受,世居山陰之峽山。……卒於康熙二十一年十月二十八日,距生天啓四年六月十六日,享年五十九。"

是年前後,成《昏禮辨正》一卷。

《昏禮辨正》卷一:"自世不讀書,不識《三禮》,不深辨夫子《春秋》,祗以宋學爲指歸,而宋人著書,一往多誤。伊川程氏有'三日廟見'之語,而朱元晦作《家禮》,即承其誤,而著爲禮文。……予時聞其言,始而驚,既而悟,又既而憤然不平,以爲禮教衰息,安得曰發仲氏言而一一正之?乃驟丁鼎革,流離道路者越數十年,每就人質難,而不得要領,暨歸休而仲氏逝矣。予嘗考宋學,推其所誤。大抵北宋宗《周禮》,而王氏誤之;南宋宗《儀禮》,而朱氏又誤之。荆公以《周禮》爲周公之書,而文公亦即以《儀禮》爲周公所著。……夫《禮記》者,夫子之後之書也。《周禮》《儀禮》,雖或爲周時所著,然并非春秋以前夫子經見之書也。況《儀禮》闕落,舉無全禮。以《儀禮》無天子、諸侯之禮,而謂天子、諸侯必無禮,定非通人;以《士昏禮》無行媒朝廟之文,而謂昏禮無媒妁,昏禮不朝廟,是爲妄士。惜予本無學,而仲氏又逝,全禮不明,將以俟後之有學者。因先録'昏禮'一節,記其所聞於仲氏之所言者,以就正有道,名曰'辨正'。嗟乎,世豈無知禮者矣!"

是年前後,成《大小宗通繹》一卷。

《大小宗通繹》:"古封建之世,極重世爵。諸侯之子,除正嫡繼世爲諸侯外,其群弟不得與諸侯同宗。故諸侯子弟有自立一宗,以爲合宗收族之法,因創爲'大宗''小宗'二名,而其制無聞。夫天子宗法,已不可考矣。祗諸侯公子略見於《喪服小記》及《大傳》二篇,而説又不詳。且即以其説遍核之他經及春秋時宗姓氏族諸所記,又并無一驗。此固三代以前不傳之制,封建既廢,原可弃置勿復道者。顧後儒紛紛,無所折衷,即鄭注、孔疏亦大率周章無理。而趙宋以還,立説倍多,則倍不可信。因取《小記》《大傳》言宗法者數條略爲疏解,似較於諸經重有發明。且就文曲釋,更有諸經所未詳,從來晦塞者,而一旦皆有以通之,因題之曰'大小宗通繹'。世之考禮者,幸損鑒焉!"

是年前後,成《辨定祭禮通俗譜》五卷。

《辨定祭禮通俗譜》卷一:"幼時,與仲氏學禮,傷時俗蠹壞,思一補救。而無可考證,不得已取朱氏《家禮》一書爲之胚模。而其書鮮據,不惟古禮不甚合,即時俗有未便行者。……大司成汪霦,予同年同館,廬墓湖濱,與其子日講《三禮》,予敬而就之。新安姚際恒著《禮記釋滯論》,時作主客。而仁和學師氏唐彪每以祠堂禮下詢,因慨然於心,仍取朱氏《家禮》并各族祠堂禮酌㪺而條理之,先輯爲《祭禮通俗譜》,以備參考。"

《喪禮吾説篇》卷一:"初還里時,先輯《祭禮通俗譜》,藉以問世。"

是年前後,成《喪禮吾説篇》十卷。

《喪禮吾説篇》卷一:"而衰疾頓至,急取喪禮所爲説,因陋就簡,編綴成帙。間較胸臆所未備者,縱或原文難稽,多以己意相疏析,而一往審慎,并不敢抄易其辭而變反其義,而至于武斷,則務絕焉。……漢戴德作《喪服變除》,魏蔣濟、王肅作《萬機》《聖證》諸論,而晋劉智作《釋疑》,賀循作《喪服要記》,止據《士禮》爲論辨。雖其書不傳,然已雜見于諸書之中。至宋人無學,編《士禮》爲禮經,《周官》《戴記》爲禮傳,謬亂踳駁,予嘗欲正之而不可得也。今所論説,率以孔子《春秋》與《論語》《孟子》諸書爲之據,而不得已而無所據者,則據《三禮》。……則但從先古所傳與習俗所誤而較論其間,是亦夫子'吾説'之遺意也。因編綴將訖,而題以爲篇。"

是年前後,柴氏修家譜,爲柴紹炳狀墓。

《事狀三·柴徵君墓狀》:"君諱紹炳,字虎臣,前朝侍御史醴泉公孫也。……督學使春坊王君敕令有司迎木主崇祀學宫。越數年,葬於南屏花家圩之陽,督學使春坊周君題其墓曰'崇祀理學名儒柴先生墓'。又越數年,孝子世堂、世臺因修《家乘》成,請予爲狀。"

李之芳卒。徐乾學卒。喬萊卒。吴綺卒。李良年卒。

【時事】 閏五月,康熙帝召試翰林官,考題爲"理學真僞論"。

清聖祖康熙三十四年　乙亥(1695)　七十三歲

春,應金埴請,為其父煜志墓。

《墓志銘十二·敕授文林郎沂州郯城縣知縣金君墓志銘》:"君諱煜,字子藏,金姓,山陰人。……康熙二年,除山東兗州府沂州郯城縣知縣。……君生於崇禎庚(戊)寅十一月二日,卒於康熙甲戌十二月二十一日,享年五十七。……子埴,能文,又善繼志。乙亥春,徒跣走天津,負櫬南歸,葬山陰之土井山,而屬予為銘。"

《詩話》三:"予郡金煜字子藏,為太常卿楚畹公孫。一目有重瞳子,其母弟馬君挾嶺表一扶乩客來,見煜,驚曰:'此南唐李後主後身也。'初不信,既而閱陸游《南唐書》,則後主亦名煜,亦一目有重瞳子。太常笑曰:'焉見此客不經讀《南唐書》耶?'後子藏以二十中順治戊戌進士,授郯城縣知縣。康熙庚戌,罷官。甲戌,死。考後主於南唐建隆三年壬戌即位,至開寶七年甲戌而國亡身殞,史所稱'宋師下江南,削開寶年號,而降稱甲戌'是也,如是,則亦奇矣。"

金埴(1663—1740),字苑孫、小郯,號鰥鰥子、聾翁、淺人、墅門,浙江山陰人。諸生。著有《不下帶編》《巾箱說》。(阮元《兩浙輶軒錄》卷十六)

春,李塨至浙,晤王復禮。

馮辰《李塨年譜》卷二"乙亥三十七歲"條:"三月……子堅具船從送先生入杭州游西湖……問人得王復禮草堂,而病不能出會,送所著《三子定論》。"

李塨(1659—1733),字剛主,號恕谷,河北蠡縣人。康熙二十九年(1690)中舉。少師事顏元,因從學禮。又學琴於張而素,學射於趙錫之、郭金城,問兵法於王餘佑,學書於彭通,學數於劉見田。後如浙,學樂於毛奇齡。著有《周易傳注》《郊社考辨》《論語傳注》《大學傳注》《中庸傳注》《大學辨業》《聖經學規》《小學稽業》《恕谷後集》等。(馮辰《李塨年譜》、光緒《保定府志》卷五十九)

李塨寓桐鄉,與錢煌辨《古文尚書》真偽,謁先生求證。

《書七·與黃梨洲論偽尚書書》:"近保定李恕谷以問樂南來,寓桐鄉郭明府署中,因與桐之錢生曉城辨《古文尚書》真偽,并來取證。"

錢煌,字曉城,浙江桐鄉人。著有《壁書辨疑》。(朱彝尊《經義考》卷九十二)

與方象瑛、徐釚夜集汪霦宅。

　　方象瑛《健松齋續集》卷十乙亥稿《夜集汪東川宅同毛大可徐電發》。

春夏間,寄書黃宗羲,與論《古文尚書》真偽。

　　《書七·與黃梨洲論偽尚書書》:"前接來札,有議禮數則,草草復過,雖稍有商量,終以未能面請爲憾。若僕所著《喪》《祭》二禮,因急於成書,而又畏紙費,不能自盡所欲言,此非知禮如足下,不敢向之争得失也。……僕向雖蓄疑,然全不考及,今略按之,似朱文公與吳棫、吳澄、趙孟頫、歸有光、梅鷟、羅喻義輩,其指爲偽者,皆自坐失據,誤讀前人書,處處訛錯,誠不料諸公豪杰,且欲詆毁先聖、先王之書而竟出於此! 聞足下向亦曾指之爲偽,不知別有考據,抑止此數也? ……足下聞此,定不以僕言爲可怪,且此頗關係,僕將確求實據,以一雪此案。尊府多藏書,祈不憚搜討以示一二。"

　　黃宗羲(1610—1695),字太冲,號南雷、梨洲等,浙江餘姚人。少師事劉宗周。父尊素劾逆奄死詔獄,赴都訟父冤。并請殛逆黨,世稱"黃孝子"。明亡後,組織"世忠營"抗清。入清後,屢拒清廷徵召,隱居著述講學。著有《明儒學案》《宋元學案》《明夷待訪録》《孟子師説》《易學象數論》《南雷文定》《南雷文約》《南雷詩歷》等。(光緒《餘姚縣志》卷二十三)

秋,同年陸葇乞休歸里。

　　《神道碑銘二·皇清予告内閣學士兼禮部侍郎雅坪陸公神道碑銘》:"俟予歸五年,臺臣有以規避劾在籍官者,始於康熙二十九年,仍補本院官,凡五年,而遽超遷,入臺司,爲副丞相,兼部堂尊官。越一年,告歸。"

　　王先謙《東華録》康熙五十五:"康熙三十四年……六月……内閣學士陸葇以病乞休,允之。"

秋,在蓮居庵,與楊雍建、吳農祥、顧之璘等談《通韻》贋本及詩韻事。

　　《詩話》七:"康熙乙亥秋日,在蓮居赴齋,時楊侍郎、顧舍人、吳徵君、洪監州皆在座。客有言曾見予《通韻》贋本,惜讎對不確,極多誤字,且亦有所見非原本而誤引者。如冬、青二韻相通,引常建《第三峰》詩'螢''鐘'二韻作證;庚、侵兩界相通,亦引常建《閑居》詩'林''聲'二韻作證。及見原本常建集,則'螢'是'蠶'字,形近致誤;'聲'是'深'字,聲近致誤。"

　　顧之璘,浙江錢塘人。豹文子。康熙十六年(1677)舉人。官内閣中書舍人。(雍正《浙江通志》卷一百四十三)

　　乾隆《杭州府志》卷二十八:"蓮居庵在土橋東,明萬曆大覺鑣禪師重建。國朝順治間,本金鏪法師復構藏經閣,說法、說戒於此。"

寄札史館總裁張玉書,辨定嘉靖大禮議。

《又奉史館總裁札子》:"暨承乏史館,闖題再四,又不及嘉靖年事,雖曾以此諮之同館官,皆齟齬不接,一哄而罷。今請假有年,并不知館議是否,判在何等？第思此禮頗大,前既貿貿百餘年,今當裁定,儻不於本年有所論說,則在老先生自有主見,確不可易。而史官多人,萬一有左右袒者重起爭執,將自宋、明以來貽誤至今者,而今復以此貽誤後世。苟有識者起而正之,前則已矣,其以我輩爲何如人？因復於扶病之頃,伏床疏次,以諮取捨,惟老先生材擇焉。"

《辨定嘉靖大禮議》卷一:"向入史館時,纂修《明史》。其闖題分傳,往往在弘、正以前,而嘉、隆不及焉。然起草之隙,每聞同館官論及大禮,輒兩端相持,無所專決。偶或左右,必彼我爭執,而不得下,一如當日之紛紛者。予嘗思以禮斷之,而未暇也。暨予乞假後,相隔日久,壹不知館議是非有定與否,曾於康熙乙亥,重上札子於總裁先生衡論其概。會國家以兵事匆忽,不報而罷。私念此事重大,終古未判,自漢、唐、宋、明以迄于今,其間名臣巨儒,盈千累百,而究無一人焉爲之處分。且六經、諸史昭昭在前,東根西觸,并無一當。漢人據古經,而漢與古殊;宋人據漢事,而宋與漢別;明人據漢、宋二事,而明與漢、宋又大相河漢,而無可底止。此時不明,將必有以稱宗入廟、配天享帝爲將來大典據者。此所憂患匪細也。……予忝居史官,本應議禮,而又承乏史館,職修《明史》,則其議是禮,又無越分言事之罪。惜立朝無幾時,曾議樂章配音樂,與北郊饗帝、三祖配位左右之禮,謬蒙掌院學士稍采其說,則入官議事,在儒臣時時有之。而學問疏略,日暮途遠,禮堂乏人,無可考訂。謹據所知所聞,撰爲《辨定大禮議》二卷,雖言稍激切,幸非札奏。"

張玉書(1642—1711),字素存,號潤甫,江蘇丹徒人。順治十八年(1661)進士。歷任翰林院編修、國子監司業、侍講學士,累官至文華殿大學士兼戶部尚書。精《春秋》三傳,深邃於史學。(光緒《丹徒縣志》卷二十六)

爲陸衍嗣輯《西泠唱和詩》作序。

《序二十七·西泠唱和詩序》:"老不能詩,況能讀人詩哉？顧唱和詩即不然。唱和有興會,唱和則於詞於韵,皆可比絜焉而見其短長。……司成汪先生,同官同籍,向與之唱和,而畏而避之。今暫稽鄉邑,門庭清疏,日與其門生、兒子作唱和詩。予受而讀之。……顧其所與唱和者匪他人,露湑、山侖皆當世名下士,而趨庭二子,詩復爭上。"

按，陸衍嗣輯《西泠唱和詩》卷首載先生序，末署："康熙乙亥，七十三老人毛奇齡初晴氏漫書於德生庵。"

爲浙江布政使蔣毓英子國祥《梅中詩存》作序。

《序二十四·梅中詩存序》："予久知蔣子梅中與其兄嵩臣各能以詩文名人間，每見其投贈而思之。……今讀《梅中詩》……詩名存，言可存也。然吾以爲所存者不止是也。"按，張遠《梅莊文集·蔣梅中詩序》："襄平蔣梅中，浙藩集公先生第三子也。……歲乙亥，刻有《梅中詩存》，殷勤郵寄，述前緒并屬序。"毛序亦當作於本年。

雍正《浙江通志》卷一百二十一："（承宣布政使）蔣毓英，奉天錦州人，鑲黃旗官生，康熙三十一年任。"

蔣國祥，字蘿村，號嵩臣，順天寶坻人，祖籍遼陽。隸漢軍鑲藍旗。歲貢生。康熙四十三年（1704），任南康府同知。五十年（1711），署理知府。雍正十一年（1733），調汝寧府知府。十二年（1734），任長蘆鹽運使。（同治《南康府志》卷十三、光緒《重修天津府志》卷十二）

爲洪昇《長生殿院本》作序。

《序二十四·長生殿院本序》："康熙乙亥，予醫庫杭州，遇昉思於錢湖之濱。道無恙外，即出其院本，固請予序。"

與汪肇齡游，應其所請，爲其父廷瑜志墓。

《墓碑銘二·汪贈君墓碑銘》："汪贈君以康熙改元之一十有四捐館舍去。予方赴徵車，未皇吊也。越明年，予以史局留京師。又十年，告歸，始與贈君之子游。……乃距告歸又十年，而後以修贈君墓，謁予爲碑。……贈君諱廷瑜，字汝待，徽之休寧人。……子肇華，次肇昉，又次肇齡，則世所稱善繼君者。君有聲成均，而肇齡以諸生入國子，不墜其學。"

汪肇齡，字子億，安徽休寧人。（道光《休寧縣志》卷十一）

爲鄭景會《柳烟詞》作序。

《序二十六·柳烟詞序》："而鄭君丹書以詞示予，且請予言序其詞。……丹書以《柳烟》名詞，而意有在也。吾故叙其詞而告以是言。"

約於是年，爲許尚質《倚玉詞》作序。

《序二十四·倚玉詞序》："詞成於宋，舍宋無所爲詞也。……夫《倚玉詞》，許君又文之所爲作也。……予老去，不能爲詞，居錢湖之濱，而目盼西陵。"

許尚質（1659—？），字又文（一作幼文），號小訥，浙江山陰人。諸生。著有《釀川集》。（阮元《兩浙輶軒錄》卷十一）

約於是年,爲亡友單隆周《雪園集》作序。

《序二十五·雪園集序》:"暨予避人去,周流淮蔡,不相見者越十年,而昌其已厭世……乃予請假歸,杜門十年,而昌其令子能發其先人所藏,較讎篇什,搜簡諸闕軼,付之梓,而屬予爲叙。"

按,文中有"予請假歸,杜門十年"語,姑繫於此。

是年前後,爲何氏所藏《左季折衷》作序。

《序二十四·左季折衷序》:"《左季折衷》者,時賢之書也。明嘉靖間,山陰季本字彭山作駁《左傳》書,名曰'私考'。而生其後者又駁之,取左氏之文與季氏之駁,兩相較辨,名之曰'左季折衷',然不知何人作也。……亡友徐伯調之孫,文士也,謂予曰:'故祖歲星堂所藏書,有抄集六本,云得之祁氏東書樓藏書中者。……歲星堂移居,遷故祖書,得《左季折衷》十三篇於廢帙間。是竊刻中所有者,且係祖手書,非從刻後抄得之,是宜可據,而不署名氏。雖欲刊正焉,而仍不得其所爲人。抑者先生冠以序,幸存之,以俟他日之自雪,何如?'"

是年前後,弟子陳佑以陸琰卓《孔氏三世出妻辨》《泰伯讓天下辨》《井地辨》寄訊,答之。

《答三辨文》識語:"月日,平湖陳佑以同邑陸琰卓(字蘊昆)三辨寄訊。予耄病,不能答,已逾時矣。猶子文輝見之,謂此亦學術中事,強予口授解義,且書之,以便復去,因存稿焉。"

陳佑,字士曾,浙江平湖人。(《經問》卷十二)

陸琰卓,字蘊昆,浙江平湖人。(光緒《平湖縣志》卷十八)

黄宗羲卒。米漢雯卒。沈珩卒。

【時事】 二月,噶爾丹遣使上疏拒絶和好。五月,噶爾丹進犯喀爾喀。

清聖祖康熙三十五年　丙子(1696)　七十四歲

正月初七日,與吴農祥陪周在浚泛舟西湖。

吴農祥《梧園詩集》五言律《丙子人日毛奇齡招陪祥符周在浚泛舟湖中殘雪分得南字簾字》。

正月,爲弟子王錫《嘯竹堂集》作序。

王錫《嘯竹堂集》卷首先生序:"古之言詩者,動稱八體,不知八體者以典雅居一,而精約次之。若新奇與輕靡,則降居七、八之間。……予嘗與百朋論詩,喜其卓犖大雅,不因時習而詭隨。曾叙其所爲《梅花詩》百首,以見大意,今復輯其諸體詩,出以問世。……予讀百朋詩,而有感於世之爲詩者也。因舉其大概而并題其端。康熙丙子春王月,西河毛奇齡初晴氏題。"

王錫,字百朋,浙江仁和人。諸生。著有《嘯竹堂集》。(阮元《兩浙輶軒録》卷十)

三月,以《太極圖説遺議》《河圖洛書原舛編》寄李塨。

馮辰《李塨年譜》卷二"丙子三十八歲":"蕭山毛河右寄其駁《太極圖》,駁《河圖洛書》二種至。"

春,與楊雍建、邵遠平、汪霦、凌紹雯、顧之璿等詣使館,瞻御書,作《皇華使館瞻御書記》。

《碑記八·皇華使館瞻御書記》:"康熙三十五年,皇帝遣刑部員外臣宋駿業手捧御書,將至紹興山陰之蘭亭,車過杭州,在籍兵部左侍郎臣楊雍建、詹事府少詹事邵遠平、國子監祭酒臣汪霦、翰林院檢討臣毛奇齡、翰林院編修臣凌紹雯、中書科中書臣顧之璿等,詣皇華之館,叩頭問皇帝起居。……遂以奇齡原職史氏,當備載其事,以俟采擇,因略叙始末而記之如右,奇齡稽首頓首謹記。"

凌紹雯(1643—1713),字子文,號止堂,浙江錢塘人。康熙十六年(1677)中舉,二十七年(1688)成進士,選庶吉士。三十年(1691),散館,授編修。三十八年(1699),充四川鄉試主考官。四十三年(1704),充日講起居注官。四十四年(1705),充陝西鄉試主考官。累官翰林院侍讀學士、詹事府少詹事。五十年(1711),遷内閣學士兼禮部侍郎,任《聖祖仁皇帝親征平定朔漠方略》副總裁。(康熙《錢塘縣志》卷十九)

春夏之交,爲盛宏遼父應奎志墓。

《墓志銘十三·盛處士墓志銘》:"盛紫瀾游長安……宛平相公喜下士,見紫瀾,辟館召之,使其孫與之游。未浹月,聞尊人寢疾,心動,遽辭相公,奔而歸。暨歸,而尊人果死,乃於三月後,畫地將葬,嚙指血書事狀……而紫瀾特造予寓,稽顙再拜,而謂予以辭。……康熙三十四年十二月二十三日,君卒,距生崇禎四年八月二日,年六十有五。……子三:長宏遼,歲貢生,即紫瀾也。"

按,據文中"乃於三月後,畫地將葬文中""康熙三十四年十二月二十三日,君卒"語,知作於本年。"紫瀾"與《臨安縣志》"紫翰"歧出,據劉廷璣《在園雜志》卷一:"己卯,監試浙闈,中式諸君以余稍知文墨修通家之誼甚恭:如查德尹嗣瑮、高巽亭興、許莘野田、盛紫翰弘遼。"知"紫瀾"又作"紫翰"。

盛宏遂,字紫翰,號東田,浙江臨安人。工書法,善詩,與吳陳琰等人講學西湖,有"四才子"之名。康熙四十二年(1703)進士,授興化縣知縣。著有《石鏡山莊詩集》《東閣閒居草》《宛槎集》《鶴田詩集》《凝翠軒詩集》。(宣統《臨安縣志》卷七)

四月,由汪霦、陸葇、袁佑、龐塏評定的《西河文選》十一卷刊出,李天馥爲撰序。

《西河文選》卷首李天馥序曰:"康熙十七年,天子以制科召天下士,天下士之多學與能爲古文詞者,皆被召來京師。益都相公謂予曰:'予於是舉得二人焉:一西河,一迦陵也。'時迦陵寓長洲相公邸第,而西河寓予。予曰:'使觀客以所主耶,則予百不如長洲;使所爲主耶,則是舉雖多,孰有過予西河者哉?'既而西河、迦陵俱以五十人題名京兆,改翰林院檢討,充史館纂修官,修勝朝之史。越八九年而迦陵已死,西河以乞病南去。至于今,距西河去時又十年余矣。在朝五十人,或死,或去,或出入升降,計留京師者多不過六七人,少四五人,咸曰:'西河去,不第館局增思憶,即諸邸第高文往來,凡長安詞人以名字相矜高者,所至飾厨傳貴官請召,皆索索成往事,不可再矣。'因回思當日西河不可及者三:身不挾一書册,所至篋笥無片紙,而下筆蓬勃,胸有千萬卷,言論滔滔。其不可及一。少小避人,盛年在道路,得恇忪疾,遇疾發,求文者在門,捫胸腹四應,頃刻付去無誤者。其不可及二。讀書務精核,自九經、四子、六藝、諸大文外,旁及禮樂、經曲、鐘呂諸瑣屑事,皆極其根柢而貫其枝葉,偶一論及,輒能使漢宋儒者悉挂口不敢辯。其不可及三。至其集,則予固未能窺其涯也。聖天子崇尚經學,以所立學官諸經説參校未備,因遍搜海内群儒之言,凡於經學有發明者,無拘同異寡多,皆得入藏書之閣而納諸秘府。西河少受六經,而長博群籍,自《易》《禮》《春秋》《詩》《書》諸經而外,皆有論著,鬱然集於成。方今推儒學者,於西河居一焉。其門徒輯其大略,以編行於世。予稍從翻閲,即引手加額爲盛朝慶。方皇上開制科時,特手西河卷,以'女媧練石'與益都相公相諮詢,皇上引《楚詞》《列子》證之。及西河上《通韻》一書,左右儒臣皆無所可否,而皇上辨韻精晰,獨謂此書最詳核,令宣付史館,敕知禮部,且留其書於皇史宬。至嶺南貢生獻沈韵者,敕重出其書而參對之。其爲聖主所知如此!嗣後,皇上御門有徑一圍三、隔八相生之論,而西河復敷揚皇言,作《定聲録》以較定律吕。皇上於南巡之次,特遣閣臣宣至行在,慰勞之,而使之頒行。此尤典一代禮樂有相關者。今西河不負主知,其詩,其文皆足上越唐、宋而下掩後來。間嘗以其詩比之少陵、以其所爲文擬之吏部,覺少陵與吏部俱無以過;且即以其學而較之唐之孔仲達、陸德明、小司馬、李善,宋之劉攽、洪邁、王應麟、馬端臨輩,而諸公所著,皆能指其瑕而摘其類。然且才不能相兼:杜歉於文,韓遜於詩;而才又不能兼學,韓、杜、歐、蘇,典籍稍疏,而孔、陸、劉、馬輩,則又徒事博恰而無所於著作。而西河皆有以兼之。古稱集之多者,自梁沈約後,唐之元、白,宋之歐、蘇,皆以卷繁爲能事,然《休文集》一百卷,元、白《長慶集》合一百八十五卷,歐集一百十四卷,東坡合《南征》《南省》《黄州》《北歸》《儋耳》諸集,不過一百七十五卷。今《西河合集》刻卷四百餘,其未刻者多多也。有臣如此,是亦一代文儒,可以少報主知矣。西河避人時,流離於河、濟、淮、汴之間,間嘗登崇山,不能上,曰:'筋力衰矣!'然而題少室石壁有云:'上下千百年,縱横十萬里,當有誰在此?'豈無所爲而故爲是言!康熙丙子清和月朝霞友人李天馥題。"

五月,浙江提督學政顔光斆母八十壽辰,爲文祝壽。

《序二十六·顔母朱太宜人八十壽序》:"予官京師,值顔先生澹園以編修領袖史館,而予追隨之,因得於橐筆之次,竊聞顔母朱太君者。……今予方歸田,而太君三子,世稱學山先生者,復由檢討充兩浙主文官……而先生獨以史局官破例特簡爲兩浙宗師……而太君已八十矣。丙子五月,值太君生日,予既合鄉之搢紳匯爲詩册,而門下舉人,偕予猶子輩,復製幛爲壽。"

夏,汪霦服闋還京。

龎塏《叢碧山房詩集》卷三丙子京集詩《徐勝力於崇效寺設席爲汪東川洗塵招同人及雪法師相陪》。

康熙帝親征噶爾丹,敗其昭莫多,作《聖德神功頌》。

《聖德神功頌》:"惟是皇清嗣世,撫育方夏。……若所稱厄魯特噶爾丹者,倚恃荒昧,托迹榛曠,與喀爾札薩脣交齒互,不思睦鄰恤族,内奉約束。而乃自舍陀狹,頓駕夷陸,侵陵我欘衛,暴殄我藩服。東西爪揃,罔顧禮義。皇帝不忍加誅,屢飭以法,俟其湔滌,勿追夙染。乃復鼠穴自大,終致負固。……皇帝乃駐蹕黑魯侖河,封拖諾之山,禪之土喇,遂班師焉。……驛傳管侍衛内大臣暨大學士祇奉諭旨,而和碩康親王亦遂有啓請頒捷之奏。流抄到浙,浙撫臣榜之通國,官民大小皆歡抃踴躍,男女聚族,轉相慶告。遂於康熙三十五年六月十五日,撫臣率司道臣以下,會將軍、都統,暨鄉官、士民數萬人,焚香稽首,賀捷於軍門。旋請史館官詳叙膚功,頒示兩浙,立石於東海之濱,而以臣故職史官,屬抽筆作頌,以俟載事。……一時之勞,萬世之利,聖德神功,莫可紀計。宜立石四裔,以爲我子孫億萬斯年之法。因不揣鄙陋,謹擬爲東海立石頌文,以垂於勿壞。"

秋,在杭州清和坊,與陸菜等辨心性、事物。

《折客辨學文》:"丙子秋,在清和坊飲次,客忽作心性、事物之辨,時平湖陸羲山在坐,顧而問予。"

秋,同年袁佑典浙江鄉試,作《袁春坊試浙紀程詩序》。

《序二十五·袁春坊試浙紀程詩序》:"當在史館時,與袁子杜少分廳起草,每窗紙日落,必撤筆相對,吟一詩,然後騎馬出東華門。計長安聚首,及今相別,南北各異地,掄指約十五六年。會丙子大比,皇帝從撻伐還,允樞臣所請,擴鄉試額。而杜少以青宮近臣奉天子簡命主文吾浙,因得於榜發之後,循例謁謝,見杜少官亭……惟是乘軺南來,津亭紀程,合得絕句若干首,以問吾子。"

法式善《清秘述聞》卷三:"(康熙三十五年丙子科鄉試)浙江考官中允袁佑,字杜少,直隸東明人,己未鴻博。"

作《兩浙提督學政翰林院檢討顏君試士碑記》。

《碑記九·兩浙提督學政翰林院檢討顏君試士碑記》:"今學使顏君,吾不知所鑒何等,其在杭已兩試,計所得士,兩縣三學已不減百十有餘。……於是一人四銖,合兩人而成一錙,三人十二銖,合六人而成一兩,計若干人,得若干兩,糾工琢塊,將樹之明倫之堂,而屬予爲文。……今兹之使學,即昨歲之主文也,癸酉之役,君主文兩浙,實爲得人,因之甲戌首春,即以是任當先茅之獎。"

十月二十日,爲釋法浚志塔。

《塔志銘二·傳曹洞正宗壽昌下第六代慧通浚禪師塔志銘》:"丙子十月廿日,嗣法慈聖禪師等六人,塔師於南山之十八澗,而謁予以銘。師名法浚,字慧通。"

蔣毓英二子國祥、國祚重刻荀悅《漢紀》、袁宏《後漢紀》,爲文序之。

《序二十五·重刻荀悅漢紀袁宏後漢紀序》:"襄平蔣蘿村、梅中兄弟,嗟史學之闕……荀豫《前紀》,作於漢初平、興平之間,已習見班氏成書,而應詔減省,創立五《志》,以補《春秋》考紀所未備。若袁氏《後紀》,則先於范氏所作五十餘年,其中多范氏所刪取而不盡錄者。二《紀》之當具,比之《易》之有荀九家,《禮》之有熊氏、皇氏,所應重標其書,爲逸史倡。故不憚亟爲梓之如此,至其所讎校,則初購善本於吳門宋開府署,得明嘉靖間姬水黃氏所勒本,續得宋版《前紀》於項侍郎宅,又續得明南監本《後紀》於吳宮允宅。互相參對,補其漏而更其僞,疑即闕之,不妄填一字,起自乙亥冬十一月,訖於丙子夏六月。"

蔣國祚(？—1716),字梅中,順天寶坻人,祖籍遼陽。隸漢軍鑲藍旗。國祥弟。康熙四十二年(1703),官婺源縣知縣,有德政。著有《兩漢紀字句異同考》《蔣梅中詩存》。(民國《重修婺源縣志》卷十三、民國《奉天通志》卷二百二十五)

浙江布政使蔣毓英左遷去任,作《兩浙布政使司布政使蔣君左遷去任碑記》《兩浙布政司使蔣使君民懷集序》。

《序二十六·兩浙布政司使蔣使君民懷集序》:"今行省蔣公之將去浙也,士子叩幕府,慷慨陳辭,農輟耕於野,商人罷市三日……願還我公。會皇上親統六師征遠塞之不庭者,無暇啓九關以延清問,然後民之懷思者,相率爲詩歌,以志其不忘之意。……題曰'民懷',紀其實也。"

《碑記九·兩浙布政使司布政使蔣君左遷去任碑記》:"襄平蔣君由西江觀察開藩杭州者越五年,亦已綱舉而目張。官不即於襄,戶口生齒,已溢於圖版。……而偶以庶司關移檢校稍疏之故,卷橐而去。民之聞之者,男廢耕耒,女罷蠶績,商估闐市門,士子撤學,損課讀,百計思所以留之,不得。乃相率爲畫像,爲俛屨,爲立祀版,爲謳吟哀思,而終之勒石以紀其事。……吾是以應民請而樂爲之記。"

按,據雍正《浙江通志》卷一百二十一:(承宣布政使)蔣毓英,奉天錦州人,康熙三十一年任至三十五年任。

原浙撫趙士麟去浙已十年,浙民繪《六事圖》思之,囑先生爲記。

《碑記八·趙開府六事圖記》:"兩浙巡撫中丞趙公開府杭州,予與同鄉官出餞之朝陽門外,暨予請假歸,而公已移鎮江南,尋且還臺遷部堂去。其撫浙之政,值在京,不得而知也。然杭之人每思。……其在今已十年所矣,猶有繪公《六事圖》屬予記者。曰開河,曰築十觀臺,曰刑奸,曰代民還營錢,曰講道學,曰移鎮,公事不止六,且移鎮非事實,祇以紀朝廷倚重并浙人留公之意,然而大者具焉。"

按,毛際可《會侯先生文鈔》卷四丙子《趙公撫浙六事圖記》:"少宰河陽趙公玉峰去吾浙將十年矣,而浙民懷思如一日,至繪爲《六事圖》以志不諼。其一曰《治河圖》……一曰《講學圖》……一曰《修城圖》……一曰《代還營債圖》……一曰《刑奸圖》……一曰《移鎮圖》……而此圖行將歸之於公,故不辭而書之,俾後之讀斯記者,庶幾得圖之梗概焉。"知先生序作於本年。

張遠與彭延禋《五雲唱和詩》刻成,爲作序。

《序二十五·五雲唱和篇序》:"浣廬彭君爲襄平异才……乃筮仕縉雲,

寄迹山僻……顧下車未幾,而刑清訟簡,仍然以咏歌風雅當揮弦之理。會吾友蕉園擁臯斯地,珪聯璧合,叔伯予汝,因爲《唱和詩》,而錄以行世。……而予以七十四叟,寄數言以題。"

彭延祎,字浣廬,遼東奉天人。監生。康熙三十二年(1693),任縉雲縣知縣。(乾隆《縉雲縣志》卷四)

有書寄龐塏。

龐塏《叢碧山房詩集》卷四丙子京集詩《喜沈方舟自浙中至兼得毛大可書》。

吳筠父母八十雙壽,作文賀之。

《序二十五·吳司教偕許太夫人八十雙壽序》:"庚午之秋,吳子介臣以第一人領是科解首,而予兒次之。……會天子從北伐還,偃武修文,仍然以鄉比當解士之歲。而介臣尊人先生年七十有九,明年方杖國,而太夫人許太君則正八十時也。親朋謀所以爲壽者,而乞言於予。"

民國《杭州府志》卷一百十二:"(二十九年庚午科)吳筠,解元,己丑進士。"

爲溫節婦狀墓。

《事狀三·溫節婦墓狀》:"烏程溫鄰翼以文章名,示予家傳三:一徽州府推官死義寶忠公,一相國文忠公,一節婦也。節婦事早傳人間,有傳五、序二、紀略一、書後一,大抵皆生時所爲,豫志之以待旌者。而今已却世,復出節婦所自爲《示兒文》一篇、詩詞若干首,并孤子所爲《狀》,請傳於予。……按:節婦溫氏,大學士太傅公母弟刑部郎中幼真公子貢士梅士第四女也。溫氏與沈氏世爲婚姻,沈工部侍郎端靖公子刑部尚書何山公爲大學士文定公母弟,其子舉人文五,亦以第四子文然聘節婦爲妻。……節婦生於順治乙酉十二月一十五日,卒於康熙丙子七月九日。"

是年前後,自爲《墓志銘》。

《西河合集》卷首總目按語:"先生七十歲時,即自爲《墓志》辭世。"

《事狀三·敕贈文林郎益園沈君遺事狀》:"因於丁丑之夏,縗衰到門,向七十有五之老人而屬爲之狀。夫狀則行略已具矣,今所狀者遺事耳。特予前一年,於病隙之際,已自爲墓文,將以辭世,而家人勸之,雖刻其文,不令行。"

《墓志銘十三·處士蔣君墓志銘》:"君生於天啟癸亥,得年七十有六,與予同年生。……至是聞其同年生,動心,曰:'吾亦可志吾墓矣。'因自爲《墓志》而始志其墓。"

按，三文所記自爲《墓誌銘》時間不一，姑繫於此。

約於是年，成《春秋毛氏傳》三十六卷。

《春秋毛氏傳》卷一："是以夫子修《春秋》，第修簡書；而左丘明作傳，則取策書而修之。……成十三年晉侯伐秦，簡書例衹稱'伐秦'，策書例始稱'秦師敗績'。其簡、策書例，歷有明據。乃注疏乖反，謂經是策書，傳是簡書，則南史執簡、甯殖書策皆不通矣，此所當考正者。誠以《春秋》記事原有門部，而作志者則因門爲題，就事立志，謂之籤題，不謂之綱領。蓋綱領必概括其事，而取其要領以爲文，籤題則但志其門名，而必藉按策以見其事，不相侔也。大抵《春秋》門部見于舊史官記事，法式有二十二門：改元、即位、生子、立君、朝聘、盟會、侵伐、遷滅、昏覯、享唁、喪期、祭祀、蒐狩、興作、甲兵、田賦、豐凶、灾祥、出國、入國、盗殺、刑戮。……予嘗平情諦觀，竊彙十二公二百四十二年一千八百餘條經文，而統以四例概之。……一曰禮例……二曰事例……三曰文例……乃四曰義例。"

盛唐《西河先生傳》："復以會試分房閱春秋房卷，惜其不用夫子經文而以胡《傳》，立四題取士。乃就經文起義，分禮門二十二志與《孟子》'其文''其事''其義'三例，作《傳》三十六卷。"

是年前後，成《春秋屬辭比事記》四卷。

《春秋屬辭比事記》卷一："《經解》曰：'屬辭比事，《春秋》教也。'夫辭何以屬？謂夫史文之散漶者，宜合屬也。事何以比？謂夫史官所載之事，畔亂參錯，而當爲之比以類也。此本夫子以前之《春秋》，而夫子解之如此。是以夫子之《春秋》，亦仍以四字爲之解。……而好事者自造爲書例，謂辭有襃譏，事有功罪，皆於書法乎例之。書人書爵，書名書日，并有義例，而較之全經，而一往不合，則於是重疑《春秋》，而《春秋》不傳。……而遍校之十二公二百四十二年之《春秋》，而無往不合，則真《春秋》矣。向非屬辭，亦安知其文之聯屬如是也？書人亦例，不書人亦例也。書名，書爵，書日，無一非例；即不書名、書爵、書日，亦無一非例也。而於以比事，則事之相似者，而襃譏與功罪見焉。即不相似者，而襃譏功罪亦無往不見焉。以禮爲志，而其事其文以次比屬，而其義即行乎禮與事與文之中，謂之四例，亦謂之二十二志，而總名之曰《春秋屬辭比事記》。夫如是，而夫子之《春秋》庶可見乎！予傳《春秋》成，已創發四例，而人或不信，因復重闡之，而分禮門部，比屬其辭事之繫禮者而著之於篇。"

是年前後,成《春秋占筮書》三卷。

《春秋占筮書》卷一:"《周易》,筮書也。……獨是筮關《周易》,其辭、象、變、占,實出羲、文、孔子三聖所授受。故每著筮辭,輒屈折幻眇,隨其事之端末,而言之明明,指之鑿鑿。凡一十二公二百四十年間所載,其詞具在,而并無解者。雖杜氏有注,孔氏有疏義,總未明了。即或焦贛、京房、虞氏、荀氏輩,偶一論及,亦且彼此卜度,而不得領要,以致王弼邪說橫行於世。而宋人和之,且謂《春秋》筮辭,統屬附會,一似事後言狀增損之以欺後世者。不惟占筮亡,即《周易》亦亡。……予作《仲氏易》,就五易以衍三易,曰變易,曰交易,曰反易,曰對易,曰移易。且作《推易始末》,立十筮以括九筮。……及書成,而《易》義明。即占易之法,亦與之俱明。覺向時讀諸傳而茫然者,而今豁然;向之繹其辭,核其事,以爲必不能有是而悶然者,而今則實見其有是,而邑然快然。此非三古以來數千年不傳之秘,至今日而始發之乎?當説《易》時,亦稍存其説於卷中,而觀者以爲簡約多未備,且雜附難考,因專輯此書,名曰'春秋占筮',以幸存《周官》筮人之一綫焉。"

弟子陸邦烈輯先生講聖門弟子事,成《聖門釋非錄》。

《聖門釋非錄》卷一陸邦烈識語:"《集注》痛抑聖門弟子,初不過私存其説,以稍寓微意,實不料後此之直奉爲章程也。故朱子平日自言《論語集注》屢改不定,却與《或問》前後不相應。……自元仁宗朝創立八股,用朱子書取士,勒爲功令。而明文皇帝一遵元式,且造《大全》一書,以曲護其説。嗣此,《四書》無本文,且無舊注,即宋儒別説,亦概從屏却,以歸於一門,而于是孔門諸賢無平反時矣!……于是《大》《中》《論》《孟》有傳而無經,有儒説而無聖賢之説,如入齊者知孟嘗而不知有王,入秦關者但聞有太后、穰侯、高陵、涇陽而不聞有西秦之主。初猶暗奸,繼則明竊,孔氏一堂將何存濟?因稍輯先生所言與他書偶録可引據者,彙成一卷,名曰'釋非'。以爲聖門口語,各有精義,或未可盡非焉爾。"

按,《書八·復章泰占質經問書》:"頃,平湖陸生刻《聖門釋非録》,成一册,奉去。"

陸邦烈,字又超,浙江平湖人。(永瑢《四庫全書總目》卷三十七)

屈大均卒。

【時事】 二月末,康熙第二次親征噶爾丹,以皇太子胤礽留京處理政務。五月,班師回京。

清聖祖康熙三十六年　丁丑(1697)　七十五歲

二月,侄遠公卒,年六十五。(毛鬻亭《蕭山毛氏宗譜》卷四《大房世系紀》)

閏三月,成《折客辨學文》。

　　《折客辨學文》:"客有作《讀傳習録辨》者,刻其書四卷,裝潢示予。……姑記其平日往復與予所質難者數條,即名之曰'折客辨學文'。蓋以不辨辨,而辨亦得焉。世之好學者幸鑒之。……然則王學之在天壤,昭昭如此,況道學是非,已定之至尊聖鑒之中,涇渭秩然,訛言雖多,不足搖惑,吾願子之且休也。康熙丁丑閏月録。"

　　按,錢基博《國學概論序》:"西河生産浙中,姚江之學,故爲鄉獻。其全書屢推良知爲入聖階梯,所作《折客辨學文》,以爲知行合一,亦發於朱子《中庸注》,特朱子不能踐而王踐之,幾乎晚年定論之説,則其與朱子相水火,寧挾私好勝而已哉?無亦曰素所蓄積然也。然毛氏雖奉著意精微之學,雅不欲拾前人餘唾,以支離榛塞斥朱子,乃務爲弘覽博物,針朱膏肓,起朱廢疾,以見即朱子於傳注。亦非真能留心,此則承數百年朱陸异同之辨,而入徽國之室,操矛以伐徽國者也。"(錢穆《國學概論》卷首,商務印書館,1936 年)

夏,爲沈士本父以庠撰遺事狀。

　　《事狀三·敕贈文林郎益園沈君遺事狀》:"贈君以微疾逝,時丙子六月,距生時天啓辛酉年,七十有六。越一年,其子由四川屏山縣知縣歸治喪,已著有行略,而復以予言可徵,將以其言徵世之爲銘誄者。因於丁丑之夏緇衰到門,向七十有五之老人而屬爲之狀。……贈君諱以庠,字秀之,別字益園,世居蕭山長巷里。……長子士本,由乙丑進士授四川屏山縣知縣。"

五月十三日,李澄中至杭州,晤於西湖。

　　李澄中《白雲村文集》卷四《三生傳》:"丁丑五月十三日,南行至杭州,游西湖,晤毛大可。"

爲李澄中《把釣濯足圖》題詩,蓋在此際。

　　《五言絕句三·爲同年李漁村侍講題把釣濯足圖》。

十一月,饋李塨《樂録》二部。李塨閱後,謀如杭問樂。

　　馮辰《李塨年譜》卷二"丁丑三十九歲"條:"毛河右書至,論學,饋所著

《樂録》二部。閱之，即謀如杭問樂。"

十二月，李塨如杭問樂，先生贈所著禮、樂、經、史諸書。

馮辰《李塨年譜》卷二"丁丑三十九歲"條："十一月二十五日，啓行如杭……乃往拜河右，并拜其子遠宗姬潢，浙闡同年也。草堂亦至。坐次，稱河右辨《太極圖》及《河圖洛書》之僞，謝惠《樂書》。……乃展《樂録》問樂。……將秉燭，乃拜謝教，辭出，且拜別。……河右走伻，送所著禮、樂、經、史諸書共二十七種。乃返桐鄉。"

盛唐《西河先生傳》："時蠡吾李塨聞先生于樂律有神解，走三千里執業，凡三日，盡得其五音、二變、四清、七調、九聲、十二管并器色旋宫之法。先生大驚，乃盡出所著，令其校讀。"

十二月，爲安郡王愛新覺羅·瑪爾渾詩集作序。

《序二十六·安郡王詩集序》："丁丑嘉平，某醫療杭州，儼君仁和義同里。忽有客從長安來，扣門而入，出所携書授之，曰：'此古香主人教令也。'主人以近所爲詩，抄謄一卷，令校次而叙論之。"

昭槤《嘯亭雜録》卷六"安王好文學"條："安節郡王諱瑪爾渾，安親王岳樂子也。少封世子。即好學，毛西河、尤西堂諸前輩皆游讌其邸中。著有《敦和堂集》，又嘗選諸宗室王公詩爲《宸萼集》行世。"

十二月，孫爾猷重修族譜，爲作序。

《序二十六·孫氏族譜序》："今吾友爾猷誦揚先烈，以康熙辛酉登鄉書，赴公車門還……仿工史所記而葺爲《族譜》，使煩有所總，散有所紀，遠而疏者，皆有統彙，而孫氏之工史成焉。"

孫爾猷，生平不詳。

冬夜，卧病杭州客堂，與兒孫説經，成《客堂冬夜説經記》。

《碑記十·客堂冬夜説經記》："康熙丁丑，卧病杭州之客堂。適日將南至，長夜如歲，每升床，苦魂夢易醒，撑兩目達旦……會兒子遠宗、兄子文輝下第，從京師還，而文輝子詩，以十歲通經，適過江在坐，因呼詩，前使説經。……時已入更後，因命孫詩合書之。次日，遠宗臚其説，遂爲之記。"

《四書索解》卷一："予於康熙丁丑住杭州客堂，大病。會臘月，長夜不能寐，呼兒孫詩講'禹之聲'章。'追何以蠡？'曰：'用之者多也。''城門之軌，何以非兩馬之力？'曰：'用之者久也。'然則孺子於書，理全未通矣。時兒子遠宗亦在側，皆愕然不能答。"

弟子張希良任浙江提督學政。

雍正《浙江通志》卷一百二十一："（提督學政）張希良，字石虹，湖廣黄岡人。康熙乙丑進士,三十六年以翰林院侍講任。"
張希良問學校諸疑,成《學校問》一卷。
　　《學校問》:"張希良問:'學之名不一,《詩》有辟雍、泮宮,《孟子》有庠、序、學、校,《周禮》有成均、瞽宗,《王制》有東膠、虞庠,《祭義》《明堂位》有西學、米廩,以至小學、大學、三代學、四代學。在諸經既無成說,而前儒紛錯,又彼此互異。某自入學,以至秉學政,其於此義,全未之解,何以自問?惟先生明示之。'學義固難明,然欲明其義,必先就其名而分辨之。大約名有五等:一是天子、諸侯之學,一是國學與鄉、遂、州、黨之學,一是明堂學,又名四學、五學、四門學,一是小學、大學,一是三代學、四代學。'"
在杭,病腹下。
　　《墓誌銘十四·江西饒州府浮梁縣儒學教諭王君墓志銘》:"又十年,君持虎子狀,詣予寓亭,再拜請表墓,予時病腹下,未應也。"
作《長山心庵自置食田碑記》。
　　《碑記九·長山心庵自置食田碑記》:"長山心庵者,新建之庵也,其義以新舊得名……開山大事,皆彰主而白輔之。……實捨得分地以爲庵基,因於康熙甲寅冬十一月,彰與白同剏此庵,閱今二十有四年,而彰已逝矣。特庵有食產,皆兩人自置。"
張希良行部過蕭山,妻陳何詈先生於希良前。
　　全祖望《鮚埼亭集外編》卷十二《蕭山毛檢討別傳》:"浙中學使者張希良,故西河門下也。行部過蕭山,其婦逆之西陵渡口,發其夫平生之醜,詈之,至不可道,聞者掩耳疾趨而去。"
過弟子王錫草堂。
　　王錫《嘯竹堂集·西河夫子枉顧草堂》。
刪定弟子王錫《嘯竹堂集》,王錫作詩志謝。
　　王錫《嘯竹堂集·謝毛西河夫子刪定拙集》。
　　按,王錫《嘯竹堂集》各卷皆署"蕭山毛奇齡大可父選"。前兩詩位於其集《聞吳門演長生殿傳奇一時稱盛不得往游與觀有作》之前。據章培恒《洪昇年譜》"康熙三十六年"條:"秋,至蘇州。時吳之好事者醵分演《長生殿》傳奇,江寧巡撫宋犖主之,極一時之盛。"此兩詩亦約作於本年,姑繫於此。
爲閩浙總督郭世隆《觀風集》作序。
　　《序二十五·郭總制觀風集序》:"汾陽郭公膺天子寵任,由直隸中丞總制閩浙。……且復以予職詞翰,屬記事以弁其首。……特予聞去秋北征,皇上從黑魯命還,念公勞苦,命畫苑從臣繪《關山堠望圖》於扇,并手書御製《凱旋詩》一章勞賜之。且諭以閩地濕熱,解以清風,雖君臣相悅,情愛實深。……而公以《試義》一編,敷揚文治,且即以此當歌咏黼黻之具。則是録雖微,似亦報清風之諭之所自始也。……因於編輯之次,謹搢筆抃舞而附以是言。"

按,文中有"特予聞去秋北征"語,指康熙三十五年康熙親征蒙古噶爾丹事,故繫於此。

乾隆《福州府志》卷四十六:"郭世隆,字昌伯,滿洲籍,孝義人。康熙三十四年總督閩浙。"

成《古文尚書冤詞》八卷。

《古文尚書冤詞》卷一:"福建漳浦縣學生蔡衍鋘以所刻奏稿一本傳流至浙,中載康熙三十六年今上北狩還,上疏於昌平郊外,上顧而問之,以九校行速不能隨,挾疏乞通政上,非例,還其疏,乃持歸,刻之。大約請立《孝經》於學官,廢《禮記》,分今文、古文《尚書》,而徵《尚書》於海外以定真僞。其所以徵海外《書》者,因歐陽修作《日本刀歌》,其末有云:'徐福行時書未焚,《尚書》百篇今尚存。令嚴不許通中國,舉世無人識古文。'謂海外當有真古文也。夫謂海外有真古文,則中國古文僞矣。海外真古文當求,則中國僞古文當廢矣。毁經之機,至此已決。因急爲考定,究其根柢,知官府所藏名爲中古文,漢、晋皆存。而民間授受者則名爲外學,亦自相嬗不絶。故劉歆校書,自中自外皆親驗其書名,爲中外相應。雖不立學官,世多未見。又令甲森嚴,立學者稱爲官書,不立學者即稱爲逸書,然門户擠排,不能遽廢。即有張霸僞《書》堂堂進獻,尚得緣中秘直斥其僞。至於梅賾所上,係孔傳而非經文。而經文在内者,直記曰:'永嘉亂後,猶存經文。'經文在外者,則自都尉朝至桑欽,尹敏至楊倫,太保鄭冲至梅賾,皆歷有授受,彼我傳述,并無僞學。夫然後快然而號於世曰:'天乎!天乎!古文《尚書》今不既復出矣乎?'今夫投人以文,雖井里縫褐之夫,單篇連簡,猶必改容而收之。儻或老師宿儒,稍負才望,則必什襲不暇。縱使其字句之間稍有疑惑,亦何可輕爲謗訕,遽致誣蔑?况於古先聖賢之册,歷二禪三代帝德王功之顯迹,而前賢藏之,後儒獻之,歷代帝王爲珍秘而保護之,所稱出巖屋而登天府者乎!向予解經,并不敢於經文妄議一字,雖屢有論辨,辨傳非辨經也。即或於經文有所同异,亦必以經正經。同者經,即异者亦經也。今乃以孔傳而妄認古經,以孔傳之不僞而妄認古經之僞,千秋冤市,幾不能解。夫儒者釋經,原欲衛經,今乃以誤釋之故,將并古經而廢之,所謂衛經者安在？且《大學》言格物矣，格物者原不必窮致事理，而改《大學》者必謂：'天下事物莫不有理，一理不格，于知有礙。'今物有理而不識，事有冤而不知，經尚如此，何況他物？然則改《大學》何爲矣？吾懼《大學》之錯、《國風》之淫、古文《尚書》之僞，後人必有藉帝王之勢而毀其書者，吾故訟古文之冤而并及之。"

《古文尚書冤詞》卷首李塨序："惟《古文尚書冤詞》則塨所親受，其始末有可記者。初，先生作《尚書釋疑》數十條，蓋慮世之疑古文者而釋之，然未嘗示人也。及塨南游，時客有攻辨《中庸》《大學》《易·繫》以及《三禮》《三傳》者，塨見之大怖，以爲苟如是，則經盡亡矣。急求其故，則自攻古文《尚書》爲僞書始。因啓之先生，先生乃取《釋疑》本增損成帙，改名曰《定論》，凡四卷，已行世矣。會漳浦學生有以徵海外古文請者，雖其書不得上，而説行人間。先生聞之，曰：'事急矣！漢以經學爲門户，諸家辨訟，往有行金易中書以實己説者。明崇禎末，國子助教請斥古文勿立學，而未有報也。江介大家隨僞造古文，以多貲賂海估，使流播蠻國，而傳之中邦。幸估者心動，碎其書而投之於海。今復有是請，縱堯、舜在上，不惑其説，然保無狡獪之徒踵故智而陰行之，則大事去矣。'遽毀前所作，仰告之先聖之神，齋宿而更爲之詞，名曰'冤詞'，蓋危之也。"

按，閻、毛二人關於古文《尚書》的考辨，後世猶聚訟不已，詳參吳通福《晚出古文尚書公案與清代學術》(上海古籍出版社，2007)。

刪定《尚書廣聽錄》爲五卷。

《經集》凡例："《尚書廣聽錄》作于禹州白雲樓，已失之矣。……至作《尚書冤詞》訖，且度己齒衰，曰'無及矣'，遂自改成之，然刪去多篇，僅存五卷。"

成《舜典補亡》一卷。

《舜典補亡》云："《舜典》者，《堯》《舜》二典之一也。《尚書》有《堯》《舜》二典，出伏生壁中，謂之《今文》。漢太史令司馬談作《本紀》時，采其文，依次抄入《紀》中，已百年矣。……其後孔《傳》行世，相傳亡《舜典》一篇，實不知何時所亡。而細檢其詞，則《舜典》尚存半篇，在《堯典》後，徒以編《今文》者脱去《書序》，誤與《堯典》連篇，謂但有《堯典》而無《舜典》。而其在《古文》，則實亡《舜典》前截，未嘗全亡，而不曉《舜典》後截在《堯典》中。以致蕭齊建武間，吳人姚方興得《舜典》二十八字於大桁市，妄攙之'釐降二女'之後、'慎徽五典'之前，以爲《舜典》不亡。而不知'慎徽五典'以後，至'放勳殂落'，尚是《堯典》；惟'月正元日'以後,始是《舜典》。而世不知也。但今文《堯典》自當有《舜典》全篇,在'放勳殂落'之後。……至宋人劇攻《古文》,妄謂《今文》真而《古文》偽,《今文》無《舜典》,誰敢云有《舜典》者？于是謂'月正元日'以後盡是《堯典》,則不通極矣。夫子百篇《序》,早分《堯》《舜》二典。而春秋、戰國間諸書引經,凡稱《堯典》者,衹在'慎徽五典'以後、'放勳殂落'以前。……而在'月正元日'後,則并無一語稱《堯典》者,則此真《舜典》矣。況《史記》於《古文》衹得百篇《序》,盡采之入《本紀》《世家》,而五十八篇之書,并不及一字。其所入者惟《今文》,而《五帝本紀》則正載二《典》之全者。雖《史記》引掇,皆不用原文,第襲其大略而剿易之,然踪跡可見。是《今文》雖亡,而《史記·本紀》則正《今文》之可據者。今較《史記》二帝紀,則自'曰若稽古帝堯'起,至'放勳乃殂落'止,是《堯紀》,即是《堯典》。自'月正元日'起,至'舜生三十徵庸'止,是《舜紀》,即是《舜典》。而'月正元日'以前,則尚有《舜典》半截在《帝舜紀》中,因即取《帝舜紀》文,在'月正元日'以前者,補《舜典》之亡。雖其詞與本經不同,皆剿易抄變,并非舊典,然大概可睹也。向思旁搜五帝遺載散見諸稗官者,以實其說。而事涉不經,其文不雅馴,因盡刪去,仍衹存帝紀所有及原注所并及者,分列之以載於篇。"

約於是年,爲索芬《晴雲集》作序。

《序二十六·索太僕晴雲集序》:"猶子季蓮以偕計赴都,與太僕索君飲酒賦詩,把臂金臺間,携其所著《無題》詩若干篇,歸以示人。人見之,輒慕效。……既已付之梓,而載板以行。予因於是時附一詩焉,而惜其死於途而不能達也。今予僦錢湖,而太僕乃遠貽以詩,緘其所藏稿,而屬題其端。"

按,索芬《晴雲倡和集》卷首毛遠公序末曰:"康熙三十五年丙子冬至後九日,西陵毛遠公撰。"毛遠公卒於本年二月,文中有"猶子季蓮……而惜其死於途而不能達也"語,則毛序約作於本年。

索芬,字素庵,號蓼園,別號晴雲主人。(楊鍾羲《雪橋詩話三集》卷三)

約於是年,爲李天馥《容齋千首詩》作序。

《序二十六·合肥相公千首詩序》:"合肥夫子自汰其詩一萬首爲一千首……某嘗赴義,躬詣墓林,見夫子廬居。"

按,李天馥《容齋千首詩》卷首王士禛序末署"康熙丁丑秋八月濟南王士禛",毛序約當作於本年。

約於是年,爲李孚青《野香亭集》作序。

李孚青《野香亭集》卷首先生序:"自古才不易生,遇亦罕覯。金、張嗣世,未有文章。王、謝傳家,半虚官閥。是以武威堪繼,所嫌張奐無文;梁苑相仍,常恨枚皋未仕。惟李編修丹壑,家有賜書,才堪獻賦。擅蘭成之异彩,不愧肩吾;假衛騎以敷華,輒如希逸。……乃以薰蕕之异臭,謬從鷄鶴以同羣。通門托庇,訝曾分荀令之香;芸館追隨,愧數倚夏侯之玉。誦羊孚之佳句,軼思穿雲;讀孫綽之新辭,金聲擲地。但藉校讎之末,因而揚厲其間。庭前吟芍藥,請觀端尹之詩;天上有麒麟,倍憶春坊之作。蕭山毛奇齡撰。"

按,集刻成於本年,序亦當作於本年。

是年前後,爲徐二吉彙刻《小試文卷》作序。

《序二十五·彙刻小試文卷序》:"徐子二吉偕同人爲文,聲應氣求,未嘗挾敦盤,贊牲醴,皷鐘燕飲,徵盟會之習,而聲氣所感,羣焉以興。其文早播諸遠邇,其應試而見舉以去者,不可指絀。乃不假詞業,不需社文,簡生平小試諸牘板之行世。"

徐二吉,生平不詳。

是年前後,爲祝矜删詩作序。

《序二十五·龍山祝矜删詩序》:"予自乙丑歸田後,年逾六十,老且病,不能爲文辭,遇有親知作慶吊、屏幛、樽石及詩文集序,聽其自爲文,署年月、名字與印記去。且有僞爲予手書以付碑版者,予見之,俯首稱不敏,不敢直,如此者又十年矣。祝子矜删偶出其近詩,屬予爲序。予愛而留之,不辭。"

祝矜删,生平不詳。

是年前後,爲陳璞庵《言志集》作序。

《序二十六·始寧陳璞庵言志集序》:"陳子璞庵以始寧名閥,寄居杭州。……陳子自號璞庵矣,始而見刖,不爲璞傷;終而見收,亦不爲璞幸。"

陳璞庵,浙江上虞人。生平不詳。

是年前後,作《古禮今律無繼嗣文》。

《古禮今律無繼嗣文》:"古繼嗣一禮,從無明文。……今非封建之世,無諸侯、宗子二者,則有何繼嗣?而民俗紛紛,終年爭繼,且造爲律文,有以長繼長、絕幼不絕長諸說,勒爲金科。致殘害骨肉,攘奪財産,訐訟不已。……是繼立之律,惟此三者,而皆與民俗繼嗣絕不相干,則律無繼嗣文,有明據也。乃律既無文,而《會典》所載,且有"庶民之家,不必立繼"二語,則顯與禮合。"

是年前後,作《古今無慶生日文》。

《古今無慶生日文》:"古有賀生文,無慶生日文。其有賀生文何也?自昔帝王聖賢必表其所生之地與生時之瑞。……又且古有祝壽文,亦并無慶生日文。……此惟唐玄宗時張説請於上萬壽日名千秋節,此實古今慶生日之始事。然而諸王、大臣以下及士、庶,皆不之及,則仍是古帝王孤行一節。其與明代以後,比户稱慶,無是禮也。……予不幸犬馬齒長,客有以慶賀來强邀者,予卧床口授而敬謝之。"

是年前後,成《春秋條貫篇》十一卷。

《春秋條貫篇》卷一:"既檢從前所爲傳,自彙篇帙,作三十六卷。而復于聖人之經再三致意,檢其事之有緒屬者,祇覺《春秋》二百四十二年二十二門一千八百餘條各有起訖,或一條一屬,或數條一屬,爲之統紀而分合之,……名之曰'條貫',雖有鑑乎雙題、傳題之陋習而爲是篇,然而聖人之微言或在是矣!"

是年前後,成《春秋簡書刊誤》二卷。

《春秋簡書刊誤》卷一:"及《左傳》行世,則始知有簡書正文冠策書首,故當時《左》《公》《穀》三傳俱著竹帛,而《左》之爲傳先于《公》《穀》,漢人亦稱《左氏》爲古學、《公》《穀》爲今學,而其如《左氏》晚出,《公》《穀》立學反先于《左氏》。是以治古學者雖有張蒼、賈誼、張敞、賈逵、服虔輩不下于董仲舒、公孫弘輩之治今學,而諸生膠固,競立門户,即加以前漢劉歆、後漢韓歆兩歆之爭,必不能救《左氏》膏肓之目,而策書、簡書總無聞焉。夫《左氏》之傳即是策書,《左氏》之經即是簡書。故夫子筆削,祇襲魯國之簡書以爲之本,即絶筆以後,猶有舊簡書一十七條見于《左傳》。則哀十四年獲麟以前,其爲真簡書,而以之作夫子之聖經,《公羊》《穀梁》俱無與也。乃宋胡安國自爲作傳,而元人創八比法,直用其書,以取士立學官而著功令,明代遵之。每經凡四題,而《春秋》一經,則專以胡氏四傳代夫子之經,而聖經已亡。然且其所載傳中者原非簡書,祇以《穀梁》本爲據,而《穀》之與《公》,如狼狽贔屓,彼此呼吸,與《左氏》之所載者全不相合,而於是聖經亡,即簡書亦亡矣。予著《春秋傳》,念不及此,亦仍以胡氏所載爲聖經原本,而反標《三傳》諸字同异于其下。東陽李生紫翔者著《春秋紀傳》,早已行世。及之官嶺表,疑予傳聖經之有未核,屬王生虎文問及之。予乃命猶子文輝取《三傳》聖經之各异者,以簡書爲主,而各注所誤而明標之,名曰'刊誤'。嗟乎,前人之誤其所厚賴于後人之刊之者,豈止是與!"

作《墨荷軸》。(《歷代流傳書畫作品編年表》第150頁)

丁克揚卒,年八十六。(據《蕭山丁氏家譜》相五房二房世系)

龍燮卒。梅清卒。林雲銘卒。

【時事】　二月,康熙第三次親征噶爾丹。四月,班師回朝。

清聖祖康熙三十七年　戊寅(1698)　七十六歲

元月,李塨至杭,請教樂律。
　　馮辰《李塨年譜》卷三"戊寅四十歲"條:"如杭,以所學樂請教河右,并求作孝愨墓表而返。"
二月,李塨投受業刺,與論古文《尚書》真僞。
　　馮辰《李塨年譜》卷三"戊寅四十歲"條:"投受業刺於河右,以學樂粗就也:因問樂、問《易》、問韵。……上河右書,曰:'今人辯《尚書》有僞之説,先生既有駁正,此事所關非小,即可行世。閻百詩書未見,姚立方所著略觀之,錢生書則詳觀之,均屬謬誤。今人駁《尚書》不已,因駁《繫詞》;駁《繫詞》不已,因駁《中庸》,不至揚矢周孔不止。此聖道人心之大患,豈能坐視不言?塨亦欲少有辨論,俟録出請教。'"
　　盛唐《西河先生傳》:"先是李塨來浙時,與桐鄉錢生辨《古文尚書》真僞,既已拄其口而未成説也,急謀之先生,先生憂之。會福建蔡生上書求海外《尚書》本,言詞侃侃,雖其説不行,而勢已駁急,恐後此有僞爲海外真《尚書》者出,則大事去矣。先生乃齋宿,禱於神,急爲解辨。懼時日不速,晝夜矻矻,一月兩易稿,初名'定論'。既以爲不激切,不能變俗,改名'冤詞'。于以救禹、湯、文、武、伊尹、仲虺、傅説、周公、吕公、君陳諸遺書,觀者謂先生功不在孟子下焉。"
爲李塨父母表墓。
　　《墓表五·蠡吾李孝愨先生暨馬孺人合葬墓表》:"李孝愨先生以康熙二十二年八月卒,葬有年矣。其子塨登康熙二十九年庚午鄉書。明年,試禮部,既歸,而嫡母馬孺人即以是年閏月又卒,與先生合葬。……客有以予所著《皇言定聲録》《竟山樂録》二書饋之,讀而怳然,即束裝越三千里就予受樂。……瀕行,再拜曰:'先孝愨,儒者也……已一十五年未有片石填土中,而先慈從之,幸而封甫乾,將復琢柱於壟傍,且以麗牲,先生其可無一言褒施之乎?'予曰:'然。'"
五月十二日,姜希轍卒,爲撰事狀,兼撰《神道碑銘》。
　　《事狀四·奉天府府丞前禮科都給事中姜君行狀》:"君希轍,浙之會稽人。……康熙三十七年五月十二日,無疾卒,西河太史爲狀。"
　　《神道碑銘一·誥授中憲大夫奉天府丞前禮科都給事中定庵姜公神道

碑銘》:"姜京兆公以康熙三十七年五月十二日卒,予扶服哭之。且爲作《事狀》,附公所著《姜氏譜》後。其明年,卜葬於褚里。……公諱希轍,字二濱,別字定庵。"

七月,蕭山毛氏重修族譜,爲作序。

《序二十六·重修族譜序》:"予族以魏尚書僕射孝先公爲遠祖,南渡直言敢諫科進士侍御史叔度公爲兩浙之祖,元初處士貴誠公爲餘姚祖,明贈朝議大夫福建都轉運鹽使司同知坦然公爲蕭山祖。衣冠逮予十世矣。……今族既散處,惟藉譜記,而譜又闕落。予弟大觀乃力任而增修之。……于其成也,因舉蕭之與姚其祖宗墳墓雖歷久而不隔者,書之於端。"

按,毛黼亭《蕭山毛氏宗譜》卷一毛奇齡《重修族譜序》末曰:"康熙三十七年秋七月,裔孫奇齡謹書。"

九月,龐塏出守建寧,途次杭州,有詩留別先生。

龐塏《叢碧山房詩五集》卷一 建州稿戊寅《湖上留別毛大可》中有"十年京國君辭我,九月湖平我別君"句。

按,王嗣槐《桂山堂文選》卷一《叢碧山房集序》:"戊寅秋,雪崖出守建寧,過余桂山草堂,把酒論詩。"知龐塏本年秋至杭州。

秋,蕭山章鈺重刻楊繼盛集,爲作序。

《序二十五·重刻楊椒山集序》:"康熙丁丑,同邑章子鈺有感於椒山之爲人,取椒山所傳《年譜》與其生平詩若文,合上、下卷,將刻以示世,而屬予爲叙。"

按,康熙三十七年朱永輝刻《楊忠湣公集》卷首有"蕭山毛大可先生鑒定,後學章鈺梅溪輯。康熙戊寅中秋日,蕭山後學章鈺梅溪氏題於敬一齋。"集刻成於本年,毛序當作於本年。

李塨北返,旋有寄書。

馮辰《李塨年譜》卷三"戊寅四十歲"條:"上河右書,曰:'自聞樂歸,恍然若頗測其涯涘,尋能歌者問歌法,能樂器者問色譜,以與《樂錄》相質對,乃覺母音真在當前矣。'作《樂錄》跋,曰:'塨弱冠聞吾鄉楊椒山學樂於韓苑洛,心慕之,及觀其書而茫然。已而涉獵漢後,以迄宋、明諸論樂書,益茫然。於是太息,以爲古樂复絕乃爾。出而問人,亦無知者,日結於心,不能忘。兩載前,聞杭州毛河右先生知樂,已而至桐鄉,蒙先生賜《樂錄》二部,遂於去歲走杭問樂。先生曰:'向之論樂者皆誤也,樂以聲爲主。'授五聲、九聲、七始、十二律之法。受歸,審以己音,按以絲竹,乃知人皆有聲,人聲調之以律,皆可爲樂。而何以論樂者惟籌管數,累黍較尺,主客輵輵,使舉世茫然,自居於暗啞,以爲古樂不可復。是言衣食者不以口嘗味、身量服,傳聞古聖衣食之制,皆取諸《易》,因爭執《乾》《坤》以爲衣裳,描畫《小過》以爲杵臼。令人惶惑莫解,駭衣食爲神奇而去之,饑且寒相尋以斃也。豈不異哉! 塨獲遇先生,自覺心怡意解,風風乎古樂若在當前矣。惟是先生《樂錄》開二千年之悠謬,以明三代母音,實過苑洛。而塨力學精進,遠遜椒山,是則對《錄》而生愧者也。'"

覆書李塨,盛贊李爲"奇士"。

馮辰《李塨年譜》卷三"戊寅四十歲"條:"(李塨)以講求古樂一事,千里命駕,已堪駭世。況兩日而業已卒,豈漢、唐後暨儒小生所能到者? 直千秋一人而已! 弟年七十五,不意遇此奇士,天之所鍾,諒非人事所能矣。……年兄此來,助我非淺,舊刻指類,千秋不蔑,將來諸注,全藉維持,前人所謂附青雲而益顯者,正謂此也。所訊書,病中不能閱,并不能一一裁復。今早,家侄文輝檢及末訊《易·繫》一節,謂此已經改換過,何又訊及? 豈前所付《易》,是舊時未改本耶? 僕見大驚,急向蒼天叫曰:'天復生此人耶!'《論語》曰:'德不孤,必有鄰。'天既生某,又生是人,必非無謂,吾學從此興矣。昨承過下,深不敢當,今反當自任。馬季常遠不及鄭康成,漢後儒術,非康成不能傳。此事,必藉恕谷爲我大昌明之……千古學人,惟君與僕矣。"

爲廣東布政使魯超子緗城詩作序。

《序二十八·魯緗城詩序》:"今謙庵以粵西觀察進參知行省,開藩於五嶺之南,而緗城赴觀,與諸同學登臨感慨,合離分并,往來之頃,饒有篇什。予年七十後,已不能操筆爲詩。……而近觀緗城諸詩,有不禁酒傭之技癢者。"

王先謙《東華錄》康熙六十一:"康熙三十七年戊寅……六月乙卯,以魯超爲廣東布政使,由廣西按察使遷。"

柴世堂問子貢弟子事,作書答之。

《書六·答柴陛升論子貢弟子書》:"前論陳子禽,《集注》謂陳亢孔子弟子,或曰子貢弟子。其'或曰'一說無據。王草堂作《集注補》,直謂二千餘年并無言陳子禽在端木門者,此朱子臆說也。"

柴世堂,字陛升,號胥山,浙江仁和人。柴紹炳子。雍正元年(1723),舉孝廉方正。著有《胥山詩稿》。(潘衍桐《兩浙輶軒續錄》卷五)

作《孫繡姑表貞錄序》。

《序二十六·孫繡姑表貞錄序》:"錢塘孫繡姑有絕异者……乃其舅、其

婿販笠他鄉,而與狂夫爲比鄰……狂夫每侵女,女拒不受……既而狂夫
詬至門,女仰卤,氣絕。鄰人聚衆首之官,會開府張君甫勵治,以興教
化、正民俗爲己任,聞其事核實,乃破格入告,而先置狂夫於理。……布
政使趙君少參李君、按察司副使卞君皆前後爲吊詞,懸之棺傍,里老爲
席舍覆之。凡郵亭、鄉官、士大夫之家居者及郡縣學博士,相率爲詩歌
文賦,粘之席舍。而里巷謠諺紛紛四起,好事者作搊彈唱本,譜其事爲
韵語,使盲婦負弦而唱於市,聽之者人一錢,時康熙戊寅六月一十六日。
越數月,而李子完車、何子漢霞輯諸詞而授之梓。予自傷老去,不能爲
一詞綴席舍末,而猶幸開府諸君其能砥民俗以繼采風有如是也。因應
其所請而力疾書之。"

蔣名登卒,爲志墓。

《墓志銘十三·處士蔣君墓志銘》:"君以康熙三十七年六月卒,將以是
年十二月卜葬錢塘王姨嶺,已丐予族弟祥符君爲之傳矣。孝子奉遺命,必
欲得予言志其墓,屬予友方舟沈君請之。君諱名登,字高卿。……君生於
天啓癸亥,得年七十有六,與予同年生。……因自爲墓志而始志其墓。"

約於是年,成《四書索解》四卷。

《四書索解》卷一王錫識語:"《四書》無不解者。先生嘗舉其不解者以
示人,人無以應,因之陸續質難,得疑義百餘條,思以問世,而惜學者之
不能悉記之也。今先生之子述齋輯先生《經集》成,遂抽《經集》中所已
解而尚有待者,約若干條,去其所解,而錄其所疑,名曰'疑案',以丐世
之共解之。予披讀再四,深嘆經學難明,毋論六經茫茫,全無畔岸……且
經漢、唐、宋諸儒自孔安國、包咸、馬融、趙岐、陳群、何晏、孔穎達、陸德
明輩,以及孫奭、邢昺并朱氏《集注》,歷有撼發,而尚餘疑義,真不可信。
然且孔、孟授受,繼堯、湯之學,全在此書,而不究極其根柢,亦何以即
安? 特是卷原名'疑案',以爲不疑則不解。而予謂必有以解之,直是索
解,人不得耳。一經考索,則世多學人,豈無始而驚既而疑,又既而劃然
以解者,因更名'索解'。吾願世之見之者,但曰解人當如是,不當曰不
求甚解,斯庶幾已!"

約於是年,弟子盛唐、王錫錄先生說《四書》語,成《四書剩言》及《四書剩
言補》。

《四書剩言補》卷一:"《四書剩言》者,西河先生說經錄也。先生歸田
後,日與人說經,而學人多不在側,鮮司錄者。……嘗讀《四書剩言》四
卷,疑前二卷與後二卷如出兩手。及詢之,則前卷爲盛樅陽、王百朋諸
君所輯,而後卷則先生之子述齋爲政。雖同出紙片,而補綴所聞,各有

記憶,且亦陸續成此書,不能一轍。予侍坐最後,提命亦甚疏,然亦曾竊錄數則,其見之《剩言》與《經問》者尚十餘其一。急欲綴卷末,而書已成矣,因輯作補遺,附《經集》後。……大來識。"

約於是年,弟子李塨問南北郊分祀及有禘無祫之説,成《郊社禘祫問》一卷。

《郊社禘祫問》:"李塨問:陸道威曰:'南、北郊分祀之説,始自漢武時詞臣寬舒等一議,後又引《周禮·大司樂》文附會其説,以爲古者天子冬至祀天於圜丘、夏至祀地於方澤,是分祀之據。……''南、北二郊,予昔在館時,以曾作《配位》一議,已議及之。大抵衆説紛紜,多有言無地祭、無北郊者。予謂既祭天,必當祭地;既有南郊,必當有北郊。'"

張燧問《孝經》諸條,因成《孝經問》一卷。

《孝經問》云:"張燧問:'《孝經》,孔子之書。班氏《漢書·志》云:孔子爲曾子傳孝道也。但不知果夫子所授、曾子所述,且出於何時?宋人極疑其爲僞,故朱子删改之,至元吳澄又删改之,得毋非聖經乎?''《孝經》本孔子之書。觀《孝經鈎命決》曰:孔子云:欲觀我褒貶諸侯之志,在《春秋》;崇人倫之行,在《孝經》。此雖緯書,然當時曾鼂括其語曰:吾志在《春秋》,行在《孝經》。何休取其語以注《春秋》,唐玄宗亦取其語以入《孝經序》,此定無可疑者。故漢、魏、六朝祖述此經者,約有百家。其間張禹、孔光、鄭玄、王肅、韋昭、謝萬、徐整、袁宏、荀昶、殷仲文、何承天輩,亦皆有名字人,豈無一人覺其僞如宋人者?若宋人學問,專以非聖毁經爲能事,即夫子手著《春秋》《易大傳》,亦尚有訾謷之不已者,何況《孝經》?故凡斥《尚書》、擯《國風》、改《大學》、删《孝經》,全無顧忌,此固不足據也。但舊謂《孝經》夫子所作,以授曾子,又謂夫子口授曾子,俱無此事。此仍是春秋、戰國間七十子之徒所作,稍後於《論語》,而與《大學》《中庸》《孔子閒居》《仲尼燕居》《坊記》《表記》諸篇同時,如出一手。故每説一章,必有引經數語以爲證,此篇例也。'"

是年前後,成《周禮問》二卷。

《周禮問》卷一:"或問:'宋儒極詬《周禮》,然未有實指爲何人作者。至宋胡宏、包奎輩直以爲出於西漢劉歆之手,謂王莽時歆爲國師,始作《周官經》以阿莽。至莽不欲爲母服,即大集博士發《周禮》以定爲服緦之制,故此書在漢初無有,至歆爲列序,始有其名,著於《録》《略》,得毋其書果歆所爲乎?'曰:'此皆宋人誣妄毀經習氣,好作此等語,如誣《孝經》爲劉炫僞作,誣古文《尚書》爲梅賾僞作一類。此最誤古學者。《周禮》自非聖經,不特非周公所作,且并非孔、孟以前之書。此與《儀禮》

《禮記》皆同時雜出於周、秦之間。此在稍有識者,皆能言之。'"
是年前後,門人姜垚問明堂之制,成《明堂問》一卷。

《明堂問》:"姜垚問:'周之明堂,仿於何代?見於何書?其作此堂,何所施用?且其制何等?相傳有九室、五室之辨,可得聞乎?''明堂自昔有之,古名蒿宮,亦名明庭。黃帝名合宮,堯時名衢室,舜名總章,夏后氏名世室,殷名重屋,周名明堂。其稱名之文,則見於《孝經》《孟子》《左傳》《周頌》《大戴禮》《禮記》《家語》《考工記》《荀子》《呂氏春秋》及《明堂月令》諸說。其所施用,則一享上帝,一朝諸侯,以別尊卑;一四時迎時氣,一十二月朔,各就其堂聽朔,以頒政治;一巡狩年四朝諸侯於方岳之下。……第其制則歷考諸經,不甚相遠,而解之者有不同。'"

吳興祚卒。曹貞吉卒。沈季友卒。方中通卒。周在浚卒。宗元鼎卒。

【時事】　四月,康熙巡視運河。七月,康熙第三次往盛京謁陵,告祭平噶爾丹功成;同月,茶陵州以官吏私派,引起民憤,吳三桂舊部黃明等乘機起事,先後敗績。

清聖祖康熙三十八年　己卯(1699)　七十七歲

二月四日,李塨録先生樂論,成《李氏學樂録》二卷。

李塨《李氏學樂録》卷首:"塨學樂河右先生一年餘矣,雖窺涯岸,未盡精微也。其明年春,卜旋里,乃將五聲歌訣及旋宮相生諸義修札求剖,而忽忽拜別,受言未悉,鬱壹于心。端月念七日,挐舟北上,一路沉吟,似有所得。至若《相生圖》,則四易稿而乃成焉。因具録如左,以備就正,或天地元音,從此大明。雖在愚汋,鬼神亦通也。康熙三十八年二月念四日,識于丹陽舟中。"

二月十六日,與处州府知府劉廷璣飲宴。

劉廷璣《葛莊編年詩》己卯《己卯初度即席答毛翰林大可諸公》。按,劉廷璣《在園雜志》卷三:"……《提要録》二月十五日爲花朝,予生後一日,故命名花豫。"知劉生日在二十六日。

二三月間,康熙帝三巡浙江,先生呈《聖諭樂本解説》《皇言定聲録》。

《墓志銘十一·自爲墓志銘》:"會上復南巡,於行在進己刻《樂本解説》二卷,大學士張公傳予至行在朝門,頒諭獎勞,并敕刻字而宣付專行,於是音律之學稍得施驗。"

《聖諭樂本解説》卷末附記:"康熙三十八年三月,聖駕觀河南巡,奇齡迎駕於嘉興城北。鴻臚奏名,蒙皇上垂問年紀,謹奏對訖,鴻臚呼奇齡隨御舟行至皁林,慮更有問訊。是夕昏黑,不能登岸而止,急歸,詣行在。於次日及二十五日,隨班入朝。諸在籍臣俱各有文賦進獻,予獨無有,因念此樂書三件,原擬呈進,徒以久稽未果,恐遂湮没,故私自鏤板,冀以爲通行之籍,及今不上,更待何日?……阻者尚以'鏤本不莊,不宜上瀆至尊'爲言。越二日,官校傳予至行在朝門,大學士張公宣諭獎勞,謂既已鏤板,一任專行。第大學士伊桑阿原疏中有誤刻字,須即改正,然後可宣付史館,以備施用。"

康熙帝及太子俱有賜書。

盛唐《西河先生傳》:"上三巡至浙,先生謁行在。上見慰勞,命先生起立勿跪,且賜御書一道。時皇太子隨駕來,亦賜睿書一道并屏聯一副。會國舅一等公佟公寄所注《周易》二十卷請先生訂定,而諸王宗室、輔國將軍遣扈從滿洲給事中蘇爾昌到家索書,且出先生所著《春秋傳》問數條去。"

春,爲何喬雲二子瑾栗、玉梁《應制詩》作序。

《序二十七·何氏二童子擬應制詩序》:"何氏二童子者,何曾園東部之季子也。東部擅世學,其長君慎言既以藝文噪於時,而晚得二子,先後競爽,觀者謂其有三珠之瑞焉。特東部宰桂東時,携二子從,予嘗聞其名而未之見也。康熙己卯,上觀河南巡駐蹕杭州。會東部君以內召需次,已携二子還江干,迎駕之餘,朝賀行在,二子因得隨父老往觀,擬《應制詩》若干首,將懷之進獻。……今弦石年十五,韋江年十四,實能挈筆伸紙,揮灑顧盼於座客之前,湯湯涌涌。"

何喬雲(1645—1720),字令名,號曾園,浙江錢塘人。康熙十五年(1676)進士,授中書舍人。二十五年(1686),改湖南桂東縣知縣。治桂東十二年,行取主事,請假歸。(雍正《浙江通志》卷一百六十七)

何瑾栗,字弦石,浙江錢塘人。喬雲仲子。幼聰悟,與弟玉梁號"二神童"。康熙四十一年(1702)舉人。早卒。(民國《杭州府志》卷一百十二)

何玉梁(1683—1751),字韋江,號樟亭,浙江錢塘人。喬雲季子。康熙五十三年(1714)中舉,雍正元年(1723)成進士,改庶吉士。二年(1724),授編修。(汪師韓《上湖文編補鈔》卷下《編修何先生墓表》、乾隆《杭州府志》卷九十一)

按,文中"韋江年十四"誤。據汪師韓《上湖文編補鈔》卷下《編修何先生墓表》,何玉梁生於"康熙二十二年六月十八日",本年當十七歲。

三月，爲弟子唐彪《家塾教學法》作序。

  唐彪《父師善誘法》卷首先生序曰："潄水唐先生獻策長安，出爲師氏者若干年，歷東西兩浙人文薈萃之所，皆坐擁皋比，令館下諸生執經北面。……乃睥睨之間，拂衣歸里，復取平時所爲《讀書作文譜》《父師善誘法》二書，梓以行世。其間講求之切，擇取之精，一字一注，皆有繩檢。……康熙己卯季春月年，家眷弟毛奇齡頓首拜撰。"

  唐彪，字翼修，浙江蘭溪人。歷官會稽縣儒學訓導、長興縣儒學訓導、仁和縣儒學訓導。著有《身易》《人生必讀書》《讀書作文譜》《父師善誘法》。（嘉慶《蘭溪縣志》卷十三）

爲王復禮《蘭亭志》《孤山志》作序。

  《序二十七·新纂蘭亭孤山二志序》："康熙丙子，皇上萬幾之暇，偶書《蘭亭序》及《舞鶴賦》二通。而在廷有請之者，謂《蘭亭》本右軍修禊所記，當奉御書勒石於紹興山陰之蘭亭；而以《舞鶴賦》勒石杭州孤山間，以宋林處士曾有放鶴亭故址在孤山麓也。……予友王君草堂目睹茲勝，因之作《蘭亭》《孤山》二志，以備稽考。其費編摩成一書，已三年矣。歲在己卯，恭逢聖駕觀河南巡，駐蹕杭州。於三月二十五日，在籍諸臣朝行在畢，會各有進獻賦、頌册子，敕黄門收入。而草堂以草莽臣，亦得將二志抄謄，逐隊呈進。"

爲高士奇《花源草堂圖》作序。

  《序十八·高學士花源草堂圖序》："宫詹學士高君以侍從入直禁廷者十餘年，會天子觀河南巡，躬禱禹廟，學士仍得叨扈從之班，托之陪乘，以暫還故鄉。皇上乃於問俗之隙，命減羽騎，幸學士山莊，俗所稱河渚間者。上顧忻悦，乃親灑宸翰，書'竹窗'二字以賜之，真异數也。"

四月一日，友陸葇卒，爲撰神道碑銘。

  《神道碑銘二·皇清予告内閣學士兼禮部侍郎雅坪陸公神道碑銘》："臨卒，謂其子凌勛曰：'予與西河君，其官與文與行誼不必同，而獨同於志……必志予墓，非西河君不可。'……特其卒時，不繕遺疏，不令請恤典，不訃臺使以下官及親戚、僚友。逾月即葬，即以同志如予者，亦無從赴義，乘素車一哭。……公諱葇，字義山，原名世枋，雅坪其别號也。……公卒於康熙三十八年四月一日。"

四月，與朱彝尊、徐釚、馮念祖、吴陳琰、周嵩集於汪氏園林。

  徐釚《南州草堂續集》卷三《初夏馮文子孝廉招同竹垞大可暨寶崖層岩諸子集於汪氏園林》。

  按，徐集此卷自己卯三月至壬午八月，此首次於《次西堂老人韵挽少宰彭羨門同年》之前,當作於本年。

馮念祖,字文子,浙江錢塘人。官至泰州知州。著有《快雪堂詩鈔》。(陶元藻《全浙詩話》卷四十四)

周崧,字層巖,一字岑年,號菊人,浙江錢塘人。康熙三十五年(1696)中舉,授中書舍人。事母至孝,生平重氣誼,不苟然諾。著有《白燕樓集》。(雍正《浙江通志》卷二百三十五、吳顥《國朝杭郡詩輯》卷八)

八月,蕭山知縣鄭世琇生日,作文祝壽。

《序二十八·蕭山令鄭侯生日序》:"會天子南巡,簡供億之官,蘭溪令鄭侯以能名……破例請調侯蕭山……歲之秋仲,邑人以侯之生日,以幛稱祝,而乞予文書幛間。"

乾隆《紹興府志》卷二十七:"(蕭山知縣)鄭世琇,旗下,康熙三十八年任。"

秋,顧之斑舉鄉試,將入都,為其《丹井山房詩集》作序。

《序二十七·丹井山房詩集序》:"予以殘年住杭州,思得宿好者與居,因僦竹竿巷,與老友顧侍御君為比鄰,而侍御君辭我去已七年矣。吾早知侍御君有後,杭人無大小皆能稱顧十八郎,第甚弱,不得而與游也。……今年秋,以文戰得勝,將携其文游長安,而以所著《丹井山房》詩示予點定。"

按,據文中"今年秋,以文戰得勝"語,知作於顧之斑中舉時。民國《杭州府志》卷一百三十五:"顧之斑,字摺玉,仁和人。康熙三十八年舉人。"毛序當作於本年。

顧之斑(1678—1745),字摺玉,號茶園,又號月田,浙江仁和人。豹文子。康熙三十八年(1699)舉人,授陝西三原縣知縣,調廣東電白縣知縣。著有《丹井山房集》《十硯齋集》。(杭世駿《道古堂文集》卷四十二《文林郎行人司行人管理廣東電白縣知縣事顧君墓志銘》、民國《杭州府志》卷一百三十五)

秋,邵廷采鄉試報罷,投刺拜師。

邵廷采《思復堂文集》卷七《謁毛西河先生書》(己卯):"廷采敬啟,西河先生門下:采生五十有二年矣。五六歲時,稟祖父之訓,教以孝弟忠信,為人之方。稍長讀書,從入姚江書院,及見沈求如、史子虛二先生。二先生私淑文成王子,遭變,通道不出。而沈先生在當時頗有禪學之目,惟史先生粹然醇儒。姚中人士興起,并知談說濂、洛,推本洙、泗,深衣幅巾,峨峨可觀。采祖父及父皆二先生高弟,以是幼年聞不惑。先哲既亡,雅有記憶。二十二為諸生,從事舉業。以為非向上功夫,此意捍格,久不進益。性喜抄閱明史，然無師指授，空自勞攘。而本性一道，幸侍先師韓子，月季再會，重續沈、史之席。先師怡然退然，中懷無事，大類李延平。及門高弟，則徐文亦景范其最著者。庚戌歲，先師告逝，皇皇無有依歸。癸丑，遇施約庵先生於嘉興。濫蒙獎許，勉以經世事業。此後意願漸廣，交游道雜，勇俠輕非之士漫相標重。久乃自悔，先人醇厚之轍豈宜頓易？退與朴茂者居處。十年以來，重理初志，窾欲肆力於史。草茅饑凍，不能自振。一代浩繁，茫無措手，躊躇瞻顧。見馮再來先生《隨筆》云：己未，上敕史館，奉有'福、唐、魯、桂四王，許附懷宗紀年'之命。因遂不揣，輯《西南紀事》一卷。中間抱病，又迫生徒課業，未得一心編錄。丁丑、戊寅，假榻東池兩水亭，復輯《東南紀事》一卷。手校未竟，故疾大作。今年己卯，被放，益慨窮達有命，不可力爭。而壯心未衰，不能與古人潛德遁世者同甘淪沒，輒欲繕寫是書，呈當世之高賢，以考鏡其是非，推求其心術。伏惟先生今世之韓、歐、班、馬也。……先生負當代之望，爲名教之主，推崇陽明，排斥异議，後進之士倚一言爲太山北斗。采也不才，忝爲同里子弟，向慕越三十載，未一進謁左右，其爲鄙陋也甚矣。無所私請，不欲托於不知我者之言引重，輒自懷刺，伏叩門下求見。守寓待命。"

按，姚名達《邵念魯年譜》"三十八年己卯"條："在杭州，時懷刺叩毛奇齡之門求見，有《謁書》，自稱門下采。"

邵廷采有《候毛西河先生書》。

邵廷采《思復堂文集》卷七《候毛西河先生書》(己卯)："伏惟先生耄期敬學，精神日益加進，凡所著述，皆從身歷中來。廷采濫廁門牆，恨色力早衰，以不適用之身，又迫家人艱食，進退狼狽，不能抉揚微奧，有負師門。前所責劉傳依托陽明句，竊自恕指言者末流之失，非及文成也。謂借此阿時干進，無此肺腸矣。'致良知'三字，實合致知存心一功。所謂察識於此而擴充之，直是任重道遠、死而後已之事。俗儒認作石火電光，所以曲議橫生；而腳踏兩頭船者又用調停，以爲姑諱此三字。如吾師直標宗旨，即今無第二人。向見潛庵先生答陸稼翁札，與吾師有同契也。蕺山不沿良知而揭慎獨，謂獨是未發處，不是已發處。功夫專在未發處用，獨體下不得個動字，未發下不得個靜字。……特變易旗幟、改換名目，以新號令，作士氣耳。少時入姚江書院，見淺學紛紛讀得'致良知'三字，遂成骨董。其賢者罔不高論禪宗。去先賢曾幾何時，流蔽若此。文成恐學者支離於學問，蕺山恐學者荒忽於靈明：興衰起墜，同一苦心。其相羽翼於孔、孟之門，後先固一也。至'干羽兩階'一語，勸君修德，未嘗欲偃兵。蕺山論時務,皆切當世之用。己巳,守禦京城,及屬卧子論南遷,非迂闊者。吾師集中有此,尚求酌定。又宋儒排抑漢、唐,推尊本朝過甚。……至謂宋儒講學者無一死節,亦適不會其時。若程、朱當崖山淪覆,度必為陸秀夫所爲。而當時定大變、濟實事者,若寇萊公、韓忠獻、李忠定、虞允文、文履善,皆不出於講學之人。然此數人者,程、朱之門多不稱道。以此疑諸儒將宇宙大事業私占自家門户,而其用處亦每受道理拘縛,鮮所變通,恐其行之或礙。三代而上,獨不用詐謀詭計;至於機權,所以成天下之務,禹、湯、文、武、伊、周、太公皆有之。……又元人修《宋史》,於《儒林》外别立《道學傳》,此後遂爲定名,專家似當去之。吾道一貫,孰非道學中事?而以此立儒家標幟乎?同父所以謂'人不當專學爲儒',正爲此也。同父惜未見之行事;使其任事,定當有一番規模。外此,若陳東、歐陽澈之以諸生布衣死諫,洪皓之流遞冷山,若斯之類,不可枚舉,豈非真道學?而吕好問涉張邦昌之嫌,顛趾出否以救國事,其本原雖與狄梁公小大不同,均爲聖賢所取。後之論者,滿頌梁公而微彈好問,此亦忽邇貴遠,與耳食無异之一徵矣!充其刻論,至謂陽明私結宦寺,又何怪乎?……蓋崇性命,薄事功,矯揉偏重,其弊乃至於是。由是言之,陽明數傳而後,士喜而覺悟,漸流禪定,使天下以良知爲諱,亦容有固然矣。天下有千萬人訾譽,不足輕重吾道者,如今世之議陽明及東莞陳建之异幟是也。獨怪顧涇陽東林君子之首而攻排王學,仇王者至今依舊。然以陽明視涇陽,直支子耳。涇陽崇直節,而孔、孟之道不止於直節也。又其於朱子之學未之全見,止以墨守捍邊圉爲衛朱。見有一言之及簡易,則以爲涉於陸;一言之及經綸,則以爲涉於陳。故從而爲之説曰:'今有人兼象山、永康而具之,朱子復起,憂更何如?'於乎,象山豈异端乎?永康豈蘇、張、范、蔡乎?是何异游夏、洛蜀之門人相譏而借老、佛以卞莊刺虎之會也。故采嘗妄謂學陽明者毋反而議朱,朱之人固泰山喬岳,而朱之學固曾子、子夏也。至《綱目》一書,則直繼《春秋》而懼亂賊,陽明子所未暇作也。昔鄭端簡成《吾學編》而尊王;茅鹿門,文士也,知尊王。此兩人皆非專於講學。至涇陽始大興講學,天下之正人相遇類聚矣,而持説乃與陽明貳。然同時如鄒南皋、馮少墟、高景逸,皆不左陽明。劉蕺山雖不言良知,然補偏救弊,陽明之學實得蕺山益彰。本朝大儒如孫徵君、湯潛庵皆勤勤陽明,至先生而發陽明之學乃無餘藴。而天下之人,或以微議朱學爲先生病。竊見先生立身處家、細行大德,無悖於朱子家法。特欲揭陽明一原無間之學,以開示後覺。淺識之徒拘於舊而未能入,又佐以時文,盛其焰而助之攻,遂以爲左朱右王者有矣。抑言蕺山之學近朱,攻王者轉而揚蕺山,此亦僅得其廉隅節義千百之大略。至所謂誠意、慎獨之説與朱小異,而純粹以精之至者,曾有所窺及乎?采受恩深隆,一日未死,尚欲闡崇師説。竊念守先傳後,百世之公;無犯無隱,事師之誼。昔人稱心齋王氏不肯輕服陽明,心嚮往之。是以不避狂瞽,極思明辨,務於解去生平之惑,使天下後世曉然知聖道昭垂,殊途一致。則王門見知聞知之任,非吾師誰屬?伏惟吾師恤其荒迷而救其没溺,幸甚。"

按,姚名達《邵念魯年譜》"三十八年己卯"條:"既見,則討論學術。別後,有《候毛西河先生書》。"

秋末,釋元璟游閩,有詩寄先生。

釋元璟《完玉堂詩集》卷五《有感寄毛大可先生》。

按,龐塏《叢碧山房詩五集》卷四建州稿己卯《借山上人同艾庵彭使君枉顧有贈奉答》,知釋元璟本年至閩。

釋元璟(1655—?),字借山,初名通圓,一字以中,號晚香老人,浙江平湖人。浙江天童寺僧。工詩,平生游歷南北,詩體屢變,而以清雅爲宗。居杭州時,曾結西溪吟社,與諸名流唱和。著有《完玉堂詩集》。(徐世昌《晚晴簃詩匯》卷一百九十五)

冬,李塨過別,質樂律、田賦諸學。

馮辰《李塨年譜》卷三"己卯四十一歲"條:"閲河右《詩解》,知《小序》不可廢。……如杭,別河右,質樂律、田賦諸學。思《定聲録》尚有礙義,以俹不當生乙,四字調無乙字也。正與林鐘不生大吕、生簇合。質河右,以爲是。"

門人邵廷采問《大學》諸義,成《大學問》一書。

《大學問》云:"邵廷采問:'往讀王文成公古文《大學》,不得其解。近先生作《大學證文》示人,首載不改之《大學》,而過於矜慎,不即爲訓釋,仍未瞭然。竊不自量,欲懇略作指示,使天下學者并曉大意,何如?'曰:'此夫子後人七十子之徒所記,其言詳且明,并不容訓釋者。且其中字詁,惟'瑟僩赫喧'諸句,稍有未辨,而毛傳、鄭箋釋之,《爾雅》引《大學》即又釋之,况詁字,非學者意也。無已,則請就本文一揚誦之,亦大概可睹焉。'"

寄《古文尚書冤詞》與閻若璩。

《書五·寄閻潛丘古文尚書冤詞書》:"接讀《四書釋地》一編,又經三年,淮上去此不遠,而郵寄甚艱。去夏,閩客屬一緘寄丘洗馬,至今未達。昨著《喪禮》一書,見《堯峰文鈔》内頗多論辨,然無一不誤,不止如前時所示數則,急欲奉質,不可得,因嘆當世果無一善讀書者。近蠹吾李塨爲李孝慤先生之子,其人學有根柢,曾游博陵顔習齋門,胸不安,有疑義,越三千里來證所學,固已度越儕輩矣。乃以寓居桐鄉之故,與桐之錢氏作《古文尚書》真僞之辨,列主客來問。某向亦不慊僞古文一説,宋人誕妄,最亟信。及惠教所著《古文尚書疏證》後,始怏怏,謂此事經讀書人道過,或不應謬,遂置不復理。今就兩家説,重爲考訂,知《古文尚書》自漢武年出孔壁後,凡内府藏弆與民間授受,相繼不絶。且歷新都篡殺、永嘉變亂,亦并無有遺失散亡之事。而梅賾在晉所上者,又但是孔傳,并非古文經文。其在《隋書·經籍志》開載甚明,外此則又無他書可爲藉口,則其裏、其底了然於人,何得有假?因就彼所辨,而斷以平日所考證,作《古文尚書定論》四卷。其中微及潜丘并敝鄉姚立方所著攻古文者,兼相質難。以爲學無兩可,只有一是,苟或所見不謬,即當力持其説,以爲可定。雖自揣生平所學,百不如潜丘,且相於數十年,誠不忍以言論抵牾啓參差之端。祇謂聖經是非,所係極大,非可以人情嫌畏謬爲遜讓。況潜丘之學,萬萬勝予,亦必不敢謂能勝六經。大凡有學識人,定無我見,一聞真是,便當自舍其所非。……吾第列其冤,而世釋之,釋不在我也。世不肯釋冤,而必欲冤之,冤亦不在我也。如此,則可以告無罪矣。拙著并《喪禮》十卷,統呈掌記外,《定論》原叙數頁,一并奉覽。竊謂潜丘所學,何處不見?原不藉毁經以爲能事,且胸藏該博,必有論辨所未及、考據所未備,以廣我庫隘。冤詞無定,潜丘定之,何如何如?某頓首。"

馮辰《李塨年譜》卷三"庚辰四十二歲"條:"先生上以書曰:'自客歲拜別函丈,過淮上,晤閻潜丘,因論及《古文尚書》。塨曰,毛先生有新著云云,潜丘大驚,索閱,示之。潜丘且閱且觀其子曰:'此書乃專難我耶?'塨曰:'求先生終定之。'潜丘强笑曰:'我自言我是耳。'塨曰:'不然,聖經在天壤,原非借之作門户者,況學殖如先生,惟是是從,何論人己?'已而再面,辨析他書甚夥,毫不及《尚書》事,想已屈服矣。"

《經問》十八(附《古文尚書冤詞餘録》):"予作《古文尚書冤詞》成,蠹吾李生携之北行。即江浙間亦多知其事,然無來駁辨者。"

寄《古文尚書冤詞》與胡渭,胡未有答。

《經集·經問》十八(附《古文尚書冤詞餘録》):"其年,予寄《冤詞》一本與德清胡朏明,以其亦攻古文也。朏明不答。後有人傳朏明語云:'杜林漆《書》,不過用漆寫古文耳,何以知古文不僞?'而漆《書》爲僞,此由朏明不知漆《書》本末,故其言如此。此不必再辨者。"

弟子李塨、盛唐、王錫、張燧、朱樟、邵廷采等輯《西河合集》刊行，李塨爲作序。

《西河合集》卷首李庚星識語："是集之成，訖於康熙三十八年。計之，實七十有七。倘是年以後，更有他刻，非門下所錄，總屬贗本，觀者審之。仁和門人李庚星識。"

《西河合集》卷首李塨總序曰："塨弱冠從博陵顏習齋先生游，詔以周、孔實學。然古法蔑略，未能就所受而取攜之也。已而念禮樂崩壞，竊聞蕭山毛先生精樂律，於康熙三十六年之杭州寓堂，請教門下，備問四清、二變、七始、九聲、十二管之學，豁然有省，因拜而受業焉。先生復盡出所著書，一一指授。捧歸卒讀，憮立而嘆：'甚矣，天之愛吾道，而神聖之靈不泯也。'自庖犧氏畫卦，開物成務，前民利用，宋人忽篡入伯陽三輪、張衡九宮之圖於卷首。且不識筮法，謬加兩儀、四象、太極於《乾》《坤》之上，顯與《春秋》史占斷流絶港。而且爻畫與辭象悉影響輳合，并無一定之義可容實指，而《易》幾亡。中古聖人，阜成兆民，禮明樂備，人道乃秩。自秦火後，《三禮》之傳本多闕軼，後儒不辨根柢，往往於占畢之末妄生訾謷。而宋人益復以武斷行之，不惟五禮多闕落，即大小宗、家人父子之禮亦莫之解，以致宋之濮議、明之大禮議紊亂宗廟，流毒縉紳，而禮幾亡。司馬遷、班固以律曆雜入《樂書》，而京房、劉歆直以備數定黃鐘之管。舉凡曆、度、量、衡以算數爲事者，悉舉而亂之聲音之間，以致《律呂新書》操觚把籌，剖微塵以立數，而究之絚竹鐘石，了無定製，而聲音盡亡。至若《詩》之讀叶，《國風》之斥《小序》，《古文尚書》之誣以爲僞，《春秋》之不遵聖經，第取啖助、趙匡之异説以大闢穀梁之學，而《詩》與《書》與《春秋》亦幾亡。神聖相傳之道，其危也亦甚矣。今讀先生《易》義，一復漢、魏、隋、唐諸舊儒推《易》之法，以會之三聖之意，使三聖合一，無所謂義有義《易》、文有文《易》之謬説。而且《春秋》史占歷千百年來未解者，而皆瞭然於其中。舉凡河洛、太極、仙經、道術足以亂我正旨者，則概從闢之。雖一語一字，必有歸着，一若天地之重開而乾坤之再辟。至若《昏禮》《祭禮》《喪禮》《廟禮》《大小宗禮》《大禮議》《禮問》之明禮，《聖諭樂本》《皇言定聲》《竟山樂錄》《樂問》之明樂，《詩》五帖之辨《詩》，《尚書》三錄之輔翼聖經，《春秋》四例之一本於夫子之簡書與左氏之策書，即《論語》《孝經》《孟子》《大學》皆歷有論辨。無非發前儒未發，以救正古先聖王危微一綫之絶學，何其大也！蓋先生幼具經術，原思有用於天下。而鼎革之際，忽以病廢，忌者從而擠排之，少壯出走，流離道路者越數十年。及乎應制科，官侍從，髮且種種，至還鄉而年六十矣。重翻少時所爲學,慨然憂聖道之將湮,遂節次發明如此。至於詩文之浩博,則自早歲即已蜚聲宇內,王侯卿相前席請益,不至婦人女子、僻島外夷無不流傳其文咏而寶其字畫。平居杜門謝客,遠近求文者日百十計,然且碑版、屏幛,皆偽勒而贗雕之。吴越之間,渢渢如也。予從諸門下後,集先生所爲文,得經集如干卷,史集如干卷,詩文集如干卷,雜著如干卷,合四百幾十卷。嗚呼,盛矣! 先生嘗謂漢、唐後世無學者,忻然以千古讀書人自居。而塽獨竊竊然,謂聖道若存若亡,決出竄入,异學横流,幾千年于兹矣! 天地神聖之靈,置若罔聞;學術世道,未知於何其底,而忽於今日得先生一人,上以正羲、農開闢之篡據,中以起三代禮樂之厄屯,下以扶孔孟經傳之晦蝕,是豈一心一目,遂克臻此? 殆乾旋坤轉,鬼設神施,天牖其聰,而先聖、先賢實左右之,使學術世運,可返隆古,不但湛淪宋明已也,而謂偶然之事也耶? 塽久欲身體聖道,莫由措手,今乃耳提面命,坐而收其益,以自考鑑吾是非得失,庶幾有成,幸也何極! 獨是屠焉羸弱之身,力與心迕,惴惴未知攸濟。前此顔習齋先生每四顧茫茫,輒把臂相期。今先生友教滿海內,而亦獨於愚劣再四叮嚀以千秋事業,抑將何以不負所托也哉? 塽擬輯先生年譜,以非先生意,中止。其舊集序,先生囑勿載,先生生平略見《墓銘》十一卷中。"

爲金史《無雙譜》作引言。

金史《無雙譜》卷首先生引言:"余幼時觀陳老蓮雕博古牌,以爲絶迹,而南陵以《無雙譜》繼之。夫南陵與予同爲詩,與徐仲山同學書法,未爲畫也而畫精。即是譜名《無雙》,而實具三絶:有書,有畫,又有詩,不止畫也。……七十七老人奇齡。"

寄《圭峰十重圖》與張文蓺。

《寄圭峰十重圖與張文蓺》:"我辨《太極圖説》,祇以無極尊經爲道家一派,而未言本之禪宗。此全藉推發之,以暢其説。是圖宜秘,不可失。"張文蓺(1688? —1758),字風林,號樹聲,浙江蕭山人。康熙五十三年(1714)舉人。雍正六年(1728),任新都縣知縣。九年(1731),調成都縣知縣,升成都府同知。官至雲南澄江府知府。著有《螺江日記》《大學偶言》等。(《蕭山縣志稿》卷十七)

作《沈氏放生池碑記》。

《碑記九·沈氏放生池碑記》:"沈氏放生池,在大芝巷沈氏宅前……崇禎七年,沈澤民先生舍其池爲放生池。……康熙三十七年,重標其池曰'放生池',復書《金光明經》及圖畫爲卷册……其明年,將勒石垂久,而請予爲記。"

鈕斯來新刻其祖仲玉《五浮山人詩》成,跋其後。

《新刻五浮山人詩卷跋》:"吳江鈕鳧溪先生生明正、嘉間,隱於湖,與山人孫太初者爲吟嘆游,號五浮山人,所著有《五浮山人詩》。今其詩泯矣。其孫孝廉君曾於萬曆中刻其遺稿,而未甚著也。四世孫斯來謀之顧子茂倫,會茂倫撰《明詩乘》,遂以五浮山人詩當《乘》詩之一,且輯諸記載評隲以引其簡。嗟乎!茂倫其傳之者乎?"

鈕斯來,字素臣,江蘇吳江人。(乾隆《震澤縣志》卷十七)

王復禮讀《經集》,來書問疑,先生覆書答之。

《書八·復王草堂四疑書》:"來書略云:'先生天壽平格,主持聖教,每一言出,則天地局蹐爲之一開。顧伏讀《經集》卷首,則可疑者四:一云夢番僧到門,寄以度牒;二云以頭陀居士林,敎壞名教;三云高笠僧授古本《大學》;四云以曾髡髪爲頭陀,獲罪功令,遺命不冠襪、沐浴。竊意先生本聖賢再出,或星岳所降有之,何至有番僧授牒之兆?雖高笠授受,淵源難忘,顧不必僧也。若遺命不冠襪,則恐非正命矣。斯世多忮人,即象山、陽明以心性立教,猶然以禪宗目之。今以初生、避難、授道、遺言四則皆歸之僧,後將若之何?先生偶未思及耶?'接札,具見相念之切,且更拜里言。昨命兒子讀訖,即惘然自失者累日。足下愛我備矣!顧此有遽難自解者。先慈所夢,明明告之大母,質之先贈君,先贈君即以此夢告廟命名,何敢淹沫?且非謂此見夢者爲所托之身,祇其所貽牒,闕以五蚓,因取郭景純詩'奇齡邁五龍'句,名曰奇齡。此即他日高笠僧授學之先徵也。授學大事,番僧即遼僧也。牒者,《大學》文也。若僕之髡首,在崇禎甲申年,是時方馬遺孽統亂軍東奔,僕以一言爲方馬所讎,將合江東軍執予殺之,因匿之山寺,屠去首髮……至順治辛卯,讎者尚以抗試首官,因有逆陀斁教之訟。夫然後養髪,遵功令候試,此實事,不必諱,然亦無可諱也。……至於僕之後命,不冠襪,不含斂,則實以流離之故,不曾視先贈公楅樹,故痛以自責。且亦以一王之制,不能早遵,而髡首八年,總屬罪譴,非敢效楊王孫任達、王休徵反經也。乃若僕之學問,深媿不足,然自分拂閩洛,不拂洙泗,幸傳後世,則知我、罪我一聽之。……僕生平端見如此,雖解四疑,未敢一信。聞足下著《聖學防微》一書,專爲儒學之闌入二氏者立一大防。此是衛儒,非以辟佛,千秋絕業,正如望歲。俟書成,早付一本,以杜流弊。"

應錢彥雋之請,爲其父封志墓。

《墓志銘十三·敕封文林郎軼秦錢君墓志銘》:"君諱封,字軼秦,又字松崖,吳越王後也。……君卒於康熙三十八年三月二十二日,距生天啟四年三月二十四日,其得年七十有六。……子一,名彥雋,即明府君也。孫二:長畇,十三歲,為杭州諸生。"

應王廷瑚之請,為其父之策志墓。

《墓志銘十三·誥授明威將軍進封昭武將軍王君墓志銘》:"君以順治辛丑中武科進士……康熙己卯,君子廷瑚等以君訃來告,且匍匐哀泣,請所以志君墓者。……而君狀適至,為掩卷累息,不能屬筆者越一月。君諱之策,字殿揚,杭州人也。"

王廷瑚,浙江杭州人。康熙十二年(1673)武進士。官荆州副將。(雍正《浙江通志》卷一百四十五)

楊鼐卒,年八十,為撰神道碑銘。

《神道碑銘一·誥授通議大夫通政使司通政使楊公神道碑銘》:"皇清誥授通議大夫通政使司通政使楊公於卒之三月祔葬虎跑進龍浦山先塋之傍。……以予曾職史事,即以此當史氏之志,因再拜稽首。……公諱鼐,字靖調,別字西岩,仁和人也。……公卒於康熙三十八年九月七日,享年八十。"

友何之杰卒,為志墓。

《墓志銘十四·何毅庵墓志銘》:"毅庵長於予二歲,崇禎十年,與予同入學為諸生。……年七十九卒。所著文為家人所毀。……子三:仍炎、倬炎、任炎,皆文學。"

諸匡鼎自粵歸,移居竹竿巷,與先生比鄰,每相聚談心。

諸匡鼎《説詩堂集·橘苑文鈔》卷八《題暫游萬里圖》:"去歲,自粵西歸,移居竹竿巷,得與老友毛翰林西河比鄰,每相聚談心。……庚辰仲吕之月,橘叟諸匡鼎題。"

諸匡鼎(1636—1711),字虎男,浙江錢唐人。九鼎弟。著有《説詩堂集》。(阮元《兩浙輶軒録》卷三)

崇壽院重修,為文記之。

《碑記九·重興崇壽院碑記》:"崇壽院者,唐至德中慧因法師所建院也。其地在龍山之北、鳳凰山之南,舊名龍崗崇壽院,以師曾説法於此,崇無量壽佛得名。……康熙甲辰,有僧照然者,募其兄何氏捐貲復之,俗名'何庵'。越一十九年,而旭如法師卓錫於兹,請灌頂大師講《般若經》,演《盂蘭盆》於其中,以址隘於昔,購項氏山地益之。會仁社錢生迎灌公説瑜伽飯戒,并溥施法食五壇,遂裝金刻木,煽土築基壑,而社中諸君則又各施以金錢。丁丑,開功,韋馱殿告成。明年,闡《金剛經》一期,建彌勒殿,重開山門,雜置客堂法厨僧房,而繚以藩垣,工部侍郎徐公飯僧衆於院,會者千人。又明年,復辟朱龕,裝竹林三大士像,重講《華嚴行願品》《法華普門品》及《彌陀尊經》,乃以宋雍熙年晤恩開法,曾改崇壽爲仁壽,而今合仁社諸君重興此山,則崇壽、仁壽可間稱焉。"

約於是年,有札寄張文薐。

《與張文薐》:"校正具見明敏,我近昏憒,而講堂諸人竟是寥寥,吾道能傳者,惟張子矣! 諸處已湊字命改,再須仔細檢明再改。若《魯頌》奚斯作,我亦想起,但不記出自何書。注疏無有,惟再示知。"

是年前後,爲馬逸千《西湖蹋燈詞》作序。

《序二十七·西湖蹋燈詞序》:"馬君逸千乃作《西湖蹋燈詞》六十首,傳於人間。……邇者聖駕南幸,宮車先後從三竺還,蘇、白二堤皆籠燈樹間,晃朗如畫,雖京師安福門觀燈迎仗,無以過此,此則西湖之所當蹋歌者也。"

馬逸千,生平不詳。

是年前後,爲釋元立詩作序。

《序二十七·鐵庵詩序》:"鐵庵和尚爲平陽付法子弟,而下筆爲詩,如湯休,如靈一,如賈浪仙,辭致結屬,韵句纍貫,就其體撰,而皆得其言情、言景之趣。……鐵公住平陽,與越人游,越人無言宋詩者。今將歸淮南,行腳道路,亦定無有以拿鄘疏俚之習污我念誦。惟是淮南舊游地,且多勝景,而其中人士亦往往與予有疇昔之好,他日能憶我,未免有情,當復記其所游覽而示予讀之。"

釋元立《游黄山詩》卷首載先生序,末署:"蕭山西河毛奇齡秋晴氏題,時年七十九。"

釋元立,字鐵夫,淮陰人,卓錫焦山。後往黄山雲谷寺。著有《耕烟詩鈔》《黄山紀游草》。(光緒《丹徒縣志》卷四十五)

是年前後,爲日南和尚《增釋感應篇》作序。

《序二十七·日南和尚增釋感應篇序》:"越州日南和尚繼弁山之席,闡導諸方,將以不二法門,絶一切因緣,而乃較論《感應篇》以示世。世遂疑西來心印降而爲道士無賴變言禍福之所爲。而予不謂然。……日南自作《百善圖》,以爲修一善心,破百種惡,修百善,則惡亡矣。夫以有善、無惡之性,修爲善、去惡之身,進而治盡善、無不善之天下,吾未見以善爲事之爲禍事也,吾未見以善爲言而猶曰非吉人之言也,然則道書何害焉?"

日南和尚,生平不詳。

弟子王崇炳爲《經集》作序。

  王崇炳《學稼堂文集》卷二《毛西河先生六經全集序》："'六經'，聖人之心法也。欲釋聖人之經者，必先有以得聖人之心。……吾師西河先生秉天授之絶質，少讀書寓目成誦，即能豎義於傳注之外。……於是退修其所學，博搜廣詢，覃思極研，辨正是非。……數年，'六經'義疏次第成書。崇炳嘗受其書而讀之，見其弘纖畢該，巨細悉包。……世皆以先生著書不合於宋儒，此甚非也。……今先生注經，求之宋儒之注而不合者，則以漢儒之疏證之；求之漢儒之疏而不合者，則還以六經之言，彼此援引以互證之。初未嘗另標一旨、設一義於六經之外也。"

李天馥卒。汪楫卒。曹禾卒。袁佑卒。趙士麟卒。來時美卒。

【時事】　二月，康熙第三次南巡。十一月，御史鹿祐劾順天鄉試正副考官李蟠、姜宸英縱恣行私，康熙帝命嚴加議處。

清聖祖康熙三十九年　庚辰（1700）　七十八歲

二月，浙撫張敏五十生日，作文賀壽。

  《序三十四·兩浙開府中丞張公生日賀屏序》："平州張公由行省儀同開府兩浙……相公之蒞吾土者，穀已三稔……予以近耋之年，猶不能預真率之會以追陪一觴，此又時勢之無可如何者也。"

  按，民國《杭州府志》卷十八："張敏，遼海人，康熙三十七年四月任。"據文中"穀已三稔"語，知作於本年。又《泊齋别録·張中丞敬止五十壽序》（庚辰）："今年春二月，爲公五十壽。於是浙之父老子弟感公之仁，相與羅拜戟門，以誦惠我無私之福。"知張敏生日在二月。

春，盛唐自閩還越，龐塏詩以送之，兼寄先生。

  龐塏《叢碧山房詩五集》卷五建州稿庚辰《送盛元白還浙兼寄毛大可》。盛唐，字元白，浙江山陰人。諸生。著有《茗柯齋詩集》。（阮元《兩浙輶軒録》卷九）

春，寄《春秋毛氏傳》與李塨。時塨以會試至京。

  馮辰《李塨年譜》卷三"庚辰四十二歲"條："入京會試。河右寄《春秋毛傳》至。"

春夏之交，李塨覆書至，稱《尚書冤詞》辨博而確。

  馮辰《李塨年譜》卷三"庚辰四十二歲"條："途間，思五聲圖訣，似有所得，謹寫出求教。場前晤充有、姬潢二世兄，姬潢曰：'先生望吾子成名，甚於愚昆季,以昌明聖道,將賴之也。'及出闈,互相衡文,似可入彀,比揭曉而寂然。然先生勿爲塨介介也,此際塨籌之熟矣,謂仕顯而道可明,塨謂仕顯亦未必能明道也。何者?將直道而行耶!恐方圓齟齬,方救過卸禍之不暇,何道之明!如其與世委蛇耶,則品先靡矣。千載後論學術,先論人品,吾雖有言,只爲虛設。則進而不進,若隱若見,未必非天之留意吾道,而責於愚劣者不輕也。《尚書冤詞》辨博而確,真可拄惑者之口矣。近之詆《三禮》者又紛如矣,先生尚欲正之乎?但先生辨駁先儒,原非得已,而無知者妄起爭端,或者大呼之下,濟以婉音,亦可乎?"

四月,爲沈堡《步陵詩鈔》作序,沈堡作詩志謝。

沈堡《步陵詩鈔》卷首先生序:"蕭山沈氏本名族,代生才人。少時與沈七禹錫爲'永興四友',而七工詩,每詩出,邑里皆誦之,不幸早卒。既而沈十功宗復工詩,與山陰傅君孝廉合刻行世,世所稱《江園二子詩》是也。……可山弱冠既能以舉文爭長藝林,而詩之與詞,復能嗣前哲而振興之。抑何天才通雋有如是也!……沈氏雖多才,要底於成詩詞,雖變遷,務求其進,可山勉之。夫亦精進焉。以期底於成焉可已。康熙庚辰首夏月,西河弟毛奇齡初晴氏拜題。"

沈堡《步陵詩鈔》卷一五言律詩《毛西河太史爲余作詩集序賦謝》。

沈堡,字可山,號步陵,浙江蕭山人。諸生。高士奇婿。著有《漁莊詩艸》。(阮元《兩浙輶軒錄》卷十六)

四月,與朱彝尊、仇兆鰲、毛際可、王煐、柴世堂集杭州西湖。

王煐《嶁衡游草·留別柴胥山》,詩中注曰:"庚辰初夏,與胥山定交湖上,時朱竹垞、仇滄柱、毛大可、毛會侯俱在座。"

仇兆鰲(1638—1717),字滄柱,號知幾子、章溪老叟,浙江鄞縣人。少從黃宗羲游,論學以劉宗周爲宗。康熙二十四年(1685)進士,選庶吉士,散官,授編修。歷侍講學士、侍讀學士、内閣學士、禮部侍郎、吏部侍郎。著有《四書説約》《杜詩詳注》《周易參同契集注》《悟真篇集注》。(乾隆《鄞縣志》卷十七)

王煐(1651—1726),字子千,號南區、盤麓、南村、紫詮,河北寶坻人。以貢授光禄丞,晉刑部郎。康熙二十八年(1689),遷惠州知府。官至浙江温處道。著有《憶雪樓詩集》。(陶樑《國朝畿輔詩傳》卷二十六)

五月,爲愛新覺羅·岳端詩集作序。

《序二十八·勤郡王詩集序》:"予歸田以來,老不能詩。……忽有客從長安來,賜我以紅蘭主人之詩,拜而讀之……予少嬗文賦,垂老弃置,乃卒不能定其集,以邀主人之一顧,讀主人之詩而媿可知也。"

按,岳端《玉池生稿·就樹堂集序》卷首載先生序,末署:"康熙庚辰仲夏月,蕭山毛奇齡頓首并書,時年七十八。"

愛新覺羅·岳端(1671—1704),又名蘊端、袁端,字兼山,又字正子,號玉池生,又號紅蘭主人、東風居士、長白十八郎等。岳樂第十八子。康熙二十三年(1684),封多羅勤郡王。二十九年(1690),降爲固山貝子。三十七年(1698),因事被奪爵。工詩擅畫,尤精戲曲,著有傳奇《揚州夢》,另著有《玉池生稿》,選孟郊、賈島詩爲《寒瘦集》。(法式善《八旗詩話》、楊曉涵《愛新覺羅·岳端及其詩歌研究》)

六月,寄書李塨,慰其會試不中,兼與李塨論樂律、論《周禮》。

《書七·與李恕谷論周禮書》:"近姚立方作《僞周禮論注》四本,桐鄉錢君館於其家多日,及來謁,言語疏率,瞠目者久之,囁囁嚅嚅而退。然立方所著,亦不示我,但索其卷首'總論'觀之,直紹述宋儒所言以爲劉歆作。予稍就其卷首及宋儒所言者略辨之,惜其書不全見,不能全辨,然亦見大概矣。"

馮辰《李塨年譜》卷三"庚辰四十二歲"條:"接河右書,曰:兒子歸,持所貽札,開讀悵然。初禺望極切,然事又如此不如人意,此正無可如何者。來札云:'仕顯未必能明道,不如若沈若浮,正天之留意吾道處。'恕谷能如此,吾無戚矣。寄來《樂律》一本,則大奇大妙,不謂通人之學,能推廣未備,發擿盡變至此。此道爲千古來第一難事,能涉其藩攡,已詡神絶,況能排闥入室,直窮其奧爾爾。始信杜夔、荀勖尚非雋物,必如吾恕谷者,真蓋世豪杰也。自先父、先伯兄亡後,此秘亦浸失其傳,故寧府五聲圖記歌訣乃樂律最吃緊事,而恍惚不能了了,多方推測,一往鶻突,每一念及,輒迷悶欲死。今得恕谷闡發之,千年之秘爲之一開,實天地造化特鍾其人,以使萬古母音仍在人間,瞽宗先師,必稱慶地下而世莫知也。老眼睹此,可以含笑入崦嵫矣。《宮調圖》每調分五調,妙絶。《七調全圖》皆有實落,且使歷代謬樂曲調有暗合處,皆歷歷指出,所謂合同而化,非絶世聰明不能至此,奇矣!奇矣!《十二律旋相爲宮隔八相生諸圖》《器色七聲旋宮相生圖》俱發天地之房。《五音七聲十二律旋宮相生圖》俱一理分剖,而盡其變化,坐而言之,起即可行。楊忠潛親見虞舜,吾謂恕谷必親見后夔矣。此非誇言也。第不知尊著《樂録》有多少,其宜先流布者,或刻於南,或刻於北,亦須早定,且示我也。"

李塨録《六律正五音圖》求正,并問郊社及經義。

馮辰《李塨年譜》卷三"庚辰四十二歲"條:"入浙,拜河右先生,問樂,因從而學焉。且聞先生言,太極、先天本於釋、老,以及儒者欲以干羽平賊諸謬,而於素所言宋儒之體用,俱與聖人異者,益信。又得賜觀其駁正《易》《詩》《書》《春秋》《禮》諸經謬解,而經學頗進。……上河右書,錄《六律正五音圖》求正,并問郊社及經義。河右答書,盛稱先生英雋,概世一人,且言已鎸《學樂》二卷入其《西河合集》内。"

六七月間,卧病西溪僧舍。浙撫張敏招先生禱雨,以疾辭。

《序二十九·張中丞勤雨錄序》:"歲六月,不雨。至於秋七月……當是時,予方病痎痢,僵卧西溪僧舍間。"

《序三十·東皋二圖序》:"康熙庚辰夏六月,不雨。至秋七月,民間苦疫癘。……時中丞張君招予禱雨,而予以疾辭。"

按,據雍正《浙江通志》卷一百二十一,康熙三十九年,浙江巡撫張姓者有兩人:一爲張敏,康熙三十七年至三十九任。一爲張志棟,康熙三十九年至四十一年任。文中有"大中丞平州張公"語,據雍正《浙江通志》卷一百二十一:"(巡撫都察院)張敏,字敬止,奉天遼陽人,正黄旗蔭生,康熙三十七年任。"遼東古稱平州,知此張中丞爲張敏。另王先謙《東華錄》康熙六十六:"康熙三十九年……冬十月……張敏原品休致,調張志棟爲浙江巡撫,由福建調。"亦知本年六七月間巡撫爲張敏。

六七月間,大旱,張敏率民祈雨,浙民著《勤雨錄》,爲作序。

《序二十九·張中丞勤雨錄序》:"中丞張公偕行省觀察以下暨郡縣諸司,并起禱祀,雖雩壇多處所,而要以城隍爲之歸。……暨七月望後,天愈燥,禱祀者愈切。……予既病轉劇,不能從。……既而壬戌、癸亥日,果雨,於是鄉官偕士民營壇於城隍之祠,爲公祝釐者三日,且有願減年以還公年者,乃合著爲《勤雨錄》,而附之以詩。"

《碑記九·方示神應記》:"康熙三十九年六月,不雨,大中丞平州張公帥諸官屬暨師巫、里老登山而雩。"

七月十五,張介眉八十生日,作文祝壽。

《序二十八·張介眉八十序》:"介眉張君爲當湖望族。……雅坪學士曰:'吾家南陸,世與張氏爲婚姻。介眉,吾親家,其子子益,吾婿也。'……今介眉年八十矣。當七十時,學士贈以文,載雅坪集中。不十年,而學士乃先我反真,予以七十八年之友,未能溯洄一相從者,而亦贈以文。"

按,陸菜《雅坪文稿》卷三《張介眉七十壽序》:"今歲之七月望,介眉老親家七十覽揆之辰。"知張生辰爲七月十五。

張介眉,浙江平湖人,生平不詳。

八月十九日,應杭人之請,作《方示神應記》。

　　《碑記九·方示神應記》:"古有方示,今之城隍是也。……康熙三十九年六月,不雨,大中丞平州張公帥諸官屬暨師巫、里老登山而雩。……因應杭人請而書之爲記,時八月十九日。"

八月,爲張奕光《回文集》作序。

　　《回文集引》:"回文者,詩中一別體也。……張子東亭每以是體爲倡酬,動輒盈卷,聞舊刻已付鬱攸。近復合格律二詩,并樂府、絶句,匯之爲一家言。才人豈可量乎?……予恨老去,不能復作詞如幼小時事,而題筆又艱,未遑猝應,只遠述舊聞,以留此集中作一佳話,旁觀者或亦諒之。"

　　張奕光《回文集》卷首載先生序,末署:"康熙庚辰秋仲,西河毛奇齡初晴氏題,時年七十有八。"

　　張奕光,字蘭佩,號東亭,浙江仁和人。著有《東亭别集》。(潘衍桐《兩浙輶軒續録》卷三)

秋,遣遠宗過淮慰問劉漢中。

　　戴晟《寤硯齋集·拙安劉先生哀辭》:"客秋,毛公猶遣其子遠宗拜先生榻下,慰問平生,非輸心至極,焉能久而不衰若是哉!……今年八十有一,考終在家。"

　　按,戴晟《寤硯齋集》庚辰詩《閻大復申召同毛十姬璜飲依緑園觀荷》,知毛遠宗本年在淮。

李塨來書問琴弦正變,作書答之。

　　《書五·答李恕谷問琴弦正變書》:"來問:琴七弦,舊作五聲,與少宫、少商不及二變,然亦有二、六爲變宫、徵者。則以一弦爲宫,二弦即變宫,五弦爲徵,六弦即變徵,因以五小間作五清,四大間作四清,亦無不可。第五聲合二變,當有二戾聲,故謂之變。今七弦調和,無戾聲也。且其所爲調和者,則先以四五大小間安排七聲。夫清聲爲正聲之應,必先有正而後有清。今七聲藉大小間而調,則大小間爲七聲之所自來,而謂大小間是七聲之應,似乎難通。"

作《淮安袁監州七十壽序》。

　　《序二十九·淮安袁監州七十壽序》:"兒子遠宗從淮歸,道監州袁君年六十九矣,明年,丁七十。戴子西洮、劉子嵩藩輩謀所以壽監州者,而遠屬一言。……勃安年八十,而予亦七十有八……然而尚有扶杖相憶如監州者,則浸假十年以後,予倘幸存在,能挈筆,猶願與勃安先生先後致詞,而況于今也。"

　　袁監州,江蘇淮安人。生平不詳。

兩浙都轉運鹽司運使李濤獲賜宸翰,爲文記之。

《碑記九·都轉運鹽司運使李公賜御書記》:"司鹽李公由詞臣起家,破例爲臨江太守,考清廉第一,因擢兩浙江南都轉運鹽司運使。……會天子南巡,嘉其成績,遂賜宸翰,榜於堂。予趨覲行在,急過瞻仰……康熙三十九年,公礱丹於石,搨諸紙而裝爲卷軸,因得於重瞻之次,謹記之而書之卷末,且以告後之繼此者。"

延豐《重修兩浙鹽法志》卷二十二《職官》二:"(兩浙都轉運鹽使鹽法道)李濤,山東德州進士。康熙三十六年十月任。"

爲徽州知府盧詢詩集作序。

《序三十·新都太守盧舜公詩集序》:"景陵盧舜公累世以詞翰起家……當予入館時,其尊人亨一先生,予前游也,曾侍之講杜陵之詩,娓娓數千言,予拜而受教。而先生特膺主知,開府湖南。……特念予受教當日,舜公方總卯,坐先生膝前。曾幾何時,而予已病廢歸老,舜公乃隆隆由良二千石取治行第一,即其詩亦超軼儕輩,多卷帙至於如此!"

乾隆《江南通志》卷一百九《職官志》:"(徽州府知府)盧詢,鑲紅旗人,監生,康熙三十八年任。"

楊鍾羲《雪橋詩話三集》卷二:"吾鄉盧亨一中丞震,原籍竟陵,從龍隸漢軍。少受知章皇帝。壬辰,特拔置史館。康熙己酉,以閣學出撫偏沅,有清德。子詢,字舜徒。"

章世法問東西房、吉祭未配,作書答之。

《書一·答章宗之問東西房書》:"接問,知於東西房有蓄疑處。僕病後全無記憶,居平所識書,欲舉似一句不得,又必不能就所按翻閱。據《禮注》,鄭氏謂'天子諸侯有東西房,大夫、士則有東房,無西房。'此不見經文,原是謬注。而黃梨洲主其説……但予謂大夫、士亦有西房,與梨洲所言又反者。以喪禮推之:按初喪襲斂,奉尸俠於堂,則男位尸東,女位尸西;至殯於西階,則大夫緆地,士埋土,皆依西牆爲柩。堂西無地矣,故男主位在殯東,而女主則不得不入於西房南面拜客。所謂不下堂者,惟君夫人與女賓之尊行者至,夫然後下堂而拜於階下,此則大夫、士廟制明有西房之經證也,況所證必不止此也。"

《書一·又答章宗之問吉祭未配書》:"據問《士喪禮》'吉祭猶未配'語,按:此是禫月易纖服時,倘遇烝、嘗、禘吉祭,則但以新主入祖廟附食,而不以妣配。此極明了。甬東萬季野謂:'未配者,不以新主配食祖廟,非妣不配考也。'此是臆説,故嘗以問黃梨洲,不謂梨洲竟是之,且云:'新主雖在廟,不以配食。'是主客言禮,皆以配妣作配食解,恐太疏矣。從來禮文'配'字,衹訓'陪對',并無訓作'附食'者。"
　　章世法,字宗之,一字青峰,浙江會稽人。大來弟。諸生。著有《青峰集》《擬東》。(阮元《兩浙輶軒録補遺》卷一)

張杉子張燧成進士,爲張杉志墓。
　　《墓志銘十四·山陰張南士墓志銘》:"南士張氏,名杉,山陰人。……其後五年,甡被召赴長安,而南士以猶子官廣東鹽市司提舉,過其任,疾卒。……子燧,康熙庚辰進士,乃爲銘。"
　　張燧,字星陳,浙江山陰人。杉子。康熙三十九年(1700)進士,授欒城縣知縣,行取吏部主事。(雍正《浙江通志》卷一百四十四)

爲王之麟父起芬志墓。
　　《墓志銘十四·江西饒州府浮梁縣儒學教諭王君墓志銘》:"君鄞人……諱起芬,字芳人。……其明年,君卒。越二年,君子國子生之麟且持君狀來,告曰:'亡父卒於康熙三十七年十一月七日,距生明萬曆四十八年九月二十七日,已八十年矣,將以某月日葡葬某所,而銘詞闕然……'則何敢辭矣!"

爲凌紹乾父克闇志墓。
　　《墓志銘十四·凌處士墓志銘》:"凌氏,予世交,有同官者,有先世同籍者,有與兒侄輩同計車者。獨於悦庵君,則少年避世,與予之早歲避人走四方正同。而其子子健君,又往以六藝相諮請,有同學之好。惜予老,未經方幅,而悦庵已辭世而去,且十一年矣。……君諱克闇,字步騫,别字悦庵,錢塘人也。……子二:長乾,康熙己卯鄉試乙科,充國子貢生。次豐,國學生。公卒於康熙二十九年十一月,距生故明天啟七年十二月,享年六十四,乃以某年某月將葬某阡,孝子乾,即子健也,告予狀而謁予以銘。"
　　凌紹乾,字子健,浙江仁和人。康熙三十八年(1699)舉人。(民國《杭州府志》卷一百四十)

作《重建天童開山義興禪師塔志銘》。
　　《塔志銘二·重建天童開山義興禪師塔志銘》:"在吳赤烏年,有義興禪師者,實住此山……因改名其山曰太白山,而别名天童……歲在庚辰,因重建塔院,且築塔其中,而請爲之志。"

爲釋方孝志塔。
　　《塔志銘二·湖南浄慈寺舜瞿禪師塔志銘》:"師諱方孝,字舜瞿……師生於前朝天啟五年正月十日,距今康熙三十九年九月二十六日,世壽七十六,僧臘五十四。"

是年前後,爲弟子汪景祺《讀書堂詩集》作序。

《序二十七·讀書堂詩集序》:"初徼杭州時,辨論禮經,與汪司成君主客於錢湖之濱。其時汪次公無已,每有質難厠其間。以司成君廬墓讀《禮》,而爲其子者,亦復就廬講習,以抒其晨昏之情,皆孝思也。今司成服闋還京,其長公無亢扶侍邸舍,而無已獨留家門,如所稱讀書堂者。……初讀司成詩,而動於心。今讀無已詩,而又動於心……司成父子各自爲詩,而不違乎氣志之合,讀書而已矣。"

按,汪景祺(?—1725),原名日祺,字無已,號星堂,浙江錢塘人。汪霦次子,康熙五十三年(1714)舉人。晚客年羹堯幕。雍正三年(1725),在年幕,成《讀書堂西征隨筆》。因書中譏議康熙謚法、雍正年號,又作《功臣不可爲論》,以檀道濟、蕭懿比年羹堯,坐大逆不道斬梟,妻子發黑龍江爲奴,期親兄弟、叔侄發寧古塔爲奴。(吳振棫《養吉齋餘錄》卷四)

是年前後,弟子李庚星《試文》刻成,爲作序。

《序二十七·李生試文序》:"李生白山抱卜夏之痛,效楚人作《哀子詞》。而讀而善之,請與之游,因見其人狀貌非凡,發言多驚人,而尚困有司,阻下士之試。……白山名家子,世嬗學海,其王祖我存先生以太僕卿爲啓、禎名臣,著書數百卷,所傳乾象、輿地、禮樂、算數諸册,爲天下宗法;而王父工部公早登建禮,其閨房諸牘,衣被海内。今白山起而承之。……錢先生者,白山之九方也,憐其才,惜其遇,梓其所試文以問世,然則天下亦尚有知己如先生者矣?于其成,喜而序之。"

李庚星,字白山,浙江仁和人。由稟生舉雍正元年孝廉方正。乾隆二年(1737),官舒城縣知縣。(光緒《續修舒城縣志》卷二十六)

是年前後,爲弟子盛唐詩作序。

《序二十八·盛元白詩序》:"元白以經生之業從事八比,偶然吟咏,即能仿古雜體。"

是年前後,爲静念主人《静念堂稿》作序。

《序二十八·静念堂稿序》:"今猶子物化,予亦倍老,華胥之夢,自分永不能再作。而静念主人倏貽近年所著詩而屬予校定。……予受主人之詩,而深有感也,因爲校其篇而序之如此。"

静念主人,生平不詳。

是年前後,爲沈用濟《詩集》作序。

《序二十八·沈方舟詩集序》:"往者予來杭州,每與陸君景宣、丁君藥園主客論詩。……予遲暮還里,以醫瘠來杭,而故交凋喪,景宣已行遁,而藥園先我而逝,四顧無復可論詩者。而方舟繼起,爲胥山詩社之長。稟風酌雅,以領袖群彥。予每見其詩,雖不能測其所學何等,而祇覺諷咏之餘,不必言盡於此,而意殫於彼。……方方舟席京兆世學,其太夫人與其內君皆有詩集傳人間。先代遺書,家人共讀,此非今人爲詩者可比方也。……蔣靜山、陳亦昭者,方舟之讀書友也。其附以詩,比之元之附白、涪江之附眉山,而靜山明倪,亦昭豪碭,而多靚色,各有所到。因序方舟詩而并及之。"

沈用濟(1656—1726),字方舟,浙江錢唐人。監生。母柴靜儀、妻朱柔則皆以詩名。曾主持胥山詩社,晚年參加沈德潛之北郭詩社。著有《芳洲詩鈔》《湖海集》。(阮元《兩浙輶軒錄》卷六)

是年前後,爲吳殷書《臆言》作序。

《序二十八·臆言序》:"吾不知吳子殷書其爲人端在何等,而乃介所知而投我以書,曰《臆言》。大抵上闡三《易》,原本象數,雖珠林玉闕,多所旁及,而究歸於陳、邵之學。"

吳殷書,未詳何人。

是年前後,爲孫襄《映雪堂賸篇》作序。

《序二十八·映雪堂賸篇序》:"乃一見元襄先生文而怪之,三復三嘆,曰:'此非天地至文矣乎?'……今幸與先生之子游,急搜其文,而全卷已亡,即賸論一體,亦復零散而不具如是。"

孫襄,字牧堂,浙江諸暨人。貢生。著有《映雪堂詩鈔》。(阮元《兩浙輶軒錄》卷三十四)

姜宸英卒。徐林鴻卒。李澄中卒。彭孫遹卒。

【時事】 正月,順天科場復試,由康熙帝親閱。六月,定鄉、會試時將大臣子弟另編字號,停宗室參加科舉考試。

清聖祖康熙四十年　辛巳(1701)　七十九歲

正月,吳焯攜其叔嘉枚《壺山草堂詩集》游杭,爲作序。

《序二十九·壺山草堂詩集序》:"予僦杭州,凡詩人文士無不把臂修往來之好。而獨於吳君介庵,生未嘗相親,迨屏世,而始以《壺山草堂詩集》屬予弁詞。……其猶子尺鳧,吾小友也。攜其詩來,因率爲題此而且以告之。"

按,文中有"迨屏世"語,知作於吳嘉枚卒後,據吳嘉枚《壺山草堂詩集》

卷首載:"吳介庵,天聰壬申五月十四日巳時生,康熙庚辰六月廿五日申時卒。"本年春吳焯游杭,當作於本年。

吳焯(1676—1733),字尺鳧,曾字幼魯,晚號繡谷老人,浙江錢塘人(一說安徽歙縣人)。工詩詞,喜藏書,尤好宋元刻本。家有"瓶花齋",藏書數萬卷。又好校勘,凡得珍本,每與趙昱互爲抄存校勘。精小學,善填詞。著有《藥園詩稿》《玲瓏簾詞》等。(乾隆《杭州府志》卷九十四)

正月,過胡榮容安園,見所存稿本,亟加稱賞。

胡榮《容安詩草》卷首自序:"辛巳春,太史毛初晴先生枉過齋頭,見所存稿本,亟加稱賞。"

胡榮,字志仁,浙江錢塘人。著有《容安詩草》。(潘衍桐《兩浙輶軒續錄》卷二)

正月,與陳石雄、王嗣槐、吳農祥、王聖集、解天泳、趙傅舟、洪昇、王廷燦、徐雲奕、王維立、吳焯、李越千、胡逸蘅、胡奐廷、胡用九、翁廷玉、張友蘭讌集容安園。

胡榮《容安詩草》卷五《容安早春讌集時外翰陳石雄太史毛大可秘閣王仲昭徵君吳慶伯諸先生中翰王聖集業師郎官解逸庵外舅仝人趙傅舟洪昉思王孝先徐雲奕王履方吳尺鳧李越千弟逸蘅奐廷用九大小兩兒及友人翁廷玉謌姬張友蘭共二十人得梅字》。

按,馮景《有道集·容安蚤春讌集圖後序》:"容安者,胡氏容安子之園,在虎林會城中。……今容安斯集,主客二十人,皆名士。辛巳蚤春,探梅而各賦以詩,詩皆佳。良辰勝會,賞心樂事,四美具矣。予雖客游,未與斯會,而容安子持圖來,必徵予一言。"知容安早春讌集在康熙四十年辛巳,故繫於此。

陳石雄,生平不詳,胡榮《容安詩草》卷六有《偕學博陳石雄觀潮》。

解天泳,字逸庵,生平不詳。(陸進《巢青閣集》卷六《有送解逸庵公車北上兼寄汪東川太史》)

王維立,字履方,號中齋,浙江仁和人。(《國朝杭郡詩三輯》卷三)

王廷燦(1652—1720),字孝先,一字似齋,號魯齋,浙江錢塘人。康熙二十年(1681)舉人,官崇明知縣。著有《似齋詩存》《同姓名錄》。(阮元《兩浙輶軒錄補遺》卷二)

胡奐廷,號雲浦,浙江錢塘人。榮弟。(胡榮《容安詩草》)

胡用九,又號潛九、飛九,浙江錢塘人。榮弟。(胡榮《容安詩草》)

徐雲奕,號龍門,浙江錢塘人。(胡榮《容安詩草》)

胡逸蘅,號恒齋,浙江錢塘人。(胡榮《容安詩草》)

李越千,號三濱,浙江錢塘人。(胡榮《容安詩草》)

王聖集、趙傅舟、翁廷玉、張友蘭,諸人生平俱不詳。

爲胡奐庭《紉蒞集》作序,蓋在此際。

《序三十一·胡奐庭紉蒞集序》:"奐庭負异人之姿,而善與人交,座客滿前,往往勒詩箋以當佩瑱。故彙其全詩,題曰'紉蒞',志攬結也。……而奐庭自行其志,不以習俗爲變遷。人有問奐庭之詩爲何如詩,予曰:'矯菌桂以紉蕙兮,非世俗之所服。'《紉蒞》之謂與?"

爲胡飛九詩詞集作序,蓋在此際。

《序二十五·胡飛九詩詞集序》:"飛九名家子,席其世學,甫結髮,即出與藝壇長者相爲雄雌,嘗自號潛九,又號飛九。……去年冬,飛九以小品詩詞文草示予,予留諸幾案,不能舍去。"

二月,爲弟子田易《天南一峰集》作序。

田易《天南一峰集》卷首先生序:"易堂説經,鏗鏗可徵,淵源有自,時適刻其古文二集成,請余爲序。……康熙辛巳春仲,西河毛奇齡初晴氏題,時年七十有九。"

三月三日,與朱彝尊、朱襄等三十人禊飲於杭州東園。

《序三十一·中洲和尚黃山賦詩序》:"康熙三十九年,居杭州……其明年上巳,禊飲於杭州之東園,四方至止者三十人。"

朱襄(1659—?),字贊皇,號嘯園,江蘇無錫人。康熙四十年(1701),游西湖,寓居東園精舍。著有《易章》《一雲亭詩》《織字軒詩》。(乾隆《杭州府志》卷一百五)

三月六日,應顧之玢之招,與朱彝尊等泛舟西湖。

朱彝尊《曝書亭集》卷二十重光大荒落《上巳後三日顧孝廉之玢招同諸公泛舟西湖即事分韵得交字》。

《詩話》八:"康熙四十年三月,予同朱竹垞諸子過湖上作三日游。第一日,舟中問寶叔塔故迹,嫌舊志不實,一謂僧寶所建塔。'所''叔'形誤。一謂錢王俶入覲,民建塔保之,呼保俶,'俶''叔'聲誤。然皆無據之言。……是日,有言表忠觀碑在錢王祠者,因過觀之。……次日,竹垞赴李都運席,未至。……第三日,雨後過二堤,覓水仙王祠不得,泊舟回峰塔,訪小南屏山石壁書迹。"

三月八日,應汪景祺之招,與朱彝尊、周崧等夜泛西湖。

朱彝尊《曝書亭集》卷二十重光大荒落《八日汪上舍日祺招同諸公夜泛五首》。

應朱赤齋之招,與朱彝尊、朱抒誠、王錫泛舟西湖。

　　王錫《嘯竹堂集》卷十三《辛巳暮春友人朱赤齋招同西河夫子竹垞先生暨令嗣抒誠泛湖之作》。

　　朱赤齋、朱抒誠,生平不詳。

春,蘇春自杭州往寧波,有詩留別先生。

　　蘇春《饑鳳集》卷六辛巳稿《將往甬東留別太史毛大可先生》。

立夏前一日,與姚際恒、朱襄、洪昇、蘇輪、沈玉亮、顧之班、柴世堂、張奕光、吳陳琰、吳問郊、楊嗣震、周崧、吳焯、吳煐、王維立、錢咏等二十三人集城東藥園送春。

　　吳焯《藥園詩稿》卷下《藥園送春同毛西河太史謝東山朱贊皇郭河九洪昉思姚立方王魯齋蘇月槎沈瑤岑朱方來顧摺玉周層岩王履方柴陞升錢景舒張蘭佩胡逸蘅雲浦曉蒼家兄寶崖快亭弟皖輪分賦》。

　　《詩話》八:"立夏前一日,杭郡諸名士集東城藥園,作送春詩。其時橐筆數十人,多有佳句。惟末坐錢咏年最少,獨集唐二首。其一、三、四用王建、杜甫句:'每度暗來還暗去,暫時相賞莫相違。'其二、五、六用翁綬、白居易句:'百年莫惜千回醉,一歲惟殘半日春。'各相顧嘆。"

　　吳顥《國朝杭郡詩輯》卷九錢咏小傳云:"藥園在城東隅。康熙中立夏前一日,毛西河、謝東山、朱贊皇、郭河九、洪昉思、姚立方、王魯齋、蘇月槎、沈瑤岑、朱方來、顧月田、周層岩、王履方、柴陞升、張蘭佩、胡逸蘅、雲浦、曉蒼、吳寶崖、快亭、尺鳧、皖輪集此送春,時錦山最少,在末座,成集唐二首。"

　　蘇輪,字子傳,號月查,浙江錢唐人。諸生。著有《月查詩鈔》。(吳顥《國朝杭郡詩輯》卷七)

　　吳煐,字快亭,浙江錢唐人。康熙四十二年(1703)進士,官福建興化同知。著有《晚香堂集》。(吳顥《國朝杭郡詩輯》卷七)

　　沈玉亮,字瑤岑,浙江武康人。與吳陳琰編有《鳳池集》。(康熙《錢塘縣志》卷三十二)楊嗣震,字東崖,浙江海寧人。歲貢生。雍建從子。著有《晚雷詩鈔》。(阮元《兩浙輶軒錄》卷十三)

　　吳問郊,字浣陵,初字皖輪,浙江錢塘人。康熙五十九年(1720)舉人。官通州知州。(潘衍桐《兩浙輶軒續錄》卷四)

　　錢咏(1687—?),字景舒,號錦山,浙江錢唐人。康熙四十四年(1705)舉人。(阮元《兩浙輶軒錄補遺》卷二)

　　謝東山、郭河九、胡曉蒼、朱方來,生平均不詳。

又與朱襄、洪昇、丁澡、陳清鑒、郭河九、莊蘇亭、徐孫謀、錢咏、吳陳琰、錢怒白、錢璜等集烏石山房,分韵賦詩。

吳顥《國朝杭郡詩輯》卷七陳清鑒《烏石山房分賦得烏石峰前十一松限韵五微同人丁素涵朱贊皇郭河九莊蘇亭徐孫謀洪昉思錢右玉錢景舒吳寶崖錢怒白毛大可》。

丁澡,字素涵,號天庵,浙江仁和人。澎弟。著有《青桂堂集》《秉翟詞》。(潘衍桐《兩浙輶軒續錄》卷三)

陳清鑑,字也堂,號疑山,浙江錢唐人。著有《疑山詩集》。(阮元《兩浙輶軒錄》卷十二)

錢璜,字右玉,號他石,浙江錢唐人。監生。著有《雲起堂稿》。(阮元《兩浙輶軒錄》卷八)

莊蘇亭、徐孫謀、錢怒白,生平俱不詳。

爲朱襄《易韋》作序,蓋在此際。

《序二十九·朱氏易韋序》:"舉世皆言《易》而《易》亡……朱子贊皇作《易韋》……何可當世有此書而不急覯之?"

爲沈玉亮《集千家詩》作序,蓋在此際。

《序二十八·沈瑤岑集千家詩序》:"沈子瑤岑乃取是詩而集之,驟讀之而驚,既而頤解,又既而心曠神豁,拍桌叫快事。"

秋,省西陵墓田,許弘勛子巨山來訪,爲其《翠柏集》作序。

《序三十·翠柏集序》曰:"《翠柏集》者,許夫子之子巨山先生所爲詩也。夫子負蓋代之才,以副相行省開藩中州,而竟卒於官。……康熙辛巳,予以秋節渡江,省西陵墓田。有以爵里剌見投者,驚曰:'巨山耶!'急返棹來杭,謁巨山旅亭。……乃巨山瀕行,出其近年所爲詩,屬予論定。"

九月,爲胡榮《容安詩草》作序。

《序二·容安詩草序》:"容安園有樓臺竹樹,而被以草花,主人日觴咏其中。是以予老戒爲詩,而每過容安,即不能無倡和諸作傳人間焉。方今詩體累變,容安能不逐時好,自辟爲深微澹折之句,質而不詭,清而不靡,存詩三百首。……曩時念湖山之勝,來僦杭州,而終以年近八十……然則予之讀容安之詩,即對容安矣。"

按,胡榮《容安詩草》卷首載先生序,末曰:"康熙辛巳秋抄,蕭山毛奇齡初晴氏題。"

爲鄭元慶參修的《湖州府志》作序。

《序二十九·湖州府志序》:"鄭子芷畦者,博雅士也。……輯湖人之著於史者,自序紀、列傳以至表考,分其門部,兼別其義類,先合仕、寓、土、處諸人物而彙以成編。……會王師北伐,未集於成。倘進芷畦之書而參稽之,則以信徵信,定鮮擬議,其即以爲天下可信之事,自志書始,未嘗不可也。"

鄭元慶(1660—1734),字芷畦,浙江歸安人。通史傳,旁及金石文字。晚治經。著有《湖錄》《周易集說》《詩序傳異同》《禮記集說參同》《官禮經典參同》《家禮經典參同》《喪服古今異同考》《春王正月考》《海運議》。(《清史稿》卷四八四《文苑一》)

爲徐林鴻遺集作序。

《序三十一·徐寶名詩集序》:"往者見寶名於姜侍御座間……及與予同舉制科……時赴舉諸賢,各以詞業投相公幕下。予從高陽、益都兩相公,許讀寶名詩。……暨予歸田後,僦居杭州,其在疇昔同方講藝文者,皆老死無復存在,而寶名巋然。……寶名抱長才,重與時違,而四方羔雁,不絕於門。……嘗爲貴陽使君作《龍番》諸志,其書出,而西南鴻蒙爲之一辟。惜先我而逝,徒以遺詩數卷,拭泪眼而爲之校讎,則又車未過而腹痛者也。"

按,文中有"惜先我而逝"句,知作於徐卒後。據吳農祥《流鉛集》卷九辛巳《徐寶名詩集序》,毛序亦當作於此際,姑繫於此。

爲釋元立《游黄山詩》作序。

《序二十九·鐵庵游黄山詩序》:"鐵公居焦山數年,而後入黄山,既窮其勝,抑復退居雲谷寺,作黄山主人,因之有《游黄山詩》,越千里相示。"

姜實節如杭,與洪昇爲之填詞,約歌者未至。

姜實節《鶴澗先生遺詩·西湖寓樓毛大可洪昉思爲予填詞約歌者未至》。

高熊徵遷兩浙鹽運使司鹽運使,爲其《治行録》作序。

《序三十一·兩浙江南都轉運鹽司使高公治行録序》:"聖天子念東南鹽政重大,特用外臺請,以岑溪高公由井陘令遷補兩浙鹽運使司鹽運使,重其任也。"

雍正《浙江通志》卷一百二十二:"(都轉鹽運使司鹽法道)高熊徵,字渭南,廣西岑溪人。副榜。康熙四十年任。"

萬斯同在史館時,被先生面折,見李塨所作《西河合集》序,不悦。

馮辰《李塨年譜》卷三"辛巳四十三歲"條:"季野叔行在史館纂修,爲河右所折,嗛之。季野見先生所作《河右全集叙》,不悦。"

萬斯同(1638—1702),字季野,號石園,浙江鄞縣人。泰第八子。少從黄宗羲受學。精史學,以布衣參修《明史》,前後十九年,不署銜,不受俸。《明史稿》五百卷,皆其手定。著有《歷代史表》《紀元匯考》《儒林宗派》《群書辯疑》《石園詩文集》等。(乾隆《鄞縣志》卷十七)

蕭山重修示農亭,爲作序。

《序二十九·重修示農亭合賦册序》:"示農亭者,戒示農事之所也。……鼎革以來,亭傾者屢矣。……康熙四十年,邑長鄭君莅吾縣,多舉廢事。城東士民謂廢之當舉,莫如斯亭,因合詞議復……士民首事者踴躍趨辦,先立一册書,而謂予以序。予曰:'嗟乎,不圖行年七十九,尚得見斯舉以迄於瞑也。'"

爲朱彝尊《經義考》作序。

《序二十九·經義考序》云:"《經義考》者,諸儒説經之書目也。……今竹垞於歸田之餘,乃始據疇昔所見聞,合古今部記,而著爲斯編,曰《經義考》。此真所謂古文舊書外内相應者。乃其所分部,則《敕撰》一卷,尊王也。十四經爲經義者,共二百六十三卷,廣經學也。《逸經》三卷,惟恐經之稍有遺,而一字一句必收之也。《毖緯》五卷,緯雖閟,説經者也。夫緯尚不廢,而何況於經?《擬經》十二卷,此則不惟自爲義,并自爲經者。然而見似可瞿也,其與經合耶?是象人而用之也,否則罔也。又有《師承》三卷,則録其經義之各有自者。《廣譽》一卷,《立學》一卷,《刊石》五卷,《書壁》《鏤版》《著録》各一卷,《通説》四卷,此皆與經學有微繫者,然而非博極群籍不能有此。《家學》一卷,《自序》一卷,《補遺》一卷,共三百五卷。書成示予,予曰:'嗟乎!少研經學,老未能就,不及見諸書,而年已七十九矣。'……今經學大著,聖人之言畢見於斯世,而生其後者復從此而有所考鑒,則既寶其書爲盛朝慶,而又喜天下後世之知有經,并知有義也,因卒讀而謹爲之序。"

按,《經義考》著録先生著述有:《仲氏易》《推易始末》《易小帖》《古文尚書冤詞》《毛詩寫官記》《白鷺洲主客説詩》《詩札》《詩傳詩説駁義》《昏禮辨正》《喪禮吾説篇》《春秋毛氏傳》《春秋屬辭比事記》《春秋條貫篇》《大學證文》《論語稽求篇》《易韵》。

爲《唐人試帖》作序。

《序二十九·唐人試帖序》:"當予出走時,從顧茂倫家得《唐人試帖》一本,携之以隨。每旅悶,輒效爲之,或邀人共爲之,今予詩卷中猶存試律及諸聯句,皆是也。……康熙庚辰,士子下第後,相矜爲詩。……不得已出向所携《唐試帖》一本,汰去其半,授同儕之有學者,稍與之相訂,而間以示人。……舊本雜列無倫次,且科年、爵里多不可考,會先教諭兄有'唐人試題'寫本,略見次第。因依其所列而周臚之,并分其帖爲四卷,而附途次所擬者,綴諸詩後。"

按,王奐《倚樹堂詩選》卷首先生序曰:"辛巳……選《唐人試帖》示之。"

爲毛際可《選本詩》作序。

《序二十九·家會侯選本詩序》:"康熙四十年,客有請刻會侯詩不得。無已,取其舊時被選者,一鄧孝威《詩觀》,一王景州《離珠集》,合收其選刻而并作一卷,屬予裁定。"

增損亡友施閏章所選唐七律,爲作序。

《序三十·唐七律選序》:"前此入史館時,值長安詞客高談宋詩之際,宣城侍讀施君與揚州汪主事論詩不合,自選唐人長句律一百首,以示指趨,題曰'館選'。……既而侍讀死,其手寫選本,同邑高檢討受而藏之,增入百餘首,仍曰'館選'。……康熙廿五年,予請急南歸,將選古今文,作《還町雜錄》。檢討瀕行寫一本授予,曰:'此侍讀志也。'其逮今已十六年矣。……會予方老去,作《春秋傳》畢,意敗力歇,不能事經學,客堂同志重有以詩諗請者。……因就侍讀所選本而大爲增損,約錄若干首,去'館選'之名而題之曰'選'。既不必與主事校,而同館出入,并無得失,侍讀、檢討抑亦可以自慰矣。初擬倩同輯者作釋事注於行間,而既以卷促,且亦本明瞭,無事多贅,觀者諒之。"

按,《唐七律選》卷首載先生序,末署:"康熙四十年,蕭山毛奇齡初晴氏。"

覆書李塨,與論禮樂。李塨喜其康健。

馮辰《李塨年譜》卷三"辛巳四十三歲"條:"河右書至,言琴,言舞,言禘祫、郊社,蠅頭細書,數萬言,詳博之甚。喜其健。"

臨安縣重修明倫堂,爲文記之。

《碑記八·重修臨安縣明倫堂碑記》:"明倫堂者,學宮之一堂也。……康熙三十八年夏六月望日,侯首捐月進,不足;請輸於紳士,又不足,則以贖鍰佐之。……越五月工成……又二年,而諸生礱碣請爲記。"

張朝琮重修族譜,爲作序。

《序三十一·重修橫河張氏族譜序》:"橫河張氏席門第之舊……今其裔孫式玉由文安邑宰,受聖天子隆眷,擢霸州守,將以大用。而憂服歸里,既擴尚書舊府,辟爲宗祠,乃復受先所遺譜,而親承纂修。……今式玉以康熙辛巳,隨修隨梓。"

張朝琮,浙江蕭山人。例監生。康熙二十五年(1686),任文安縣知縣,

尋調繁三河,繼升薊州知州。(民國《文安縣志》卷三)

為朱柔則《嗣音軒詩集》作序。

《序二十七·嗣音軒詩集序》:"予向讀柴季嫻詩,嘆季為沈君漢嘉之配,秦、徐夫婦,鬱乎可觀! 既而與其子方舟君游,則已輯為沈氏一家文,凡門庭內外,裒然成集,而柴夫人詩,則儼在其中焉。又既而讀《繡帨餘吟》一卷,則朱順成之詩也。順成為方舟之配,與柴夫人為姑婦,前後暉映,予曰:'太姒嗣徽音,此其是乎?'又既而果以《嗣音軒詩集》屬予為序。……予年近八十……若夫順成之詩,則詞質而意達,有似乎杜甫之言情者。柴夫人詩多凌厲,有似太白;與順成之婉而摯,各有所到。"

朱柔則,字順成,號道珠,浙江錢塘人。沈用濟妻。著有《嗣音軒詩鈔》。(徐世昌《晚晴簃詩匯》卷一百八十三)

作《誥封恭人湯母王氏墓誌銘》。

《墓誌銘十四·誥封恭人湯母王氏墓誌銘》:"恭人無諱,王姓……會誥封中憲大夫湯君其原配錢恭人卒,求得一良助宰內政者,聞恭人賢,遂聘且娶焉。……康熙辛巳,將合葬於甘溪青龍山錢恭人墓。哀孫涵,介其外大父禹臣張君來,再拜乞予銘。"

友劉漢中卒,為誌墓。

《墓誌銘十五·山陽劉勃安先生墓誌銘》:"山陽劉勃安先生,名士也。……先生諱漢中,字勃安,又字拙安。……至三十九年,始入選格,敕授江南池州府東流縣儒學訓導。越一年,卒,時康熙辛巳,距生天啟辛酉,年八十有一。"

是年前後,應陸世楷子奎勛之請,為陸世楷遺集作序。

《序三十·陸孝山詩集序》:"迄於今,義山為東閣學士,以參知軍國歸田而逝。而孝山竟卒於官。義山所著《雅坪集》,久已行世。而孝山之子乃始持其所為詩屬予點定。……孝山與予年不相上下,而予以崦嵫未入,猶靦然敘其所為詩。而特是齒衰意耗,四顧滄茫,孝山能招予,而予於蓄哀之後,距孝山死時又若干年,即欲向西南荒徼作招魂之詞,而不得也。冥冥之中,吾負此良友久矣!孝山諸子皆相繼有文章名,故既敘其詩而并為告之。"

按,陸世楷卒於康熙二十九年,見前譜。陸葇卒於康熙三十八年,據文中"義山為東閣學士,以參知軍國,歸田而逝。而孝山竟卒於官"語,毛序當作於陸氏兄弟共逝之後,姑繫於此。

是年前後,杜秉琳重刻其先人惟熙《悔言錄》,為作序。

《序三十四·金華杜見山悔言錄序》:"東陽多名儒,而舊所推者為杜見山先生。……聞杜君雍玉素以孝稱,乃憫其先錄之亡,力搜其殘編,細爲較輯而重授之梓,使先人所學復傳於世。"

杜惟熙,字子光,號見山,浙江東陽人。著有《悔言錄》。(王崇炳《金華徵獻略》卷六)杜秉琳,字雍玉,浙江東陽人。著有《楓莊詩》。(道光《東陽縣志》卷十九)

爲杜秉琳《楓莊詩》作序,蓋在此際。

《序二十九·東陽杜雍玉詩序》:"當世有文人而無學人,而今則并文人亦無之。……顧殘年相對,由同里舊游外,獨與東陽學人王虎文父子暨盧子遠輩,間以學術相往復。而子遠競推其鄉人杜君雍玉爲文章之雄,予嘗爲其先人杜見山先生作《悔言錄序》,嘆是家有學,其後必有繼起者。而雍玉果以文名,且出其所著《楓莊詩》,遠屬論定。"

是年前後,有書答章大來問方百里。

《書七·答章泰占問方百里書》:"向與足下相見少,但以爲精於舉業,早受世知,是當今高才生耳。今知留心經學,考辨得失,兼能著力作古雜文,此是吾黨一大干城。……至爲'方百里'條,有'方百里者萬里也'語,以未解來訊。則在前儒原未解此,即陳氏《禮書》作圖繪指畫,仍是罔罔。今請以紙上解之,方一里者,縱橫一里也。縱橫一里,祇一里者,以縱之一里,即橫之一里,無二里也。若方十里,即百里矣。以方一里而縱十之,祇十里耳,至橫亦十之,則已十其十,而爲百里,然猶十倍法也。若方百里,則前所云'方十里者已百里'矣。今又十其百而縱行之,非千里乎?且又十其千而橫行之,非萬里乎?此非百倍法乎?"

章大來,字泰潁(一作泰占),號對山,浙江會稽人。著《玉屏山房詩》《後甲集》。(阮元《兩浙輶軒錄》卷十五)

是年前後,李庚星續刻其《試草》成,爲作序。

《序二十七·李白山續刻試草序》:"向白山刻《試草》成,愛而序之,且以不遇知己爲憾。乃未幾,而都運李公知之,三試其文於籌商之堂,拔取第一。"

是年前後,爲盧樹侯《詩集》作序。

《序二十七·盧樹侯詩集序》:"盧子樹侯恥其然,自趨庭受書,以迄出郭負笈,爲今文,爲詩,爲賦,爲古文,爲雜文,無不探其郛而入其奧,不爲詭隨,不任樸略,不好務通侻而趨一切。……予入館時,日步趨西寧先生,以爲楷橅。"

盧樹侯,浙江錢塘人,琦子。生平不詳。

是年前後,爲弟子胡紹安詩作序。

《序二十七·胡國期詩序》:"胡子國期從予游。……以是而爲詩,其大者入於杜陵之奧。"

胡紹安,字國期,號筆廬,浙江平湖人。康熙三十九年(1700)進士。官直隸武清縣知縣。著有《筆廬偶鈔》。(阮元《兩浙輶軒錄》卷四)

是年前後,爲釋元弘《四居詩》作序。

《序二十八·高雲和尚四居詩序》:"高雲工爲詩,及受法爲平陽弟子,則弃詩爲偈。而既而居山,居水,居市廛,居舟楫,則又重仿中峰《四居詩》,而以詩爲偈。……而高雲寓書於予,謂葛洪井畔,當邀予話三生事,蓋夙契也。……予讀《四居詩》,而并爲及之。"

釋元弘(1658—?),俗姓姚,字石庭,別號杜鵑和尚,亦自署高雲,浙江會稽人。年十七,祝髪大善寺。生平遍參諸方,熟精內典。後爲平陽寺僧。精於書畫,尤工詩。著有《高雲詩集》。(阮元《兩浙輶軒錄》卷三十九、光緒《重修天津府志》卷三十七)

是年前後,蕭山張氏重修族譜,爲作序。

《序二十九·塢里張氏族譜序》:"吾邑張姓皆名族,而源委不一,塢里之派,冠簪者累世。……裔孫二監搜元時所著《族譜》,得殘策數簡,力任修葺,偕其弟南服,仿所見所聞之例,合遠近而增損之。"

是年前後,爲何泗音《江皋草堂應試文》作序。

《序三十·江皋草堂應試文序》:"草堂非是也,草堂諸生若干人,名具試帖,予不得而指數之也,先生爲誰?仁和何泗音也。"

按,《序三十四·應和堂試文序》:"予僦杭州,學使補諸生,何泗音江皋草堂從學者十人,而補其七,以爲盛也,丐予序其文行之。"

何泗音,生平不詳。

費密卒。丘象隨卒。翁叔元卒。

【時事】 五月,永定河工告竣。五月末,康熙帝巡視塞外。

清聖祖康熙四十一年　壬午(1702)　八十歲

正月,兩浙巡撫張志棟調江西巡撫,作《兩浙開府中丞張公去思碑記》。

《碑記十·兩浙開府中丞張公去思碑記》:"大中丞張公以詞翰起家……進爲江南行省者十餘年。乃以文臣領節鉞,析圭建信,開幕於閩海之間,期月大治。天子念兩浙岩疆,必藉公一綏理之,於三十九年之冬,移鎮杭州。……因復使駐節南昌……公諱志棟,號青樵,山東濰縣人。康熙癸丑進士,由庶吉士授監察御史,巡視兩淮,分守冀寧道,遷福建按察司使、江南江蘇布政司使,進福建巡撫,移任爲今官。"

王先謙《東華録》康熙六十九:"康熙四十一年壬午春正月……己酉,調張志棟爲江西巡撫。"雍正《浙江通志》卷一百二十一:"(巡撫都察院)張志棟,山東昌邑人。康熙癸丑進士,三十九年任。"

朱彝尊至杭州,鄭元慶爲先生與朱彝尊畫像。

楊謙《朱竹垞先生年譜》"四十年辛巳"條:鄭芷畦元慶畫毛、朱二先生合像云:"壬午春二月,予往省會,寓昭慶寺慈壽房。時竹垞先生寓經房,前後樓相望,時時造請,親炙其言論,風采甚相得也。一日,西河先生來過余……余遂與毛奇齡先生步至經房,偕竹垞先生至湖上,時竹翁先携杖下,余奉毛奇齡先生散行,此圖是其景象也。"

按,文中"壬午"當爲"辛巳"之誤。

三月,爲章大來《道墟十八圖咏》作序。

《序四·道墟十八圖咏序》:"近得章泰占、宗之,讀其詩,壯浪跳擲,擺落所拘管,而古今雜文則又矯矯成一家,不寄人藩籬以苟爲栖托。而至其爲人,抑何磊落超挽近也。……宗之謂家有十人,地有十八境,以人十而厠地十八,流連游息,而歌咏見乎其間,有所爲《道墟十八圖咏》者。予受而披之,紛紛綸綸,致佳哉!"

按,上海圖書館藏《墟中十八味》并附圖,卷首載先生序,末署"時壬午痡月隔冬至一百六日,西河老人奇齡題"。知此書又名《墟中十八味》。又按,邵廷采《思復堂集》卷六《章氏宗社詩序》:"康熙壬午正月,偕其宗人十輩爲《道墟十八咏》,而書來使余序。凡五絕一百二十六章,各爲圖。……所爲《十八咏》者,曰《齋臺》,曰《第一泉》,曰《柴塢》,曰《南陽坂》,曰《鑱》,曰《麻園》,曰《籟適樓》,曰《裏港》,曰《東市》,曰《江山環秀樓》,曰《果園》,曰《杜浦》,曰《黄草瀝》,曰《櫧木灣》,曰《浴鶴泉》,曰《海崖》,曰《兩山洞天》,曰《宜嘉尖》。"

閻若璩携《尚書古文疏證》過訪,與雜辨諸經疑義。

《經問》十八(附《古文尚書冤詞餘録》):"康熙四十一年,淮安閻潛丘挾其攻古文《書》若干卷,名曰'疏証',同關東金素公來,亦先宿姚立方家,而後見過。但雜辨諸經疑義,并不及古文一字。"

旋與閻若璩、金德純、沈佳、倪璠、姚際恒集杭州寄堂,論顧炎武《日知録》。

《經問》卷十七"寄堂客問"條:"康熙四十一年,客集於杭州寄堂,時宛平金素公、淮安閻潛丘、仁和沈昭嗣、新安倪魯玉俱在座,客有舉顧寧人《日知錄》爲言者,潛丘謂《錄》中説《中庸》'期之喪達乎大夫'義最明,因以爲問。"

《經問》卷十八(附《古文尚書冤詞》餘録):"次日,復過予,時金素公、沈昭嗣、倪魯玉、姚立方俱在座,偶及顧亭林《日知録》論禮一條。……因微有詰辨,遂罷。逾數日,潛丘謂人曰:'僞古文似難而實是也,不僞古文似易而實非也。'且有從潛丘來者云:'閻先生謂古文真僞不必辨,但輯吳才老後迄元明及今,凡攻古文者,合作一集,傳之後來,以爲屏弃古文之案,則但存其説,豈無起而踵行之者?'予聞而嘆曰:'凡詞窮者必曰食肉不食馬肝未爲不知味也,語不能勝人必曰謂臧兩耳似易而實非也,謂臧三耳似難而實是也。此皆籠統是非炫亂可否之言,何足爲據?夫不僞《古文》亦非易事,且何以實非,必當明言其所以非者。予作《冤詞》原約云:'若此書有乖錯,萬祈立賜我譴誨。'及遲之數年,并無一人來駁正者,則亦可已矣。乃又多集訟詞,以爲他日爰書之據,用心如此,吾如之何哉?雖然蚍蜉衆多,果足撼大樹耶!"

金德純,字素公,盛京遼陽人。隸漢軍正紅旗。著有《旗軍志》。(民國《遼陽縣志》二編)

沈佳,字昭嗣,號復齋,浙江錢塘人。康熙二十年(1681)中舉,二十七年(1688)進士。初授監利縣知縣,後補安化縣知縣,卒於官。著有《復齋詩集》,《明儒言行錄》《明儒言行續錄》。(乾隆《杭州府志》卷九十四)

與閻若璩、朱彝尊、顧嗣立、曹三才、馮念祖集顧之珽丹井山房,再論《日知録》。

《經問》卷十七"丹井山房客問"條:"逾日,又集錢湖丹井山房,時蘇州顧俠君、嘉興曹希文、仁和馮文子皆在坐,客舉《春秋》《日知錄》爲問。"

《經問》卷十八(附《古文尚書冤詞》餘録):"又逾日,與潛丘集顧摺玉宅,適禾中朱竹垞來。坐中語及潛丘所著,予劇言《春秋》無父子同爲大夫之事,又言《四書釋地》所記闕里是錯,又言毛、朱《詩》説不宜引王柏、程敏政謬説作據。潛丘俱唯唯。第微及攻古文事,則竹垞謂明萬曆間會試場曾以廢古文發策問,而《試録》載焦弱侯文具在也,明當來寓同觀之。予私忖以科場功令擬廢此書,則一言出入,而先聖古經存毁之幾決于俄頃,勢亦危矣!……歸三嘆,不寐。"

曹三才,字希文,浙江海鹽籍,海寧人。康熙十四年(1675)舉人,官内閣中書,改鎮海教諭。著有《半硯冷雲集》。(光緒《海鹽縣志》卷十七)

与阎若璩、朱彝尊、王锡等论《尚书》古今文，于衆中大揶阎、朱，阎愤然别去，朱大窘而退。

《经问》卷十八（附《古文尚书冤词》馀录）："明起，过竹垞寓亭，时王百朋在坐。顷之，潜丘来，出试录并观。万历己丑科会试主考许国王弘诲第三场第三问有云：《书》古文传自孔壁，或曰赝也，何以辨其然？与第七名焦竑对云：《书》古文称自孔壁者赝也，其词固不类，且多剽取也。《艺文志》别古经于《尚书》，盖犹疑之，弗敢淆焉。夫不忍于刊赝而忍赝者淆乎，故当正而删之者，此也。予读竟，蹋足大笑曰：'嗟乎，祇如此。此足攻古文耶？焦君不读《书》，不识《汉志》，诸君亦不识耶？''……夫百犬之吠，固以声也。乃不意一犬之吠，并形亦无有，然则今之晓晓者皆犬也，而徒吠矣。'是日大雨，潜丘遽别去，道过吴尺凫家，留语云：'为我致毛先生老友，无几人能直言教我，我方感之，岂有所芥蒂？特欲我毁所著《疏证》，则不能，但各行其是可耳。'径去。"

冯辰《李塨年谱》卷三"癸未四十五岁"条："接河右来书，曰：'旧年接札，并收所寄胐明刻书，深伏足下心气和平，且以无太过激规我不足，此真古人良友。……今胐明又在吴门刻《禹贡》，仍与阎百诗合夥大畅发《古文尚书》之谬。以禾中朱锡鬯家多书，欲就其家搜朱文公、赵孟頫、吴草庐辈至明末本朝攻古文者，合刻一集，以与我《冤词》相抵。其后胐明不与事，而百诗约锡鬯携明万历丁丑会试第三场焦竑废古文策来。幸予先期知其事，赴其寓同观。焦竑袭吴澄误说而又误者，因于衆中大揶揄之，百诗狼仓散去，锡鬯亦大窘而退。"

彙吴澄、归有光、焦竑论《尚书》说寄朱彝尊。

《经问》卷十八（附《古文尚书冤词》馀录）："次日，予彙澄、有光、竑三君说，合作一通，寄竹垞寓亭。……古云'三言可杀人'，岂有三君颇有名，且皆雕刻成传书而有不信者？今大不然。据三君欲废古文，不过谓古文非《尚书》耳。由真《艺文》观之，是古文为《尚书》，今文为经，三君所据相反也。且古文经四十六卷，非十六卷；经二十九卷，非二十九篇，其所据又错也。以为经则皆称经，以为《尚书》则古文是《尚书》，而今文非《尚书》。使班氏而不慎重则已，班氏而慎重，则将疑今文而不疑古文；班氏而不分别则已，班氏而分别，则将斥今文而不使混于古文。删伏《书》，而不忍淆于孔《书》，其意在杀人，而不幸而反而自杀，此固千古一大笑话……必欲集衆说以攻古文，则予请先彙三说以进献如此。"

复与朱彝尊集周崧宅论《尚书》。

《经问》卷十八（附《古文尚书冤词馀录》）："又次日，与竹垞集周层岩宅,竹垞謂予曰:'昨論三説甚快,特言過激切,莫似反攻今文否?'予曰:'今文即古文也。予通人也,豈肯攻今文正言?彼攻古文者,反攻今文耳。戲場賽盧醫欲毒殺孝婦之姑,而反殺其母,可云孝婦殺賽母乎?'衆各大噱。"

與朱彝尊集汪景祺讀書堂,睹朱著《經義考》所載吳澄《書纂言·自序》,指其誤處。

《經問》卷十八(附《古文尚書冤詞餘録》):"又越日,與竹垞集汪無已讀書堂。睹竹垞所著《經義考》中有吳澄《書纂言·自序》,予指其誤處。"

有書托王錫轉交朱彝尊,論古文《尚書》真僞,朱有答書。

朱彝尊《曝書亭集》卷三十三《答蕭山毛檢討書》:"僕見近時攻古文《尚書》者不一,足下力爲孔傳辯冤,愛惜古人已至。若因梅賾之冤而并欲白方興之冤,則天下皆冤民,而辯之不勝其辯矣。僕非好爲難駁也,朋友相規,於分則爾。……足下行年八十矣,僕今亦七十有四……而頹然二老翁,獨以經義相考證。即鄙言未合,度足下必一笑置之,斷不效朱陸之囂囂聚訟也。"

吳仲彬過訪,乞《尚書廣聽録》及《辨定大禮議》去。

《經問》卷十八(附《古文尚書冤詞餘録》):"江西吳仲彬自言能辨古文,因作臬司客來杭。聞予《冤詞》,且聞予言'攻古文者無一不誤',遂挾刺過予。……次日,復過予,乞《尚書廣聽録》及《辨定大禮議》去。"

吳仲彬,生平不詳。

十月十一日,毛遠圖八十壽辰,作詩祝壽。

毛黼亭《蕭山毛氏宗譜》卷一毛奇齡《監兹五侄八十大壽詩》。

按,毛黼亭《蕭山毛氏宗譜》卷四《大房世系紀》:"(毛)遠圖,行啓五,字監兹,生於明天啓癸亥十月十一日。……卒於康熙丁酉八月初十日,年九十五。"推之,知本年八十。

重檢亡友王叔盧擬元詞兩劇稿,補綴缺頁,爲作序梓行。

《序三十二·擬元兩劇序》:"康熙三十年,予歸舊廬,聞鄉人有得其稿者,急遣人購至,故紙儼然,獨闕首二頁。……暨四十一年,遘大疾幾死。……因中夜坐起,重爲檢校,且補綴前頁,而梓行之。"

爲徐旭升《游仙二圖》作序。

《序三十·東臯二圖序》:"錢唐有名士而寓於醫者三人:一陸景宣,一沈謙,其一東臯徐君也。……東臯席名臣之裔,豪於藝林,與兄西泠、弟北溟,稱'徐氏三珠樹'。……天子聞東臯名,召見行在,欲處之丹臺、紫庭之間,而東臯力辭,此非真許由乎?予見真許由,且與之友,而年滿八十,筋弛力衰,思學仙而不能成,乃徒取《游仙二圖》覥焉爲題。"

徐旭升,字上扶,浙江錢唐人。旭旦弟。工詩,知醫。著有《東皋草堂詩集》。(阮元《兩浙輶軒録》卷八、民國《杭州府志》卷一百五十)

按,阮元《兩浙輶軒録》卷八"字土扶"誤,名字相爲表裏,當從民國《杭州府志》作"字上扶";又民國《杭州府志》"兄旭日"誤,潘衍桐《兩浙輶軒續録》卷三:"徐旭旦,字浴咸,號西泠,錢塘人。"與毛序"兄西泠"合,當作"兄旭旦"。

爲釋海岳《黄山賦》作序。

《序三十一·中洲和尚黄山賦詩序》:"康熙三十九年,居杭州,客有言黄山中公善文賦者。……其明年上巳,禊飲於杭州之東園,四方至止者三十人。晋江郭河九携中公《黄山賦》來。……時予欲題數語於其上,以搶卒舍去。又明年,中公乃寄一本,介吴山道士黄方城投予屬題,……予衰老,不能濟勝,又不能千里命駕親見有道,猶得於八十之年快睹斯文,以一雪夫前此難兼之恨,可謂厚幸!"

釋海岳,字中洲(一作中山),號問牛主人,江蘇鎮江人。久住江寧清涼寺,與天界寺僧根定皆以詩畫自娛。著有《緑蘿庵詩集》《黄山賦》。(孫宇男《明清之際詩僧研究》第一章)

爲李振聲《石艇詩集》作序。時振聲子鳳雛從先生學。

《序三十四·石艇詩集序》:"予年僅八十,而四顧茫然。回憶同時得名者,或年長於予,年少於予,卒無不先我而逝。而惟石艇李先生減予四五歲,而巋然獨存。……而先生之子亦當世名士,今所謂東陽李鳳雛者,過予講《春秋》。因得詢先生所著書,而先生竟不以予爲不肖,寄《石艇詩》來,屬予論定。"

李振聲(1628—1707),字元公,自號石艇子,浙江東陽人。明亡後,弃舉業。工詩,著有《石艇山房詩集》《粤游草》。(道光《東陽縣志》卷十八、陶元藻《全浙詩話》卷三十三)

佟國維六十大壽,同館謀爲之壽,作《一等公皇太舅佟公六十壽序》。

《序三十·一等公皇太舅佟公六十壽序》:"我皇太舅上公佟先生以鼎司之重,領中外朝參有年,此即《詩》所稱'王之元舅,文武是憲'者。而乃深自抑損,折節好學。……歲在壬午,值先生周甲之辰,同館諸君謀所以壽先生者,而書以當祝。"

佟國維(1643—1719),滿洲鑲黄旗人。佟圖賴次子。孝康章皇后幼弟,孝懿仁皇后之父。順治十七年(1660),任一等侍衛。康熙九年(1670),授内大臣。二十一年(1682),授領侍衛内大臣,尋列議政大

臣。二十八年(1689),封一等公。著有《周易匯統》。(雍正《八旗通志》卷一百三十八)

爲佟國維《周易注》作序,蓋在此際。

《序三十三·佟國舅一等公周易注序》:"皇舅佟公……乃博討群書,溯源竟委,上自儀象……無不周知其義,而又妙簡於諸儒所學,專以程氏之理、邵氏之數定爲指歸。"

按,佟國維《周易匯統》自序:"大清康熙壬午中秋前二日,佟國維序。"毛序當作於本年。

爲諸暨知縣朱宸《治行録》作序。

《序六·諸暨邑侯朱公治行録序》:"浙東二暨爲秦時所分邑。而漢魏以還,惟予邑餘暨屢更其名,而諸暨之稱至今不易。則其邑之重,巋然自立,不與斯世爲推移,概可知矣。邑侯朱公,由名進士起家,作天子命吏,出宰是邑。人之望公如望歲,其責備周詳,有非他邑可比擬者。乃不一載,而多士誦之,庶民謡之,覺從來惠化之速,無過於此,然且郵亭父老編輯所爲詞……而踵門而告予以序……以予年滿八十,其言可信也。"

乾隆《諸暨縣志》卷十六:"(知縣)朱宸,江南寶應人,丁丑進士,四十年任。"同書卷二十:"朱宸,號盼陶,寶應人。康熙丁丑中李蟠榜進士。辛巳令暨。"

李女宗守志,爲文記之。

《李女宗守志記事》:"李媖者,女兄也,仁和人。父勉庵,茂才,以貧故,授生徒外舍。有友張斌客武昌,使其子仕華來學,十三能文,與媖同年生,父每思妻之。……越二年而士華病,病數月,死。死時年十八。……康熙四十一年,媖年四十。……今媖拜姑復拜舅,行婦見禮,而姑且念婦以迄瀕死,則正其成婦而不可絶者,所闕者獨夫婦一寢處耳。……媖者,女宗也,昔者鮑氏妻以善於養姑而稱爲女宗,今媖行實過之,而名適與合,天字之矣。"

爲趙文璧《紀恩詩》作序。

《序四·趙都尉弟紀恩詩序》:"外弟潤庵繼起,早露頭角,年未及終、賈,即以臚唱第三,越虎闈而侍禁闥,可謂天馬無局步矣。乃予赴都時,值潤庵出鎮宣府,守幾輔右鑰。而今則立功海外,開幕於湘沅之濱……因之作《紀恩詩》以見志。"

陸堦卒,爲志墓。

《墓志銘十五·陸三先生墓志銘》:"先生陸氏,諱堦,錢塘人。梯霞者,二十字也。……乃相見無幾,而先生以八十有三遽先我卒。"

按,獨孤微生《泊齋别録·陸梯霞八十壽序》"吾友梯霞陸先生前十年年七十,余作文以頌……今年己卯,先生八十矣。"推之,知陸堦本年八十三。

徐之璉卒,爲志墓。

《墓志銘十五·敕封儒林郎玉宗徐君墓志銘》:"徐氏爲杭州右族……先伯兄司教仁和,曾倡仁社於錢湖之濱,徐氏與社者不一人,而其翹然而最名者,玉宗君也。……君諱之璉,字玉宗,歸安縣學生也。……君卒於康熙四十一年二月十四日。"

是年前後,有書寄沈思齋,與論薄后稱側室事。

《書六·與沈思齋進士論薄后稱側室書》:"據鄭丹書致仁和謝明府札,謂嫡庶之嚴,第嚴於封建之世,以世國世官,防篡竊也。今有何立,及有何襲替,而尊嫡賤庶,婦等傅婢,子比厮養,澆風薄俗,悖禮孰甚。此一說原倡自僕,而丹書發明之,然僕三輩皆嫡出,不過論此以救世,非有私也。……僕嘗謂經學不明,不可論史,生平最恨宋儒史斷,與聖經大悖。"

沈思齋,生平不詳。

是年前後,爲馮復鐸《永思集》作序。

《序三十·馮氏永思集序》:"馮氏復鐸以孝稱,所著《永思集》,率哭母詩。而乃持其集介於予所親者而請予一言。"

馮復鐸,生平不詳。

是年前後,爲陸軼南《南游詩》作序。

《序三十·陸軼南南游詩序》:"軼南有家學,其爲文爲賦,單詞複句,皆能慷慨作一家言。而至於詩,則工於排比,淪漣往復,尤爲時流所却步焉。"

陸軼南,生平不詳。

是年前後,爲釋方孝《語録》作序。

《序三十一·净慈寺舜瞿禪師語録序》:"净慈舜公紹大鑒遺業,從婺州來,開席者三十餘年,不言而躬行。其嗣法諸公累請録法語以導諸方,而公力却之。及示寂,而始以《寶林》《净慈》兩語録請予爲序。"

是年前後,爲方茉如父士穎《偶存》作序。

《序三十一·偶存序》:"方子伯陽藉乘輪之後,世其家學,早以今古文指名於時,而出其餘技,偶然爲詩,因題曰'偶存',以爲是所存者偶焉爾。"

按,毛際可《會侯先生文鈔》卷十二《方伯陽詩序》:"曩歲壬午,青溪方子若芳以詩集見質。……迨明年春,復出新著并手札遠寄,詞旨益懇切以恭。……隨復以其尊甫伯陽先生《偶吟詩》相屬爲序。"先生文亦當作於本年,姑繫於此。

方士穎,字伯陽,號恕齋,浙江淳安人。少聰穎,工诗,尤善楷法,称双绝。著有《恕齋偶存》。(光緒《淳安縣志》卷十)

是年前後,爲《杭州慈雲講寺志》作序。

《序三十一·杭州慈雲講寺志序》:"惟慈雲之《志》不然。作《志》者爲灌頂法師,師本達心,其於儒者書,無所不通。……予與師論難久矣,杭寺多講律,而今統於宗,自師出,而慈雲之教爲衆宗師所皈仰。"

是年前後,爲周初《文稿》作序。

《序三十一·周允開文稿序》:"允開詩文無不備俱,足嬗世,而吾尤愛其爲文。……予僦杭州,四顧無可語者,幸與允開對門居。"

周初,字允開,號蓮洲,浙江錢塘人。諸生。(阮元《兩浙輶軒録》卷三)

吕洪烈卒。姜承烈卒。嚴繩孫卒。萬斯同卒。潘江卒。金烺卒。

【時事】　正月末,康熙帝西巡五臺山。六月,增浙江省鄉試中額十二名,與江南同例,共八十二名。是年,定鄉試硃墨卷磨勘例。

清聖祖康熙四十二年　癸未(1703)　八十一歲

二月,康熙帝南巡至杭,賜睿筆、屏聯,先生作《行在東朝并賜御書睿筆記》。

《碑記十·行在東朝并賜御書睿筆記》:"康熙四十二年,上南狩至浙,駐蹕杭州。予以在籍鄉官隨制撫諸臣候安於行在朝門,謬蒙至尊垂問,曲賜慰勞,兼敕予與侍講學士徐倬、誥封侍讀學士陳之闇三人年老,令起立奏對。予謝不敢,并命在傍同館官掖予以起。是日,諸當事并在籍臣求御書者,競開一摺子啓奏,予獨無有,上遣侍衛出諭,毛奇齡應一體賜書,著伺候,既而至日昃,各退朝去,未頒也。明起趨候,侍衛先捧御書一道,呼奇齡拜賜訖,然後齊出昨所開摺子諸有名者御書十餘道,一一頒賚。會皇太子隨行在東禁,亦召徐倬、陳之闇并予三人入,慰問良久,且不令行禮,各賜睿筆一道、屏聯二條,拜捧趨出。此則專賚予三人,凡内外大小臣工俱不及者。夫御書睿筆,人世罕有,奇齡何幸,以衰老之年,得遭逢聖明,濫承异數?此固應寶之世世,瞻仰無斁,不待言矣。……因拜手稽首而謹紀殊恩,以垂不朽,翰林院檢討毛奇齡恭記。"

康熙帝賜先生《初夏登樓臨水》詩幷書,馮景觀之,爲作跋。

馮景《解春集文鈔》卷七《御書跋》:"康熙癸未春,皇帝……駐蹕武林,御書聖製《初夏登樓臨水》七言絕句一首,題與詩共三十四字,特賜翰林院檢討臣毛奇齡,時年八十一矣。……草野臣景幸瞻奎光,敬爲之跋。"

爲錢泳、姚之駟、姚炳所獻《萬壽頌》作序。

《序三十三·錢姚三子獻萬壽頌序》:"會皇上萬壽,行省徵治屬工文賦者,多爲祝詞,合書册以進。……乃皇上以觀河之亟,星言至浙,群臣在途多獻頌者。三子亦循例錄所著,捧之至鳳山門側,蒙駐輦垂問,歷訊其官銜、版籍,且乙覽移刻,命其親賫向行在投入,已异數矣。及投訖,而傳旨侍衛引見於中堂張公,且同仁和王錫等五人一體獎勞,抑何至尊之優視文士一至此也!……予垂老儌杭,祇閉戶穷經,無暇及詩文一字,而錢子升岩、姚子立方皆數以經學與之往來。今錢子景舒正升岩之子,而魯思、彥暉,即立方猶子也。三子有家學,且同巷居。"

姚之駟,字魯思,浙江錢唐人。康熙六十年(1721)進士,改庶吉士,官至監察御史。著有《類林新咏》《新體詩偶鈔》《後漢書補逸》《元明事類鈔》。(阮元《兩浙輶軒錄》卷十七)

姚炳,字彥輝,浙江錢唐人。著有《蓀溪集》。(阮元《兩浙輶軒錄》卷十九)

三月,講《曾子問》於沈佳園,成《曾子問講錄》四卷。

《曾子問講錄》卷一:"竊思五學惟禮最重,士人較經時,厭禮煩璅,荒忽不甚解。一旦入官後,四顧莽莽,遇國家議大典禮,輒彼此聚訟,初不過一稱名之微,而爭執不決,甚至流毒縉紳,震撼朝廟。自宋迄明六七百年間,幷無一人能起而辨得失者。嗟乎,六經之晻閟,遂至如此!會先生東渡,學人來問,有以《曾子問》首章請業者。適許子叔重從建安至,而來子對山亦以問。先生枉過兄宅,因借講堂側設夫子像,釋幣講《曾子問》首章,以見大意。時兄子詩年幼,司講,遠宗司錄,世之言禮者鑒之。遠宗識。"

按,《曾子問講錄》卷三:康熙四十二年五日毛遠宗識語:"次日(三月三日)重有過先生於寄堂者,因請講《曾子問》七章,餘則各抽發其可疑者,單字只句,第書所論辨,不講不錄,三日後投簽以竣斯業。"

康熙五十壽辰,浙江布政使郎廷極匯禱頌諸詞爲一冊,爲撰序。

《序三十三·萬壽册序》:"皇帝御極之五十年,溥天下臣民争呼萬歲,臣毛奇齡在籍,即已率家人北面叩首,仰祝高天,俯祝厚地。而兩浙布政使司布政使臣郎廷極恭匯近屬臣民禱頌諸詞,裝成一冊,將抃舞以進,猥以臣齒長,居臣民引年之首,謬屬序次其事。……臣年八十一,幸覯升平,雖夏蟲不當語冰,蜉蝣不能知春秋,而逡巡里閭……因於兩浙臣民祝頌之末,謹臚其次第而序之如此。別有《頌》一篇,亦附卷後。臣奇齡臨序,不勝踴躍歡抃之至。"

雍正《浙江通志》卷一二一:"(承宣布政使)郎廷極,鑲黃旗人,監生。康熙四十一年任。"

春,在陳恂宅論喪禮。

《四書賸解》卷一:"歲癸未春,陳緘庵編修以母喪,請予作題主陪。坐客各問喪禮。"

陳恂,字相宜,號餘甯,又號緘庵,浙江錢塘人。康熙三十三年(1694)進士,官翰林院編修。五十一年(1712),任山東提督學政。著有《打包剩語》《清照堂集》《除豪集》等。(阮元《兩浙輶軒錄》卷十五)

五月,作《新建黄山雲谷寺蘖庵和尚塔碑記》。

《碑記十·新建黄山雲谷寺蘖庵和尚塔碑記》:"蘖庵和尚塔院者,前朝熊魚山先生埋骨所也。……康熙己卯,平陽鐵夫大師從焦孝然山來,建廡茲刹,見蘖師塔而諮嗟。……越明年,鐵師乃發願,旋爲開工……肇其事於辛巳春,至壬午之冬,始落成,而謁予以文。……時康熙四十二年癸未五月日,蕭山毛某謹拜手記。"

蘇春有詩寄先生,索《唐人試帖》。

蘇春《饑鳳集》卷八癸未稿《柬毛太史大可兼索唐人試帖》。

爲蘇春《饑鳳集》作序。

蘇春《饑鳳集》卷首先生序:"迨後桑榆景迫,乞歸休沐,始與倫五會於西湖之上。急索其詩,僅出數十首。誦之,泠泠然,疑非人世間音韵。……適太末人來札云:'今刻詩稿《飲鳳集》十六卷,丐序。'……讀是詩者,知其典正精醇,迨右丞也;韶秀疏越,孟襄陽也。悱惻不減於杜陵,艷麗大過於義山。"

夏,與馮景書札往返,論《太極圖說》《古文尚書冤詞》。

《書五·復馮山公論太極圖說古文尚書冤詞書》:"生平喜聽人論學,至紙上有考辯,尤劇聳動。……昨見黃山中洲和尚有'太極本於禪宗'說,其所爲《太極圖》,即唐僧圭峰之《十重圖》也。……僕從來說經,極其審慎,必多所考據,并不執一以難一,故謬處差少。但限於方幅,不能博設,必俟質難始出之。故凡高明指摘,幸乘僕生前有口時,尚可商量,一當死後,則眾射之的,誰能辨之? 況古文之冤,尤口眾者耶!"

又與馮景論《論語》《孟子》。

《書五·與馮山公論論孟書》曰："今年春，陳緘庵編修家以母喪，請予作題主陪事。坐客有問：'公行子有子之喪，喪子耶？抑喪親耶？'衆俱未應。予曰：'僕亦有一問，滕文以然友反命，始定爲三年之喪，豈三年喪制定自孟子耶？'……一堂十二席，五十餘人，各嘿然如喑。"

馮景《解春集文鈔補遺》卷二《答毛西河先生問論孟義書》："辱問《孟》義及《論語》數則……今率以鄙見奉酬，未知是否。"

八月，蕭山史吉先重修宗譜，爲作序。

《序三十二·蕭山史氏世譜序》："予與咄庵、覺庵兄弟訂同硯交，因得拜其尊大人兩世於堂，而其子其姓即又從此而齒遇之，迄于今，往來不絶。……今其孫吉先，承祖父志，合遠近而并修之。……向使吾友尚在，亦必以是譜爲不刊之則，而況乎後此之繼之者也？"

按，史晋纂修《蕭山史氏宗譜》卷一載先生序，末署："康熙四十二年秋八月，賜博學鴻儒科進士出身、授翰林院檢討、史館纂修官編撰明史、乙丑會試同考年家眷弟毛奇齡頓首拜撰。"

冬，感寒幾死。

《書六·答蘭溪唐廣文翼修書》："某崦嵫之歲，又三經大病，癸未冬，感寒幾死。"

寄書李塨，告之欲設一講會，略闡六經之旨。

馮辰《李塨年譜》卷三"癸未四十五歲"條："接河右來書，曰：'……僕欲設一講會，略闡六經之旨，先講《禮記·曾子問》起，以爲其書極備禮之變，爲說禮家一大要領也。乃及門數人多游仕四方，欲行輒止，古學之難復如此！'"

與李塨書札往返，論小學、樂書、笙詩。

馮辰《李塨年譜》卷三"癸未四十五歲"條："海内惟毛河右知禮樂，萬季野明於禮文，向問之，不厭反復。今季野長逝，河右遠離，吾道之孤，復將質誰？……修書上河右，質《小學》《學樂》《誦詩》《舞勺》諸譜，并問笙入之儀。"

《答李恕谷問笙詩并樂書》："從來辨笙詩，未有辨笙其詩者。夫所謂笙詩，謂笙必有詩，非謂笙詩之必有歌也。凡詩可以歌，亦可以笙，所謂笙詩有詩，謂笙詩之必可歌，非謂笙詩之必不可以笙也。……若琴色七弦分正清，向未即答，以病不及也。嗣後即有答書，而又不能寄。今見來書所録，備正清之説於七條十三刊之中。雖與僕説稍未合，然故不礙聲律，所謂泛濫言之而五六皆見，斯已耳。"

平澹人妻陶氏七十生日，作文祝壽。

《序三十三·平澹人德配陶夫人七十序》："逮予避所嫌，藏澹人複壁，越十日而後出門。當是時，丘嫂陶夫人主晨夕餐飯，凡粢醴凉暖，脯糒幹濕，皆一一口受而心記之，至於今不能忘。乃予年八十有一，回顧曩時所游者，百無一存，即澹人已先我去，而夫人則竟以七十聞。……予力憊，不能身入郡城，親捧錦帨爲夫人壽，然意念所及……予故馳一觴而獻以是言。"

與弟子朱樟往復數札，論《論語》《孟子》。

《書五·與朱鹿田孝廉論論孟書》："向以《論》《孟》數條索馮山公解去，遲久未答，即以其説問語所識，亦多不能了。故僕解六經，謂自漢迄今，從來誤解者十居其九；自漢迄今，從來不解者十居其一。但彼亦不自知其不解也，及偶一提醒，輒目釘口塞，數日不能答，即一《論》《孟》，而治八比者，仍在夢夢，則八比何用矣？"

《書五·復與朱鹿田孝廉論論孟書》："接札驚躍，所訊甫一昔，而《論》《孟》六條，捷應如響。……少年既夙悟，又且多學，此天生异才，使千聖絕學，於斯大顯。北有李恕谷，南有朱鹿田，德不孤矣。"

朱樟（1677—1757），字亦純，號鹿田，又號慕樵，晚號灌畦叟，浙江錢塘人。康熙三十八年（1699）舉人。四十五年（1706），授江油縣知縣。雍正十一年（1733），擢山西澤州府知府。家富藏書。著有《觀樹堂詩集》《水經注駁義》等。（阮元《兩浙輶軒録》卷十）

爲愛新覺羅·博爾都《問亭詩集》作序。

《序三十二·東皋詩集序》："惜予年八十有一，生平論文者，百無一存，即愚山、鈍翁、其年輩皆先我而逝。而每憶東皋，比之膠之結於腸。"

王廷燦輯其師湯斌遺集成，爲作序。

《序三十二·湯潛庵先生全集序》："先生且騎鯨矣，其在今，距先生捐館舍將二十年。……王子孝先者，先生門下士也。家世習理學，早歲見知，而授受親切，其視扶風之於北海，不啻有過。然且筮仕吴城，正值先生所屬地，遂輯舊集所遺軼，購其全，捐奉而付之剞人。而以予爲先生友，并具書幣，屬其同門生沈子昭嗣踵予寓而請予以序。"

按，湯斌《湯子遺書》卷十載先生序，末署："康熙四十二年癸未嘉平月，蕭山毛奇齡。"

乾隆《江南通志》卷一百七《職官志》："（吴縣知縣）王廷燦，錢塘人，康熙四十二年任。"

石琳從祀杭州名宦祠,作《兩浙行省石公從祀杭州名宦錄序》。

《序三十二·兩浙行省石公從祀杭州名宦錄序》:"三韓石公由從龍起家,其先忠勇公以一等伯爵兼青宮太保。公襲授佐領,進之爲尚書正郎,既已奉使作山東觀察,并提刑江南久矣。乃忽改江浙都轉運鹽使司,轉兩浙行省。當是時,予承乏史館,歷聞其治行而未之悉也。及予請急歸,而公已開府江夏,移鎮滇池,進兩廣都督儀同,且以勤王事殉於官矣。……而獨是兩浙民懷,在轉運行省時,實有成績。因仿古祭法法施勞國之典,上諸臺使,諸臺使下其事,祀於兩浙首府杭州之學宮。……公之猶子刺史公適守杭州,其家有治譜,而吾浙之世被其澤者。又復目睹新政而心懷舊績。……因於答請之餘,復序其事。"

石琳(1638—1702),字瑯公,遼東人。漢軍正白旗人。石廷柱第六子。初授佐領,兼禮部郎中。康熙元年(1662),遷山東按察使。二年(1663),以憂去官,尋即起江南按察使。六年(1667),授浙江鹽運使。十二年(1673),轉湖廣,下荆南道。十五年(1676),遷河南按察使。二十年(1681),遷浙江布政使。二十三年(1684),擢湖北巡撫。二十五年(1686),調雲南巡撫。二十八年(1689),擢兩廣總督。(趙爾巽《清史稿》列傳六十三)

爲亡友金烺志墓。

《墓志銘十五·山陰金司訓雪岫墓志銘》:"越中以詞禪世者三人:一吕君弦續,一吴君伯憩,一雪岫也。……予歸田而伯憩死……康熙壬午春,弦續又死,予以不得訃,不能哭。暨冬,而雪岫即以其年死於官。是時,予大病幾死,未知也。越明年,孝子渡江持狀,請所以題其墓者。……君諱烺,字子闇,明太常卿楚畹公之孫也。……君生於崇禎十四年九月二十日,卒於康熙四十一年十一月八日,受年六十有二,以前一年十月,由貢士敕授儒林郎,湖州府儒學訓導。"

是年前後,與張于康論九宮法。

《書六·答張鶴門論九宮書》:"昨説九宮法,不能罄析,蒙并示陳君蘊先所詢札,覺有未盡然者。據云世所傳九宮之法,蓋就一、二、三、四、五、六、七、八、九數而依次遞數,以一居一,二居二,三居三,四居四,九宮皆各居本數者。……要之,九宮八卦,原不并用,况紫白尤九宮法之邪説,古無是也。請以是質之知者,或不謬也。"

張于康,字鶴門。生平不詳。

是年前後,爲丁文衡賦集作序。

《序三十二·丁茜園賦集序》:"丁子茜園胸有卷帙,其於載籍根柢,多所究竟。故爲詩爲賦,皆一往奮發,有自得之致。循其流而溯其源,滔滔蕩蕩,因之取《賦體》一卷,屬予論定。"

丁文衡(1653—1723),字公銓,又字乃清,號茜園,浙江錢塘人。著有《湖上詞》《說狐》。(汪惟憲《積山先生遺集》卷三)

是年前後,爲盛玉符詩作序。

《序三十二·盛玉符詩序》:"及避人吳中,吳中人藉藉稱玉符盛子所爲詩。予亟索觀,不可得。暨乎赴都,同館沈學士道玉符詩佳,時老友西疇在坐,實其狀。……會玉符以禄仕司鐸大雷,不數數相見。"

盛玉符,生平不詳。

是年前後,爲孫眉光詩作序。

《序三十三·孫肖夫詩序》:"肖夫詩質本大雅,不屑俚諺,而意境空闊,所至無局步。……往謂肖夫有家學,其尊人元襄先生豪於藝文,向嘗見其遺稿,祇論、序數篇,而學術之洽,器識之廣,上下千古之充斥,無一不備。今肖夫工雜文,兼長於詩、賦諸體,而第以詩論,亦似有卷帙之氣溢乎言問。"

是年前後,爲張汎《地理心書》作序。

《序三十三·地理心書序》:"《地理心書》者,張子禹臣所著書也。……因之地理一門,肇於東晉,而盛行於宋之南渡以後。……張子禹臣知其然,謂撥沙表竹,言人人殊,景純仲祥,動多荒誕,亦顧其心何如耳。於是著地理數卷,而顏曰'心書'。"

是年前後,作《寧晉邑侯去思碑記序》。

《序三十三·寧晉邑侯去思碑記序》:"邵君二峰之宰寧晉也,吾壹不知其居官何等也。其治行在人,人能言之,吾不能壹壹而疏布之也。乃計其受事之日,裁數稔耳。自下車以至乞疾,裁轉轂間耳,迄于今,相距已七年矣。邑之人尚能思其人,念其平生,咏嘆其所行……彙諸所咏歌,合爲之文,以傳於不壞。……邑之思君,其得之去後如此,吾故樂題其請,以爲世之爲吏者勸焉。"

邵錫榮,字景桓,號二峰,浙江仁和人。遠平子,錫蔭弟。歷官寧晉縣知縣、安義縣知縣。著有《就山堂集》《二峰集》《西江游艸》。(阮元《兩浙輶軒録》卷十五)

是年前後,成《經問》十八卷及《經問補》三卷。

永瑢《四庫全書總目提要·經問提要》:"毛奇齡說經之詞,其門人録之成編。皆一問一答,故題曰'經問'。其後三卷,則其子遠宗所補録也。……至其中所排斥者,如錢丙、蔡氏之類,多隱其名,而指名而攻者,惟顧炎武、閻若璩、胡渭三人。以三人皆博學重望,足以攻擊,而餘子則不足齒錄。其傲睨可云已甚。……而其以辯才求勝,務取給一時,不肯平心以度理,亦於是見之,可謂皮裏陽秋矣。然以馬、鄭之淹通,濟以蘇、張之口舌,實足使老師宿儒變色失步,固不可謂非豪傑之士也。"

王熙卒。徐嘉炎卒。高士奇卒。葉燮卒。

【時事】　正月,康熙帝第四次南巡,三月還京。十月,康熙帝啓程西巡。

清聖祖康熙四十三年　甲申(1704)　八十二歲

二月,邵遠平重訂高祖經邦《弘道錄》,爲作序。

《序三十二·弘道錄序》:"弘齋邵先生儒者也,由八比起家,而以弘道爲己任。方其入解,即以赴部舉人上武宗皇帝疏,約二千言。及成進士,而世宗入繼,又復上陳八事。……先生以爲既不能行道以弘道,亦當立言以弘之,乃著三《弘》集,曰《弘道》,曰《弘藝》,曰《弘簡》。……乃文孫戒山先生,亦以八比起家,既已成進士,讀書中秘,出之爲江介宗師,抑復以力學舉制科,重侍講筵,作東朝保傅。於以揚世德之駿,誦先人之芬。……乃校《弘藝》《弘簡錄》,而續其未備。而至於《弘道》,則踵事增華,隨類加訂。其引據既該博,而考辨論析,往往折群書之奧,執兩用一,必至精至,當以補前人所未盡。此固古今上下闡明性教一大錄也。會天子念河功未成,特簡先生理南河,於負薪之餘,重爲檢校,既已成一家之書,而復刊行之,爲天下後世所矜。"

按,清康熙四十三年重刻邵經邦《弘道錄》卷首載先生序,末署:"康熙四十三年仲春月,蕭山後學毛奇齡拜手謹題,時年八十有二。"

德惠祠修復,先生議還何舜賓、何競父子從祀原位,成《何御史孝子祠主復位議》。

《何御史孝子祠主復位錄》:"德惠祠者,蕭山湘湖報功之祀也。宋邑令楊龜山先生,以開湖首功,早有專祠,賜名'德惠'。而明鄉官魏文靖先生恢復湖利,鄉人合詞請於朝,得并祀之。既而何穆之先生,由御史還里,清復湖占,竟致身死。而孝子邦直先生報仇伏闕,使全湖所占,一齊并復。此在正德十二年以後,從祀至今,未之有改。其所以未經請敕者,以袝祀禮殺,非正典,不必請也。第其時祠本面湖,東設而西向,傍有三楹,各道南書院者,則別祀楊、游二主於其中。因當時游定夫先生爲蕭山尉,與楊公皆程門高弟,故有合祠、分祀之舉,與報功無涉。而其後書院先圮,在崇禎末年,暫移楊、游二主與何公父子二主,合四主并列,皆東設西向,栖於楊、魏二公之像之左楹石桌上。至本朝順治間,猶四主儼然,此在長官致祭時,通國大小皆見之也。既而祠、院并圮,則然後移兩像四主而統寄之儀門之傍,此大不得已之事。今幸修復,則自當仍還舊貫,袝二何先生兩主於兩像之傍,而楊、游二主歸之書院,此固無容擬議者。而乃返像於祠,返二主於書院,而獨遺兩主,暴棄門側,已爲可怪。項聞祠生魏啓賢并生員魏憲尹具詞本縣,似有不甘於二何公之祀者,則可怪尤甚!夫此祠本蕭山公祠,并非魏氏家廟也。魏配楊祠,而楊氏子孫不得争,豈有何袝楊祠而魏氏子孫得争之者?且此袝祀非今日始也。……某等公議,但請以原祠之主復原祀之位,此因無容申請者。儻必欲申請,乞將此議并申各憲,以效當時鄉人請祀之例。此議。"按,德惠祠,原稱楊長官祠、龜山祠,位於蕭山縣湘湖之東。悔堂老人《越中雜識》曰:"德惠祠在西門外净土寺山麓。宋縣令楊時開湘湖,民感其惠,立祠祀之。明邑人尚書魏驥亦有功於湖,有司請於朝以配享。後又袝祀邑人御史何舜賓、孝子何競於左楹,春、秋致祭。"

五月初八,德惠祠祠生魏啓賢不甘何氏父子袝祀,具詞至縣,先生與之訟於官。

《何御史孝子祠主復位録》:"蕭山德惠祠,在明成化二年,敕祀宋邑令楊公於其中。至弘治改元,增配鄉官魏文靖公。而正德之末,又袝祀何御史孝子於祠之左楹。自明代迄今,未嘗改也。今祠宇久廢,將中楹兩像與左楹兩主同寄之儀門之旁,蒙邑侯鄭公詳憲修建,頓還舊觀。先妥兩像於中楹,而兩何公舊主尚留門側,鄉人正謀迎還原位,而魏氏子孫有争之者。因之合縣鄉紳士民共二百余人,齊集公堂,連名具詞。……行當勒石祠側,垂范萬世。先節録大概,略具始末,以爲他時修復諸舊典之據,因將批語公議并録於左。康熙四十三年五月初八日,合縣紳士毛奇齡等二百五十七人具詞。"

五月十二日,蕭山縣令鄭世琇至德惠祠,復何氏父子祠位。

《何御史孝子祠主復位録》:"邑侯鄭公……遂於康熙四十三年五月十二日親詣祠堂,率合縣鄉紳士民等升復原祠之主於原祀之位。九鄉男女,歡呼感激。"

有書復釋元弘。

《書七·復高雲和尚書》:"僕之所僦在杭州,公在高雲葛洪嶺,非相見所也。第隔江日久,不無憶念,舊冬卧病,幾乎永訣,夢寐之勞,雖至人或不免耳。聞人居士望公久,春又過半,湖上風物漸就暄暖,山中雖苦寒,想可解衲,何時惠來?"

秋,伏熱幾死。

　　《書六·答蘭溪唐廣文翼修書》:"癸未冬,感寒,幾死。昨秋,又伏熱幾死。"

季秋,爲王奂《倚樹堂詩選》作序。

　　王奂《倚樹堂詩選》卷首先生序曰:"吳江王子晦夫好爲詩,其於漢魏、三唐多所研索,而憂悲喜愉一見之於詩,顧詩在自爲而已矣。……康熙癸未季秋,西河毛奇齡大可氏題。"

　　王奂,字維章,號可庵,又號晦夫,江蘇吳江人。著有《可庵詩鈔》《倚樹堂詩集》。(同治《蘇州府志》卷一百三十八)

十二月,魏憲尹具何氏父子私衬德惠祠十謬辨議,控之提督學院靳讓,先生依條答之。

　　《何御史孝子祠主復位錄》:"本年十二月,生員魏憲尹又控之提督學院靳,批縣查繳,且勒一書册,題曰'何御史父子私衬敕賜德惠祠辨議十謬',因依條答之如左。"

　　按,據雍正《浙江通志》卷一百二十一,康熙四十三年至四十五年,靳讓任浙江提督學政。

答李塨問樂舞。李塨甚喜。

　　馮辰《李塨年譜》卷三"甲申四十六歲"條:"河右書至,答問樂舞也。八十二歲矣,詳辨精核。先生把玩甚喜。"

爲徐留詩作序。

　　《序三十二·徐沛師詩序》:"及交沛師,則又以予還山晚,在沛師亦非盛年,而予竟頽然老去。屈指崇禎己卯,與先生角試場文,真隔世事也。……沛師讀父書,其於辭賦諸雜文無所不工。而即觀其詩,蓬葐燁煜,奮筆而直前,所在辟易。世之以習俗爲轉圜者,其敢與之爭衡也乎?特是歲月易駛,向之論文於崇禎之年,自己卯至甲申,往來主客,而今又復遭其際。星紀一周,存亡兩世,雖欲不爲之興感,而豈可得焉?"

　　徐留,原名克堅,字沛師,浙江錢塘人。繼恩季子,汾弟。諸生。(潘衍桐《兩浙輶軒續錄》卷二)

爲徐賓《奇姓類考》作序。

　　《序三十四·奇姓類考序》:"吳門徐子南沙取其姓之奇者,編爲類而分以門部,題曰'類考'。"

　　按,吳農祥《梧園文鈔·西泠詩鈔序》:"吳門南沙徐先生好山川,即好朋友,所游皆突過黃初者。甲申,過武林,養病僧寺。"知徐賓本年至杭州，毛序當作於本年。

徐賓，字用王，號南沙，江蘇吳縣人。隱士。著有《歷代黨鑒》《南沙詩稿》《南沙文鈔》。（民國《吳縣志》卷五十七）

顧賓容八十，倩吳農祥代爲壽之。

吳農祥《梧園文鈔·顧賓容八十壽序》題下注曰："代毛大可，甲申。"

顧賓容，生平不詳。

約於是年，爲朱宬《鮑葉山莊集》作序。

朱宬《鮑葉山莊集》卷首先生序云："朱界淘先生爲維揚名士，予嘗讀其文而思之，及出宰諸暨，則固鄰邑長也。值予以儗杭，未及一見。逮見，而神采奕奕，顧盼傾四坐，私嘆一丘二縛，雖抑置百里，猶倜儻自著。乃未幾，而折腰不耐，遽拂衣去。……而予邑慕義，且有搜其詩以屬論定。謂先生縱解紼，豈無可以當盛名者？吾乃略治行，而祇論其詩古文。……先生號界淘，山莊鮑葉，得毋與柴桑有同畛者乎？……吾故序斯詩而并及之。"

按，文中有"拂衣去"語，知序作於朱宬去官後，據乾隆《諸暨縣志》卷十六，朱宬康熙四十任莅任諸暨，四十三任知縣爲趙佽，姑繫於此。

約於是年，爲吳靜及詩作序。

《序三十三·吳靜及詩序》："吳子靜及好爲詩，所至題郵畫壁，散作方幅，嘗介友人示予，并請予序。而予以剖析經學，弃之篋中已久矣。長夏臥床，始得卒讀其爲詩，而附以數語。"

吳靜及，生平不詳。

是年前後，邵時來先生七十，作文祝壽。

《序三十三·邵時來先生七十序》："而先生實躬逢之，友朋姻婭其屬予一言以稱慶者，屢且滿矣。……夫先生七十，不敢言老。"

邵時來，生平不詳。

洪昇卒。尤侗卒。閻若璩卒。顏元卒。邵長蘅卒。李柟卒。田雯卒。

【時事】　十一月，康熙帝以"《明史》關係甚大"，特爲修《明史》事作文一篇，曉諭諸臣。

清聖祖康熙四十四年　乙酉（1705）　八十三歲

自杭州歸蕭山城東草堂舊居。

《逸講箋》卷一："康熙乙酉，予東歸草堂。"

《續詩傳鳥名卷》卷一:"康熙乙酉,相距六十年,予東歸草堂。"

五月,爲吳震方《讀書正音》作序。

吳震方《讀書正音》卷首先生序云:"同年吳青壇先生由芸臺起家,進中執法,直聲震天下。而乃恬退二十年,大展其生平所學,一發之於筆墨。其所輯《朱子論定文鈔》,既已進呈聖覽,傾荷嘉獎。其餘著述等身,又復以字音失讀,輯《讀書正音》四卷。自一音异讀分類考辨而外,凡字音、字義有與音聲相離合者,更溯其源流,互相推暨。至於奇文秘字,則又因韵而分之,此與揚雄之《訓纂》、相如之《凡將》,有以异乎?……康熙乙酉夏仲,蕭山同學年弟毛奇齡老晴氏題,時年八十有三。"

吳震方(1642—?),字又超,一字青壇,浙江石門人。康熙十八年(1679)進士,授翰林院編修,後官陝西道監察御史。罷歸。四十二年(1703),康熙南巡,復職。著有《晚樹樓詩稿》《讀書正音》《嶺南雜記》,輯有《朱子論定文鈔》。(阮元《兩浙輶軒錄補遺》卷二)

章世法輯先生講《孟子》"不動心"章,成《逸講箋》第一卷。

《逸講箋》卷一章世法識語:"往從杭州肄業師門,第聽無問,乃忽避席去,西游咸陽者如干年,暨還,而先生已東歸草堂。會田子易堂返自嶺表,道遇於西陵渡口,遂偕之同謁草堂,一宿遽別。越數月,再過,值先生卧病,流連榻前。夜檢按左,因得先生日前所講《孟子》'不動心'章散紙,讀之憬然,急思次第之,而中有闕漏……不敢輯也。既而詢述齋世兄,謂先生所講,原止於此,且亦以不曾究竟,故弃置勿録。予思聖學難明,善喻易失,千載長疑,一言得雪,涪漚雖微,抑亦學海一駭渤也。因手録一過,重加編摘,題曰'逸箋',以箋者減書之名耳。世法識。"

侄文輝輯先生講《論語》疑義,成《逸講箋》第二卷。

《逸講箋》卷二毛文輝識語:"予從京師還,值先生東歸草堂,學人有以《論語》疑義爲問者。先生謂:'《論語》無傳注,誰則解之?'予竊聞其言,而憬然於心。嘗考《論語》立學,惟漢安昌侯張禹作《論語》論説,盛行於時。外此,則劉向、夏侯勝、蕭望之、韋賢父子,各有訓解,然見者甚稀。自晉何晏作《集解》,專取孔安國、馬融、鄭玄、包咸、王肅、陳群、周生烈諸注,間參以己意,而前儒所説早已不行。顧其書雖零散,猶間有存者,且隋、唐以降,踵事者尚不乏也。自宋朱氏《集注》出,盡掃前説,而元時取士,單用一家言,勒爲功令。凡漢、晉、隋、唐諸儒説與《集注》不合,蕩滌無剩,即其書亦并滅焉。今贅疣炱炱,不絶如綫。祇此《十三經》一書,不能盡毀,所得與《集注》對峙,存而不論者,惟《集解》耳。乃先生甚薄其書,比之王弼之注《易》,揮斥勿道。惟恐學生不察,以將廢之物復加弃擲,即糜碎矣。因撿先生所著《論語》諸說,除兩家得失所已辨外,偶舉其彼此相忤如水火黑白勢不兼立者,間以竊訊,而錄先生所答語。會同學章生輯《逸講箋》,急疏爲六條,竊附其後……且益以見前儒所言,倍當矜惜,即識學庸淺如何都尉,猶有比較焉。而寧取彼不取此者,俗儒所云'秦人焚經而經存,漢人傳經而經亡',將并漢後說經幸而僅存者,總付一炬,其亦可以不必爾。文輝識。"

弟子唐彪遠貽書物,覆書答之,兼寄《經集》四函。

《書六·答蘭溪唐廣文翼修書》略云:"某崦嵫之歲,又三經大病。癸未冬,感寒幾死。昨秋,又伏熱幾死。今則寒暖交煎,目不辨黑白,心數不能記一二,居然一廢人矣! 惟懼首丘無地,急還蕭山,洗藥城東舊廬者已及半年。乃遠荷書問,且貽我多物。……拙著《經集》四函,藉使呈教。諸俟另寄。"

清廷詔免浙江全省稅糧,浙民歡抃,繪圖傳觀,爲文記之。

《碑記十一·浙江三郡望幸圖記》:"我皇上車駕所屆,勞民疾苦,觀風俗厚薄……父老扶杖來觀者加以咻噢,高年者賜粟帛,在籍去職官咸復其職。然且捐租之詔屢下,至於再,至於三,兩浙已被賚,而兹復特攤額課,於四十四年正供概賜蠲免。……恩詔初下,兩浙七十二州縣皆歌咏載道,作《迎鑾賦頌》。而浙東三郡父老子弟悉銜尾叩縣門,拜聖恩訖,乃復出西陵渡口,北望舞抃……因有繪爲圖以傳觀者……今幸矣,可以望矣,恩之至,亦望之至矣,因題曰"望幸圖",而并爲之記,臣毛奇齡誠歡誠忭稽首頓首謹記。"

弟子李鳳雛任曲江縣知縣。

同治《韶州府志》卷五《職官表》:"(曲江知縣)李鳳雛,浙江東陽人。拔貢,四十四年任。"

爲李鳳雛《梧岡詩集》作序,蓋在此際。

《序三十四·東陽李紫翔詩集序》:"予早知東陽有李子紫翔,以舉文見知於時,時之誦其文者咸稱之。而予獨謂其有古學,嘗竊觀其論《春秋》策書,按時度物,其於三家之是非,多所考駁。即妄附謬說如予者,亦且一一正定之,此不可謂非當今有學之一人。乃相見投贄,祗以所著詩篇若干卷示予。"

李鳳雛(1655—1724),字紫翔(一作子翔),號梧岡,又號仙驛狂奴,浙江東陽人。振聲子。幼承家學,弱冠即精於詩。以教習期滿,授曲江縣知縣,一年後落職,發配五仙驛爲徒。著有《春秋紀傳》《梧岡詩集》《叩心集》《梧岡隨筆》。(阮元《兩浙輶軒錄》卷十一、道光《東陽縣志》卷十八)

章大來質《經問》,作書答之。

《書八·復章泰占質經問書》:"僕雖不才,門下尚多人,然皆文章士也。……而東陽李紫翔則長於《春秋》,其作《春秋》諸紀傳,久已行世。今且爲潮陽令去。"

蕭山教諭徐琮、訓導謝嗣暉等重修縣學,作文記之。

《碑記十一·重修蕭山縣學碑記》:"邑之修學在二十年前,其時縣侯姚君以記文屬予,貽書京師,而予爲應之。今予甫還里,而文廟榱桷,聞有闕於蝕嚙者,兩廡且瓦豁,仰見星日……完石徐先生與昌亭謝先生秉鐸於茲,力能以文教啓迪才士。"

按,《蕭山縣志稿》卷十二《學校》:"(康熙)四十四年,教諭徐琮、訓導謝嗣暉、邑人毛奇齡等重修。毛奇齡有記。"

乾隆《蕭山縣志》卷二十:"(國朝教諭)徐琮,永康人,康熙四十二年任。"乾隆《烏程縣志》卷四:"謝嗣暉,蕭山訓導。"

與莫時荃同觀鄭元慶《婚禮經典參同》《喪禮經典參同》,因作《釋二辨文》。

《釋二辨文》:"予歸草堂,與莫子蕙先觀歸安鄭芷畦所寄《婚禮經典參同》,謂'士婚禮于請期'一條,有云:'惟是三族之不虞使某也請吉日。'注:'三族是父母、兄弟、子,言幸無此三族意外喪服,可以擇吉行嫁娶禮,據此文,則三族衹身族上下,斷非父族、母族、妻族之說,何則? 以母、妻黨服僅功、緦之末,不礙嫁娶也。況六經稱九族,皆注高祖至孫之親,并不傍及親黨,豈有三族反傍及者?'其說甚善。……古叔嫂無服,至唐初變制,始有小功之服,見《開元禮》。此在學禮家皆能言之。近歸安鄭芷畦作《喪禮經典參同》,疑《士禮·喪服記》,有云:'夫之所爲兄弟服,妻降一等。似夫爲兄弟服期,而妻降大功,爲從兄弟服大功,而妻降小功類,如是,則叔嫂有服矣。將欲據此文,一雪從前言禮之誤。'予與莫子蕙先見而疑之,謂《士禮·大功》傳明言叔嫂無服,且故爲問答以著明之,豈有一傳一記自相矛盾之理?"

約於是年,爲《應和堂試文》作序。

《序三十四·應和堂試文序》:"今予歸城東,而比鄰數武,補之者三人,曰莫東怡,曰張南服,其一則予宗來初也。三人同有聲,試必同列,且同出於莫子蕙先與英仲應和堂之門,而東怡爲英仲子,且冠軍焉。"

姜之琦卒。

全祖望生。

【時事】 二月,康熙帝第五次南巡,閏四月返京。

清聖祖康熙四十五年　丙戌(1706)　八十四歲

春,修書李塨,勉其努力科場。

　　馮辰《李塨年譜》卷四"丙戌四十八歲"條:"晤毛姬潢,得毛先生手書,曰:'南北睽隔,艱於相通,每有記憶及思量告語者,輒掩卷太息而已。足下於禮樂大事,皆洞徹源委,發漢、唐以後未發之秘,實先聖先王所繫賴一大人,不揣一日之長,實所愧心。聖道聖學,全在《大學》誠意,《中庸》誠身,《論語》一貫忠恕,《孟子》反身、强恕盡之。斷勿爲宋儒主静等説所摇惑,則直接孔孟矣。只聖賢重事功,兼重仕進,《論語》節節可驗。則八股雖陋,然借此可以出身行道,努力科場,非分外事也。勉之勉之。'"

春,嗣子遠宗中進士。正考官吏部侍郎李録予,副考官工部侍郎彭會淇。

　　雍正《浙江通志》卷一百四十二:"(康熙四十五年丙戌科王雲錦榜)毛遠宗,蕭山人。"法式善《清秘述聞》卷三:"(康熙四十五年丙戌科會試)考官吏部侍郎李録予,字山公,順天大興人,庚戌進士。工部侍郎彭會淇,字四如,江南溧陽人,丙辰進士。"

弟子方桀如中進士。

　　雍正《浙江通志》卷一百四十四:"(康熙四十四年乙酉科)方桀如,淳安人,丙戌進士。"

夏,兒遠宗携李塨《大學辨業》《聖經學規纂》歸。

　　馮辰《李塨年譜》卷四"丙戌四十八歲"條:"(李塨)拜讀先生來教,八十四歲猶然蠅頭細帖,核博精明,與十年前一範,知長爲斯道津梁也。許塨以禮樂洞徹原委,不敢當。至勉以誠意、强恕,勿爲主静等説所摇,敢不佩服。塨《學樂》書已成六卷,《學禮》則郊社、禘祫、宗廟、田賦、士相見、冠昏、喪祭,各有論著十五,本之傅習、主静等説,不敢習誤,已有剖晰,具《大學辨業》《聖經學規纂》内,今呈教。"

讀李塨《大學辨業》,作《大學辨業辨》申明己説,成《逸講箋》卷三。

　　《逸講箋》卷三卷首樓宅中識語:"先生以古本《大學》刻行人間,雖未加訓注,而大概立説,總於'格物'二字三致意焉。蠡吾李塨受《大學》去,至康熙丙戌,先生子遠宗與同年馮文子從京師歸,携其所寄書來,中有《大學辨業》四卷,係刻本,則其所著書也。其文則猶是所受古本,而格物大旨頓乖舊義,同門發其書,以爲叛教,嘩然而起,先生曰:'安之,此恒事也。董江都亡後,其弟子守其説者惟東平嬴生耳;南陽尹敏初亦受歐陽《尚書》,既改受古文,而人不之怪。予何人斯,敢謂天下人必從吾説?況吾于《大學》復舊本已耳,原亦未嘗立説也。又況李生非叛吾教者,彼不過自返其初服而已。當其不遠數千里踵門來謁,似極有志。弟揣其意,似欲拉其業師博陵顏元之學,冀移易天下。予乍聞其説《四存編》大旨,似欲呈其書,予遽阻之,李生怏怏而退。今所刻《存性》《存學》,其二也。既而從予受律吕,受《尚書》,受《易》,及婚、喪、祭禮,幡然而改,盡捨所學而從我。且請予文表其尊人孝愨先生之墓,中有孝愨與習齋學術相齟齬處,請略爲指出。予文久行世,可驗也。暨歸一年,而書來請業云:古本《大學》説格物只量度本末,似少實際,堘擬以《周禮・司徒職》三物之教當之,似德行、道義較有把握,恐《大學》教人成法,只得如此。此即陰行習齋説也。予隨答之云:《大學》實際全在誠意,觀古本于'誠意'章歷引諸經,歸之'知本',則凡於'緝熙敬止'即是六德,'止孝止慈'即是六行,尚安有德行、道義在誠意前?夫不從古本則已,既從古本,則本文自有'物'字,'物有本末',明指明、新。若更添一物,則仍須改補而後已。三物與天下之物,無異也。其説折去已久,今彼重理前説,要其是夙習不以忘,非有他故。只其中引據,俱襲予《證文》一書,而又不著所出。且其説亦終有貽誤處,恐他日不諒,或以爲毛氏之學原是如此,則不可不爲一辨。《存性》《存學》則習齋之書,何與於我,而煩嘵嘵爲?先生説如此。先生臥病,遠宗與馮文子同發其書,使宅中録先生口語以示大意,只取意達,不務周悉。獨其後有辨六藝、辨兩學二段,實千古經術所厚係,將附入《逸講箋》卷。惟恐倉卒成就,多有未經檢核處,須同人集草堂時再訂正之。宅中識。"

按,錢穆《中國近三百年學術史》第五章《顏習齋李恕谷》:"一時學人,好牽引自重,恕谷筆墨之間,亦未能免。其爲《大學辨業》,遍請當時名士爲之題辭,而無毛大可,蓋已成嫌隙矣(原注:恕谷寄《辨業》於大可,在康熙丙戌,是後即無往回;大可之死,亦不見於《年譜》,則兩人固隙末也)。"錢穆"是後即無往回"語不確,本年以後,李塨與毛奇齡仍有書信往復,見後譜。

爲甘肅布政使朝琦《松岑集》作序。

《序三十四・甘州行省朝勿齋先生松岑集序》:"《松岑集》者,朝勿齋先生所著詩也。先生詩早行海内,予嘗序東陽李紫翔集,每見先生唱和詩,而心儀久之。乃先生以三輔分刺兼督理河務,爲天子所嘉賴,遂由參知行省出巡邊衛,開牙於酒泉、張掖之間。而家弟之子甘州軍司馬,其屬官也。因出所著詩，不遠萬里，使驛予而命之以序。……今皇上書'松岑'二字，賜之先生，而先生即奉之以名其集。"

乾隆《甘肅通志》卷二十八《皇清文職官制》："（布政使司布政使）朝琦，滿洲鑲黃旗人，康熙四十三年任。"

胡渭《易圖明辨》刻成，有所條論。

《經問》十四："今胐明吾故交，當日在益都師相宅曾爲主客。乃以辨《易》圖是非，謬及予著，予忻慰實甚，謂從此可以覘吾所學庶幾改悔，而披讀再三，似乎不能無誤者。謹就其所辨而條答如左。……祇恐譊譊無當，徒費筆札，爲聖學羞，則終望乎良友之訓正也已！"

約於是年，章大來父晉雲六十，作文祝壽。

《序三十四·會稽章晉雲壽言錄序》："予與章子泰占游，深信泰占之爲人，博通經術，而工於操持，其作古今文，久爲斯世所矜式。……乃聞其尊人晉雲先生席世閥之餘，高蹈自喜。……今年八月，先生方六十，泰占思乞言以慰親心，而羈遲白門，屆期始得歸。"

是年前後，爲高介石《先正小題選》作序。

《序三十四·先正小題選序》："予友高介石先生博學强才，少年主藝林，即以舉文雄於時。近方選古文行世，而間及書義，因遴取《先正小題》爲之嚆矢。"

高介石，生平不詳。

趙吉士卒。

【時事】 二月，康熙帝巡視京畿。十月，免山西、陝西、甘肅、江蘇、安徽、浙江、江西、湖北、湖南、福建、廣東各省康熙四十三年以前未完成丁銀。是年，工部尚書王鴻緒密奏户部銀庫侵蝕之弊。

清聖祖康熙四十六年　丁亥（1707）　八十五歲

與毛遠宗、毛文輝、章大來、樓宅中、朱樟、陳佑講《中庸》，諸弟子記其語，成《中庸説》五卷。

《中庸説》卷首毛遠宗識語："《中庸》一篇，漢劉向輯入《禮記》中，而馬融、鄭玄編之爲四十九篇之第三十一。舊傳爲子思作。唐陸德明《釋文》謂'孔子之孫子思作，此以昭明祖德'是也。但其書舊已專行，《漢·藝文志》有《中庸説》二篇，《隋書·經籍志》有《中庸講疏》一卷，爲梁武帝所撰，今不可考矣。特當時輯經者，曾抽《大學》《中庸》二篇，并《論語》二十篇、《孟子》七篇,合稱'小經',而有宋因之,遂改名'四書'。然自鄭氏注《大》《中》、何晏作《論語集解》、趙岐注《孟子》外,無有作'四書'傳者。唯朱子元晦撰《大》《中》二傳,名爲《章句》;又作《論語》《孟子》二傳,别名爲《集注》。原分兩書。自元仁宗朝創八比法,用朱子《章句》取士,直删去《禮記》中二篇,而僅存其目;且合朱子《章句》《集注》爲一書,而於是舊文、舊傳皆茫然焉。先生歸田後,擬注'四書',而冉冉不逮。至兩遭大病,首丘念切,因葺城東舊草堂,而還栖其中。足痺不外出,口語呿呿,痛故友淪亡,無可語者。會會稽章泰占以喀血從白門還,與同邑樓象明、家充有甫作主客,而嘉興陳自曾、杭州朱鹿田并相過問,因於早食之頃,請先生略説《中庸》。而象明、泰占皆各有質難,并各記其語。顧記紙零落,弃置籮中,又一載餘矣。……會天子南巡,儒生有學者多獻經説,即昆山徐氏《經解》數百卷,總收入秘府,其廣大不遺如此!因於朝行在還時,復理前事,與泰占、象明記先生所説,略存其概,以留講會之一綫。特《中庸》禮書,其中言禮諸章,先生另爲説。以爲《中庸》言道,猶五臟也,其言禮猶四肢也,未有四肢不識而反能識五臟者,因別録二卷,今并輯入,合五卷。……遠宗識。"

《四書索解》卷四:"及予歸草堂,距向主客時越二十年。及門以予病,請予説《四書》不可得,會會稽章泰占、嘉興陳自曾來,堅請予説《中庸》,因及'朝聘'句,重理其説,且較諸經及漢、唐儒解此者。"

五月,黄景韓重刻駱賓王《臨海集》成,爲作序。

駱賓王《臨海集》卷首先生序:"《臨海集》者,唐義烏駱賓王集也。……今同邑黄君景韓不忘前烈,凡其家之先達與此邦賢哲,皆表其已行,而修復其所未備,因之以厘訂之餘,較及臨海。……景韓有志,能傍及他縣,盍亦發其微而表著之?康熙丁亥仲夏月,蕭山毛奇齡老晴氏題於書留草堂,時年八十有五。"

黄景韓,生平不詳。

八月,李塨有寄書。

李塨《恕谷後集》卷四《上毛河右先生書》:"自丁亥八月書候先生清祉,伏處僻鄙,不通信息。"

十月,爲姚炳《詩識名解》作序。

姚炳《詩識名解》卷首先生序曰:"錢唐姚子彥暉生秉异才,嗣其世父首源之學,與其兄魯思俱以經生高等發明經術,其所著不一名。而彥暉于説《詩》之餘,就夫子所言,分勒鳥、獸、草、木爲四部,合十有五卷,題之曰'詩識名解'。其考據之博,辨析之細,雖名物而義行其間,比類所及,必與六藝相證明;然且因名責實,舉漢、唐諸儒所廣稽而參辨者,皆一一榘理而刊定之,誠《箋》《傳》後一要書也。……康熙丁亥首冬,蕭山毛奇齡老晴氏題于城東之書留草堂。"

《續詩傳鳥名卷》卷首:"康熙乙酉,相距六十年,予東歸草堂。鄰人吳氏曾錄予《傳》末《鳥名》卷,而其人已死,有子,儒者也,懷殘卷返予。而紙濕編絶,文亦脱落,無所用。會錢唐姚彦暉携所著《詩識名解》請予為序。其書甚審博,讀而有感。"

重理《續詩傳鳥名卷》三卷。

《續詩傳鳥名卷》卷首:"予乃踵前事,藉及門之近居者莫子晴川、張子風林各為予捉筆,取殘卷而重理之,并列朱注於行間,且辨且正,名之曰'續詩傳鳥名卷'。夫少續《詩傳》,暨老而僅續夫《傳》末之《鳥名》以為卷,雖鳥名難知,然益以見夫少當學《詩》,恐遲暮而反不足焉。"

毛遠宗輯先生《經集》及講錄有關"四書"條,成《四書正事括略》八卷。

《四書改錯》卷一:"康熙丙戌,予東還草堂,以年逾八十,不能著書。兒子遠宗偕兄子文輝從京師歸,與門下張文彬、文楚、文藝兄弟輯予《經集》中有為'四書'注作駁辨者,合之作《正事》一書。先正其名物、文藝、禮制、故實,有闕其義於有待,以為義繁而事簡,第正其簡者,且又不盡其刊正之力,謂之'括略'。"

《四書正事括略》自序曰:"暨垂老歸田,門生、兒子復以立學官經注説事有誤,輯予近年所論著,為之'正事'。夫立學經注即八比功令,所見行縱有誤,亦何用刊正而正?……西河毛奇齡老晴氏,八十五歲。"

《四書正事括略》序目載:"西河先生歸草堂,不能著書,嘗輟食嘆曰:'吾欲作《論》《孟》傳,一刊事理之誤,而不可得矣!'會嗣子述齋隽南宫還,思以娱親,偕兄孝廉君,翻先生《經集》,摘其事理可刊正者,而置説理於有待,曰理賾不勝舉,且是否可各執,惟事有一是而無兩可,因而刊之曰'正名''正文''正禮制''正故實'而統曰'正事',合五卷,凡一百六十九條。"

按,《四書正事括略》原為五卷,後續有六、七兩卷,補前所未備,又附錄一卷為主客問答之語,故《四書改錯》序目唐彪言及此書為八卷。後先生對《四書正事括略》八卷增損移易,成《四書改錯》一書。

姜兆驊卒。李鎧卒。博爾都卒。

【時事】 正月,康熙帝開始第六次南巡,五月返京。十一月,因江、浙旱災,免兩省康熙四十七年人丁銀。

清聖祖康熙四十七年　戊子(1708)　八十六歲

正月,爲姚之駰所輯《類林新詠》作序。

《類林新詠》卷首先生序:"。及再巡,而魯思是書適成,裝潢完好,并墨搨自篆《千文》一部恭進行在,自大學士下,凡扈蹕諸文學咸嘖嘖交薦。皇上溫綸亟稱焉,留書南書房,以備乙覽。……康熙戊子端月,西河毛奇齡老晴氏敬題于書留草堂,時八十六歲。"

六月四日,師盧宜卒,年八十,爲志墓。

《墓志銘十六·皇清敕封文林郎弗庵盧公墓志銘》:"公卒於康熙四十七年六月四日,距生崇禎己巳五月二十五日,享年八十。……公諱宜,字公弼,又字弗庵。函赤者,五十字也。"

七月,爲周起渭《稼雨軒近詩》作序。

周起渭《稼雨軒近詩》卷首先生序:"貴陽周先生以揽天之才,力持大雅,其於'四術''六教',凡與經學有發明者,悉究極根柢,不詭流俗。至於爲詩,則興比互進,情文兼生,古可追魏晉,而今體聲律總不出神、景、開、大之間。……前此乙酉鄉試,先生奉簡命主文兩浙。……康熙戊子秋七月,蕭山同館弟毛奇齡漫題於書留草堂,時年八十六歲。"

周起渭(1665—1714),字漁璜,一字載公,號桐野,貴州新貴人。康熙二十六年(1687)中舉,三十三年(1694)進士,改庶吉士。散館,授翰林院檢討。四十四年(1705),充浙江鄉試正考官。四十六年(1707),提督直隸學政。後官詹事府詹事。工詩,其詩以"奇""新"著稱。著有《桐野堂詩》《稼雨軒近詩》等。(道光《貴陽府志》卷七十六)

作《請罷修三江閘議》。

《議三·請罷修三江閘議》:"月日關到,以三江閘改修等事,蒙兩臺發勘,敕藩、憲親詣閘所,勘驗應否。其合行合止,諸一切事宜,自具驗狀,何庸下議?乃猶發憲票,仰山陰縣關請俯詢,忝在治末,安敢不略伸管見,以上副上憲急切爲民至意?愚竊以爲三江一閘,關繫極大,其應修與否,似未可妄下斷語。而愚則斷曰:此不必修,且必不可修。"

按,此議題下注曰:"康熙四十七年,山陰居民有無賴者妄言閘座將圮,不經改修,必有坍圮崩塌之害。遂估計修費,需銀一萬三千五百八十六兩有奇,分派三縣。三縣大驚,本府上之督、撫兩臺,發藩、憲勘驗,且下憲票關請三縣鄉官會議。"

嘉慶《大清一統志》卷二百九十四："三江閘，在山陰縣東北四十里三江所城西門外，明嘉靖中知府湯紹恩建。凡二十八洞，名應宿。堤亙四百餘丈，蓄山陰、會稽、蕭山三縣之水。萬曆、崇禎間兩修之，本朝康熙二十一年修，嘉慶元年重修。"

成《四書改錯》二十二卷。

《四書改錯》自序云："四書無一不錯。謂四書五經爲六經，錯也。……然且日讀四書，日讀四書注，而其就注義以作八比，又無一不錯。人錯、天類錯、地類錯、物類錯、官師錯、朝廟錯、邑里錯、宮室錯、器用錯、衣服錯、飲食錯、井田錯、學校錯、郊社錯、禘嘗錯、喪祭錯、禮樂錯、刑政錯、典制錯、故事錯、記述錯、章節錯、句讀錯、引書錯、據書錯、改經錯、改注錯、添補經文錯、自造典禮錯、小詁大詁錯、抄變詞例錯、貶抑聖門錯，真所謂聚九州四海之鐵鑄不成此錯矣！聖天子知其然，已於甲辰、丁未兩科直廢八比，而惜諸臣依徊，無能爲仰承之者，以致因循有年，仍還故轍。……因取《正事》一書而條理之。而遠宗、文輝仍赴京師，三張兄弟以備書散去，老病臥床，日呼兒孫能書者口搜而使記之，題之曰'四書改錯'。……他日皇上南巡，當躬進此書，以丐聖鑒。否則藏於家，以俟門生、兒子之入獻焉。康熙戊子某月日。"

按，《四書改錯》從人物器用、天文輿地、典制禮文、稱謂引據、文體詞例諸方面批駁朱熹《四書章句集注》之失，針朱膏肓，起朱廢疾，在一定程度上消解了元、明以來士人奉爲金律的《四書章句集注》的權威性。凌廷堪《校禮堂文集》卷二十五《與阮中丞論克己書》："今蕭山《改錯》獨以馬氏'約身'之訓，而力辟劉光伯謬説，則所謂錯者誠錯，所謂改者必不可不改也，其有功於聖經爲何如邪！蕭山之著述等身，惟此書最爲典要可寶也。嘗謂蕭山之書如醫家之大黃，實有立起沉疴之效，爲斯世不可無者，其他可勿論矣。"李慈銘《越縵堂詩文集》卷六《書鮚埼亭集外編蕭山毛檢討別傳後》："西河之學，千載自有定論，無庸贅言。其諸經説，阮儀徵極稱之，謂學者不可不亟讀。凌次仲氏則謂：'西河之於經，如藥中之有大黃，以之攻去積穢，固不可少，而誤用之，亦中其毒。顧獨稱其《四書改錯》一書爲有功聖學。'予謂凌氏之言是也。西河經説，以示死守講章之學究、專力帖括之進士，震瞶發矇，良爲快事。若以示聰俊子弟，或性稍浮薄，則未得其穿穴貫穿之勤，而先入其矜躁傲很之氣，動輒訾罵，侮蔑先賢，其患匪細。此書成於晚年，頗於其前説有所訂補，其醇粹者十而七八，平心而論，固遠勝朱子之説。然時加以毒謔醜譏，自累其書，徒貽口實，爲可惜也。"劉師培《近代漢學變遷論》："有毛奇齡《四書改錯》,而後宋儒釋《論》《孟》之書失其依榜。"錢穆《中國近三百年學術史》上册第六章:"朱注'四書',自南宋以來五百年,元、明兩朝,奉爲取士之準,晚明以來學者雖有述朱、述王之异,然未有大張旗鼓以肆攻擊如西河此書之烈也。其傲睨之氣,縱横之辨,良足以振聾發聵,轉移一世之視聽矣。"由於清廷尊朱的立場已定,《四書改錯》在清代命運多舛,遭到了清廷和朱派學人的雙重圍剿:朱派學人群起駁辯,先後涌現出戴大昌《駁四書改錯》、洪人驊《毛氏四書説斥妄》、嚴可均《毛氏四書改錯改》、楊希閔《四書改錯平》、程仲威《四書改錯改》、胡集古《四書改錯辨》、邵東松蔭老人《讀四書改錯存疑》等批駁《四書改錯》的論著。光緒二十年(1894)六月,《四書改錯》排印本問世僅一年,河南學政邵松年即以詆毀先賢、有損正學爲由,奏請朝廷嚴禁此書。光緒二十四年(1898),《四書改錯》被列爲禁書。

與王源書信往返數札。

王源《居業堂文集》卷八《與毛河右先生書》:"京華拜别,迄今二十餘年,人才日以卑下……竊嘆宋儒承五代之衰,振興儒學,使人尚知孔孟當尊,而六經以傳,功固巨。但其學以性、天爲宗旨,自謂陵唐軼漢,不知陰壞於二氏。致儒者高談性命,不殊晋代之清言,絶無聖人經綸實學,坐視宇宙淪胥不可救,而害且遺於有明。曩讀先生《太極》《河洛圖書》之辯,固恍然於其病源之有在矣。源以燕市狂徒,竊恨聖人之道久不明行於後世,又不得其門而入。惟置近日程、朱、陸、王門户之學不講,獨從事於經濟文章,期有用於世。伏聞先生自屏迹林泉,絶意進取,窮經考古,振起千古聾瞶,一掃諸儒掩翳附會支離之説,發人所不能發,言人所不敢言,而傍引曲證,確乎有據不可易。源嘗欲負笈從游,沮於時,未獲所願。後交蠡吾李剛主,自言不遠數千里問業於門,得所未得。剛主故受學於博野顔習齋先生者也。顔先生乃盡洗宋儒之見,以六藝爲宗,而直溯唐虞、孔門教學之實。剛主所以聞風請正,非以所見有同然者乎?源於顔先生僅得執贄一見,而先生遂逝,所恃高山之仰爲斯道之依歸者,舍先生更何人哉?今在淮陰太守姚息園所,息園爲其先少保公求作神道碑文,故附達其區區。儻得一棹錢塘,獨拜床下,盡質其所欲言而聆緒論,以稍窺斯道之涯涘,應亦高明所不欲揮之門外者乎?《顔先生傳》并《年譜》叙文呈教,曩於剛主處見尊著經義甚多,千祈便中盡賜爲望,啓佑後學,想亦非所惜耳。源頓首。"同書卷八《再與毛河右書》曰:"天下無人久矣。如先生之學之才,豈特爲天下之善士?蓋與千數百年之傳人并驅而争先者,豈某阿其所好之言哉?實有所見,難爲纷纷俗子道也。前借淮使数行申意，旋接手教，恍启沈疴。愚谓宋儒於六经不爲无功，至所讲性、天，固知其沦於二氏，未尝以爲然也。然於传注之谬误，却未深究，以浅陋之学，习而安之，多以爲诚然。只囊爲友人修《合阳志》，合阳即洽阳也。朱氏谓後世洽水绝，因去水加邑爲合。按，洽水至今未尝绝，而合阳之名自秦至今未尝改，且从来引《诗》'在合之阳'，俱'合'字，非'洽'字也。《水经》并无洽水之名，'洽'字亦无水名之说。盖由唐人石经以'合'爲'洽'，故误传至今，方悟去水加邑，盖朱氏想当然之词耳。及读《正事括略》，乃知其误者果十八九也。嘻！苟非高明博雅，曷能一一证其非，使人不爲其所误哉？某近读《易》，著有《书易通言》六卷，谨录其叙并《太极说》呈教。自谓可附羽翼之末，不知其有当否也？千祈便鸿寄示，以定从违。外有《平书》三卷，论平天下之法，如取士、建官、兵农、食货之类，《前筹一得录》十二卷，论自周至元兴亡成败之故，但莫能致。明岁当一棹钱塘，独拜床下，悉陈其所学，一领启发耳。……汉儒以六经爲六艺，恐不若《周礼》爲确，独此一言，愚见尚未融合，请更质之。姚少保碑文闳巨简劲，方驾兰臺，非此不足以相发，某别爲一传，容书寄正。"

爲浙江学政彭始搏之父而述《读史亭诗集》作序。

彭而述《读史亭诗集》卷首先生序曰："开府彭禹峰先生，文章家也，而夙抱事功之志……以故丁申、酉之季，由名进士授百里，去官，非其志也。会遭丧乱，尽毁所爲文，啮齿杀贼……因之受英王之聘，开府贵州，大拓西南疆。……先生少以时文名，既以诗名，又既以古文词名，而时文蔑略。……康熙丙戌，先生之季子爲予同馆官，督学两浙。其文教之兴，得人之盛，变庸俗而振闿辟，与先生等。乃於竣试之暇，辑先生诗文，汇若干集，并若干卷，合而成之爲一书。……时康熙戊子长至後，萧山後学毛奇龄敬题於书留草堂，年八十有六。"

雍正《浙江通志》卷一百二十一："（提督学政）彭始搏，字方洲，河南邓州人。康熙戊辰进士。四十五年以右春坊右谕德兼修撰任。"

毛际可卒，遣兒远宗迎丧於杭之北关，应其二子所请，爲作家传。

《传七·诰封奉政大夫家鹤舫君传》："家鹤舫君讳际可，字会侯，予兄弟行也。……所著有《春秋五传考异》十二卷，《松皋文集》十卷，《安序堂文钞》三十卷，《松皋诗选》二卷，《拾馀诗稿》四卷，《浣雪词钞》二卷，《黔游日记》一卷。先是，君去官以後，二子士仪、士储皆以文章世其家，已对策天安门，各授试吏。……遂赴冀州署。无疾而卒，得年七十六。……予闻卦，哭於庙，复遣兒远宗迎丧於杭之北关。二子请予作家传，予何辞。"

按,吕履恒《冶古堂文集》卷四《毛鶴舫先生志銘》:"毛鶴舫先生,予父執也。……先生卒於康熙四十七年戊子。……先生生明崇禎癸酉,年七十六卒。"

吴農祥卒。潘耒卒。張英卒。

【時事】　正月,江浙米價上漲,嚴禁販米出洋。四月,山東巡撫趙世顯拿獲朱三太子。九月,以廢皇太子事詔告全國。

清聖祖康熙四十八年　己丑(1709)　八十七歲

正月,李塨至都,晤顧之斑,知先生身體尚健。

馮辰《李塨年譜》卷四"己丑五十一歲"條:"三原知縣顧之斑來拜,知毛河右先生尚健。"

李塨有書寄先生。

李塨《恕谷後集》卷四《上毛河右先生書》:"今己丑端月,至都,問貴省何氏,知杖履安適,舉手加額。特姬潢、充有兩世兄皆不在長安,無由細叩其詳。德壽雙高,益自調攝爲禱。《西河合集》已捧讀,不知近尚有著述否? 塨近著書曰《大學辨業》《聖經學規纂》《小學稽業》《閱史郄視》《田賦考辨》《宗廟考辨》《禘祫考辨》《郊社考辨》《學昏禮》《冠禮》《祭禮》《士相見禮》《學樂》《學射》《平書訂》《運心編》《學易》《中庸講語》《覽天主書辯》,於内聖外王之學,粗有端委,廓清後塵,遠宗古聖,但年亦五十有一矣。心性尚多浮動,身世每有過端。天下妄見妄聞者,亦妄有稱許,而或非其人,或愧於己,貧困如故,家累益煩,其終可行可明此道,未可知也;其終委之荒烟蔓草,未可知也。惟屓焉一身,無日不以帝天相質,無念不與天下萬世相流注,亦差可自對。至於道之明行,則斯世斯民所關,非我所能主。先生謂塨何哉?……《顔先生年譜》開雕,内載先生一小傳,王草堂亦附入。塨老母安健,已立三子。今春決不下場,并聞。"

八月,爲弟子王崇炳《金華文略》作序。

王崇炳《金華文略》卷首先生序曰:"金華自顔烏、許孜以後,多忠孝、節烈之士,而各有文章。……然而全文未易輯,而從前會粹,若《文統》《文憲》《文徵》《婺書》類,又多所闕軼。王子虎文起而選定之……虎文父子皆有學,其文致足傳,以視前賢,只接踵間耳。……康熙己丑仲秋月,西河毛奇齡老晴氏敬題於書留草堂,時八十七歲。"

王崇炳(1653—1739),字虎文,號鶴潭,浙江東陽人。貢生。著有《金華徵獻略》《金華文略》《學耨堂詩稿》《學耨堂文集》等。(阮元《兩浙輶軒録》卷十一)

歲末,爲陳至言《菀青集》作序。

陳至言《菀青集》卷首先生序:"會癸酉,與予兄子同榜舉於鄉,丁丑成進士,授庶常,遠近籍之。……予讀其舉文,稱善,因取其詩詞賦并雜文誦之,得山堂古今文,皆冠流輩,即詩賦諸體與雜文無不躋其巔而制其勝。……康熙己丑歲杪,年家眷同學弟毛奇齡題於城東之書留草堂。"

按,陳至言《菀青集》卷首載先生序三篇,前兩序見於《西河合集》,此序未見。《菀青集》内有"同邑毛西河先生鑒定,門人方苞靈皋較"字樣。

爲孫監州志墓。

《墓志銘十六·孫監州君墓志銘》:"君諱□□,字□□,杭州人。……康熙四十六年丁亥十月,君卒。……越二年己丑,孝子之潤等營葬某阡……因涉江修摯而丐以銘。"

應倪宗正孫繼宗之請,爲倪宗正全集作序。

倪宗正《倪小野先生全集》卷首先生序:"往者其文孫諱章曾輯《小野集》四卷,以文忠號小野,故名。……今裔孫繼宗受其先大人遺命,發其藏篋,并他書所載片言隻字……歷數十寒暑,而粗得其概,合已刻、未刻而編次之,名'文忠全集'。雖未全,幾全之矣。……康熙己丑仲秋月,蕭山後學毛奇齡謹題於書留草堂,時八十有七。"

倪宗正,字本端,號小野,浙江餘姚人。弘治十八年1505)進士,選庶吉士。以逆瑾,目爲謝黨,出知太倉州。遷南雄府知府。卒謚文忠。精於《易》,工書與詩。著有《易説》《豐富集》《突兀稿》《太倉稿》《小野集》。(光緒《餘姚縣志》卷二十三)

跋費錫璜、沈用濟輯《漢詩説》。

費錫璜、沈用濟《漢詩説》卷末先生跋:"老卧山中,去城四十里,便不能晉接,未免悵惋! 間别許久,未見新著,承示《漢詩論駕》一卷,知我兄近作,定當詣極。"

按,陳斌、林新萍《清初詩人費錫璜簡譜》"康熙四十八年"條:"夏,沈用濟來訪,酷暑中共輯《漢詩説》。"

費錫璜(1664—1723),字滋衡,四川新繁人,寓居江蘇江都。費密次子。著有《掣鯨堂詩集》《貫道堂文集》。(陳斌、林新萍《清初詩人費錫璜簡譜》)

朱彝尊卒。徐釚卒。姜實節卒。

【時事】　正月,康熙帝責漢大臣但知唯唯諾諾,平時讀書,至臨大事時竟歸無用。命王鴻緒、李振裕等原品休致。三月,復立胤礽爲皇太子。是月,曹寅密奏熊賜履在江寧家中情況。

清聖祖康熙四十九年　庚寅(1710)　八十八歲

九月,山陰縣復請鄉官會議修三江閘事。

《議三·請罷修三江閘議》:"乃愚即以目前論計議修所始,在四十七年十月,歷今四十九年九月,已及兩年。"

按,此議文末注曰:"四十九年九月,山陰復關到,以小修補罅,請鄉官會議。"

十月,爲吳焯《藥園詩稿》作序。

吳焯《藥園詩稿》卷首先生序:"余思韻文雖細事,顧時習升降,輒成運會。尺鳧自抒其所學,不務爲趨逐,而稟經酌雅,動合古法……曾於皇上南巡時,獻《迎鑾》賦頌,而聖心嘉之,已召對吳閶舟中,使隨駕北行,而尺鳧以親老辭。其不自矜炫而好恬退至於如此。……康熙庚寅首冬月,西河毛奇齡題於書留草堂,時年八十有八。"

冬,爲朱國漢、丁之賢《綏安二布衣詩鈔》作序。

乾隆《建寧縣志》卷二十六載先生《綏安二布衣詩鈔序》:"暨予東歸草堂,老齒益逼,不復預人事,客有從昭武來者,已謝之去。既而聞布衣朱公字爲章者,其文孫天錦、雨蒼各貢舉於鄉,以不忘前哲,合輯《綏安兩布衣詩》,越千里專請爲序。……康熙庚寅長至後,蕭山毛奇齡晚晴氏漫題於書留草堂。"

朱國漢,字爲章,自號獨醒居士,福建建寧人。少孤,事母范以孝聞。明末,弃舉子業,挾篋遨游,足迹遍天下。(乾隆《建寧縣志》卷二十一)

丁之賢,字德舉,福建建寧人。崇禎末,挾策入都,欲獻書闕下言兵事,不果上。(光緒《重纂邵武府志》卷二十一)

季冬,爲《志姜堂贈言册》作序。

魯變光編《蕭山叢書·周節婦志姜詩遺迹序》載先生《志姜堂贈言册序》:"予邑饒節婦,而其最著者,一徐司訓妻李氏,一周成吾先生德配徐太君,即今所稱'志姜堂'者。……周石公先生者,太君之懸孫也。由學士出轉補太常卿。……兄子鼎泰已彙成一册,藏於家。……今歸來有年,特過子絃,索其册,且拜且讀。……康熙庚寅嘉平月,邑後學史官毛奇齡秋晴氏拜題并書，時年八十有八。"
約於是年，爲釋元璟《完玉堂詩集》作序。
　　《序二十·借山詩序》："乃既交借山，嘆借山聞道之早，二十而却染，不十年間，即已受大鑒大法於平陽門下。……予序釋氏詩二人，一蛤庵，一借山也。蛤庵與借山，皆出自平陽之門，雖蛤庵聞道較借山稍晚，而其爲詩則一也。"
是年前後，楊臥之豐城訪周光斗，詩以送之。
　　《五言絕句三·送楊臥之豐城訪周明府四首》。
王源卒。
【時事】　正月，李煦密奏王鴻緒居家情狀。二月，康熙帝往五臺山。十月，康熙帝與大臣議江南錢糧虧空之由，皆因南巡費用所致。

清聖祖康熙五十年　辛卯（1711）　八十九歲

十月，趙申喬疏劾戴名世《南山集》語多狂悖，方苞以作序被逮。
　　蔣良騏《東華錄》卷二十一"十月……都察院左都御史趙申喬疏參編修戴名世妄竊文名，恃才放蕩。前爲諸生時，私刻文集，肆口游談，倒置是非，語多狂悖。今膺恩遇，叨列魏科，猶不追悔前非，焚削書板。似此狂誕之徒，其容濫側清華？旨該部嚴察，審明具奏。"
聞戴名世案，懼文禍，拒認前爲盧宜《續表忠記》所作序，并作《辨忠臣不徒死文》。
　　《墓誌銘十六·皇清敕封文林郎弗庵盧公墓誌銘》："乃就嘉善錢塞庵所作《表忠記》而爲之續之，遍搜明代名臣諸列傳，取其有預於致身者，或生或死，或分或合，既勿誣，而又勿軼，巨節不得遺，而纖細畢備，初成八卷，名《續表忠記》，刻之寄園。而既而再續，復得八卷，刻之江右藩轄署中，假予爲序言。"
　　《辨忠臣不徒死文》："夫忠臣不必死，前亦既言之矣，然而間有死者，則必厚係於君事與國事，而不得已而後死之。未有君死亦死，徒死其身，而于君、國兩無與，而可言忠者。……至若宋人文信國、謝枋得之死，雖止一身名行，不關係國事，然大節所在，不是徒死，正是殉難，與齊王蠋之死燕師、漢龔勝之死新莽之召，前後一轍。特是魯連不帝秦，王裒不事晉，不皆身死，且衹名義士，不名忠臣，此與殉國難亦微有別者。……乃自宋以後，皆謂忠臣必死，且無故而死，并未嘗殉難，而衹是殉死，謂之徒死。夫父子不殉死，《禮》有明文，滅性傷生，等之不孝。若君臣殉死，則三良殉秦，詩人以'婦寺'目之，未有徒死稱忠臣者。而乃禮教不明，江河日下，無論在官在籍，祇君死亦死，國亡亦亡，但知以一死塞責，全不計與君事、國事毫厘有益與否。……乃今作《表忠記》者多載此等。且更以用兵所在、不幸冒刃者皆稱忠臣，如此，則長平之卒盡國殤矣！顧作《表忠》者，假冠予序，恐觀者不諒，謂顛倒名義，自我輩始，則冤抑尤甚，故予於通辨之末，一并及之。"

全祖望《鮚埼亭集外編》卷三十四《書毛檢討忠臣不死節辨後》："鎮遠所作《續表忠記》，其初集爲趙給事吉士所雕，二集爲程上舍某所雕，皆與檢討論定而出者，即令檢討爲之序。今所雕乃檢討手書本，字畫甚拙，可覆審也。鎮遠遷官而卒，檢討志墓，亦載其事。已而京師有戴名世之禍，檢討懼甚，以手札屬鎮遠之子曰：'吾師所表章諸忠臣有干犯令甲者，急收其書，弗出也。'……乃檢討懼未止，急作此辨，而終之曰：近有作《續表忠記》者，猥以長平之卒濫充國殤，而假托予序，恐世之人不知，將謂不識名義自我輩始，故不可無辨。又改其志墓之文曰：'公之《續表忠記》，假予爲序。'嗚呼！何其悖歟！"

全祖望《鮚埼亭集外編》卷十二《蕭山毛檢討別傳》："乃其集中最後有《辨忠臣不死節》文，則其有關名義，尤可驚愕。其謂'夷、齊亦不得爲忠臣，但可爲義士'，乖張已極。夫忠臣固不必皆死節，亦幾曾見忠臣之不應死節者。……及溯其本意，則專爲《續表忠記》而作，謂其以長平之卒妄列國殤，而冒托其名以作叙，故辨之。《續表忠記》者，即吾鄉盧函赤所作，前曾保護西河者也。其所作記本不工，其所序事亦間有訛者，然謂以長平之卒妄列，則其記中所立傳，俱屬有名之人。而況是記俱經西河校定而後出以問世，其序文則直用西河手書雕入册中，共字畫皆可驗。且西河前在盧門，感其卵翼之恩，執弟子禮，不僅如世俗之稱門生者。雖既貴，寓杭猶時時遣人東渡問訊，而忽毁之於身後，并其序亦不肯認，且因此序而發爲背道傷義之論。及叩之函赤之子遠，則流涕曰：'是殆爲畏禍故也。前者西河固嘗有札來，謂：'京師方有文字之禍，先師所著，勿以示人。'則是辨必其時所作無疑也。予乃嘆曰：'有是哉！畏禍而不難背師與賣友，則臨危而亦誠不難背君與賣國矣。忠臣不死節之言，宜其揚揚發之，而不知自愧也。'"

冬杪，查禮南重刻其祖應光《靳史》，爲作序。

查應光《靳史》卷首先生序："休寧查賓王先生秉卓絶之資，少登藝壇，遽以制舉文爲時賢所稱。已而薦於鄉，萬曆丁酉，升京兆賢書。……今其孫禮南克承家學,其爲詩高潔,有孟亭之風,不媿昆裔。乃結納滿寰宇,與予兄子南游者敦縞紵之好,作詩寄予,且寄先生重刻《靳史》三十卷,而屬予爲序。……康熙辛卯長至後一日,蕭山毛奇齡敬題於書留草堂,時八十九歲。"

查禮南,安徽休寧人。生平不詳。

卧病蕭山城東草堂,作《禁室女守志殉死文》。

《禁室女守志殉死文》:"自古無室女未嫁而夫死守志之禮,即列代典制所以褒揚婦節者,亦并無室女未嫁而守志被旌之例。則直是先聖之禮,後王之制,兩所不許者。況六經、二十一史、諸子百氏及名人文集可爲學士、大夫所稱道者,亦并無此等。……康熙辛卯,予年迫九十,卧病城東草堂,客有以六安潘女事屬表章者。……古有殉難,無殉死者。況夫婦無殉死事,不惟室女不殉,即已嫁守志,亦何必殉?……予之言此,將以扶已斁之教,植已蔑之禮,稍留此三代偶存之律例,于以救秦火未焚、私竄私改之載籍,并保全自今以後千秋萬世愚夫愚婦之生命。世有識者,當共鑒之。"

爲同館方伸妻曹氏志墓。

《墓志銘十六·皇清誥封恭人方母曹太君墓志銘》:"予舉制科時,與部試進士同歲解褐,且與是科館選者并同時入館,以故稱同年同館兄弟,兩相合并。而維時有甯國二先生者在合并中,一宛陵施侍讀,世擅理學;而一則南陵方位齋先生……今康熙辛卯,予年迫九十,卧病山中。而先生以恭人筮葬,屬予志墓。遣孝子帥使不遠千餘里,手捧書幣,館於杭州之郵亭,而使者渡江,踵門請命。予久廢筆硯,凡以文字相屬者,概所屏謝,惟此誼不可却。且念老年遲鈍,又采薪未愈,但請稍假時日,使歸再來,以漸圖報命,而主侯於館,僕侯於塗。……恭人曹氏……以康熙四十五年十一月廿七日卒,距生崇禎十六年七月二十二日享年六十有四,康熙甲子,以覃恩敕封孺人;己巳,誥封宜人;庚午,誥封恭人。"方伸(1651—?),字佐平,號位齋,安徽南陵人,康熙十六年(1677)中舉,十八年(1679)成進士,授翰林院庶吉士,散館,補户部浙江司主事,轉本部山東司員外郎,升刑部廣西司郎中。遷山東登州知府,轉廣東廉州府知府,補福建汀州府知府。(嘉慶《南陵縣志》卷八)

與合府鄉紳具《請定勋賢祠產典守公議》。

《議三·請定勋賢祠產典守公議》:"杭州勋賢祠者,王陽明先生敕賜祠也。……自順治三年起,至今康熙五十年,共六十五年,既無典祠之官與主教之生,而守祠之僧亦且不設。子孫不收掌,誰爲收掌?……惟願大賜鑒察,仰體前哲,俯憐孤裔,審定典守。且爲召佃收租,立一經久不壞之良法,永傳碑碣,勛賢幸甚!名教幸甚!某等忝厠紳末,敢直言無隱,伸此末議,臨議惶悚。……原任翰林院檢討今在籍鄉紳毛奇齡,年八十九歲,同合府鄉紳等。"

子遠宗與張文蠦續補《王文成傳本》第二卷成。

《王文成傳本》卷一先生識語:"此即史館列傳中草構本也。館例:史官入館,先搜構其鄉大臣事迹之在群書者,而後關分其題以成之。文成吾鄉人,因構此本,其後同官尤展成關題得《文成傳》,已取此本作傳訖,而草還故處。今錄此者,以爲其事核足以徵信,且亦以爲未成之史非秘笈,言之者無罪,可覽觀焉。"

同書卷二毛遠宗識語曰:"此後續補本也。先生以文成舊傳多訛謬,史傳又未定,因攜館中草本歸,藉以存實。而草本又軼其半,每思續之,而家無藍本,且老病,絕筆久矣。康熙辛卯,命予與及門張文蠦仍采諸《譜》、《狀》、舊《傳》,而錄其實者,呈定綴入,名曰'續補'。雖與前本大徑庭,顧較之時本則稍有間云。遠宗識。"

王聲遠與妻汪氏合葬,爲志墓。

《墓志銘十三·孝子聲遠王君暨節婦汪孺人合葬墓志銘》:"予舉制科時,遇王毅庵進士於長安,詢其子弟之有文者,首以兄孫聲遠對。……今予以病假在籍,初僦杭州,既而歸草堂,距向在都時已三十餘年。孤子洪源手捧陳太史、沈吏部所製狀,伏地請銘。……君以康熙二十三年八月五日卒,距生順治十六年十一月三日,得年二十有六。孺人以康熙四十九年十一月十九日卒,距生順治十七年四月二十五日,得年五十有一。……女一,適同邑來之燦,康熙辛卯科舉人。"

張玉書卒。王士禎卒。邵廷采卒。諸匡鼎卒。

【時事】 正月,康熙帝巡視通州河堤,二月十三日回京。二月,陳顯五等聚衆二千人縱橫海上,取泉州府永春、德化等地,十月間被招撫。

清聖祖康熙五十一年　壬辰(1712)　九十歲

正月,刑部題請汪灝、方苞俱應立斬,方正玉、尤雲鶚發往寧古塔,劉巖革職。

蔣良騏《東華錄》卷二十二:"康熙五十一年正月,刑部等題察審,戴名世所著《南山集》《孑遺錄》內有大逆等語,應即行凌遲。已故方孝標所著《滇黔紀聞》亦有大逆等語,應剉其尸骸。汪灝、方苞爲名世作序,俱應立斬。方正玉、尤雲鶚聞拿自首,應發往寧古塔。安插編修劉岩雖不曾作序,然不將書首出,亦應革職。"

正月,清廷將朱熹由東廡先賢之列升至大成殿十哲之次。

王先謙《東華録》"康熙八十九":"朱子注釋羣經,闡發道理,凡所著作及編纂之書,皆明白精確,歸於大中至正。經今五百餘年,學者無敢疵議。朕以爲孔、孟之後,有禆斯文者,朱子之功最爲弘巨。……宋儒朱子,配享孔廟,本在東廡先賢之列,今應遵旨,升於大成殿十哲之次,以昭表彰至意。"

聞清廷以朱子配享孔廟,自斧其《四書改錯》版片。

全祖望《鮚埼亭集外編》卷十二《蕭山毛檢討別傳》:"抑聞西河晚年雕《四書改錯》,摹印未百部,聞朱子升祀殿上,遂斧其板。"

按,鄭吉雄《全祖望論毛奇齡》云:"祖望稱奇齡因朱子配祀而將《四書改錯》毀版的説法,實亦缺乏充分的證據。本來祖望用'抑聞'二字,已表達了得自傳聞的意思。而關於這件事,尚有五個疑點,有待澄清:其一,《西河文集》中尚有許多激烈朱子的文意,爲何沒有因朱子配孔廟而一并毀版,甚至修改呢? 二,《四書改錯》與《續表忠記》性質全不相同:後者涉及明清之際遺民事迹,與當時罹文字獄的史書相近;前者則純粹爲學術著作,則是否可以'懼禍'心理爲理由,從奇齡否認著《續表忠記序》一事,進而推論《四書改錯》毀版必有其事呢? 其三,《四書改錯》編定於康熙四十七年(1708)。歷經四年之久,摹印竟不滿一百部,而中途毀版,時間上頗不相符合。其四,奇齡著《續表忠記序》固然可以用《忠臣不徒死文》來開脱,如説《四書改錯》觸犯忌諱,毀版以後,已刊行的數十部亦足以罹禍,奇齡又將如何處置? ……以上的五點疑點在一一澄清以前,若即將祖望'抑聞'的説法變爲事實,恐怕是有危險的。"

又按,范文瀾《經學講演録》云:"康熙十八年,毛聽説康熙要把朱熹列爲十哲之一,他就趕快把自己的《四書改錯》的書版毀了。""康熙十八年",顯誤。

四月,爲孫之騄《枝語》作序。

孫之騄《枝語》卷首先生序:"錢塘孫子晴川以藝文爲雞壇領袖,超軼儕輩者越三十年,近始大出其所學,於以示世。先録《草木篇》,合羣花衆卉、异果珍木而匯爲一集,無起迄,無領袵,不設次第,不分別門户,大有殊於世之爲類書者,且不預立名目。初不知其書何名也,草草寄予。余讀之,一如胸羅林囿,腹有阪隰,隨舉一物,而興情四來。……康熙壬辰首夏,西河弟毛奇齡敬題於書留草堂,時年九十。"

孫之騄,字子駿,號晴川,浙江仁和人。性耿介,博極群書。雍正間,官慶元縣儒學教諭。著有《枝語》《二申野錄》《松源集》等。(阮元《兩浙輶軒錄補遺》卷三)

四月,爲鄭元慶《家禮經典參同》作序。

鄭元慶《家禮經典參同》卷首先生序:"康熙壬辰夏四月,集城東草堂,與莫子蕙先、張子風林同睹是書,嘆其參經酌典,引據精核,爲從來言《禮》家所未有。……聞尚有《禮記集説折衷》,當速脱稿,老眼摩挲,望之望之。九十叟西河弟毛奇齡漫筆。"

五月,爲王時憲《性影集》作序。

王時憲《性影集》卷首先生序:"禊亭王先生席家世之盛,讀書中秘,其於金匱、墳典無所不窺。……而先生以同館名賢,每樂得其文而讀之,且予通家子姚生魯思,今學人也,曾編己詩爲類書,名'類林新詠',風行人間。頃,辭公車門,攜先生詩來,知魯思爲先生校浙闈時所首取士,其磁針契合,早已如此。……康熙壬辰夏五,同館弟蕭山毛奇齡拜題於城東草堂,時年九十。"

王時憲(1655—1717),字若千,號禊亭。江蘇太倉人。康熙二十三年(1684)中舉,由中書改宜興縣儒學教諭。四十八年(1709)成進士,改翰林院庶吉士。散館,授檢討。五十六年(1717),主陝西鄉試。工詩,著有《性影集》。(民國《太倉州志》卷二十)

中秋日,爲徐旭旦《世經堂集》作序。

徐旭旦《世經堂集》卷首先生序:"蓋自事功與學術爲兩途,即求之古人中優於此者,必絀於彼,非其才所不逮,即力有不暇,此望洋觀止不能已於徐西泠先生也。……己未,同舉博學弘辭科,予得讀書中秘,先生將次詮用,又爲靳文襄、于總憲題授監理……近走銀鹿,攜所刻《世經堂文集》《詩詞》《樂府鈔》示余。予大喜過望,因知先生之所以治楚者。……時康熙歲次壬辰中秋日,同學毛奇齡晚晴氏拜手謹撰。"

八月,山陰縣估值修三江閘費約一萬兩,再次下鄉官會議。

《議三·請罷修三江閘議》:"今秋霖綿邈,内水洋溢,忽山陰關到,擇日興工,已估值一萬餘兩,三縣公派,應徵蕭山民錢三千餘兩。"

是年,弟子邵廷采《思復堂集》刊行。

永瑢《四庫全書總目》卷一百八十三"思復堂集"條:"《思復堂集》十卷……國朝邵廷采撰。廷采字念魯,餘姚人,康熙初諸生,嘗從毛奇齡游。是集刊於康熙壬辰。"

陳廷敬卒。曹寅卒。張希良卒。

【時事】　二月,清廷宣布"滋生人丁,永不加賦"。四月,規定以後會試不預定額數,亦不編南北字號及官字號,惟按省編號,以便分別取中。十月,康熙帝再廢皇太子胤礽。

清聖祖康熙五十二年　癸巳(1713)　九十一歲

二月,《南山集》獄决,戴名世被處斬,方孝標被戮尸。

　　蔣良騏《東華録》卷二十二:"康熙五十二年……刑部審擬戴名世一案,請旨上諭:戴名世寬免凌遲,着即處斬。"

　　黄鴻壽《清史紀事本末》卷二十《文字之獄》:"五十二年春二月,殺翰林院編修戴名世,戮學士方孝標尸。"

　　按,此案結距康熙初年莊氏史獄計五十年。時詔修明史已數十餘年,而館臣采録遺書,率多忌諱,致屢裁稿而未成。

二月,爲來式鐸詩賦集作序。

　　《序三十三·來木庵詩賦集序》:"其子木庵痛父之亡,寄居城南桃源村,自稱'桃源旅人'。……遂絶意進取,却試場若犴狌,第爲詩,爲詞賦,而不爲舉文。……嘗過予杭州,故遺其稿去,且易書,不知爲誰作也。長夏卧簟,拾而展其編,曰:'此非木庵詞賦乎?'"

　　按,來式鐸《鬱嵺集》卷首載先生序,末署:"時康熙五十二年仲春,西河毛奇齡題,時九十一歲。"

　　來式鐸,字素臣,號木庵,浙江蕭山人。監生。著有《鬱廖集》。(阮元《兩浙輶軒録》卷十二)

有書寄同年李孚青。

　　李孚青《道旁散人集》卷五癸巳稿《得毛大可檢討書》詩中注曰:"曩在京師,偕同館諸君避暑慈仁寺,大可舉杜詩'不嫁惜娉婷'句爲酒明府令,今已三十餘年矣。"

三月初五日,卒於家。

　　毛黼亭《蕭山毛氏宗譜》卷四《大房世系紀》"(奇齡)卒於康熙癸巳三月初五日,年九十一。"仇兆鰲《後甲集序》曰:"既又與毛西河游,其宏覽博綜,馳騁古今,老而益篤。以故南雷、西河之集遍天下。……癸巳,西河復厭弃人世。"《西河合集》卷首總目蔣樞按語:"先生自康熙三十八年以後,越五年而東歸草堂,又九年而卒。"錢大昕《疑年録》卷四:"毛奇齡生於天啓癸亥,卒於康熙癸巳。"趙爾巽《清史稿》卷四八一《儒林傳》二:"五十二年,卒於家,年九十一。"

按,後人於先生之卒年及享年,異説紛呈,主要有以下四種説法:(一)"九十四歲"説。認爲先生生於明天啓三年(1623),卒於清康熙五十五年(1716),享年九十有四。此説以阮元《國史文苑傳稿》和《儒林集傳録存》爲代表,乾隆《紹興府志》、錢林《文獻徵存録》、徐世昌《清儒學案》、梁啓超《中國近三百年學術史》、張惟驤《疑年録彙編》、錢穆《中國近三百年學術史》、鄧之誠《清初紀事初編》、柯愈春《清人詩文集總目提要》、姜亮夫《歷代人物年里碑傳綜表》、麥仲貴《宋元明清儒家學及著述年表》、楊向奎《清儒學案新編》、虞雲國等編《中國文化史年表》、江慶柏《清代人物生卒年表》等均承此説,故而此説較爲通行。此外,王國維《東山雜記》中有一則有關毛奇齡卒年的記載,標題爲"毛西河命册",也認爲毛奇齡享年九十四歲。《蕭山縣志稿》亦載:"康熙五十四年卒,年九十四。"雖然享年與以上諸家所説相同,但卒年不一致。(二)"九十一歲"説。認爲先生生於明天啓三年(1623),卒於清康熙五十二年(1713),享年九十有一。此説以錢大昕《疑年録》爲代表,《清史稿》卷四八一《儒林》二、蔡冠洛《清代七百名人傳》襲此説。《清史列傳》云先生"五十二年,卒於家,年九十四"。雖然卒年與以上兩家説一致,但享年有出入。(三)"八十五歲"説。李元度主此説。李氏《國朝先正事略》:"卒年八十有五。"(四)"八十七歲"説。林慶彰持此説。林氏《清初的群經辨僞學》:"(毛奇齡)卒於清聖祖康熙四十八年(1709),年八十七。"後兩説顯誤,據本譜,康熙五十二仲春,先生爲來式鐸詩賦集作序。"九十一歲"説有毛氏家譜及弟子、官方記載爲證,較爲可信。"九十四歲"説,蓋以閏月計歲所致。

卒後,遺命不冠、不履、不沐浴、不易衣服、不接受吊客,惟覆朝服於幠上。

《墓誌銘十一·自爲墓誌銘》:"予出處未明,不能於朝廷有所報稱,徒抱經術,幸遭逢聖明,而未著實用,致空言無補,於心疚焉。予死,不冠,不履,不沐浴,不易衣服,不接受吊客。"

盛唐《西河先生傳》:"先生遺命:以曾髡髪爲頭陀,獲罪功令;且出門,不親視贈公含斂,痛於心。故不冠,不履,不含,不沐浴,易衣,不接吊客。惟覆朝服於幠上,以答謝君恩而已。"

葬於蕭山北幹後山浦灘。

毛薾亭《蕭山毛氏宗譜》卷四《大房世系紀》:"葬北幹後山浦灘。"

乾隆《紹興府志》卷七十四:"翰林院檢討毛奇齡墓,在北幹後山浦灘。"

弟子私諡之曰"西河先生"。

  盛唐《西河先生傳》:"既而葬後,請私諡,盛唐曰:'古有以字爲諡者,先生嘗自以受姓郡號,稱西河矣,得毋字與號俱可稱乎?'衆曰:'善。'於是學者稱西河先生。"

弟子盛唐撰《西河先生傳》。

  載《西河合集》卷首。

弟子王崇炳作詩挽之。

  王崇炳《學稼堂詩稿》卷四《毛西河夫子挽章》。

姚炳作詩哀之。

  姚炳《蓀溪集》卷三《後八哀詩·毛西河檢討》。

【時事】　二月,處理順天鄉試舞弊案。三月,康熙帝宴耆老於暢春園正門前。是年,免全國次年房地租税及積年拖欠。是年,御纂《朱子全書》成。

後　　譜

清聖祖康熙五十九年　庚子(1720)　卒後七年

從孫毛雍及弟子蔣樞等鑒於《西河合集》原板殘缺頗多,因重檢遺稿,較輯付梓。

《西河合集》"總目"後附蔣樞識語曰:"但《全集》原板殘缺頗多。先生之從孫聖臨氏,充有先生之長嗣也,重檢遺稿,較輯付梓,間有無從補輯者,闕而有待,不敢以贗本竄入云。康熙庚子臘月中浣,同里門人蔣樞識。"

清世宗雍正十一年　癸丑(1733)　卒後二十年

弟子李塨卒。

清高宗乾隆十六年　辛未(1751)　卒後三十八年

乾隆《蕭山縣志》付刻,內附吳廷華《西河先生傳》。

清高宗乾隆三十五年　庚寅(1770)　卒後五十七年

陸體元購得《西河合集》,因版片漸就模糊,加以修補,陶杏秀爲之序。

陶杏秀《藏毛西河全集原版序》:"蕭山西河毛先生讀書破萬卷,文章學問各有源本,洵推一代鴻儒。晚年彙其生平著述,刻《全集》若干卷行世,誠吾越中之至寶也。先生殁後,此版印刷有年,漸就模糊。近有檇李居奇者將欲負之而去,太史公云"藏之名山,傳之其人",古人著述如此慎重。今先生立言縱堪不朽,而殁未百年,版歸坊賈,剥蝕散軼,歷久愈甚。欲其長存而不壞也,蓋亦戞戞乎其難之矣。余婿陸體元爲先生同里,聞風太息,因轉浼戚屬,不惜重貲,携歸家藏。修其殘缺,補其遺亡,又印刷若干部分,送邑之鄉先生與官斯土者,并以珍藏之意請余序。余觀世之守錢者,但積多金以貽子孫,其卑陋固不足道,即士大夫家日費千貫以購珍玩,而爲賞鑑家所推許,然亦於世何補也?今余婿以斯版故,傾囷倒廩而出之,無絲毫吝惜狀,由是斤斤保護,使版爲全版者,書亦爲全書,長得以傳世而行遠焉。此非特先生之幸,實吾越之幸也;又非特吾越之幸,乃天下讀書人之幸也。抑婿諸子中有少年見頭角者,日取斯集而手披之,口吟之,精於勤,勿荒於嬉,則步西河之後塵,推南國之俊秀也,吾於陸氏更有厚幸矣!至先生之目無餘子,其所著述,超越漢、唐,則《全集》具在,欽其寶者,自能名其器,余不復贅云。時乾隆三十五年歲在庚寅五月上浣之吉,會稽陶杏秀撰。"

清高宗乾隆四十七年　壬寅(1782)　卒後六十九年

《四庫全書》告竣,内收毛奇齡著作六十五種,其中全文收録三十種,存目著録三十五種。

按,《四庫全書》全文收録的毛奇齡著作有:《仲氏易》《推易始末》《春秋占筮書》《易小帖》《古文尚書冤詞》《尚書廣聽録》《毛詩寫官記》《詩札》《詩傳詩説駁義》《續詩傳鳥名卷》《郊社禘祫問》《辨定祭禮通俗譜》《春秋毛氏傳》《春秋簡書刊誤》《春秋屬辭比事記》《孝經問》《經問》《經問補》《論語稽求篇》《四書剩言》《四書剩言補》《大學證文》《聖諭樂本解説》《竟山樂録》《皇言定聲録》《古今通韵》《易韵》《北郊配位尊西向議》《西河詞話》《西河集》。

《存目》著録有:《河圖洛書原舛編》《舜典補亡》《白鷺洲主客説詩》《國風省篇》《周禮問》《喪禮吾説篇》《曾子問講録》《昏禮辨正》《廟制折衷》《大小宗通繹》《學校問》《明堂問》《春秋條貫篇》《四書索解》《大學知本圖説》《大學問》《逸講箋》《中庸説》《聖門釋非録》《越語肯綮録》《韵學要指》《辨定嘉靖大禮議》《制科雜録》《杭志三詰三誤辨》《蕭山縣志刊誤》《湘湖水利志》《蠻司合志》《勝朝彤史拾遺記》《何御史孝子

祠主復位錄》《武宗外紀》《後鑒錄》《王文成傳本》《後觀石錄》《西河詩話》《天問補注》。

按，《清史稿》卷四八一《儒林傳》二：" 《四庫全書》收奇齡所著書目多至四十餘部。"顯誤。

十至十一月間，因《四庫全書》所收《西河詞話》中有"清師"字樣，乾隆帝斥責四庫館臣未加簽改，總纂官紀昀、陸錫熊，總校官陸費墀、王燕緒，分校官劉源溥，均遭降級處分。

中國第一歷史檔案館編《纂修四庫全書檔案》九四一《吏部爲知照辦理〈詞話〉錯謬之總纂官紀昀等處分事致典籍廳移會（附黏單）》："吏部爲欽奉上諭事。考功司案呈，吏科抄出本部題前事等因。乾隆四十七年十一月十八日題，本月二十一日奉旨：紀昀、陸錫熊俱著降一級，從寬留任；陸費墀、王燕緒俱著降一級，留任。餘依議。欽此。相應抄錄黏單知照可也。須至移會者。計黏單壹紙。右移會內閣典籍廳。附：《吏部題遵旨將失察〈詞話〉一書有關人員議處本》：議得內閣抄出乾隆四十七年十月二十九日奉上諭：四庫館進呈原任翰林院檢討毛奇齡所撰《詞話》一書，內有'清師下浙'字樣，殊屬背謬。毛奇齡係康熙年間翰林，書內恭載我朝時事，理應稱'大兵'或'王師'等字樣，乃指稱清師擅寫，竟似身事前明，未經在本朝出仕者，謬妄已極。毛奇齡尚係素有文望之人，且身故已久，朕不肯因其字句背謬照從前戴名世等之案辦理。但此等書籍經纂修、校對等閱過，即應按照館例簽改進呈，乃漫不經心，俱未看出，實非尋常疏忽可比。除將原書交館改正，并查明此外有無似此等字樣一并簽改外，所有書內列名之總纂官紀昀、陸錫熊，總校官陸費墀、王燕緒，分校官劉源溥，俱著交部分別議處。至謄錄生不通文理，照本繕寫，著加恩免其查辦。并著行文外省各督撫，細心查辦，有似此者一體改錄。欽此。欽遵。抄出到部。除謄錄生臣部遵旨免其查辦并行文翰林院通行各督撫遵照外，查四庫館書籍，該纂修等俱應詳慎確核，遇有背謬字句，即行簽改進呈。今毛奇齡所撰《詞話》書內有背謬字樣，未經查出簽改，殊屬不合。應將總纂官兵部侍郎紀昀、大理寺卿陸錫熊，均照未經查出降一級調用例，降一級調用；總校官內閣學士陸費墀、編修王燕緒，分校官中書劉源溥，均照承辦錯誤降一級留任例，降一級留任。此案非尋常錯謬可比，該員等雖有加級紀錄，均不准其抵銷。"

清仁宗嘉慶元年　丙辰(1796)　卒後八十三年

《西河合集》重刻,阮元爲作序。

嘉慶本《西河合集》卷首載阮元《毛西河檢討全集後序》:"蕭山毛檢討以鴻博儒臣,著書四百餘卷。後之儒者或議之。議之者,以檢討好辨善罵,且以所引證索諸本書,間有不合也。余謂善論人者,略其短而著其功,表其長而正其誤,若苛論之,雖《孟》《荀》無完書矣。有明三百年以時文相尚,其弊庸陋讝僅,至有不能舉經史名目者。國朝經學盛興,檢討首出于東林、蕺山講學蘿榜之餘,以經學自任,大聲疾呼,而一時之廢疾頓起。當是時,充宗起于浙東,朏明起于浙西,寧人、百詩起于江淮之間,檢討以博辨之才,睥睨一切,論不相下,而道實相成。迄今學者日益昌明,大江南北著書授徒之家數十,視檢討而精核者固多,謂非檢討開始之功則不可。檢討推溯《太極》《河》《洛》在胡朏明之先,發明荀、虞、干侯之《易》在惠定宇之先,于《詩》駁申氏之僞,于《春秋》指胡氏之偏。《三禮》《四書》,所辨證尤博。至于古文詩詞,後人得其一已足以自立于千古,而檢討猶不欲以留于世,則其長固不可以一端盡矣。至于引證間有訛誤,則以檢討彊記博聞、不事翻檢之故,恐後人欲訂其誤,畢生不能也。我朝開四庫館,凡檢討所著述,皆分隸各門,蓋重之也。余督學兩浙,按試紹興府,說經之士雖不乏人,而格于庸近者不少。陸生成棟家藏《西河全集》刻版,請序于余。因發其誼于卷末,俾浙士知鄉先生之書,有以通神智而開蒙塞。人著一編,以教子弟,所藉以興起者,較之孴求注疏,其取徑爲尤捷。余曩喜觀是集,得力頗多,惟願諸生共置案頭讀之,足勝名師十輩矣。嘉慶元年春三月十二日,儀徵後學阮元謹序。"按,此文乃時居阮元幕中的焦循所作,詳參《里堂先生佚文》,《鄦齋叢書》本,頁七上至八下。

又按,陳康祺《郎潛紀聞二筆》卷十六:""蕭山毛西河、德清胡朏明所著書,初時鮮過問者,自阮文達公來督浙學,爲作序推重之,坊間遂多流傳。"

清仁宗嘉慶二十年　乙亥(1815)　卒後一○二年

戴大昌《駁四書改錯》成。

戴大昌《駁四書改錯》卷首自序:"讀古人之經,不能不讀注疏也。然注或有兼載兩説者,亦有疏義不從注説者,誠以聖賢之書乃古今通義,非一人私言,亦惟實事求是而已。……乃若毛氏西河之爲《四書改錯》則不然矣,非以闡書義爲心,而以攻朱注爲事。故凡於朱子用注疏舊説者,則必以注疏爲非;不用注疏者,則必以注疏爲是。其或旁采《漢書》諸儒及宋人説者,則并訾其原説之失而詆訶之。……毛氏顧不自知其錯,反罪朱子之注釋《四書》其禍烈於始皇之焚書,亦可駭矣。……乃近時好异者,復取舊印本刊布。大昌讀之,心不慊甚,爲依其原書卷叙而核焉,若每卷中有可采與無害義者,則存而不敢議,噫! 亦罕矣。……特毛氏此編,務攻朱《注》,幾侮聖言,因擇其可議者,先載朱注,次載毛説,次加按語,自秋孟迄冬仲,間五月而成。祈天下讀書人將毛氏此編并大昌此本平心而觀之。嘉慶二十年乙亥季冬月,斗源戴大昌撰。"

清仁宗嘉慶二十一年　丙子(1816)　卒後一○三年

全祖望卒。全氏生前撰《蕭山毛檢討别傳》,對先生品德、學問極意譴訶。載全祖望《鮚埼亭集外編》卷十二《蕭山毛檢討别傳》。

清穆宗同治元年　壬戌(1862)　卒後一百四十九年

李慈銘撰《書鮚埼亭集外編蕭山毛檢討别傳後》,力駁全祖望之説。

李慈銘《越縵堂文集》卷六《書鮚埼亭集外編蕭山毛檢討别傳後》:"西河固非醇儒,而謝山罵之不遺餘力,至訐發其陰私,亦幾爲市井無賴之叫罵矣。所云'先贈公'者,乃謝山之祖父,一村老農耳,何由而知西河學問之底藴,其言豈可據哉? 至篇中所列西河諸誤,誠不能爲之解。……要其經學、文章,不特吾郡之冠,亦天下之杰也。善乎阮文達之序《西河全集》曰:'議者以檢討好辨善詈,且以所引證索之本書,間有不合。予謂善論人者,略其短而著其功,表其長而正其誤,若苟論之,雖孟、荀無完書矣。有明三百年,以時文相尚,其弊庸陋謏僿,至有不能舉經史名目者。檢討首出於東林、蕺山空文講學之餘,以經學自任,大聲疾呼,而一時之實學頓起。其推溯太極、《河》《洛》在胡朏明之先,發明荀、虞、干侯之《易》在惠定宇之先,於《詩》駁申氏之僞,於《春秋》指胡氏之偏，《三禮》《四書》所辨正尤博。至於古文詩詞，後人得其一已足以自立於千古，而檢討猶不欲以留於世，則其長固不可以一端盡矣。其引證間有訛誤，則以檢討強記博聞、不事翻檢之故，恐後人欲訂其誤，畢世不能也'云云。可謂先得我心者。平情論之，謝山乙部之學固精於西河，至甲部則中可容數十人焉。公是公非，自在天壤，如其論定，以俟後賢。"

清德宗光緒二十年　甲午(1894)　卒後一百八十一年

河南巡撫邵松年奏稱《四書改錯》詆毀先賢，清廷下令禁毀。

朱壽朋《東華續錄》光緒一百二十：光緒二十年六月，"邵松年奏：臣維堯、舜、禹、湯、文、武、周公之道，至孔子而集其大成，刪《詩》《書》，定禮、樂，贊《周易》，修《春秋》，六經明而聖人之道備。宋周、程、張諸儒崛起千百年後，倡明絕學，至朱子而集其大成。《大學》《中庸》有《章句》，《論語》《孟子》有《集注》，《四書》定而聖人之道彰。故自元、明以來，《四書》《五經》家弦戶誦，學校之教士以此，朝廷之取士以此。先儒所謂'為天地立心，為生民立命，為往聖繼絕學，為萬世開太平'，朱子有焉。迨至我朝，尊崇尤至。臣伏讀聖祖仁皇帝御制《朱子全書序》文曰：'朱夫子集大成而緒千百年絕傳之學，開愚蒙而立億萬世一定之規，窮理以致其知，反躬以踐其實。朕讀其書，察其理，非此不能知天神相與之奧，非此不能治萬邦於袵席，非此不能仁心仁政施於天下，非此不能合外內為一家。朕讀書五十載，只認得朱子天語煌煌，尤足昭垂萬世。'臣又讀高宗純皇帝上諭：'朕聞謝濟世將伊所注經書刊刻傳布，多係自逞臆見，肆詆程、朱，甚屬狂妄。從來讀書學道之人貴乎躬行實踐，不在語言文字之間辨別異同。況古人著書既多，豈無一二可以指摘之處，以後人而議論前人，無論所見未必悉當，即云當矣，試問於己之身心有何益哉？況我聖祖將朱子升配十哲之列，最為尊崇，天下士子莫不奉為準繩。而謝濟世創為異說，互相標榜，恐無知之人為其所惑，殊非一道同風之義等因。欽此。'仰見列聖尊崇朱子，表章正學，二百餘年學者服膺誦習，道一風同，粹然一出於正。雖其問學問淹博之士，自據心得立說著書，未嘗不可羽翼經傳，然功令所著，場屆文字不得有背朱注，故釋經盡可兼采諸家，而應試無敢稍恣異議，皆列聖洞燭。……近年臣見洋印各種書出，價廉易購，誠有便於寒畯，而毛奇齡所著《四書改錯》亦已洋印,遍行天下。竊謂毛奇齡博文強識,豈後世學者所能及?《改錯》一書,間有心得,何常不有功朱子。無如私心自用,徒逞才辯,詆毀先賢,不留餘地。其言曰:'四書注無一不錯','合九州四海之鐵不能鑄此錯',是何言歟?此等議論,風氣澆薄之區,聰明穎悟者,競尚新奇,不求實濟,得之足以助其而揚其波,其爲士習人心之患,實非淺鮮。而北五省向未之聞者,以其書原未廣播也。今河南已有,他省可知。倘任其流傳,高明之士惑於其説,以爲程、朱不足法,抑知經書義藴精深,淺學豈能一時窺得?乃舍程、朱而別求治經之法,將徒博虚聲毫無實際,其爲患於學術者尤大。擬請皇上降旨嚴禁其書,并諭令中外大小臣工及天下學校凡有教士之責者,咸懍遵列祖聖訓,恪守程朱。遇考試文藝有不遵朱注,妄生異議者,雖高才概擯勿取,庶學術以正,人心可維,士習既端,風俗自厚,誠國家久安長治之本。"上諭:邵松年奏請尊崇正學一折,據稱毛奇齡所著《四書改錯》"自逞才辯,詆毀先賢,近來石印盛行,高明之士惑於其説,以程朱爲不足法,請飭嚴禁"等語,《四書改錯》一書有違正解,於士習頗有關係,現在河南既有此書,他省恐亦不免流播,著各直省督、撫出示嚴禁,不得再行出售,至較閲文藝,自當恪遵功令,一律以朱注爲宗,不得録取异説。"

附録一　毛奇齡著述考略

毛奇齡生平著述浩富。舊刻之《夏歌集》《瀨中集》《當樓集》《桂枝集》《兼本雜録》《西河文選》，舊輯之《越郡詩選》《鴻路堂詩鈔》《丹離雜編》《還町雜録》諸書，於《西河合集》輯成之前已陸續刊刻單行。康熙三十八年（1699），由門人李塨、盛唐、王錫、邵廷采等纂輯的《西河合集》初刻，分《經集》《文集》兩部分。其中"經集五函，合五十一種，共二百三十六卷；文集五函，合六十六種，共二百五十七卷"。蕭山書留草堂刊行。五十九年（1720），門人蔣樞及從孫毛雍等鑒於《西河合集》原板殘缺頗多，重輯付梓。乾隆三十五年（1770），蕭山陸體元因《西河合集》原版漸就模糊，修補刊行，卷首增加了陶杏秀《藏毛西河全集原版序》，是爲修補本。嘉慶元年（1796），《西河合集》重刊，卷首增加了阮元《毛西河檢討全集後序》。初刻本與重刻本分册不一致，但卷次雷同。除《西河合集》外，尚有《四書正事括略》《四書改錯》《古今通韻》《毛西河論定西廂記》單行。四庫館臣稱贊毛奇齡"著述之富，甲於近代"。下就經、史、子、集四部對其著述略作考辨。

一、經　　部

（一）易類著作計6種44卷：《仲氏易》30卷、《推易始末》4卷、《易小帖》5卷、《河圖洛書原舛編》1卷、《太極圖説遺議》1卷、《春秋占筮書》3卷。

《仲氏易》是毛奇齡發揮仲兄錫齡的《易》解，故以"仲氏"名書。其書前兩卷爲總論，卷三至卷二十六解析六十四卦，卷二十七至二十九解《繫詞》，卷三十論《説卦傳》《序卦傳》《雜卦傳》。此書版本有：《西河合集》本（第2—7册）、《四庫全書》本（第41册）、《皇清經解》本、《無求備齋易經集成》本（第77—78册）、臺灣廣文書局《易學叢書續編》本、《大易類聚初集》本（第58種）、上海古籍出版社《四庫易學叢刊》本。

毛奇齡既作《仲氏易》，又取漢、唐、宋以來言《易》之及於卦變者，别加綜核,撰成《推易始末》。其名"推易",蓋本《繫辭傳》"剛柔相推"一語,仍《仲氏易》"移易"之義。此書版本有:《西河合集》本(第8册)、《四庫全書》本(第41册)、《四庫全書珍本》本(第9集)、《無求備齋易經集成》本(第117册)、《龍威秘書》本(第8集第57册)、《四庫易學叢刊》本。

《易小帖》是奇齡門人編次其說《易》之語,間雜門人《易》說。凡143條,皆講《易》之雜說,與《仲氏易》相爲引伸。其書旨在徵引前人訓詁以糾近代說《易》之失,於王弼、陳搏二派,攻擊尤力。初稿原附載《仲氏易》末,後乃移入此編。舊有十卷本、八卷本,今爲五卷,蓋其門人編錄時有所刊削。考盛唐《西河先生傳》,又稱《易小帖》八卷,蓋十卷删爲八卷,又删爲五卷。此書版本有:《西河合集》本(第9—10册)、《四庫全書》本(第41册)、《四庫全書珍本》本(第9集)、《四庫易學叢刊》本。

《河圖洛書原舛編》成於康熙三十四年(1695)前後。毛氏認爲宋人所說的"河圖"即"大衍之數",出自緯書,當與《太玄》《洞林》《無苞》《潛虛》同觀,應名"大衍圖",不是古時所謂"河圖",不可闌入《易經》;奇齡認爲宋儒所說的"洛書",是太乙下九宫法,也不是《洪範》"九疇"。此書版本有:《西河合集》本(第9册)、《四庫全書存目叢書》本(第32册)、《續修四庫全書》本(第40册)。

《太極圖說遺議》成於康熙三十四年(1695)前後。毛氏認爲《太極圖》與《参同契》合,并引唐玄宗《御制上方大洞真元妙經序》"無極"二字爲證。因及於篇中"陰陽""動靜""互根"等語,謂皆非儒書所有。此書版本有:《西河合集》本(第9册)、中華書局《理學叢書》本。

《春秋占筮書》是毛氏摭《春秋傳》所載占筮以明古人之《易》學,實爲《易》學著作,不爲《春秋》學著作。此書版本有:《西河合集》本(第35—36册)、《四庫全書》本(第41册)、《四庫全書珍本》本(第10集)、《續皇清經解》本、《叢書集成初編》本、《無求備齋易經集成》本(第154册)、《龍威秘書》本(第8集)、《易緯八種》本、《易學叢書續編》本。

(二) 書類著作計3種14卷:《古文尚書冤詞》8卷、《尚書廣聽錄》5卷、《舜典補亡》1卷。

《古文尚書冤詞》原名《古文尚書定論》,凡四卷,後削去"定論"之名而改作"冤詞",增爲八卷。此書是毛奇齡與閻若璩、姚際恒辨《尚書》古文真僞而作,分爲"總論""今文尚書""古文尚書""古文之冤始於朱氏""古文之冤成於吳氏""書篇題之冤""書序之冤""書小序之冤""書詞之冤""書字之冤"十個部分。此書版本有:《西河合集》本(第12—13册)、《四庫全書》本(第66册)、《四庫全書珍本》本(第10集)、日本抄本。

《尚書廣聽録》初作於禹州,繼撰於嵩山,中間屢易其稿。至毛氏作《古文尚書冤詞》訖,始删成爲五卷。是書旨意,大約爲辨證三代事實而作,凡145條。其書堅護孔《傳》,認爲孔安國解《舜典》文與《周禮》同者,乃相傳之《虞禮》,并非出自《周禮》。此書版本有:《西河合集》本(第14册)、《四庫全書》本(第66册)、《四庫全書珍本》本(第9集)。

毛奇齡堅信古文《尚書》,而獨不信二《典》之分篇,遂以爲自"月正元日"以下爲《舜典》而闕其前半篇,遂摭《史記》以補之,成《舜典補亡》。此書版本有:《西河合集》本(第14册)、《藝海珠塵》本、《叢書集成初編》本、《百部叢書集成》本、《四庫全書存目叢書》本(第57册)。

(三) 詩類著作計6種16卷:《國風省篇》1卷、《毛詩寫官記》4卷、《詩札》2卷、《詩傳詩説駁義》5卷、《白鷺洲主客説詩》1卷、《續詩傳鳥名卷》3卷。

《國風省篇》成於康熙九年(1670)左右,時毛奇齡避仇淮西。其時毛氏以己意説《詩》,後因友人張杉之請,追憶而録之。其初設爲問答,故名"問答"。後因其名過於侈大,乃從友人陸圻之建議,去其問而存其答,改題今名。以其出於追憶,故以"省篇"爲名。全書凡26章,所論多與《毛傳》義不同,於《詩》義亦未能盡合。此書版本有:《西河合集》本(第15册)、《四庫全書存目叢書》本(第73册)。

《毛詩寫官記》約成於康熙十年(1671),時奇齡客汝寧太守金鎮幕,聽寫官言《詩》,憶而録之,取《漢書·藝文志》"武帝置寫書之官"語爲名,凡188條。此書版本有:《西河合集》本(第15—16册)、《四庫全書》本(第86册)、《四庫全書珍本》本(第9集)。

奇齡既作《毛詩寫官記》,復托與寫官以札問訊而寫官答之之詞,以成此書,凡84條。此書版本有:《西河合集》本(第16册)、《四庫全書》本(第86册)、《四庫全書珍本》本(第9集)。

《詩傳詩説駁義》成於康熙九年(1670)左右,時毛氏客汝寧太守金鎮幕。是書旨在批駁明人豐坊的《魯詩世學》。毛氏洞察豐坊所謂的子貢《詩傳》和申培《詩説》均是偽托,於是便引證諸書以糾之。此書版本有:《西河合集》本(第17册)、《四庫全書》本(第86册)、《四庫全書珍本》本(第10集)。

康熙五年(1666),奇齡客江西參議施閏章幕,施閏章延楊洪才講學於吉安白鷺洲書院,奇齡與楊洪才相與論《詩》,不合。大旨楊洪才主朱子淫詩之説,而毛氏則認爲《鄭風》無淫詩;洪才主朱子《笙詩》無詞之説,而毛氏則認爲《笙詩》之詞亡。《白鷺洲主客説詩》即奇齡在吉安白鷺洲書院講《詩》的講稿。康熙十七年(1678),毛氏與施閏章同以應博學鴻儒試至京,重録當時所講《毛詩》諸條,皆設爲甲乙問答,故以"主客"爲名。全書分爲四部分:一爲"序論",二爲"説淫詩"(22條),三爲"説笙詩"(4條),四爲"説雜詩"(4條)。此書版本有:《西河合集》本(第18册)、《續皇清經解》本、《叢書集成初編》本、《龍威秘書》本(第8集)、《續修四庫全書》本(第61册)、《四庫全書存目叢書》本(第73集)。

毛氏弱冠作《毛詩續傳》成,以遭亂避讎佚之。康熙四十四年(1705),毛氏歸蕭山草堂,從鄰人吴氏子得卷末《鳥名》一卷,與其門人莫春園、張文黌共緝綴之,衍爲三卷,名之曰"續詩傳鳥名"。大意在續《毛詩》而正朱《傳》。每條皆先列《集傳》之文於前,而一一辨其得失。此書版本有:《西河合集》本(第18册)、《龍威秘書》本(第8集)、《四庫全書》本(第86册)、《續皇清經解》本、《百部叢書集成》本。

(四)禮類著作計有10種28卷:《昏禮辨正》1卷、《廟制折衷》2卷、《大小宗通繹》1卷、《辨定祭禮通俗譜》5卷、《喪禮吾説篇》10卷、《曾子問講録》4卷、《周禮問》2卷、《明堂問》1卷、《學校問》1卷、《郊社禘祫問》1卷。

《昏禮辨正》是毛氏辨正婚禮的專著,分"總論""行媒""納采納吉問名""納徵""請期""親迎""婦至""婦見""廟見""婿見"十個部分,對於古代婚禮不明處,以《春秋》《左傳》《穀梁傳》《公羊傳》《詩經》爲依據,一一辨正。此書版本有:《西河合集》本(第18册)、《四庫全書存目叢書》本(第108册)、《續修四庫全書》本(第95册)、《藝海珠塵》本(鮑集第33册)、《叢書集成初編》本、《叢書集成簡編》本、《百部叢書集成》本。

《廟制折衷》成於康熙三十二年(1693)左右,是毛氏與同年汪霦往復論禮的記録。鄭玄認爲天子五廟,周加文、武二祧爲七;王肅謂天子七廟,周加文、武二廟爲九。奇齡論廟制,宗王肅而駁鄭玄。此書版本有:《西河合集》本(第18册)、《四庫全書存目叢書》本(第108册)。

《大小宗通繹》是毛氏對《禮記》所載大宗、小宗定義的重新詮解。他認爲鄭玄《禮記·大傳》注以別子之世長子爲大宗、別子庶子之長子爲小宗,則是別子一世無大宗,繼別一世無小宗,凡國君繼世必有三世無大小宗者,於是認爲別子之身即爲大宗。此書版本有:《西河合集》本(第19册)、《四庫全書存目叢書》本(第108册)、《續皇清經解》本、《藝海珠塵》本(鮑集第33册)、《叢書集成初編》本、《叢書集成簡編》本、《百部叢書集成》本。

《辨定祭禮通俗譜》,一名《二重禮譜》,以攻駁朱熹《朱子家禮》爲主。毛氏取古禮而酌以今制,故以"通俗"爲名。凡分7門:一曰祭所,二曰所祭者,三曰主祭之人,四曰祭之時,五曰祭儀,六曰祭器,七曰祭物,末附外神。此書版本有:《西河合集》本(第21册)、《四庫全書》本(第142册)、《藝海珠塵》本(11集第41—42册)、《四庫全書珍本》本(第9集)、《明辨齋叢書》本。

《喪禮吾説篇》是奇齡論喪禮的專著,他認爲子夏《喪服傳》爲戰國以後人僞作,故而逐條攻擊,務反其説。此書版本有:《西河合集》本(第21—23册)、《四庫全書存目叢書》本(第87册)、《續修四庫全書》本(第95册)。

《曾子問講録》是毛氏晚年在道南書院的講學記録,多爲弟子問而毛氏答。共分四卷,卷一與卷二完成較早,以討論《曾子問》中關於冠、喪、祭禮遭喪之權變爲主。卷三以討論婚禮遭之權變爲主,卷四雜論婚、喪、祭禮之變,而以辨别婚禮"婦見""廟見"之异爲主。此書版本有:《西河合集》本(第24册)、《四庫全書存目叢書》本(第96册)、《續修四庫全書》本(第108册)、《曾子四種》本。

《周禮問》皆設爲"或問",辨《周禮》出戰國之末,不出劉歆。凡17目:一論《周禮》非漢人僞作,凡四條;一論六官、三官、二官,凡二條;一論古無三司名;一論冢宰;一論《周禮》與《尚書》《大戴禮》表裏;一論周六卿、唐虞六卿;一論司徒、司空;一論天地四時之名所始;一論宰夫;一論官名、官職同异;一論人數多寡;一論禄數不及人數;一論分土三等同异;一論九州閒田;一論《周官》非秦制;一論羅氏攻《周禮》之繆;一論與他經同文。此書版本有:《西河合集》本(第46册)、《四庫全書存目叢書》本(第108册)、《續修四庫全書》本(第78册)。

《明堂問》以門人姜垚問九室、五室之辨發端,而終於九宫卦位。其大意專訾鄭玄之主五室爲非,而言五室即九室,九室即十二堂。此書版本有:《西河合集》本(第46册)、《龍威秘書》本(第8集)、《叢書集成初編》本、《四庫全書存目叢書》本(第108册)、《叢書集成簡編》本、《百部叢書集成》本。

《學校問》是毛氏答黄岡門人張希良問"學校"之名,共六條:學校總名、天子諸侯之學、國學鄉遂州黨之名、明堂之學、三代四代之學、大學小學校;繼答蕭山門人吴鼎問廟學設主之制六條:孔子謚、孔子是先聖不是先師、孔廟聖賢皆設像、釋奠釋菜設位、廟學有别、禮位以西爲尊敬;末又答吴鼎問鄉飲、養老之禮五條:鄉飲酒禮即賓興禮、尚賢尚齒禮不同、賓主介僎、鄉飲儀位、養老尚齒异禮。此書版本有:《西河合集》本(第46册)、《藝海珠塵》本(木集第55册)、《叢書集成初編》本、《四庫全書存目叢書》本(第108册)、《叢書集成簡編》本、《百部叢書集成》本。

《郊社禘祫問》是毛氏答門人李塨問南、北郊分祀及有禘無祫之説,凡

10條,末附同郡學人"艾堂問"8條。此書版本有:《西河合集》本(第47册)、《四庫全書》本(第129册)、《續皇清經解》本、《藝海珠塵》本(木集第55册)、《叢書集成初編》本、《百部叢書集成》本。

（五）春秋類著作計有4種53卷:《春秋毛氏傳》36卷、《春秋屬辭比事記》4卷、《春秋條貫篇》11卷、《春秋簡書刊誤》2卷。

《春秋毛氏傳》以《左傳》爲主,分"改元""即位""生子""立君""朝聘""盟會""侵伐""遷滅""昏覿""享唁""喪期""祭祀""搜狩""興作""甲兵""田賦""豐凶""災祥""出國""入國""盜殺""刑戮"22門,批駁胡安國《春秋傳》。此書版本有:《西河合集》本(第25—32册)、《龍威秘書》本(第8集)、《四庫全書》本(第176册)、《皇清經解》本。

《春秋屬辭比事記》依《春秋》經文十二公之序,以"屬辭比事"爲基本方法,據禮以斷《春秋》。此書版本有:《西河合集》本(第32册)、《龍威秘書》本(第8集)、《四庫全書》本(第176册)、《皇清經解》本、《鶴壽堂叢書》本。

毛氏認爲《春秋》經文自有條貫,不待於傳。於是排比經文,標識端委,使自相聯絡,撰成《春秋條貫篇》。大致用章冲《類事本末》之意。此書版本有:《西河合集》本(第33—35册)、《龍威秘書》本(第8集)、《四庫全書存目叢書》本(第136册)、《四庫全書珍本》本(第10集)、《續修四庫全書》本(第139册)。

《春秋簡書刊誤》刊正《三傳》經文之誤。大旨以《左傳》爲主,附載《公》《穀》之异文,辨證其謬。因胡安國《傳》多從《穀梁》,并孔安國亦排斥之。此書版本有:《西河合集》本(第36册)、《四庫全書》本(第176册)、《皇清經解》本。

（六）孝經類著作1種1卷:《孝經問》1卷。

《孝經問》旨在批駁朱子《孝經刊誤》及吴澄《孝經定本》二書。設爲門人張燧問而毛氏答,凡十條:一曰《孝經》非僞書,二曰今文、古文無二本,三曰劉炫無僞造《孝經》事,四曰《孝經》分章所始,五曰朱氏分合經、傳無據,六曰經不宜删,七曰《孝經》言孝不是效,八曰朱氏、吴氏删經無優劣,九曰閨居侍坐,十曰朱氏極論改文之弊。此書版本有:《西河合集》本(第45册)、《四庫全書》本(第182册)、《續皇清經解》本、《今古文孝經彙刻》本。

（七）五經總義類著作計2種21卷:《經問》18卷、《經問補》3卷。

《經問》是毛氏弟子雜記其說經之詞,一問一答,故題曰"經問"。此書版本有:《西河合集》本(第47—50册)、《四庫全書》本(第191册)、《皇清經解》本。

《經問補》是《經問》的補録之作,由毛奇齡子遠宗補録。此書版本有:

《西河合集》本(第50册)、《四庫全書》本(第191册)、《皇清經解》本。

(八)四書類著作計有12種66卷。其中綜論四書的著作5種:《四書正事括略》8卷、《四書改錯》22卷、《四書索解》4卷、《四書賸言》4卷、《四書賸言補》2卷。專論四書的著作5種:與《大學》相關的有3種,即《大學證文》4卷、《大學知本圖説》1卷、《大學問》1卷;與《論語》相關的有《論語稽求篇》7卷;與《中庸》相關的有《中庸説》5卷;《孟子》則無專論之作。雜論四書的著作有2種:《聖門釋非録》5卷、《逸講箋》3卷。

《四書正事括略》成於康熙四十六年(1707)。初爲五卷,後續有六、七兩卷,補前所未備,又附録一卷爲主客問答之語,共爲八卷。此書以正四書名物、文藝、禮制、故實爲主,統曰"正事",是《四書改錯》的雛型。此書現存清道光二十年(1840)蕭山沈豫蛾術堂刻本。

《四書改錯》成於康熙四十七年(1708)。分人錯、天類錯、地類錯、物類錯、官師錯、朝廟錯、邑里錯、宫室錯、器用錯、衣服錯、飲食錯、井田錯、學校錯、郊社錯、禘嘗錯、喪祭錯、禮樂錯、刑政錯、典制錯、故事錯、記述錯、章節錯、句讀錯、引書錯、據書錯、改經錯、改注錯、添補經文錯、自造典禮錯、小詁大詁錯、抄變詞例錯、貶抑聖門錯32門,計451條,對朱子《四書集注》進行了全面的批駁。此書的版本有:《續修四庫全書》本、《四書古注群義匯解》本。

《四書索解》本名《四書疑義》,有問有答。毛氏卒後,其繼子毛遠宗重加裒輯,存所疑而删所解,更名爲《四書疑案》,毛氏門人王錫爲作序,更名爲《索解》。此書的版本有:《西河合集》本、《藝海珠塵》本、《四庫全書存目全書》本、《叢書集成初編》本、《叢書集成新編》本。

《四書賸言》是毛氏講解《四書》的語録。前兩卷是弟子盛唐、王錫所輯,後兩卷是繼子毛遠宗所輯。此書不以經文次序爲先後,也不以《四書》分編,只是每卷目録各稱《論語》若干條、《大學》若干條、《中庸》若干條、《孟子》若干條。其旨亦以批駁朱子《四書章句集注》爲主。此書的版本有:《西河合集》本、《四庫全書》本、《清經解》本、日本撫松館刊本。

《四書賸言補》是《四書賸言》的補遺本,體例同《四書賸言》,只是多載其門人子姪之説。此書的版本有:《西河合集》本、《四庫全書》本、《清經解》本、日本撫松館刊本。

《論語稽求篇》作於康熙二十七年(1688)前後。毛奇齡從朱熹《論語集注》中輯出91條加以考釋,旁采古義,以批駁《論語集注》。此書的版本有:《西河合集》本、《四庫全書》本、《龍威秘書》本、《清經解》本、《叢書集成新編》本、《無求備齋論語集成》本。

《大學證文》初作於史館,終成於康熙三十年(1691)左右。全書按版本由來及時間先後,對當時通行的各種《大學》版本加以對比考察,旨在表彰《大學》古本,批駁各種《大學》改本。此書的版本有:《西河合集》本、《四庫全書》本、《龍威秘書》本、《叢書集成新編》本。

　　《大學知本圖説》由《大學知本圖説》《大學知本圖》《大學知本後圖説》《大學知本後圖》四部分組成。其中《大學知本圖説》作於康熙四年(1665),《大學知本後圖説》作於康熙九年(1670)。旨在由古本《大學》之説以攻朱子"格物之傳"。此書的版本有:《西河合集》本、《四庫全書存目叢書》本、《續修四庫全書》本。

　　《大學問》是毛奇齡答其門人邵廷采關於《大學》的疑問。毛氏因邵廷采之問,依據《大學》原文分段加以闡發疏解,并進一步與《大學知本圖説》的主旨相互推衍,以歸於良知之説。此書的版本有:《西河合集》本、《四庫全書存目叢書》本。

　　《中庸説》是毛奇齡及門人弟子講論《中庸》的心得。全書依《中庸》的命題,分爲27條批駁朱子《中庸章句》中關於聖學内容與路徑的闡釋。大旨以慎獨爲主,極力闡明劉宗周慎獨誠身之效。由弟子章大來、樓宅中、朱樟、陳佑及其子遠宗、侄文輝等人加以編次,其後附以門人的見解。此書的版本有:《西河合集》本、《四庫全書存目叢書》本、《續修四庫全書》本。

　　《聖門釋非録》爲毛氏門人陸邦烈所輯。因爲朱熹《四書集注》有疑孔門諸賢之論,以致漸成流弊,故而陸邦烈取毛奇齡經説中與此内容有關的加以考辨,裒合成帙,而附以奇齡門人、子侄諸説,以辨其非。此書的版本有:《西河合集》本、《四庫全書存目叢書》本。

　　《逸講箋》由毛奇齡侄子及門人編録而成。書中三卷内容各自獨立,上卷爲章世法所録毛奇齡講論《孟子》"不動心"章的草稿。第二卷爲其侄文輝所録毛氏講論《論語》的問答。第三卷《大學辨業辨》則爲樓宅中所録同門攻詰李塨《大學辨業》之作。此書除毛氏的講論外,也雜入了門人弟子的附論,由於是重加編録的"叢殘之稿",所以題爲"逸講箋"。此書的版本有:《西河合集》本、《四庫全書存目叢書》本。

　　(九)樂類著作計4種16卷:《竟山樂録》4卷、《聖諭樂本解説》2卷、《皇言定聲録》8卷、《李氏學樂録》2卷。

　　《竟山樂録》是奇齡祖述其父毛秉鏡(字竟山)的樂學理論而成。前三卷共分64目,前後各有總論。以唐樂遺法解五音十二律還相爲宫,以攻司馬遷《律書》、蔡元定《律吕新書》之説。末一卷爲《采衣堂論樂淺説》,是毛氏伯兄萬齡論樂的見解。此書的版本有:《西河合集》本(第43—44册)、

《四庫全書》本(第 220 册)、《龍威秘書》(第 8 集)、《顏李叢書》本、《叢書集成初編》本、《藝苑捃華》本、《百部叢書集成》本。

康熙三十一年(1692)五月,毛奇齡從邸報中聞康熙帝有"辨徑一圍三之非,究隔八相生之實"之説,因而推闡考證,分條注釋,成《聖諭樂本解説》。三十八年(1699),康熙帝南巡至浙,奇齡以是書呈進。是書卷首載《進樂書疏》,又有李塨總序。卷一論徑一圍三,卷二論隔八相生,卷末有"附記"。此書的版本有:《西河合集》本(第 43 册)、《四庫全書》本(第 220 册)、《四庫全書珍本》本(第 11 集)、《昭代叢書》本(丙集第二帙)。

《皇言定聲録》推本康熙帝論樂意旨,附以九聲、七調之説。此書的版本有:《西河合集》本(第 44—45 册)、《四庫全書》本(第 220 册)、《四庫全書珍本》本(10 集)。

《李氏學樂録》成於康熙三十七年(1698),原爲李塨所編,因李塨嘗學五音、七聲、十二律以器色相配之説於毛奇齡,此書又經毛奇齡手定,故編入《西河合集》,而題毛奇齡之名於首。此書的版本有:《西河合集》本(第 45 册)、《顏李叢書》本。

(十) 小學類著作計 4 種 28 卷:《古今通韵》12 卷、《韵學要指》11 卷、《易韵》4 卷、《越語肯綮録》1 卷。

《古今通韵》作於康熙二十三年(1684),亦稱《康熙甲子史館新刊古今通韵》。卷首載進書疏、表,又有馮溥、金鋐、李天馥、徐乾學、高士奇、周清源序及自撰緣起。後附論例 23 條,韵表、韵圖、韵目各 1 篇。其中上平聲四卷,下平聲及上聲、去聲、入聲各爲 2 卷。每字下標有音、義,每韵後有説,并附載古音。大旨以五部、三聲、兩界、兩合之説批駁顧炎武《音學五書》。此書的版本有:康熙二十三年史館刻本、《四庫全書》本(第 242 册)、《四庫全書珍本》本(第 10 集)、江户寫康熙二十三年本。

《古今通韵》卷帙繁重,毛奇齡隱括其議論之尤要處,略爲《韵學要指》,一名《古今通韵括略》。此書的版本有:《西河文集》本(第 82—83 册)、《龍威秘書》本(第八函第八集第 59 册)、《韵學叢書》本、《四庫全書存目叢書》本(第 218 册)、《叢書集成新編》本(第 40 册)。

《周易》一書多用韵語,毛氏因取《周易》書中用韵諸語,作《易韵》一書,實爲韵學著作,非《易》學著作。此書的版本有:《西河合集》本(第 11 册)、《四庫全書》本(第 242 册)、《四庫全書珍本》本(第 9 集)。

《越語肯綮録》襲宋趙叔向《肯綮録》而命名。全書皆記浙江地方方言,而證以古音、古訓。此書的版本有:《西河文集》本(第 73 册)、《四庫全書存目叢書》本(第 187 册)、《續修四庫全書》本(第 194 册)。

二、史　部

（一）雜史類著作 2 種 8 卷：《武宗外紀》1 卷、《後鑒錄》7 卷。

毛氏在史館時，觀同館所爲明武宗紀，凡實錄所載諸可鑒事，皆軼而不錄，因仿《漢武外傳》而成《武宗外紀》。全書凡 94 條，皆從實錄中輯出以補本紀之遺，故曰"外紀"。此書版本有：《西河合集》本（第 77 册）、《冠悔堂叢書》本、《藝海珠塵》本、《筆記小説大觀》本（第 5 編第 8 册）、《香艷叢書》本（第 11 集第 42 册）、《勝朝遺事初編》本（第 1 函第 3 册）、《中國内亂外禍歷史叢書》本（第七集）、《中國歷史研究資料叢書》本（第 16 册）、《四庫全書存目叢書》本（第 56 册）、《叢成集成新編》本。

《後鑒錄》記有明一代農民起義事迹，是毛奇齡修《明史》時擬稿所餘。毛奇齡少承故老舊聞，由李自成、張獻忠而上，遍采二百七十餘年間所記衆農民起義事，撰成此書，襲以謝賁《後鑒錄》之名。此書的版本有：《西河合集》本（第 78—79 册）、《勝朝遺事二編》本、《續修四庫全書》本（第 432 册）、《四庫全書存目叢書》本（第 56 册）、《明史資料叢刊》本。

（二）傳記類著作計 8 種 27 卷：《文華殿大學士太子太傅兼刑部尚書易齋馮公年譜》1 卷、《王文成傳本》2 卷、《勝朝彤史拾遺記》6 卷、《何御史孝子祠主復位錄》1 卷、《傳》11 卷、《事狀》4 卷、《記事》1 卷、《集課記》1 卷。

《文華殿大學士太子太傅兼刑部尚書易齋馮公年譜》是毛氏爲其師馮溥所撰年譜，記事自馮溥生至康熙二十二年癸亥（1683）七十五歲，尤以馮溥仕宦經歷爲詳。此書的版本有：《西河合集》本（第 71 册）、《四庫全書》本（第 1320 册）、民國《萬有文庫》本、《國學雜志》第一卷第五期本、《北圖珍本年譜叢刊》本（第 69 册）。

《王文成傳本》是毛氏在史館時爲王守仁所作傳，後佚其半。康熙五十年（1711），毛氏鑒於王守仁舊傳多訛謬，史傳又未定，特命兒子遠宗與及門張文蕘采諸譜、狀、舊傳而錄其實者，增損移易，名曰"續補"。此書的版本有：《西河合集》本（第 66 册）、1917 年上海新學會社活字本《傳習錄集評》附本、《四庫全書存目叢書》本（第 87 册）、《續修四庫全書》本（第 551 册）、《明辨齋叢書》三集本、《明代傳記叢刊》本。

毛氏家藏《宫闈紀聞》一卷，載事不確。後預修明史，分撰天順、成化、弘治、正德四朝后妃傳，因取外史所紀與實錄參修，而撥其剩稿，合之《宫闈紀聞》，撰爲《勝朝彤史拾遺記》。全書皆明一代后妃列傳，凡 65 傳。此書的版本有:《西河合集》本(第 76—77 册)、《冠悔堂叢書》本、《勝朝遺事二編》本、《藝海珠塵》本、《香艷叢書》第四集本、《説庫》本、《筆記小説大觀》本(五編第 6 册)、《百部叢書集成》本、《四庫全書存目叢書》本(第 122 册)。

《何御史孝子祠主復位録》是毛氏與魏驥子孫關於何氏祠主復位的案牘訟牒記録。此書的版本有:《西河合集》本(第 73 册)、《四庫全書存目叢書》本(第 128 册)。

《傳》11 卷,其中卷一爲《蕭山三先生傳》,即蕭山的三位先賢魏驥、何競、張嶽的合傳。卷二至卷三爲《越州先賢傳》,爲吕不用、楊信民、毛吉、謝遷、吕獻、謝愉、張元沖、吴兑、姜鏡、周洪謨、朱燮元、姜逢元諸人合傳。卷四爲《五忠傳》,乃周鳳翔、祁彪佳、俞志虞、劉宗周、章正宸五忠臣的合傳。卷五爲《分纂同郡循吏孝子節婦雜傳》,包括湯紹恩、王孫蘭、吕升、劉謹、貞女孟蘊、徐黼妻李氏、竇妙善。卷六爲《崇禎二撫傳》,乃明末二位巡撫徐人龍、蔡懋德的合傳。卷七爲《雜傳》,内多奇齡友人,包括沈禹錫、楊文蔚、曹惟才、包秉德、毛彦恭、尼演、陳洪綬、湖中二客、桑山人、何顛、毛際可。卷八至卷十一爲《列朝備傳》,蓋毛氏在史館所擬諸人傳記與史文有异,因臚列以備考:吴寧、張瑄、潘蕃、吴洪(子山附)、白昂(子圻附)、周季麟、賀欽、李夢陽、仇鉞、涂禎、王承裕(附王恕傳後)、伍文定、邢珣、徐璉、馬中錫、鄒昊、洪鐘、陳金、俞諫、陳天祥、叢蘭、郭東山、張士隆、楊旦、俞敦、李紹賢、戚杰(子仲附)、焦芳。

《事狀》4 卷,爲吴盛祖、毛秉鏡、高厚、姜希轍、趙甸、程母吴氏、嚴貞女、任辰旦、李潤、葉維藩、柴紹炳、施母王氏、沈以庠、温節婦、洪超等人的事狀。

《記事》1 卷,包括《李女宗守志記事》《家孝子記事》《重裝何孝子三世畫像記事》《范鉉入川勒石記事》《濟寧關忠義祠記事》《贖婦記事》《周子鉉游天台山記事》《東陽撫寇記事》《周氏家藏三代誥命記事》。

《集課記》1 卷,作於康熙十六年(1677),記上海縣知縣任辰旦讞獄事。

(三) 地理類著作計 4 種 22 卷:《湘湖水利志》3 卷、《蕭山縣志刊誤》3 卷、《杭志三詰三誤辨》1 卷、《蠻司合志》15 卷。

湘湖在蕭山縣,爲蕭山水利所資。宋楊時爲蕭山縣令時修建。而明魏驥修築之後,爲豪民所占,御史何舜賓以死争復之。舜賓之婿富玹因作《蕭山水利志》,歲久殘闕。毛氏因其舊本,補輯而成《湘湖水利志》。前兩卷詳述湘湖沿革條約,第三卷則附録諸湖,而終以湘湖歷代禁罰舊例。大旨以杜侵占爲本。此書的版本有:《西河合集》本(第 73 册)、《四庫全書存目叢書》本(第 224 册)、《蕭山叢書》本。

康熙間新修《蕭山縣志》騂駁失考,毛奇齡因逐條各爲厘正,成《蕭山縣志刊誤》。凡沿革之誤二條,稱名之誤一條,封屬之誤二條,坊里之誤二條,古迹之誤三十八條,人物之誤三十五條。此書的版本有:《西河合集》本(第73冊)、《四庫全書存目叢書》本(第214冊)。

康熙三十年(1691),毛氏僦寓杭州,門人以杭州舊志稱"今地本皆江水,由隋、唐來人力畚築而成"相諮詢,奇齡因詰其故,摘其誤,各三條。并考漢、魏、六代諸史志,成《杭志三詰三誤辨》。此書的版本有:《西河合集》本(第74冊)、《武林掌故叢編》本(第17集第135冊)、《四庫全書存目叢書》本(第214冊)、《西湖文獻集成》本。

《蠻司合志》亦毛奇齡修史之餘稿,紀有明一代土司始末。凡湖廣1卷,貴州2卷,四川4卷,雲南4卷,兩廣4卷。此書的版本有:《西河合集》本(第79—81冊)、《紹興先正遺書》本(第3集)、清抄《碎佩叢鈴十六種》本、《廣虞初新志》石印本、《叢書集成續編》本、《續修四庫全書》本(第735冊)、《四庫全書存目叢書》本(第227冊)。

(四) 政書類著作1種1卷:《制科雜錄》1卷。

《制科雜錄》記康熙十八年(1679)召試博學鴻儒始末,凡21條。此書的版本有:《西河合集》本(第72冊)、《昭代叢書》本(戊集第54冊)、《叢書集成初編》本、《叢書集成續編》本(第56冊)、《四庫全書存目叢書》本(第271冊)。

三、子　　部

譜錄類1種1卷:《後觀石錄》1卷。

康熙二十六年(1687)春夏間,毛奇齡游福建,得壽山諸石四十九塊:大約上者十三,中上十四,中十二,中下十,因於諦觀之次,各爲疏釋以當展玩,一一詳其形色。因友人高兆曾作《觀石錄》,因名己書曰"後錄"。書中對壽山石分類首次提出"山、水、田"三坑之說。此書的版本有:《西河合集》本(第72冊)、《昭代叢書》本(乙集第六帙)、《藝海一勺》本、《美術叢書初集》三輯本、《四庫全書存目叢書》本(第79冊)。

四、集　　部

(一) 楚辭類1種1卷:《天問補注》1卷。

《天問補注》成於順治十五年(1658)。毛氏認爲朱熹《楚辭集注》於《天問》一篇多所闕疑,故爲之補注。前爲總論,後凡三十四條,皆先列《天問》原文,次列《集注》文,而後以《補注》繼之,間有所疏證。此書的版本有:《西河合集》本、《四庫存目叢書》本(第2册)、《續修四庫全書》本(第1302册)。

(二)別集類1種169卷:《西河文集》169卷。

《西河文集》包括文36種116卷:《誥》1卷,《頌》1卷,《主客詞》2卷,《奏疏》1卷,《議》4卷,《揭子》1卷,《史館札子》2卷,《史館擬判》1卷,《書》8卷,《牘札》1卷,《箋》1卷,《序》34卷,《引弁首》1卷,《題題詞題端》1卷,《跋》1卷,《書後緣起》1卷,《碑記》11卷,《墓碑銘》2卷,《墓表》5卷,《墓志銘》16卷,《神道碑銘》2卷,《塔志銘》2卷,《説》1卷,《錄》1卷,《館課擬文》1卷,《折客辨學文》1卷,《答三辨文》1卷,《釋二辨文》1卷,《辨聖學非道學文》1卷,《辨忠臣不徒死文》1卷,《古禮今律無繼嗣文》1卷,《古今無慶生日文》1卷,《禁室女守志殉死文》1卷,《賦》4卷,《九懷詞》1卷,《誄文》1卷;詩9種53卷:《二韻詩》3卷(又作《五言三韻律》)、《七言絶句》8卷、《排律》6卷、《七言古詩》13卷、《五言律詩》6卷、《七言律詩》10卷、《七言排律》1卷、《五言格詩》5卷、《雜體詩》1卷。四庫館臣認爲:"奇齡之文,縱横博辨,傲睨一世。與其經説相表裏,不古不今,自成一格。"此書的版本有《西河合集》本、《四庫全書》本、《萬有文庫》本。

(三)詩文評類1種8卷:《詩話》8卷。

《詩話》多記毛奇齡自作及同時諸人倡和之作,亦間論及唐宋詩。此書的版本有:《西河合集》本、《四庫存目叢書》(第420册)、《昭代叢書》本、宣統三年(1911)文瑞樓石印本、民國鴻章書局石印本。

(四)詞曲類2種8卷:《詞話》2卷、《填詞》6卷。

《詞話》本4卷,後佚兩卷。此書版本有:《四庫全書》本、《昭代叢書》本、宣統三年(1911)文瑞樓石印本、《詞話叢編》本、《賜硯堂叢書新編》乙集本、民國鴻章書局石印本。

《填詞》6卷,分爲小令、中調、長調。版本有《西河合集》本、《四庫全書》本。

五、其 他

(一)《毛西河論定西廂記》5卷。此書成於康熙十四年(1675),前有吴興祚所作序。毛奇齡在吸收明人評點《西廂記》理論成果的基礎上,對《西廂記》進行校注和參釋,以經史證故實,以元劇證方言,糾正了諸家解説的偏頗之處。此書版本有:康熙刻本、民國誦芬室重校本。

（二）《擬連廂詞》1卷。此書作於順治十年(1653)左右,包括《不賣偷》《不放嫁》兩種,是介於諸宫調和元雜劇之間的一種表演形式。此書版本有:《西河合集》本。

附録二　毛奇齡佚作輯釋

一、跋陳洪綬摹李公麟《乞士圖》①

不見老蓮者十餘年。客淮，觀海翁所藏畫，得此幛，如與晤對。此係老蓮得意筆，蓋中年畫而晚年又題者，觀其字畫昭然也。海翁秘之，誠不妄。西陵毛甡題并識。

按，此文載陳洪綬摹李公麟《乞士圖》後，作於康熙二三年間。朱謀垔《畫史會要》卷二："龍眠居士李公麟，字伯時，爲舒城大族。登進士第，博覽法書名畫，故悟古人用筆意，作書有晋、宋風格，繪事集顧、陸、張、吳及前世名手所善以爲己有。"彭蕴璨《歷代畫史彙傳》卷十四："陳洪綬，字章侯，號老蓮，諸暨人。以明經不仕。崇禎間，召入爲供奉。甲申後，自稱悔遲，善山水人物。"《乞士圖》載陳洪綬自題："己卯秋杪，作於聖居。時聞筝琶聲，不覺有飛仙意。洪綬。"據文中"不見老蓮者十餘年，客淮"語，知作於康熙二三年間。據光緒《淮安府志》卷四十："康熙二三年間，蕭山毛奇齡以避難來，山陽令朱禹錫舍之天寧寺，變姓名曰王彥，字士方，以文采重衣冠間。"知毛奇齡康熙二三年間客淮。

另據黃涌泉《陳洪綬年譜》，知陳洪綬卒於順治九年壬辰（1652），自順治九年至康熙二三年，恰十餘年。是畫除毛奇齡題跋外，另有湯調鼎、查繼佐、程正揆、宋曹等人題跋。畫藏故宫博物院。

二、《南疑集》題詞

諸體風流雋永，芳秀襲人。具維、顔之俊骨，發錢、劉之佳調。此固

---

① 題原無，此爲筆者所加。

曠世軼才,不止虎視江左已也。辛亥春日,弟毛甡題於汝南官舍。

按,此文載沈季友《南疑集》卷首,作於康熙十年辛亥(1671)春。雍正《浙江通志》卷二百五十一《經籍》:"《南疑集》,平湖沈季友客子著。"光緒《平湖縣志》卷十七:"沈季友,字客子,號南疑。西平知縣棻子。康熙丁卯副榜。少聰穎,精制藝及古文詞,尤工詩。……由正黃旗教習考授知縣,未及任而歸,杜門著書。……沒年四十六。所著有《檇李詩繫》四十二卷。"康熙十年前後,毛奇齡客汝寧知府金鎮幕,時沈棻官河南西平縣知縣,沈季友侍父西平,毛奇齡以同鄉之故,與沈氏父子詩書往還。毛奇齡應沈棻之請,有詩咏西平舊迹,載《西河合集·五言律詩六·咏西平舊迹八首》。毛奇齡自汝寧南還,沈棻貽以縑紵,毛奇齡以詩答謝,載《西河合集·排律三·沈棻明府治西平有名欲往從之不果值予南還以縑紵見貽因寄并謝一十二韵》。沈棻卒後,毛奇齡對故友之子頗加照拂,康熙二十一年,沈季友入京,毛奇齡爲其詩集作序,并爲其《春山絲竹圖記年》題詩,見《西河合集·序二十三·沈客子詩集序》《西河合集·七言絕句八·題沈客子春山絲竹圖記年》。沈季友南還,毛奇齡作詩送之,載《西河合集·七言律詩六·送沈客子還禾中》。

三、論定《西廂記》緣起

《西廂記》者,填詞家領要也。夫元詞亦多矣,獨《西廂》以院本爲北詞之宗,且傳其事者,似乎有异數存其間焉。昔元稹爲《會真記》,彼偶有托耳,杜牧、李紳輩即爲詩傳之。逮宋,而秦觀、毛澤民即又創爲詞,作"調笑令"焉。暨乎趙安定郡王撰成"商調鼓子詞",凡一十二章,俾謳師唱演,謂之"傳奇"。至金章宗朝,有所爲董解元者,不傳其名氏,實始爲填北曲,名曰"西廂記",然猶是搊彈家唱本也。嗣後元人作《西廂》院本,凡幾本,而後乃是本以傳。繼此則又有陸天池、李日華輩復叠演南詞,導揚未備,天下有演之博、傳之通如《西廂》者哉?或曰:"《西廂》艷體詞,其詞比之經之《風》,《騷》之《九歌》,賦之《高唐》《美人》,詩之《同聲》《定情》《董嬌嬈》。宋子侯以下,其在詞,則《江南龍笛》等也。"雖不必盡然,然絕妙詞也。特刻繁板溛,魯魚溫媼。舊時得古本《西廂記》,爲元末明初所刻,曲真而白清,爲何人攫去久矣。萬曆中,會稽王伯良作校注古本《西廂記》,音釋、考據尚稱通核,然義多拘苾,解饒傅會。揆厥所由,以其所據本爲碧筠齋、朱石津、金在衡諸訛本,而謬加新訂,反乖舊文,雖妄題曰古,實鼠璞耳,然猶孔陽、丑頃之間也。今則家爲改竄,户起删抹,拗曲成伸,强就己臆,漫不知作者爲何意、詞曲爲何物、宫調爲何等,换形吠聲,一唱百和。數年後,是書獨遭秦炬矣!

予薄游臨江,客有語及者,似生憂患。因就臨江藏書家遍搜,得周憲王、大觀堂本,凡二本,他無有矣。既而返臨安,又得碧筠齋、日新堂、即空觀、徐天池、顧玄緯諸本,凡八本,然而猶是魯衛也。且擬爲論列,以未遑,卒捨之去。既後則驟得善本于蘭溪方記室家,與向所藏本頗相似,特不署所序名,鐫字委刓而幅窄,稱爲"元至正舊本",而重授刊于初明永樂之一十三年。較之碧筠諸本刻于嘉靖以後者,頗爲可信。且曲白皦嘡,與元詞準,比諸傳譜與《雍熙樂府》諸所載曲,尤稱明晰。遂丐實之篋而携之歸。越二年,復以避人故,假居山陰白魚潭,乃始與張氏兄弟約爲論列。出篋所實本,并友人所藏王伯良本并他本,竟以蘭溪本爲準,矢不更一字,寧爲曲解,定無參易。凡論一折,限一畫,凡二十二畫不足。已而之吴,寓邵明府署,又凡二十畫,合四十二畫。蓋既悲時曲之漫填,而又懼是書之將終昧於世也,於是論序之,以存填詞一綫焉。

按,此文載毛奇齡《兼本雜録》卷十一,約成於康熙十四年(1675)。此文記述了毛奇齡論釋《西廂記》創作緣起與成書過程,重點在於强調對《西廂記》各種版本的搜討、比較和鑒别,以及創作此書的目的。毛奇齡"少善詞賦,兼工度曲",從序中可以看出,他不滿意以王驥德爲代表的《西廂記》校注本的拘謹淺陋和以金聖嘆爲代表的《西廂記》批點本的删改竄易,從文獻考據的角度出發,采用校注和參釋相結合的方式,探求院本《西廂記》的本來面目。學者堂刊本卷首除毛奇齡自序外,另有吴興祚序。此書另有民國武進董康誦芬室影印本等。

四、題鶯像

鶯像前不可考。宋畫苑陳居中爲唐《崔麗人圖》,則始事也。然詳其圖跋,大抵泰和中有趙愚軒者,宦經蒲東,得崔氏遺照于蒲之僧舍,因購摹之,則居中實摹舊者。其後陶九成又得居中畫于臨安,而趙待制雍倩禾中畫師盛懋重臨,即今所傳刻本耳。若明唐六如改爲之像,見吴趨坊本《西廂》。而近年吾越陳老蓮又改爲之,則皆非舊矣。

予論《西廂》成,客有携居中刻畫强予臨此。予曰:花鮮成艷,葉無定影,取滕王所圖爲東園之蝶,得楊子華所爲畫以當謝監階前之藥,亦何不可?特尤物難擬,每趣愈下,予恐今兹所傳,欲比之"爲郎憔悴"之後,而猶未得焉。僧開跋。

按,此文載毛奇齡《兼本雜録》卷十一。毛奇齡《論定西廂記》卷末附《千秋絶艷圖》載此文,末署"丙辰上巳,齊于氏跋",知此文作於康熙十五年(1676)三月三日。夏文彦《圖繪寶鑒》卷四:"陳居中,嘉泰年畫院待詔,專工人物、蕃馬,布景著色,可亞黄宗道。"①陶宗儀《南村輟耕録》卷十七:"余向在武林日,于一友人處見陳居中所畫唐《崔麗人圖》。……'余丁卯春三月,銜命陝右,道出於蒲東普救之僧舍,所謂西廂者,有唐麗人崔氏女遺照在焉。因命畫師陳居中繪模真像……泰和丁卯林鐘吉日,十洲種玉大志宜之題。'……'蓋前金趙愚軒之字,曾爲鞏西簿。遺山謂泰和有詩名,五言平淡,他人未易造,信然。泰和丁卯,迨今百十四年云。其月二日,壁水見士思容題。'右共五百九字,雖不知壁水見士爲何如人,然二君之風韵可想見矣。因俾嘉禾繪工盛懋臨寫一軸。適舅氏趙公待制雍見而愛之,就爲録文於上。"②與毛氏所述相符。文中有"若明唐六如改爲之像,見吳趨坊本《西廂》。而近年吾越陳老蓮又改爲之"語,指明、清時唐寅與陳洪綬畫崔鶯鶯像事,詳參蔣星煜《明刊西廂記插圖與作者考録》③。康熙十四年(1675),毛奇齡寓吳縣知縣邵懷棠縣署,論定《西廂記》成。十五年(1676)三月,友人携陳居中所畫崔鶯鶯像請毛奇齡臨摹,毛因而臨摹,并有跋語。

五、《纕芷閣遺稿》序

余與吳子應辰、何子卓人、吳子征吉、陳子山堂皆以文字受知於非庵夫子。夫子亦不惜傾心下之,余數人益復峻潔自持,絶不以私事走謁公庭,蓋三載如一日也。鳴琴之暇,嘗以詩酒晨夕唱和,劇論今古。興酣時,往往稱述夫人閨訓,幾至嗚咽,不能自勝。

若夫《纕芷閣集》,固向所什襲,不屑爲一二俗人道者耳。一夕,忽手是編,囑余數人序跋,并謀得良劂工付梓。豈非以夫人之賢,不以詩詞重?而夫子重夫人之賢,未始不以詩詞見耶?余因持稿以歸,亟呼童

---

① 夏文彦《圖繪寶鑒》,元至正刻本。
② 陶宗儀《南村輟耕録》,《四部叢刊三編》景元本。
③ 蔣星煜《〈西廂記〉的文獻學研究》,上海古籍出版社,1997年,第565頁。

子燒燭竟讀,如遙山吐月,如秋水流雲,如烟波泛艇,如蘿薜裁衣類,以淡遠處使人把玩不盡。微論乍離乍合,或泣或歌,絕似鬚眉男子;搦管濡毫,曲曲寫出,并能舉鬚眉男子之所欲言與不能言者。一經夫人之口與手,無不豁然躍然,愉暢於心。目其才情筆致,擬自班姬、文姬而外,無能與夫人比肩頡頏者。真閨秀之絕技也!

戊午秋,會有博學鴻儒之舉,促余赴召,余亦匆匆公車北上,每以不及竣事為憾。若夫黼黻瑶章,裒輯成帙,以垂不朽,則應辰諸君諒亦與余有仝志云。時康熙戊午歲桂月望日,題於北山草堂,門人毛奇齡大可氏頓首拜撰。

按,此文載左如芬《纕芷閣遺稿》卷首,作於康熙十七年(1678)八月,時毛奇齡五十六歲。《清史稿》志一百三十《藝文》四:"《纕芷閣遺稿》一卷,左如芬撰。"左如芬,字信芳,安徽桐城人。左光斗孫女,左國林仲女,進士姚文熊妻。左如芬嫁與姚文熊後,伉儷情深,隨丈夫學詩。所寫詩歌以描寫婚姻愛情生活為主。纕芷閣為左如芬書齋名,因以名書。姚文熊,字望侯,號非庵,安徽桐城人。康熙六年(1667)進士。康熙十五年(1676),姚文熊官蕭山縣知縣,奇齡得從之游。康熙十七年(1678)秋,奇齡應博學鴻儒之召,行將赴都,因於此時為姚文熊亡妻左如芬《纕芷閣遺稿》作序。《纕芷閣遺稿》卷首除毛奇齡序外,另有徐胤定序、弟左國棟序、夫姚文熊序,徐胤定序作於康熙二十二年,集當刻於此時。南京圖書館藏。

六、《傭庵北游集》序

吾郡自文長後得才子四人,張秀才用賓、駱明府叔夜、姜國子武孫,其一則次微也。用賓死於兵久矣。叔夜兩為縣,不得志,去。而武孫與次微則但栖遲人間世,兩人皆非盛年,而意氣豪邁,落筆為文章,動輒萬言,筆不加點綴,腕不停轡,雖馳良駬、跨駮馬走平原如電,不足以喻其疾也。洪波潾沆,包百川之絡,漼沸潛潎,不足以象其景之長而幅之廣也。微風之起於青蘋之末,颶颲於長荒,回薄於廣林,縱袪塵裂葉,不足與之爭拗直而課後先也。宋人惟蘇子子瞻能以其技為策、為論、為書記箋奏,當特比之萬斛之泉,隨地溢涌,而皆曲折以成勢。而兩君亦肰。肰則欲不名兩君為才子,不得矣。文章有定形,亘古不蒗,而習俗圜轉,往往以方幅正變比之鬌髻之高低、衣裏之廣狹,以為嘉、隆後為詩,不宜爲三唐,宜爲宋、元;王、李後爲文,宜爲唐、宋,不宜爲漢、晉。而近且降唐爲宋,降宋爲明,降明爲明之宋學士、歸太僕兩人。而兩人以前之文章皆不足法。其語起於常熟錢氏,而舉世奉之爲科律,而詩文之道爲之頓衰,是安知天地間亦固有自肰之文,不隨俗圜轉、偕世升降,浩浩瀰瀰,自足與運會相終始,如吾武孫、次微之爲文者乎?或曰:武孫、次微爲文皆長於論説,曹植譏建安諸子不能持論,二子則固已過之。假使詘其筆爲叙事、爲記志、爲方幅有限之作,輒如展吳王舞袖,局脊踏躠,雖長沙、雲夢猶未足以迴其身,而趑其手足之所以舉也。此如子瞻乏記事之文,人各有短。而吾爲不肰,子瞻小記札,工於大文。今次微集中,如傳記、序者,猶在也。第用賓詩文以早死俱不得成,叔夜爲詩勝於文,武孫詩與文皆足上掩古人,非文才可比。而次微舊爲詩,雖已成家,肰未能超今人而上之,而苟其不隨習俗,矯矯獨行於天地之間,有如此文者,而猶謂山陰才子之尚有文才,吾不信矣。康熙戊午十月,西河同學弟毛奇齡撰。

按,此文載孟遠《傭庵北游集》(清康熙刻本)卷首,作於康熙十七年(1678)十月。平步青《霞外攟屑》卷四"孟次微監州"條:"癸酉秋,從坊肆得《傭庵集》一册、《傭庵北游集》一册,版心魚尾,刻'孟次微集'。……可知次微名遠,會稽人。……傭庵抱才不遇,畢生游歷,集中可考者,順治辛丑爲學使谷應泰所識,拔入國子監,客李良棟家。……丁巳,入都。戊午,客廣平張思恭署,秋試被落。"孟遠與毛奇齡爲同鄉好友,交往頗多。孟遠之京,奇齡以詩送行。孟遠訪友吳下,奇齡亦贈以詩。康熙十七年,孟遠北闈報罷,奇齡適以應鴻博之試至京,因於此時序其集。毛序稱孟遠爲杭郡才子之一,尤激賞孟遠所作詩文。《傭庵北游集》卷首除毛奇齡序外,另有康熙五年謝良琦序、康熙五年姜承烈序、康熙十九年陳億序、康熙二十一年張彦之序、康熙二十九年胡大定序、康熙三十一年何挈序。此書現存清康熙刻本,復旦圖書館藏。

七、《東渚詩集》題詞

宛陵自梅都官後,名爲詩鄉,然未有如今日之盛者。東渚,都官裔,一門群從自相唱和,各裒然成集。人嘗謂東渚詩如諸王之有元長、諸謝之有宣遠,其語甚信。予滯京邑,曾和其所寄詩,思效其體,不可得。今讀《東渚集》,如望北崎湖,使我游神在瀰瀰之際矣。西河同學弟毛奇齡題。

按，此文載梅枝鳳《東渚詩集》卷首，作於康熙二十一年(1682)前後。吳肅公《街南續集》卷六《梅東渚先生墓志銘》："梅氏諱枝鳳，字子翔，號東渚。蓋宋都官聖俞公之裔。父諱有振，母趙孺人，先生其第三子也。少事耕岩先生，從金沙周儀部鹿溪游。……生萬曆乙卯年九月晦日，卒康熙己巳年某月某日，年七十有五。"①知梅枝鳳爲梅堯臣後，與文中"東渚，都官裔"語合。另文中"予滯京邑，曾和其所寄詩"，指康熙二十一年(1682)，梅枝鳳滿聽樓築成，毛奇齡和詩事，見本集《五言格詩一·梅東渚築樓於草堂之北施侍讀題曰滿聽其群從淵公孝廉首倡二詩書卷命和遂依韵率成續原卷後》。毛奇齡與梅枝鳳相識於康熙四年，時毛奇齡到宣城，訪梅枝鳳，本集《碑記五·滿聽樓記》："予至宣城，偕張公荀仲訪東渚先生。"後毛奇齡流亡至江西湖西道參議施閏章幕，二人互有詩酬贈，梅枝鳳《東渚詩集》卷三《答毛大可湖西見寄》。②梅枝鳳滿聽樓築成，毛奇齡爲文記之，本集《碑記五·滿聽樓記》："既而先生築樓於草堂之傍，顏曰'滿聽'。……同里施侍讀爲之題之。而其家舉人淵公復爲之繪圖，傳來京師。京師好事者，且爲之歌咏其事。"《東渚詩集》卷首除毛奇齡題詞外，另有王士禎序，末署"康熙二十一年歲在壬戌臘月，濟南王士禎序"。集當本年刻成，毛文亦當作於本年。

八、《錦官集》序

渭仁以詩文名於人，所稱《健松齋集》是也。夫健松齋者，本志其先臣遺業傷於風雨，賴是公健在，以示安石有後，能庇其甘棠勿衰之意。而其詩其文，亦即因之以□絶倫表，予嘗誦其集而慨焉思之。

今幸與渭仁同受筆札，抽文擷史，將以窺其所學，且得進驗其太平丹臛之具，乃渭仁當此，矯矯然若有以自异者。會西南初辟，天子念巴蜀材藪，既幸前潊，將大興文教，與斯民更始，於是特敕詞臣搜文其地，而渭仁首銜命往。夫爲國升賢，豈非盛事？顧是行，則有趑趄不欲前者，蓋萬里之行，古所難也。七盤九隴，望若青天，且習俗相嬗，每以軺車徵逐爲名高，地僻則逢迎不前，民困瘵則王臣覲覿，饋享往來之節，不足以勝任而愉快。是固今之所相顧而避焉者也。渭仁出都時，病怔忡尚未愈，馳驅崇山深菁中五千餘里，荒城古驛，僕馬瘏痡，然且登臨憑

---

① 吳肅公《街南續集》，清康熙程士琦等刻本。
② 梅枝鳳《東渚詩集》，清嘉慶滿聽樓刻本。

吊,題詩滿壁。即撤棘以還,山川名勝,必歌咏以盡其致。

讀《錦官》一集,其襟懷所寄,豈猶然分廳聚草悻悻自得者所能幾與?古無詞臣親貢士者。郡國解士,門下無車騎之勞,鏁廳寬,然不限以月日,無燈燭促迫、箭樓樸擊之苦,故得與參詳小試官倡和咏嘆,以紀盛美。今則計日就道,畫時竣事,其得爲韵語自娛者何有?而渭仁處之優然,一如其居健松時者。則是公健在,其爲磊砢以節目,固未艾也。

若夫入蜀有二事,俱不足爲渭仁比。宋祁知成都,携所修《唐史》以往,夜堂燃燭,必出勝和墨伸紙,而大坐其間,使望者知太守修史以爲榮。渭仁亦方修《明史》,顧不携之行。張方平在蜀得蘇軾兄弟,不敢自試,必獻之詞臣歐陽修者,而後足以升其人。今渭仁受使,親試之而親升之,嗟乎,其加於古人何等哉?若其升賢之書,自具別録,兹集勿及也。康熙甲子冬月,西河弟毛奇齡僧開氏拜題。

按,此文載方象瑛《健松齋集》卷二十《錦官集》前,作於康熙二十三年(1684)冬,時毛奇齡六十二歲。《清文獻通考》卷二百三十二《經籍考》:"《健松齋集》二十四卷、《續集》十卷,方象瑛撰。"方象瑛,字渭仁,號霞莊,浙江遂安人。康熙六年(1667)進士。康熙十六年(1677),候補中書舍人,分校戊午科順天鄉試。十八年,舉博學鴻儒,授翰林院編修,纂修《明史》。二十二年(1683),典試蜀中。二十四年(1685)冬,請假還里。著《健松齋》前後集、《行世方氏先賢考》、《松窗筆乘》等。康熙二十二年,蜀亂始平,補行鄉試,方象瑛往川典試,沿途記載景物,感時憑吊,成《錦官集》二卷。奇齡與方象瑛同鄉同年,又同館纂修明史,象瑛典試四川,奇齡作詩送行。康熙二十三(1684)年,象瑛試竣返京,即以是集付刻,奇齡爲作序。

九、《礪岩續文部二集》序

古者試文與詞業爲一,猶是賦問雜文,而在應舉者謂之試文,在平時則謂之詞業,其實一也。今即不然。試文用八股,而其平時之所爲,則不拘何文,往往與應舉者絶不相涉,故惟試文以官顯,而他文則否。今天下稱善文者,誰不推周子廣庵?顧吾之讀廣庵文在二十年前,彼其時,亦何嘗豫擬一官,得厠身禁近如今日者哉?雖然高文典册在廟堂之上,端必藉絶大手筆爲黼黻憑藉,文不以官顯,而官以文顯。故廣庵所著,大抵多應制代言及館課之作,其視舊所爲文,未知孰勝,然而體亦稍异矣。今夫試文之移人也,幼而習之,積久而安之,生平耳目心志惟是之從。凡賦問、雜文所與試文絕不相涉者,而一當把筆,即欲稍推遠試文,而必不可得。而一二無學者又倡爲宋明大家,擇一二工試文如震川、鹿門輩,奉爲章程,以自便其苟且,而於是他文面目不盡似試文不止。

廣庵落筆春容,不務詭激,而淳龐之風,轉爲博大,高并董、賈,卑亦不失匡衡、劉向之屬,其視世之所爲大家者何迴尋丈?則廣庵之文异於平時者其體,而其大异於試文者則不止其體也。夫神蟲曳尾,殊於文犧;簠簋之華,不襲瓦缶。今人於學問所在漫然不省,秪守其空疏以爲體要,而至於大文煌煌,舉明堂辟雍、天祿石渠之作而下,反襲夫經生齷齪、三條燭盡之所爲以爲得意,而廣庵悉有以正之。則廣庵爲文,即使《續集》未行,予偶得《前集》讀之,其歡欣贊嘆,徘徊感激,必無以過乎今所爲文,何則?以其有异乎世之所爲大家者也,而況乎續之者之未有已也。西河弟毛奇齡頓首謹題。

按,此文載周金然《礪岩續文部二集》卷首,作於康熙二十四年(1685),時毛奇齡六十三歲,官翰林院檢討,纂修明史。同治《上海縣志》卷二十七:"《礪岩文部》……周金然撰。"同治《上海縣志》卷二十:"周金然,字礪岩,號廣庵,又號越雪。……金然康熙二十一年進士,入翰林,官至洗馬。負奇才,俯視一切。……典試湖廣、山右,稱得人。奉旨校輯古文戴《禮》,旋嬰疾告歸。嘗以字幅進呈,聖祖御製五言詩十二韵以示褒嘉。著有《飲醇堂文集》。書法尤爲世所傳。"周金然爲毛奇齡同館後進,兩人官翰林期間,時常宴集,分韵賦詩。康熙二十四年,周金然集成,奇齡爲作序。毛序認爲周金然之文博大淳龐,文體兼備。《礪岩續文部二集》現存清康熙刻本,凡十三卷,復旦圖書館藏。

十、《秋影園詩》題辭

詩即樂也,自漢後立樂府名,而樂與詩二。其隸諸樂者,大抵自效廟、朝會、鼓吹、吟嘆、四廂、三調以下,琴歌、舞曲皆有題目,而贈送、游覽諸作不與焉。雖其所分者限於律吕,如近代九宫、大調之類。而詩人爲詞,亦若有宫徵正變、句曲轉應者存乎其間,故《伊》《凉》商調詞之爲也。而貞元以玉宸奏,更名正宫,則樂之爲也。木調俱七絕,而前名按歌,後名入破,此樂調也,則樂之爲也。乃以七絕之中,而間以五絕,如白樂天所云"五言一遍最殷勤"者,此詞調也,則又詞之爲也。故《渭城三叠》即王維送使安西詩也,而其詞則有較异於送諸使者。《桂花》《楊柳枝》詞,本白傅咏吳閶桂樹與永豐坊柳詩也,而其詞則與薛能咏陶、元稹賦李有各見者。今人不識樂,因不識詞。惟不識樂,妄謂詞有樂音。第恐平陂、短長偶與樂迕,而依詞填字,全無捉棚。而因不識詞,則遂雜出於詩與詩餘、曲子,而漫於繩檢,芒然不知夏和引唱爲何物,斯道之亡也久矣!

　　吳子道賢爲樂府,夫人而知之也;其爲樂府,而有异於今之爲樂府,則人不得而知之。嘗曰:世無桓譚,誰爲子雲知己者也已?其在西河、新城之間乎?西河,余郡名。新城者,司成也(時王阮亭先生爲大司成,新城人)。乃道賢示余兼本,會余病,未觀。既而閣中有悼逝者取其集咏吟,當悲歌之泣,諷而驚,驚而嘆,嘆而感。且思天下有如是之爲樂詞者,清平相和,吳聲西曲,各具音節。即俳歌散樂,亦似有領會錄要見之詞句。此真荀勖、張華以來一絶事也!歷下不識樂,北地知之而不精,近則無知之者。自此樂府出,而皮氏之所謂"正樂府",元結之所爲"係樂府""補樂府"。白樂天、元稹之所爲"新樂府""新題樂府",亦瞠乎後焉,而况其他矣!

　　按,此文載吳闡思《秋影園詩》卷首,作於康熙二十四年(1685)。光緒《武進陽湖縣志》卷二十八:"吳闡思《秋影園詩》七卷、《二集》五卷。"蔡顯《閑漁閑閑錄》卷二:"《秋影園詩》三卷,乃武進吳道賢廬山紀游作也。"《四庫全書總目》卷七十八:"吳闡思,字道賢,武進人。"乾隆《武進縣志》卷十:"吳闡思,工山水畫,中能品也。邑有南田諸家,皆爲所掩,然亦一時之秀。"康熙二十四年,吳闡思客京,時奇齡妾張曼殊卒,闡思爲作挽詩。同年,奇齡爲闡思樂府詩作序,闡思賦《古風》六章奉謝。毛序對吳闡思有樂有詞的樂府詩亟加贊賞,將闡思之樂府詩與歷代之樂府體相較,認爲有過之而無不及。《秋影園詩》現存清康熙刻本,凡七卷,國家圖書館藏。

十一、《蕭山陳氏宗譜》序

　　余自丁卯歸里後,杜門謝客。内叔大生持家譜問余叙,余曰:"諾。"然家之有譜,猶國之有史。作史易,修史難,作譜易,修譜難,何言之?作史者載一朝人物政事,大書特書,大都得之歷朝實錄,而斟酌損益之。獨修史則世遠年湮,事迹隱晦,而稗官野乘,又皆雜出不經,非有高古今之識、擅論斷之才者，不能訂訛正偽，垂爲信史。余向在館，與同列諸君言之詳矣！彼作譜之與修譜，何獨不然？譜之作，由身而上，則爲高、曾、祖、考；身而下，則爲子、孫、曾、玄；由身而左右之，則爲期、功、緦、免。因而纂其世系，遞其行列，詳其生娶卒葬，耳目見聞之際，班班可考。若修譜不時舉，歷數十百年之後，子孫不能道其一二，欲假手於賢豪者紛餙而潤澤之，恐不足以道揚祖德，傳信將來，爲宗黨光，則修與不修等耳。矧陳氏譜之作與修爲俱難者乎？幸克祥公草創於前，濟吾公慎修於後，其苦心無容余贅，細閱之，而知其用意。穎川後綿綿瓜瓞，彪炳史冊，不可勝紀。而概從略者，夫亦欲傳信將來，不敢以耳目不逮者憑虛臆斷也。

孔子刪《書》，斷自唐、虞，未嘗謂帝王世系自唐、虞始。此陳氏宗譜所以斷自居蕭之福一公始，而不及文範公也。難之，故慎之；慎之，故略之也。陳氏子孫由所尊而益敬其所尊，則不特文範公爲居杭之祖。追而遠之，周武王封舜(後)胡公滿於陳，實爲得姓受氏之祖也。木有本而水有源，何獨陳氏爲然哉！則是譜之父子、昭穆、生卒、配偶，井乎其有條，秩乎其不紊，考核精當，世系瞭然，誠信譜也。敢以是爲陳氏重，并爲後之修譜者望云爾。康熙二十七年冬十月吉旦，賜博學鴻儒科進士授翰林院檢討國史館纂修編撰明史乙丑會試同考官門婿毛奇齡拜撰。

按，此文載《蕭山长浜陈氏宗譜》卷首，作於康熙二十七年(1688)十月。文末署"門婿毛奇齡"，據毛鬺亭《蕭山毛氏宗譜》卷四《大房世系紀》："(奇齡)配邑庠生陳于仁女，誥封恭人。"知毛奇齡为陈氏婿。

十二、《樂志堂文鈔》序

才難，兼才尤難。天之生才不偶，數百里如比肩，數十年如接踵，此才之難也。董仲舒、劉向之徒以文傳，不以詩傳。王維、孟浩然之徒以詩著，不以文著。馬、班、李、杜之徒以詩文名，不以經濟名。此兼才之難也。

吾友姜子武孫少負無雙之譽，弱冠受知陳黃門臥子先生，丞賞其文，嘆曰"奇才"。一再不遇，遂肆力詩古文詞，博洽藝文，貫穿經史，窮年矻矻，手批口哦無停晷。既而遍游名山川，日與名賢偉人往來酬酢，故識日益高，氣日益古。其文雅健雄深，閎中彪外，滔滔汩汩，無不神明,變化於法;賦則體物瀏浣,攬潘、庾之音;詩則爾雅菁華,振初、盛之響。尤練達時務,經術湛通,諸所論著,洞中機宜,非經生家語。若武孫者,不謂之兼才不可也。

辛酉,魁北闈,藉甚聲名,長安紙貴,同人竊竊焉。喜謂坐致青雲,再見平津事業。乃累躓公車,戊辰南返,若有不豫色者。余慰之曰:"以子之才,上之鸞臺、鳳閣,次之金馬、玉堂,何之不可? 顧遲久始與賢書,戌之役,幾入彀,以'次經'二字見擯,此亦似有天意焉。然子之文多藉以取羔雁,風行海内已久,雖未柄用,當世嘉謨碩畫陰受其福者良多,子亦可以無憾。且士莫貴乎知己,櫟園周先生、健庵徐先生皆當代巨公,交相推服,世咸以流譽。撫軍悚存金公晨夕素心,數十年如一日,子更可以自慰。長公幼韓,文章經術,酷似乃公,既成進士,旋登仕版,旦晚黼黻皇猷,竟子未竟之志。況子著作甚富,已足藏名山而垂不朽,子亦可以優游自娱矣!"姜子曰:"唯唯。"

於是發篋中所存詩文,屬余評次,分爲若干卷,皆可傳者。顧篇帙繁重,未遑盡登梨棗,先以吉光片羽付梓問世。天下雖知武孫,不若余知之爲最深,姑次其大概,以俟世之論定焉。時康熙己巳季春,西河同學弟毛奇齡撰。

按,此文載姜承烈《樂志堂文鈔》卷首,作於康熙二十八年(1689)三月,時毛奇齡六十七歲。阮元《兩浙輶軒錄》卷八:"姜承烈,字武孫,號迨庵,餘姚人。康熙辛酉舉人。著《樂志堂集》。"奇齡與姜承烈爲同鄉世交。奇齡弱冠,即與姜承烈爲友。光緒《餘姚縣志》卷十七:"承烈弱冠即有聲雞壇,與周櫟園、毛西河、倪闇公諸君交善。"順治初年,奇齡與姜承烈同爲杭州登樓社成員,赴"十郡大社"。姜承烈赴從叔姜廷樾上元官署,奇齡作詩贈之。姜承烈赴京,奇齡作詩送之。康熙二十一年,姜承烈會試未第,奇齡以詩送之。康熙二十六年,姜承烈七十壽辰,奇齡爲文賀壽。毛奇齡詩文集成,姜承烈爲作序,曰:"余也不材,與大可生同時,居同里,臭味同心。"足見兩人友情之篤。在該序中,毛奇齡盛稱姜承烈兼詩、文、賦、經術之才,惜其不遇。《樂志堂文鈔》現存四卷,爲康熙二十八年自刻本,國家圖書館藏。

十三、《野香亭集》序

自古才不易生,遇亦罕覯。金、張嗣世,未有文章。王、謝傳家,半虚官閥。是以武威堪繼，所嫌張奐無文；梁苑相仍，常恨枚皋未仕。惟李編修丹壑家有賜書，才堪獻賦。擅蘭成之异彩，不愧肩吾；假衛騎以敷華，輒如希逸。斯固龍門之繼起，居然虎觀之先資。顧或器貴晚成，官嫌早達。高常侍五十爲詩，公孫弘六旬應詔。壯歲學《春秋》，豈難諳練？老年趨幕府，未負平生。而乃夙具聰明，少成頭角。楊愔六歲，便通史藏遺書；黄琬兒時，能說天文大意。舉經筵於殿上，謁帝知名；正朋字於膝前，入官有效。猶且束髮授校書，耻因父任；孩提爲少監，不藉門功。薦鄉書於志學之時，唱臚句在算丁之候。比之元稹之舉進士，正復同年；仿諸陸贄之授翰林，尚虚一歲。妙齡登秘省，彌存若穀之懷；弱冠入綸闈，原有凌雲之氣。然而端居一室，惟事斯文；考鑒千秋，不嫻雜弄。趨庭受《詩》《禮》，父即嚴師；同館被絲綸，子如後進。追燕、許兩家之盛，成獻、義一代之奇。論人物則必推典午以前，語詞章不使在永貞而下。當廳授簡，蔚爲天上雲霞；對客揮毫，疾若秋來風雨。偶下東吴而鼓枻，感送江神；譬登西華以聯吟，勢凌山岳。藉此苕華之簡，勒爲琬琰之詞。文閑六甲，李白何殊？筆著五花，江淹斯在？乃以薰蕕之异臭，謬從雞鶴以同群。通門托庇，訝曾分荀令之香；芸館追隨，愧數倚夏侯之玉。誦羊孚之佳句，軼思穿雲；讀孫綽之新辭，金聲擲地。但藉校讎之末，因而揚厲其間。庭前吟芍藥，請觀端尹之詩；天上有麒麟，倍憶春坊之作。蕭山毛奇齡撰。

按，此文載李孚青《野香亭集》卷首，約作於康熙三十三年（1694）。官修《清文獻通考》卷234《經籍考》："《野香亭集》十三卷，李孚青撰。"光緒《續修廬州府志》卷45《文苑傳》："李孚青，字丹壑，相國文定公長子。年十五，舉康熙戊午順天鄉試。己未，成進士，授編修，充《政治典訓》《玉牒》《類函》《明史》四館纂修。後丁父憂，不復出。家居孝友，讀書務抉精奧，爲文往復紆迴，詩格似韋蘇州。所著有《野香亭集》《盤隱山樵集》。"李孚青父李天馥與毛奇齡有師生之誼，與李孚青又是同年，故常詩文往來，相與聯句。康熙十七年，李孚青鄉舉入試，毛奇齡以詩爲贈。康熙十八年，李孚青年十六，成進士，旋改翰林院庶吉士，毛奇齡作《李丹壑進士館選庶吉士賀屏序》。康熙二十二年秋，毛奇齡與李孚青同直起居注，互有聯句詩。康熙二十六年，毛奇齡解組南歸後一年，李孚青以詩寄懷。可見二人交情之深。此集刻於康熙三十五年，卷首除毛奇齡序外，另有查嗣瑮識語。

十四、《嘯竹堂集》序

　　古之言詩者動稱八體,不知八體者以典雅居一,而精約次之。若新奇與輕靡,則降居七、八之間。今以草野而言,典挾俚鄙,而妄稱雅音,則坐乖體則,而祖之者尚曰韓、盧新奇,溫、李輕艷。夫新奇、輕艷,已自蹈卑貶之列,而況諗詖本非奇縵,胡并失艷乎?

　　予嘗與百朋論詩,喜其卓舉大雅,不因時習而詭隨,曾叙其所爲《梅花詩》百首以見大意。今復輯其諸體詩出以問世。夫詩有體裁,尋枝摘葉,固爲作者所不道。然而前後往來,左右軒輊,此在齊梁爲古詩者尚斤斤比擬,惟恐或戾。而況隋、唐以後,儼著聲律,則夫翰寫便利,動無留礙。雖未嘗爭新競艷,而其爲新與艷,仍莫之過。何則?蓋神聽和平,平之極,未嘗不奇而溫柔敦厚。柔與厚,則非佻涼與錐角所能到也。予讀百朋詩,而有感於世之爲詩者也,因舉其大概而并題其端。康熙丙子春正月,西河毛奇齡初晴氏題。

　　按,此文載王錫《嘯竹堂集》卷首,作於康熙三十五年(1696)正月,時毛奇齡七十四歲。劉錦藻《清續文獻通考》卷二百七十六《經籍考》二十:"《嘯竹堂集》十六卷,王錫撰。"阮元《兩浙輶軒録》卷十:"王錫,字百朋,仁和諸生,著《嘯竹堂集》。"王錫爲毛奇齡晚年所收弟子,曾參與《西河合集》的編輯工作,《西河合集》篇内多見"王錫(百朋)較"字樣。王錫《嘯竹堂集》爲毛奇齡所删定,集内每篇題下皆署"蕭山毛奇齡大可父選"。爲此,王錫專門以詩志謝。康熙四十年三月,毛奇齡與朱彝尊於西湖游宴,王錫亦與焉。毛奇齡還頻顧王錫草堂,師生相與論詩。毛奇齡卒後,王錫爲作傳贊,載《西河合集》卷首。《嘯竹堂集》現存清乾隆刻本。

十五、《家塾教學法》序

　　古者教子弟之法,師以三行,保以六藝,未嘗專主咕嘩課誦及授簡橐筆之事。惟天子、諸侯及鄉大夫、元士之適子,則有六書、九數、典文、簡策諸務行於虎門,令其嫻習之,以爲他日用世之藉也。今世則不然。學校之造世,文衡之選士,全以是物之優劣爲進退,則又無分貴賤、少長,皆爲最急之務矣。

瀔水唐先生獻策長安,出爲師氏者若干年,历東西兩浙人文薈萃之所,皆坐擁皋比,令館下諸生執經北面。其爲三物、六德興起後學者,既已習之有素,且藝文燦然,見諸法則。所至省課諸生,皆視效之。此真見諸行事,未嘗僅托之空言者爾。乃晡晚之間,拂衣歸里,復取平時所爲《讀書作文譜》《父師善誘法》二書,梓以行世。其間講求之切,擇取之精,一字一注,皆有繩檢。所謂哲匠稽器,非法不行者非與!夫弓冶之後,必有箕裘,世家子弟,皆有承授。先生席累世勳賢之裔,守其青箱,傳之不壞。今即以其所世嬗者,公諸海內,蓋不私其美,而教化乃廣大焉。或疑先生以師保之尊,久歷庠序,興德興行,歸田而復取咕嗶課誦之法,諄諄留意,似非要務。嘗讀伏生《大傳》及班掾《食貨志》,知鄉大夫歸田,每出而爲閭党師,謂之上老,終日居里門右塾,以掌詰誡。先生之著二書,抑亦鄉大夫居塾之遺情也乎?故其書舊名《家塾教學法》,吾願受其書而求其法者,由此漸進於誠、正、修、齊。經爲治平之本,安見二書不爲《大學》之先資也乎?康熙己卯季春月,年家眷弟毛奇齡頓首拜撰。

按,此文載唐彪《家塾教學法》卷首,作於康熙三十八年(1699)季春,時毛奇齡七十七歲。唐彪,字翼修,以明經任會稽、長興、仁和訓導。嘗問學於黃宗羲、毛奇齡之門。胸羅萬卷,而原本於道,仇滄柱稱爲"金華名宿"。解職後,益力於學,所著有《身易》二篇及《人生必讀書》《讀書作文譜》《父師善誘法》等書。唐彪初以《父師善誘法》名其書,合刻重印後則稱爲《家塾教學法》,包括《父師善誘法》《讀書作文譜》兩書,其中《父師善誘法》以論教法爲主,《讀書作文譜》以論學法爲主,系統闡述了訓蒙教育的理論及方法。此書初刊於康熙三十八年,卷首除毛奇齡序外,另有康熙三十七年(1698)仇兆鰲序。此書現有康熙四十七年刻本、《西京清麓叢書》本等。

十六、《無雙譜》引言

古畫無雕本。李公麟畫孔門弟子,曾琢於石,顧未雕木也。宋紹熙間劉待詔進《耕織圖》,用棗木雕之,然其本不可見。余幼時觀陳老蓮雕博古牌,以爲絕迹,而南陵以《無雙譜》繼之。

夫南陵與予同爲詩,與徐仲山同學書法,未爲畫也而畫精。即是譜名"無雙",而實具三絕:有書,有畫,又有詩,不止畫也。而畫特精,縱起紹熙舊雕本而合觀之,定無過者。適有以劉待詔清波門故居相問,余乃感其事而并爲是言。七十七老人奇齡。

按,此文載金史《無雙譜》卷首,作於康熙三十八年(1699),時毛奇齡七十七歲。金史,字古良,又字射堂,別號南陵,浙江山陰(今紹興)人。擅長人物畫。《無雙譜》又名《南陵無雙譜》,是清初人物版畫的代表作。金史挑選西漢至南宋四十位名人——張良、項羽、伏生、東方朔、張騫、蘇武、司馬遷、董賢、嚴光、曹娥、班超、班昭、趙娥、孫策、諸葛亮、焦光、劉諶、羊祜、周處、綠珠、陶淵明、王猛、謝安、蘇蕙、花木蘭、冼夫人、武則天、狄仁杰、安金藏、郭子儀、李白、李泌、張承業、馮道、陳搏、錢鏐、安民、陳東、岳飛、文天祥,繪成繡像并題詩文。此書初刊於康熙三十三年(1694)左右,卷首除毛奇齡《引言》外,另有陶式玉《讀無雙譜》、王士禎《讀無雙譜復言》、宋俊《弁言》、徐咸清《南陵先生無雙譜叙》、董良檟《讀無雙譜引》、金古良《無雙譜自叙》,末爲金古良門人盧詢題詞。此書後被不斷翻刻,有乾隆間沈懋發刊本、光緒十二年同文書局石印本、民國十八年陶氏石印本,及鄭振鐸編《古代版畫叢刊》影印本。其中以康熙間初刻本爲最佳,後世翻刻本多將序言删去。

十七、《步陵詩鈔》序

蕭山沈氏本名族,代生才人。少時與沈七禹錫爲"永興四友",而七工詩,每詩出,邑里皆誦之,不幸早卒。既而沈十功宗復工詩,與山陰傅君孝廉合刻行世,世所稱《江園二子詩》是也。今皆不可見矣。邑中爲舉文者,盛於他時,而爲詩爲詞,率百不得一。

可山弱冠既能以舉文争長藝林,而詩之與詞復能嗣前哲而振興之,抑何天才通雋有如是也!夫詩詞之遷變屢矣!曩時景陵、雲間在啓、禎之際,相持不下,而究之兩家子弟不能遍存,今則虞山創説行海宇矣!長安高髻偶新世目,而一當時過,即如夏爐、冬扇之不可以暫近。今有見愁眉泪妝而不相驚爲物怪者乎?然而學貴因時,行祈按節,由保得衣,聖賢不免。夫以可山之才,加以攻力,上之爲四始六義、摛詞廊廟,次亦不失爲元始、建安,足以鳴雞壇、兔苑之盛,隨地揚波,皆能有效。沈氏雖多才,要底於成詩詞,雖變遷務求其進,可山勉之。夫亦精進焉,以期底於成焉可已。康熙庚辰首夏月,西河弟毛奇齡初晴氏拜題。

按，此文載沈堡《步陵詩鈔》卷首，作於康熙三十九年(1700)四月，時毛奇齡七十八歲。沈堡，字可山，號步陵，浙江蕭山人。高士奇婿。諸生，著《漁莊詩艸》。奇齡與蕭山沈氏代有友朋。崇禎末，奇齡與沈禹錫、包秉德、蔡仲光爲四友，四人道古論文，視若兄弟。順治五年(1648)，沈禹錫卒，奇齡爲作傳。順治十二年(1655)，奇齡選沈功宗、傅宗二人詩爲《江園二子》，并爲題詞。順治十五年(1658)冬，沈功宗卒，奇齡作詩哭之，并爲銘墓。沈堡爲沈禹錫、沈功宗後人，爲毛奇齡同鄉後學，故毛爲其詩鈔作序。《步陵詩鈔》現存清康熙刻本，國家圖書館藏。

十八、《漢詩説》跋

老卧山中，去城四十里，便不能晋接，未免悵悢！間别許久，未見新著，承示《漢詩論駕》一卷，知我兄近作，定當詣極。今人日把宋詩，即三唐亦未窺及，敢言漢耶？少觀李滄溟樂府，似全未講究，視諸樂題爲金元曲子牌名，可笑孰甚！今得鍾嶸暢言之，品目之中，力闡奧義。此卷一行，庶長安高髻藉之小減末流之挽，應不在魯陽揮戈下矣。何日圖晤，念之念之。弟毛奇齡頓首。

按，此文見費錫璜、沈用濟《漢詩説》卷末，作於康熙四十年(1701)前後。《清文獻通考》卷238《經籍考》："《漢詩説》十卷，費錫璜、沈用濟同編。"雍正《四川通志》卷10下《孝友》："費錫璜，字滋衡，密之子。"光緒《北流縣志》卷14："沈用濟，字方舟，浙江錢塘人。國子生，閨秀柴静儀之子……其室朱柔則亦能詩，可謂一門風雅者矣。"毛奇齡晚年蹤居杭州，與鄉之後學沈用濟多有交往。沈氏一門皆工詩，沈母柴静儀工詩善琴，用濟少承母教，亦工詩，妻朱柔則亦能詩善畫。毛奇齡晚年因痺疾深居簡出，沈用濟往來南北，毛奇齡與友人均托其傳書，可見對沈的信任。康熙三十九年，毛奇齡爲沈用濟《方舟集》作序，盛稱其詩。又爲沈妻朱柔則(字順成，號道珠)《嗣音軒詩鈔》作序，對沈氏一門的才學稱贊有加。

十九、《倚樹堂詩選》序

余久不事詩，比年杜門家居，患經學之紕謬，與二三同儕辯論其得失,漸次成帙。辛巳,有以詩再諿者,不獲已,選《唐人試帖》示之,以其爲體倡始,用法嚴緊,爲學詩所尤切。壬午,又集三唐七律,蓋時尚長句,而循流溯源,必定唐律、正指趣其間。自初迄晚,風格沿變,形樕同異,靡所不具,習詩者可以得失大概矣。夫詩性情所發,必擴之以學,格欲其高,氣欲其宏,律欲其渾以密,而和平溫雅,則又使情餘於言,旨深於文。昔華亭陳先生論詩,謂:"正可爲也,變不可爲也;況正未始,不足以盡變。虁鼓明磬,雅筲頌竹,其製雖平,而合神人,和物變,何必新聲始?"足馹聽哉!今人爲詩,厭常弃故,其弊由於不學古人。裁構有法,排比有度,其調之高而辭之博,深沉廣大,浩然自得,非蹈襲膚浮者所能爲也。

吳江王子晦夫好爲詩,其於漢魏、三唐多所研索,而憂悲喜愉一見之於詩,顧詩在自爲而已矣。恃其形擬,則漢魏、六朝秖成沿襲,而善於爐韝,則宋、元之委勢隨下,未必不可駕軼其上,而矧神、景、開、寶、大曆、長慶,雖升降不一,亦無不可通觀也耶?不自爲詩者,規摹愈下而愈趨流弊;自爲詩者,以我之性情,囊括乎古人縱橫變化,直抒所得,豈必轆轤其句,雕琢其字,始足以騁絕俗而誇巧俊也歟?晦夫之詩,清和涵泳,知其學之深而融之久,不與世移易,誠能正其所趣,本乎自爲,遷流之患,自可砥止,吾於晦夫徵之矣!康熙癸未季秋,西河毛奇齡大可氏題。

按,此文載王奐《倚樹堂詩選》卷首,作於康熙四十二年(1703)九月。同治《蘇州府志》卷一百三十八:"王奐……《倚樹堂詩集》,字維章,號可庵,又號晦夫。康熙己未,薦舉鴻博。"①

二十、《饑鳳集詩稿》序

詩者性情之發也,性情溫柔敦厚,詩必纏綿蘊藉。爲之者取其宣己之堙,導己之鬱,而聞之者亦足以興感其善心,懲創其逸志。故《三百篇》之草、蟲、雨、雪,凡出諸勞人、思婦之謳吟者,無不令後世佩誦之,不過欲興、觀、群、怨之旨,由忠孝而歸於爾雅,各得其可以而已也。是則《詩》之爲教也,慨自王室已東,風變爲雅,雅變爲騷,而《詩》遂亡。嗟

---

① 同治《蘇州府志》,清光緒九年刊本。

夫！此非《詩》之亡也，《詩》之爲教先亡也。蓋必上有《關雎》《麟趾》之篇，下自有《桃夭》《茉莒》之什。國朝自鼎命以來，定郊廟之樂章，錫臣工之燕享，凡諸篇什，堂皇美備，而海内之沐浴《詩》教者歷有年矣。於是有南施、北宋、新城、東塘諸君子起而以應其昌明，猗歟盛哉，何聲教之隆也！

余向在史館之暇，得吾友王浴日謂其門下得士，彼時即耳熱蘇倫五之名，而未班荆也。迫後桑榆景迫，乞歸休沐，始與倫五會於西湖之上，急索其詩，僅出數十首。誦之，泠泠然，疑非人世間音韵。是夜，再三誦之，心若自慶其有遭，然至把臂談心，始知倫五雖出南施、北宋之後，曾游王新城之門，與孔東塘之往返。其爲人則恥浮名，務實學，雖受諸君子之賞識，惟是鍵户潛修，故世未獲睹威鳳之一羽、文豹之一斑也。即欲謀梓，倫五曰："俟删訂成帙，然後請焉。"後遂買舟南歸太末矣！别數年來，良朋契闊，節序遷流，而余一頹老之人，何時再得泛舫於清波之上、分題於紅燭之前哉？噫嘻，憊矣！適太末人來札云："今刻詩稿《飲鳳集》十六卷，丐序。"予顧曰：凡學者以善而友一鄉、一國以及天下，等而上之，又可接論古人，豈但予與新城、東塘得與交游，而始爲之廣益耶？吾謂施、宋雖在倫五之前，其得以尚論者，無不共相浸淫乎《詩》教之中，即如春風扇物，茁然以興，孰肯自廢於發育之外者乎？蓋其漸被於《王風》之澤者深也！

讀是詩者，知其典正精醇，迫右丞也；韶秀疏越，孟襄陽也。俳惻不減於杜陵，艷麗大過於義山。或有時用其平易瑣屑之意，皆有漢魏六朝之致，而非拘守長慶、管見劍南之所可托也。愷摯以貫爲忠孝，博雅以致其温文，和而不私，怨而不怒，得失事物之引證興感，皆於詩乎見之。是則倫五之詩，纏綿蘊藉，皆其性情温柔敦厚也，豈非望治者之所願見哉！爲我告采風諸君子，文教且洋溢，天下且太平，兆於是詩矣！

按，此文載蘇春《飲鳳集詩稿》卷首，約作於康熙四十二年（1703）。同治《廣信府志》卷十一之一："《飲鳳集》，上饒蘇春著。"光緒《江西通志》卷一百五十九："蘇春，字倫五，上饒人。其先世閩人。春幼工詩善書，入都，游尚書王士禎之門，所業益進。嘗爲《咏猿》詩，士禎嘆爲仙才，諸徵士多與交。所作《飲鳳集詩稿》十六卷，蕭山毛奇齡序之。試京兆，被放，飄然歸，倘徉山水間。"康熙四十年（1701），蘇春游杭州，旋往寧波，有詩留别毛奇齡，見蘇春《飲鳳集》卷六辛巳稿《將往甬東留别太史毛大可先生》。四十二年（1703），蘇春有詩寄毛奇齡，兼索《唐人試帖》，毛奇齡有答詩。見蘇春《飲鳳集》卷八癸未稿《柬毛太史大可兼索唐人試帖》。蘇春《饑鳳集詩稿》刻於康熙四十二年,毛序約作於本年。書藏國家圖書館。

二十一、《鮑葉山莊集》叙

人一出一處,皆當有文章挾持其間。雖士以文進處,即弃置勿復道。故古亦有言:身將隱,焉用文之?謂鮮所用也。然而天地生人,出者有幾?乃一望總總,皆不足以當處士之數,則文倍要矣!特是文章雖繁,其可挾持相見者,祗此韵文。而韵文易簡,似於出處之得失,無所厚繋。而予不謂然。

朱界淘先生爲維揚名士,予嘗讀其文而思之。及出宰諸暨,則固鄰邑長也。值予以僦杭,未及一見。逮見,而神采奕奕,顧盼傾四坐。私嘆一丘二縛,雖抑置百里,猶倜儻自著。乃未幾,而折腰不耐,遽拂衣去。時留詩予邑,有"乞歸賀監"之句,自悔行晚。而予邑慕義,且有搜其詩以屬論定。謂先生縱解紼,豈無可以當盛名者?吾乃略治行,而祗論其詩,古文文而今文質,維詩亦然。祗明詩過飾,遂有以唐文、宋質作升降者,而以觀先生詩,用意馭詞,不以詞飾意。雖胸藏書卷,而任意所至,必會萃群籍,散擷其菁英,而止以質言刻畫其間,以故六義所發,曰興、曰賦,遇有感興,輒賦寫以出之。記室所云"體物而瀏亮",謂境物當前,但以意體之,而無勿達也。夫人祗此意耳!意之所届,感而爲言。而人即以言而會於意,境有從違,意無不得。此其挾持爲何如者?在昔謝、陸駢詞盛行典午,而陶氏泉明出之以醇樸,謂之"陶體"。雖其席長沙公後,代有顯仕,而身僅以彭澤老,出處之間,翩翩如也。即賦《歸來》後,歷被徵聘,而逍遥自適,依然不廢嘯咏。先生號界淘,山莊鮑葉,得毋與柴桑有同畛者乎?北齊陽休之藏泉明詩,謂晋文倫貫,至此始備,未嘗以韵文見少。况陶集十卷,詩四、文六。鮑葉藏集,正復有在。吾故序斯詩而并及之。

按,此文載朱宸《鮑葉山莊集》卷首,道光《重修寶應縣志》卷二十三《藝文》,作於康熙四十三年(1704)。道光《重修寶應縣志》卷二十二:"《鮑葉山莊集》《履尾吟》《樂府》《駢體》,俱朱宸撰。"乾隆《諸暨縣志》卷二十:"朱宸,號盼陶,寶應人。康熙丁丑中李蟠榜進士。辛巳令暨。"康熙四十一年(1702),毛奇齡爲朱宸《治行録》作序。據文中"乃未幾,而折腰不耐,遽拂衣去",知毛序作於朱宸卸任諸暨知縣後。據乾隆《諸暨縣志》卷二十,朱宸康熙四十年令諸暨,在任四年。毛序當作於康熙四十三年。序中將朱宬與陶淵明并提,雖不無溢美,然可見毛奇齡對朱宬及其詩的肯定。《鮑葉山莊集》現存清抄本,上海圖書館藏。

二十二、《讀書正音》序

　　古字之必有音,諧聲是也。顧音易失讀,秦人作《蒼頡》《爰曆》《博學》三篇,而不注讀音。漢宣徵天下能正讀者,使張敞受之,傳至杜林,已纂成《蒼頡訓》,故而不傳其書。至齊、梁以降,則但取李登《聲類》一編爭爲押音。而唐、宋禮部試士,概收兩音之字,而限於一部;然且所收皆傍音,而去其正音。學童之不能識字,非一日矣!是以孔安國注《尚書》,不知伏生口授讀"殷"爲"衣",遂使《康誥》之"戎殷"、《武成》之"戎衣"兩不能通。古今經傳,踵訛非一,各是師説,互相譏駁。石經雖立,而字、畫、音、義疑舛尚多。先仲氏嘗云:"元祐朝臣皆不識字,見京師賣餕餡者,榜大牌於衢,不識何物。唯歐陽修強解事,讀此必'酸'字之誤,而不知'餕'之原有酸音,但是食餘,不必酢物也。"

　　同年吳青壇先生由芸臺起家,進中執法,直聲震天下。而乃恬退二十年,大展其生平所學,一發之於筆墨。其所輯《朱子論定文鈔》,既已進呈聖覽,傾荷嘉獎。其餘著述等身,又復以字音失讀,輯《讀書正音》四卷。自一音異讀分類考辨而外,凡字音、字義有與音聲相離合者,更溯其源流,互相推暨。至於奇文秘字,則又因韵而分之,此與揚雄之《訓纂》、相如之《凡將》,有以异乎?而尋常字義在耳目前者,時師亦多訛謬,復終釋之,尤便於黨塾。此書洵有功字學不淺也!方今藝文大興,聖主以經術課儒治,而不廢小學。猶憶己未開制科時,宣城施少參誤以支音出"旗"字,已録上卷,而皇上指出之:謂旗、旐一字,而旗屬支、旐屬微,必不通者。以微多斤傍、旐有斤音,與旗之從其不同。觀《毛詩》,以"言觀其旐"與"庭燎有熏"押,此可驗也。"旐"焉得通"旗"?遂抑置次卷。而高陽相公又精於字音,謂"查"音轉"察",而無"察"義,將使天下文移、判字改"查"爲"察"。而始寧徐咸清以制科赴京,謂"查"音轉"在"而不轉"察"。在,即察也。相公遂忻然,而不之改。是聖君賢相,一時并見,行將紀諸史乘,勒爲掌故。而《正音》一書,又復如是。夫軒黄御世,而猶欲《蒼頡》之七章、保氏之六技不傳人間,豈有是矣?康熙乙酉夏仲,蕭山同學年弟毛奇齡老晴氏題,時年八十有三。

按,此文載吳震方《讀書正音》卷首,作於康熙四十四年(1705)仲夏,時毛奇齡八十三歲。《清文獻通考》卷二百十八《經籍考》:"《讀書正音》四卷,吳震方撰。"吳震方,字又超,一字青壇,浙江石門人。康熙十八年(1679)進士,官至陝西道監察御史。康熙二十六年(1687),以事罷歸。康熙四十二年(1703),康熙南巡,以所輯《朱子論定文鈔》進呈,得復職,且御書白居易詩以賜。因摘詩中"晚樹"二字以名其樓。著《晚樹樓詩稿》《嶺南雜記》等。奇齡與吳震方為同鄉同年,且精通音韻學,曾撰《古今通韻》一書,故吳震方請其為己書撰序。《讀書正音》現存康熙四十四年刻本,藏浙江圖書館。

二十三、《重刊臨海集》序

《臨海集》者,唐義烏駱賓王集也。賓王本才士,而伸大義於天下。時之傳其文者,初稱《武功集》,以起家武功簿也。繼又稱《義烏集》,則繫之以所生之地。而究其生平,實以好言事,由永淳侍御史謫臨海丞,因之哀其志者,即以所謫官名之。雖其所為文,與龍門王勃、幽州盧照鄰、華陰楊炯三人者齊名,名"垂拱四傑"。然而垂拱武氏號,非其志云。

夫以六季多才士,不幸遭逢亂朝,相沿事篡竊。以至於唐,非遇擯斥,即殞身焉。其亦苦矣!然而大義不明,忠憤無所發,即新都居攝,亦嘗舉東平義旗,移檄郡國,然無一字傳於天下。而賓王草英國檄,淋漓慷慨,激切而光明。一若是文出而天經地義,歷數百年來不能白者,而一旦而盡白之,此豈才士文章已哉!特是五嶽四瀆,地不多產,聖賢豪傑,接踵有幾?所賴生其後者,表式而維持之。況文章遞代,尤易銷亡,囊時藝文志有幾存者?

據本傳,賓王亡後,中宗曾詔求其文,而已多散失。然且二十之字,至今不識。即唐史所載官職,為丞為簿,亦一往闕落。惟魯國郗氏受詔收賓王文者有云:"賓王在高宗朝為侍御史,以諷諫下獄。"至今集中有《在獄賦螢》《在獄詠蟬》之作,而唐史無有。又且父祖閥閱,終古滅沫。至明萬曆間,蘭溪胡氏讀其《與博昌父老書》,中有云"昔吾先君出宰斯邑"一語,而後知其父為博昌令也。乃予則又有進者。考集之首卷第一篇,則《靈泉頌》也。靈泉為邑丞宋公孝事後母、丞廳階下湧泉而作,然而未知為何邑丞也,但以請作者為蕭縣尉,因之作《舊唐書》者,屬之徐州之蕭縣。而予嘗爭之。《頌》明云:"此邑城控剡溪,地聯禹穴。"徐州控剡溪乎?又云:"某出贊荒隅,途經勝壤。"賓王之臨海,當經徐乎?此必吾邑蕭山，實有斯迹。而生其地者，既弁鄙而不自知。即前時史官，又并不過一讀書人可檢點及此，而既而自疑予邑之復名永興在儀鳳年，其改名蕭山在天寶年。賓王之臨海時，即又安得有蕭山？既而讀《文苑英華》，則蕭縣"蕭"字本是"前"字，且有注云："前集誤作'蕭'。"然後知前縣尉者謂前之縣尉，即予邑永興而前此之爲尉者，不惟"蕭縣"誤，即"蕭山"亦誤。夫即此一字之誤，而時地改易，史乘乖錯。其所藉於後人之刊正如此！

今同邑黃君景韓，不忘前烈，凡其家之先達，與此邦賢哲，皆表其已行，而修復其所未備，因之以厘訂之餘，較及臨海，景韓可謂後賢之特達者矣！抑予有感焉。寶婺爲文章之藪，自宋、元以來，作者大興，而湮没者亦復不少，嘗聞之蘇伯衡曰：乾道、淳熙間，東萊吕公與仲友唐公皆以儒術爲寶婺冠，而仲友所著過於東萊，見有《六經解》《九經發微》《十七史廣義》《帝王經世圖譜》《天官》《地理》《禮樂》《刑法》《陰陽》《王霸》諸考辨，以及《乾道秘府》《群書新録》，合不下八百餘卷。徒以爲門户所抑，至今子姓無一板存者。即永康陳亮，杰士也，亦以門户故，而所遺文集欲再爲刊定而不可得。蘭溪胡氏曾較《臨海集》，而重梓之，其已事也。景韓有志，能傍及他縣，盍亦發其微而表著之？康熙丁亥仲夏月，蕭山毛奇齡老晴氏題於書留草堂，時年八十有五。

按，此文載康熙時重刻駱賓王《臨海集》卷首，作於康熙四十六年（1707）夏。嘉慶《義烏縣志》卷十四："駱賓王，字觀光。……賓王少負有志節，七歲能賦詩，善屬文，與盧照鄰、王勃、楊炯齊名海内，稱'四杰'。……歷武功主簿……擢侍御史，武后即位，數上疏諷諫，得罪下獄，賦《螢火》《咏蟬》諸篇見志，后釋其罪，謫臨海丞。弃官，游廣陵。……徐敬業舉義，署爲府屬，傳檄天下，斥武后罪狀。……敬業敗，賓王亡命，不知所之。"據毛序中"今同邑黃君景韓……較及臨海"語，知康熙四十六年，黃景韓刻駱賓王《臨海集》，毛奇齡於此時爲駱集作序。

二十四、《稼雨軒近詩》序

古"六藝"首詩，雖廟堂之上，高文典册，亦必以五七字爲乘韋之先，故館閣唱酬，頗重體製。向者予在館時，皇上親御保和殿，課詞臣以應制之作，其有非體者黜之，尊典册也。頻年以來，間或雜之以草野之音，以爲長安高髻姑隨風會轉圜,而于是藝文之一,有未可問矣。

　　貴陽周先生以拨天之才,力持大雅,其於"四術""六教",凡與經學有發明者,悉究極根柢,不詭流俗。至於爲詩,則興比互進,情文兼生,古可追魏晉,而今體聲律總不出神、景、開、大之間。昔所稱風雅之宗、領袖群彦者,非先生與? 明代無學,其在嘉、隆間,每謂歌咏寢衰,所挽回而振興者,多不在館閣,而在部寺,而先生一起而灑雪之。顧予謂先生之學不止是者。前此乙酉鄉試,先生奉簡命主文兩浙,其題之锢於學究,千百年轇轕,牢不可破。堂堂書義,一似帖經之糊題,聖人大經爲之湮没不止。策士入秦,知高陵、涇陽而并不知有秦王者。而先生悉力厘正,使是科墨藝超然獨絶於天下,則其原本經術、崇聖學而輔聖治爲何如者? 嗟乎,讀其詩可以觀矣! 康熙戊子秋八月,蕭山同館弟毛奇齡漫題於書留草堂,時年八十六歲。

　　按,此文載周起渭《桐埜詩集》卷首,作於康熙四十七年(1708)。道光《貴陽府志》卷五十三:"《稼雨軒近詩》一卷,貴陽周起渭撰,凡詩十八首。"道光《貴陽府志》卷七十六:"周起渭,字漁璜,一字載公。……康熙三十三年進士,改庶吉士,歷官翰林院檢討、編修、侍讀、侍講學士。四十四年,充浙江正考官。四十九年,提督直隸學政,進詹事府詹事。……五十三年,卒於官。"周起渭爲毛奇齡同館後進。據該序,康熙四十四年,周起渭主浙鄉試,毛奇齡在籍鄉居,兩人蓋於此時相識。毛序對周起渭崇正經學、振興詩歌之功贊譽有加,可見毛奇齡獎掖后進之意。

　　《桐埜詩集》初刻於康熙五十四年(1715),其弟周起濂刻於京,世稱"北本";康熙五十五年(1716),其同年友汪沄重刻於蘇州,世稱"南本"。"北本"收詩352首,"南本"多出一首。乾隆、嘉慶間,貴陽謝庭薰將各本混合編次,代付剞劂,世稱"謝本"。咸豐二年(1852),莫友芝將"南本"編爲《桐埜詩集》正集刻印,是爲世恩堂刻本。民國十八年(1929),陳夔龍刻於上海,是爲花近樓刻本。2009年,貴州人民出版社《黔南叢書》,周起渭《桐埜詩集》收録在内,是爲《黔南叢書》本。

二十五、《讀史亭詩文集》序

　　天間世而生一人,則必其人爲可傳。而特其所傳之數,或以文章,或以事功,往往分見以立名。而苟求其備,則雖漢、唐迄今,亦且頟頟乎難之！

　　開府彭禹峰先生，文章家也，而夙抱事功之志，嘗自言曰："丈夫龍驤虎奮，應策功竹帛。當高帝時取封侯，而乃碌碌公等，偕趙國十九人，捧銅盤，飲雞、狗、馬之血，則其人必不傳。"以故丁申、酉之季，由名進士授百里，去官，非其志也。會遭喪亂，盡毀所爲文，嚙齒殺賊，思以殄米脂、柳澗之孽，因之受英王之聘，開府貴州，大拓西南疆。當是時，先生以屑然書生，破賊狼江、馬嶺間，何其壯也！然而屢進屢退，栖遲戎馬者越十年。值王文通公暨經略丞相深知先生，以參知行省開藩滇池，進西粵儀同，爲牂牁、夜郎諸官長，而迄不能如漢樓船暨兩伏波故事，因又嘆曰："生即逢高帝，而自知骨相不稱，不能割茅土，仍不若退爲文章，猶得比封君與萬戶侯等。"而惜乎文章多散亡也！

　　先生少以時文名，既以詩名，又既以古文詞名，而時文蔑略。即嘗督學三楚，大顯經義於天下，而弃置勿道。若詩古文詞，則在靖州殺賊時，輜車喪失，凡從來文稿之在笥者，悉付之烏有。乃馳驅行間，積其累年所撰著，如幕府移文、軍梱白事，或橫槊而賦，或摩盾以起草，以至陸賈之爲書、司馬相如之爲諭告，封章羽布，所在都有。然且鐵橋初開，關索再闢，舉凡版圖所入，例有記載。銅鼓、石硅類多刀筆銘勒之製。予向歸田時，僅錄其聲律，謂三唐以還，罕有其匹，因作《還町錄》，而冠之卷端，然終未嘗錄其文也。

　　康熙丙戌，先生之季子爲予同館官督學兩浙。其文教之興，得人之盛，變庸俗而振閭辟，與先生等。乃於竣試之暇，輯先生詩文，彙若干集并若干卷，合而成之爲一書。予受而讀之，上之渾渾噩噩，幾於汋穆；次亦兀累奇桀，截去郭郭。撇犧輓而絶塵以奔，比之開疆辟土，廓然於名城大域之間，覺事功未竟，反得藉文章而事功以傳。予嘗謂古文之衰，起於世之摹仿八家者，比之元創八比，描瞳而畫頰，生人意氣盡矣！而先生論文，適與余合，故曰嘉、隆後論詩，不必七子；唐、宋後論文，不必八家。吾於先生，見傳人焉。先生真文豪矣哉！若夫以事功而兼文章，則惟杜當陽者，能以平吳功注《春秋》策書。近則王公新建，既已平賊、平蠻、平畔逆，樹不世功，復能出所爲文，與信陽、北地相頡頏。而究之文以功掩，稱其功，無稱其文者。然則先生超然矣！時康熙戊子長至後，蕭山後學毛奇齡敬題於書留草堂，年八十有六。

按，此文載彭而述《讀史亭詩文集》卷首，作於康熙四十七年（1708）冬，時毛奇齡八十六歲。《清文獻通考》卷二百三十一《經籍考》："《讀史亭詩集》十六卷、《文集》二十二卷,彭而述撰。"彭而述(1605—1665),字子籛,河南鄧州人。世居禹山之下,自號禹峰。明崇禎十三年(1640)進士,官陽曲縣知縣。丁母憂,遂終明之世不仕。順治初,英親王徇湖廣,薦爲提學僉事,遷永州道參議,旋巡撫貴州,後官廣西右布政使、雲南左布政使。生平詳汪琬《堯峰文鈔》卷三十四《彭公子籛傳》。彭而述文史兼治,著作頗豐,計有《明史斷略》《滇黔草》《南游文集》《讀史新志》《讀史別志》《讀史異志》等。康熙四十五年(1706),彭而述子彭始摶任浙江提督學政,匯刻父書,毛奇齡因於此時盡讀彭而述文,爲之擊節激賞,故欣然爲撰序。彭始摶(1645—1732),字直上,號方洲,彭而述第五子,康熙二十七年(1688)進士,歷任翰林院檢討、御史等職,人稱"冰御史"。《讀史亭詩文集》現存康熙四十八年(1709)彭始摶刻本,藏河南省圖書館。是書卷首除毛奇齡序外,另有朱彝尊、王原、馮蘇、趙進美等人所撰序,書後有金以成等跋。彭而述久宦西南邊陲,詩風在清初獨樹一幟。乾隆年間纂修《四書全書》,《讀史亭詩文集》中因有"違礙"字句,被列入禁毀之列。

二十六、《金華文略》序

孔子曰:"我欲觀夏道,是故之杞而不足徵。"夫之杞而猶不足徵,其故何也?謂夫文與獻之有未備也。夫如是,則文獻要矣。然而獻何能徵?獻年不滿百,而無文則亡。結繩以前,未聞能道一人也,顧亦有文在,而仍難徵者。三代饒策書,且殷、周祚長,合不下千數百歲,而人文之盛,則止春秋二百年,而他無聞焉。何則?以《春秋》一書,其文有定之者也。而不惟是也。予嘗讀江左五書,嘆其人其文,何減三代?即十國棼輪,其所著編年舊文,亦復如是。而修五史者,寥寥焉。此真目不見國書所云"無知而妄"也者!然且宋、元各有詞,宋詞雖清班道學皆有藏詞存集中;而元詞千本,則并當年功令所稱十二科取士之法,亦蔑之沫之。迄於今,諸詞繁然,不知爲何代之書、何王之文。非天降,而非地出,公然若鬼倀之游人間,則可謂信史者乎?則無徵而已。

金華自顏烏、許孜以後,多忠孝節烈之士,而各有文章。在唐則駱丞最著,而舒侍郎與馮節度繼之,顧專以詩名。至宋、元迄今,則道學如呂伯恭、經學如唐與政、史學如陳同甫,以及元之金、許,明之王、宋,輝煌彪炳,指不勝詘。東南文獻,未有若斯之盛者!然而全文未易輯,而從前會粹,若《文統》《文憲》《文徵》《婺書》類,又多所闕軼。王子虎文起而選定之,而唐子中舍受其尊人圮庵之遺命,而爲之較録。凡夫大經大法、典禮制度,以至帝王之升降、時代之得失,或剖析理學,或表章人物,稍有繫於匡時救世之作,必概括而探存之。然且前賢不幸有爲門户所排弃而遭焚滅者,亦竭蹷搜討,不遺餘力,將所謂闡幽之功多於紀盛者,非耶?

虎文父子皆有學,其文致足傳,以視前賢,只接踵間耳。予邑多文獻,而繼起乏人。以蕭山名邑,昉自《漢志》,而改名蕭然,以唐賀學士知章生斯卒斯者,而認作鄞人;以予先司馬公作《三江水利碑記》,樹之郡門,而舊時郡志并亡其文。此何爲者也?夫而後,醜可知已!康熙己丑仲秋月,西河毛奇齡老晴氏敬題於書留草堂,時八十七歲。

按,此文載王崇炳《金華文略》卷首,作於康熙四十八年(1709)仲秋,時毛奇齡八十七歲。《清文獻通考》卷二百三十八《經籍考》:"《金華文略》二十卷,王崇炳編。"王崇炳(1653—1739),字虎文,號鶴潭,浙江東陽人。貢生。著《金華徵獻略》《學耨堂詩稿》《學耨堂文集》《廣性理吟》等。王崇炳少負才名,於諸經無不誦習,繼乃肆力於詩古文,至後則篤志理學,登毛奇齡之門,講論甚合。王崇炳屢困科場,轉而學習岐黄之術,後來又專注於鄉邦文獻的整理。《金華文略》録金華一郡之文,始自漢楊喬,迄於清徐騰,共一百一十七人。王崇炳文亦收録在内。《金華文略》有康熙四十八年蘭溪唐氏初刻本、乾隆七年金華夏之正修補本、咸豐六年重印本、民國時王崇炳裔孫重印本。華東師範大學圖書館藏有康熙四十八年蘭溪唐氏刻乾隆七年金華夏之正修補本。卷首除毛奇齡序外,另有康熙四十八年季秋王崇炳自序、王國陛《志補刻金華文略後》、曹玉成跋。

二十七、《倪文忠公全集》序

古云文以人傳,人亦以文傳,然而無其人不傳。夫無其人而不傳,何也?揚雲有文,桓譚傳之,則其人也。孔壁之古文,孔《傳》傳之,孔氏《正義》亦傳之,則其後之人也。然而難矣!

吾郡之人文盛於明代,而餘姚爲著。當弘、正之際,逆瑾亂政,天下無敢清君側奸者,清之自三文始。三文者,姚之王文成、謝文正、倪文忠也。故事:惟詞官謚"文"。文成由曹司起家,獨破例而謚曰文,則其文固足多者。若文正、文忠,則皆詞官也。文正與文成皆有集行世,而文忠不然。初劾瑾外謫,與之文等耳;而既而武宗南狩,文忠甫還内,而遮道而諫,杖朝門五十,加之跪陛五晝夜,猶且刺血伏陛,書一詩進諫,謂之"詩諫"。則即此一詩,而其人、其文交相繫焉。此在千秋萬世後,猶當誦之,而泯而不傳。予嘗入史館纂修《明史》,急欲搜其文入史册中,而不可得也。考文忠生平,早有文譽。有稱其詩近陶、杜者,有稱其文過信陽、跨北地者,有并稱其詩若文集大成者。而文忠謙晦,兼之貧不能鏤板,迄于今,其已刻者多散軼,而筐篋之餘,其爲蟬魚之所寢食者,且沈沈也。往者其文孫諱章曾輯《小野集》四卷,以文忠號小野,故名。顧闕而未備,而其他雜刻,曰《太倉稿》,則以謫太倉爲名;曰《觀海集》,則以謫太倉時,奏開白茅港,相地海上,而假以是名。然而人文契合,宛若符竹,文忠之文恰有爲之文。所訂定者,一《豐富集》,則文正所選而序之者也;一《突兀稿》,則文成講學龍泉,輯其文而授之及門之錢氏者也。而乃索其書,而仍不可得。

　　今裔孫繼宗受其先大人遺命,發其藏篋,并他書所載片言隻字,既曰乎録,且丐諸世家舊族之收弆者,歷數十寒暑,而粗得其概,合已刻、未刻而編次之,名《文忠全集》。雖未全,幾全之矣。然則前人之文之有賴於後人也,以後人之即其人也,然而有繼之者也。予之言此,抑亦於後人之繼之者有厚望焉。康熙己丑仲秋月,蕭山後學毛奇齡謹題於書留草堂,時八十有七。

按,此文載倪宗正《倪小野先生全集》卷首,作於康熙四十八年(1709)八月。《續通志》卷一百六十二《藝文略》:"《倪小野集》二十二卷,明倪宗正撰。"光緒《餘姚縣志》卷二十三:"倪宗正,字本端,别號小野。……弘治十八年進士,選庶吉士。以逆瑾,目爲謝黨,出知太倉州。……出知南雄府……謚文忠。宗正有夙慧,精於《易》,工書與詩。"奇齡爲倪宗正同鄉後學。據該文,康熙四十八年,倪宗正裔孫繼宗刻其全集成,倩奇齡作序。奇齡在序中歷叙了倪宗正的生平行實和詩文成就,對倪氏全集的刊刻過程言之尤詳。《倪小野先生全集》卷首除毛序外,另有康熙三十四年黄宗羲序、康熙四十六年毛際可序。《倪小野先生全集》現存清康熙四十九年倪繼宗清暉樓刻本,浙江圖書館藏。

二十八、《菀青集》序

　　予序山堂詩若干年。及予官長安,山堂以國子肄業游長安間,大司成新城王公亟稱山堂詩若文冠一時名下，予復爲序其五七律。而今予以請假在籍，山堂復輯其近所爲詩賦并雜文、詩餘請序之，而未有應也。會癸酉，與予兄子同榜舉於鄉，丁丑成進士，授庶常，遠近籍籍，稱衡文知人，能於闈中舉名下士。予讀其舉文，稱善，因取其詩詞賦并雜文誦之，知山堂古今文皆冠流輩，即詩賦諸體與雜文，無不躋其巔而制其勝。

獨怪予三叙其文，其文日進，則予年日就老。而山堂自庚辰散館後，所修《一統志》，宋、金、元、明四朝《詩選》以及《佩文韵府》《朱子全集》《淵鑒類函》等書俱告成，稱旨，乃益嘆其才大而肆，應不可及也。詩文至今日一大變矣！舉文變而善，詩古文則每變愈下。詩厭温厚，弃三唐而趨趙宋；而賦頌、樂府悉遺其高文典册，以爲制義、禮樂不足道，于是總燕鄙之音，攫《齊諧》之習，洮凉衰颯；而至於文，則沿舉文之軟靡者而爲之，以當八家，而於是詩與古文皆亡。山堂於舉文則變而之善，能取高等；而至於詩古文，獨守而不變，一任擊瓶趨溺之流競誇新製，而一以"三義""八法"之意行之，清新俊逸，比之庾、鮑，此非所謂工生於才，達生於明者與？揚子雲曰："向使孔氏之門，用賦則賈誼升堂、相如入室。"然則以山堂之才而獻之當寧，宜其高文典册鬱爲國華也，豈止人事遭逢之耶？康熙己丑歲杪，年家眷同學弟毛奇齡題於城東之書留草堂。

按，此文載陳至言《菀青集》卷首，作於康熙四十八年（1709）冬。《清文獻通考》卷二百三十五《經籍考》："《菀青集》，無卷數，陳至言撰。"阮元《兩浙輶軒錄》卷十："陳至言，字青崖，號山堂，蕭山人。康熙丁丑進士。歷官翰林院編修、河南學政。"奇齡與陳至言爲同鄉同學，兩人同受知於蕭山知縣姚文熊①。康熙十五年，毛奇齡爲陳至言《近體詩》作序②。康熙三十一年，奇齡復爲陳至言《五七律詩》作序③。四十八年，芝泉堂刻陳至言《菀青集》成，奇齡親爲鑒定，兼爲作序。該序在叙述陳氏生平功業的基礎上，對陳氏的詩文、舉文等文學成就予以肯定。《菀青集》卷首載毛奇齡三序，前兩序載毛奇齡《西河合集》中，此序未載。《菀青集》現存清康熙芝泉堂刻本，凡21卷，復旦圖書館藏。

---

① 左如芬：《纕茝閣遺稿》卷首毛奇齡序："余與吳子應辰、何子卓人、吳子征吉、陳子山堂皆以文字受知于非庵夫子。"
② 毛奇齡：《西河合集·序九·陳德宣山堂近體詩序》。
③ 毛奇齡：《西河合集·序十五·陳山堂五七律詩序》。

二十九、《藥園詩稿》序

余僦杭州,與時賢往來,共推吳子尺鳧爲藝壇之宗。嘗講學沈昭嗣園,集諸方主客,不設司錄,而尺鳧以下,坐論格物同異,一時學者多稱之。顧尺鳧好自秘,日居深巷,蒔花種竹,足不越户外,而車轍常滿。且有千里命駕,留幸舍而數晨夕者。以故流連文酒,間嘯歌予汝,積其所爲詩,而久而成帙,於以問世。

余思韵文雖細事,顧時習升降,輒成運會。尺鳧自抒其所學,不務爲趨逐,而稟經酌雅,動合古法,昔所稱彬極質有其文者,斯詩有焉。特世鮮實學,即詞章出入,亦徒恃誇餙,爲一時標榜。而尺鳧不然。曾於皇上南巡時,獻《迎鑾》賦頌,而聖心嘉之,已召對吳閶舟中,使隨駕北行,而尺鳧以親老辭。其不自矜炫而好恬退至於如此。諸詩一斑,則亦何足以概之! 康熙庚寅首冬月,西河毛奇齡題於書留草堂,時年八十有八。

按,此文見吳焯《藥園詩稿》卷首,作於康熙四十九年(1710)十月,時毛奇齡八十八歲。乾隆《杭州府志》卷94《人物》八:"吳焯,字尺鳧,號繡榖,錢塘人。……康熙乙酉,聖祖仁皇帝南巡,召試賦詩,稱旨,賜御箭,命隨行。值兄比部郎没,父年老,遂請終養。丁酉,翠華再幸,焯奏《歲華紀麗續編》十卷、《聖因寺志》四卷、《海潮集説》三卷,皆宣付内閣。焯藏書數萬卷……於六書至爲熟洽。又以許氏《説文》所引經傳與《經典釋文》不相應,嘗與無錫朱襄析《説文》,分編經傳,以補《釋文》之未備。雍正己酉,聘修《浙江通志》及《西湖志》。著有《蒟園詩稿》《渚陸鴻飛集》《玲瓏簾詞》《南宋雜事詩》行世,其餘撰著十餘種,藏於家。"吳焯工詩,常與毛奇齡、朱彝尊等游宴賦詩,毛奇齡稱之爲"小友""畏友"。康熙四十年立夏前一日,毛奇齡與吳焯、姚際恒、朱襄、洪昇、蘇輪、沈玉亮、顧之瑌、柴世堂、顧之瑌、張奕光、吳陳琰、周崧、錢咏等二十三人集城東藥園送春,分韵賦詩。同年,吳焯携其叔吳嘉枚《壺山草堂詩集》,請毛奇齡作序。康熙四十二年春,毛奇齡講《大學》《曾子問》於沈佳園,詢格物同異,時焯年最少,居下座,大言曰:本末,物也。知本,即物格矣。因舉黎立武、管東溟、羅近溪諸家指意竟相往復,毛奇齡執手稱畏友。《藥園詩稿》刻於康熙五十年(1711),卷首除毛奇齡序外,另有朱襄序。

三十、《綏安二布衣詩鈔》序

　　嘗游福州,閩中丞張君招東南諸名士賦詩樣樓,坐中謠謠稱昭武、綏安有兩布衣者工詩,其詩在信陽、北地之間,世爭傳誦之,而未之見也。暨予東歸草堂,老齒益遁,不復預人事。客有從昭武來者,已謝之去。既而聞布衣朱公字爲章者,其文孫天錦、雨蒼各貢舉於鄉,以不忘前哲,合輯《綏安兩布衣詩》,越千里專請爲序。予乃矍然曰:"此非向之願一見其詩而不得者耶?"亟留之。啟視,且令小史通讀之。渢渢乎質而文,敦牂而能馴。其興懷廣遠,而言情甚親,且工於賦寫。所云"體物瀏亮"者,顧不失其倫。然猶兩人各百首,雖合志,不同術,而方幅相比,有如璧合。此在三唐,當高置一庶,尚肯爲有明諸子捧車輪乎?

　　因之夷考其行,當崇禎之季,米脂賊破關中,丁公德舉與公同邑,居然不相善也。丁公杖策走關下,托貴人上書。不得,乃衣短後,出居庸關,將投宣大軍,制賊之險,而賊已逾河下,宣大軍居庸守者,皆迎降。遂從柳溝入,直逼京師。丁公嘔血長嘆曰:"吾海上布衣也,所謀不成,仍蹈海已耳。"公則聞國變狂走數日,登故越王臺,北向長號,捆家所有貲糧,變賈人,俯身燕、代、齊、魯間,相時而遷物,三之五之,遇有急,輒周之。即還里,亦然。

　　嘗曰:"子范子有言:'吾以賈人雄海邦,累散千金。'此布衣之極,吾猶是已。"以故,人稱"兩布衣"。兩布衣厚自晦,雖丁公善兵事,公富儒術,各埋蔑惟恐後。獨性好咏吟酒,後稍稍露其技,然多弃去,無少留者。乃人之搜之,或關門驛壁,或市券歷日紙隙,或叔伯倡和,而其人出之,或偶有囊底,及諸孫遍求,則已無剩矣。遂有以少爲嗛者,而予口否。以彼兩布衣,雖不遺一字,亦且如陳留老人,凡道傍含齒者,皆具心目。儼況然百首,在梁鴻五字之外,未嘗少減。若秪以詩人論,則《孟亭》一卷,詩不必遽遜輞川也。獨是詩以人傳,前人之詩,則又以後人傳。公已昌,後河汾隱居,後生三珠。而丁公老死海濱,隻身無聊。汀州幕府聞其賢,曾招致軍前,稍爲資給;且貽海蠻婢,使生一子。吾不知丁公所生子今何在也,使者歸,爲我詢之。康熙庚寅長至後,蕭山毛奇齡晚晴氏漫題於書留草堂。

按,此文載乾隆《建寧縣志》卷二十六,作於康熙四十九年(1710)冬。

徐鼒《小腆紀傳》卷五十八:"朱國漢,字爲章,建寧人。少孤,事母以孝聞。甲申,聞變狂走,登故越王臺址,北向慟哭。焚素業,挾貲游吳、越、燕、趙、荆、豫,與傭儈共甘苦,所至遇古忠臣、名賢祠廟墟,暮歌詩憑吊,有騷人之遺意。與同邑丁之賢有《綏安二布衣詩鈔》,蕭山毛奇齡爲之序云。之賢字德舉,崇禎時挾策入都,欲獻書闕下,言兵事,不果。北都陷,念家有老母,脱身南下。有王將軍者建牙汀州,招致幕下,復稍稍資給之,贈以婢,生一子。僦屋城東桃花溪上,以卒。"據該文,知綏安二布衣是福建昭武、綏安籍的兩位遺民朱國漢、丁之賢。朱國漢之孫朱霞(字天錦)、朱霂(字雨蒼)合輯朱國漢、丁之賢詩成,倩毛奇齡作序。毛序介紹了兩位遺民布衣的生平,認爲兩人之詩質文相成。

三十一、《志姜堂贈言册》序

予邑饒節婦,而其最著者,一徐司訓妻李氏,一周成吾先生德配徐太君,即今所稱"志姜堂"者。兩家皆前朝著聲相傳,靖、曆間,接踵而起,嵬然若泰華之相對峙,曰徐節婦、周節婦云。(北里巷所稱,若記傳,例稱母姓,見予《書》辨卷。)予入史館撰《明史》紀、傳,已於嘉靖十四年傳節婦李氏,因之求徐太君名,自隆慶至萬曆,遍查實録,不可得。

周石公先生者,太君之懸孫也。由學士出轉補太常卿(後進通政司使),予以同館後進,造其第謁之。先生曰:此先節之所以爲不可及也。先節幼知書,能文章,嘗痛先高訣別時,不立影幛,每執筆,仿佛必不得似。忽瞑坐,見先高來,信手圖之,而生平宛然,因題二詩於其端。其詞甚哀,爾乃遠近聞之,争相傳寫,且有踵其韵以來贈者。先節大悔恨,廢筆墨焉。若夫題旌,則臺史、部使旌門者屢矣,每欲請於廷,而哀辭之。嘗曰:"是吾以身市名也。《詩》云'不諒人',此不諒矣,吾之死矣矣。"以故九旌門而不敢請,然而名者實之賓,實在而名卒歸之,世之投贈者溢方幅焉。

兄子鼎泰(字子弦,係文伯先生喆嗣。)已彙成一册,藏於家。"他日,先生歸,爲我序諸?"而曰:"然。"今歸來有年,特過子弦,索其册,且拜且讀,曰:於乎,有大節如是而名不彰,非天道矣!天監其實而人予以名,遏之而愈顯,抑之而倍揚,閭里稱之,遠近從而響應之。沃洲冢宰題其堂,嘉禾翰林記其事,臨安觀察銘其墓。凡浙之東西,江之南北,上自相國,下逮韋布,一時能挈筆者,無不會萃於斯册,淵乎盛哉!以視予傳李,寥寥片竹間,相距何等? 然則太君超然矣! 予嘗較兩節,李苦於奔喪而不苦於侍疾,太君侍瘵已三載,而瘵變爲瘍,首痛刺骨,鼻毒穢臭達外,爾乃以體藉首、以口吸鼻者越一年;李艱於撫孤而不艱於養老,太君撫孤外,日役十指,市肥甘進膳,亦已苦矣,然猶以贅家故,隔巷寒暖,不切數數請迎養,而未之許。太君曰:"得毋翁老髮禿與?"乃薰絲作假髻,覆以爲巾,翁照而忻然就之。讀傳至此,雖進節於孝,而又何媿焉! 康熙庚寅嘉平月,邑後學史官毛奇齡秋晴氏拜題并書,時年八十有八。

按,此文載魯燮光編《蕭山叢書》"周節婦志姜詩遺迹序"卷首,作於康熙四十九年庚寅(1710)冬。《蕭山縣志稿》卷十九:"魯燮光,字瑤仙,晚號卓叟。原籍山陰,其先世自清初來蕭山,居西河下。燮光以廩貢生選授慈溪訓導,俸滿,保升知縣,歷署山西和順等縣令,光緒時,晋省存饑,辦賑頗力,巡撫李秉衡大器之。性好學,手不釋卷,初選輯《永興集》一百數十卷,遭亂殘缺。晚年著《蕭山儒學志》八卷、《湘湖水利志》四卷、《西河志》一卷,均未刻。在山西著有《山右訪碑錄》一卷。重游泮水,壽九十餘。"① 魯燮光《蕭山叢書》共收書十一種,除王思任尺牘選本爲明人著作外,其餘十種均爲清人所著,而魯燮光所著達八種。各書著者均爲蕭山人,於研究蕭山文獻,較有助益。書藏國家圖書館。

三十二、《性影集》序

詩有情有文,而世之稱工詩者,每曰不知情生於文,文生於情,一似情與文可以交峙而相生焉者。因之華亭陳氏在明季論詩,狃嘉、隆浮績之習,專以文行。而虞山錢氏矯之,特出南宋徑率詩爲之揮戈曰:"詩祇有情耳。"於是不學之徒縱橫而起。不讀《詩序》乎?"在心爲志,發言爲詩。"志即情也。性根於心,而并見於情,情爲性之影,猶之言爲心之聲。夫以卜氏文學之賢,而其所序《詩》,本於心志,則非無文無學者所得而覬覦,明矣!

禊亭王先生席家世之盛,讀書中秘,其於金匱、墳典無所不窺。而第以詩論,宋人不識六笙詩,即四箱、三調,全未講及。而明儒弇鄪,填橫吹句字,比之襁兒之學語,傅婢呦嚶,最爲可笑。先生於樂錄自登歌

---

① 魯燮光《蕭山叢書》,民國二十四年刻本。

以及部伎、竹枝、子夜,隨在揮霍,且和魏《樂府》十篇,仿張籍《相和歌詞》一十六章,甚至唐人趙氏分賦、薛道衡《夜夜鹽》詞,凡二十首,亦且就其詞而追和,殆盡此,豈眇學所能至者?況漢貴擬古,自蘇、李而降,多有擬詩。而先生擬十九首,擬陶,擬杜,擬元、白、皮、陸,以至擬眉山,擬渭南,意匠所及,幡幡如也。夫歲序遷易,山川變幻,與夫友朋之離合聚散,應必有當前實境形於其間,唯善賦物者,爲能即事而曲達之。不浮不襲,使境次歷然。獨是體物之詞,貴皦晰而惡俚褻。而先生出入經史,取其犀利而簡捷者,略爲點綴,讀之者躍然稱快。此雖本性情,而何一非學?

予晚習經術,遂絕酬應。凡以文序俯屬者,輒起謝不敏。而今且耄矣,手腕重於椎,焉能挈筆?而先生以同館名賢,每樂得其文而讀之。且予通家子姚生魯思,今學人也,曾編己詩爲類書,名《類林新咏》,風行人間。頃辭公車門,携先生詩來,知魯思爲先生校浙闈時所首取士,其磁針契合,早已如此。夫毛亨已在門,而西河詩學,其爲斯文所準則,抑又何言?康熙壬辰夏五,同館弟蕭山毛奇齡拜題於城東草堂,時年九十。

按,此文載王時憲《性影集》卷首,作於康熙五十年壬辰(1711)夏。《清文獻通考》卷二百三十五《經籍考》:"《性影集》八卷,王時憲撰。"王時憲(1655—1717),字若千,號禊亭,江蘇太倉人。康熙二十三年(1684)舉人,四十八年(1709)進士。由宜興教諭改翰林院庶吉士,散館,授檢討。五十六年(1717),主陝西鄉試。文中有"且予通家子姚生魯思……携先生詩來"語,知毛奇齡應姚之駰之請,爲王時憲《性影集》作序。阮元《兩浙輶軒錄》卷十七:"姚之駰,字魯思,錢唐人。康熙辛丑進士,改庶吉士,遷御史。"[1]

三十三、《靳史》序

自古文苑家必先攻四教、六學,取其授受得失可以資後儒辯者,而形諸著作,謂之經術。明代即不然,專立五經學,一昉元人取士式,以宋儒訓詁爲指歸,藉之取科第。而他有著作,則自詩詞文賦外,相尚爲小品,以徒事怡悦。以故一代文苑如太倉、新安輩,亦且經術疏略,

---

[1] 阮元《兩浙輶軒錄》,清嘉慶刻本。

雖著書等身,而弇以史。考升庵《丹鉛》,僅足備野稗之數,而餘無聞焉。

休寧查賓王先生,秉卓絶之資,少登藝壇,遽以制舉文爲時賢所稱。已而薦於鄉,萬曆丁酉,升京兆賢書。方是時,有明當盛年,天下無事,而先生膺顯譽,入謁公車門,既擅高才,砥名教,而世多推轂譽。凡四方賢達輻輳長安者,無不推先生爲乘時之宗。而先生處之泊然,志在高尚。但偕計再四,而幡然忽退。藏書數萬卷,閉户矻矻。初以詩文示海内,而編纂漸繁,遂成巨集。自象緯以迄名物,其卷帙寡多,吾不得而指數數也。顧一變時局,獨饒經術,予注《易》時,客有舉先生《周易陶瓶集》以爲説者,間嘗求其書不得而悵然。忽之,今其孫禮南克承家學,其爲詩高潔,有孟亭之風,不媿昆裔。乃結納滿寰宇,與予兄子南游者敦縞紵之好,作詩寄予,且寄先生重刻《靳史》三十卷,而屬予爲序。

予曰:此先生經術之外之微言也乎?經有正言,"子所雅言"是也;有法言,子曰"法語之言"是也。并無所謂靳言者。靳者,吝也,吝爲正言,而故微言以相媿。《春秋》乘丘之役,宋人請萬歸,而"宋公靳之",杜預曰"戲而相媿"是也。然則先生以經教,而何取乎靳?曰經學之違時久矣!孔子正言,梁武嘗以之策士,而流於拘曲;古經皆法言,顧揚雲竊之以名書,而頗僻甚焉。是莊語格格,反不若微詞諷引,婉而善入。所謂"言者無罪,聞之者足以戒"。靳雖近戲,抑亦立説之善經也。其不名"經"而名"史",亦曰此有實事,不徒托之空言已耳。不然,靳者吝也,先生既吝於正言,而禮南傳先生書,復吝其經學,而先梓是史以嬗於世,人之稱"靳史"也,其謂之何?康熙辛卯長至後一日,蕭山毛奇齡敬題於書留草堂,時八十九歲。

按,此文載查禮南重刻《靳史》卷首,作於康熙五十年(1711)冬杪。阮元《文選樓藏書記》卷一:"《靳史》三十卷,明孝廉查應光著,休寧人,刊本。"①光緒《重修安徽通志》卷二百二十四:"查應光,字賓王,休寧人。萬曆丁酉舉人。……輯有《群書纂》《靳史》。"②據文中"今其孫禮南克承家學""與予兄子南游者敦縞紵之好,作詩寄予,且寄先生重刻《靳史》三十卷"語,知本年查應光孫禮南重刻《靳史》,毛奇齡應家侄之請,爲作序。

---

① 阮元《文選樓藏書記》,清越縵堂鈔本。
② 光緒《重修安徽通志》,清光緒四年刻本。

三十四、《家禮經典參同》序

　　康熙壬辰夏四月，集城東草堂，與莫子蕙先、張子風林同睹是書，嘆其參經酌典，引據精核，爲從來言《禮》家所未有。至其論三族，論賓老，論公子之外兄弟，論嫂叔服類，哄然一詞曰：發天地之扃矣。因朗吟舊句以贈之："關西學術推夫子，天下英雄只使君。"蓋實錄也。具此學力，歲不我與，聞尚有《禮記集說折衷》，當速脫稿，老眼摩挲，望之望之。九十叟西河弟毛奇齡漫筆。

　　按，此文載鄭元慶《家禮經典參同》卷首，作於康熙五十一年（1712）四月。《清史稿》卷四八四《文苑一》："鄭元慶，字芷畦，歸安人。……通史傳，旁及金石文字。……又著《湖錄》百二十卷。……晚更治經，其著書處名'魚計亭'。著有《周易集說》《詩序傳異同》《禮記集說參同》《官禮經典參同》《家禮經典參同》《喪服古今異同考》《春王正月考》《海運議》。"光緒《歸安縣志》卷三十七："鄭元慶，字芷畦，歸安學生。自幼通史傳，覃思著述，期有用於世。毛奇齡、朱彝尊、胡渭諸名人并折行輩與之交。"①毛奇齡對後學鄭元慶的學問非常贊賞，極盡提攜。鄭元慶著《湖錄》成，毛奇齡稱他爲"博雅士"，慨然爲之作序，見《西河合集·序二十九·湖州府志序》。康熙四十一年（1702）二月，鄭元慶侍毛奇齡、朱彝尊游西湖，并爲二先生畫像，其跋云："壬午二月，予寓昭慶慈壽房。時竹垞先生寓經房，前後樓相望。一日，西河先生來，曰：'今日，吳子寶厓、顧子揖玉招與竹垞燕湖心亭。'余遂與西河先生步至經房，偕竹垞先生至湖上，竹翁先携杖行，余奉西河散行。此圖是其景象也。"②

三十五、《枝語》序

　　自《論語》飭學《詩》，謂能多識鳥獸草木之名，因之草、木與鳥、獸以四物而分爲兩類，《爾雅》有釋，毛公有《傳》，鄭康成有《箋》，陸璣有

---

① 光緒《歸安縣志》，清光緒八年刊本。
② 方浚頤《夢園書畫錄》，清光緒刻本。

《疏》,唐孔氏有《正義》。而後之連類而起者,曰狀,曰錄,曰志,曰譜,曰品,曰史,紛紛焉。予嘗爲友人作《毛詩識名解序》,而感之,重翻予幼年所著四物《名卷》,僅僅得《鳥名》三卷留《經集》間,抱愧久矣!

錢塘孫子晴川以藝文爲雞壇領袖,超軼儕輩者越三十年,近始大出其所學,於以示世。先錄《草木篇》,合群花衆卉、異果珍木而匯爲一集,無起迄,無領裓,不設次第,不分別門户,大有殊於世之爲類書者,且不預立名目。初不知其書何名也,草草寄予。余讀之,一如胸羅林囿,腹有阪隩,隨舉一物,而興情四來。或言根柢,或疏枝葉,或道其形貌顏色,或我有高意而物隨我引,或任物轉圜而意從物變。有似賦者,有似頌者,有似蒙經、寓言者,有似蘇、黃諸小品者。然且偶一詳覆,雜舉名目,輒有神農之經、岐伯之志、劉歆之譜、曾端伯諸公之雜錄所未備者。嗟乎,觀止矣!康熙壬辰首夏,西河弟毛奇齡敬題於書留草堂,時年九十。

按,此文見孫之騄《枝語》卷首,作於康熙五十一年(1712)孟夏,時毛奇齡九十歲。《清文獻通考》卷227《經籍考》:"《枝語》二卷,孫之騄撰。"孫之騄,字子駿,一字晴川,仁和人,官慶元教諭。著《考定竹書》《別本尚書大傳》《松源經說》《二申野錄》《樊紹述集注》等。《枝語》現存清刻晴川八識本,浙江圖書館藏。

三十六、《世經堂集》序

蓋自事功與學術爲兩途,即求之古人中優於此者,必絀於彼,非其才所不逮,即力有不暇,此望洋觀止不能已於徐西泠先生也。先生五歲能吟五言詩,十歲舉神童,《燕子》一賦、《榴花》七律,受知於張西山、胡荆州兩公。甫弱冠,自墳典丘索、性命精微、天文地輿、象數方名、禮樂河漕、軒岐攝生諸銓諦,無不窺其秘奧。由是著作垺等身,一舉拔貢士,三中副車,遍歷天下名山大川。凡著述,莫不家傳户誦,一時名遂噪都下。適清獻、司農兩公藉其長才,又爲和碩康親王尚善貝勒延置幃幄,十餘年間,凡一應條陳奏議、豐功偉績、裨益於國計民生者,諸君子享其名,實出自先生手也。

己未,同舉博學宏辭科,予得讀書中秘,先生將次詮用,又爲靳文裹、於總憲題授監理,開中河三百餘里,避黃河之險泄七十二處,山河之水朝宗於海。先生指授方略,咸克底績,論功以六品服俸,暫補興化縣尹,兼攝州縣篆者七所,過轍有善政。既而奉命賑濟高、寶、興、泰七州縣,爲之破產,全活不下韓魏公七十萬之衆。於是督撫、河漕會薦,九卿、科道保舉,恭逢特簡,吏部首推。聖駕南巡,龍舟召對,前後五次,并應制《西湖》、《金山》諸賦及《迎鑾詩》三十六章、《西湖十景曲》,援筆立就。上奇之,將拔置薇垣中,備朝夕顧問。適丁内艱,固辭去。甲申,補楚之清瀏,一時輦下名公巨卿歌"長沙不久留才子"之句,餞之長安門外,當時以爲榮。未幾,攝溆浦,兼瀘溪。且九疑之寧遠,素稱劇邑,苗猺雜處,時多八排、六騫之賊剽掠其間,瀟湘爲患。於是石制憲、趙撫軍保題以"清廉著效,才品優長,熟悉風土,保障永賴"上薦,欽奉俞旨,特授寧遠令。下車之日,首以撤兵爲亟。編保甲,練鄉勇,招苗猺,撫遺子,親率捕巡,練總家奴,殺賊者再。從此宵小遁形,奸宄斂迹。三載以來,賊寇不敢犯境,道州、江華、永明皆得寧謐,又詳請將備永鎮地方,爲善後計。

　　近走銀鹿,攜所刻《世經堂文集》、《詩詞》、《樂府鈔》示余。予大喜過望,因知先生之所以治楚者。寧邑故出蒼梧之野,地雜苗猺,民多梗化。先生開誠布公,減賦税,絶苞苴,戢强暴,靖崔苻。吏號一錢,民歌五袴,蓋德教入人之深也。益嘆事功不由學術,則其本領不厚而發之也,必不能入乎人心,譽聞當事、洋溢乎邦國!先生之著作,其奏議則西京也,其駢麗則晉魏也,其記叙諸體則唐宋也,其詩則三唐也,其詞則宋、元也,其樂府則黄鐘大吕,不落後世靡靡之音也。金聲玉振,真可謂之集大成矣!然有賈、董之暢茂,而去其雜霸;有何、應之綺麗,而益以氣骨;有韓、蘇之如潮如海,而納之規矩準繩。蓋醇乎其醇,無體不備,是真兼乎古之作者!況漢、唐以來,諸公或徒托之空言,或未究諸實事。若先生,本其學術,出爲事功,在河而河奏功,在漕而漕著績,在劇邑則劇邑謳歌,在岩疆則岩疆遍德。實在功業,隨分設施,行見政成。上理大江南北、三楚百粵,諸執政能以得人進,聖天子開明堂而受賀焉,僉曰:"果不負是人,今益老其才矣。"三載報最,特升連平刺史,晉佚大夫。九連介在萬山之中,賴先賢王陽明先生平九連之後,新設一州,控制四省,任綦重也。然西泠先生治連平,一如治吴、治楚也,期年而連平大治。用是資其經術,黼黻皇猷,蓋得出生平所著作數百萬言,若二集、三集,以迄樂府、詩歌、詞曲、鈔本,并河漕輯要、壽民醫統等書,固不獨藏之名山、傳之其人,而彪炳天壤、潤色太平者,當蓋繼清獻、司農兩公以光顯南州也。先生子姓聯鑣并轡,後先繼起,均爲金華殿中人物,石麟書香,光焰千古矣!因喜而亟之序。時康熙歲次壬辰中秋日,同學毛奇齡晚晴氏拜手謹撰。

按，此文載徐旭旦《世經堂集》卷首，作於康熙五十一年（1712）中秋，時毛奇齡九十歲。丁仁《八千卷樓書目》卷十七《集部》："《世經堂全集》三十卷，國朝徐旭旦撰。"徐旭旦，字浴咸，號西泠，又號聖湖漁父，浙江錢塘人。康熙三十二年副貢，官廣東連平知州。世經堂是徐旭旦的書齋名，因以名書。奇齡嘗爲旭旦弟旭升《游仙二圖》作序，稱旭旦、旭升、旭昌三兄弟爲"徐氏三珠樹"。《世經堂集》現存康熙四十六年刻本、康熙四十八年刻本、康熙五十一年刻本。各刻本版式字體相同，所收文章與分卷排序亦相同。奇齡序載康熙五十一年重刻本卷首，卷内有"錢塘徐旭旦西泠著，同學宋實穎既庭、毛奇齡大可選"字樣。康熙五十一年，奇齡已至耄耋之年，年高體衰，選詩之舉，恐是徐借重奇齡的名氣而已。此外，毛序較長，行文風格與奇齡他文亦不似，疑爲他人代作，署奇齡名而已，姑錄於此。

三十七、《承德郎匪庵公傳》

公諱浚，字亮生，號匪庵。少孤，事母極孝，常痛母苦節，乞臺使旌門以慰之。弱冠，補山陰庠生，既而膺省辟。康熙丁丑，筮仕廣西南寧府參軍。先是，南寧未始有城，前任即有築城之議，因公私無積，隨議隨寢。公下車甫匝月，即欲爲地方圖鞏固之計，而築城之議起，面陳其事於大憲。大憲難之，論曰："築城之役，前員曾估費萬有九千金，爾僅估五千金，以微員而當大任，脱賠累毀無及矣！"公曰："官無大小，苟利社稷，死生以之矧。築城，萬世利也，敢憚勞焉？"大憲壯其言，即爲之請諸朝。朝允之。公遂與郡人度其規制，定其處分，晨夕率僚佐躋山越水而經營焉。不數月，而岳聳雲連，瑤城壁立。南寧紳士爲之立碑以紀其績，咸額手稱嘆。曰："維城鞏固，非丁公之力，不及此。"大憲廉其能，尋升山西太原府前衛參軍。公以年臻杖鄉，晉省遼遠，恩乞休。大憲慰留之，委署太原府通判事，政簡刑清，吏民德之。公曰："可以辭矣。"遂告歸。居鄉聯親串講，信睦敦友朋之好。年八十二，以壽終。子四，長、次、三皆蜚聲黌序，四入成均。女三：長適辛酉副榜王壇，次適乙卯舉人王達，三適國學生蔡肇楠。

論曰：余交匪庵深，服其慷慨，有志節，進退不苟，君子也。今返真久矣，顧懿行尚存，雖敗管猶能紀之。應博學鴻儒科授翰林院檢討充明史館纂修官年家眷弟毛奇齡頓首拜撰。

按，此文載丁南生纂修《蕭山丁氏家譜》内。毛奇齡與同郡丁氏家族的丁克振、丁克揚爲友，尤與丁克振交篤。此文當爲丁氏修家譜時，毛奇齡應丁克揚之請爲其族人丁浚所立傳。

三十八、《念佛鏡》序

智朗師少年跳出火炕，苦行焚修。久之，心境了徹，悟透無上妙果，住持鳳山聖果禪寺，口受千人禮拜。朗師苦之，脱去衣鉢，丘静東皋天華院，暮鼓晨鐘，不入世法。偶覽《念佛鏡》一卷，矍然起曰："衆生沉淪孽海久矣，非此，不足普度迷津。"乃急募金重梓，而乞余數言弁首。

余惟阿彌陀佛聲遍十方，晝夜捧持，尋聲救苦，假而信受奉行，便是當頭棒喝，任他説法開壇，不免野狐夢囈。雖或口稱名號，僅識五種、四種法門，而信心弗退。即不往生極樂國，亦可不墮諸惡趣，而無如世人皆習焉不覺也。雖然念從心，心即是佛，苟能念念存佛，即能時時見佛。若是佛口蛇心，毋論一日七日，縱千日萬日，舌敝耳聾，口頭禪耳，終無用處。朗師破除色相者，倘首肯余言，余更爲朗師普勸大衆，曰："真實起信，一心念佛。"己未召試博學宏詞纂修明史實録乙丑會試同考官分領十八房考翰林院檢討毛奇齡撰。

按，此文載釋道鏡、釋善道輯《念佛鏡》（光緒刻本）卷首。周叔迦《釋家藝文提要》："《念佛鏡》二卷，唐釋道鏡、善道共集。二人事迹不詳。卷端有宋楊杰序，末附善道臨終正念文，明釋如賢序及蓮池大師竹窗二筆評語一則。文凡十一門。"[①]康熙間，智朗禪師重刻《念佛鏡》，毛奇齡於是時爲作序。

三十九、崇　　蘭

《崇蘭》，壽陸母也。陸母宜夢鶴先生，術麗京、鯤庭、梯霞、左城諸子。歲六十，有秋蘭之榮焉。

崇崇秋蘭，被於中阿。零露離離，高陽列施。變彼長苗，曾莫之偕。

崇崇秋蘭，被於中薄。其節之摯，其葩之偉。佩之用幃，貽以是握。

---

① 周叔迦《釋家藝文提要》，北京古籍出版社，2004年，第594頁。

大人攸宜,君子既度。
　　崇崇秋蘭,被於中唐。無足不利,無蔭不芳。繁稠之從,孫生之功。
　　莽莽者木,維霜斯披。菫菫者蓼,隕於西吹。俟彼崇蘭,以條以綏。
稽爾貞心,稚爾後來。

按,此詩載黃運泰、毛奇齡輯《越郡詩選》卷一,作於順治十年(1653)。此詩序中有"《崇蘭》,壽陸母也。陸母宜夢鶴先生,術麗京、鯤庭、梯霞、左城諸子。歲六十"語,知爲祝陸圻母六十壽而作。麗京指陸圻,阮元《兩浙輶軒錄》卷一:"陸圻,字麗京,又字景宣,號講山,仁和人。著《從同集》《威鳳堂集》《西陵新語》。"鯤庭指陸培,朱彝尊《明詩綜》卷七十六:"陸培,字鯤庭,仁和人。崇禎庚辰進士,除行人,家居死難。"梯霞指陸堦,阮元《兩浙輶軒錄》卷一:"陸堦,字梯霞,錢塘人。圻弟,著《四書大全》六十卷、《白鳳樓集》十四卷。"左城指陸堃,阮元《兩浙輶軒錄》卷三:"陸堃,字左城,錢唐人。圻弟。有《丹鳳堂集》。"陳確《乾初先生遺集》卷一《復蕭山徐徽之書》:"明年癸巳,西泠陸麗京之母六十。"據以知陸圻母癸巳年六十,癸巳年即順治十年(1653)。毛奇齡與陸氏昆仲爲友,值陸母六十生日,作詩祝壽。

四十、堯之岡

堯之岡,壽丁迪吉師也。師人倫在望,有若岡成。
堯之岡,岠岠其陽。岠兮陽兮,維君子之堂兮。
堯之岵,宛宛其扈。宛兮扈兮,維君子之阼兮。
有潚下泉,有穴衆沈。可用藹物,亦以燕喜。

按,此詩載黃運泰、毛奇齡輯《越郡詩選》卷一"風雅體"中,據詩前小序,是毛奇齡爲業師丁迪吉祝壽所作。

四十一、隰風吹雨二章

隰風吹雨,雨聲溰兮。銜憂永夕,獨長謠兮。
隰風吹雨,雨聲淫淫。有鷄唱暝,不更曙心。

按,此詩載黃運泰、毛奇齡輯《越郡詩選》卷一"風雅體"中。

四十二、似艷歌何嘗行

好鳥勿栖壞屋,好花勿生塗泥。力子恒苦瘠,逸子恒苦肥。力子拮据,終歲私顧乏食。猶有病婦,伸手索箸飯齏。(一解)黽食不飽,視地生躊躇。出門欲適與他所弃婦,空室與居。念之無名,日徘徊趑趄。(二解)黃鵠一去,不復來還。我口噤,不能銜井蛩。我有毛羽,日苦瘠薄多衰殘。(三解)念婦與我來時,治酒舖清濁,恒理日夕,犬豕嘆嘆,小大區置,咸得其意。(四解)小麥青青,大麥萎黃。男兒出門,冀免凍僵。何處求我死,在亭西之坂,桓東之場。婦病不能起,牽衣在床,吁嗟此行當成名。(五解)

按,此詩載黃運泰、毛奇齡輯《越郡詩選》卷二"古樂府"中,此詩與以下四首詩,約作於清初,俱爲毛奇齡摹擬樂府舊題刺時而作。時清兵在浙江各縣圈占民房,致使民不聊生。

四十三、似艷歌行

童童一匹布,欲量不得度。團團一株楊,有度不得量。男兒七尺軀,出門無短長。兄弟兩三人,流宕在他鄉。髮敝不復黑,肌敝不復白。躊躇髮與肌,黑白安足知?

按,此詩載黃運泰、毛奇齡輯《越郡詩選》卷二"古樂府"中。

四十四、那呵灘

日來不曾歌,聽歌那呵灘。屠兒解毛豬,剖腹斷心肝。(一解)歡從楊州還,願到瀘水游。鬼彈打折篙,交郎早回頭。(一解)

按,此詩載黃運泰、毛奇齡輯《越郡詩選》卷二"古樂府"中。

四十五、似猛虎行

上山有猛虎，下山有禾秅。不入猛虎居，安得禾作糜？寧使身與猛虎食，不可嘗使腹中饑。（一解）上山采樵，莽草木枹，日午不得食。旁有猛虎，終不顧視，但恨無力撩此木橪。（二解）少年私喜自顧，日能聚旅逐。此猛虎入處，虎處將下食禾秅。（三解）男子興作，當令享名。我實處此，爲家國報。仇爾無我，尤我宜食爾下民。（四解）下民俯首，私念好義，日輸禾與此，少年不得吝悔。（五解）山自有猛虎，入處虎處，安得復爲生人食？禾秅不顧，將食爾婦子骨肉。婦子咸走，置山下田。（六解）吁嗟嗟，上山亦無虎，下山亦無禾。猛虎不食人，腹饑多苦辛。（七解）

按，此詩載黄運泰、毛奇齡輯《越郡詩選》卷二"古樂府"中。

四十六、似董逃行

我欲上升泰山，道遇神山人，言欲下授不死丸。使果得不死，天地傾久，安容此民？（一解）非東海神人之山，安得受命千萬年？非東海神人之山，安得受命千萬年？（二解）不願生長久，但願得肌骨皮肉保護咸安，惟旦暮霜露在身。（三解）秋得乾芋，可以治餐。冬得單布，可以行寒。門左有少年，意錢蹋鞠，相與競逐牽攀。（四解）東有海水，潋潋其瀾。西有平地，茫茫其圃。人思其樂，不到其間。穆王周流，終老室垣。（五解）神山之人，欲下語下地少年，幸自今以往，勿復遁與逃，董安不安均足豪。（六解）

按，此詩載黄運泰、毛奇齡輯《越郡詩選》卷二"古樂府"中。

四十七、從南屏入南高峰憩新庵凈室

停舸還中峰，徐步出北林。蓮洞接幽眇，藕花長升沉。輒更西路高，頃入南屏深。黄槁披道隅，梧楸列崇岑。寒風動絺衣，白日移廣衿。

朗衍見石屋,窈窕來蒼潯。烟霞識前題,滿覺還舊吟。殘桂芬樹欹,孤花曜蘂陰。拾磴折芳蒨,杖策扶蕭森。羊腸若襟帶,象鼻同笋簪。高峰上難量,石塪杳不任。仙掌壁崔屼,優鉢纏嶇嶔。岩幽結茅修,壁峭留坐暗。下當空清潭,前有鳴飛禽。愀愴乍驚颰,惻惻離我心。

按,此詩載黃運泰、毛奇齡輯《越郡詩選》卷三"五言古詩"中。此詩與下兩首詩皆是毛奇齡游西湖時作。乾隆《杭州府志》卷二十七:"南屏山在净慈寺右。"①

四十八、於湖心至一橋留晚家莊

明湖澹澄波,鼓枻緣岸長。落日暗前磵,平烟萃橫梁。歸牧當北馳,離鳥交南翔。丘隴望不移,流水沿自涼。三潭舍悠悠,九曜追蒼蒼。結笮映波岸,負棹觀魚塘。林路淹暝色,雲岩隱宵光。密樹霞隙明,薄霧山足亡。夜渡息筋力,晚家投村莊。撫寂意未竟,眷生情難忘。處明故終安,蒙晦敢豫將?但期繼膏薰,留歡極山陽。

按,此詩載黃運泰、毛奇齡輯《越郡詩選》卷三"五言古詩"中。萬曆《杭州府志》卷四十四:"湖心亭在西湖之中,舊有湖心寺。"②

四十九、憩 孤 山

山水遞夷陝,昏旦互興没。涵理静得多,敷觀曲能達。疏峰尚嵯峨,就徑長顯豁。游行倦名奇,矧乃晰豪髮。小山介澄鮮,碧波繞層闕。休息方夕陰,怊騷及秋節。斷橋蒔新花,橫塘伫涼月。水入錦帶回,岩依歲寒切。已傷青蒲銷,況覩綠楊折。鵁鶄起瀾端,芙容墮木末。時來企新榮,感往悲逝決。遺踪汩重泉,□草偃故磶。流沫初短長,芳華競銷歇。逝將策遠游,縱情駭超越。浮雲昧前除,蒼茫杳難涉。

---

① 乾隆《杭州府志》,清乾隆刻本。
② 萬曆《杭州府志》,明萬曆刻本。

按，此詩載黄運泰、毛奇齡輯《越郡詩選》卷三"五言古詩"中。成化《杭州府志》卷六："孤山在錢塘門外西湖中，獨立無附，爲湖山最佳處。"①

五十、還止西陵宋右之欽序三陸予敬訪予勤公講堂

冀時多營心，變物無素思。遐憩疏水間，静念關山期。幽閟入林秘，曠視來川坻。縱復廣情曲，何異窮栖時。西陵茂風雨，東路饒車輻。勤公舊講堂，寂莫孤山垂。甘泉贗名賢，朱柿條上墀。踟躕緒飀凉，倚徙寒屛敬。君子抱嘉則，慕類情無涯。丘園既難忘，蘭蕙寧久遺？抽素愜幽好，吐芳滌繁支。汎愛謬加及，耿衷難重持。慷慨念舊質，聊落招今凄。神親多修容，夕至無挽曦。緬彼雙生松，咸歷同所懷。

按，此詩載黄運泰、毛奇齡輯《越郡詩選》卷三"五言古詩"中。"西陵"，指西陵渡，用作杭州的代稱。張岱《西湖夢尋》卷三："六一泉在孤山之南，一名竹閣，一名勤公講堂。宋元祐(祐)六年，東坡先生與會勤上人同哭歐陽公處也。勤上人講堂初構，闢地得泉，東坡爲作《泉銘》，以兩人皆列歐公門下。此泉方出，適哭公訃，名以'六一'。"②宋右之，即宋德宜，江南長洲人。王昶《春融堂集》卷六十四《宋德宜傳》："宋德宜，字右之，崇明人，遷居長洲。順治十二年進士，選庶吉士，授編修。歷官吏部尚書、文華殿大學士加太子太傅，以疾卒於官，年六十二，謚文恪。"③欽序三，名蘭，江南長洲人。尤侗《艮齋雜説》卷五："處士欽蘭，字序三，少爲諸生，有名。鼎革後，高尚不事，賣文自給。……序三與予同庚，爲總角交。出處雖異，甚相得也。"④陸予敬，名志熙，道光《蘇州府志》卷一百四："陸志熙，字予敬，長洲人。吏部郎中康稷子。明末，由諸生選貢。尚氣節，工詩文。承先志，不謁選人。康熙初，遷昆山南星瀆，與歸莊、王晨、吴殳輩結社賦詩。"⑤

---

① 成化《杭州府志》，明成化十一年刻本。
② 張岱《西湖夢尋》，清光緒九年刻本。
③ 王昶《春融堂集》，清嘉慶十二年塾南書舍刻本。
④ 尤侗《艮齋雜説》，清康熙刻西堂全集本。
⑤ 道光《蘇州府志》，清道光四年刻本。

五十一、欸　乃　曲

江空旦霜水深，木葉留留猿吟。哀轉久絕喑喑，行子舟中泪淋。八月秋高雨滂，秋水沈淪瞿塘。傾敗汩沒混茫，行子舟中傍徨。下水五日無幾，上水十旬過之。灘頭白勃堅持，黃牛異鄉可悲。與子節歌江中，家住錢塘水東。上篙下篙力同，此時何時葉紅。

按，此詩載黃運泰、毛奇齡輯《越郡詩選》卷三"六言古詩"中。

五十二、鴻資北歸出瘦瓢示予索賦云得之孔檜中

老檜之胆肩肩，鋸鑣一瘦千年。喆匠經營來前，器中膊懸自然。欹底崇唇高開，外象縷縷形賢。爛若萬波中漩，挹水酹酒良便。不假金銀珠瑀，一顧得直萬錢。王子自遠道還，告予得之聖埏。當年北走幽燕，道經東魯周旋。下馬仰視高筵，豐林茂材芊芊。其中手植檜蹟，奄生此瘦瓢緣。大聖文章相宣，東土小儒乾乾。拜手頓首恭騫，咨嗟咄唶艱鮮。君子立行無愆，則取細物不捐。俯仰堯冠頌旃，胡必盡訾拘牽。願洗此瓢中懸，無爲牛羊腥羶，同里鄙人戔戔。

按，此詩載黃運泰、毛奇齡輯《越郡詩選》卷三"六言古詩"中。鴻資，即王鴻資，鴻資當爲字，其名不詳，蕭山人，與毛奇齡、任辰旦、張杉爲友。任辰旦《介和堂集・徐秀才詩序》："予友固多作者，若毛僧開、王鴻資、張南士、胡繩先。"①單隆周《雪園詩賦初集》卷九《王鴻資小樓索題》詩題下注曰："時王久爲記室，始歸里，貽我《劍游集》。"②知王曾爲記室。康熙十六年，毛奇齡與張杉客上海縣知縣任辰旦署，值王鴻資生日，毛奇齡填詞祝壽，本集有《填詞五・百字令・客滬上爲王鴻資初度》。王鴻資築半樓成，毛奇齡作文記之，本集有《西河合集・碑記五・半樓記》。王鴻資《客中雜咏》成，毛奇齡爲作序，本集有《西河合集・序十一・王鴻資客中雜咏序》。

---

① 任辰旦《介和堂集》，清鈔本。
② 單隆周《雪園詩賦初集》，清康熙刻本。

五十三、武進惲仲升過話

　　熟食春前近,扁舟江上來。烏啼木客冢,雨過越王臺。畏路行何慮,空樽語易哀。函關天棧杳,使汝戀蒿萊。

　　按,此詩載阮元《兩浙輶軒錄》卷六"毛奇齡"條中。光緒《武進陽湖縣志》卷二十六:"惲日初,字仲升。崇禎癸酉副榜。方正有氣節,與張瑋善。又從劉宗周游,學益粹。上守邊十策,不報。載書三千卷,隱天台山中。遭亂,崎嶇閩越。後歸里,偕同志講學道南書院。尤長於《易》。學者稱遜庵先生。"①惲日初游越,過訪毛奇齡,毛奇齡作詩贈之。

五十四、送姚江黃晦木之三吳

　　酥雨暗孤城,春山繞落英。涉江懷楚頌,對酒恨秦箏。檇李程難定,姑蘇草正生。蘆中人不見,瀨上漫經行。

　　按,此詩載阮元《兩浙輶軒錄》卷六"毛奇齡"條中。光緒《餘姚縣志》卷二十三:"黃宗炎,字晦木。尊素仲子。明崇禎中貢生。學術與兄宗羲等,而躶岸幾過之。"②黃宗炎之江蘇,毛奇齡作詩送之。

五十五、送邵子湘之登州

　　商風吹蘿裳,朝服青兕裘。有友聞雞號,仗劍之東牟。前行望海水,瀁瀁日夜浮。中有蓬萊山,南下接祖洲。高丘試一登,軼輿波濤流。趙諮東海相,慷慨吾舊游。計日受官俸,幕下如清秋。多君策馬去,珠篋不暗投。第憐神芝生,雜入菰草稠。暇時得過采,移擢君房舟。歸來獻天子,厥頌雲油油。遂將紀功德,勒石寧海頭。司馬進掌故,發冊臨之罘。橫筆埽石閑,顧盼凌九州。

---

①　光緒《武進陽湖縣志》,清光緒五年刻本。
②　光緒《餘姚縣志》,清光緒二十五年刻本。

按,此詩載邵長蘅《青門旅稿》卷一《將之登州留別阮亭愚山兩先生冰修其年耦長諸子》後,作於康熙十八年(1679)秋。《清文獻通考》卷二百三十二《經籍考》:"《青門簏稿》十六卷、《青門旅稿》六卷、《青門剩稿》八卷,邵長蘅撰。"邵長蘅(1637—1704),字子湘,號青門山人,江蘇武進人。少稱神童,十歲爲諸生,工詩古文,性坦易。著《青門集》。康熙十八年春,邵長蘅携其文至京,名動京師。五月十七日,毛奇齡等舉鴻博鴻儒,同授官職,邵長蘅聞訊,喜而作詩祝賀諸友。秋,邵長蘅往登州,毛奇齡、王士禛、施閏章、陳維崧、陸嘉淑、潘耒等各作詩送之。邵長蘅有詩留別諸友。

五十六、雷琴歌爲張晴峰水部賦①

斫木作清角,歲久得四善。置之玉匣閒,上有白雲見。水部妙識聲,操縵邁古製。面張越客絲,臟刻大曆字。誰謂琴材良,取之必巕閒。誰謂琴價高,必賣東陽田。蜀桐已千年,郢曲凡數變。有客懷春江,莫鼓白魚嘆。

此詩載張衡《聽雲閣雷琴篇》卷一"五言古詩"內,作於康熙二十年(1681)前後。民國《景縣志》卷七:"張衡,字友石,一字晴峰。……登辛丑進士,官户曹。博貫經史,通曉音律,工詩,精於書法,妙擬古人。嘗得雷琴燕市中,修而銘之,一時名流皆爲之咏。"據張衡《聽雲閣雷琴篇》卷九《雷琴篇》自識:"丙辰客燕,購得雷氏古琴,修而銘之,一時名流詩盈卷軸,因述得琴之由,俚言續貂,堪發一噱也。"《聽雲閣雷琴篇》除毛詩外,另有王士禛、王垓、耿願魯、曹國炳、沈旭初、賀宿、葉封、邵延齡、李念慈、白眉、吳雯、曹廣端、魏憲、田需、王又旦、李鴻霱、郭棻、何之杰、徐鴻圖、章潤奇、張尹鐸、王澤宏、傅辰、馮爾持、許維楫、龔翰、謝重輝、王岱、李良年、成光、田雯、于覺世、衛既齊、周宏、宋實穎、詹惟聖、金德嘉、王曰高、孫蕙、馮廷櫆、梁佩蘭、佟世南、翁天游、周在浚、顏光猷、查詩繼、莊冏生、張榕端、汪懋麟、黃宗羲、丁澎、毛際可、徐允定、陳至言、金侃、胡爾桂、黃正體、周禹吉、章藻功、何任炎、高鳳翼、陳愚、林堯英、高層雲、趙文熤、張貞、林麟焻、沈荃、宋犖、曹貞吉、顧嗣曾、張烈、尤侗、陳維崧、朱彝尊、袁佑等人的詩詞題咏。卷首有李澄中序、毛奇齡序一篇,毛序即《西河合集·碑記七·張水部雷琴記》,詳記張衡得雷琴之經過。

---

① 詩題原無,此爲筆者所加。

五十七、無　　題

　　自別宗藩久，經今歲月賒。聞君新築苑，買地近村家。背郭千門遠，沿城一徑斜。桂山原有樹，蘭阪自生花。客至抽金簡，仙來養玉芽。遥山藍染嶂，縐水碧沉紗。几列先王鼎，門停貴主車。曠如容廣莫，澹可洗鉛華。五里收重霧，三年望落霞。梁王歸雪苑，賈誼去長沙。托愛逾前此，相知唤上耶。願隨春色到，馬上寄新茶。（和原韻）

　　按，此詩載博爾都《素心集》"東皋唱和詩"中，約作於康熙三十五年（1696）。詩係博爾都所倡，毛奇齡和其原韻。趙爾巽《清史稿》卷四八四《文苑》一："博爾都，字問亭，號東皋漁父。恪僖公拔都海子。蘊端從弟。封輔國將軍。有《問亭詩集》。"楊鍾羲《雪橋詩話》卷三："博問亭，別號東皋漁父，輔國恪僖公拔都海子，襲封輔國將軍。有《問亭詩集》《白燕栖草》。所居東皋，有楓莊、爽園，刳竹引泉，結亭種樹，與大可、阮亭、鈍翁、愚山、其年、梁汾、耦長攤書繞座，具醴留詩。"毛奇齡官京師期間，與博爾都多有詩歌唱酬①。康熙十八年（1679），博爾都招毛奇齡等飲爽園，見博爾都《問亭詩集》卷二《雨後招毛大可梅偶（耦）長邵培風集爽園分得時字》。十九年（1680），博爾都與毛奇齡屢有詩往返唱和，見博爾都《問亭詩集》卷二《雨中寄毛十九大可》、毛奇齡《西河合集·七言律詩六·奉和宗藩博爾都雨中見懷原韻》和《七言絶句五·春詞四首和覺羅博公所貽原韻》。二十年（1681）春，博爾都送祖母櫬歸遼陽，有詩留別毛奇齡，毛奇齡和韻爲之送行，見毛奇齡《西河合集·七言律詩八·奉送覺羅博問亭歸滿洲和其留別原韻》。二十五年（1686），毛奇齡還里，博爾都作詩送之，見博爾都《問亭詩集》卷三《送毛大可南歸王咸中北游》。

五十八、無　　題

　　雲母窗高度日遲，相逢剛值攏頭時。梁泥不貼雙飛燕，園樹空栽連

---

① 毛奇齡《西河合集·序三十二·東皋詩集序》："嘗從施侍讀愚山、汪編修鈍翁、陳檢討其年輩，與東皋主人唱和，每唱輒自愧不及。"

理枝。繡被覆床安綠綺，銀瓶墜井絓青絲。曉屏殘蠟無多泪，一任東風顛倒次。

但銜梅實咽芳津，羞向平康取告身。收盡瓌玫仍是夢，畫成蛺蝶豈當真？焚香不記前生事，對鏡難看背面人。莫扯壞簾釘上絮，當年曾把粉來勻。

慢叠江螺綰髻鬟，飲牛河畔隔前灣。來時祇覺日復日，去後劇憐山上山。天外飛鴻容易斷，月中種樹好難攀。仙丸九轉無停待，誰道丹砂可住顏？

西行烏兔又東生，時聽鳴禽有變更。枉結同心垂鳳帶，誰銜雙舌炙鵝笙？巷深祇覺車輪遠，廊響翻疑步屧輕。怪底金梭成懶度，兩頭拋擲總牽情。

深憐才子病中軀，滅燭妝樓影漸無。歌入怨時憑宛轉，志當決處且踟躕。環垂碧玉何人解，梯滑黃金有婢扶。不爲識聲頻喚去，夜深無事慢嗟呼。

金箱不刷暗塵昏，夙昔相期總勿論。年到蘇家方是小，才如主簿詎嫌繁。看銷幾載懷中字，望斷三生石上魂。嫁得相如猶白首，有錢安用買《長門》？

纔見春來又復秋，布帆開去有時收。舞場舊到看垂手，樂府新翻嬾卸頭。仙子洞中皆閬石，美人花下即羅浮。何年重返蓬山去，長貯金銀十二樓。

但向金房戀舊恩，何須倩女又離魂。鴛鴦枕在寧無意，桃李蹊成豈待言？石住口邊含北闕，花生足下任東昏。菟絲只向長松抱，萬葉千條總一根。（和原韵）

按，此詩載索芬《晴雲書屋唱和詩》"無題"詩後。索芬作《無題》詩，毛奇齡和其原韵。索芬，生平不詳，據楊鍾羲《雪橋詩話三集》卷三："素庵太僕索芬性愛竹，其友黃尊古自江南買竹數千竿，以船載入京師。王石谷爲作《載竹圖》卷。時爲康熙戊寅四月。"知索芬字素庵，官太僕寺卿。毛奇齡不僅與索芬作詩唱和，還爲索芬《晴雲集》作序，毛奇齡《西河合集·序二十六·索太僕晴雲集序》："猶子季蓮以偕計赴都，與太僕索君飲酒賦詩，把臂金臺間。携其所著《無題》詩若干篇，歸以示人。……今予僦錢湖，而太僕乃遠貽以詩，緘其所藏稿而屬題其端。"卷中除毛奇齡和詩外，另有吳沐、毛遠公等和詩。

五十九、監茲五侄八十大壽詩

仙山橫閣橫天起,中有仙人貌如綺。少小曾傳荀孟書,生平喜誦梁唐史。與人無競氣度蝸,相看恍坐春風中。清和已過宴原叔,孝友劇推陳仲弓。當年林下酒車轉,與汝同稱大小阮。夜讀書翻月影寒,春游衣換花溪暖。今來甲子年又年,渭濱此日方垂緡。聖朝憲作舊朝老,鄉人望若人中仙。幽居不負弧矢志,況值冬行日將至。萊子應披彩服新,重孫久獻鳩車戲。千岳萬壑拱紫臺,群仙高會東蓬萊。試從五色雲中看,南極一星天際來。同庚叔奇齡晚晴氏題。

按,此詩載毛蕭亭纂修《蕭山毛氏宗譜》卷一,作於康熙四十一年(1702),時毛奇齡八十歲。《蕭山毛氏宗譜》卷四《大房世系紀》:"(毛)遠圖,行啓五,字監茲,生於明天啓癸亥十月十一日。……卒於康熙丁酉八月初十日,年九十五。"此詩爲族侄毛遠圖八十生日之時,毛奇齡所贈壽詩。

六十、答蘇春見寄原韵①

解組非不早,落托歸錢湖。歡樂能幾何,歲月忽已徂。懷人在天末,一望空平蕪。

楚國好巴吟,斯世失大雅。何期冰雪交,投來自鄴下。三反三覆間,誰當我知者?

良朋久不見,園樹生棠梨。探懷有遺鯉,欲贈無將離。側身望滄洲,媿此金錯貽。

按,此詩載蘇春《饑鳳集詩稿》卷八癸未稿《柬毛太史大可兼索唐人試帖》詩後,作於康熙四十二年(1703)。係毛奇齡和答蘇春所寄詩。蘇春生平見前毛奇齡《饑鳳集詩稿序》後按語,茲不贅述。

---

① 原詩無題,題名係筆者所加。

徵 引 書 目

一、古 籍 之 屬

經部

毛奇齡:《四書改錯》,《續修四庫全書》經部第 165 册
毛奇齡:《四書正事括略》,清道光十九年蕭山沈豫蛾術堂刻本
毛奇齡:《古今通韵》,清康熙二十三年史館刻本
閻若璩:《尚書古文疏證》,上海古籍出版社影印眷西堂原刊本,1987
吴震方:《讀書正音》,《四庫全書存目叢書》經部第 203 册
朱彝尊:《經義考》,清文淵閣《四庫全書》本
鄭元慶:《家禮經典參同》,稿本

史部

張廷玉等:《明史》,中華書局,1974
談遷:《國榷》,中華書局,1958
谷應泰:《明史紀事本末》,中華書局,1977
夏燮:《明通鑒》,上海古籍出版社,1990
佚名:《東陽兵變》,《明季野乘十種》本
巴泰等:《清實錄》,中華書局,1985
趙爾巽等:《清史稿》,中華書局,1977
中國第一歷史檔案館整理:《康熙起居注》,中華書局,1984
王先謙:《東華錄》,光緒十年長沙王氏刻本
蔣良騏:《東華錄》,中華書局,1980
清國史館編:《清史列傳》,王鍾翰點校,《清代傳記叢刊》本,中華書局,1987
尤侗:《明史擬稿》,清康熙間刻本,《四庫未收書輯刊》史部第 5 輯第 6 册
朱溶:《忠義錄》,清抄本

徐鼒:《小腆紀傳》,清光緒金陵刻本
邵廷采:《東南紀事》,邵武徐氏刻本
黃鴻壽:《清史紀事本末》,北京圖書館出版社,2003
溫睿臨:《南疆逸史》,中華書局,1959
計六奇:《明季北略》《明季南略》,中華書局,1984
翁洲老民:《海東逸史》,民國《四明叢書》本
李瑤:《南疆逸史拾遺》,《明代傳記叢刊》本
張岱:《石匱書後集》,上海古籍出版社,2008
陳田:《明詩紀事》,清陳氏聽詩齋刻本
祁彪佳:《祁忠敏公日記》,明末祁氏遠山堂抄本
陸莘行:《老父雲游始末》,清嘉慶間海寧吳騫抄本
李孚青:《皇清誥授光禄大夫武英殿大學士兼吏部尚書加四級顯考容齋府君行述》,清康熙刻本
杜登春:《社事本末》,《藝海珠塵》本
傅以禮:《莊氏史案始末》,清抄本
秦瀛:《己未詞科錄》,清嘉慶刻本
阮元:《儒林集傳錄存》,《清代傳記叢刊》本
李元度:《國朝先正事略》,《清代傳記叢刊》本
李集撰,李富孫等補續:《鶴徵錄》《後錄》,清嘉慶十五年漾葭老屋刻本,《四庫未收書輯刊》第 2 輯第 23 册
李桓:《國朝耆獻類徵初編》,清光緒十年李氏刊本,《清代傳記叢刊》第 127—191 册
錢林:《文獻徵存錄》,清咸豐八年有嘉樹軒刻本,《清代傳記叢刊》第 10 册
李聿鍵:《魯之春秋》,浙江古籍出版社,1989
馬其昶:《桐城耆舊傳》,黃山書社,1990
黃叔璥:《國朝御史題名》,清光緒刻本
徐世昌:《大清畿輔先哲傳》,《清代傳記叢刊》第 199—200 册
金天翮:《皖志列傳稿》,民國二十五年刻本
蔡冠洛:《清代七百名人傳》,《清代傳記叢刊》本,臺灣明文書局,1986
徐崧:《百城烟水》,《四庫全書存目叢書》史部第 237 册
梁詩正:《西湖志纂》,清文淵閣《四庫全書》本
董天工:《武夷山志》,清乾隆刻本
錢儀吉編:《碑傳集》,上海古籍出版社,1987
繆荃孫編:《續碑傳集》,上海古籍出版社,1987

閔爾昌編:《碑傳集補》,上海古籍出版社,1987
汪兆鏞編:《碑傳集三編》,上海古籍出版社,1987
錢仲聯編:《廣清碑傳集》,蘇州大學出版社,1999
張庚:《國朝畫徵錄》,清乾隆刻本
彭蘊璨:《歷代畫史彙傳》,清道光刻本
馮金伯:《國朝畫識》,清道光刻本,《清代傳記叢刊》第71册
王鋆:《揚州畫苑錄》,清光緒十一年刻本
李斗:《揚州畫舫錄》,清乾隆六十年自然盦刻本
徐沁:《明畫錄》,清《讀畫齋叢書》本
阮元、楊秉初等輯:《兩浙輶軒錄》,清嘉慶刊本
潘衍桐輯:《兩浙輶軒錄補遺》,清光緒十七年浙江書局刻本
鄂爾泰:《詞林典故》,清文淵閣《四庫全書》本
丁宿章:《湖北詩徵傳略》,清光緒七年孝感丁氏涇北草堂刻本
周慶雲撰,方田點校:《歷代兩浙詞人小傳》,浙江古籍出版社,2012
震鈞輯:《國朝書人輯略》,清光緒三十四年刻本
張維屏編:《國朝詩人徵略》,中山大學出版社,2004
張維屏:《國朝詩人徵略二編》,清道光二十二年刻本
錢保塘:《歷史名人生卒錄》,民國海寧錢氏清風室刊本
錢大昕:《疑年錄》,清嘉慶刻本
吳修:《續疑年錄》,清嘉慶刻本
錢椒:《補疑年錄》,清道光刻本
陸心源:《三續疑年錄》,清光緒五年刻本
張惟驤:《疑年錄彙編》,民國十五年小雙寂庵刊本
徐世昌:《清儒學案》,中國書店,1990
鄧之誠:《清詩紀事初編》,上海古籍出版社,1965
毛黼亭等纂修:《蕭山毛氏宗譜》,清道光二十六年爵德堂本
來秉奎等纂修:《蕭山來氏家譜》,清光緒二十六年木活字本
丁南生等纂修:《蕭山丁氏家譜》,民國二十一年木活字本
史晉等纂修:《蕭山史氏世譜》,清光緒十八年木活字本
曹瀚等纂修:《蕭山史村曹氏宗譜》,清光緒六年木活字本
沈苻等纂修:《蕭山長巷沈氏續修宗譜》,清光緒十九年木活字本
《蕭山何氏宗譜》,清木活字本
《蕭山西河單氏家譜》,清木活字本
《蕭山莫氏宗譜》(殘本),清木活字本

《蕭山任氏家乘》（殘本），清木活字本
《山陰祁氏家譜》，清抄本
《遂安方氏族譜》，民國三十年木活字本
施毓巨纂修：《施氏家乘》，清乾隆五十四年鈔本
金烺纂修：《山陰賢莊金氏家譜》，清康熙四十一年刻本
朱增等纂：《山陰白洋朱氏宗譜》，清光緒二十一年木活字本
毛際可纂修：《義門毛氏家譜》，清康熙二十九年木活字印本
姜錫桓等纂修：《姜氏世譜》，民國六年刻本
吳隱等纂修：《山陰州山吳氏族譜》，民國十三年刻本
方傳理輯：《桐城桂林方氏家譜》，清光緒六年刻本
梅朝宗等修：《宛陵宦林梅氏宗譜》，清宣統二年木活字本
徐書城纂修：《吳江徐氏宗譜》，清乾隆五十七年刻本
高紹桂纂修：《候潭高氏族譜》，清乾隆二年刻本
高兆瀛纂修：《渤海高氏宗譜》，民國二十七年鈔本
《濂江林氏家譜》，民國三年重印乾隆刻本
陳乃乾、陳洙編：《徐闇公先生年譜》，民國十五年刻本
陳子龍編、王澐續編：《陳忠裕公自著年譜》，清嘉慶八年刻本，《北京圖書館藏珍本年譜叢刊》第63冊
韩系同：《毛西河先生年譜》（殘本），平步青抄本
陳雪軍：《姜宸英年譜》，浙江大學出版社，2011
趙經達：《歸玄恭先生年譜》，民國刻《又滿樓叢書》本
王思任：《祁忠敏公年譜》，《北京圖書館藏珍本年譜叢刊》第63冊
黃炳垕：《黃梨洲先生年譜》，清同治十二年刻本
尤侗：《悔庵年譜》，清康熙間刻本，《北京圖書館藏珍本年譜叢刊》第74冊
楊謙：《朱竹垞先生年譜》，清刻《曝書亭集詩》注本
趙經達：《汪堯峰先生年譜》，民國間刻本
王士禎撰、惠棟注補：《漁洋山人自撰年譜》，紅豆齋刻本
施念曾：《施愚山先生年譜》，《北京圖書館藏珍本年譜叢刊》第74冊
施琮撰：《施侍讀年譜》，《北京圖書館藏珍本年譜叢刊》第74冊
宋犖：《漫堂年譜》，《北京圖書館藏珍本年譜叢刊》第82冊
王簡可：《陸辛齋先生年譜》，《北京圖書館藏珍本年譜叢刊》第75冊
翁方綱撰：《蓮洋吳徵君年譜》，《北京圖書館藏珍本年譜叢刊》第86冊
吳懷清：《關中三李年譜》，陝西通志館印《關中叢書》本
方苞考訂、楊椿重編：《湯文正公年譜定本》，清乾隆八年重刻本

周在浚:《周櫟園先生年譜》,《北京圖書館藏珍本年譜叢刊》第 71 册
顧嗣立:《閭丘先生自訂年譜》,《北京圖書館藏珍本年譜叢刊》第 89 册
張穆撰、鄧瑞點校:《閻若璩年譜》,中華書局,2006
沈起撰、汪茂和點校:《查繼佐年譜》,中華書局,2006
李塨撰、陳祖武點校:《顏元年譜》,中華書局,1992
馮辰、劉調贊:《李塨年譜》(陳祖武點校本),中華書局,1988
于敏中:《日下舊聞考》,清文淵閣《四庫全書》本
吳長元:《宸垣識略》,清乾隆池北草堂刻本
信天翁:《丁酉北闈大獄紀略》,《明清史料叢書》本,北京圖書館出版社,2005
延豐:《重修兩浙鹽法志》,清同治刻本
王定安:《兩淮鹽法志》,清光緒三十一年刻本
嘉泰《會稽志》,清文淵閣《四庫全書》本
弘治《八閩通志》,明弘治刻本
嘉靖《浙江通志》,明嘉靖四十年刊本
萬曆《紹興府志》,明萬曆刻本
萬曆《淮安府志》,明萬曆刻本
康熙《盛京通志》,清康熙二十三年刻本
康熙《江西通志》,清文淵閣《四庫全書》本
康熙《徽州府志》,清康熙三十八年刻本
康熙《安慶府志》,清康熙六十年刊本
康熙《通州志》,清康熙三十六年刻本
康熙《臨湘縣志》,清康熙刻本
康熙《仁和縣志》,清康熙二十六年刻本
康熙《元城縣志》,清康熙十五年刻本
康熙《金壇縣志》,清康熙刻本
康熙《吳縣志》,清康熙三十年刻本
康熙《常熟縣志》,清康熙二十六年刻本
康熙《鄞縣志》,清康熙二十五年刻本
康熙《零陵縣志》,清康熙二十三年刻本
康熙《錢塘縣志》,清康熙刻本
康熙《臨海縣志》,清康熙二十二年刊本
康熙《蕭山縣志》,清康熙十一年刊本
雍正《陝西通志》,清文淵閣《四庫全書》本

雍正《浙江通志》，清文淵閣《四庫全書》本
雍正《雲南通志》，清文淵閣《四庫全書》本
雍正《河南通志》，清文淵閣《四庫全書》本
雍正《廣西通志》，清文淵閣《四庫全書》本
雍正《畿輔通志》，清文淵閣《四庫全書》本
雍正《八旗通志》，清文淵閣《四庫全書》本
雍正《山東通志》，清文淵閣《四庫全書》本
雍正《四川通志》，清文淵閣《四庫全書》本
雍正《山西通志》，清雍正十二年刻本
雍正《澤州府志》，清雍正十三年刻本
雍正《寧波府志》，清雍正十一年刻乾隆六年補刻本
雍正《巢縣志》，清雍正八年刻本
雍正《合肥縣志》，清雍正八年刻本
乾隆《甘肅通志》，清文淵閣《四庫全書》本
乾隆《江南通志》，清文淵閣《四庫全書》本
乾隆《貴州通志》，乾隆六年刻嘉慶修補本
乾隆《福建通志》，清文淵閣《四庫全書》本
乾隆《續河南通志》，清乾隆三十二年刻本
乾隆《淮安府志》，清乾隆十三年刻本
乾隆《紹興府志》，乾隆五十本年刊本
乾隆《杭州府志》，清乾隆刻本
乾隆《福州府志》，乾隆十九年刊本
乾隆《溫州府志》，清乾隆二十五年刊民國三年補刻本
乾隆《長沙府志》，清乾隆十二年刊本
乾隆《宣化府志》，清乾隆八年修二十二年訂補重刊本
乾隆《汾州府志》，清乾隆三十六年刻本
乾隆《海寧州志》，清乾隆修道光重刊本
乾隆《掖縣志》，清乾隆二十三年刊本
乾隆《福清縣志》，清光緒二十四年刻本
乾隆《長陽縣志》，清乾隆十九年修抄本
乾隆《武城縣志》，清乾隆十五年刻本
乾隆《諸暨縣志》，清乾隆三十八年刻本
乾隆《蕭山縣志》，清乾隆十六年刊本
乾隆《平湖縣志》，清乾隆四十五年刊本

乾隆《鄞縣志》,清乾隆五十三年刊本
乾隆《新會縣志》,清乾隆六年刻本
乾隆《象山縣志》,清乾隆二十四年刻本
乾隆《金山縣志》,清乾隆刊民國重印本
乾隆《婁縣志》,清乾隆五十三年刊本
乾隆《新鄉縣志》,清乾隆十二年石印本
乾隆《諸城縣志》,清乾隆二十九年刊本
乾隆《縉雲縣志》,清乾隆三十二年刊本
乾隆《江都縣志》,清乾隆八年刊光緒七年重刊本
乾隆《曲阜縣志》,清乾隆三十九年刻本
乾隆《華亭縣志》,清乾隆五十六年刻本
乾隆《三原縣志》,清乾隆四十八年刻本
乾隆《吳江縣志》,清乾隆修民國年間石印本
乾隆《江寧新志》,清乾隆十三年刻本
乾隆《武進縣志》,清乾隆刻本
乾隆《博山縣志》,清乾隆十八年刻本
乾隆《建寧縣志》,清乾隆二十四年刻本
乾隆《任丘縣志》,清乾隆二十七年刊本
乾隆《長洲縣志》,清乾隆十八年刻本
乾隆《黃岡縣志》,清乾隆五十四年刻本
嘉慶《大清一統志》,清文淵閣《四庫全書》本
嘉慶《廬州府志》,清嘉慶八年刻本
嘉慶《松江府志》,清嘉慶松江府學刻本
嘉慶《揚州府志》,清嘉慶十五年刊本
嘉慶《雷州府志》,清嘉慶十六年刻本
嘉慶《直隸太倉州志》,清嘉慶七年刻本
嘉慶《東昌府志》,清嘉慶十三年刻本
嘉慶《重刊江寧府志》,清嘉慶十六年修清光緒六年刊本
嘉慶《合肥縣志》,清嘉慶八年修民國九年重印本
嘉慶《南陵縣志》,清嘉慶十三年刻本
嘉慶《宣城縣志》,清嘉慶刻本
嘉慶《宜興縣志》,清嘉慶二年刻本
嘉慶《蘭溪縣志》,清嘉慶五年刊本
嘉慶《安仁縣志》,清嘉慶二十四年刻本

嘉慶《舒城縣志》,清嘉慶十一年刻本
嘉慶《長興縣志》,清嘉慶十年刊本
嘉慶《息縣志》,清嘉慶四年刻本
嘉慶《商城縣志》,清嘉慶八年刊本
道光《廣東通志》,清道光二年刻本
道光《濟南府志》,清道光二十年刻本
道光《蘇州府志》,清道光四年刻本
道光《桐城續修縣志》,清道光七年修民國二十九年排印本
道光《吉水縣志》,清道光五年刻本
道光《阜陽縣志》,清道光九年刊本
道光《上元縣志》,清道光四年刻本
道光《武康縣志》,清道光九年刊本
道光《晋江縣志》,清鈔本
道光《歙縣志》,清道光八年刻本
道光《會稽縣志》,鈔本
咸豐《青州府志》,清咸豐九年刻本
咸豐《重修興化縣志》,清咸豐二年刊本
同治《臨江府志》,清同治十年刻本
同治《建昌府志》,清同治十一年刻本
同治《南康府志》,清同治十一年刻本
同治《廣信府志》,清同治十二年刻本
同治《贛州府志》,清同治十二年刻本
同治《南昌府志》,清同治十二年刻本
同治《韶州府志》,清同治十三年刊本
同治《湖州府志》,清同治十三年刊本
同治《九江府志》,清同治十三年刊本
同治《六安州志》,清同治十一年刊光緒三十年重印本
同治《崇仁縣志》,清同治十二年刊本
同治《長陽縣志》,清同治五年刊本
同治《漢川縣志》,清同治十二年刊本
同治《即墨縣志》,清同治十一年刊本
同治《上海縣志》,清同治十一年刊本
同治《重修山陽縣志》,同治十二年刻本
同治《麗水縣志》,清同治十三年刊本

同治《江山縣志》,清同治刊本
光緒《江西通志》,清光緒七年刻本
光緒《遵化通志》,清光緒十二年刻本
光緒《湖南通志》,清光緒十一年刻本
光緒《吉林通志》,清光緒十七年刻本
光緒《重修安徽通志》,清光緒四年刻本
光緒《撫州府志》,清光緒二年刊本
光緒《保定府志》,清光緒十二年刻本
光緒《處州府志》,清光緒三年刊本
光緒《嘉興府志》,清光緒五年刊本
光緒《廣州府志》,清光緒五年刊本
光緒《黃州府志》,清光緒十年刻本
光緒《淮安府志》,清光緒十年刊本
光緒《嚴州府志》,清光緒九年增修重刊本
光緒《續修廬州府志》,清光緒十一年刊本
光緒《重修天津府志》,清光緒二十五年刻本
光緒《順天府志》,清光緒十二年刻十五年重印本
光緒《增修登州府志》,清光緒刻本
光緒《松江府續志》,清光緒九年刊本
光緒《重纂邵武府志》,清光緒二十六年刊本
光緒《光州志》,清光緒十三年刻本
光緒《武陽志餘》,清光緒十四年刻本
光緒《嘉定縣志》,清光緒七年刻本
光緒《益都圖志》,清光緒三十三年刻本
光緒《永城縣志》,清光緒二十九年刻本
光緒《武進陽湖縣志》,清光緒五年刻本
光緒《江都縣續志》,清光緒九年刊本
光緒《金山縣志》,清光緒四年刊本
光緒《富平縣志稿》,清光緒十七年刊本
光緒《續修舒城縣志》,清光緒二十三年刊本
光緒《續纂句容縣志》,清光緒刊本
光緒《盱眙縣志稿》,清光緒十七年刻本
光緒《海鹽縣志》,清光緒二年刊本
光緒《淳安縣志》,清光緒十年刻本

光緒《臨朐縣志》,清光緒十年刊本
光緒《重修嘉善縣志》,清光緒十八年刊本
光緒《慈溪縣志》,清光緒二十五年刻本
光緒《新修菏澤縣志》,清光緒十一年刻本
光緒《宣平縣志》,清光緒四年鉛印本
光緒《嘉興縣志》,清光緒三十四年刻本
光緒《青浦縣志》,清光緒四年刊本
光緒《宣城縣志》,清光緒十四年刊本
光緒《無錫金匱縣志》,清光緒七年刊本
光緒《零陵縣志》,清光緒修民國補刊本
光緒《重修華亭縣志》,清光緒四年刊本
光緒《莆田縣志》,清光緒五年補刊本
光緒《永嘉縣志》,清光緒八年刻本
光緒《餘姚縣志》,清光緒二十五年刻本
光緒《新修菏澤縣志》,清光緒十一年刻本
光緒《上虞縣志》,清光緒十七年刊本
光緒《重修丹陽縣志》,清光緒十一年刻本
光緒《平湖縣志》,清光緒十二年刊本
宣統《東莞縣志》,清宣統三年刊本
宣統《臨安縣志》,清宣統二年刊本
民國《奉天通志》,民國二十三年鉛印本
民國《杭州府志》,民國十一年刊本
民國《台州府志》,民國二十五年鉛印本
民國《安徽通志稿》,民國二十三年鉛印本
民國《海寧州志稿》,民國十一年續修鉛印本
民國《太倉州志》,民國十一年刊本
民國《東莞縣志》,民國十年鉛印本
民國《廬陵縣志》,民國九年刻本
民國《禹縣志》,民國二十年刊本
民國《遂安縣志》,民國十九年排印本
民國《南漳縣志》,民國十一年重刊本
民國《山陰縣志》,民國二十五年紹興縣修志委員會校刊鉛印本
民國《吳縣志》,民國二十二年鉛印本
民國《廬陵縣志》,民國九年刻本

民國《景縣志》,民國二十一年鉛印本
民國《上海縣續志》,民國七年鉛印本
民國《歙縣志》,民國二十六年鉛印本
民國《阜寧縣新志》,民國二十三年鉛印本
民國《連江縣志》,民國十六年鉛印本
民國《懷寧縣志》,民國七年鉛印本
民國《金壇縣志》,民國刊本
民國《柏鄉縣志》,民國二十一年刻本
民國《重修滑縣志》,民國二十一年鉛印本
民國《閩侯縣志》,民國二十二年刊本
《蕭山縣志稿》,臺灣成文出版社,1970

子部

喻昌:《醫門法律》,清順治刻本,《叢書集成續編》第 84 冊
閻若璩:《潛丘札記》,清文淵閣《四庫全書》本
王士禛:《池北偶談》,中華書局,1982
王士禛:《分甘餘話》,中華書局,1989
王士禛:《居易錄》,清文淵閣《四庫全書》本
王士禛:《香祖筆記》,清宣統三年掃葉山房石印本
余懷:《板橋雜記》,上海古籍出版社,2000
王晫:《今世說》,清康熙二十二年霞舉堂刻本
劉振麟、周驥:《東山外紀》,民國九年刻本
金埴:《不下帶編》,中華書局,2005
金史:《無雙譜》,《叢書集成續編》第 99 冊
王應奎:《柳南隨筆》《續筆》,中華書局,1983
法式善:《清秘述聞》,清嘉慶四年刻本
葉廷琯:《鷗陂漁話》,清同治九年刻本
福格:《聽雨叢談》,中華書局,1997
阮葵生:《茶餘客話》,清光緒十四年本
董含:《三岡識略》,清鈔本
高士奇:《天祿識餘》,《叢書集成續編》第 215 冊
孫之騄:《枝語》,《四庫全書存目叢書》子部第 116 冊
張文蔭:《螺江日記》,清乾隆十七年二銘軒刻本,《四庫全書存目叢書》子部

第 100 册

劉廷璣：《在園雜志》，清康熙五十四年刻本

唐彪：《父師善誘法》，清康熙刻本

戴璐：《藤陰雜記》，清嘉慶石鼓齋刻本

陸以湉：《冷廬雜識》，《清代筆記叢刊》本

法式善：《陶廬雜錄》，清嘉慶二十二年陳預刻本

吳振棫：《養吉齋餘錄》，清光緒刻本

周中孚：《鄭堂讀書記》，中華書局，1993

王家楨：《研堂見聞雜記》，民國鉛印本

徐珂：《清稗類鈔》，中華書局，2003

葉夢珠撰、來新夏點校：《閱世編》，中華書局，2007

陳康祺：《郎潛紀聞》，中華書局，1984

陳康祺：《郎潛紀聞二筆》，清光緒刻本

吳慶坻：《蕉廊脞錄》，中華書局，1990

方濬師：《蕉軒隨錄》，清同治十一年刻本

王培荀：《鄉園憶舊錄》，清道光二十五年刻本

葛金烺：《愛日吟廬書畫錄》，清宣統二年葛氏刻本，《續修四庫全書》第 1088 册

平步青：《霞外攟屑》，民國六年刻《香雪崦叢書》本

集部

毛奇齡：《西河合集》，清康熙書留草堂刻本

毛奇齡：《毛西河先生全集》，清嘉慶元年刊本

毛奇齡：《瀨中集》，清康熙刻本

毛奇齡：《當樓集》，清康熙刻本

毛奇齡：《桂枝集》，清康熙刻本

毛奇齡：《兼本雜錄》，清康熙刻本

黃開泰、毛奇齡輯：《越郡詩選》，清康熙刻本

毛奇齡：《西河文選》，清康熙刻本

毛萬齡：《采衣堂集》，清康熙刻本

毛遠公：《菽畹集》，清康熙刻本

蔡仲光：《謙齋詩文集》，清咸豐三年篤慶堂刻本，《清代詩文集彙編》第 43 册

錢謙益：《牧齋有學集》，《四部叢刊》景清康熙刻本，《清代詩文集彙編》第

30 冊

吳偉業：《梅村家藏稿》，《四部叢刊》景清宣統武進董氏本，《清代詩文集彙編》第 29 冊

周亮工：《賴古堂集》，清康熙十四年周在浚刻本，《清代詩文集彙編》第 39 冊

黃宗羲：《南雷文定前後三四集》，清康熙刻本，《清代詩文集彙編》第 33 冊

陳確：《乾初先生遺集》，清餐霞軒鈔本

陸弘定：《爰始樓詩刪》，清順治刻本

陸嘉淑：《射山詩鈔》，清抄本，《清代詩文集彙編》第 72 冊

葛芝：《卧龍山人集》，清康熙九年葛芝刻本

王端淑：《映然子吟紅集》，清刻本，《清代詩文集彙編》第 82 冊

王端淑：《名媛詩緯初編》，清康熙間山陰王氏清音堂刻本

王猷定：《四照堂詩集》，民國四年南昌《豫章叢書》編刻局刻本，《清代詩文集彙編》第 12 冊

丁克振：《迂庵改存草》，清康熙刻本

單隆周：《雪園詩賦初集》《二集》，清康熙間刻本

魏耕：《雪翁詩集》，民國《四明叢書》本

屈大均：《翁山詩外》，清康熙凌鳳翔刻本，《清代詩文集彙編》第 118 冊

屈大均：《翁山文外》，清康熙刻本，《清代詩文集彙編》第 119 冊

陸圻：《威鳳堂文集》，清康熙刻本

柴紹炳：《柴省軒先生文鈔》，清康熙刻本，《清代詩文集彙編》第 55 冊

丁澎：《扶荔堂詩選》《文選》，清康熙五十五年文芸館刻本，《清代詩文集彙編》第 78 冊

毛先舒：《思古堂集》，清康熙刻《思古堂十四種書》本，《四庫全書存目叢書》集部第 210 冊

毛先舒：《東苑詩鈔》，清康熙刻《思古堂十四種書》本，《清代詩文集彙編》第 72 冊

孫治：《孫宇台集》，清康熙二十三年孫孝楨刻本，《四庫禁燬書叢刊》集部第 148 冊

沈謙：《東江集鈔》，清康熙十五年刻本，《四庫全書存目叢書》集部第 195 冊

張丹：《張秦亭詩集》，清康熙石甑山房刻本，《四庫全書存目叢書》集部第 210 冊

來集之：《倘湖樵書》，清乾隆重刻本，《四庫全書存目叢書》子部第 146 冊

祁彪佳：《祁忠惠公遺集》，清道光十五年刻本

商景蘭:《商夫人錦囊集》,清道光十五年刻本
姜希轍:《兩水亭餘稿》,清康熙刻本
梅清:《瞿山詩略》,清康熙三十二年刻本,《清代詩文集彙編》第 85 册
劉城:《嶧桐詩集》,清光緒十九年養雲山莊刻本,《四庫禁燬書叢刊》集部第 121 册
駱復旦:《桐蔭堂詩鈔》,清康熙十四年刻本
王先吉:《容安軒詩鈔》,清康熙十七年刻本
任辰旦:《介和堂集》,清抄本,《清代詩文集彙編》第 84 册
祁班孫:《紫芝軒逸稿》,清道光十二年蕭山蔡名衡刊本
沈胤範:《采山堂詩二集》,清康熙刻本
茹泰:《漫興篇》,清康熙十五年刻本
俞汝言:《俞漸川集》,清康熙刻本
姜承烈:《樂志堂文鈔》,清康熙刻本
吴農祥:《梧園詩選》,清同治光緒間丁氏嘉惠堂抄本
吴農祥:《流鉛集》,稿本,《清代詩文集彙編》第 127 册
王嗣槐:《桂山堂文選》,清康熙青筠閣刻本,《清代詩文集彙編》第 73 册
潘廷章:《渚山樓詩集》,清康熙四十年海寧王氏刻本
陸衍嗣輯:《西泠唱和詩》,清康熙刻本
陸進:《巢青閣集》,清康熙劉愫等刻本
章金牧:《萊山詩集》,清康熙刻本
毛際可:《會侯先生文鈔》《安序堂文鈔》,清康熙刻本,《四庫全書存目叢書》集部第 229 册
毛際可:《浣雪詞鈔》,清康熙二十七年刻本
諸匡鼎:《説詩堂集》,清康熙刻本,《四庫全書存目叢書》集部第 211 册
王晫:《霞舉堂集》,清康熙刻本,《清代詩文集彙編》第 144 册
陸次雲:《北墅緒言》,清康熙二十三年宛羽齋刻增修本,《四庫全書存目叢書》集部第 237 册
閻爾梅:《白耷山人詩集》,清康熙刻本,《清代詩文集彙編》第 19 册
方以智:《浮山文集後編》,清康熙此藏軒刻本,《清代詩文集彙編》第 35 册
梅枝鳳:《東渚詩集》,清嘉慶滿聽樓刻本,《清代詩文集彙編》第 54 册
洪昇:《稗畦集》,清抄本,《清代詩文集彙編》第 165 册
施閏章:《學餘堂文集》《詩集》,清康熙四十七年刻本,《清代詩文集彙編》第 67 册
施閏章:《施愚山先生別集》,清康熙四十七年刻本,《清代詩文集彙編》第

67 册

朱彝尊:《曝書亭集》,民國涵芬樓影印清康熙五十三年刻本,《清代詩文集彙編》第 116 册

陳維崧:《湖海樓詩集》,清乾隆六十年浩然堂刻本,《清代詩文集彙編》第 96 册

陳維崧:《陳迦陵文集》,清康熙二十八年刻本

陳維崧:《陳迦陵儷體文集》,清康熙二十八年刻本

陳維崧:《陳檢討四六》,清文淵閣《四庫全書》集部第 1322 册

尤侗:《西堂文集》《詩集》,清康熙二十五年刻本,《清代詩文集彙編》第 65 册

邵遠平:《戒山詩存》《文存》,清康熙刻本,《清代詩文集彙編》第 149 册

秦松齡:《蒼峴山人集》,清康熙五十七年刻本,《清代詩文集彙編》第 147 册

張玉書:《張文貞公集》,清康熙五十七年松蔭堂刻本,《清代詩文集彙編》第 159 册

陳廷敬:《午亭文編》,清康熙四十七年林佶寫刻本,《清代詩文集彙編》第 153 册

宋犖:《西陂類稿》,民國六年宋恪宷重刻本,《清代詩文集彙編》第 135 册

宋琬:《重刻安雅堂文集》,清康熙三十八年宋思勃刻本,《清代詩文集彙編》第 44 册

吳綺:《林蕙堂全集》,清乾隆三十九、四十一年衷白堂刻本,《清代詩文集彙編》第 68 册

王弘撰:《砥齋集》,清刻本,《清代詩文集彙編》第 81 册

湯斌:《湯子遺書》,清同治九年湯氏祠堂重刻本,《清代詩文集彙編》第 102 册

徐元文:《含經堂集》,清康熙刻本,《清代詩文集彙編》第 132 册

吳雯:《蓮洋集》,清乾隆三十九年荆圃草堂刻本,《清代詩文集彙編》第 163 册

邵長蘅:《邵子湘全集》,清康熙三十九年毗陵邵氏青門草堂刻本,《清代詩文集彙編》第 145 册

沈荃:《一研齋詩集》,民國十一年刻本,《清代詩文集彙編》第 93 册

王鴻緒:《橫雲山人集》,清康熙刻增修本,《清代詩文集彙編》第 168 册

周綸:《不礙雲山樓稿》,清康熙刻本,《清代詩文集彙編》第 157 册

周茂源:《鶴靜堂集》,清康熙天馬山房刻本,《清代詩文集彙編》第 49 册

曾燦:《六松堂詩文集》,民國四年南昌退廬刻《豫章叢書》,《清代詩文集彙

編》第 98 册

江闿:《江辰六文集》,清康熙刻本,《清代詩文集彙編》第 162 册

毛鳴岐:《菜根堂全集》,清康熙刻本,《清代詩文集彙編》第 100 册

沈季友:《南疑集》,清康熙十二年刻本,《清代詩文集彙編》第 136 册

陳玉璂:《學文堂集》,清康熙刻本,《清代詩文集彙編》第 142—143 册

王崇炳:《學耨堂诗稿》,清雍正刻本,《清代詩文集彙編》第 188 册

李塨:《恕谷後集》,清雍正刻增修本,《清代詩文集彙編》第 203 册

章大來:《後甲集》,清康熙五十六年刻本,《清代詩文集彙編》第 220 册

呂履恒:《冶古堂文集》,清乾隆十五年呂宣曾刻本,《清代詩文集彙編》第 177 册

杭世駿:《道古堂文集》,清乾隆四十一年刻光緒十四年汪曾唯增修本,《清代詩文集彙編》第 282 册

黎元寬:《進賢堂稿》,清康熙刻本,《四庫禁燬書叢刊》集部第 145 册

葉奕苞:《經鋤堂詩稿》,清康熙十七年刻本,《四庫禁燬書叢刊》集部第 147 册

王岱:《了庵詩集》,清乾隆十二年王恪刻本,《清代詩文集彙編》第 23 册

林雲銘:《挹奎樓選稿》,清康熙三十五年刻本,《四庫全書存目叢書》集部第 230 册

吳闡思:《秋影园诗》,清康熙刻本

尤侗:《百末詞》,《清詞珍本叢刊》第二册,鳳凰出版社,2007

彭孫遹:《松桂堂全集》,清乾隆八年刻本,《清代詩文集彙編》第 125 册

王頊齡:《世恩堂詩集》,清康熙刻本,《四庫全書存目叢書補編》第 5 册

方象瑛:《健松齋集》,清康熙間世美堂刻康熙四十年續刻本,《四庫全書存目叢書》集部第 241 册

徐嘉炎:《抱經齋文集》,清康熙三十八年刻本,《四庫全書存目叢書》集部第 250 册

李澄中:《臥象山房詩正集》,清康熙刻本,《四庫全書存目叢書》集部第 250 册

李澄中:《白雲村文集》,清康熙刻本,《四庫全書存目叢書》集部第 250 册

龐塏:《叢碧山房詩初集》,清康熙六十年刻本,《清代詩文集彙編》第 155 册

丘象隨:《西軒紀年集》,稿本

汪琬:《鈍翁類稿》,清康熙刻本,《清代詩文集彙編》第 94 册

高咏:《遺山詩》,清道光十年信芳閣本活字排印《國初十家詩鈔》本,《清代詩文集彙編》第 66 册

袁佑:《霽軒詩鈔》,清康熙五十六年陸師等刻本,《清代詩文集彙編》第133冊
陸荽:《雅坪詩稿》《雅坪文稿》,清康熙四十七年陸凌勛傳經閣刻本,《清代詩文集彙編》第119冊
李來泰:《蓮龕集》,清雍正刻本,《四庫全書存目叢書》集部第222冊
喬萊:《石林集》,清康熙刻劉寶楠抄補本,《清代詩文集彙編》第158冊
嚴繩孫:《秋水集》,清康熙雨青草堂刻本,《清代詩文集彙編》第86冊
黃與堅:《願學齋文集》,婁東嚴瀛抄本,《清代詩文集彙編》第74冊
潘耒:《遂初堂詩集》,清康熙刻增修本,《四庫全書存目叢書》集部第249冊
徐釚:《南州草堂集》,清康熙三十四年刻本,《清代詩文集彙編》第141冊
徐釚:《南州草堂續集》,清康熙四十四年刻本,《清代詩文集彙編》第141冊
汪楫:《悔齋集》《山聞詩》《山聞續集》《京華詩》《觀海集》,清康熙刻本,《清代詩文集彙編》第140冊
王崇簡:《青箱堂詩集》,清康熙二十八年王燕重刻本,《清代詩文集彙編》第16冊
馮溥:《佳山堂詩集》,清康熙刻本,《四庫全書存目叢書》集部第215冊
李天馥:《容齋千首詩》,清康熙三十六年刻本,《清代詩文集彙編》第138冊
徐乾學:《憺園文集》,清康熙三十三年冠山堂刻乾隆五十四年改補本,《清代詩文集彙編》第124冊
葉方藹:《葉文敏公集》,鈔本,《清代詩文集彙編》第113冊
王熙:《王文靖公集》,清康熙四十六年王克昌刊本,《清代詩文集彙編》第109冊
王士禛:《帶經堂集》,清康熙四十九至五十年程哲七略書堂刻本,《清代詩文集彙編》第134冊
王士禛:《漁洋山人精華錄》,《四部叢刊》景林佶寫刻本
梁清標:《蕉林詩集》,清康熙十七年秋碧堂刻本,《清代詩文集彙編》第77冊
梁清標:《棠村詞》,《清詞珍本叢刊》第三冊,鳳凰出版社,2007
曹溶:《静愓堂詩集》,清雍正三年李維鈞刻本,《清代詩文集彙編》第45冊
王又旦:《黃湄詩選》,清康熙刻本,《清代詩文集彙編》第140冊
周體觀:《晴鶴堂詩抄》,清康熙晴鶴山房刻本
林麟焻:《玉岩詩集》,《四庫全書存目叢書》集部第244冊
韓菼:《有懷堂文稿》,清康熙四十二年刻本,《四庫全書存目叢書》集部第245冊

孫枝蔚:《溉堂集》,上海古籍出版社,1979
宗元鼎:《芙蓉集》,清康熙元年刻本,《四庫全書存目叢書》集部第 238 册
宗元鼎:《宗定九新柳堂集》,清康熙刻本
曾畹:《曾庭聞詩》,清康熙刻本
朱鶴齡:《愚庵小集》,華東師範大學出版社,2010
劉謙吉:《雪作鬚眉詩鈔》,清康熙刻本
丘象升:《南齋詩集》,清康熙三十五年山陽丘氏刻本,《清代詩文集彙編》第 113 册
杜首昌:《縮秀園詩選》,稿本,《清代詩文集彙編》第 111 册
戴晟:《寤硯齋集》,清乾隆七年戴有光刻本
汪懋麟:《百尺梧桐閣集》《百尺梧桐閣遺稿》,上海古籍出版社,1980
李屺源:《隨筆草》,清康熙刻本
高士奇:《高士奇集》,清康熙刻本
汪琬:《堯峰文鈔》,《四部叢刊》景林佶寫刻本
杜濬:《變雅堂遺集》,清光緒二十年黄岡沈氏刻本,《清代詩文集彙編》第 37 册
姜宸英:《姜宸英集》,人民文學出版社,2018
鄭世元:《耕餘居士詩集》,清康熙江相書帶草堂刻本
張貞生:《庸書》,清康熙十八年講學山房刻本,《四庫全書存目叢書》集部第 229 册
李興祖:《課慎堂初集》,清康熙三十二年刻本,《清代詩文集彙編》第 184 册
胡會恩:《清芬堂存稿》,清康熙間刻本,《四庫全書存目叢書》集部第 247 册
方文:《嵞山集》《嵞山續集》,清康熙二十八年王概刻本,《清代詩文集彙編》第 38 册
吳肅公:《街南文集》,清康熙二十八年豐溪吳承勵刻本,《清代詩文集彙編》第 101 册
吳肅公:《街南續集》,清康熙程士琦、程士璋等刻本,《清代詩文集彙編》第 101 册
干建邦:《湖山堂集》,清康熙五十六年五柳齋刻本
金烺:《綺霞詞》,清康熙間觀文堂刻本
方中通:《陪集》,清康熙繼聲堂刻本,《清代詩文集彙編》第 133 册
吳戀謙:《苎庵二集》,清順治十三年刻本,《四庫全書存目叢書》集部第 207 册
董含:《藝葵草堂詩稿》,清康熙刻本

潘江:《木厓續集》,清康熙刻本,《清代詩文集彙編》第 69 册
張雲章:《樸村文集》《樸村詩集》,清康熙華希閔等刻本,《清代詩文集彙編》第 175 册
吳世杰:《甆湖草堂文集》,清康熙四十四年刻本,《清代詩文集彙編》第 157 册
梅文鼎:《續學堂詩鈔》《文鈔》,清乾隆梅穀成刻本,《清代詩文集彙編》第 131 册
魏禧:《魏叔子文集外篇》,清《寧都三魏全集》本
顧汧:《鳳池園詩集》,上海古籍出版社,1980
顧景星:《白茅堂集》,清康熙四十三年刻本,《清代詩文集彙編》第 76 册
陳錫嘏:《兼山堂集》,清康熙刻本,《四庫全書存目叢書》集部第 247 册
陳祚明:《稽留山人集》,清雍正刻本,《四庫全書存目叢書》集部第 233 册
萬言:《管村詩稿》,稿本
周金然:《周金然集》,復旦大學出版社,2016
李良年:《秋錦山房集》,清康熙三十五年刻乾隆二十四年續刻《李氏家集四種》本,《清代詩文集彙編》第 137 册
鈕琇:《臨野堂詩集》,清康熙三十八年刻本,《清代詩文集彙編》第 165 册
王煐:《王南村集》,天津古籍出版社,2015
楊鳳苞:《秋室集》,上海古籍出版社,1995
王昊:《碩園詩稿》,清乾隆十二年刻本,《清代詩文集彙編》第 102 册
陸繁弨:《善卷堂四六》,清康熙刻本,《四庫全書存目叢書》集部第 257 册
沈季友:《學古堂集》,清康熙刻本,《四庫全書存目叢書》集部第 255 册
釋宗渭:《芋香詩鈔》,清康熙四十三年刻本,《四庫未收書輯刊》集部第 8 輯
釋元璟:《完玉堂詩集》,清初刻本,《清代詩文集彙編》第 195 册
沈壽民:《姑山遺集》,清康熙間有本堂刻本,《四庫禁燬書叢刊》集部第 119 册
左如芬:《纕茞閣遺稿》,清康熙刻本
張遠:《梅莊集》,清康熙刻本,《四庫全書存目叢書補編》第 79 册
陳至言:《菀青集》,清康熙芝泉堂刻本,《四庫全書存目叢書補編》第 6 册
孟遠:《傭庵北游集》,清康熙刻本
徐旭旦:《世經堂初集》,清康熙刻本,《清代詩文集彙編》第 197 册
倪宗正:《倪小野先生全集》,清康熙四十九年清暉樓刻本,《四庫全書存目叢書》集部第 58 册
劉中柱:《真定集》,清抄本

王奐:《倚樹堂詩選》,清康熙四十二年刻本

姚炳:《蓀溪集》,清抄本

汪惟憲:《積山先生遺集》,清乾隆三十八年汪新刻本

王典:《慎齋詩存》,清康熙刻本

索芬:《晴雲倡和集》,清康熙三十五年刻本

博爾都:《問亭詩集》,清康熙三十五年刻本,《清代詩文集彙編》第 172 冊

曹貞吉:《曹貞吉集》,人民文學出版社,2018

獨孤微生:《泊齋別錄》,清鈔本

錢澄之:《田間詩集》,清康熙刻本,《清代詩文集彙編》第 40 冊

嚴我斯:《尺五堂詩刪近刻》,清康熙二十七年苕上嚴氏刻本,《清代詩文集彙編》第 117 冊

黄中:《黄雪瀑集》,清康熙泳古堂刻本

戚珝:《笑門詩集》,清康熙四十五年刻本,《四庫全書存目叢書》集部第 284 冊

吴闡思《北游草》,清康熙刻本

張永銓《閒存堂詩集》《文集》,清康熙刻本,《清代詩文集彙編》第 152 冊

馮協一:《湖上倡和詩》,清康熙刻本

劉廷璣:《葛莊分體詩鈔》,清康熙刻本,《四庫全書存目叢書》集部第 260 冊

李孚青:《野香亭集》,清康熙刻本,《四庫全書存目叢書補編》第 50 冊

李孚青:《道旁散人集》,清光緒三十年合肥李氏刻《集虛草堂叢書》本

王錫:《嘯竹堂集》,清乾隆二十二年刻本,《清代詩文集彙編》第 206 冊

沈堡:《步陵詩鈔》,清康熙刻本

徐昭華:《徐都講詩》,《西河合集》本

胡榮:《容安詩草》,清康熙刻三色套印本

陸奎勛:《陸堂文集》,清乾隆小瀛山閣刻本,《四庫全書存目叢書》集部第 270—271 冊

王時憲:《性影集》,清康熙五十年刻本

汪師韓《上湖文編補鈔》,清光緒十二年汪氏刻《叢睦汪氏遺書》本

吴焯:《藥園詩稿》,民國十二年刻本

方楘如:《集虛齋學古文》,清乾隆十九年佩古堂刻本,《清代詩文集彙編》第 228 冊

章世法:《青峰集》,清稿本

邵廷采:《思復堂文集》,浙江古籍出版社,1987

朱樟:《觀樹堂詩集》,清乾隆刻本,《四庫全書存目叢書》集部第 258 冊

王源:《居業堂文集》,清道光十一年讀雪山房刻本,《清代詩文集彙編》第174冊

馮景:《解春集文鈔》《詩鈔》,乾隆盧氏刻《抱經堂叢書》本,《清代詩文集彙編》第182冊

馮景:《有道集》,清康熙刻本

蘇春:《饑鳳集》,清康熙刻本

全祖望著,朱鑄禹彙校集注:《全祖望集彙校集注》,上海古籍出版社,2000

姜公銓:《彭山詩稿》,清康熙刻本

姜垚:《柯亭詞》,清康熙刻本

查慎行:《敬業堂詩集》,清康熙五十八年刻本,《清代詩文集彙編》第178冊

顧嗣協:《依園詩集》,清康熙刻本

田鳴玉:《屺瞻樓詩鈔》,清康熙刻本

陸奎勛:《陸堂文集》,清乾隆刻本,《清代詩文集彙編》第215冊

曹煜:《繡虎軒尺牘》,清康熙傳萬堂刻本

岳端:《玉池生稿》,清康熙刻本

張奕光:《回文集》,清康熙刻本

林景熙:《霽山集》,明嘉靖十年刊本

李焕章:《織水齋集》,清乾隆間鈔本

方都秦:《梅溪文集》,清乾隆十五年方汝翼刻本

張廷瓚:《傳恭堂詩集》,清康熙刻本

釋元立:《游黄山詩》,清康熙刻本

周起渭:《稼雨軒近詩》,清康熙刻本

朱宸:《匏葉山莊集》,清抄本

彭而述:《讀史亭詩集》,清康熙四十七年彭始搏刻本,《四庫全書存目叢書》集部第200冊

錢大昕:《潛研堂集》,清嘉慶十一年刻本,《清代詩文集彙編》第364冊

陶元藻《泊鷗山房集》,清乾隆衡河草堂刻本,《清代詩文集彙編》第341冊

王士禛:《感舊集》,清乾隆十七年刻本

沈季友:《檇李詩繫》,清文淵閣《四庫全書》本

王崇炳:《金華文略》,《四庫全書存目叢書》集部395冊

張衡:《聽雲閣雷琴篇》,清光緒二十年景州李氏刻本,《清代詩文集彙編》第109冊

魯燮光:《蕭山叢書》,清魯氏壺隱居抄本

丁晏:《山陽詩徵》,清光緒刻本

廖元度:《楚詩紀》,清乾隆十八年際恒堂刻本
王昶:《國朝詞綜》,嘉慶七年王氏三泖漁莊刻增修本
鄧顯鶴:《沅湘耆舊集》,清道光二十三年鄧氏南村艸堂刻本
阮元:《淮海英靈集》,清嘉慶三年小琅嬛仙館刻本
王豫:《淮海英靈續集》,清道光刻本
沈德潛:《清詩別裁集》,上海古籍出版社,2008
徐世昌編選:《晚晴簃詩匯》,中華書局,1990
徐釚:《詞苑叢談》,清海山仙館叢書本
丁紹儀:《國朝詞綜補》,光緒刻前五十八卷本
黃燮清:《國朝詞綜續編》,同治十二年刻本
吳顥:《國朝杭郡詩輯》,清同治十三年刻本
繆幸龍主編:《江陰東興繆氏家集》,上海古籍出版社,2014
王士禛:《漁洋詩話》,清文淵閣《四庫全書》本
朱彝尊:《靜志居詩話》,清嘉慶扶荔山房刻本
宋長白:《柳亭詩話》,清康熙天茁園刻本
陶元藻:《全浙詩話》,清嘉慶元年怡雲閣刻本
謝章鋌:《賭棋山莊詞話》,《詞話叢編》本,1934
楊鍾羲:《雪橋詩話》《續集》《三集》《四集》,求恕齋叢刻本
法式善《八旗詩話》,稿本
鄭方坤:《全閩詩話》,清文淵閣《四庫全書》集部第1486冊

二、現當代著述

姚名達:《邵念魯年譜》,《民國叢書》本,上海書店,1939
黃涌泉:《陳洪綬年譜》,人民美術出版社,1960
章培恒:《洪昇年譜》,上海古籍出版社,1979
王利器:《李士楨李煦父子年譜》,北京出版社,1983
任道斌:《方以智年譜》,安徽教育出版社,1983
袁世碩:《孔尚任年譜》,齊魯書社,1987
馮其庸、葉君遠:《吳梅村年譜》,江蘇古籍出版社,1990
陳敬璋:《查慎行年譜》,中華書局,1992
徐朔方:《晚明戲曲家年譜》,浙江古籍出版社,1993
周可真:《顧炎武年譜》,蘇州大學出版社,1998

卞僧慧:《吕留良年譜長編》,中華書局,2003
鄔慶時:《屈大均年譜》,廣東人民出版社,2006
陸勇強:《陳維崧年譜》,中國社會科學出版社,2006
方文:《方文年譜》,人民文學出版社,2007
汪超宏:《宋琬年譜》,人民文學出版社,2010
汪超宏:《吳綺年譜》,浙江大學出版社,2011
周絢隆:《陳維崧年譜》,人民出版社,2012
方良:《錢謙益年譜》,中國書籍出版社,2013
張宗友:《朱彝尊年譜》,鳳凰出版社,2014
胡春麗:《汪懋麟年譜》,復旦大學出版社,2014
谷輝之:《毛先舒年譜》,上海圖書館歷史文獻研究所編的《歷史文獻》第三輯
陳斌、林新萍:《清初詩人費錫璜簡譜》,《古籍研究》總第65卷,鳳凰出版社,2017
來新夏:《近三百年人物年譜知見錄》,上海人民出版社,1983
謝巍:《中國歷代人物年譜考錄》,中華書局,1992
陳祖武:《清初名儒年譜》,北京圖書館出版社,2008
王德毅編:《中國歷代名人年譜總目》,新文豐出版社,1988
吳榮光編:《歷代名人年譜》,上海書店,1989
姜亮夫編:《歷代名人年里碑傳綜表》,《姜亮夫全集》,雲南人民出版社,2002
梁廷燦編:《歷代名人生卒年表》,商務印書館,民國十九年
麥仲貴:《明清儒學家著述生卒年表》,臺灣學生書局,1977
江慶柏編著:《清代人物生卒年表》,人民文學出版社,2005
陳垣:《釋氏疑年錄》,中華書局,1964
張慧劍編:《明清江蘇文人年表》,上海古籍出版社,1986
林鐵鈞、史松主編:《清史編年》第一卷(順治朝),中國人民大學出版社,2000
林鐵鈞、史松主編:《清史編年》第二卷(康熙朝上),中國人民大學出版社,2000
林鐵鈞、史松主編:《清史編年》第三卷(康熙朝下),中國人民大學出版社,2000
袁行雲:《清人詩集叙錄》,文化藝術出版社,1994
李靈年、楊忠主編:《清人別集總目》,安徽教育出版社,2000

柯愈春:《清人詩文集總目提要》,北京古籍出版社,2002
錢實甫編:《清代職官年表》,中華書局,1980
朱保炯、謝沛霖編:《明清進士題名碑錄》,上海古籍出版社,1998
楊廷福、楊同甫編:《清人室名別稱字號索引》,上海古籍出版社,1988
錢仲聯等編:《清詩紀事》,江蘇古籍出版社,1987—1989
朱則杰:《清詩考證》,人民文學出版社,2012
孫靜庵:《明遺民錄》,浙江古籍出版社,1985
朱希祖:《明季史料題跋》,中華書局,1961
陳寅恪:《柳如是別傳》,上海古籍出版社,1980
章太炎著、徐復注:《訄書詳注》,上海古籍出版社,2000
孟森:《心史叢刊》,遼寧教育出版社,1998
孟森:《明清史論著集刊》,中華書局,1959
朱倓:《明季杭州登樓社考》,載《明季社黨研究》,商務印書館,1945
夏承燾:《夏承燾集》,浙江古籍出版社,1997
劉大杰:《中國文學發展史》,復旦大學出版社,2006
蔣星煜:《西廂記的文獻學研究》,上海古籍出版社,1997
顧鳴塘:《儒林外史與江南士紳生活》,商務印書館,2005
屈向邦:《粵東詩話》,龍門書店,1968
范文瀾:《經學講演錄》,載《范文瀾歷史論文選集》,中國社會科學出版社,1979
李晋華:《明史纂修考》,《民國叢書》本,上海書店,1989
錢穆:《中國近三百年學術史》,商務印書館,1997
趙利棟輯校:《王國維學術隨筆》,社會科學文獻出版社,2000
周作人:《東昌坊故事》,載鮑風等選編《周作人作品精選》,2003
徐邦達編:《歷代流傳書畫作品編年表》,上海人民美術出版社,1963
單國強主編:《清代書法》,上海科學技術出版社,2001
胡奇光:《中國文禍史》,上海人民出版社,2006
吳桑梓、傅金祥編著:《湘湖傳説》,載《杭州全書·湘湖白馬湖叢書》,杭州出版社,2013
詹海雲:《清初學術論文集》,文津出版社,1992
張麗珠:《清代新義理學》,里仁書局,2003
王德昭:《清代科舉制度研究》,中華書局,1984
陳祖武:《清初學術思辨錄》,中國社會科學出版社,1992
劉虹:《中國選士制度史》,湖南教育出版社,1992

張舜徽:《清人筆記條辨》,中華書局,1986
陸寶千:《清代思想史》,廣文書局,1983
龔書鐸:《清代理學史》,廣東教育出版社,2007
謝國楨:《明末清初的學風》,人民出版社,1982
謝國楨:《明清之際黨社運動考》,中華書局,1982
羅宗強:《明代後期士人心態研究》,南開大學出版社,2006
左東嶺:《王學與中晚明士人心態》,人民文學出版社,2000
高翔:《康雍乾三帝統治思想研究》,中國人民大學出版社,1995
[美]恒慕義:《清代名人傳略》,青海人民出版社,1990
高彥頤著、李志生譯:《閨塾師:明末清初江南的才女文化》,江蘇人民出版社,2005
吳通福:《晚出古文尚書公案與清代學術》,上海古籍出版社,2007
張民權:《清代前期古音學研究》,北京廣播學院出版社,2002
虞雲國、周育民:《中國文化史年表》,上海人民出版社,2009
管敏義主編:《浙東學術史》,華東師範大學出版社,1993
陳逢源:《毛西河及其春秋學之研究》,台灣政治大學碩士學位論文,1991 年 6 月
陳逢源:《毛西河及其四書學研究》,台灣政治大學博士學位論文,1996 年 5 月
杜明德:《毛西河及其周禮學研究》,台灣高雄師範大學碩士學位論文,1994 年 6 月
杜明德:《毛西河及其昏禮喪禮學研究》,台灣高雄師範大學博士學位論文,1998 年 6 月
張敏容:《毛奇齡易學研究》,臺北市立師範學院應用語言文學研究所碩士學位論文,2004 年 7 月
蕭雅俐:《毛奇齡仲氏易研究》,淡江大學碩士學位論文,2006 年 6 月
呂兆歡:《毛奇齡韵學研究》,輔仁大學碩士學位論文,2005 年 6 月
薛立芳:《毛奇齡詩學研究》,北京師範大學博士學位論文,2008 年 6 月
張賀:《毛奇齡學術簡論》,華東師範大學碩士學位論文,2008 年 4 月
戴文梅:《毛奇齡及其詞作研究》,西南大學中文系碩士學位論文,2007 年 4 月
俞師:《毛奇齡蠻司合志校注》,廣西大學碩士學位論文,2008 年 6 月
孫宇男:《明清之際詩僧研究》,吉林大學博士學位論文,2014 年 6 月
李元庚:《望社姓氏考》,《國粹學報》第 71 期

朱維錚：《清學史：學者與思想家》，《光明日報》1999年3月26日
鄭吉雄：《全祖望論毛奇齡》，《臺大中文學報》第7期，1995年4月
黃愛平：《毛奇齡與明末清初的學術》，《清史研究》1996年第4期
雷慶：《清代著名學人毛奇齡》，《吉林師範大學學報》1990第3期
陳德述：《試論毛奇齡的反宋學思想》，《社會科學輯刊》1987年5月
陳德述：《試論毛奇齡的經學思想》，《社會科學研究》1987年4月
陳逢源：《毛奇齡經學論著及其學思歷程》，《東吳中文學報》第6期，2000年5月
陳逢源：《毛奇齡四書學中的義理內涵》，《中華學苑》第55期，2001年2月
謝冬榮：《毛奇齡兼本雜錄述略》，《文津學志》第三輯，2010年
陳居淵：《毛奇齡與乾嘉經學典範的重塑》，《浙江學刊》2002第3期
鄭萬耕：《毛奇齡對河圖洛書的駁斥》，《中國哲學史》2001年第4期
魏千鈞：《毛奇齡古文尚書冤詞研究》，《中國文學研究》第18期
侯美珍：《毛奇齡季跪小品制文引析論——兼談"稗官野乘，悉爲制義新編"的意涵》，《臺大中文學報》第21期，2004年12月
閆寶明：《毛奇齡古文尚書冤詞探微》，《古籍整理研究學刊》2005第6期
張賀：《毛奇齡大學知本圖說探析》，《蘇州教育學院學報》，2007第4期
唐明貴：《毛奇齡論語稽求篇研探》，《太原理工大學學報》，2006第2期
楊君勵：《論語稽求篇讀後》，《孔孟月刊》第3卷第4期，1964年4月
薛立芳：《毛奇齡白鷺洲主客說詩探微》，《魯東大學學報》2008年3月
張賀：《略論毛奇齡的史學精神與治史之風》，《溫州大學學報》2007年11月
杜明德：《毛奇齡婚禮學研究摘要》，《高雄師大學報》第10期，1999年4月
[韓國]金弼洙：《毛奇齡仲氏易的推移法研究》，《國際儒學研究》第7輯，國際文化出版公司，1999年6月
嵇文甫：《漫談毛西河》，《學術月刊》1963年第3期
林久貴：《四庫全書收錄個人著述最多的人——毛奇齡》，《文史知識》1997年7月
丁鼎：《試論毛奇齡的經學思想和學術地位》，《傳統中國研究集刊》第二輯
段潤秀：《毛奇齡與明史修纂新探》，《紅河學院學報》2009年2月

人名索引（按姓氏拼音排序）

A

愛新覺羅·博爾都　3，61，252，267，307，484

愛新覺羅·岳端　455，456

B

白夢鼐　193，281

包秉德　12，33，48，125，532，552

貢琮　289，312，313

C

蔡爾趾　103，104，110，111，113，114，117，139

蔡毓榮　299，300

蔡元翼　187，188

蔡仲光　2，3，12，14，28，31-33，52，53，68，71，73，84，87，89，90，92，96，99，117，131，137，142，151，163，175，176，178，207，225，263，296，303，307，320，343，357，367，552

蔡子佩　207

曹垂燦　12，212，214，216，378

曹爾堪　12，43，45，47，162，266

曹禾　21，241，242，246，247，252，273，301，303，340，454

曹受可　157

曹宜溥　246，247，252，328

曹貞吉　236，441，583

柴紹炳　12，22，161，288，364，414，438，532

柴世堂　438，455，465，565

朝琦　495，496

陳秉直　13，205，222，223，226，410

陳何　3，8，13，35，91，145，166，304，430

陳洪量　155

陳洪綬　12，18，38，40-42，48，54，79，109，110，155，159，173，532，536，539

陳鴻績　246，247，252，254

陳捷　293

陳敬止　152

陳清鑒　466

陳日浴　359-361

陳上善　127

陳石麟　130-132

陳台孫　12，103

陳太士　245，254，381

陳廷會　22，266，364

陳廷敬　21，291，306，309，512

陳維崧　13，45，109，138，194，232-234，236-239，241，242，244-247，249-254，256-261，266，267，269-276，278，281-284，287-289，291-293，295，301，303，313，317，328，583

陳恂　482

陳佑　419，496，529

陳鈺　241,242
陳元龍　48
陳元水　127
陳張相　372
陳至言　61,198,199,400,504,564,583
陳子龍　12,15,19-21,25,26,39,41,65,
　　66,82,91,188,234,369
陳紫岩　359
陳字　18,155,158,166,311
程淶　107
程斯敏　197
程淞　107
程維屏　270
崔如岳　246,247,252,327,328,399

D

戴大昌　501,518,519
戴金　103,104,110,111,114,117,139,
　　180
戴名世　506,507,509,512,517
單瑢　374
單隆周　14,16,17,21,49,50,54,56,66,
　　73,137,175,178,202,266,419,581
單之倫　341
鄧漢儀　12,233,234,236,237,242,249
鄧論秀　134
鄧上　133,134
丁克揚　12,70,89,208,435,575
丁克振　12,28,32,48,68,96,115,137,
　　144,214,575
丁夢芝　210,211
丁澎　13,22,28,58,65,68,75,115,139,
　　186,187,374,379,392,583
丁三俊　196,197
丁思孔　333
丁泰　218
丁煒　267,285

丁文龍　32,310,311,322,386
丁滎　466
丁之賢　505,567
董含　78,81,94,146,147,161
董繼　137,153
董期生　76
董閶　330
堵鳳蒸　119,120,122
杜秉琳　470,471
杜立德　12,229,243,251,399
杜首昌　379,380

F

繁絛　8,125,129
范必英　17,226,246,247,252,288,328
范鋐　164,167,173,532
范鄗鼎　226,297
方苞　504,506,509,510
方膏茂　14,197
方國安　36
方亨咸　192,266
方槳如　171,372,494
方伸　508
方象璜　239
方象瑛　17,22,176,236,246,247,252,
　　255,256,258,260,266,267,271-276,
　　283,284,287-289,291,293,300,301,
　　306,308-310,318-320,323,329,339,
　　342-344,364,369,373,379,390,416,
　　543
方以智　12,56,121,122,127
方育盛　13
方中德　17,343
方中通　19,119-122,441
馮慈徹　264,273,301
馮景　3,48,102,190,402,410,463,481-
　　483

馮夢祖　395,396

馮念祖　443,444,474

馮溥　12,39,228,232,233,235,238,243,244,248,250,254,256,257,259-261,264,269,270,272-276,279,284,287,288,291,292,295,301,304,305,308,311,323,352,370,371,374,399,530,531

馮甦　236,277,287,405

馮武京　397

馮協一　85,232,271,273,370,398,405

馮勗　246,247,252,268,329

馮之京　131,132,135

馮遵京　397

傅光遇　350

傅以成　63,66

傅元升　24,47,63

傅宗　58,63,74,552

G

高珩　30,273,275

高厚　369,532

高笠僧　98,451

高士奇　37,282,300,306,318,349,382,386,387,389,443,455,487,530,552

高通　104

高熊徵　467

高怡　369

高儀淑　103

高詠　13,52,126-128,236,239,242,243,246,247,252,253,262,266,279,286,301,317,320,327,328,330,336

高佑釲　289

高兆　359-361,533

高宗楫　101

耿爕忠　278,279

龔勝玉　240

顧宸　43,44

顧岱　312

顧如華　12,109,139,143

顧嗣協　372,373,379,380

顧有孝　12,58,91,93,96,113,138,167,196,216,386

顧之珽　241,444,464,465,474,503,565

郭罔　110

郭世隆　430,431

郭襄圖　151,186

H

韓昌先　64

韓日昌　20,179

何瑾栗　442

何景韓　157,158

何静子　178,179,367

何競　50,356,487,488,532

何文煓　49,175

何孝子　50,51,356,367,532

何永紹　123,220,284

何玉梁　442

何裔雲　442

何元英　135,171,266

何源浚　198,200,201,218,264,311,395

何之杰　13,20,53,61,175,201,227,365,367,385,452,583

何之裕　267

洪綱　396

洪昇　37,274,302,349,380,418,430,463,465-467,490,565

洪之杰　370

胡東岩　176,207

胡宫　324

胡鶴壽　97

胡會恩　240,306

胡榮　463,464,466

胡繩先　212,581
胡渭　18,257,260,448,487,496,571
胡以寧　119,120,122,127
胡虞冑　119
黃大宗　103,104
黃吉　132,134,136
黃剡知　139
黃應官　66,67
黃永　43-45
黃虞稷　16,170,238,285,329,399
黃與堅　13,70,236,246,247,252,260,261,301,321,351
黃媛介　49,68,69,73
黃運泰　16,49,50,54,57,63,154,165,167,169,211,280,576-581
黃之翰　34,100,103-105,159
黃中　66,285
黃子錫　152,171
黃宗羲　12,22,23,72,80,144,416,419,455,468,550,563,583

J

計東　43,44
江闓　243,273
姜垛　317,375
姜承烈　12,29,43,49,78,149,225,307,365,381,480,541,547
姜公銓　73,293,411
姜實節　40,193,194,467,504
姜坦　59,135
姜天樞　142,143
姜廷櫸　56,57,362
姜廷梧　14,31,32,40,54,71,78,80,86,88,96,99,117,137,140,141,150,154,406
姜圖南　13,42,47,59,69,75,83,124,133

姜希轍　13,41,48,66,69,72,78,82,84,87,121,141-143,146,151,153,168,172,192,194,195,198,210,216,220,227,250,262,264,274,278,392,436,532
姜垚　21,86,87,141,142,209,217,441,526
姜兆楨　138
姜之琦　41,307,493
蔣國祥　418
蔣國祚　424
蔣名登　439
蔣平階　82,113,115,142,144,294
蔣樞　512,515,522
蔣毓英　418,423,424
金德純　473,474
金鋐　171,231,238,281,319,353,364,367,370,373,530
金敬敷　152,185,186
金敬致　161
金烺　26,165,183,186,337,356,480,485
金鎏　137,138
金輅　379,380
金絨兒　339,353
金史　319,450,551
金星槎　316
金煜　415
金鎮　13,150-152,161,166,167,170,171,177,178,181,182,185,186,263,332,342,524,537
金埴　97,415

L

來道程　42
來蕃　12,40,49,113,121,206
來集之　12,26,54,68,175,217,317,412

來彭禧　73,74
來式鐸　512,513
來叔荀　196
來燕雯　336
郎廷極　481,482
樂六舞　103,104
黎騫　246,247,252,327,328,330
李澄中　16,102,236,238-241,246,247,
　　252,263,268,301,306,308,315,318,
　　319,321,327-329,335,351,352,392,
　　428,462,583
李慈銘　500,519
李達　91
李鐸　388,389,391,392
李孚青　112,231,242,250,279,321,
　　326,338,392,433,512,548
李塨　3,73,160,389,415,420,428,429,
　　432,436-438,440,441,447-449,454,
　　456,458,467,469,475,483,489,494,
　　495,497,503,515,522,526,529,530
李鴻霈　228,583
李煥章　352
李鎧　21,230,231,246,247,252,260,
　　268,328,329,498
李來泰　13,246,247,252,286,306,317
李良年　19,233,234,236,241,243,256,
　　414,583
李明睿　12,51,59,60,118,167
李柟　281,490
李屺源　74,202,203
李清　285,286
李日焜　111,170
李日耀　86,170
李式玉　325,409,410
李濤　332,459
李天馥　10,19,68,229,231,236,240,
　　242,249,250,273,282,294,326,394,
　　411,421,422,433,454,530,548
李興祖　4,340,354,387
李煦　304,411,506
李因篤　17,226,229,230,236,242,246,
　　247,252,256
李振聲　477
李之粹　222,369
李之芳　287,288,414
梁拱宸　250
梁清標　13,30,236,238,242,245,263,
　　266,273,282,305,339,351,399
林麟焻　38,301,303,305,583
林堯英　273,296,301,583
林兆哲　403
凌紹乾　460
劉昌言　12,94,105,171
劉珵　105,114
劉果　262
劉漢中　13,101,103,106,110,111,113,
　　114,117,139,180,458,470
劉鴻　279
劉謙吉　100-102,318,325,344
劉始恢　101,159,288,310,329
劉廷璣　57,384,390,420,441
劉儼　322,365
劉遇奇　156
劉源長　12,94,100,210
劉中柱　26,166,351
劉宗周　12,16,20,22,26,30-32,37,41,
　　144,188,416,455,529,532,582
劉尊　132
柳敬亭　72
龍燮　25,236,246,247,252,268,301,
　　327,328,435
樓宅中　494,496,529
盧詢　459,551
盧宜　16,172,173,499,506

魯超　149,438

魯緗城　168,438

陸次雲　250,251,271

陸光旭　285,296

陸弘定　77

陸嘉淑　13,57,249,258,386,583

陸堦　13,23,24,372,478,479,576

陸進　99,206,217,271,463

陸奎勛　387

陸培　22-24,37,39,576

陸圻　12,22-24,28,32,39,41,43,50,54,58,89,93,113,119,137,138,524,576

陸㮒　16,161,236,246,247,252,256,260,269,276,277,282,297,298,301,305,306,319,372,373,380,381,416,421,423,443,457,470

陸世楷　14,64,277,282,387,470

陸體元　515,516,522

陸元輔　233,234,258

鹿祐　394,454

呂洪烈　137,138,189,192,195,333,356,480

呂覺我　90,173

羅坤　80,140,168,169,192,195

羅木桓　212

羅有章　262

駱復旦　13,19,43,58,59,111,117,118,130,132,134-136,142,184,280,309,347,365

駱襄錦　177,205

M

麻乾齡　126,127

馬駿　103-105,107,159,266

馬如龍　395,403

馬士英　23,34,36,121

馬廷桂　210,211,213,216,298

毛秉鏡　6,12,21,529,532

毛超倫　375

毛定周　346

毛端士　273,274,288

毛際可　10,18,68,176,236,239,240,244,250,255,284,364,365,369,371,379,383,390,410,424,455,469,479,502,532,563,583

毛鳴岐　358,359,361,362,371,374,393,394

毛升芳　236,239,246,247,252,289,356,372

毛詩　23,29,31,40,49-51,53,56,58,69,72,77,79,90,94,95,97,98,112,119,130,137,142,147,181,186,195,196,201,212,214,220,232,233,236-238,240,242-244,249,251,257-259,261,262,266-268,270-276,283,285-287,289,290,293,295-297,300,310,311,319,320,322,329,334,340,346,349,350,374,468,516,524,525,556,572,583

毛士宏　347

毛司百　295

毛萬齡　7,21,37,43,131,264

毛文　16,17,186,228,277,290,333,349,350,361,364,395,542

毛文輝　491,496

毛先舒　10,13,22,23,41,60,78,84,99,205,371,378,388

毛壹　09,403

毛漪秀　344

毛雍　515,522

毛有俶　36,94,159

毛有倫　35,36,116

毛遠公　18,91,206,242,355,407,433,

585

毛遠圖 476,586

毛遠宗 71,83,388,389,394,458,481,
494,496,498,509,528

毛珍 90,91,173

茆薦馨 16,253,262,317

梅庚 25,242,252,256,271

梅古愚 115,312

梅清 13,253,278,331,435

梅枝鳳 125,320,386,542

孟遠 56,88,235,362,405,541

米漢雯 78,236,246,247,252,268,324,
369,419

繆彤 14,159,194

莫蕙先 211

慕天顔 199,327

N

倪燦 14,149,150,236,246,247,252,
301,324,328,343,357

倪璠 09,382,387,403,473

倪之煌 15,104,107,109,111,112,117,
139,161,180

倪宗正 504,563

聶先 383,384,387,390

鈕琇 270

P

潘江 12,224,252,480

潘耒 38,122,226,241,246,247,252,
256,257,260,269,278,279,286,288,
289,291,292,297,301,306,308,318,
321,329,330,343,344,503,583

潘廷章 12,61,160

龐塏 26,236,246,247,252,268,306,
308,319,320,322,327-331,336,350,
351,394,412,421,422,425,437,447,

454

彭而述 354,502,560,561

彭桂 226

彭瓏 43,44

彭始搏 502,561

彭孫遹 17,151,236,246,247,252,261,
272,306,308,318,321,462

彭延禈 424,425

平澹人 29,484

平廷鼎 312

Q

戚珥 303

祁班孫 17,29,31,54,77,88,91,174

祁彪佳 12,16-18,24,25,28,29,31,32,
37,71,97,532

祁德蓝 29

祁鴻孫 12,23,54,57,58,64,71

祁理孫 14,29,54,70,71,369

仇石濤 204

乾公和尚 145,178,197

錢咏 465,466,481,565

錢光繡 69,219

錢璜 466

錢捷 284

錢金甫 21,211,223,224,247,270,321,
405

錢謙益 43,49,56,112,130

錢彦雋 371,451

錢中諧 187,188,195,246,247,252,
261,311,387

喬萊 30,101,149,234,236,241,246,
247,252,259,261,268,269,321,324,
343,344,351,355,357,358,414

秦保寅 15,147,148,392

秦松齡 21,58,147,148,162,181,212,
246,247,252,273,306,309,328

秦宗游 304,341

丘俊孫 189

丘象升 16,102,150,189,230,231,237,
　259,290,315,386

丘象隨 17,69,102,114,230,231,236,
　241,246,247,252,259,260,267,268,
　290,329,330,340,351,355,356,402,
　472

丘元復 101

裘充美 312

裘孔武 295

屈大均 4,16,31,53,70,79,280,296,
　359,427

屈有信 126

全祖望 4,10,20,24,28,30,31,35,36,
　53,69,70,88-91,95,124,172,230,
　291,430,493,507,510,519

R

仁孝皇后 282

任辰旦 3,13,20,143,175,179,204,
　210,212-216,221,222,224,250,280,
　324,341,350,358,402,532,581

任四邦 173,174,179,183

茹泰 197,210

阮元 3,7,19,22-24,29,32,45,49,50,
　54,57,58,61,72,76,78,80,81,93,94,
　100,108,117,122,131,133,135,137,
　138,140,146,151,165,174-176,191,
　199,200,203,206,208,216,217,234,
　239,240,242,249,250,257,289,293,
　294,316,321,353,355,358,373,379,
　380,392,394,397,398,402,410,415,
　418,420,452,454,455,460,462,463,
　465,466,471,472,477,480-482,484,
　486,491,492,504,511-513,518,522,
　547,549,564,569,570,576,582

S

商衮 132

商景徽 203

商景蘭 28,29,52,53,55,71,72,97,210

商命説 71,137,141

邵長蘅 21,189,240,249,252,258,318,
　321,490,583

邵方平 412

邵懷棠 137,188,193,539

邵松年 501,520,521

邵廷采 41,144,177,180,323,444,445,
　447,449,473,509,511,522,529

邵吳遠 246,247,252

邵遠平 309,318,420,487

沈堡 455,552

沈菜 163,164,167,537

沈功宗 58,63,69,74,552

沈關關 138,139

沈珩 12,236,246,247,252,297,301,
　311,369,419

沈華 78,140,168,169

沈季友 51,151,152,161,285,306,372,
　373,380,441,537

沈佳 473,474,481,565

沈筠 246,247,252

沈荃 13,47,57,63,98,100,236,321,
　335,583

沈士本 339,428

沈武抑 391

沈以曦 286

沈以庠 297,532

沈胤範 13,31,32,50,79,80,88,108,
　131,137,138,140,155,168,169,171,
　189,202

沈用濟 461,462,470,504,552

沈禹錫 13,33,40,41,532,552

沈玉亮　465,466,565

沈昀　22,364

沈雲英　75

盛宏邃　420,421

盛唐　1,3,6,7,16,33,34,82,98,160,163,172,226,230,244,297,388,407,409,426,429,436,439,442,449,454,461,513,514,522,523,528

聖宣和尚　91,220

施琅　47,113,299,325

施閏章　1,2,10,12,42,49,51,64,75,76,78-81,84,88,92,95,111,115,117-124,126-129,136,137,162,166,169,172,177,186-188,196,198,221,236,237,239,243,246-248,252,253,259,262,266,272,273,276,278,279,281,283,284,293-295,301,303,306,319,320,328,469,524,525,542,583

施庭銓　309

施維翰　287

施彥淳　41,119

施彥愨　119,127

施有光　110,111

施譽　115,186,198

石琳　485

史彬　295

史彩　295

史廷柏　68,96,97,137,172,210

史廷桂　96-98

史在朋　137,141

釋本圖　179,180,342,343

釋本雲　179

釋大拙　397,398

釋法浚　423

釋方孝　460,479

釋海岳　477

釋上音　375

釋香林　264

釋行澧　291,292,329,346

釋元璟　447,506

釋元立　453,467

釋智道　340,392

釋宗渭　187

舒漢文　105

舒章　27,103,104,111,117

宋德宜　14,43,44,236,255,279,328,369,580

宋犖　18,189,190,237,292,310,320,324,402,430,583

宋實穎　13,43,76,186,187,234,236,249,574,583

宋琬　12,39,52,74-77,79,83,115,174,187

蘇良嗣　390

蘇輪　465,565

孫嘯夫　373,381

孫一致　236,244

孫徵灝　350

孫之騄　510,511,572

孫枝蔚　13,60,235-238,240-242,244,262,273,275,278,297,306,369

孫治　22,23,39,107,325,364

孫致彌　258

孫卓　253,318,325

索芬　407,433,585

T

太皇太后　283,292,363,370

曇英和尚　214

譚吉緯　162

湯斌　14,44,150,246,247,252,256,369,484

湯賓門　335

唐彪　414,443,492,498,550

唐郎　161,162
唐夢賚　42,352
陶天章　198
陶杏秀　515,516,522
田茂遇　233,234
田鳴玉　176,207,381
田未若　127
田雯　19,271,275,490,583
佟國維　286,477,478
佟國佐　371
童煒　156,159
童衍　103,104,110,111,113

W

萬斯同　21,467,468,480
汪霦　246,247,252,269,273,301,329,396,411,414,416,420-422,461,525
汪鍀　344
汪存庵　261,262
汪渢　22,125,364
汪楫　19,236,237,241,242,246,247,252,257,269,270,273,288,289,298,301,303,305,376,454
汪觀臣　188
汪景祺　171,461,464,476
汪懋麟　22,24,32,108,131,171,181,182,186,189,196,223,237,256,267,269,271,273,275,278,286,290,300,301,303,306,309,318,319,328,329,378,583
汪懋勛　132
汪如龍　122,239,243
汪琬　13,58,226,236,242,243,246,247,252,281,283,306,392,561
王崇炳　51,454,471,503,504,514,562
王岱　128,357,583
王典　393

王端淑　13,54,61,62,74
王復禮　206,207,399,415,443,451
王垓　262,583
王國安　361
王漢　131,279
王昊　239,243
王弘昌　109,114,117
王鴻緒　37,236,291,338,382,386,496,505,506
王鴻資　219,367,581
王九齡　338
王六皆　379
王仁灝　323,324
王聲遠　509
王士禛　18,50,58,63,147,167,181,182,211,235-238,240,247,249,253,256,261,273,278,283,284,288,292,303,306,315,318,321,336,350,360,433,509,542,551,554,583
王庶善　383,404,406
王嗣槐　12,176,232,234,238,250,256,257,260,267,273,301,302,437,463
王孫晉　106,114
王孫蘭　12,21,24,27,30,369,532
王廷燦　463,484
王廷瑚　452
王全高　38
王維立　463,465
王文鼎　131
王西園　214-216
王熙　15,75,84,233,234,275,282,286,318,487
王錫　419,420,430,439,449,465,475,476,481,522,528,549
王先吉　12,20,151,155,172,178,179,216,227,250,347,371
王頊齡　30,236,246,247,252,256,259,

270,272,286,288,292,306,308,318,
322,330

王掞　37,362,365,367

王猷定　12,62,74-76,78,92

王又旦　19,70,289,290,303,311,357,
583

王余高　175,176

王元弼　283

王源　3,41,323,339,340,501,506

王喆　346

王之麟　460

王晫　19,100,208,217,337,392

王子懷　179

王自超　45,46,90

王宗高　175

韋人龍　79,80

魏耕　3,12,31,52,53,62,63,70,88,91

魏麟徵　383,390

魏勷　312

魏裔介　38,345,346,357

文果　52,53,339

翁介眉　249,322,348

吳百朋　12,22,23,28,107,108,119,161

吳邦輔　12,78,87,197

吳闡思　4,41,339,341,342,353,545

吳焯　210,462,463,465,505,565

吳陳琰　73,217,372,373,379-381,421,
443,465,466,565

吳賜　384

吳復一　141,155,209

吳嘉枚　462,565

吳筠　425

吳懋謙　57,98

吳沐　199,200,379,585

吳農祥　3,17,232,242,250,251,268,
372,380,406,413,416,419,463,467,
489,490,503

吳綺　12,187,194,195,232,236,273,
414

吳卿禎　12,61,71,96,137,145,197

吳任臣　232,234,235,242,246,247,
250,252,254,256,257,268,301,325,
327,328,357

吳山濤　13,191

吳棠禎　34,205,206,405

吳廷華　515

吳偉業　12,24,30,43,72,119,130,148,
167

吳雯　237,241,242,251,583

吳問郯　465

吳西美　21

吳興祚　17,180,211,212,222,223,226,
304,441,534,538

吳儀一　40,274

吳元萊　262,263

吳元龍　226,246,247,252

吳兆騫　17,67,232,292,329

吳震方　491,557

吳自璵　133

吳宗信　278,283

X

夏聲　156-158

項景襄　15,249,317,402

蕭伯升　12,120,122,191,192

孝昭皇后　282

謝嗣暉　493

徐秉義　18,271,286,301-303

徐琮　493

徐芳烈　32,48,137,218

徐芳聲　12,30,32,52,53,68,87,96,
113,131,137,175,227,263,296,362

徐汾　288

徐繼恩　12,23,27,28,39,58,82,87,

288,328
徐嘉炎　17,246,247,252,254,255,260,
　　268,275,276,288,291,301,306,308,
　　321,335,338,349,487
徐緘　20,31,32,54,61,79,80,113,131,
　　136,142,161,206,366
徐林鴻　17,61,232,242,250,251,372,
　　462,467
徐留　489
徐乾學　17,43,44,96,155,182,189,
　　193,223,234,257,273,276,283,284,
　　286,291,292,301-303,308,333,346,
　　351,386,390,392,399,414,530
徐釚　19,91,176,186,187,236,242,
　　246,247,250,252,256,261,267,270,
　　275,276,283,284,286,289,291,292,
　　301,306,308,311,329,343,359,416,
　　443,504
徐人龍　35,36,178,532
徐若彝　127
徐崧　12,188,194,195
徐咸清　31,41,71,177,203,227,228,
　　234,241,242,247,249-251,388,551,
　　556
徐旭旦　309,477,511,574
徐旭升　476,477
徐胤定　43,45,132-135,307,540
徐元夢　293,307,310
徐元文　18,44,70,254,259,282,286,
　　302,306,308,346,392,399
徐允定　43,583
徐允哲　210-212,214,216,219
徐昭華　28,58,177,178,203-205,218
徐之璉　479
徐致遠　12,43,44,58,96,155
徐致章　68,72
徐仲根　178

許弘勛　177,196,222,226,323,466
許煥　119
許尚質　418
許田　379
許遇　359-361
薛柱斗　327

Y

閻若璩　19,95,96,237,406,412,447,
　　473-475,487,490,523
閻修齡　12,95,96,108,110,350,369
顏光敏　303,357
顏光敩　405,411,422
嚴沆　28,75,94,115,130,203,241
嚴繩孫　13,147,148,236,246,247,252,
　　256,260,261,301,322,330,480
嚴曾榘　24,203
楊才瑰　111
楊洪才　124,136,524
楊還吉　372
楊萧　452
楊嗣震　465
楊許玉　384
楊雍建　74,379,380,416,420
楊玉衡　213
楊雲士　179
楊旨音　32
姚炳　481,497,514
姚際恒　40,386,406,414,465,473,523,
　　565
姚啓聖　13,241,323
姚文熊　198,199,201,226-228,322,
　　540,564
姚文焱　198
姚之駰　481,499,569
葉豹文　243
葉方藹　274,292

葉封　236,258,583

葉雷生　80

葉維藩　315,532

葉奕苞　243,244,357

葉吟　225,226,279

尹坪　159,339

尤侗　12,43,44,50,138,186-188,195,
　236,242,246,247,251,252,254,256,
　258-260,269,272,274,275,282,291,
　292,300,301,306,308,318,320,321,
　369,382,387,490,580,583

于藻　123,127,210

余懷　12,60,193,194

俞瑒　379,380

俞鼎　200

俞鳳章　354

俞灝　355

俞鹿床　188

俞汝言　12,151,152,266

俞犀月　380

俞之璧　108

喻昌　56

袁駿　186,187

袁佑　18,50,240,246,247,252,256,
　301,306,311,318,319,421,423,454,
　583

岳端　456

Z

曾燦　13,190,212,359,378

曾宏　123,134

曾畹　56,57

查繼佐　12,59,89,101,106,108,110,
　210,234,536

查昇　46,402

章大來　471,473,493,496,529

章金牧　43,45

章世法　459,460,491,529

章鈺　437

章貞　37,46,161

張百修　179

張岱　128,293,294,335,580

張德蕙　28,29

張芳　191

張渢　407

張公授　26

張衡　314,315,449,583

張鴻烈（張礽禈）　106,107,110,114,159,
　230,236,246,247,252,260,327,350,
　372,379,380

張煌言　48,51,57,62,70,73,88,113

張際龍　169

張介眉　457

張烈　236,246,247,252,313,314,348,
　583

張曼殊　8,92,282,305,339,353,360,
　545

張敏　454,457

張沐　158,160

張鵬翮　391

張榮廷　99

張杉　13,31,37,38,41,47,53,71,73,
　77-80,82,87,96,112,113,117,131,
　137,139-141,144,145,161,185-187,
　190,210,280,296,333,367,460,524,
　581

張芍房　344,345

張淑　12,60,115,198,296

張燧　86,440,449,460,527

張梯　31,32,37,38,58,71,129,185,333

張文彬　498

張文蘦　450,453,509,525,531

張吳曼　215

張希良　17,388,391,429,430,512,526

張錫懌　13,204,210-216,335,399
張新標　12,106,108,109,226,235,266
張星陳　379
張星耀　373,374
張彥之　147,541
張亦明　87
張奕光　458,465,565
張英　21,282,300,349,401,503
張應薇　75
張永銓　4,310
張右民　12,23,28,391,392
張玉書　30,78,254,286,338,417,509
張毓瑞　324,355
張遠　4,17,199,204,227,300,301,306,308,309,320,418,424
張志棟　457,472,473
張仲舉　350,360
張纘孫　93,107,108,119
趙秉和　76,77,317
趙旬　26,54,144,179,532
趙爾磐　212
趙開雍　117,125
趙寧　326,374,402
趙士麟　16,327,364,424,454
趙廷標　264,384
趙完璧　313
趙昕　174
趙愚公　212
鄭開極　359-362,396
鄭世琇　444,488
鄭元慶　77,466,467,473,493,511,571
鄭重　13,68,236,296
周燦　318
周初　480
周鼎泰　167,168,172,173
周斗垣　89,168
周金然　17,211,212,341,544

周亮工　12,25,81,115,149,159,171,190,329
周令樹　18,122,123,133,378
周綸　146,147,289
周茂源　115,117,131,147
周平山　296,397
周起渭　499,559
周起莘　233,234
周千仞　397
周清源　236,246,247,252,268,301,339,373,530
周慶曾　226,246,247,252,260,261,335
周崧　443,444,464,465,475,565
周體觀　118,195,210
周譽凡　212
周在都　61,329
周在浚　25,190,192,340,419,441,583
周之麟　396,397
朱赤齋　465
朱大山　214
朱德蓉　28,29
朱服萬　212
朱國漢　505,567
朱驊元　131-133,136
朱茂晭　43,45
朱溶　324,354,355
朱柔則　462,470,552
朱士曾　80
朱士稚　12,55,62,77,88,131
朱斯佩　175,176,207
朱雯　297
朱襄　464-466,565
朱虛　66,67,184
朱彝尊　3,4,15,16,43-45,70,72,76-79,84,138,233,234,236,237,241,246,247,252,265,268,269,276,277,285,286,290,299,308,317,318,327,

329,351,380,415,443,455,464,465,
468,473-476,504,549,561,565,571,
576,583
朱宸　478,490,555,556
朱用礪　146,147
朱禹錫　81,93-95,108,110,114,126,
143,159,536
朱與湝　212,213,216
朱在鎬　12,210,211,213,214,216
朱曾蠡　169
朱樟　449,484,496,529

朱兹受　112
諸匡鼎　21,452,509
竺蘭和尚　91
祝弘坊　80,140
莊廷鑨　23,59,89,93
宗元鼎　13,196,223,306,441
鄒崝　101
鄒祗謨　14,43,45,68,84,148,161
左光先　25,66
左國棫　12,199,221,540
左如芬　199,227,228,540,564

後　　記

　　2007年秋，我負笈滬上，師從朱維錚先生攻讀專門史博士學位。博士報名時，我選擇的研究方向是中國經學史，因而入學之初，我擬以清初經學家毛奇齡作爲研究對象。獲得朱師首肯後，以《毛奇齡與清初四書學》作爲博士學位論文題目。朱師命我先行編寫《毛奇齡學術編年》，《學術編年》草成，朱師建議將《學術編年》擴充爲《毛奇齡年譜》，作爲博士論文的下篇。彼時，略梳毛氏生平、交游、著述情況，成二十餘萬字的《毛奇齡年譜》（以下簡稱《毛譜》）。《毛譜》草具，朱師屬意單獨出版，使我深受鼓舞。旋需專注於論文上篇寫作，無暇顧及《毛譜》。2010年畢業後，我入職復旦大學出版社。在繁重的工作之餘，孜孜矻矻，廣事搜求，排比臚列，參核考訂，甄別去取，歷時十餘載，終成定稿。

　　毛奇齡學問之淹博，清儒中罕有其匹。在決定以毛奇齡及其經學作爲研究對象時，當年的我是多麽的輕率和無知，現在想來，隱隱有些後怕。然而毛奇齡其人其學的確有很多吸引我的地方，隨着研究的深入，當初的新奇、興奮逐漸被生疏的研究内容代替。毛奇齡作爲清初著名的學者，其豐富複雜的人生經歷，廣涉經、史、子、集四部的著述，讓我在面對衆多的政治、經濟、社會、歷史、文化等領域和經學、史學、文學、藝術等知識時，備感力不從心。這讓我對那些學富五車的碩學鴻儒有了更深切的理解和更真摯的崇敬！是譜之作，借寓仰止之誠。

　　年譜寫作似易實難，個中甘苦，不必多言，師友的幫助，須加銘記。首先要感謝我的碩士導師姜建設先生、史建群先生，是兩位先生將我導入治學之途。必須感謝我的博士導師朱維錚先生，博士三年，朱師於我耳提面命甚多，對我的學位論文也寄予厚望。答辯前後，朱師甚至代爲聯繫出版事宜。不虞我畢業甫一月，朱師忽遘重疴，求醫問藥之際，仍以《毛譜》出版爲念，并允諾賜序。我去醫院探望朱師時，朱師大概預感來日不多，聲色俱厲地斥責我增補進度過慢，言語激切。厚恩隆情，深可懷也。而今《毛譜》業已蕆事，朱師早已駕鶴西去，憶及師語，不禁潸然！朱師向以嚴厲著稱，駑鈍如我，自知離先生的要求甚遠,唯有在今後繼續努力,以報謝先生教誨,以告慰先生之靈。

自 2007 年至 2019 年的十餘年間,得從國家圖書館、南京圖書館、浙江圖書館、上海圖書館、紹興圖書館、天一閣博物館、復旦大學圖書館、南開大學圖書館、清華大學圖書館、北京大學圖書館、中國社會科學院文學研究所圖書館等處搜集資料,各圖書館工作人員皆予以辛勤協助,謹申謝意!特別要感謝復旦大學圖書館古籍閱覽室羊凱江老師,羊老師熱心周到,無數次不辭辛苦地爲我取將近二百冊的《西河合集》的各種版本,這份情誼,深銘於内。

年譜寫作過程中,還得到了論文指導小組成員張榮華先生、鄧志峰先生、高晞先生、錢文忠先生、姜鵬先生的指導,在開題報告、中期考核和預答辯中,幾位先生都提出一些有益的建議。復旦大學哲學系陳居淵教授對年譜寫作多有誨正。還要感謝博士論文評審專家鄭州大學歷史系楊天宇教授、上海師範大學人文與傳播學院錢杭教授、華東師範大學路新生教授及匿名專家的審稿意見。感謝復旦大學姚大力教授、上海書店原總編輯金良年編審、上海交通大學虞萬里教授、復旦大學傅杰教授、復旦大學李天綱教授等答辯委員會專家指出的問題及修改意見。感謝國家社科基金後期資助項目匿名評審專家對此譜的充分肯定以及提供的寶貴意見。

"獨學而無友,則孤陋而寡聞。"遇益友若干,亦乃滬上求學、工作之幸事。諸多師友、同門、同學、同事在年譜撰寫過程中曾給予各種惠助,於拙譜之成,實有裨益。爲免挂一漏萬,恕不一一,在此一并致謝!

爲學需要優裕的物質條件。要特別感謝我的家人,父親和婆婆年逾花甲,幫我照料孩子,丈夫和老弟給予我無私的關愛和支持,免除了我的後顧之憂。遠在天堂的母親,始終是我奮進的動力。聰明可愛的兒子,從他出生之日起,即伴隨着我碩士、博士讀書求學之路,帶給我無數的快樂。在拙著即將付梓之際,借此一隅,以志永遠的感恩、銘記與再勖。

清人文獻,浩如烟海。限於學識譾陋,書中錯漏、舛誤在所難免,敬祈方家不吝教正。

上章困敦之歲良月,謹識於滬上三餘齋。

圖書在版編目(CIP)數據

毛奇齡年譜/胡春麗著. —上海：復旦大學出版社，2021.3
ISBN 978-7-309-14183-2

Ⅰ.①毛… Ⅱ.①胡… Ⅲ.①毛奇齡-年譜 Ⅳ.①B249.9

中國版本圖書館 CIP 數據核字(2019)第 037120 號

毛奇齡年譜
胡春麗　著
責任編輯/劉　月

復旦大學出版社有限公司出版發行
上海市國權路 579 號　郵編：200433
網址：fupnet@fudanpress.com　http://www.fudanpress.com
門市零售：86-21-65102580　團體訂購：86-21-65104505
外埠郵購：86-21-65642846　出版部電話：86-21-65642845
上海盛通時代印刷有限公司

開本 787×1092　1/16　印張 40.5　字數 705 千
2021 年 3 月第 1 版第 1 次印刷

ISBN 978-7-309-14183-2/B·690
定價：168.00 元

如有印裝質量問題，請向復旦大學出版社有限公司出版部調換。
版權所有　　侵權必究